そこから先は別世界

妄想映画日記2021―2023

はじめに

この日記を買う金があるならｂｏ：ｉｄマガジンの有料会員登録をしてくれ。

言いたいのはただそれだけである。

病気以来気が急いているのかもしれない。２か月に１度の検査でその後の人生が決まる。その先の予定は決めておかざるを得ないのだが、決めておいても検査結果が悪かったらそれきりである。抗がん剤治療をしたとしても、しなかったにしても、あるいはその他の自由診療を受けてがんの再発防止策を講じたとしても、再発する時はするししない時はしない。再発するかしないかは確率でしかわからない。

だからと言って開き直っているわけではない。いくつもの状況を考慮して自分にとって最善と思われる方法を選択するわけだが、今のわたしの場合は選択権があるだけまだましである。がんの状況によっては否応なしの場合も多々ある。だからこうやって選択権のある「まし」な状況をなんとかご機嫌に生きていこうということなのだが、そのためにはエネルギーがいる。ネット上でこれまで展開してきたｂｏ：ｉｄマガジンがそのためのエネルギー、あるいはエンジンとして「その後」の展開を作り出してくれないか。あるいは今この足元の土壌を耕してくれないか。そこから何かが生まれる。これまでにも連載から空族の『バンコクナイツ 潜行一千里』(河出書房新社)や青山真治の日記『宝が池の沈まぬ亀』(2巻、boid)、映像作品としては三宅唱『無言日記』が生まれた。風元正さんの『江藤淳はいかに「戦後」と闘ったのか』(中央公論新社)もboidマガジンがその発端にあった。そんな動きをもう少し広げさらに自身の足元にもフィードバックしていけたら……。

もう10年以上前のboidマガジン創刊時の有料マガジンから無料に変更し、それを2024年から再度有料にしたのはそんな思いがあってのことである。もちろんリスクもある。この原稿を書いている現在でもまだ赤字運営である。最初の1、2年は致し方なしとは思うものの、わたし自身が2か月先は先行き不明という存在。先のこともわからない何かに使う金はないと言われてしまえばそれまでで、もちろんわたしとしてはだから面白いのだと思うのだが、事実現在のboidマガジンには予測不能の記事や報告や作品の数々があふれ始めている。わたしでさえそれらの更新のスピードにまったく間に合っていないしそれぞれの筆者たちの動きの広がりについていけない。しかしどうだろうそれらを読み、聴き始めると時間がゆっくりと動き出すのである。自分が今生きているこの時間がいかに枠取りされ教え込まれその中で生きることを余儀なくされた作られた時間であることか。読んでいるうちにそれらの強制力から心はするりと逃れ思わぬ何かと戯れ始めるのである。1時間とか2時間とか1か月とか2か月とか、そんな時間のあらかじめ設定された単位は消え、もっとぼんやりとして不定形の時間の肌触りとともにそこにあるだけ。気づくと現実の時間はしっかり経っているわけだがそれはそれでよし。自分がいったい何をしていたのか何をしようとしているのか、ぼんやりとはしているがしかしそれゆえどこまでも明快明瞭な世界の姿とともにある時間を体験することになる。

そんな時間が何かの拍子で世間に転がり出てくれないか。転がり出た時間が誰かと出会いそこでまた別の時間に変化する。その連鎖と運動の基になる場所としてのｂｏｉｄマガジン。日々そんなことを妄想しつつ生きてきたわけだが、とにかくこの数年、友人たちがバタバタと死に、病に倒れ、自分もまた同様。やることはやっておかねばという、時間を外に向けて転がり出させる作業に入ったというわけである。まずはこの1冊。多くの人たちの協力のもと出来上がったわけだが、とりあえずこの日記は本書に掲載以前もやってきたわけだし今もｂｏｉｄマガジン上で続いているわけだから、あまり区切りをつけたくはない。本書を仕上げる際にもその曖昧な時間の輪郭をすり抜けて、いくつもの時間が紛れ込んだ。この3年間の日々の記録でありながら、未来のある地点から振り返った回想でもあるようなものになっていると言ったらいいか。そんな本書の狂った時間軸の錯綜の混乱がまるでいつまでもわれわれの少し先にいて更新され続ける今ここを振り返りつつ先に進んでいくような『ミレニアム・マンボ』のスー・チーのナレーションのようなものになってくれるとうれしい。そしてそんなわたしの時間の混乱に付き合ってくれた友人たち、知人たち、スタッフたちにはいつも感謝はしているしこれからも迷惑はかける。おそらく「迷惑をかける」ほうが大きいので固有名は記さない。タイトルとカバー写真は梅田哲也くんの展示、パフォーマンスから受け取った。この日記に流れる単位のない時間が誰かと出会い当たり前のように戯れその奇妙な触感とともに出会った方の身体へと浸み込んでいきますように。そんな願いを込めて。

２０２４年9月の終わり10月の始まり

樋口泰人

そこから先は別世界

樋口泰人

妄想映画日記
2021–2023

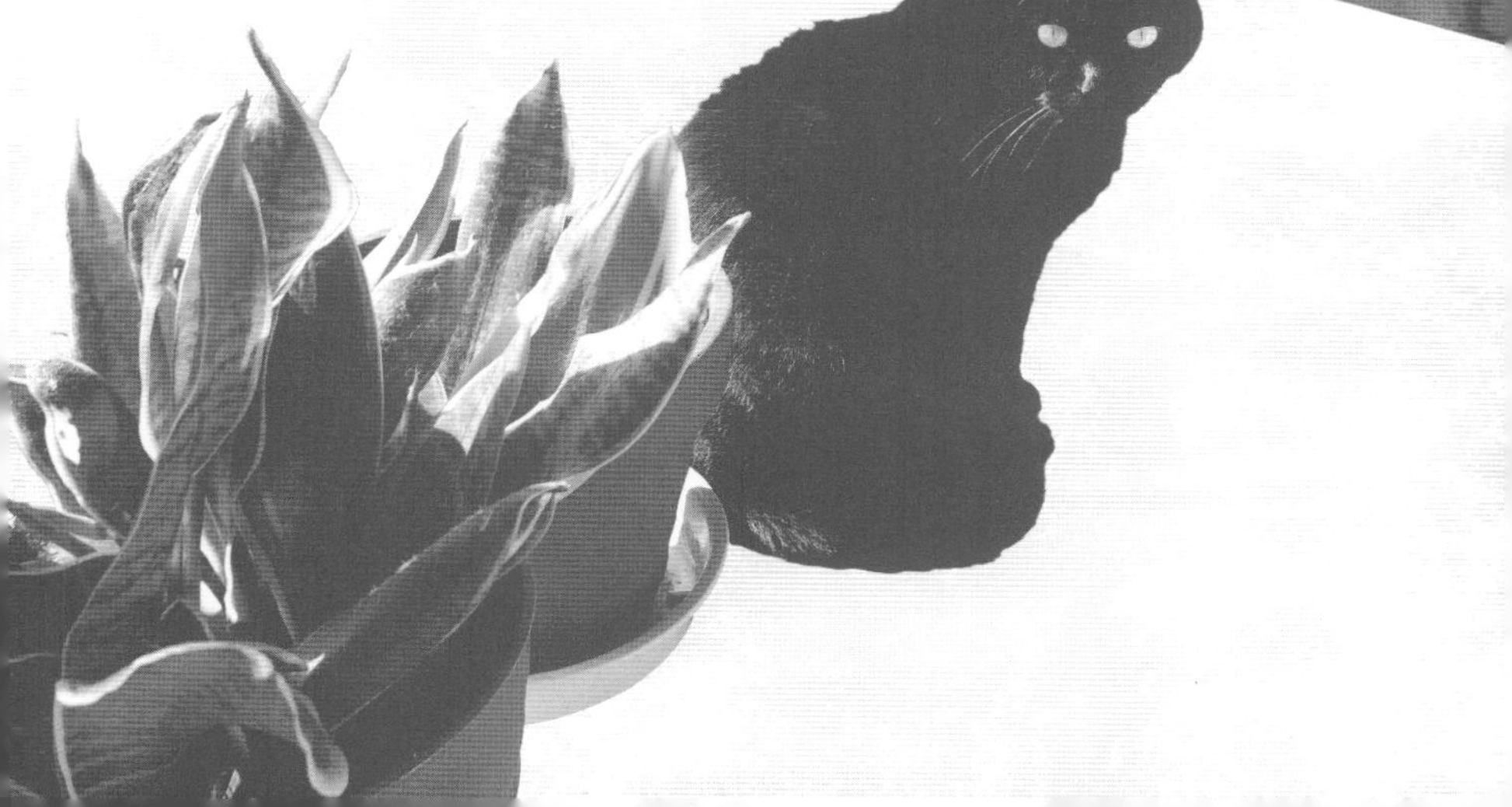

目次

カバー写真◉著者撮影
メイン写真は梅田哲也 インスタレーション
＠山口情報芸術センター［ＹＣＡＭ］
本文・表紙写真◉クレジットの記載がない写真
（チラシ除く）は著者撮影

2021

1月1日(金)

とりあえず日記再開。某案件で思いのほかひどいダメージを負っていて、これはまともにパワハラ受けたら一生立ち直れないなと、改めて思っている正月。休めば何とかなると思っていたのだが何ともならないのは日本社会全体のパワハラ体質によるものでもあり、すべてがつながっていてそれゆえに全体ではなく自分の足元から変えていく小さな視線が大切なのだと思うばかり。

年越しは図らずもネットフリックスでの『マンク』になってしまった。何層にも重なり合って語られるこの映画の構造自体がそれぞれの人物の造形にも作用していて、気が付くと何層にも分けられた層が境目なく溶け合っていく印象は、なかなかいい。『レ・ミゼラブル』のコゼット役のアマンダ・セイフライドが『マリアンヌ』のマリオン・コティヤールに見えて仕方がなかった。彼女の役名が「マリオン」であるというのは関係ないとして、いくつもの層の中間で自らの存在を揺らしながら消していく存在、あるいはそんな存在が示す表象としての役割を演じるアマンダとマリオンの姿が重なり合ってしまったのだ。

昼近くに起床、歯の調子が悪く食欲もあまりないが初詣には行った。いつもの高円寺氷川神社。その後、ネットフリックスでオリヴィエ・アサイヤスの『WASP ネットワーク』。『カルロス』の続編のようにも見えるが、飛行機が何度も離陸し着陸し、主人公がどこにいるのかわからなくなるという相変わらずの空間と時間のつながりにくらくらする。誰も正しくなく間違ってもいないそれぞれの行動を、ただひたすら時間だけが機械的に進行しながら示していく。最後近く、両親の話を聞く子供のまっすぐな視線が印象に残った。

深夜、久々に取り出して聴いてみたモノラル・カートリッジの調子が悪い。あれこれ奮闘しているうちに夜は更けるばかり。

1月2日(土)

歯の調子はさらに悪くなる。大人しくしているしかない。にもかかわらず階段でこけそうになり壁の出っ張りに激しく頭をぶつけ、ひどくはないが出血までする始末。とにかく手先、足先に神経が届いていない。

そんなところに東京都知事と関東3県の知事が国に対して緊急事態宣言の要請を行ったというニュース。それに伴い、1月4日に行うはずだった『ジオラマボーイ・パノラマガール』のトーク・イヴェントをどうしようという相談をして、また、9日、10日に金沢と富山に出張予定だった『VIDEOPHOBIA』のトークもどうするかという相談。4日は会場のリモート作業ができないため中止、9日、10日はリモートで、ということになった。まあ、今はあまり焦らず動かずということで。

それらの作業の中でスモーキー・ロビンソンの70年代から80年代のアルバムを聴いていた。年末にスピーカーとアンプを替えて音が見違えるくらいクリアになり喜んでいたのだが、すでに耳が慣れてもっとこうなるはずだああなるはずだとささやきかけてくる。自分の中にまだそれだけ欲望があったのかとちょっとうれしくなる。

妻も体調を崩していたために結局一歩も外には出ず。夜は引退したものの再び最前線へと戻っていく元テキサスレンジャー隊員をケヴィン・コスナーとウディ・ハレルソンが演ずる『ザ・テキサス・レンジャーズ』。ボニー&クライドの物語を、彼らを射殺した側から見る物語。トーマス・ニューマンの音楽が冒頭から最後まで、ほとんどのシーンで流れっぱなしである。正確に分数を計算すれば半分くらいではないかと思うのだが印象だと8割。ウディ・ハレルソンも今年で60歳である。孫もいるおじいちゃん役。あのゆっくり歩く姿が物語のすべてを語っていた。

1月3日（日）

昼に起き阿佐ヶ谷まで散歩。目の調子が悪い。久々に聴いたロイ・オービソンの『ミステリー・ガール』のエコーの響きがかつてなく身体を解きほぐしてくれる。これまでいったいこのアルバムのどこを聴いていたのか、というくらいな衝撃。うまく説明ができない。

夜はジョージ・クルーニーの『ミッドナイト・スカイ』。乗組員たちが宇宙空間で絶唱する「スウィート・キャロライン」には盛り上がるが、その他の宇宙船のシーンはこれまで何度も観てきた宇宙船の物語の繰り返しでもある。スタンリー・クレイマーの『渚にて』の音楽も使われているように、世界の終わりへの予感が物語の背景に張りついているのがわかる。そしてそれが物語の中での出来事ではなくいよいよわれわれの世界のリアルとして今後作られていく映画の中で語られ始めていくはずだ。『渚にて』の頃は東西冷戦と核兵器の脅威が現実としてあったわけだが、今はもっと不確かでしかしそれゆえに決定的な何かとして「世界の終わり」がわれわれの無意識を重く包み込み始めている。そんなことを思わせる映画だったが特に面白いわけではない。

物足りないのでもう1本ということで、そういえば見逃しっぱなしになっている『鷲鳥湖の夜』がそろそろ配信され始めているのではとアマゾンを調べてみると出てきたので観始めたのだが、『薄氷の殺人』と同じ主人公が登場し、やはりクリーニング店が舞台となっている。これはもはや「薄氷の殺人2」ではないかと思いながら最後まで観ていたのだが、最後に出てきたクレジットに『薄氷の殺人』と出てきて唖然とした。自分の記憶をまったく信じていないのと、その場の思い込み——これが『鵞鳥湖の夜』である——の強さが重なるとこんなことになる。しかしそれにしてもひどい。あきれるが、観ながら『薄氷の殺人』を観直さなければと思い続けていたので、その意味ではいい予習になった。という前向きな解釈で切り抜けていいものかどうかよくわからない。しかし舞台となる町はまるでヌーヴェルヴァーグのパリのようだったし、ナンバープレートの間違いやラストの消防車のクレーンやクリーニング店の佇まいなど、ヴェンダースなら『アメリカの友人』と言いたくなる。冒頭など『帰れない二人』がそのまま蘇ってきたように感じたのは、ともにリャオ・ファンが主演ということだけではない気がする。製作年はもちろんこちらの方が先なのだ。

1月4日(月)

昼に起きたがダメで昼寝をしようかと思ったが眠れず仕方なく散歩に出る。身体を動かしても気分も体調もすぐれず。夕方から昨日の流れで『帰れない二人』を。林強の音楽がこんなに強力だ

ったことを映画館で観た時はまったく気づかなかった。電車の音車の音風の音UFOの音がいったいいつの時代なのかよくわからなくなるこの物語をしかしこれでいいのだと肯定するので余計に時代がよくわからなくなりまるで吸血鬼の物語を観ているような気分になる。映画館で観た時はこんなことを感じなかった。2チャンネルミックスの結果なのだろう。とはいえ『薄氷の殺人』といい『帰れない二人』といい、男たちの世界にやりきれなくなっ

て、夜はこの2枚に救いを求める。

Lucy Dacus『Historian』
Kate Davis『Trophy』

1月5日（火）

目覚めは12時。寝たのが朝6時だからまあ致し方なし。今年初の事務所仕事。高円寺駅まで行く途中、ごみ集積所のあたりがひどいことになっていた。年末年始のごみ。収集車も載せきれずということなのだろう。ごみ収集員の大変さを思う。事務所作業は細かいことがあれこれあって当然のようにやりきれない。夕方過ぎるとまったく暖房が利かなくなりキーボードを打つ指先も凍えてまともな入力ができなくなり終了。帰宅して自宅にて『恐怖の映画史』の確認作業、残りわずかのところまできた。頭痛。

1月6日（水）

4時くらいに寝たのだが、頭痛で眠れず6時30分にいったん起きて朝食と頭痛薬がなかったので風邪薬を飲んで寝た。昼に起床、事務所へ。ごみ集積所の本日はビンとカンの山だった。事務所では荷物の受け取りと発送、その他事務作業で夜。帰宅後は今年の企画あれこれの準備と連絡をしていると深夜3時。今日のBGMは面倒だったのでアマゾンミュージックから、最近のバンドのものをいくつか聴いたのだが、演奏の問題ではなく配信の音が平板すぎて全然面白いと思えなかった。まあ、そういう問題を乗り越えて訴えかけてほしいということでもあるのだが。

そして明け方になって、大袈裟太郎こと猪股の「ラジオ番外地」のリアルタイム中継でトランプ支持者たちの連邦議会議事堂突入風景を観る。数はそんなに多くない。これらに突破されてしまうというのは単に警備側が手を抜いてるだけだとしか思えないのだが、いったいアメリカはどうなっているのだろう。こういうことを単に報道するのではなく丁寧に解説してくれる番組を希望する。

1月7日（木）

結局寝たのが6時くらいで10時過ぎに目が覚める。眠りが浅い。午後は吉祥寺に出向きバウスシアター社長の本田さんから今後の目論見を聞く。ほんのちょっとしたことで面白くなりそうなのだが、どうなるかは誰もわからない。

そして夕方には緊急事態宣言が出て、当然のようにいくつかのイヴェントが延期になったとの知らせも来る。われわれのように持たざる者は、今回の時短要請によってイヴェントがなくなったとしても、補償も協力金も出ない。そして例えばイヴェントをやったとしても動員は寂しく赤字になるだけである。これが「経済を回す」ということなのだろうか？

夜は『山河ノスタルジア』。何度目かの鑑賞だが相変わらず記憶が幽かで初めて観るような印象で始まりそのうち記憶が蘇ってきてデジャヴを観るような印象へと移行。たぶん、映画の作りもそうなっている。そんなセリフもあった。日本でもこんな映画が作られたらいいのにと思ったのだが、いや、作ってる人間はいるよと思い直し、明日はバウスの社長の話をその人間に伝えようと決意した。伝えるだけだけど。

1月8日（金）

昼に目覚め。日々この状態では大人としてどうかとも思うが小学生の頃から明け方にならないと眠れなかったわけだから今更どうにもならない。自分のペースでやれる時はいいが、本日のように発送作業とか荷物受取とか、世間のペースに合わせないとならない時はつらい。というのをもう何十年も繰り返してきたので、そろそろこういった世間との折り合いを拒否してもいい頃だと思ってもうすでに数年が過ぎた。夕方以降は暖房全開ダウンも着込んで作業をするが指先がかじかむ。19時過ぎにようやく最後の荷物が届く。夜はジャ・ジャンクーの続きで『罪の手ざわり』を観たり、アル・グリーンを聴いたりしながら4月までほぼ無収入の緊急事態宣言ｂｏｉｄの今後を考える。朝6時はまだ暗い。

1月9日（土）

本日から『VIDEOPHOBIA』の上映が始まる富山のほとり座から連絡が来て、大雪のため明日予定されていた上映後のトークを14日に延期したいとのこと。当初はわたしと宮崎くんが富山に行っての開催ということだったのだがコロナ陽性者数の増加のためにリモートに切り替えていたところにさらに大雪が重ったわけだ。リモートの場合こういう時はフレキシブルに対応できるが、何となく寂しくもある。一方金沢のシネモンドは予定通り夕方からリモートでのトーク。リアルならそれなりの高揚感とともに話を進めることができるのだが、リモートだと昨年末から完全ひきこもり態勢で世間との交流を断った閉じた空気感がそのまま出てしまう。おそらく宮崎くんもそんな感じではなかったかと思う。ただこうやって1、2年、ひきこもりのままあれこれやっていくと少し違う地平へと到達するかもしれない。だからこの状態も悪いことだとは思わない。夕方までは『恐怖の映画史』Kindle版の整理をしていた。青土社から出た書籍版の『恐怖の映画史』のあとがきを読むと、『恐怖の映画史 パート2』に収めるためのトークを、アテネ・フランセを借りて6時間の公開イヴェントとしてやったのだと書いてある。20年前。わたしも黒沢さんも篠崎も若かった。今はもうそんなことできない。寂しいがそんなものだ。その寂しさとともに『クリスティーン』を観た。

1月10日(日)

昼に起きJR高円寺駅方面まで散歩。年末に火事になった中通り商店街の「薔薇亭」の一角はまだそのまま。火元は「薔薇亭」ではないのだがビル全体がしっかりダメージを受けているので建て替えるしか方法はないのだろう。80年代、このちょっと手前のレンタルレコード屋で働いていた時は「薔薇亭」には随分お世話になった。マスターも奥さんも元気そうで火事跡に張り紙がしてあったが、とはいえ復活にはだいぶ時間がかかるのではないか。しかし今はもう、ここの山盛りキャベツを完食できないだろうと思うと寂しくなる。そしてそのはす向かいくらいにできたハラルショップでバスマティライスなどを購入。

帰宅後、スパイク・リーの『ザ・ファイブ・ブラッズ』。ストーリーはよくわかるが残念ながらそれぞれのシーンとセリフの面白さしかない。ひとつひとつのシーンをゲームのようにクリアしていくような映画。クリスティーンが一瞬で「グレート・ボールズ・オブ・ファイヤー」になって爆走する、『クリスティーン』のあの感じはない。世界の終わりと引き換えに今の自分の行動があるようなゴージャス感と言ったらいいか。そういえば全然面白くなかった『テネット』だが、エリザベス・デビッキ扮する悪役の奥さんが、旦那を殺したら世界が一瞬でなくなってしまうということを承知のうえで、たとえ世界が終わったとしてもこのわたしはこの夫を殺すのだと金属バットだったかを振り上げるシーンはめちゃくちゃよかった。と記していたのだが編集者から金属バットではなく銃で殺すのだと指摘された。たぶんその銃を持つ姿があまりによかったために、銃ではなく金属バットに記憶が変換されてしまったのだろう。いや銃で撃ち殺すのもいいではないかという方も多いだろう。こういうときの銃派と金属バット派の違いと境目はどこにあるのかわからないが、とにかくあのシーンのためにデビッキの長身があったと思う。人類の未来とか子供たちの将来とか、映画には一切関係ない。

1月11日(月)

3連休の3日目。もう今すぐに隠居することを身体が願っているかのような、自分と世間との乖離ぶりに途方に暮れるわけだが、その暮れ方にも加速度がつき、いやそこまで途方に暮れてもいないのだが案外リアルな気持ちも湧き上がり、浮いたり沈んだり地にも天にも身体が落ち着かない浮遊感とともに本日も目覚め、１日が終わる。寒さの中五日市街道に沿って善福寺川あたりまで散歩。夜は久々にリュダクリスの２００２年のアルバムを聴き直し、背景に置かれた細かい音に耳を傾ける。もう20年近く前の音だ。その後例によってまたもや観ようとした映画とはまったく違う映画を観ていたことにこれは映画の始まりで気が付いたのだが、後戻りはせずそのまま観ることにした。フィルムの巻の始まりごとに森繁久彌のナレーションによる映画製作時の銀座のリアルな解説があり、それが物語をつないでいくという川島雄三の『銀座二十四帖』。あくまでも「映画」という強力なフィクションの枠組みがあることで成立するフィクションとリアルの交錯は観ていて楽しい。そしてそれ以上に登場人物たちの関係の混乱とそのつなぎ方の大胆さに目を奪われるのだが、どう考えても無理やりすぎる終わり方にも驚く。まあ、こういう物語には終わりはないですよ、ということなのだろう。観客の想像にお任せしますとか、そういうレベルじゃない。ただただひたすら物語は続く。その過剰な持続が停滞へと変わるまでそれは続く。その先はない。そんなわけで戦後10年の銀座を駆け巡っているうちにいったい自分が本当は何を観ようとしたのかよくわからなくなる。案外これを観たかったのかもしれない。

1月12日(火)

休みが続くといろんな調子が狂う。事務所での作業があれこれ細かすぎてつらい。先週金曜日にやった発送作業でトラブルも起きる。いや結果的にはトラブルではなくて、わたしの記憶喪失だっただけなのだが。日々が連続していないのでいろんな出来事が増幅されて心に響く。その増幅をコントロールするための踏ん張りがきかなくなった。ちょっとした物忘れがもう人生の一大事のような感じで胸を突きさしてくる。帰宅してもぼんやりするばかりだった。

1月13日(水)

昼から歯医者。そして事務所。気が付くとｂｏｉｄのすべてが入った仕事用のノートパソコンを家に忘れてきた。どうも荷物が軽いと思った。データ類はクラウドに保管してあるので大丈夫なのだが、銀行関係など最重要なものはそれにしか入っていない上に本日は税理士がやってきて月に1回の報告の日。ダメな時は何もするなということなのだろう。とはいえやることはある。帰宅後仕事をしようとパソコンを手に取るとびしょ濡れである。犯人は黒猫か白猫か。幸い表側だけで済んだ。パソコンの掃除にもなったと思うことにする。

「NOBODY」の2020年ベスト10を見る。大勢の筆者たちがいろんな作品を挙げているので見ているだけで楽しい。全然映画を観ていないという実感だけがあるのだが、しかしこうやって見ると3分の2くらいを観ているので案外簡単に現役復帰できるのではとか思ってちょっとその気になってしまう。ちなみにわたしの昨年のベスト1は何かと尋ねられたら今は『ストーリー・オブ・マイライフ／わたしの若草物語』と答えるかもしれない。あの映画の佇まい、空気の音がまさにそれぞれのわたしの物語としてざわめきつぶやく小さな声となって今後ずっとわたしの周りにまとわりついていく気がする。しかしまだ観ぬ『鵞鳥湖の夜』もあるし、樋口版『デッド・ドント・ダイ』というのもある（YCAM爆音で樋口の話を聞いた人だけがその秘密を知っている）。出会いという意味ではケリー・ライカート作品との再会が大きかった。『オールド・ジョイ』を買い付け、配給しようと画策したのはもう何年前のことか。でも今この時期にこうやってまとめて観ることができたことを思うと、あの時あの1本だけをやっておかなくてよかった。あとは降矢聡くんにも言ったのだが、ケリー・ライカートの本を作ることだけだな。「そして彼女だけが生き残った」というようなサブタイトル。やるべきことは見えている。

1月14日（木）

相変わらずの昼起床。自宅作業。夕方事務所に行こうと思って家を出たのだがどうも気分がすぐれず高円寺駅前上島珈琲店に変更、作業を続ける。周りでも似たような、というか本来なら会社で行う仕事をやっている人々がちらほら。平日の昼からほぼ満席という状態である。今後テレワークができるカフェ、つまりおいしいお茶やコーヒーやデザートを味わえる共有の作業スペースのような場所のニーズは増えていくのではないだろうか。シェアオフィスではなく、あくまでもカフェでありつつ仕事が付いてくるような場所。そういえば空族のプロデューサーでもある笹本貴之さんが甲府で運営している場所はまさにそれ。でもあそこは人と交わることも目的とする場所だから、人と交わらずという今のわたしの状況とは主旨が違う。

夜は21時過ぎから富山ほとり座での『VIDEOPHOBIA』上映後リモートトークを宮崎くん、それからほとり座のスタッフである樋口さんと。キーワードは「コンティニュイティ」。独立したひとつのショットとショットを何がつなぐのか。厳密にはまったく違う時間に撮影されたひとりの人間の姿をひとりの人間がまさにそこに存在している、連続したひとりの人間だと思わせるものとは何なのか？　わたしは「信頼」という言葉を使ったのだが、そのもとにはまさにこの映画の主人公の名前である「愛」があるのだと思う。愛と信頼が作る世界。日々の仕事も結局そこにかかわってくる。当たり前の話なのではあるが。

その後半分眠りながら『凱里ブルース』、ビー・ガン初体験。ラース・フォン・トリアーやソクーロフを初めて観た時のことを思い出しつつうとうとは最後まで、これはもう一度観なければと思いつついつか爆音でとも。そしていつか湯浅学さんが「（ふたつの）スピーカーの間に頭突っ込みながら聴くと気持ちいいんだよねえ」といっていたことを思い出しつつまさにその気持ちよさに音が身体中を駆け巡るジェニー・ルイス『On the Line』。1年以上前にリリースされたのを聴き逃していた。ある音量以上の音で聴くとメインの音にかけられたエコーや聴き取れないくらいに小さく鳴っている弦楽器やらが見事に立ち上がってきて、身体の隅々までをざわつかせる。この胸騒ぎとともに生きていきたいと思う。そしてそうこうしているうちに朝になる。

1月15日（金）

目が覚めると昼過ぎ。各所連絡して税務署に。今日のように寒くて曇りの日は何をやっても鬱々とする。税務署に来た時はたいてい西新宿から新大久保まで歩くわけだが体を動かしても気持ちは盛り上がってこない。事務所でも各所連絡と諸々の精算作業。少しずつ仕事は片付いていく。しかし銀行の海外送金手数料が高すぎる。しかも手続きに必要な書類もこの間でさらに増えた。1件の送金手数料6500円って、バカじゃないだろうか。狂ってるとしか思えない。ということで別の送金システムに登録準備を。

帰宅後は『恐怖の映画史』の再度の読み込み作業。かつてのPDFから文字データを抜き出す際に、PDFに使ったフォントの問題なのか、いくつかのエラーが出ていて、ある箇所だけ文字間が空いたり、濁点が文字とセットではなく濁点だけ独立したものになったりしている。それらを全部探り出し通常の文字に置き換えていくわけだ。読んでいくうちにトビー・フーパー映画祭をやらないではいられない気分になる。どこかに金持ちはいないだろうか。3000万〜4000万円くらいあればできる。案外商売にはなると思うのだが。

そして昨日の続きで『ロングデイズ・ジャーニー　この夜の涯てへ』。毎晩こんなことをしていてはどんどん寝るのが遅くなるので途中で切り上げようと思ったのだが、つい最後まで観てしまう。ビー・ガンに関してはその手法がまず圧倒的に目に付くし語られもしているのだが、案外そこではなくガス・ヴァン・サントのような、そこにはいない誰かの話を静かに聴きながら映画を作るタイプのひとではないかと思えた。舞台となっている迷宮のような場所がそう思わせるのだろうか。そしてそれを観ていく、聴いていくうちわたしもまたそこにはいない人としてみずからの映画の語り手となっていくわけである。その後もう何年も前に死んでしまったジェイソン・モリーナの歌を聴いた。

1月16日（土）

目が覚めたら春のように暖かく気持ちも緩む。午後から事務所にてとある仕事の話でまったく想定外の依頼だったので驚くが、まあそれもまたよし。その後友人たち、そして土居伸彰くんがやってきて、みんなで土居くんに占われる会。1対1の占いだともっと深刻な話になるのかもしれないが、友人たちとともにだと、それぞれの人生が相対化されるというか自分の人生に距離を置きながらしかし目の前の具体的な話をするという具合になるので、次第にそれぞれの具体的な人生が混じり合い始めもして、人生を得した気分になる。相変わらずわたしはいいことと悪いことが同居しているという診断。すでに霊化してるのかもしれないとも言われたが、まあとにかくこのひどい状況の中を何とか生き延びられればそれでよし。

帰宅して聴いたのは、ジョン・レジェンドとザ・ルーツのアルバム。もう何年も前のものだが歌や演奏へのエコーのかけ方が絶妙で、時々背後から、そのエコーに不意打ちされるような感じ。今ここにあるここの音をそこにはいない誰かに伝えようとしているのではなく、この空間のそこかしこにいるはずのゴーストたちに何とか歌を歌わせようとしているかのようにも聞こえてくる。

その後ドゥニ・ヴィルヌーヴの『灼熱の魂』。公開時に観たはずなのだがその頃はドゥニ・ヴィルヌーヴが何者かもわかっておらずそれっきりになっていて、まさかまたもやかつて観たという記憶を捏造しているのではないかとこの2、3年ずっと気になっていた。ほぼすべて忘れていたが、たぶんやはり公開時に観たものと同じ映画である。今こうやって観てみると音楽の良さに心ときめくのだが、近年のアルノー・デプレシャンの音楽をほとんどやっているグレゴワール・エッツェル。黒沢さんの『ダゲレオタイプの女』もそうだ。今度会ったら話を聞いてみようと思い配信で観直せるかと思って調べたらリストにはなかった。デプレシャンの作品もほとんど観られない。結局ソフトが出た時に買わないとだめなのか、とも思うのだがそれは絶対に間違っている。こうやって配信で観られる時代になったのだから共有の財産は一元管理で世界中どこでも観られるように整備するのが真の文化事業というものなのではないか。

1月17日（日）

日に日に起きるのが遅くなり本日は13時前。さすがにこれではまずいと思うのだが、いったいどうしたらいいのだ。とりあえず散歩はする。夜になって急に身辺整理を始めた。あまりに物だらけになったのと、パソコンからDAコンバータを通して聴くとアマゾンミュージックの音がCDの音よりいいことに気づき、これならCD持っていてもただ持っているだけではないかという根本的な疑問に立ち返ったためだ。もちろんジャケットやライナーなどの問題はあるし、果たして配信だとどれだけ製作者たちへ売り上げが戻るのかという問題もある。だが、Kindle版の書籍を発売してはっきりしたのは、読み放題プランの毎月の売り上げ（読まれた歩合によって料金がバックされるシステム）が想定以上にいいのである。音楽の場合はどの程度の歩合で戻されるのかわからないのだが。いずれにしても必要なものは買うしレコードだってある。

そしてそうこうしているうちに深夜3時。6分の1くらいは整理できただろうか。先は長いし、整理した割にはまだ全然すっきりしていないのに呆然とするが、今夜はコーヒーがおいしく淹れられたのでそれでよしとする。フィル・スペクター死去。

1月18日（月）

最近のグダグダな暮らしを少し立て直そうと、10時に目覚ましをかけ世間の皆様からは確実に怒られるだろうが「早起き」をしてみた。法務局で書類をもらいそのまま大久保で昼食をと思っていたのだが胃腸はまだ全然目覚めず、あきらめた。事務所でさまざまな事務手続き。早起きのせいかとりあえず落ち着いてやることができた。やるべきことは無事完了。

帰宅するとフォノイコライザーが到着している。早速設置、あれこれ聴いてみるとやはり全然違う。たぶんこれはこんな音ではないはずだと保留していたレコードが俄然いい感じに聞こえてくるので止まらなくなり、観ようと思っていた映画は明日に持ち越し。80年代ど真ん中のスモーキー・ロビンソンの時代感丸出しのシンセの音にときめいた。まだ40代半ばである。そしてカートリッジをモノに替えスペクター祭。もはや死のうが生きていようがほとんど変わらない幽霊ぶりだったので、死去の報道にも不意を突かれたくらいで特別な思いはないのだが、しかしライチャス・ブラザーズのアルバム『Back to Back』のA1「Ebb Tide」とA

6「Hung On You」、B1「For Sentimental Reasons」の狂った音は今更だが信じがたい。そこら中から幽霊が次々に出てきて密集しそれぞれが勝手に歌い上げて何が何だかわからないその中でかろうじてライチャス・ブラザーズの声が聞こえてくる、といった感じ。早くアナログばか一代、再開したい（実は2月9日にやる予定で発表直前に緊急事態宣言、それも今回はモノ盤特集で必然的にスペクター祭になる予定だったのだけど）。

1月19日（火）

先日から腰のあたりがもやっとしていたのだが、顔を洗っている時だったか、一瞬ほんのちょっとだけカクンとなり昼ぐらいからどんどん痛みだし終了。以降、何をやっても上の空。昨夜からのモノ盤祭はバーズの『Turn! Turn! Turn!』。A4「Lay Down Your Weary Tune」で極まる。カキーンと響くギターの金属音と低すぎずでも太い音で腰のあたりを攻めてくるベースの音との絶妙なバランスにうっとりする。夕食前後はひたすら横になる。

夜はグー・シャオガンの『春江水暖～しゅんこうすいだん』。2月公開予定のサンプルをオンラインにて。これがデビュー作という88年生まれの若者で、出演者のほとんどは監督の親族だったり知り合いだったり。高校時代に映画に目覚めるという晩熟だが、それゆえにインタビューには岩井俊二、『フォレスト・ガンプ』、『ショーシャンクの空に』、パラジャーノフ、『アバター』、小川紳介、『山河ノスタルジア』、侯孝賢、エドワード・ヤンという固有名が並列に並ぶ。作品は大家族の3代記ともいえる構成になっていて、大勢の登場人物たちのそれぞれの小さな時間によって作られていく。それぞれの人物たちの描かれ方はまだ不安定だが、とにかくそれでも川が流れる。この映画の川は多くの映画のように生き物の生と死を引き受ける場所というよりも人々の暮らしの断片を見つめながら延々と流れ続ける時間そのもののような、つまりこの映画の語り手でもあるようなものとしてある。川沿いの舗道を歩くカップルの姿を横移動で延々ととらえそして彼らがフェリーに乗り込み甲板からブリッジの屋根まで上り同時にフェリーが動いていくのをワンカットでとらえるシーンなど、それだけで100年くらい経過しても不思議ではない時間の流れを示す（インタビューではそのシーンの音についても言及があって音も映像に匹敵する「ワンカット」の録音がされていて驚かされる）。いずれにしても、日本の監督たちには目の毒としか思えない。こういうことをどうやったら日本のこの状況でやれるのか。もちろん『寝ても覚めても』のいくつかの移動シーンの光と音の変化や『TOURISM』のどこにつながっていくかわからない空間の接続などを思い出すと、別の新しい動きが映画の中で始まっていることも実感する。ショックだったのは、家の取り壊しのシーンで取り壊される部屋からその住人宛に来たものと思われる手紙が出てきて、それがまるで遥か時間の彼方からふと顔を出した人間の記憶みたいに描かれていたことだ。まるで『A.I.』の最後のほうですでに人類がいなくなった2000年後だったか3000年後のアメリカの残骸の中、ぬいぐるみに張り付いた髪の毛からその髪の毛の主であるAIの「お母さん」の映像を作り出すように、その手紙が読まれることである。わたしの中では1989年なんてすぐ隣にあるのだ。この世代の監督にとってはもうそれは3000年前と変わらない遥か昔ということなのか。いや、たとえ3000年前だったとしても、きっとそれは隣にあるのだと言い張りたいと思っている。もちろんだからこそこの流れが大切だとも言えるのだが。

1月20日(水)

ぎっくり腰2日目。昨日より俄然ひどく、まともに歩けない。すべての予定をキャンセルする。落ち着いて何かができるかと思ったのだが、立っても座っても寝ても腰がうずいて何にも集中できない。あきらめる。前回のように車いす騒ぎにならなかっただけでもましだと思うしかない。昼寝をしているうちに1日が終わり、アメリカでは新大統領が就任した。

1月21日(木)

腰は昨日よりもよくなっているのではないかと思ったがそうではなかった。まだ足がうまく前に出ない。座っていても寝ていても痛い。落ち着かぬまま、いくつか自宅作業。夜になって少し痛みは治まってくるが、まだ同じ姿勢で座っているのがつらい。つまり座り仕事ができない。立ちながら本を読んでみたりする。

1月22日(金)

起きたら少しは良くなっているはずが昨日より痛い。落ち着いて何もできないレベル。ソックスを履くのに本日の力をすべて使い果たす。さすがにまずいので近所の整骨院まで何とか歩いていくと、コロナのために予約制になっていて、夜に出直してきてほしいと。どうにもならないので予約をして戻る。あとは家でぐったり。そして整骨院再訪。これまで何があっても避けてきた鍼をうたれる。めちゃくちゃ緊張して何が何だかわからなくなったまま、とりあえず診療終了。当然のようにメニエールのめまいが起こる。だから鍼は嫌だって言ってきたのに。それはそれ、腰に鍼をうたれてそこに電極を付けられ電気マッサージを受けている図を、友人には電気ウニと報告する。

しかしその甲斐あってか夜中には少し痛みも和らぎ、ちょっと仕事を。中原昌也のフェイスブック日記のまとめ。キャバレー・ヴォルテールの話などが出てきて、ああそういえば、ステレオのシステムを新しくしてから聴いてなかったと思い、『The Voice of America』を聴く。音の飛び交い方が絶妙で思わずボリュームを上げてしまう。20代で聴いてた頃はこんな音には聞こえてなかった。

1月23日(土)

本日も昼から電気ウニ。鍼というのは大雑把に言えばツボを刺激することで機能不全に陥っていた機能を活性化させるということなのだと思うのだが、見方を変えると、もう一押し、もう1回「ポン」と鍼の頭を押されたら下半身麻痺とか意識失うとか、人間の身体とのギリギリのやり取りをしているのだと思う。だからよくなるのだろうが、わたしにはそれが耐えられない。ただでさえ痛みに耐えきれずにいるのにその上でのギリギリのやり取りである。全身冷や汗。みんなこれに耐えているのか。鍼が痛いとか痛くないとかそういう問題ではない。あと1回の「ポン」でやられるという情報が鍼先から全身に伝わり、「その後」の感覚が下半身に充満するのである。いや、いつか下半身が麻痺するという予兆のような鈍い重さが立ち現れてその重さのために逆に下半身が麻痺してしまう、そんな未来の重さに身体と心が一気に支配されてしまうのである。もう二度とやりたくない。のだが、夜になるとすっかり腰が楽になる。とはいえこれが鍼のおかげかどうかはわからない。もう5日目である。普通に良くなってもいい頃だ。鍼をうたなくても良くなった可能性も十分にある。いずれにしても良くなってしまえばこっちのものである。恩知らずと言われるかもしれないが、鈴木清順を借りれば、鍼の上に蝶が乗っただけで半身不随、という緊張感はわたしには耐えられない。

そして中原のFB整理の続き。その中に出てきた2020年公開ヴァージョンの『透明人間』が面白そうだったので早速観ることにする。前半の心理描写と主演のエリザベス・モスの病的な顔つきに慣れるのに苦労はしたが、後半、透明人間が活動を始めると画面のどこかに彼がいるという意識のせいなのか、自分の中の動体視力が上がり集中力が倍増する。それにあの音楽。いやあ、透明人間と『メッセージ』の宇宙人は同じ種類の音が出るんだねと思いながら観ていたのだが、音楽を担当したベンジャミン・ウォルフィッシュはヨハン・ヨハンソンが降板した『ブレードランナー2049』をハンス・ジマーと一緒に手掛けた人だとわかり、納得。しかし『ブルータル・ジャスティス』もそうだったが、いまだにこんなやりきれない空気感の映画が新しい装いで作られ続けるアメリカ映画はいったいどうなっているんだ。

その後、70年代初頭のキャプテン・ビーフハートの音を堪能。半世紀前に刻まれた溝から新しい音が次々に飛び出してきて今この空気が一気に動き出す。

1月24日(日)

腰はだいぶ楽になったのだが、その代わりにメニエール含め体調思わしくなく、2日連続の鍼の影響か、あるいは気候の問題なのか。せっかく少し動けるようになったのにこれまで以上に何もまともなことができない。雪予報だったが冷たい雨。

夜はアルノー・デプレシャン『ダブル・サスペクツ』。日本では劇場公開されず、パッケージ販売とWOWOWでの放映のみで、WOWOW放映時は『ルーベ、嘆きの光』というタイトル、こちらが原題に近い。インターナショナル・タイトルは「Oh Mercy!」だから、WOWOWで「嘆きの」と入れたくなるのもわかる。物語は警察署長が主人公の犯罪モノだからこんなパッケージ・タイトルになったのだろうが、ジャンルとしての犯罪映画でもアクション映画でもない。ベルギー国境に近いルーベというデプレシャンの故郷であり、移民や生活困窮者や犯罪者に溢れた町が舞台になっていて、デプレシャンが描き続けてきた「家族」の物語からははみ出してしまった人たちの物語と言えばいいか、「家族」の果ての物語と言えばいいか、いや、自身の中でかろうじてともされ続けていると同時に目の前の暗闇の中に幽かに見える光のような新しい「家族」を手探りする人々の物語と言えばいいか。警察の仕事、犯罪者の生き方、彼らを囲む人々の暮らしが誰かによってレポートされそのレポーターが次第に彼らの息遣いの一部となっていくような描写。前作に続くイリナ・リュプチャンスキーのカメラがとらえる人々の表情ではなくその皮膚の色と肌触りに、街の空気と彼らの歴史が浮かび上がる。その顔と彼らの言葉だけであらゆる時間と空間と動きとを見せていくという堂々とした語りに思わず目をみはった。レア・セドゥは本当にそこで生きてきたもはや生きる希望も失せた女性のように見えるし、自身の悲しみを人々への愛と信頼に替えてそれでも折れそうになりながら静かな微笑みを湛える主人公の警察署長は、『ホワッツ・ゴーイン・オン』のジャケットのマーヴィン・ゲイのようだ。それぞれの心の中の小さなともしびの音のようにも、あるいはその街に辿り着いた家族を失ったものたちの魂の音のようにも聞こえるグレゴワール・エッツェルの音楽も素晴らしすぎる。

この映画に関しては、「NOBODY」のサイトにて、坂本安美による2019年フランス公開時の詳細なレポートとレビューがある。2年遅れだが坂本安美に心からのお礼を。

このレポートから見えてくるのは、映画は流通するものではなく漂流するものであるということだ。流通には契約が必要だが漂流には愛と信頼が必要である。警察署長に幸あれと祈りながら、もちろんboidも漂流者として生きることを誓う。

1月25日(月)

昨夜の頭痛のため飲んだ風邪薬のせいか、ボーっとして宙に浮いた気分。嫌いではないが具合はいいわけではない。腰はようやく8割がた回復、まともに歩けるようになってきたので散歩がてら事務所に。ただ行くだけ、というつもりだったのだが、行けば行ったで細かい事務仕事満載で、宙に浮いた気分のままそれをやろうとしたものだからすべてが混乱を極めそのうち寒くなってきて手足凍えて退散。そのまま整骨院へ。今日はさすがにもう鍼はなしだった。

夜はドクター・ジョン。昨日から家にあるレコードをあれこれ聴き続けてきて2012年にリリースされたこのアルバムに行きついた。この後のルイ・アームストロングが歌った曲のカヴァー集もめちゃくちゃいいのだが、本日はこれ『Locked Down』。ギターの響きが良くていったい誰が弾いているのかと思ったらブラック・キーズのダン・オーバックで、何のことはない彼のスタジオでプロデューサーも彼だった。こうやっていろんな音を聴き逃してきたことに気づくわけだが、失われてしまうはずだった何年かがこのような別の形で目の前に立ち現れ、あるはずではなかった今をまさに今ここに当たり前のように出現させてくれるわけだから、それはそういうことなのだろう。リアルタイムとはこういうことなのだと思うことにする。

ダン・オーバックはその後イージー・アイ・サウンドというスタジオ名と同名のレーベルも立ち上げリンク・レイの未発表集や63歳デビューで話題になったブルース・シンガー、ロバート・フィンリーのセカンドアルバムも含め、いくつものバンドをプロデュース&リリースしているようだし、このアルバムのベースとキーボードのふたりとともにジ・アークスというバンドも始めたとのことなのでいずれそちらも。

1月26日(火)

まだソックスを履くのがつらい。歯医者の後、散歩。足と頭では物理的に流れる時間が違うという話を読んだ。頭のほうが早く

時間が流れ足のほうが遅いのだそうだ。重力の影響。だとすると若い頃は体力で足が頭に追い付き追い越しがんがん歩くが、歳をとるにつれそれができなくなり次第に前のめりになり躓いて転ぶ。だから頭を遅らせる必要がある。足の速度で考える。そうやって人は土に還っていく、足元に大地が広がっていると思ったら大間違い、足元は何もない空虚かもしれないではないか、というのは映画が教えてくれたことだ。もちろん空虚にも重力がある。その重力に引きずられながらゆっくりと思考してその思考と空虚が限りなくイコールになっていく。

そんなことを考えながらペルシャ料理に行きついた。絶品というわけではないが、800円でこれなら大満足である。

その後、引きこもり仕事、そして夜はついに日本初公開のローラント・クリック『デッドロック』を。ヴェンダースやファスビンダーなどより少し年上で、この映画のサントラを手掛けたCANの主要メンバーたちと同世代、30年代末の生まれ。CANの『サウンドトラックス』に収められた「Deadlock」「Tango Whiskyman」はもういったいどれだけ聴いてきたか。イントロが流れ出すだけでテンションが上がる。物語は『続・夕陽のガンマン』ということでその手の香りはバリバリなのだが、それでも冒頭からああドイツ映画だと思ってしまうのは、その後の監督たちの映画がそこからにじみ出て見えるからだ。そしてなぜかこの映画自体がその後の監督たちの影響を受けたように見えてくるというねじれた時間を体験した。最後のところ針飛びで行っては戻る「Tango Whiskyman」の持続が圧巻。針飛びを繰り返すうちに、いや針飛びゆえに繰り返すのだが、とにかく時間がどちらに流れているのかわからなくなる。

1月27日(水)

昨日少し動きすぎたのか本日は腰がまた調子悪い。それに伴って気分もすぐれず。いや、気分がすぐれなさ過ぎのために腰も調子悪い、と言いたいくらい気分がすぐれず。春のような暖かさで散歩がてら事務所に向かうと気分が変わるかと思ったがまったく変わらずさらに落ち込むばかり。発送作業その他。もう引退したいと思いながら何とか最後までやった。各所への連絡は全然できてない。半分くらいのメールがほったらかし。

今読んでいる小説の中にクジラの自殺の話が出てきてちょっと驚いた。あれこれ調べてみたのだが、実際にクジラが自殺しているかどうかについては目立った記述なし。座礁クジラが実は集団自殺ではないかという説もあるようなのだが。一方イルカの自殺に関してはあれこれ出てきた。本も出ている。思わずポチってしまった。並行して、ナース・ウィズ・ウーンド、ゲダリア・タザルテス。まさかこれらをアマゾンミュージックで聴くことになるとは思いもしなかった。ようやく少し気分が前向きになる。

1月28日(木)

いつもより早めに目が覚めてしまったので(といっても9時30分)、午前中から仕事をしつつ、ランディ・ニューマン。『Creates Something New Under the Sun』なんてタイトルなのに思い切り内省的な曲が続く。ストリングスとピアノの、この世のすべてを夢に変えてしまうと言ったらいいのか、ひとつひとつの物体の輪郭を緩やかに振動させて微熱を持たせてしまう信じがたい響きにあらためて驚いた。そして「I Think It's Going to Rain Today」を聴いているうちに外はいつの間にか雨。そして雪。ランディ・ニューマンの雨の歌はどれも本当に好きだ。この曲はメラニーもママ・キャスもカヴァーしていて、どちらも愛聴している。

夜は、『サン・ラーのスペース・イズ・ザ・プレイス』。ついに、ようやく、という感じの公開なのだが、以前爆音でもやったドキュメンタリーの中にも一部入っていたためか、初めて観た気がしない。というか、サン・ラーの音楽の中にこれらの素が埋め込まれていたのである、というのが正解だろう。そのうえ、お色気ありお笑いあり、しかもめちゃくちゃな展開ながらわかりやすい物語もしっかり語られるというとぼけたサーヴィス精神によって、宇宙こそわれわれの住む場所というメッセージが謳われていく。半世紀近く前の映像と音だがコロナ禍でもびくともしない。冒頭、「まずは時間が終わったということを、考慮しなくてはいけない」とサン・ラーが言っていた。だから空間も終わっているのだ。つまり、「宇宙」とは時間も空間もない場所ということになる。サン・ラーが生きているのはそんな場所である。

1月29日(金)

寝るのに失敗し、とはいえ起きることもできず、ぐずぐずしたまま時間だけが過ぎる。とはいえ起きて各所連絡。午後からは某ミュージシャンの9枚組ボックスセットの打ち合わせ。果たして売れるのか。こういった音源が世に出ること自体奇跡みたいなものだから、それを喜んでくれる人が少しでもいてくれたら。夕方は整骨院で腰と股関節のリハビリ。歩くのがだいぶ楽になった。夜は訳あって『唇からナイフ』を、もう何十年ぶりかで観た。モニカ・ヴィッティ好きにはたまらない映画だが、今回の「訳」はそこではない。にもかかわらずやはりモニカ・ヴィッティばかりを観てしまった。しかしどうしてこの映画が成立してしまったのか、最初から最後まで普通に観ることができてしまうのはなぜか、ジョセフ・ロージーには驚かされるばかりである。

1月30日（土）

昼過ぎに目覚め。致し方なし。ジェイソン・モリーナ関係をあれこれ聴きながら、『恐怖の映画史』Kindle版のパート1とパート2の合体と全体の形式の統一作業、延々と。一時期、ジェイソン・モリーナはもう聴かなくても自分の中で鳴っていると思い聴くのをやめていたのだが鬱々とした日が続くとやはりここに戻ってしまう。亡くなってからもう数年が過ぎてしまった。

夜はロージーの続きで『エヴァの匂い』。バラバラの断片がつなぎ合わされているだけなはずなのに、どこかに道がある。道は土でできているとは限らないということか。水路の物語。ビリー・ホリデイの「Willow Weep for Me」が繰り返し流れるだけなのだが、それがいわゆる画面の外側の音ではなく、几帳面にもジャンヌ・モローが常にポータブルプレーヤーを持ち歩いて必ずレコードをかける。「一番好きなのは何か?」「お金よ」「何に使うんだ?」「レコードを買うの」というようなセリフもある。でも持ち歩いているのはこのレコードだけである。最後には投げて割る。ジャンヌ・モローが帰宅してレコードを投げて割るまでを窓の外から横移動とパンを繰り返し眺め続けるカメラの動きにあきれる。いずれにしてもジャンヌ・モローがレコードを聴いて服を着たり脱いだりしているだけだ。すごすぎる。

1月31日（日）

1月も終わりである。1か月間ほぼ何もしなかった気もするが、少しは何かが動いた気もする。散歩をした。久々に長距離を歩いた。腰はこうやって歩けるくらいに回復したが、長距離はまだつらい。あとはうたた寝とか。そしてロージーの『銃殺』。前線から少し離れた兵営地が舞台だが、この建物というか穴倉というか地下壕というか、営舎の構造がアリの巣のようになっていて、ほぼそれを行ったり来たりするだけで世界の姿を見せてしまう。そしてそこでは誰もが「もう十分だ」と思っている。多分もうずっとそうなのだ。それでも脱走兵は銃殺される。という物語をうとうとしながら観た。土居くんの占いによれば、わたしの人生最悪の年は明日で終わる。

2月1日(月)

土居くんの占いによる人生最凶の年の最終日かつ2月の始まりは、こんなレコードで盛り上がってみた。1月は引きこもり系の音楽ばかり聴いていたので、少しは気分が変わる。ジャマイカの幽霊は乾燥して空に舞い上がりわれわれの脳髄を脳天から直撃するとでも言いたくなるような乾いたギターとキーボードとブラスの音。でかい音にするとそれまではぼんやりと聞こえていたベースがいきなり空間を支配し始める。昨年末にステレオのシステムを替えてようやくこの音が聞こえ始めた。長らくレコード棚でぼんやりとしていたのだった。幽霊復活。

Burning Spear『Garvey's Ghost』

事務所で最近はまっているアマゾンミュージックの話をするとバイトの細井さんから「アマゾンミュージックで盛り上がってるの樋口さんくらいですよ」と言われる。そうなのだ。パソコンからDAコンバータを通してアンプに入れて音を出すと、アップルミュージックとアマゾンミュージックでは全然違う。俄然アマゾンの方が音がいいのだ。わが家のiＭａｃでそうなのだから、これはアップルとしては由々しき問題ではないか。とにかくわたしはアップルミュージックに毎月の料金を払うのをやめた。ちなみにウインドウズのノートパソコン経由にすると、アップルミュージックもアマゾンもiＭａｃ経由より音が良くなる。つまりウインドウズでアマゾンミュージック＞Ｍａｃでアマゾンミュージック＞ウインドウズでアップルミュージック＞Ｍａｃでアップルミュージック、という順番。結論としては、たぶん、みんなアップルに騙されている。まあ、こういったことはパソコン環境の問題もあるから何とも言えないのだが。

夜は整骨院。腰はだいぶ良くなってきたが、まだ前屈姿勢がとれない。ソックスがちゃんと履けるようになるまでにどれくらいかかるのだろうか。

2月2日(火)

ボーっとしていて、夜寝る前に飲む薬を、起きた時に飲む薬と間違えて飲みそうになり吐き出す。ぼけ老人への道のりは早い。

久々にユニオンに行ったらミヒャエル・ローターの10数年ぶりの新作というのが出ていた。冒頭はちょっとニューエイジっぽい、とりあえず荒まずに済んだ老人の音が聞こえてきたのだが、A面終わりになると鉱物質のギターの音が何でもないどこにでもあるような退屈なリフを刻みだし、世界の風景が一気に変わる。あとはもう、どんな音が来てもＯＫ。ついでに持っていなかったトマス・ディンガーのファーストも買ってしまった。これは中ジャケがいいんだよねえ。

Michael Rother『Dreaming』

Thomas Dinger『Für Mich』

2月3日(水)

昨日は帰宅途中の電車を乗り間違えて方南町に行ってしまったのだが、本日は門前仲町に行く予定が気が付いたら木場だった。現実がどんどん遠くなっていく。

どうして門前仲町かというと節分後恒例の深川不動堂のお参りと護摩祈祷。受付で何を祈祷されますかと尋ねられ、本来なら「身体健全」のところあまりに体調が悪いので迷った挙句「商売繁盛」を選んだ。とにかく生きていられたら、という最低限のお願い。土居くんによれば今年はギャンブルの年、ということで勝負をかけないとならないはずなのだが、まずは身体健全であっての話。多くは望まずそれゆえにいつか大ごとがやってくる心の準備もしておく。いや、大ごとがやってくるゆえに多くは望まずということになる。予感はある。それがギャンブル、ということなのだが。祈祷中は腰の痛みがひどい。座ってじっとしているのはまだ大変である。

夜は夕食後のおねむの時間と配給関係のトラブルとが重なって、でも結局寝てしまい、その間状況は少し好転していたが、最善を尽くさねばと各所連絡。世の中が便利になった分ちょっとしたミスが大ごとにつながる。できることをゆっくりやる。その後、先日のバーニング・スピアーの流れでデニス・ボーヴェル。このところずっと頭がダブになっている。

Dennis Bovell『Decibel』

2月4日(木)

ディスクユニオンの本部で打ち合わせがあるので久々のお茶の水だと思っていたのだが、事務所を出る時に住所を再確認したら九段下だった。もうずいぶん前に引っ越していて、それもわかっていたのだがなんでか記憶は昔のまま。しかし問題は九段下で、とにかくあの辺り一帯は魔物がいる。常にひどいことが起こる。やばいなと思いつつ東西線に乗ってネットを見ると、80年代の高円寺仲間である河合渉くんの追悼メッセージのようなものが載っている。つい2、3日前までフェイスブックでやり取りしていたので、「え、なんだこれ」と思いつつ、そういえば昨日から各所で河合くんのかつてのライヴ映像を目にしたので変だと思い確認したら、一昨日、急死したとのこと。自殺ではない。自然死のような感じで突然。電車の中で泣きそうになる。岐阜在住の河合くんとはもう10年以上も会っていなかったのだが、マメな河合くんがフェイスブックに毎日いろんなことをアップするものだから、離れているのに気持ちはご近所さんだった。そんな10年以上実体がないままだった関係がこうやって何の前触れもなく不意に途切れてしまったのである。途切れたけれども決定的な断絶ではなく、さらに実体のない何かが身近にふわりとやって来たとしか言いようのない感覚に襲われる。ご近所さんがお隣さんになったと言ったらいいのか。こんな気分は初めてだ。

夜はロージー『できごと』。何箇所かで聴くことのできる音の暴走に啞然とする。それに運河。あのシーンの小舟の動きとそれをとらえるカメラの動きの怪しさはいったい何なのか。それに加えてダーク・ボガードの説明可能だがその可能な説明をすうっと通り過ぎてしまうような上の空の佇まいを伴う弱さと悲しみのしぐさ。原作を読むといろいろ見えてくるのだろうがそんなものが見えたところで、この映画を観たことにはならない。「お隣さん映画」と命名したいくらいだ。

そして昨日のデニス・ボーヴェルの流れでこれを。ボーヴェルほか、エイドリアン・シャーウッド、サイエンティスト、マッド・プロフェッサー、プリンス・ファティが参加するガウディのテルミン・ダブ。これもまた「お隣さんダブ」と呼びたいところだが、テルミンの音色はお隣さんのようでもあるが単にテルミンの音色なので「お隣さん」じゃない。

Gaudi『100 Years of Theremin (The Dub Chapter)』

2月5日(金)

花粉が飛んでいる。鼻の奥が痛い。くしゃみと鼻水。寝坊して昼に起きると起きてからが忙しい。あわただしく高円寺駅に向かっていると、路地の向こうでカラスが両足でぴょんぴょん跳ねていたり、歩道橋では頭の側面を剃ってサングラスをしてばっちり決めた女性が階段を一段踏み外し軽くこけたり、道路工事の交通整理の担当が交通整理をしながら踊っていたり、何となく春の気配を感じた。

ロージーは『暴力の街』。今も昔も変わらぬ状況に時は流れていないのかとも思えるが、映画の中では時は確実に流れている。今ここに足を止めて緩やかに生きたいと願う主人公の現在を嘲笑うかのように今ここでの事件が次々に起こり結果的に主人公は再び過去の自分を取り戻すのだが、その時主人公は単に自身の足元に立ち返るのではなく、過去が夢見た未来の広がりに一歩足を踏み出したのだと言いたくなるような主人公の決断が最後に示される。彼が一歩を踏み出した時にその広がりが一気に出現すると言ってもいいし、つまりその時世界が誕生する。だから同じ映画は何度も繰り返し作られるべきなのだ。好きな映画だが『デトロイト』にもこんな一歩があったらと、ふと思う。

その後ダイナ・ショアのモノ盤があまりにいい音を響かせるので、次々にモノ盤をかけてしまい時を忘れる。

Dinah Shore『I'm Your Girl』
Nancy Sinatra『Country, My Way』
Roy Orbison『Roy Orbison Sings Don Gibson』

2月6日（土）

上映トラブルの知らせ。ブルーレイは本当に不安定で参る。とにかくできる限りの対応をする。

2月3日に行われたカーネーションのトリオ・ライヴの配信。リアルタイムで観るのが難しかったので、配信期限ぎりぎりの本日。映画を観るのと同じようにヘッドホンで聴こうと思ったのだが、パソコンからアンプにつなぎ、ステレオセットから自宅で許される限りの音量にしてみた。ライヴ会場で観るのともライヴ盤を聴くのともパッケージされたライヴ作品を観るのとも違う、奇妙な生々しさと親密感と浮遊感が部屋の中に充ちる。たぶん、リアルタイムで観るとこれとはまた違った感じになるはずである。時間の距離の広がりの中に放り込まれた感じと言ったらいいのか。3人のカーネーションはあまりに堂々としていてシンプルで力強く可憐で、まるで女性3人のトリオのライヴを見ているようでもあった。つまり愛に溢れていた。もうそれを見ることができるだけで十分だ。

夜は渋谷ストリームホールでイノヤマランドのライヴ。腰痛が治ってきたのでお試し。しかし何度行っても迷う。あの会場はホールに入るまでの導線が最悪である。受付に辿り着くまでもそうなのだが、受付を過ぎてからもホールの中に入れない。いや、よく確認すれば入れるでしょうということなのだが。とにかく最近のビルは基本的に案内がそっけないし導線が人間的でない。迷宮で迷うのと違い、世界からどんどん疎外されていく感じ。あまりに憮然としてSNSにそのことを書いたのだが「ストリームホール」を「スクリームホール」と書いてしまった。わたしの怒りの叫びがそうさせたのだと言っておこう。

イノヤマランドはいつもの感じで本日は映像付きでゆったりと堪能。先日買ったミヒャエル・ローターのニューアルバムとも重なり合うところもあってふたりにそのことを伝えようと思っていたのだが片付けに時間がかかるようなので、次の機会にした。帰宅して日々のロージー作品にしようと思ったのだが気分を変えて今更ながら、ソダーバーグの『コンテイジョン』。昨年あんなに話題になったのに見逃していた。ホロっと来たのはマット・デイモンの娘が自身のワクチン接種まであと170日くらい待たないとならないことが判明した時に、「わたしの春も、夏もなくなる」と悲しそうにつぶやいたシーン。大人は今我慢すれば来年があると言えるけれども、若者にとっては今この春とこの夏が大切なのだ。それが台無しになってしまう。現在と共に未来も無くなってしまうように思えてしまう若者ゆえのその悲しみ……。若き日の「未来への不安」、みたいな感覚をしばらく忘れていたような気がする。彼氏が遊びに来て雪の中に寝転んで、冷たさの感触を味わっているだけ、みたいなシーンもよかった。

2月7日(日)

あまりに春みたいな陽気だったので散歩をした。善福寺川。昨年の春はよくこのあたりを歩いた。その頃はまだメニエールがひどく、足元は不安に満ちていた。

2月8日(月)

眠りが浅かったためひどく調子が悪い。眠りなおすこともできず、仕方なく起き上がり各所連絡など、やらねばならないことはまだまだある。夕方は歯医者、整骨院。具合悪いまま1日が終わる。

2月9日(火)

ここにきて俄然調子を崩し、とにかく何とかかろうじて日々の仕事をこなし1日をやり過ごす。こんなはずではなかったのだが。夜はうたた寝するばかり。エリオット・マーフィーで心身を休ませる。

Elliott Murphy『12』

2月10日(水)

寝るのに失敗していったん7時過ぎに起き、朝飯を食ってから再度寝たら目覚めると13時30分だった。15時から大寺眞輔と打ち合わせなのでとにかく起き上がる。天気予報の言うように4月並みかどうかはわからないが外はそれなりに春の陽気だった。

座・高円寺の2階のカフェで待ち合わせたのだが、座・高円寺のホールでは恒例のドキュメンタリーフェスティバルが始まっていた。本日初日。完全に忘れていた。カフェにいると、本日の上映を終えた『うたのはじまり』の河合宏樹くんがやってきて、久々だったので近況報告。大寺を待ちながらフェイスブックを見ると、なんとこの日記にアマゾンミュージックにもゲダリア・タザルテスの音源があってびっくりとか書きつつあれこれ聴いていたそのゲダリア・タザルテスさんの訃報。なんてこった。みんなどんどんいなくなる。もうすぐ自分の番だという思いが日々強くなるばかりなのだが、まあそれはどうでもいい。ああ、ナース・ウィズ・ウーンドの評伝も買った（1月27日の日記参照）。この本の軽さが何とも言えない。サクッと出した感じ。まあその「サクッと」こそ苦労のたまものでしかないのだが。

大寺とは、近々オープンするｂｏｉｄのというかVoice Of Ghostの配信サイトについてあれこれと話す。いろんなアイデアが出て確かにそれができたらと思うものの、果たしてわたしにできるのか、できないとすれば誰にどうやってもらったらいいのか、いろんな宿題、しかも急ぎでやらねばならない宿題を受け取ってしまった。病人なのに、とかもう老人なのに、とかもともとやる気ゼロなのに、とかどこにも金ないのに、とか思いはぐるぐると駆け巡り次第に覚悟は決まっていく。

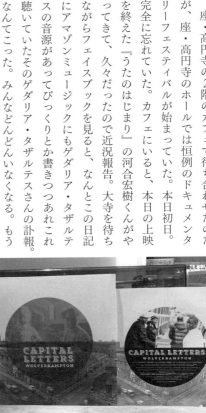

その後新高円寺のスタジオでＰＶ撮影中のAmericoを訪ねる。井手（健介）くんが監督、鈴木淳哉がカメラを。相変わらずAmericoは身の回りの世界から外れずしかしその世界はどこまでも広がっていく。そして整骨院。あと10回くらい通ったら何とかなるだろうか。帰宅後はキャピタル・レターズを。数年前のアルバムだが、このジャケットとインナースリーヴの重なり合いがいいんだよね。いくつもの時間が部屋に充ちる。

Capital Letters『Wolverhampton』

2月11日（木）

オンライン試写でアリス・ウィンクールの『約束の宇宙《そら》』。コロナ禍以降、リアルな試写のほかにオンラインでも観られるようになって、わたしのようにいつも具合悪いとか、ぎっくり腰の影響で2時間じっと座っていられないとか、地方出張が多いとか平日はいろんな業務で試写に行く時間がとれないとか、通常なら簡単には試写に行けない人たちも、自分の都合に合わせて新作を観ることができるようになった。本当にありがたい。これまでは通常の業務をこなしていると全然試写に行けなかったのだが、ようやく新作にも対応できるようになった。これは公開の際にも言えることで、現実的に映画館に行けない人は山ほどいる。その人たちだってもちろん映画は映画館で観ると全然違って見えるということは十分承知だろう。でも行けないのだ。例えば子育て中のシングルマザー（あるいはファーザー）が安心して観に行ける映画館が世の中にどれだけあるというのか。また、そこまで兼ね備えた映画館の運営を考えると、現実的には難しいだろう。ならば配信でいいではないか。一緒に映画を観ていた子供たちが成長して映画館にやってきてくれるかもしれない。子育てを終えた親たちが、その間持続された映画への興味をさらに増幅させて、その後の映画館通いを加速させるかもしれない。

それはそれ、『約束の宇宙』はまさに子育て中のシングルマザーの宇宙飛行士の物語であった。宇宙での物語ではなく、今この地球で生きているひとりの人間が悩みと迷いの中でどうやって宇宙飛行士になっていくか。とはいえ訓練の物語ではない。鍛えられてひとつ美しい形に収まっていくのではなく、その場その場の他人との関係の中で小さな決断を繰り返し、それぞれとの新しい関係を生み出していく。すべてがうまくいくわけではない。対立も生まれるが怒りを微笑みに変え、そこから新しい関係を生み出していく。

そういえば映画の冒頭も、火災が起こった際の消火と機材復旧の訓練だった。対立相手となるチーフは彼女に向かって「重力を楽しめ」と言う。子育ての困難、元夫との関係の困難、その中で宇宙飛行士になることの困難。何かをあきらめて何かを選ぶのではなく、すべてにかかわりすべての関係を別のものに作り替え、理想とされるヴィジョンとは違っていてもそれまでにない形でそれらすべてに対応していく。宇宙への旅立ち直前と隔離期間中のガラス越しの親子対面シーンは正面からの切り返しではなく、斜めからのショットの切り返しで、母の隣には娘の方向を向く母と同方向を向くガラスに映った娘の顔があり、また娘の隣には母の方を向く娘の顔の隣に同方向を向くガラスに映った母の顔があった。まさにそれがこの映画の姿勢であった。母がこの訓練の期間中さまざまな経験を通して新しいタイプの宇宙飛行士になっていくと同時に、娘もまた離婚した両親にそれぞれのやり方でかかわりつつ彼らの娘として思わぬ成長を見せていて、それが母の成長でもあった。だから娘は、例えば母が宇宙船の事故で二度と地球に戻らなかったとしても、母とともに生き続ける。そんな永遠を獲得する映画だった。

一昨年、オリヴィエ・アサイヤスが来日した時に、オリヴィエ推薦のフランスの監督として彼女の名前が挙がり（オリヴィエは確かウィノクールと発音していたはず）ずっと気になっていたのだが、ようやく観ることができた。『クリーン』のマギー・チャンの姿がこの映画のエヴァ・グリーンに重なる。『幸せをつかむ歌』のメリル・ストリープの姿も重なる。そしてあの映画のあの人の姿もあの人の姿も。数え切れない人々の姿が、この映画のエヴァ・グリーンには重なりそして今もそれは増え続けている。

夜はカウント・オジー・アンド・ザ・ミスティック・リベレーション・オブ・ラスタファリの『Tales of Mozambique』。70年代半ばにジャマイカでリリースされたアルバムのイギリスでの再発盤。カウント・オジーはこのアルバムのリリース後に亡くなってしまっているのだが、こうやって音は伝わってくる。ガラスに映った母の顔なのか娘の顔なのか、とにかく実体とともにある不明瞭なエコー、あるいは影のような音に取り囲まれる。

2月12日（金）

調子悪く本日は予定全滅。オンライン試写でユン・ダンビの『夏時間』という映画を観た。韓国の新世代の女性監督のデビュー作。試写状にはエドワード・ヤン、小津、侯孝賢らの名前があったが、グレタ・ガーウィグ、ケリー・ライカートの名前があってもいい。シングルファーザーと2人の子供（姉と弟）が祖父の家に移り住む。そこに父親の妹、子供たちにとっては叔母もやってきて、どうやら叔母もまた夫ともめているらしい。祖父はひとり暮らしで半分ぼけてもいるようだ。ホームドラマということになるのだろうか、しかしホームドラマというにはもはやその前提となる理想の家族が、あるいは家族の理想が失われて久しい。そんな「その後」の時間が流れ続ける。何かが欠けていたりいびつだったりすること自体が問題となっているわけではないのだ。修復も修正も開き直りもない。かつて世界を支えていた家族というヴィジョンがぼんやりと消えてなくなりようやくわれわれはただそこに生きているだけでいい存在になった。そこに彼らがいて何かが起こるだけでそれは当たり前のように家族になるし、ならなくてもいい。人間がそこにいるだけで映画は生まれる。『約束の宇宙』に倣えば「重力を楽しむ」映画ということになる。舞台となる祖父の家の構造が、そんな彼らの在り方を示している。あれは韓国では当たり前の家なのだろうか？　増築されてそうなったわけでもなくあらかじめ意図されていたわけでもなく、さまざまな空間がそれぞれのやり方で当たり前のように結びついた場所。この家こそこの映画の主人公であるとも言いたくなる。エドワード・ヤンにも小津にも侯孝賢にも出てこない家だ。あんな家に住みたい。

　ああそして吉開菜央といい瀬田なつきといいユン・ダンビといい、どうして自転車シーンをこんなに軽やかに撮ることができるのだろう。『Wheel Music』の中で「省エネで生きてる」と口ずさみつつ自転車をこぐ吉開菜央は「省エネで生きてるというのは全力で生きてることなんです」と語ったのだが、この映画もまた、自転車シーンだけでなく映画全体が「省エネで生きてる」と口ずさみつつ全力で自転車をこぐような映画だった。

　あと、韓国ロック好きには御大シン・ジュンヒョン作の「未練」がいろんなヴァージョンで流れるので必見と言っておく。大ヒットしたチャン・ヒョンのものは当然、監督はまずキム・チュジャのヴァージョンが思い浮かんだのだという。

2月13日（土）

　春みたいな陽気で気持ちいいがだからといって体調も良くなるわけではない。ぼんやりするばかりなのでCDの整理をした。必要なものを残しあとは段ボールに詰める。必要なものと言うのは物体として持っていないと忘れてしまったりないことになったりしてしまうようなものという感じか。時々蘇って身体を活性化してくれる記憶の痕跡のようなもの。これでだいぶ落ち着く。荷物を郵便局で受け取るため散歩がてら南阿佐ヶ谷まで歩く。途中でこんな看板。「ガーナつけ麺」。いつも気になっているのだが、店が開いていることがない。今日はシャッターが半開き。だから閉店しているわけではないのだろう。その後整骨院。

　夜は3月公開の『テスラ エジソンが恐れた天才』。19世紀終わりから20世紀にかけて、交流電力システムやラジオなどを発明したニコラ・テスラの伝記物語である。予算をかけず歴史ものをどうやって作るかという時に誰もが思いつきそうでなかなか思い切ってやれないことをやっていた。やった者勝ちでもあり、その勢いで少しやりすぎでもあったが、だれもが思い切れないことをやったわけだから致し方なし。しかしまさかのティアーズ・フォー・

フィアーズで腰が抜けた。常に資金不足、スポンサー募集中のbo:idにとって、こういう発明家の映画は励みにもなるし、これくらい才能があっても簡単にはスポンサーは見つからないという現実に直面するきつい機会でもある。ぼんやりとbo:idの今後を考える。

そして記憶の痕跡であるこんなアルバムを聴いた。マテリアルが1999年に出したもの。もう20年以上も前だ。深夜地震。かなりな揺れ。東京震度4、福島震度6プラス。

Material『Intonarumori』

2月14日(日)

本日も外は昨日よりもさらに暖かい。結局1歩も外出せず。ぼんやりするばかりで、ギリギリ何とかCDと部屋の片づけをした。それなりに気持ちもよく音の通りも良くなったのだが、それで体調が回復するわけではない。何とかならぬものかとオンライン試写で『カポネ』を観た。トム・ハーディが晩年の認知症発症後のカポネになる。『約束の宇宙』の主人公の上司役のマット・ディロンや『テスラ』でエジソンをやったカイル・マクラクランも出ていて、不思議なつながりの中で観た。今はハリウッドのメジャー作品がほとんど作られていない、あるいはいきなり配信に回ってしまうためにかつてなら日本では公開もされなかったような小規模のアメリカ映画が観られる状況になっている。そのために小さな作品に出演している俳優たちを頻繁に目にするようになる、というようなことだろうか。いや単にわたしがこうやって新しい映画をまめに観られるようになっただけの話か。

これもまたほぼカポネの大豪邸の中だけで語られる。半分狂ってしまったカポネの頭が振り返る自身の歴史と言ったらいいのか、まだらに現れる記憶の痕跡がこちらの時間感覚を狂わせる。そしてシカゴの闇ではなくフロリダの陽光があらゆるものを台無しにしていくばからしさにあきれる。おしゃれなシャツにガウンを羽織ってはいるが、下半身はおむつで金ぴかのマシンガンを抱えて目をぎらつかせ大庭園をよろよろと歩くカポネの姿は、『ラリー・フリント』のウディ・ハレルソンのあられもなさと比べたくもなる。この姿が大スクリーンに現れたらどんな風に見えるだろうか。

2月15日(月)

朝5時前くらいに寝たのに7時過ぎに目覚める。それ以上眠れる感じもないので起き上がる。事務所に行こうと思ったのだが雨がひどくあきらめて自宅作業。夕方は整骨院。腰は少しずつ治ってきているが、気力は失われたまま。何もやる気がしない。そして本日もオンライン試写『ドリームランド』。１９３０年代テキサスを舞台にした開拓者たちの物語。『俺たちに明日はない』にインスパイアされた男女の逃避行ものとのことだが、冒頭のナレーションにもあるように、彼らふたりの物語というより、開拓民たちの夢と野望とそれゆえの闇が作り出した物語、ということになる。主人公たちの親やその親の世代が作り出したここではないどこかへの視線が、彼らの背後から彼らを貫いて彼らの目の前に広がる。その意味で、コミックショップ勤務の男とコールガールの物語である『トゥルー・ロマンス』とどこかよく似た、ヴァーチャルな経験が現実を侵食してその現実が彼らを自身の生きるリアリティに直面させる現代人の物語だとも言える。しかしそのこと以上にこの映画のふたりは見れば見るほど『トゥルー・ロマンス』のクリスチャン・スレイターとパトリシア・アークエットに姿も表情もそっくりで、しかもわたしはひとりで初めて観に行った映画というのが中学1年の時の『イージー・ライダー』と『俺たちに明日はない』の2本立てということもあって、わけのわからない時間の混乱の中に落ち込むことになった。クリスチャン・スレイターが出演している『パブリック 図書館の奇跡』を見逃していたことを思い出す。そしてこちらの監督のエミリオ・エステベスにも『ウィズダム／夢のかけら』という映画があったのだった。

2月16日(火)

またもや極端な早起き。ぼーっとしたまま事務所で各所連絡や書類作業。夜は倒れる。花粉のせいもあるかもしれない。

2月17日(水)

完全にペースが狂ってしまっているが致し方なし。毎年この時期はこんな感じ。終日頭痛、そしてファスビンダー本のKindle版のチェックなど。夜は整骨院で少し楽になる。

2月18日(木)

やっぱりでかい音で聴かないとだめだね。わが家のように火事になったらおしまいの高円寺の住宅密集地帯に住んでいるとでかい音を出すのは簡単ではないのだが、時々ね。まあちょっとくらいはと思ってそれなりにガツンと出してみると、やっぱり気持ちいいわけですよ。もう、本当に嫌になるのだけどこれが現実。やればやれるのにできない。これさえあれば他はどうでもいいと思えるくらいのことになるというのが手元に転がってるのにできない。まあそのためにはアナログ師匠である浅川満寛さんや湯浅さんのように田舎に引っ越すしかないのだけど、またぎっくり腰来たらどうする、メニエール悪化したらどうするとかなんとかあれこれあってついつい便利な方を選んでしまう軟弱者はそのような恩恵にあずかることはできないのか。なんてことを朝からプリンス・ジャミー聴きながら考えていた。

Prince Jammy with Sly & Robbie『Uhuru in Dub』

午前中は『ファスビンダー、ファスビンダーを語る』のKindle版に向けての作業。大著なので時間がかかる。午後は目もしょぼしょぼのなか、オンライン試写『フィールズ・グッド・マン』。ああ知らぬ間に世界ではこんなことが起こっていたのかという、自分がいかに世界から遠く生きていたかを思い知らされた。そしてその「知らぬ間」のことが気が付くと自分の身にも降りかかっていることを考えさせられた。この映画で取り上げられているのは作者の意図とは関係なく独自に変異し流通していくカエルのペペのことなのだけど、これを観る人それぞれが自分にとってのカエルのペペについて考えることになる。自分が生み出したものが独り歩きすることは面白いと同時にひどい結果を生むこともある。その情報の変異と拡散のスピードと強度に、オリジナルは殺されかねないわけだ。作者と受け取り手は結果的にそのような殺伐とした関係になってしまうのだろうか？　いったいそこには何が欠けているのだろうか？　われわれは何かこの映画のカエルのペペにはない作者と受け取り手との関係を信じて物を作って来たのではないか？　この映画が示していないものとはいったい何か？　そんなことをあれこれ考えた。

2月19日（金）

『はるねこ』の監督甫木元空から送られてきた彼のバンド「ビアリストックス」のアルバムを流しながらもろもろの作業。ジャケットの絵は『ＥＵＲＥＫＡ』の阿蘇山にオリヴィエ・アサイヤス『アクトレス〜女たちの舞台〜』の蛇のようなあの雲が流れてきたようにも見えるし、またその坂道を下っていくとプライマル・スクリームの「コワルスキー」が流れてきて道に迷うクリステン・スチュワートのように世界の消失点に向けて迷い込んでしまう、そんな世界と存在とが輪郭を崩し合う場所にも見えてくる。そこからは飾らないシンプルで「生」な音が聞こえてくるが、特にドラムの音が独特でいくらでもこれから加工できるしどんなに加工されてもいつもそこにはこの風景があるような、そんなおおらかな音が空気を揺らした。いいプロデューサーというか野心満々のプロデューサーに出会うことを願う。

夕方、整骨院。治療はぎっくり腰から股関節へと移行。日没時間が遅くなってきた。

2月20日(土)

午前中、とりあえず各所への連絡を済まし、昼飯を食いがてら阿佐ヶ谷へ散歩。大した距離ではないのだが、まだ股関節が痛む。とはいえ街には春の気配も漂い始め、メニエールからのリハビリのためこうやって散歩を始めてからそろそろ1年が経つことを実感する。この1年、飲食業の方たちに劣らずboidの収入も5分の1くらいに減ってしまい青ざめるばかりだが、それでもこんな時間をこんな気持ちで過ごせることを考えると、ああいろんなことを放り出してよかったとしか思えない。昼食は阿佐ヶ谷駅前にある、「翠海」という中華料理屋。ここがね、メインはもちろん、サラダのドレッシングからスープから漬物、付け合わせの小鉢に至るまで、丁寧、繊細、常にひと手間の極み。ランチは1200円で、少し高めだがいや大袈裟ではなくこういう料理が世界を平和にするのではと思えるような味。19日から始まったミカ・カウリスマキの新作が『世界で一番幸せな食堂』というタイトルでまさにそんな映画なのだが、まだ世界を変えるような大きな動きにはなっていないがでも世界のどこかで静かにきわめて繊細なやり方でゆっくりと何かが変わり始めている。そんな妄想を「翠海」では楽しむことができる。

その後は眠さのために意識もうろうとしながら再発が続くON-Uのダブ・シンジケート2枚。ON-Uの中でもこの名義での音作りの時が皆さん一番遊んでいるのではないか。時折あきれるような馬鹿な音が聞こえてきてうれしい。2月末にはニューエイジ・ステッパーズが再発になる。

Dub Syndicate『Displaced Masters』

Dub Syndicate『Ambience in Dub 1982–1985』

2月21日(日)

早起き生活を身体に覚えさせる意味も込めて、午前中から部屋の掃除。昨日届いたデニス・シャーウッドのアルバムをかけながら。当たり前だがレコードででかい音で聴くと全然違う。なんだろう。人生3回分くらい違う気がする。A1は親父のエイドリアンつながりでリー・ペリーも参加していて、音が部屋中を飛び交う。浅川さんからは家が震えるくらいな爆音で、というメッセージが届いているのだが、さすがに我が家ではそれはできない。

Denise Sherwood『This Road』

そして散歩。善福寺川は桜が咲いていないのが不思議なくらいの陽気。植木の陰から地回り猫に挨拶をした。

夜は、何人かからやってきていたフェイスブックのスパムメッセージを削除しているうちに何かに触ってしまったようでいきなり感染、わたしのメッセンジャーものすごい勢いで友人たちにスパムを送り始める。さすがに焦る。急ぎパスワードを変えてとか対処しようとしたのだが、もう、パスワードの変え方さえわからない。皆さんからは即行で「スパム来てますよー」という連絡も入り、こちらにも対応しつつ冷や汗かきながらようやくなんとか落ち着く。1時間くらい。たぶんそんな悪質なものではないとは思うのだが、これがもっと悪質なやつだったらと思うとぞっとする。しかも今回のやつも、果たしてこれで収まったのかどうかもよくわからない。どこかでパソコン自体も全部まっさらにしてきれいさっぱり過去と縁を切る、ということにしたい。とはいえこれを機に、不義理をしていた方たちとやり取りをすることができた、という前向きなとらえ方もある。

2月22日(月)

猫の日、なのだそうだ。「2」が3つならんで「にゃん、にゃん、にゃん」だからと妻が言う。まあ、そんなわけで本日はご飯もおやつも要求通りに満足するまであげる。わたしはうなぎを食った。昨年の夏以来。昨夜のスパムの件ですっかりネガティヴな気持ちになっていたのだが、少しテンションが上がる。boid事務所から1分のうなぎの店「愛川」は丁寧にうなぎを料理していて本当においしい。串焼きも絶品である。

本日はON-Uの流れでビム・シャーマン。歌い方が独特で、前に空気を押し出すのではなく吸い込むような感じ。その呼吸感、何かがどこかに吸い込まれつつ消えていきスーッと静かに吐き出される空気の小さな振動に身をゆだねるわけだ。ファスビンダー本のKindle化作業もゆっくりと進む。身体はなぜか全身がばりばりになっていて夕方の整骨院で緩くほぐしてもらう。

Bim Sherman『Across the Red Sea』

2月23日(火)

花粉がひどい。鼻水と目のかゆみ。気にし始めるときりがなくなる。終日ぐずぐずの中で自宅作業。本日のお供はリントン・クウェシ・ジョンソン。一般的な抑揚を無視した声のなだらかな広がりの中でさまざまな夢想が広がる。初めて聴いてからもう40年が経とうとしている。

しかしレコードをひっくり返す際に腕がカートリッジにあたっ

てしまい、針の付け根を損傷した模様。高音がひずむ、音にムラが出る。

Linton Kwesi Johnson『Bass Culture』

Poet And The Roots『Dread Beat an' Blood』

夕方からオンライン試写で侯孝賢『風が踊る』。昨年が監督デビュー40年だったということで1年遅れで大特集が予定されている。その中でも上映される監督第2作の81年の作品。監督作は全部観たつもりでいたのだが、これは観てなかった。侯孝賢はエドワード・ヤンみたいに最初から世界の映画史の中にしっかりと身を置き、その中で才能全開でいきなりものすごい作品を撮った人ではなく、初期作品はどこか初々しくもあり、その肌触りが魅力でもあるのだが、これもまた商業映画と自主製作映画との間のような触感。屋外撮影のほとんどがゲリラ撮影ではないか？　とか思わせるような周囲の人々のカメラとの関係も含め、当時の人々の生活がそこかしこから伝わってくる。スチールカメラでさまざまなものを撮影している主人公が、人々の暮らしを写したいのだというようなセリフを言うのだが、まさにそれがそのままこの映画だということになるだろうか。商業映画としては、青春映画という枠組みに入るはずの作品だが、アニエス・ヴァルダの初期作品『ラ・ポワント・クールト』や『ダゲール街の人々』の横に置いてみたくなるのはそのせいだ。80年代終わり、『風櫃の少年』を観て無性に高雄に行きたくなったのも同じ理由で、そこに映された人々の暮らしや街の風景の中に重なり合う歴史が、表面的な物語を超えて確実に広がり出しているのである。オリヴィエ・アサイヤスが作ったドキュメンタリー『HHH：侯孝賢』にも、もはや以前とは違ってしまった街並みの中で自分が少年だった頃の話をする侯孝賢の姿が映っている。あの姿を見るたびに、涙が止まらなくなる。

20時前に軽く横になったつもりが気が付くと24時30分だった。

2月24日（水）

今年に入ってから自分にできる仕事を延々とやり続けているのだが、しかしそれで稼いでいるわけではない。自分の仕事と稼ぎがまったく一致しなくなってしまったのだが、それで焦ったりしなくなった。たぶん6月くらいまで、もしかすると今後はほぼ無収入に近いのではないか。まあ、それで生きていけなくなったらそれまで、という変な覚悟だけができている。

本日は朝からON-Uから出たリー・ペリーの2枚を聴きながらファスビンダーのKindle版作業。カートリッジは結局ダメで、もともと使っていたオーディオテクニカのやつを引っ張り出して秘密の水を振りかけて使用。こういう時は秘密の水が威力を発揮して、リー・ペリーの狂った音を部屋中に跳ねまわし始める。稼ぎはなくてもご機嫌、というやつである。花粉は昨日よりましだ。

Lee Scratch Perry『Rainford』
『Lee Scratch Perry Presents Nu Sound & Version』

夕方整骨院。その後、ジョセフ・ロージー『秘密の儀式』。中原のFBでも「とんでもない」と書かれていたが、もう冒頭からまったく尋常ではない。いったいどうなっているのか。ロンドンのバスを正面からとらえたショットだけでもビビる。教会の牧師の言葉の最中にまったく意味不明のくしゃみ。牧師が映されているわけではないので、いったい誰がしたのかも不明なのだが音声上は牧師としか思えず、しかしどうしてそれが必要だったのかはまったく謎。というような細かいところから始まって、バスの中でのエリザベス・テイラーとミア・ファローとの出会い、セクハラ発言しかしないロバート・ミッチャム。そして家屋の不思議な造り、部屋と部屋との関係、町と家との位置関係、海辺の異様な風景。あきれるばかりである。個人的にはありがたいとしか言いようのない映画。

2月25日(木)

終日不調。ボーっとするばかり。猫たちの写真ばかり撮っていた。午後からは杉田協士くんの新作の試写があったのだがまったく身体が動かず。うたた寝しているうちに1日が終わった。いくつかの緊急の連絡はした。

2月26日(金)

朝からオーガスタス・パブロで和む。90年代にリリースされた初期音源を集めたやつで、ドラムやベースの音が引っ込んでいて音がいいとは口が裂けても言えないが、それでも十分に何かが伝わってくる。「それゆえに」とさえ言いたくもなる。もろもろの作業も順調に進み、おかげで気分はいいが腰の状態が悪い。同じ姿勢でじっと座っているのとその後がきつい。映画館で映画観るのはしばらく無理だ。夕方、整骨院であれこれ訴える。

Augustus Pablo『This Is Augustus Pablo』

帰宅するとニール・ヤング&クレイジーホースの90年代ライヴ4枚組が届いていた。眠すぎて聴くのは明日に回したいのだが、まあ1枚目くらいはね。そしておなじみの音が聞こえてくるわけなのだが、これもまた最高の演奏だとは言い難い。でもそれなのだ。最高の演奏ではない最高のアルバム。ライヴってこういうことだよなと思う。コロナ以降、ますますこういう音は聞こえてこなくなるだろう。『マディ・トラック』は永遠に上映され続けなければならない。「NOBODY」のサイトで、結城がこんなことを書いている。

「ヤングはカメラで撮影することのよさをこんなふうに語っていたのだった。「なにかが映るということだけですばらしい。それがひどいものならもっといい」。『マディ・トラック』は最高にひどい」

Neil Young & Crazy Horse『Way Down in the Rust Bucket』

2月27日(土)

そんなわけで本日もニール・ヤング4枚組ライヴが流れ続けるのだが、体調は悪い。どうやってもダメだ。近田春夫さんのように「調子悪くてあたりまえ」とはならない。調子悪いとつらいのである。ただそれだけ。調子悪さを当たり前のように乗り切るつもりはまったくないし、調子悪さを乗り切る体力もまったくない。まったくないところでつらいつらいと悲鳴にも似たつぶやきを続けることが大切な気がしている。

『ブータン 山の教室』を観た。ブータンの都会で暮らしオーストラリアに行って歌手になることを夢見る若者が、携帯電波も届かない山奥の村で半年間の教務の仕事を任命される。そんな舞台設定を書けばその後の物語は大体想像できる。そしてほぼ想像通りの村の人たちとの交流が始まるのだが、物語が進むうちに主人公が交流しているのは村人たちではなく、彼らの背景にある大きな時間であることがわかる。とにかくヤクがね。この世界そのものとして登場する。ウィキペディアの「ヤク」の項目にはこんなことが書かれている。

　2000年前から家畜化したとされる。1993年における家畜個体数は1370万頭と推定されている。ほとんどのヤクが家畜として、荷役用、乗用(特に渡河に有用)、毛皮用、乳用、食肉用に使われている。中華人民共和国ではチベット自治区のほか、青海省、四川省、雲南省でも多数飼育されている。

「ヤク」の語はチベット語「གཡག་」(g-yag)に由来するが、チベット語では雄のヤクだけを指す言葉で、メスはディという。

チベットやブータンでは、ヤクの乳から取ったギーであるヤクバターを灯明に用いたり、塩とともに黒茶を固めた磚茶(団茶)を削って煮出し入れ、チベット語ではジャ、ブータンではスージャと呼ばれるバター茶として飲まれている。また、チーズも作られている。

食肉用としても重要な動物であり、脂肪が少ないうえに赤身が多く味も良いため、中国では比較的高値で取引されている。糞は乾かし、燃料として用いられる。

体毛は衣類などの編み物や、テントやロープなどに利用される。

全身どころか排泄物さえも利用可能。そんなヤクとどんなふうに暮らすか、どう語りかけ、ヤクに向かって何をどんなふうに歌うか。それを主人公が学ぶ映画でもあり、それを観るわれわれが学ぶ映画であった。教師として山奥に行った主人公は「生徒」として街に戻ってくるわけだ。全然関係ないかもしれないが、ガス・ヴァン・サントの『誘う女』と2本立てで観ると、「永遠の生徒」としてのわれわれの人生の見晴らしがよくなる気がした。この映画の最後の主人公の歌と、『誘う女』の最後のスケートシーンを重ね合わせて観る妄想。あそこで流れていたのはドノヴァンの「魔女の季節」だったか。そういえば「魔女の季節」から始まる『レイクサイド マーダーケース』も先生と生徒の映画であった。

2月28日(日)

昨年の今頃は気が付くとマスクやらトイレットペーパーやらがなくなっていていよいよやばいという危機感がじわっと広がり始めていたのではなかったか。それから1年経ってわれわれの暮らしはかつてとはまったく違ったものになり、日常のすぐ脇にできた裂け目からは「死」の風景が簡単に覗けるようになり、その不安や恐怖がさらに日常を不安や恐怖にまみれたものにしていくわけなのだが、『ブータン 山の教室』でのヤクとの暮らしは、そうではない、生のそばにある親密な「死」の姿を見せてくれていたと思う。

ピーター・フォンダの遺作となった『ラスト・フル・メジャー 知られざる英雄の真実』は、クリストファー・プラマー、エド・ハリス、サミュエル・L・ジャクソン、ウィリアム・ハート、ジョン・サヴェージという名前が並ぶ。いったいいつの時代の映画かとも思うのだが、ベトナム帰還兵たちの現在を主人公が仕事のために尋ねて話を聞く、という設定。『ブータン 山の教室』と同様、デヴィッド・グレーバーなら「ブルシット・ジョブ」とも言うはずのおざなりな時間稼ぎの仕事をしていた主人公が別の世界に触れて自分の周りの世界を少しだけリアルなものにするという物語である。だがこの映画では、彼の知らない世界であったベトナム戦争もまた命がけの壮大なブルシット・ジョブであり、それが現在の彼のブルシット・ジョブにつながっているという世界の構造も見え隠れして、ほとんど「死者」として生きている帰還兵たちの言葉を聞き伝えるシステムへと、主人公は自身を作り替えようとする。彼らの言葉を録音して世界に残し広めるレコーダーとなる、と言ったらいいか。最後のピーター・フォンダとサミュエル・L・ジャクソンとの感動的なハグがわれわれの涙腺を決壊させるためには、われわれ自身のもうひとつの別の物語が必要かもしれない。主人公が聞き手ではなく学び手へと一瞬で変容してしまうあきれるような何か。「ヤク」が求められる。

そして宮崎大祐の新作短編『北新宿2055』。これもまた、語り手と聞き手の物語で、最初から最後まで基本的に語り手と聞き手だけしか登場しない。タイトルにもあるように未来の物語であるはずなのに過去の物語のように聞こえてくる観えてくるのは、ほぼ全編が語り手と聞き手の静止画による切り替えし、モノクロの画面という構成で作られているからではない。あくまでもこの物語が未来から見られた過去の物語として作られているからだろう。アラン・タネールが映画を未来から現在を見る道具として使ったように、ここでの宮崎大祐は未来をさらにその未来から見るという視線を通し、われわれの現在を背後から貫こうとしているようだ。それは『TOURISM』から始まって『VIDEOPHOBIA』を通過してきた視線である。未来にあるのか過去にあるのかわからないわれわれの「Country Home」（byニール・ヤング）を巡っての歩みのような時間が流れた。同時に未来にも過去にも当たり前のようにあるわれわれのブルシット・ジョブの平板な時間のよどみの増幅の退屈を堪能した。

3月1日（月）

2月が短かったうえに月末が週末だったこともあり、通常の社長業務をうっかりしていた。朝から慌ててあれこれ。ニール・ヤング4枚組を聴き終わる頃におおよその作業が終わり、午後からは打ち合わせその他。夕方整骨院。腰はだいぶ回復してきたが、腰をかばって歩いていたためか右ひざがまずい。高低差次第だが、階段下りがつらくてサポーターを付ける。整骨院ではわたしより15歳くらい上と思われる女性が、もうこんな身体に付き合うのは嫌だと愚痴をこぼしている。腰も背中も肩も肘もつらいのだそうだ。いずれわたしもそうなる。帰宅後はプリンス・ファー・ライで気持ちだけは空中にゆらゆら飛ばす。スティーヴ・ベレスフォード、デヴィッド・トゥープ、ヴィヴィアン・ゴールドマンといったNATO、ニューエイジ・ステッパーズの面々が参加。

Prince Far I『Cry Tuff Dub Encounter Chapter 3』

3月2日（火）

午前中の仕事を終えて吉祥寺。バウスの社長の本田さんと会うことになっているのだがその前にピワンへ。1年ぶりである。この間、吉祥寺に何度も来ていたのに大抵がピワンの休店日で、その時は次の吉祥寺は水曜日を避けようと思うもののすぐ忘れる。まあでもとにかくピワン。しかし店の前で看板を眺めて立ち去る若者カップル。なんとこの間で水曜日に加え火曜日も定休日になっていた。愕然とするがどうしようもない。そしてそんな目で見ると吉祥寺の火曜日の昼、人が少なくないか？　いろんな店が休んでないか？　とはいえ昼飯は食わねばならないので別のお気に入りの店へ。しかしランチメニューがない。緊急事態宣言下の特別営業となっている模様。したがって通常のメニューから選ぶことになるのだが、注文した料理の材料がなくてできないという。そしてそのほかにもできない料理があるとのこと。見回すとテーブルもひとつおきに使用不能になっている。ガイドライン通りにテーブルの距離をとっているので満席でも通常の半分以下。地元の高円寺や阿佐ヶ谷では見られない風景で、ただでさえ家賃の高い吉祥寺でこれをやったら相当きついだろう。そういえばこういった個人的な緊急事態の際には利用していたラーメンの「さくらい」もちょっと前に店を閉じた。表通りの寂しさは気のせいかもしれないが、吉祥寺の今を示しているように思えた。

社長との会談後は先日亡くなったU・ロイの持ってなかったアルバムを買った。今夜は追悼、と思って帰宅するとバニー・ウェイラーの訃報が流れていた。

U-Roy『Jah Son of Africa』

3月3日（水）

なぜか6時前に目覚めてしまい、眠れない。とはいえ起きてもボーっとするばかり。早起きしたのに損した気分なのだが、大人なのでもろもろの事務作業を。そして大阪に向かう。心斎橋のシネマートで月末から上映する『ロード・オブ・カオス』を爆音まではいかないまでも、劇場のシステムのみを使ってギリギリまで音量を上げてのロードショー（後にboidsound と命名）。そのための準備である。久々の大阪。というかこの3か月間ほぼひきこもりだったので、泊りがけでどこかに行くという感覚をすっかり忘れていた。筋肉があっという間に落ちるように、こういう感覚もあっという間だね。爆音も同様。身体を音に慣らすのに時間がかかった。初めての場所だし。ブラックメタルの物語なので、とにかく低音とギターの轟音を、いつもの爆音機材ではない手持ちの機材だけでどうやって聴いてもらうか。今回は、ふたつのスクリーンの両方で上映するということもあり最初に調整したデータをもうひとつのスクリーンに移してそのデータで上映して聴き比べながらやった。それぞれのスクリーンの機材の違いによる音の違いも含めて面白かった。結局低音ばりばり出しすぎて、アンプがレッドゾーンに突入。爆音機材ならまだ余裕の音量だが、劇場の機材だとそうはいかない。いたわりつつ、微妙に音量を下げ、しかしどうやったら迫力出るか、深夜過ぎまで作業は続いた。いやあ、久々で面白かった。十分に堪能。

実はその前にパキスタンに行ってきた。骨付き羊肉の煮込みが無茶苦茶美味かった。もちろんビリヤニもサラダも。また行きたい。

3月4日(木)

引きこもり後の久々の出張と音の調整でテンションが上がっているのだろう、7時過ぎに目覚めてしまう。ゆるゆると起き上がり、モーニングをやっているカフェを求めてホテルそばをうろうろするが結局心斎橋駅近くになってしまう。そこでいつもの午前中の仕事を始めるわけだが、まあせっかくだからという気分になり鶴橋へ。心斎橋からは10分ほど。改札出た瞬間から焼肉、キムチ、海鮮の渦。ああ、モーニングとか食ってないでさっさとここにきて寿司朝食とか食えばよかったと後悔するが、とにかくキムチを買った。どこの店で買うか？ という迷いは当然あるのだが、気づくと前回も買って大変おいしかった店の前に出ていて、たまにしか来ないのに失敗はしたくないという最も保守的な、しかし偶然に任せた判断をした。白菜、梅、胡麻の葉、それからたらこ、という4種類。たらこのキムチは要するに明太子なのだが、まあ、これがうまくてね。それらをバッグに入れるとそれなりに腰への重圧がかかる。せっかくだから『パチンコ』(ミン・ジン・リー著)の舞台となった生野のコリアンタウンまで足を延ばそうと思っていたのだが、現状の腰では無理。また次の機会にする。その際は鶴橋在住の知り合いが最高のあわび粥の店に案内してくれる連絡も来た。お楽しみは先延ばし。見張り猫に挨拶した。

とはいえとにかくこの目くるめく食のカオスの中にいては腹は減るばかりである。しかし14時には名古屋にいなければならない。いくつかの選択肢が浮かぶ。

まず、鶴橋から近鉄に乗って名古屋。乗ったらそのまんまなので楽であるうえに、新幹線に比べて近鉄特急の椅子は座りやすいし安上がりである。だが2時間かかる。12時には出なくてはならないので、11時には店に入る必要がある。

2番目はこちらで食わずに今すぐ近鉄で名古屋に出て、名古屋食事。鶴橋ではキムチも買ったしそれでいいじゃないか。欲張らずにこのまま名古屋に出るのが無難。しかし名古屋で何を食うか？　犬山在住の友人からはあそこのうなぎ屋の味見をせよという指定も来ている。

3番目は鶴橋で食事、12時30分前に新大阪に向かえば新幹線で1時間、ちょうど14時に名古屋に着く。しかし鶴橋で何を食うか？

そんな『孤独のグルメ』的妄想と夢想と野望欲望が渦巻いた挙句、鶴橋で食事後新幹線で名古屋、という選択に至った。友人から紹介された「迷ったらここ」という駅の改札直ぐの焼肉屋。ネットの写真を見てもめちゃくちゃうまそうなのだ。11時30分開店だからちょうどいい。店の前には何人かの開店待ち人たちがいる。しかし店のシャッターは半開きで2分後にはとてもじゃないが開店はできない感じ。ギリギリまで待つが動きなし。このまま待って名古屋に連絡を入れ待ち合わせを遅らせてもらう手もあるが、しかし今夜のわが家は猫たちとわたしだけだから、遅くなるわけにはいかない。悶々としつつ、もう1軒、狙っていた寿司屋へと向かう。もう腰が限界だったのでとにかく座りたかった。店には客はおらず独占状態。ゆでたエビやマグロのおいしさに盛り上がった挙句、初めて食す「引下」。ひっさげ、と読むのだそうだ。マグロの子供。そして今の時季は肝も食べられるということで赤貝。うるうるして満腹。

新幹線間引き運転中の新大阪には少し早めに着いてホームへの階段下の待合室でひと休みしていたのだが、時刻表を見ると予定していた13時15分発の列車がない。確認し直すと列車は13時9分発で、現在13時7分過ぎ。焦って階段を駆け上るわけだが、ギリギリまだこの体力は残っていた。座席に座るともう、腰が痛くて眠ることもできず。おかげで寝過ごすこともなく無事名古屋。打ち合わせは無事終了。鶴橋とは別の野望妄想が渦巻いて元気になった。

3月5日（金）

どうしようもなくボーっとしていた。久々の出張でテンションが上がってしまったのとまだ腰が完全ではないのとで、いつもの出張後とは段違いの疲れ方。気が付くと12時からの歯医者の予約をすっ飛ばしていた。もちろんその他の予定もキャンセル。夜、厚木にはかろうじて行った。『VIDEOPHOBIA』上映中のあつぎのえいがかんk:i k:iで、会場の機材を使っての特別音響上映をする準備である。元々が十分に音を出せる機材が入っている会場なので、ほぼ完全に爆音仕様になった。低音の振動感が半端ない。あとは他のスクリーンに影響が出なければこの状態で上映。出た場合は音量を下げる。各地の映画館にもこれくらいの機材がそろっていてくれたら。防音と音響機材の充実。予算的には簡単なことではないが、本当にそれだけで映画がガラッと変わるこの感触が、世界中に広まっていったらきっと何かが変わる。その他、昼間にうれしい連絡が来て気分は俄然舞い上がった。

3月6日（土）

寝坊すると起きてからがバタバタである。もろもろ物片づけ、掃除、そして整骨院。それから本日は妻からの指令で、高円寺ロスアプソンそばのスリランカ・カレーの店「ピピネラ」の弁当を仕入れ帰宅。そして今日届いたばかりの「ヒメ貝」（周防大島産）をもって友人夫婦が来宅して鶴橋のキムチと物々交換。少しずつひきこもりから抜け出している。ただ本日は緊急時用の代替カートリッジでかけているレコードの音がどうしても気に入らず、特に何をしたわけでもないのにどうしたことだ。早く浅川さんに連絡して壊れたカートリッジを直してもらわねば。いつまでも臨時のカートリッジで満足できるわけはない。

3月7日（日）

結局モノカートリッジに替えて、朝からモノ祭。もう何年も聴き込んできたはずなのに改めてソニー&シェールの音に胸騒ぎして、「Then He Kissed Me」でうっとり、このまま永遠に聴き続けていたい欲望が沸き上がる。そしてジャッキー・デシャノンのアルバムのB面、「Time」「A Proper Girl」「Where Does the Sun Go?」の流れ。モノサウンドの洗練の極みの音に目くるめいているうちに1日が終わる。

Sonny & Cher『Look at Us』
Jackie DeShannon『New Image』

夜は『水を抱く女』。これは歴史と眠りの物語としてアピチャッポンの『光の墓』と2本立て上映が面白いのではないか。原題の「Undine」とは水の精のことで主人公の名前でもあるのだが、ギリシャ神話から始まるさまざまな物語の原型となってきたそれが、ベルリンという場所の歴史と重ね合わされる。主人公はベルリンの博物館のガイドとしてベルリンの歴史を語り、ボーイフレンドは潜水士。一方は歴史、一方は水に潜るというわけである。だが物語はあくまでも現実の表面をなぞる。音楽はピアノ演奏されるバッハの協奏曲で、映画ファンはタルコフスキーの湿潤な諸作品を思い出すのではないか。メトロノームのようにかつかつと響く主人公たちの足音を、時々そのピアノが湿らせる、というわけである。どこかつぎはぎだらけででたらめと言えばでたらめ。乾いた空気と湿った空気の混在。でもそれが当たり前のように目の前にあり、当たり前のように語られていく。監督がインタビューで面白いことを言っている。

「ベルリンは辺り一帯を排水処理して整地し、沼地に建てられた都市です。そして、神話を持たない人工的で近代的な都市です。かつての貿易都市のように神話を輸入しました。沼地が排水されていくに伴い、旅商人たちが持ち込んできた神話や物語が乾いていく干潟のように、この地に根付いていったと想像しています」

3月8日（月）

昨日からの続きでモノ祭。本日はステレオ盤をモノカートリッジで聴く、というのを。中低音が広がりクリアな感じはなくなるがでも音が分厚くなって、ああもうこれでいいんじゃないかとも思う。いつ聴いても物足りなかったクリエイション・レベルがこれで聴くとなかなか良くてご機嫌になる。ステレオで作ってあったとしても恋人たちが片耳イヤホンで聴いたって楽しいしモノで聴いても別な音が聞こえるかもしれないし、要するに音は作者のためにあるのではないし聴く者のためにあるのでもないし、ただ単にどこにでも思わぬ形で転がっているということだ。

Creation Rebel『Lows & Highs』

そうこうしているうちに中原の『2020年フェイスブック生存記録』が発売になる。本当は10日発売予定で準備していたのだが、アマゾンの勝手な都合でさっさと発売になってしまった。何とかアマゾンを使いこなしたいと思うものの、まあ、そうはさせてくれない。あくまでも向こうの都合で事が進む。ならばこちらもそれに乗るしかないということで、これまでの準備のことは気にせず告知開始。何度か言ってきたことだが、boidの始まりは、CD-ROMマガジンを何枚も出していた。紙の本のスピード感と重さとは違うことをやりたいということで、ちょうど出回り始めた電子書籍のアプリケーションを使ってCD-ROMで自主製作したのである。通常の書籍としては企画が通らないか通ったとしても時間がかかる、自主製作するには経費が掛かりすぎる、というハードルをあっさりと何事もなかったようにクリアするお手軽なツールとして電子書籍を考えていた。ただ当時はそれでも

CD-ROMという物体にしなければならなかったのと、「電子書籍」という特徴を生かして紙とは何か別の可能性をという期待もあって、「軽さ」にはまだ至らなかった。それが20年ほどしてようやく。文庫本代わりにちょうどいい感じで、とにかく文字がするすると読める。それだけで十分。その中でやれることをやるというスタンスである。

午後はそんな軽さとは正反対の重い物体のための打ち合わせ。さまざまな思いと歴史にくじけそうになりながら、もう少し。

3月9日(火)

4月の爆音に向けての作品がバタバタと決まり始める。これまでにない形になりそうでひとりで勝手に盛り上がった。その流れで某ミュージシャンが先日行った配信ライヴの映像を見る。冒頭、いきなりのギター「ジャーン」で心をわしづかみにされる。こういうことだよね。

夜は、中原のフェイスブックで知った『星の王子 ニューヨークへ行く2』。まさかのクレイグ・ブリュワー監督で、観た人たち皆さん言っているように『ブラックパンサー』のもうひとつのヴァージョンということになるのだが、当然1作目が作られた30年前の記憶やらその間の歩みやら、1作目が作られるまでの歴史やら、ありとあらゆる時間がばかばかしくも豪快かついい加減に流れ込んでくる。だいたいこんな感じだよね、という適当さは単に適当でもあるのだが、それらの歴史や記憶が身体に染み付いた人、それらの歴史や記憶が身体を作っている人でなければ出せない適当さである。その監督の身体性が映画に現れているだけでなく、俳優たちにも伝染しているのではないか? 若い俳優たちが自らの身体を通して出てくる歴史の音、記憶の音楽、行ったこともない場所のざわめきにうっとりしつつ耳を傾け、そしてその身体を未来に向けて差し出している、とでも言いたくなるような艶やかな表情をする。もう、これ観るだけでいいじゃないか。それだけで十分だろう。そして個人的にはグラディス・ナイト。セレモニーのシーンで登場して歌う。歌も姿も「現役」である。映画のゴージャスとはこういう登場のことである。もう80歳近いのでは? 最後にはジョン・レジェンドのピアノの弾き語りまである。爆音でやりたいがアマゾンの独占配信作品なので映画館での上映は難しいのか。もどかしすぎる。そういえば『ブラック・スネーク・モーン』の時も何とかバウスで、と動いているうちにやれなくなってしまったのだった。日本でクレイグ・ブリュワー特集をできる日は来るだろうか。

3月10日（水）

8日ぶりに事務所に行く。さまざまなものが届いている。整理するだけで大変なのだが、昼から打ち合わせが続く。ズーム会議の後は渋谷へ。これまた久々のビターズ・エンドの事務所に向かったのだがJRの駅から出られない。いや出られることは出られるのだが、この改札がどの方面に出るのかがまったくわからなくなる。いつものハチ公口ではなく別方向。そういえばいつも基本的に副都心線を使っていてJRでハチ公口以外へ行こうとするのは本当に久々だった。その間にすっかり風景が変わってしまった。すべてが変わったわけではなくいくつもの昔の名残とまったく新しいものとが混在していてそれが示す過去と未来との混乱に身動き取れなくなってしまったのだ。

ああそういえば渋谷パンテオン（東急文化会館）が解体されヒカリエが出来上がった時だったか、イメフォでのデプレシャン作品のトークに行こうとして似たような感覚に襲われ道に迷いトークに遅刻ギリギリになったことがあった。その時、トークでも現在の風景に埋め込まれているそんな記憶と未来の風景について話したような記憶があるのだがどうだったか。デプレシャンの映画にいきなり汽車が登場する、あの「心わしづかみ」の感覚とその記憶がひとつになっている。つまり時間の隙間から思わぬ形で思わぬものが現れてくる、また、それが現れることによって時間の隙間をはじめて認識する、そんな心躍る瞬間を映画がとらえ生み出せるかどうか。その後吉祥寺から阿佐ヶ谷ということで井の頭線に乗ったのだが気づいたら久我山で降りていた。阿佐ヶ谷では今後の企画などを話しながら「翠海」で夕食。当然どれも美味いのだが麻婆炒飯が別世界の味だった。

帰宅後『パーム・スプリングス』。いやあ、アメリカ映画を観てアメリカに行きたくなったのはいつ以来か。監督と脚本家は学生時代からのコンビでこれが初長編ということなのだが、思い付きのばかばかしさを大事にしたまま綿密に、でもいい加減に適当に時間を織り上げていく。基本的に毎日何もすることがないすることがあっても同じことの繰り返しでちっとも変らぬ風景を延々と見ながら暮らすあの途方もない退屈がそれ自体どうでもいいものとして語られる。そこから抜け出す抜け出さないという葛藤や試みさえも永遠の退屈に押しつぶされてまっ平らな平原の中の砂粒のようなものになるのだが、それでも不意に何かが起こるわけだ。ああ、この感覚たまらない。時間の裂け目はどこにでもあって、そこを抜けるために何かをするんじゃなくて、結果的に抜けてしまったとしか言えないその一瞬のわしづかみの感覚。幸せな夜だった。

3月11日(木)

どこで調子が狂ったのかやたらと眠い。しかし早起きは早起きなので、仕事部屋でうっかり寝てしまってもまだ午前中だったりするから驚くが、仕事が進むわけではない。ぼんやりしながら2日連続の渋谷。本日は迷わない。某所で青山(真治)と会い、今後の話など。ご機嫌老人の茶飲み話みたいなものなのだが。話題は火事と汽車。どこかで花開くことを願って。

帰宅後は湯浅湾の『脈』の発売記念ライヴの時に出演してもらったA VIRGINの昨年末にリリースされたアルバムを聴く。ジャケットとは裏腹のハードコア。もちろんジャンルとしてのハードコアではなく、音がガツンと硬いのだ。岩のような何かが足元にある。よく見ればジャケットだって思い切り不愛想で柔らかく変容しつつしかし変えようのない何かが写っている。ばかでかい音で聴きたい。テレビでは震災10年ということで、さまざまな報道がされている。

A VIRGIN『A Virgin』

3月12日(金)

ここにきて更に調子悪くほぼ廃人状態で、歯医者に行き、整骨院に行った。歯と腰は順調に回復している。ダメなのは主に目と耳と頭で、まあそれはいつものことなのだが、2日前くらいまでは特に問題なかったわけだから、気持ちの持ちようなのか。

夜は、青山から借りたジョセフ・ロージー『夕なぎ』。エリザベス・テイラー圧巻。こういうのに驚いてばかりいても仕方ないのだが、とはいえ驚くばかり。これを観たら『地獄の黙示録』のマーロン・ブランドなどおこちゃまでしかない、とか言いたくもなる。感情は映画には映らないと言われるが、まさにここに感情そのものがひとつの物体となって映し出されている。一瞬一瞬で大きく変貌するそれは、いみじくも「人生は記憶の産物」と言い放つ。一歩前のわたしは今のわたしとは違う。エリザベス・テイラーはどんな心構えでこの役を演じていたのか。そんな彼女に冷酷に対応するリチャード・バートンとの会話は、怪物と死神との対話という趣。死神は、「人生には大波が岩に打ち付けるドーンという響きが時々聞こえてきて」みたいな話をするのだが、ああれはいったい何について話していたのか。すでに記憶の彼方である。大波打ち付ける岸壁に建てられた豪邸の陽光溢れる真っ白なテラスでふたりは闇の話ばかりをしていた。この映画は公開当時どんな受け取られ方をしたのだろうか?

3月13日（土）

朝からすごい雨で当然調子悪いのだが、午後からはめちゃくちゃな雷が鳴り始める。猫も目を丸くしている。黒猫のほうはデスク下に避難して暗がりの中の影となっている。耳の調子も最悪でレコードを聴く気にもならなかったのだが試しにA VIRGINをかけてみたらこれがまた見事にはまって盛り上がる。鳴り響く雷の音も楽器の音のひとつとなり、足元から脳天へと突き抜けていく。ギリギリまでそぎ落とされたというよりも、単純に少ない音、少ない言葉の中で生きることを貫いているシンプルな強さが、聴く者の心を解きほぐすのだ。その後ロージー祭を続けようと思ったがひどく調子悪く挫折。

3月14日（日）

山梨へ。母親からさすがにそろそろ来てほしいという要請もあり、4か月ぶりの実家。しかし朝のデパ地下はすごいね。夕飯のおかずでも買ってと思っていたら、結構な人だかり。緊急事態宣言も有名無実ということか。いずれにしても腰は痛い。電車の座席は何とかならないのか。甲府から身延線に乗り換え地元の駅に近づくと乗客がどんどんいなくなり、数駅前からは乗客わたしひとり。完全にゴーストトレインの様相を帯びてくる。本当にまあこういった路線をまだ運営してくれてありがとう。駅前だってとうとう何もなくなって電話ボックスがひとつ。

実家付近は天気も良く適当に暖かくてのんき極まりなし。ＪＲの駅から30分ほど、実家まで歩こうと思ったが荷物があったので断念。母親は足腰はさらに弱ったが、内臓と脳は年齢なりにまだ順調、といったところ。もしかするとこのままわたしより長生きするのでは？　とさえ思えた。頼まれた買い物をしに大通りに出るのだが、もう店らしい店はないに等しい。近所のコンビニもなくなり、銀行も隣町へ、夏には農協も統合されてなくなるようだ。10年後、この町はどうなっているのだろうか。

3月15日（月）

母の指令で信用金庫、銀行などを巡る。私用で役場へも。実家から2キロくらい離れた場所にあるので、地元の人たちは当然車で行くわけだが、こちらはもちろん歩き。上り下りがあるのと、とりあえず車がそこそこ走っているので、ぼんやりとよそ見しながらのんきに歩いているわけにはいかない。本当に体力があれば、そういうゆっくりな動きもできるのだろうが。気が付くと結構一生懸命に歩いていて、その余裕のなさにちょっとしょんぼりする。それなりにきつい時や焦っている時にも、どこかご機嫌でゆったり構えていられたらと思っているのだが、簡単ではない。とにかく用事は片付ける。しかし動けない老人たちは、ネットだってできるわけないし、こういった金の出し入れなど、今後どうやって行くのだろう。その他洗濯や布団干しなど。

夜、帰宅。浅川さんから修理済みカートリッジが届いている。列車の椅子による腰痛やメニエールによるめまいも含め疲れてフラフラだったのだが、とにかく聴く。やはり代替カートリッジとは比べ物にならない。今回は単に修理ではなく、ほぼ新しい改造カートリッジにしてくれたのである。したがって、壊れる前の改造カートリッジとも格段の違い。浅川さんによれば「ピアノ線＋鉛玉のバランサーの他、チップ土台の上に芥子粒大の鉛が接着してあります」とのこと。それぞれの音域が澄んで聞こえ、しかも力強く厚みも増している。このところ耳鳴りがちょっとひどくなり音を聴く気持ちが少し萎えていたのだがこれで俄然力が入る。グッドヴァイブレーションは体にもいい影響を及ぼすね。とはいえめちゃくちゃ疲れていて、倒れるように寝る。

3月16日（火）

起きた時からめまい全開で、数か月ぶりにめまい止めを飲む。ボーっとしながら各所に連絡、そして整骨院。骨盤のゆがみの話。とりあえずだいぶ楽になり、現状では万全の態勢で数か月ぶりの試写。半蔵門の試写室まで、四ツ谷駅から歩く。とにかく体を動かさないとめまいはとれない。試写などもってのほかだが今日のは特別ゆえ。スパイク・リーが撮ったデヴィッド・バーン『アメリカン・ユートピア』。

ジョナサン・デミの『ストップ・メイキング・センス』の続きのようなステージものだが、デミは他界、デヴィッド・バーンはトーキング・ヘッズの他のメンバーとは今はどうなんだろう、相当関係が悪かったとは思うのだが。ちょっと寂しいが新しい仲間たちがいる。もちろん語りの中心は彼なのだがその周りに集まった人々の声の映画でもあった。後半コーラスが分厚くなってその中からデヴィッド・バーンの声が浮かび上がってくる感じにドキドキした。

映画そのものに目を向けると、タイトルロゴの「UTOPIA」の文字がさかさまになっていることがすべてを表しているだろう。アメリカが掲げたユートピア、そしてユートピアになるはずだったアメリカ。それらが今はすべてそうならずそうならなかったアメリカをわれわれは生きるしかない。そのことへの怒りと、しかしそれゆえに更なるユートピアの夢はあるという希望。そのふたつの重なり合いの中からデヴィッド・バーンの声が聞こえてくるということになる。コーラスは怒りと希望の声でもある。この映画の曲の構成もこういった意図が反映されているのではないか。すでに発売されている『アメリカン・ユートピア』とは収録曲が違う。権利問題はじめさまざまな事情があるはずなので、そこに本当に意図が働いているかどうかは実際のところはわからないのだが、いずれにしてもライヴの最後に演奏されるアルバム未収録曲のあのスネアのリズムが始まるとトーキング・ヘッズのファンは涙腺崩壊するんじゃないだろうか。

万全の態勢で臨んだ腰は、後半で悲鳴を上げて、体勢変えつつもぞもぞしっぱなし。帰宅する頃にはメニエールの具合もあって意識朦朧。夕食前に寝てしまった。

3月17日（水）

とりあえずぐっすりと寝た。めまい止めの効果なんだろうけど。おかげでめまいもなくなり耳も意識もすっきり。ちょっと前に買ったのだけどいまひとつピンと来ていなかったフィオナ・アップルの昨年のアルバムを聴く。パーカッションの音の消えていく感じ、弱まっていく空気の振動のようなものが伝わってくる。部屋の中が小さな振動で満たされていく感じ。ジョン・ブライオンから離れてからは、音数が減って彼女のむき出しの声が良く聞こえるようにはなったのだけど、どこか寂しくもあった。だが、ああこういうことかと、消え入りそうな音を聴いて思った。寂しさには変わりはないのだが。レコードだとディスク2に収録されている曲たちの柔らかな震えに身体が反応している。

Fiona Apple『Fetch the Bolt Cutters』

しかしそこそこ調子のいい日にはやらねばならないことが盛りだくさんで、各所連絡がマジで大変。いくつものプロジェクトが同時進行しているのでバラバラに飛び散りそうになる心を今ここにつなぎ留め、いくつもの別々のものがどこかでひとつの大きな動きになることを夢見る1日。夜は仕事がらみで『パラサイト半地下の家族』をついに観た。ゴージャス感は各所にあった。それは監督自身のゴージャス感でもあり韓国映画の今が持つ、例えばスタジオやスタッフの技術的な洗練ということにもつながるのかもしれない。無茶苦茶な映画だったけど、狂った人は出てこなかった。コントロール不能な人と言ったらいいか。ただ洪水シーンの俯瞰ショットで、逃げ惑う人々の周りを1、2メートルくらいの謎の水生生物の黒い影が水中を旋回しているのには笑った（わたしの見間違い？？？　どうやら黒い犬だったらしいのだが）。いずれにしても監督が一番狂っているということになる。その意味ではカンヌはグランプリではなく監督賞を授与するべきだったのではないかと思った。それも含め妙にテンションが上がって眠れない。

3月18日（木）

体調は1日おきによくなったり悪くなったりという感じで昨日の奇妙なテンションの高さのおかげで本日はぐったり。地味に地味に。めまいを起こさぬよう。猫と日向ぼっこするがよいという連絡も来る。とはいえいくつかの約束もあり、新宿へ。わたしは酒が飲めないのでゴールデン街も二丁目もほぼまったく行ったことはないのだが、本日は五丁目。この辺りは普通に人が住んでいる気配もする。オーディオユニオンはこんなところに引っ越していたのか。いやもうたぶん、だいぶ前に引っ越していてわたしが知らなかっただけか。天気も良かったのでぐるっと散歩をした。待ち合わせの喫茶店には猫もいた。写真を撮りたかったが妙に照れてしまいやめた。

帰宅後はクランプスで気分を上げてみた。ラックスが亡くなってもう何年たつだろう。
The Cramps『Smell of Female』
The Cramps『Bikini Girls with Machine Guns』

その後、『デニス・ホー ビカミング・ザ・ソング』オンライン試写。2014年の香港の雨傘運動の時に世界的にも注目された香港のアイドル、スーパースターという彼女のことを、わたしはほとんど知らなかった。とはいえ彼女の名前をタイトルにしたこの映画は、彼女を知るためのドキュメンタリーではなかった。かつて『アメリカン・ギャングスター』を観たジェイ・Zが「ここにいるのは自分だ」みたいなことを言って同名のコンセプトアルバムを作ったと、そんなエピソードがあったが、この映画を観た人たちは皆ここにいるのは自分だと思うことになるだろう。「今日のステージを見て初めて彼女の孤独がわかった」というようなことをプロデューサーだったかが語る。その時すでに、彼女はパッケージされたプロフェッショナルという衣装を脱ぎ捨てている。何も持たないただの個人、小さなひとりの人としてステージにいる。声はアイドル時代よりも微妙に小さく、そして震え、涙が出ると歌えず、音程も揺れる。「歌えないからみんなも一緒に歌って」と、ステージ上のパフォーマンスではなくここにいる小さな人を助けてほしいと訴える。イギリスから中国へ返還されて以降の香港が抱える問題を巡る運動や活動のシーンが次々に流れ、そこにいる人々の表情や声が彼女の声とともに伝えられる。『バーフバリ』はインドの民衆の声が作り上げた夢の巨人とも言えるような、事実人々が「バーフバリ、バーフバリ」と唱えるとそこにバーフバリが現れるような構成になっていたが、彼女の場合は夢の巨人ではなく単にそこにいる現実の小さな人のまま小さな人として、運動と活動の現場にいる。だから人々も彼女も大きな夢を語る必要がない。大きな国を夢見る必要もない。この小さなかけがえのなさだけを頼りに、その孤独とともに人々がつながっていく。信頼と愛が伝播する。そしてそこから生まれる言葉や歌は、これまでとは違う大きさを持つことになる。そんな映画だった。

3月19日(金)

久々のケヴィン・コインを聴きながらの事務作業、各所へ連絡、各所からの連絡であっという間に午後。ただ懸案事項には光が見え、前向きな気持ち。抱えているプロジェクトの話は公式に告知されないと書けないのだけど、光が見えた時はすぐにでも誰かに話したくなる。毎日こうだといいのだけど。

Kevin Coyne『Millionaires and Teddy Bears』

午後からはAmericoの大谷由美子さん、boidマガジンの編集者の黒岩がやってきて、大谷さんへのインタビュー。Voice Of Ghostの一大事業である配信ページ「Ghost Stream」にAmericoの最新動画（井手くんが監督）を載せるにあたって、Americo史を語ってもらうのである。これまでリリースしたディスクやテープそれぞれを年代順に。基本的な姿勢は一貫しているので大きな変化はないのだが、その間、世の中があまりに変化したために逆にこの一貫した姿勢が貴重なものとして見えてくるのではないか。そんな意味合いも込めてのインタビューである。boidからAmericoのファーストアルバムを出して、もう13年が経つ。

夜はオンライン試写のつもりでいたのだが、連絡事項多くて辿り着けず。

3月20日（土）

最近はこの日記を翌日に書いているのだが、このところもう前日のことさえまともに思い出せない。昨日わたしはいったい何をしていたのか？　何を考えていたのか？　でもさすがにうますぎる牡蠣を食ったことは忘れようがない。大分の海岸で自生する牡蠣を、boidマガジンにも連載している冨田翔子の義母が収穫して送ってくれたもの。昨年はチーズ事件というのが起きて、それは冨田さんの連載に詳しいが、今年は牡蠣飯がメイン。もう幸せすぎる時間であった。信じられないくらいの美味しさ。と、ここまで書いて思い出したのが、牡蠣飯のために出かけるまでは、現在制作中の工藤冬里さんのボックスセットの確認その他でバタバタしていたのだった。30年以上前の音をまとめて現在に差し出すわけだから、いろんなことが起こるしだから面白いしでも慎重に進めないといけない。わたしのようなうかつな人間には向かない作業なのだが、まあ、うかつだからこそできることもある。5月19日発売。

夜は『犬は歌わない』オンライン試写。原題「Space Dogs」。宇宙犬ライカの話からスタートするモスクワの犬たちのドキュメンタリーなのだが、モスクワの犬たちに関する説明がない。ただこういう犬たちがいる、ということだけが、「まるでタルコフスキーが監督したディズニー映画」「別の惑星で撮ったような魅力的なビジュアルに満ちあふれている」という宣伝コメントのような画面の中に映し出される。それと60年代宇宙開発競争時代に実験に使われた犬たちのいくつもの記録映像。こちらも見知らぬ惑星で撮られた映像のようにも見える。一方、そこに映されている現実がある。そのふたつの落差。過去と未来と現在とがぐしゃぐしゃになり、「おいどうするんだよ」と犬たちが無言の視線を向ける。あの犬たちの目と猫の姿は観た人の心に一生傷を残すだろう。その傷跡から幽霊となった犬たちが現れ、街を徘徊する。そんな見えない犬たちをとらえた幽霊犬のドキュメンタリーのようでもあった。どこまで行っても決して物語化されえない、物質としての幽霊、永遠に消えない塊が、そこに映っていた。

3月21日(日)

なまぬるい強風と雨のため、1日中引きこもり。休みなのか仕事なのかよくわからない状態のまま、なんとなく作業は進む。

ベトナム人の不法就労者を主人公にした『海辺の彼女たち』という映画を観た。『犬は歌わない』が繊細に構成されたフィクションのようなドキュメンタリーとするなら、こちらは繊細に構成されたドキュメンタリーのようなフィクションということになるだろうか。まさに海と陸の境界線が混じり合う海辺の映画である。日本とベトナム、男と女、プロと素人など境界線はどこにでもあり、しかしそれはもはや互いが互いを侵食し合う曖昧で流動的な場所として人々の暮らしや立場をよりぼんやりとしたものにしていく。監督が日本人ということもあるのだろうか、オーディションで選ばれたという主人公のベトナム人たちの顔つきも表情もどこか日本人ぽくも見え、例えば携帯電話でのベトナムの家族との通話も普通に行われるし、偽造の滞在証明書なども金さえ出せば作ることは可能だ。こわばった悲しみに表情を曇らせ続ける主人公の、その悲しみの表情はどこか凡庸な悲しみの表情でもありそれゆえにただそうあるしかない現実を生きる人の表情のようにも見える。それゆえ人の気配のない北海道の雪の漁港で働きその周辺を動き回る彼女たちの姿は、『犬は歌わない』で宇宙都市のようにとらえられたモスクワの風景の中をうろつく犬たちのようにも見える。かつて映画の物語の中心にあった境界線を越えるという行為は今や曖昧に広がる境界線としての海辺を生きるという現実に取って代わられているかのようでもある。ああ、ロバート・クレイマーならこういった題材をどんなふうに映画化しただろうか。そんなことも思うが、そうではない別の映画の誕生の可能性をこの映画は見つめているようでもあった。

3月22日(月)

朝からめちゃくちゃ眠い。起きていてもまどろむばかりで心ここにあらず。かといって心がどこかにあるわけでもない。まどろみながら各所連絡。それなりに大量。歯医者と整骨院も。帰宅した頃はふわふわ。何もできない。こんな時はこれじゃないかと思い立ち、アレサ・フランクリンの72年の教会ゴスペル・ライヴのドキュメンタリー『アメイジング・グレイス／アレサ・フランクリン』を観た。シドニー・ポラックが監督に起用されてライヴ映画を製作しようとしたものの映像と音のシンクロができず（カチンコを使えなかった）、完成が断念されていた作品の完成版である。教会ライヴを行うにあたっての関係者に取材をしたドキュメンタリーではなく、ほぼ音楽ライヴ作品ということになる。映像を見ているとまあ、これじゃあカチンコうてないよなという状況。いったいカメラ何台回ってるんだ。しかもどう見てもそれぞれ勝手に動き回って好き放題。ゴスペルの合唱団、進行をするジェームズ・クリーブランド牧師はゴスペルの父としても知られる人で余裕しゃくしゃく。こちらも好き放題ともいえる感じで丸出しの自分を画面に見せている。ライヴと言っても通常のライヴではなく教会を録音スタジオに近い状態にしてそこに観客も入れてライヴ録音という体裁なので観客数はそんな多くはないのだが、ミック・ジャガーやチャーリー・ワッツの姿も見え、いずれにしても観客たちも地元の教会だけあってリラックスムード。そんな中でアレサ・フランクリンの表情だけがこわばっている。自分のルーツではあるものの今はゴスペルではなくポピュラー音楽をやっているわけだし、しかもクリーブランド師も父親であるC・L・フランクリン師も目の前にいる。父の前で成長した姿を見せようとする娘の緊張感のようにも見えるがどこかが違う。こんな表情はその他の映像で見たことはないし歌声からも聞こえてきたことはない。とにかくこの表情を観るためだけにこの映画を観に行っても損はしない。もしかしてカチンコがうてず音と映像をシンクロさせることができなかったという当時の技術的な問題はいいわけで、アレサのこの表情がこの映画の公開を許さなかったのではないか？　そんなことさえ思う。あくまでも教会、ゴスペル、ソウルの父権性の強靭な枠組みの中にいるアレサ・フランクリン。そこから脱することの困難な戦いの傷跡が、このこわばった表情に現れているように思う。

3月23日（火）

朝からめちゃくちゃ働いた。各所連絡ずっと。税理士も来たので経費計算なども。夜は無理やり映画を観ようとしたが断念。結局各所連絡に明け暮れる。いくつかのプロジェクトの作業が佳境ということなのだが、これらの仕事を終えたからと言ってその報酬を受け取れるわけではないところが問題で、売れなかったり動員が悪かったりしたらそれっきりである。このダメージがね、人格も身体も変えるくらい大きい。まあだからどうだということでもなく、時々そんなネガティヴな気持ちになるだけである。

3月24日（水）

各所連絡の連鎖で脳が妙に覚醒して眠れない。冴えてる部分とボーっとしてる部分とが折り重なってさらに気持ちはそぞろになる。当然早く目が覚めるわけだが気持ちがいいわけではない。まどろみとも違う。眠りと覚醒に引き裂かれたまま本日も各所連絡打ち合わせ。吉祥寺に行った。水曜日なのでピワンは休み。吉祥寺に行くのに水曜日の確率が8割くらいあるような気がしているのだが気のせいだろうか。バウスの社長の本田さん、その後井手くんと会う。帰宅して各所電話、メール。予定ではほとんどのプロジェクトがこの時期には準備終了のはずだったのだが。本日も映画は観られず深夜になる。

3月25日（木）

もろもろあって新潟へ。かつてない経験の7時間。夜は夕食難民になった。

そして京都みなみ会館のboidsoundホラー特集の告知開始。これまで何度かやって来たものの、まとまった特集を組み、ひとつの企画として打ち出すのは初めてである。みなみ会館スタッフの希望もあってホラー特集となったのだが、こうやってタイトルが並ぶと迫力あるね。『マングラー』や『ゴースト・オブ・マーズ』がまだできてよかった。こういう企画を一緒にやってくれる映画館がいくつも出てきてくれると嬉しい。

3月26日（金）

昨年の夏くらいから準備してきたboid / Voice Of Ghost の配信ページがようやくスタートした。トップページのあいさつにも書いているように、まだ方向が決まっていない。ゆっくりとあれこれやりながら、結果的に道ができてくれたらいいと思っている。3年後くらいに、なんだかおかしなサイトになっていてくれないだろうか。本当は1か月に1作品くらいはアップしていきたいのだけど、そう簡単にはいかない。もうちょっとゆっくりとしたペースになりそう。

同時に、4月下旬のお台場の爆音映画祭の準備最終作業が続いている。チラシの直し、イヴェント出演者の写真の手配など。

ようやくここまでこぎつけた。シネコンでの爆音映画祭が新体制になったこともあり、チラシのイメージも一新、内容も少しバウスの頃に近くなったはず。みなみ会館の特集も含め、この感じをじわっと広げていけたら。数字だけじゃない爆音の面白さを、まず自分たちが満喫するところから何かが始まる。

Kindle作業も続き、ファスビンダーは第2巻までほぼ終了。あと1巻。そしてフラー自伝。『恐怖の映画史』は、黒沢さんと篠崎の最終確認作業が終わればいよいよ販売開始である。いったい新潟にまできて何をやっているのやら。そしてそれらもろもろの連絡が飛び交う中でコーヒー難民になりながら、昼飯は某所でステーキ丼。ランチで食すには少し高いのだけど、これを東京で食ったらいったいいくらになるのかと呆然とするくらいな代物で、胃袋がうっとりしたままの午後。しかし東京を離れて動いていると、メールを読み飛ばしたり、連絡を忘れたり、東京に戻ったら送付すると連絡した書類の送付をその場で忘れてしまったりと、いろんなことが起こる。この日はそれなりの金額の請求書が届いていないという知らせ。貧乏な会社はこういうことを忘れたらいけない。先日は、A社への支払いをB社に、B社への支払いをA社にしていて、ともに親しい会社だから笑って済ませられたが、そうはいってられない場合もきっと訪れる。夜は某所で新潟名物鶏の唐揚げを。一緒に注文した塩おにぎりの美味さにうるうるする。米がうまいというのは本当に素晴らしい。他に何もいらない。確か前回の新潟でもそう思ったのだった。

3月27日(土)

米どころの米菓子はマジでうまいのでつい、新潟駅の新幹線口のお土産売り場で米菓子をあれこれ買ってしまう。欲望としてはこの3倍なのだが大人なので適度に。それでニコニコしていたら、新幹線の中で食す予定だった塩にぎりなどを買い忘れ、無駄に荷物を抱えたまま空腹の帰路。ようやく2時間くらいの移動に腰も慣れてきた。これなら映画館での映画鑑賞もできる。2か月半くらいかかった。帰宅後はボーっとしていた。ちょっと前、須川(善行)くんのフェイスブックで知った久高島のCDが届いていた。解説によれば「島国国家・琉球国の人々は、島が孤立していると は考えずに、逆に海でもって諸国と繋がっていると考えた」とのこと。その「つながり」が詰め込まれたアルバムだった。だが12年に一度行われているというこの儀式は、このCDに収められた1978年のものを最後に途切れてしまっているという。もしかすると島の神々たちも旧来の形式にとらわれず、このCDのような形でのつながりに、自分たちの身体を移行させたのではないか。

案外そのあたりは人間たちより神々たちのほうがさっぱりしているような気がしてならない。そんなことを思わせる音と響きとリズムが詰まったアルバムだった。

『琉球弧の祭祀－久高島 イザイホー』

3月28日（日）

雨が降らぬうちにと散歩がてら阿佐ヶ谷に買い物に出かけたら途中で土砂降り。昼飯を食うとさすがに疲れていて昼寝をしたのだが、目覚めてもまだ13時30分くらいで、なんだか得した気分になるもののそれで何ができるわけではない。

オンライン試写で『グンダーマン 優しき裏切り者の歌』。東ドイツのボブ・ディランと呼ばれていたゲアハルト・グンダーマンの伝記映画ということなのだが、時代的には80年代後半から90年代初め。東西統一後の92年がこの映画の現在時制で、そこで起きる出来事から不意に過去へとさかのぼり、時代を行き来しながら物語は進行する。しかし自分がリアルタイムで生きてきた時代の、映画やテレビの報道の中では見慣れた場所の風景が、「ある時代の風景」としてこうやって切り取られるのを観ると何とも言いようのない気持ちになる。30年以上前。監督はわたしより少し下だがほぼ同世代。若き日の自分があこがれていたミュージシャンの映画を過去の時点に戻って今やそのミュージシャン（グンダーマン）の年齢をはるかに追い越した者としてその姿を描く。そのような時間のスリリングな錯綜の産物としての大人の物語になっていた。つまりグンダーマンは当時の大学生があこがれたミュージシャンとしてのオーラはなく、昼は褐炭採掘場で働く労働者であり音楽と家庭との両立を楽しみつつもうまくやり遂げることのできない旧時代の男であり、その上でのスターでありまた秘密警察への協力者でもあったというすっきりとは説明のつかない絡み合いの中で生きている男として描かれていた。もちろん秘密警察への協力という最大の裏切りが焦点となるわけだが、彼がなぜ協力したか、その結果どうなったかというような現在の視点からの彼の評価付けにはこの映画は興味を示さない。では何かというと彼とともに生きられるかどうか、という周囲の人々の判断と行動ということになるだろうか。30年以上前の物語だがあくまでも今も進行中の生きている物語として解決不能の問いの中で、映画の中の人々が生きていた。彼とともに生きることとはどういうことかを、彼らが実践していた。だからうまくやれたとかやれなかったとか判断の良し悪しとか、もはやどうでもいい。ただ彼とともに生きるという行為自体が素晴らしいと思えるような映画だった。個人的にはゴダールの『ドイツ零年』だったか、そしてヴェンダースの『さすらい』でも観ることのできた巨大すぎる工作機械、掘削機械がもうちょっと「ヤク」（2月27日の日記参照）になってくれていたらという残念な点は残った。

テレビでは『孤独のグルメ』の再放送をやっていて、いったい何年前なのか日ノ出町の中華屋が舞台。見たことのある店内とメニューだったが、とにかく美味そうでウルウルしていたら、やはり日ノ出町に行った時に時々行く中華屋だった。でも店員たちはあんな若くないし何かが違うとブツブツ言っていたら、店員たちは本物じゃなくて役者が演じてるだけだと、あまりに基本的なことを妻から指摘された。本編終了後に久住昌之さんが同じ店を訪ねるコーナーがあり、そこには当たり前のように見知った顔が映っていた。

その後『恐怖のメロディ』の主演女優ジェシカ・ウォルターが亡くなったというニュースを見かけていたため、再見しようと思っていたのに脳内ではいつの間にか『愛のそよ風』に変換されていて、ブルーレイが動き始めた時に気づいたのだが、あの冒頭の歌が聞こえてくるとそりゃあもう止められなくなる。金持ち中年男と彼の半分の年齢のヒッピー娘とのそよ風のような心の触れ合いをうっとりしながら観ていたのであった。

3月29日(月)

各所連絡でほぼ1日が終わる。湯浅さんと電話。昨年から機材がいくつも壊れ、仕入れ直したりして、いくつものステレオセットができたと。レコードを聴くのが楽しくて仕方ないという中学生みたいな話をした。久々に湯浅宅にレコードを聴きに行くことにする。

3月30日(火)

無駄に早く目が覚めて眠れなくなり起き上がったのだが、1日中眠くボーっとしていた。でもさまざまな連絡が飛び交う。とてもじゃないがついていけないのだが、ギリギリやらねばならないことはやったはず。気力体力が落ちてきて自分のペースでできないことはまったくできなくなってきているのだが、もちろん自分のペースでできないことから仕事は押し寄せてくるわけだから、自分のペースでしかできない仕事がどんどん追いやられて結局自分のペースもくそもなくなるわけである。1日、何をやっていたのかよくわからない。阿佐ヶ谷に散歩に行きつつ、例の「翠海」とは別のお気に入りの中華屋で、のっぴきならない事情によりふかひれあんかけ炒飯というのを食った。見かけ以上に優しい薄味で非常にありがたかった。

3月31日（水）

2月と違って31日まであるのはありがたい。欲を言えばもう数日欲しい。だが数日増えても同じことを言っているに違いない。わたしくらいの年齢になると周囲の知り合いたちは金持ち貧乏にかかわりなくそれなりに時間の余裕もできて、自分のための時間を過ごしている気配が見える。気が付くと自分だけがいつまでもあれやこれやバタバタとしているような、そんな疑心暗鬼、被害妄想がむくむくと湧き上がるのだが、周りから見るとマイペースのご機嫌おやじに見えるのだろうか。いずれにしても、あまりにいろんなことが重なりすぎて、もう少しひとつのことに集中したいと切に願うばかりの日が続く。本日はお台場での1年2か月ぶりの爆音映画祭開催の告知。本来なら2月に予定していたのだが緊急事態宣言のために延期、そして延びているうちに内容も変わり結局最後までバタバタした。だがメインビジュアルといい、上映ラインナップやイヴェントも、2か月延びたおかげで新しい爆音映画祭を打ち出せるものになったと思う。

4月1日（木）

新しいプロジェクトの初顔合わせの日をいつにするか尋ねられて4月1日と答えたら、わざわざエイプリルフールにするとはと呆れられたのだが、何も考えていなかった。自分の都合だけで答えたわけだが、とにかくスタート。11時に集合して19時くらいまで。どうなるかわからぬ部分も多いがこうやってわいわいとやれているだけでまずはめでたしということだ。今回のメンバーで仕事をするのは初めてだが、なんだか何年も前からこの日が設定されていたような、そんな感じさえした。おそらく最後までこの感じは変わらないだろう。

4月2日（金）

千葉の外房に暮らすアナログばかカートリッジ改造人、爆音ハウスに住む浅川さんのところに行く。引っ越して数年、遊びに行く行くと言いながら全然行っていなかったのがようやく。予想では林の中の一軒家、隣の家まで1キロくらいあって、うっかりするとキョンと鉢合わせる。というものだったが、表通りはまだ街として成立しており、海もすぐ近く、元畑の空き地と川に囲まれた一軒家で川を挟んで向こう側にも空地の向こうにも隣家はあり、わたしの実家のあたりよりずっと住みやすそうな場所だった。確かにキョンがどこから出てきても不思議ではない。庭先にも音楽が漏れ聞こえてきている。漏れ聞こえる、というか……。

　４つの部屋すべてにオーディオセットが組まれていた。どれもブランド品ではなく、１０００円とか３０００円で買った壊れた機材を改造したものばかりだから、見た目はつぎはぎだらけのぼろ機材である。だがそこから極上の音が生まれる。いわゆるオーディオマニアのコレクションが足元から崩されていく。ひとつは映像鑑賞のためのセット、あとの３つは爆音サウンド用。天井から下がったひょうたんスピーカーやだるまスピーカーが思わぬ味付けをしていて、前方からドカンと押し寄せてくる音の波を天井からの波が優しく震わせ、部屋全体が音に包まれる。この感じはどこかで聴いたことがあると思ったら、ＹＣＡＭ爆音だった。そりゃ気持ちいい。１日中ここに寝転がっていたら楽園。こんな音の中にいたら東京での労働がばからしくなる。というわけで今後の仕事のこともありつつただだぐうたらしたのだった。

　車で５分くらい行くと海岸。漁港もある、猫もいる、岬の上には神社もあってその両側に海と町が広がる。１週間前は新潟の暗い日本海を眺めていたのに不思議な気分だ。街道沿いのスーパーには漁港で水揚げされた魚も並んでいてあきれるくらいの格安値段がついている。当然夜は刺身三昧となるのであった。深夜３時くらいまでで、酒飲みふたりで日本酒１升半空けていた。もちろんわたしはお茶にて。

4月3日（土）

楽園というか異界というかわたしの日常とはまったくかけ離れた場所から帰還。しかし腰はしっかりやられた。夜はついに『ビーチ・バム』を観る。マイアミあたりが舞台となっているのだが、まあここも楽園と言えば楽園、しかし異界感の強さが半端ではない。登場人物たちのほとんどがラリっているということもあるのだが、彼らの言葉をはじめすべてのものにディレイがかかっているような、あるいは今そこに見えているもの自体がディレイされたものであるかのような、つまりそこにある「生」の時間が前後に引き延ばされてわれわれは居場所を失う。われわれが生きる「現在」という場所を作り上げているシステムがそこではゆっくりとあからさまに崩れ去っていくのだ。だからここに映されている信じられないくらいの金持ちと結婚した詩人のやりたい放題のエピソードは、金持ちだからできることではなく、今すぐわれわれ誰にでもできることでもあると言える。いや、できるとかできないとかということではなく、システムによって仮構された場所の緩やかな崩壊の跡に残った生きる場所で生きるだけなのだから、単に好きにやればいいのである。それをやったら死んじゃうかもしれないが、貧乏なわれわれはそのあたりをうまく切り抜けつつ。YCAM爆音でやったら最高だろう。音が天上から降ってきて目の前の風景を楽園に変える。その楽園こそわれわれの生きる場所である。ラリッてなくても酔っ払ってなくても楽園はここにある。そんなことを思わせてくれた。

4月4日（日）

不調なところをだましだまし使っていたＩＴ機器がいよいよだましが利かなくなってきた。6年目のｉＭａｃはアマゾンプライムとネットフリックスを観ることくらいにしか使えず、アップルＴＶはアプリは開いても動画を観ようとすると動かなくなってしまうという本末転倒。ｉＭａｃ自体を工場出荷状態にしてシステムを入れ替えてまっさらな状態から始めてもダメ。ワードやエクセルなど、開くまでにトイレに行く時間はたっぷりあるし、文字入力が安定するまでに数分間は我慢しなければならない。基本的にメインマシンとして使っているＶＡＩＯのノートブックは動作はまだまだ順調なのだが、しかし電池が1時間も持たなくなってしまって外での作業ができなくなってしまった。電池交換しか方法はない。そしてiPhoneはホームボタンがまったく機能せず、仮のホームボタンアプリを入れてしのいできていたのだがいよいよiPhone自体の動作もおかしくなってきた。それぞれをまともに買い換えたら50万くらいかかる。とてもじゃないがここでそんなに金かけられないし、iPhoneに10万以上とかさすがにやめてほしい。ということで、ついに、Ｍａｃから離れることにした。確か１９９２年、ＬＣⅡが発売された頃に買ったのが付き合い始めだから約30年。メモリ4Ｍ、ハードディスク80Ｍ、という今からは考えられないスペックの時代からの付き合いだったが、まあ、もう十分。スマホ本体も機種を選ばなければ格安なのがいくつもある。ＶＡＩＯは電池交換に出し、家のデスクトップは中古のウィンドウズマシンにすれば数万。もういい歳なのでパソコン使って大したことはできない。人を頼って生きる。

『ノマドランド』が話題になっているので観逃していたクロエ・ジャオの『ザ・ライダー』を観た。なんだろう、冒頭から泣きそうなこの感じ。撮影や風景の美しさということでもなくストーリー解説にあるような夢を断たれた現代のカウボーイの悲しみというようなものでもない。世界に対する姿勢そのものがもたらす悲しさと言ったらいいだろうか、実在の人物たちに起こった出来事を本人たちが役者として演じているということのもたらす二重の悲しみが、もはや可能性のかけらもないこわばった痛みを優しく包む。発達障害なのか主人公の妹の誰に向かって発話しているのか不明瞭な、今ここでようやく彼女のことを見つけた世界中の人々の不明を恥じいらせつつ新たな世界への視線の獲得に向けての小さなエネルギーとなる不思議な発音の魔法のような言葉によって開かれたカメラの目によって示された世界がそこにあるのだ。かつてヴェンダースがジョン・フォードやラオール・ウォルシュの西部劇で生きる男たちの小さな動きや持続する運動の中に読み取った荒野の呼吸のような幽かだが確実にそこにある空気の流れによってとらえられた人々の姿が映されていた。「物語」というシステムによってはじき出されてしまった世界の当たり前の姿。ケリー・ライカートの映画にも通じる何かが映っていたが、ライカートの映画のようにゴダール映画の唖然とするような省略でいきなり車から放り出される男や、車が行き交う公道を当たり前のように馬に乗ってやってくる女はいなかった。でもそれは誰にでもできることではない。

4月5日（月）

再開後の日記はいつも翌日に書いているのだが、4月7日の現在、6日の日記を書こうとしたら4月4日（日）までしかない。5日の分がないのだ。1日書き損ねたということなのだが、書いた記憶はある。しかし何を書いたかはまったく憶えておらず、仕方ないので書き直そうとしてもその日に何をしていたのか憶えていない。でも確かに整骨院に行った、整骨院に行ったことくらいしか書くことがないと思いながら書いていたことも思い出したが書かれていない。保存し損ねたということはなく、ワードは開きっぱなしなのだ。物理的にも記憶の中でもわたしの4月5日が消えている。今でもここでもない場所を不安とともに漂っていた。そんな変なしこりのような記憶の塊だけが残っている。

4月6日(火)

IT関係経費をできる限り抑えようと、スマホのキャリアは1年間無料の楽天モバイルに変えるため阿佐ヶ谷の楽天ショップに向かったのだが、無料契約キャンペーンの締め切りが7日までで、当然もう店頭の相談予約はいっぱいで受け付けられないと言われた。みんな考えることは同じである。ネットでやればできるかと自宅に戻るが今度はMａｃのブラウザからは証明書類のスキャンデータがまったくアップできない。そうこうしているうちに、いくつものプロジェクトの作業が進み各所から連絡、連絡、連絡。自分にできることは限られているので、ものづくりの最後の仕上げの時はまったく役立たずでしょんぼりする。気持ちは沈むばかりでもはやキャリアを変えようという気力もなくなって、楽天は放置。ゆっくりとしかしはっきりと世間についていけない老人になっていくのが実感される。

4月7日(水)

ｂｏ：ｉｄのお知らせ発送作業。不意の助っ人も現れていつもに比べると驚くほどあっさりと終了した。あいさつ文をプリントアウトしたもののコピーを井手くんに頼んで、戻ってきた井手くんが青ざめているので何かと思ったら、隣のマンションのごみ捨て場にあった袋がガサゴソと動いていると。完全にやばい話なので、どうなったかは秘密。井手くんは時々こういった変な出遭いをする。わたしは1日中ボーっとしていた。まあ、さまざまな連絡でボーっとしている時間はなかったのだが。夜、昨日の日記を書こうとしたら一昨日（月曜日）書いたはずのものがなくなっていて、「書いた」という記憶自体も捏造かもしれないという不安もあって一昨日のことを思い出そうとするがぼんやりするばかり。だが月曜日に書いたはずの日曜日の日記はしっかり書かれているので、月曜日に自分が存在していなかったということだけはなさそうだ。

4月8日(木)

何となく気分が良かったので、今のうちに面倒な作業をやってしまおうとスマホのキャリア変更、機種変更の手続きをした。相変わらず手続きには時間がかかる。忙しい時にやっていなくてよかった。でもよくわかったのは、楽天モバイルみたいに1年間無料、みたいな派手なやつでない限り、あとはどこも軒並み同じ、大差なし。まあだから結論から言えばあたふたせずにそのまま契約更新が正解なのだ。iPhoneからアンドロイドに替えたため夜はアプリのインストールや設定で大変だった。それに加え、調子に乗って重い荷物をもってあちこち歩いたために、腰と肩を想定以上にやられていた。気が付いた時には階段をうまく上れていない。めちゃくちゃ痛い。さすがにまずいので湿布薬を買って貼った。重い荷物というのは聴かなくなったりレコードとダブっているCDなのだが、これを売ってジェリー・ガルシアがらみのレコード2枚を買った。ディラン&デッドのライヴは80年代の終わりにCDが流通し始めた時に初めてCDで手に入れたアルバムで感慨深い。その翌年だったか、初めてサンフランシスコに行った。下水の蓋にまでデッドのマークが刻み付けられていて(おそらく工事の際に現場の誰かがいたずら書きをしたのだろう)呆れたのを今も憶えている。もう1枚はトム・フォガティも参加しているアルバム。レーベルがファンタジーということもあってサンフランシスコつながり。どちらも馬鹿でかいスピーカーで聴きたい。かなわぬ夢だが、妄想は広がるばかりだ。そしてディスクユニオンから出す工藤冬里さんの9枚組ボックスの、ボックス周りがついに校了。デザインの宮一紀くんは大変だったと思う。あとは中身のブックレットを残すのみ。

Dylan & The Dead『Dylan & The Dead (Live 1987)』

Merl Saunders『Fire Up』

4月9日(金)

腰は回復したのだが肩がよりひどくなりもう首が回らない。めまいの気配もする。落ち着いて文字を読んだりすることができない。たまたま午後から整骨院を予約していたので、腰の治療から肩の治療へと急遽変更してもらう。

夜は渋谷へ。某作品のboidsound上映の準備である。宣伝の関係上まだその内容を書けない。もどかしいが致し方なし。井手くんのサジェスチョンのおかげでバウスの爆音に近い音になった。音が天井＝天上から降ってくる。夜の渋谷は金曜日にしてはめちゃくちゃ人が少なかった。

4月10日(土)

さすがに疲れてボーっとしていた。昨日届いたEXNE KEDY AND THE POLTERGEISTSのアルバムのテスト盤を聴いた。

昨年発売された井手健介と母船のセカンドアルバムでタイトルとなった「Exne Kedy And The Poltergeists」は実在していたのである。ついに掘り起こされた、70年代の幻のミュージシャン「エクスネ・ケディ」の74年のライヴ音源の奇跡のリリース。母船のセカンドアルバムはほぼこれをもとにして、井手くんが自らの音として世に出したものだが、実はこちらが本家。アルバムには当時のツアーフライヤーやポスターのミニチュアも付録に付ける予定。音のほうは埋もれていた無許可録音のライヴ収録テープを修復し、リマスターしたものだから、通常のライヴアルバムとはかなり雰囲気が違う。まさに会場全体から音が出ている、その響き合う音の雲のなかからエクスネ・ケディと仲間たちの声や演奏が届けられる。そんな雰囲気。音の雲とは音の妖精の会話、というふうに言い換えられるかもしれない。世界中に広がり世界を包み込んでいる普通なら聞こえない幽かな音たちがこの会場に引き寄せられて、とりとめもなく交わす会話。その響き合いの中からエクスネ・ケディが現れて、現れると同時にそれぞれの声の主のもとへと拡散帰還していく。つまりこのアルバムを聴いてもエクスネ・ケディは誰かわからず、いや、聴いたゆえにますますエクスネ・ケディが何ものかがわからなくなる。逆に言えばエクスネ・ケディはどこにでもいて誰でもあるということになる。だから母船のセカンドアルバムは、実は母船ではなくEXNE KEDY AND THE POLTERGEISTSが作った『Contact From Exne Kedy And The Poltergeists』というアルバムなのだ。そして21世紀に突如として現れた「このエクスネ・ケディ」が70年代に戻って行ったライヴの記録が今回のアルバムである、という回りくどい説明になる。こんなんで果たして売れるのだろうか。本当はまだ告知しちゃダメなんだけど、日記だからいいや。いろんなことが書けないことだらけなんでね。

夜は『クー！キン・ザ・ザ』。『不思議惑星キン・ザ・ザ』と同じ監督によってリメイク（？）されたアニメ版である。輝ける未来だったはずのものが輝ける未来の夢の残骸としてSFの中で描かれるようになったのはいつ頃からだろうか、というような考察をかつてフィリップ・K・ディックの小説の文庫版の中で読んだ記憶があるのだが、詳細は記憶の彼方である。いずれにしてもこの映画を観れば誰もが、いや未来はいつも夢の残骸であったのだと思うのではないか。あらゆる輝ける未来の中に、このような残骸が埋め込まれている。いや、残骸が夢見たものこそ輝ける未来であって、その残骸の夢の記憶が現在に埋め込まれているに過ぎないのではないか。『宇宙戦争』にしろ『ターミネーター』にしろ『マトリックス』にしろ、SF映画の多くが描いてきたのは、そんな時間の逆転と循環だったはずだ。われわれはもう、誰もがエクスネ・ケディであることに気づいてもいい頃だ。

4月11日(日)

こういう仕事をしていると土日も祝日も仕事が付いてくる。自ら断ち切るしかないのだが、わたしが断ち切ったとしても誰かが働いているかと思うとそう簡単に断ち切ることはできない。始末が悪いのは緊急の仕事があるわけではなくただひたすらぼんやりとした不安とともに過ごす週末である。何が不安かもはっきりとせず、誰かに連絡を取り忘れているかもとかやっておかねばならない仕事があるはずなのに果たしてそれが何なのか思い出すこともできずただ「あるはず」ということ自体がぼんやりと心の底に沈殿していく。完全に自分の問題ではある。したがって解決のしようがない悲しい日曜日。昼は整骨院に行き、肩と首の施術を受けるがこれがかつて経験したことがない痛みを伴った。肩も腰もそれくらいひどいことになっているとのこと。

その後『ノマドランド』。いろんな人の感想は聞いていて、『ザ・ライダー』も予習で観たので大体何が面白くて何が足りないかも何となく把握していた。確かに把握通りの面白さと物足りなさもあったが、しかしやはりあまりに寂しすぎるこの生き方を進んで選び取る人々が確実にいるアメリカという国と風土に圧倒された。フランシス・マクドーマンドはわたしとまったく同い年である。そんな年齢の近さもあって「わたしにはこれは絶対にできない」というリアルな思いがのっぴきならない悲しみとして画面から直接降り注いでくる。その一方でわたしが感じる過酷さと裏腹ののんびりした時間もそこにはあって、それを豊かな時間と言ってもいいのだけれど、これは確かにわたしの求めているものだという思いも湧き上がる。彼女は死にたいわけではない。あくまでもそうやって生きたいだけである。現代社会への不満や怒りが彼女を駆り立てているわけではない。ホームレスではないハウスレスだと彼女は言う。ホームはある。移動する車とともに彼女のホームも移動する。その単純さの中にあらゆる過酷さとあらゆる豊かさが詰め込まれている。プロテスタント的な勤勉さとも荒野を目指すヒッピーとも違う何かが彼女を動かして、『デッドマン』とも違う生死の境目にわれわれを運ぶ。彼女の仲間のノマドたちも含め、基本的にある程度の年齢まで働いたうえでこの暮らしを始めた人たちばかりであることも、その「違い」の要因だろう。われわれがこれまで観てきたアメリカ映画の荒野とは違う「荒野」がそこに映されていた。映画がやるべきことは、この「荒野」をわれわれの住むこの場所に重ね合わせて描くような作業ではないかとも思った。いずれにしてもクロエ・ジャオの次回作がすでに楽しみになっている。

4月12日（月）

土日でできる連絡事項を緊急のもの以外は月曜日に回しているので月曜日は朝から気ぜわしい。しかも、月曜日にやろうと思っていてすっかり忘れる作業が多発している。さすがにこれは大人としてどうかと我ながら情けなくもなるのだが、ならば土日を休まず普通に仕事すればいいではないか。しかし再び土日になるとやはりここは休んでおかないという繰り返し。解決策として月曜日にやる作業を書き出してひとつひとつやっていくわけだがとはいえすでに書き出しの時に忘れていることがあるのではないかという不安も満載である。だから週末のぼんやりした不安はさらに増幅されてそれなりにやるべきことをやっているのに何もやっていない気分だけが残る。これまでは気力と体力で乗り切ってきた問題が、それが衰えた今ただの未解決の問題として目の前に突きつけられている。なすすべなし。

とはいえ翠海。友人2名と極上の中華を堪能した。心から幸せになる。しかしその終わり、事務所からの連絡で、すでに届いていた商品と同じものが別のショップからも届けられたと。わたしが同じ商品を別々のショップにダブって注文していたのである。生協に2週にわたって同じものを発注して冷蔵庫が満杯になってしまう実家の母親を思い出す。しかし自分としては違う店に違うものを発注していたはずが、どうして同じものが届くのか。

4月13日（火）

朝から整骨院。首の調子はまだまだ悪い。それにつられて腰も再び。メニエールも含めもうすっきりすることはないのだ。そんな思いの1日。税理士から「中小法人・個人事業者のための一時支援金」申請のための資料をもらう。では、ということでHPを見るとやたら手続きが煩雑である。昨年の持続化補助金の時とは大違い。持続化補助金申請の際に不正支給を受けた人たちがいて、その防止策としての手続きが増えたということなのだろう。それは仕方ないことだとも言えるが、それによって本当に必要としている人たちにとってのハードルは上がる。わたしなどHP見ただけでぐったりである。それでもとにかく必要だから何とかするわけだが、ネットを見ると、申請代行の会社のPRが飛び交っている。困っている人、この煩雑な手続きに対応できない人は、こういう代行会社にお願いすることになるわけだが、そうなると受け取れる額は彼らへの謝礼の分当然少なくなる。

視点を変えると、国全体の予算から見れば、不正申請により支払うことになった額と、今回の手続き強化のために必要となった経費（多くの人材や関連機関への報酬など）とでは、いったいどれくらい違いがあるのかという疑問がわく。だったら、である。困っている人たちが苦労してつらい思いで申請すること、そしてさらにそのために申請代行業者が支援金の一部を作業料として受け取ってしまうことを考えると、とにかく面倒な手続きなしにざっくり渡す、というのでいいのではないかと思ってしまう。困っている人をこれ以上困らせない。まずはそこからスタートできないか。手続きを煩雑にすればするほど、それに対応できるような余裕のある人や、それをうまく利用できる人たちだけがその恩恵を受ける。不正申請はますます巧妙になり、手続きはさらに煩雑になる。こういった負の循環に、そろそろさようならを言ってもいい時期だと思う。まあ、その前に自分のほうがさようならを言われそうな体調の悪さでもある。雨の降りそうな日はつらい。

4月14日（水）

夕方までバタバタとあれこれあって、京都へ。このところ京都に行く日は決まって雨である。今日も家を出る時はそれほどでもなかったので傘も持たずに出たのだが、いったん事務所によるため高田馬場で降りたら結構な降りになっていて、仕方なく傘を買った。折りたたみ傘を持ち歩けばいいのだが、どうも好きではないのだ。なんだろう。ちゃんとしたお気に入りの折りたたみ傘を買えば違うのか。今度試してみよう。

京都は慣れているはずなのにそしてホテルも駅そばで迷うことはないのに見失う。同じアプリなはずなのにアンドロイドのグーグルマップの見え方がどうもフィットせず、方向がまったくわからなくなってしまうのである。現在地から向かっている方向も画面には出ているものの身体的な理解とはかけ離れている。頭ではわかっても身体が言うことを聞かない。ホテルすぐそばのところで自分勝手にぐるぐる回っている自分はいったいなんだろうかと思う。いや、ホテルがね、暗い中では目立たないんですよ。これが。暗く沈んだ大きな建物にしか見えない。よく見るとでかい木製の扉に名称も書いてあるし、近くで見ればわかるくらいの光の看板も出ている。この時期の京都でこのクラスのホテルでカプセルホテルより安いかと思われるまさかの値段で泊まれたのでここにしたのだが、老眼鳥目の人間にはもはや存在しないくらいのシックな佇まいであった。部屋も広く風呂も広くて快適この上なし。ついボーっとしてしまい、みなみ会館への集合時間を間違えて30分の遅刻であった。

マリオ・バーヴァ2本と『悪魔のいけにえ』の調整をやった。バーヴァの2本は時代が時代だけにモノラル2チャンネルで、『呪いの館』はマスターの音源が悪い。古いフィルムの音がそのままデジタル化されたということだろう。したがってこちらは無理せず、耳障りにならぬよう、しかし絶妙にバランスがとられている静かな音のシーンの背景の音たちが画面の中で見事なダンスを踊る感じで。大きな音のところはもともとの音が割れてしまっているが、それはそれでひび割れた時間の音を聴くという塩梅。『血ぬられた墓標』は『呪いの館』より時代は古いのにしっかりリマスターされた音。こちらもやはり、大きな音のシーンよりもそろそろ何かが起こる、気づかないところで起こってしまった、というような「予感と決定」のシーンでの音の揺らめきがこちらを現場へと運び込む。共同監督をいくつかやってきたとはいえ、単独での監督デビュー作ですでにこの洗練というのはやはり当時のスタジオの力ということなのだろうか。

『悪魔のいけにえ』は5・1チャンネルで。こうやって見事にリマスターされた美しい音を聴くと、かつてのモノラルの印象とはまったく違うのだが、やはりそれはそれであきれるくらいに素晴らしい。70年代、80年代の映画も次々に4Kデジタルヴァージョンが作られているが音までオリジナルのマスター音源からリミックス・リマスターしている作品はあまり多くなく、もちろんここは予算の問題もあるので強くは言えないのだが、何とかならないものか。それに比べて『悪魔のいけにえ』の素晴らしさ。何度上映しても何度観てもそのたびにまったく新しい何かに見えてくる。

4月15日(木)

工藤冬里9枚組ボックスのブックレットの入稿・校了日ということもあって、朝から各所と連絡を取りつつ、夜まで作業を進める。夜には無事入稿のはずだったのだが、もちろんこちらの思惑通りにはならない。わたしのように大雑把な人間は最後の仕上げの時はまったくの役立たずなので、とにかく事態の進行に任せるのみ。みなみ会館での調整作業をしている間も、入稿のための最終確認作業は続く。ちょうど音調整作業が終わりを迎える頃ブックレットも入稿となったのだが、なんとその後もうひとつ問題が出たために修正を加えて再入稿という、本当に皆さまお疲れさまそしてありがとうございました。

みなみ会館の調整は『マングラー』『ゼイリブ』『ゴースト・オブ・マーズ』。とにかく音がいいと元気が出る。朝からのデータ確認などで神経をすり減らしていたのだが、調整が終わる頃にはまだいくらでも調整できるくらいな感じになり、昨日分も再確認した。いつもの爆音の大迫力というのとは違うが、こんな感じで普通に映画を観ることができたら人生得した気持ちになる。それにしてもここにきての新型コロナ感染拡大で映画館の動員が激減しているという。もはや「自助」とか言っている場合ではない。もし自助するとしたらわれわれ自身がわれわれが生きていくシステム自体を変えるしかない。新型コロナ問題が解決したとしても、そこを変えない限り同じことだ。

4月16日（金）

3月後半からいろんな作業が重なった疲れがはっきりと出始めている。お台場が終わるまであと2週間。果たして乗り切れるのかどうか。雨模様のせいもあって目もしょぼしょぼ、ぼんやりとしたまま夜。夕方からはみなみ会館での boidsound 映画祭キング・オブ・カルト特集が始まる。動員を心配していたのだが、何とか無事。この状況の中では大健闘という数字だった。そして『イレイザーヘッド』と『ロスト・ハイウェイ』の調整。リンチの音はもうとにかくすごいのだが、あまり調子に乗りすぎると映画館の機材を痛めるのでそこだけを心配していた。慎重に、音量を上げたり下げたりしながら無理のない程度で映画が一番面白くなるような音量を探る。しかし今こうやって見ると、『ロスト・ハイウェイ』のパトリシア・アークエットは最高だね。なんか、リンチの全作品に彼女がいるような気がしてきた。いや、リンチの作品を貫く「魔女」がそれぞれの作品にそれぞれの女優として現れているということか。

4月17日（土）

友人に誘われて西陣のパンケーキ店。見た目とは違いもったりこってり感はなく、するするといつまでも食っていられそうな爽やかさ。さすがに使っている油とか小麦粉とか砂糖とかが全然違うのだろう。しかし結構な雨で歩くのもままならずみなみ会館まではタクシー。

boidsound 映画祭は、今回の新型コロナと雨の影響の割には上出来という動員数で少しほっとはしたが、それらの影響がなかったとしたらいったいどれくらいの数の方たちがやってきてくれたかということの保証はまったくない。結局いつも、その場その場での賭けのようなものだ。いつまでたってもそういう不確かさには慣れることができない。いや、慣れては来ているのだが、その一方で気力と体力がすごい勢いで落ちてきているのだ。本日もそれを実感。『悪魔のいけにえ』の音声トラブルでのショックは、今後のいい勉強にもなったがいつまでも消えないトラウマとして残った。お客さんたちからは温かく声をかけていただいたが、音はやはり武器になるね。怖い。そしてブルーレイ上映は今後できる限り少なくしていかねばという教訓。

『ゴースト・オブ・マーズ』上映後は篠崎誠とのオンライントーク。火星のシーンの撮影はセットではなくロケ撮影で、先住民族のかつて住んでいた場所を使いその土地を赤く染めて行ったのだという。その話だけでさまざまな方向へと思いが広がる。アメリカの歴史、先住民族たちの呪い、フィクションとしての映画……。今や忘れられた歴史が、ただの荒れ地を赤く染めるという人工的な操作によって、まさに今ここで起こっていることとして蘇る。われわれのこの現実に「火星」というフィルターを挿入することで見えないものが見えてくるという映画の役割は、まさに『ゼイリブ』でも行われていたことだ。カーペンターはそんな映画を一貫して作ってきた。

その後GWの怪獣映画特集の中で『シン・ゴジラ』をboidsound上映するというので調整。みなみ会館の音のベースは開館時にいくつもの映画を試してわたしが調整したものだから、普通に音を上げただけでも映画に合わせた微調整だけで済む。『シン・ゴジラ』もあっさりと音は決まった。これで十分喜んでもらえるはず。それやこれやですっかり疲れ果て、めまいも始まったのでめまい止めを飲んで寝た。

4月18日（日）

晴れたり強い風が吹いたりパラパラと雨が降ったりと変な天気だったが昨日の大雨よりまし。上映は順調に夜まで。五所純子さんとのトークはとにかくネタが『ロスト・ハイウェイ』なので、迷路に迷い込みながらのものになったが、その分、今後のためのヒントがいくつも見つかった。この映画のリアルはどこにあるのか、ここで描かれるふたつの世界とは何か、どこにも辿り着かない時間と果てしない先の消失点まで見通せる視界、カメラがそこになければなかったことになってしまう誰にも振り替えられることのない無名の人の行為、そしてその始まりと終わりがねじれてつながる語りの構造から見えてくるもの。五所さん曰く『ロスト・ハイウェイ』はそれが作られた25年後の今の教習所の教習用動画、なのだそうだ。間違えばこのようになってしまうことを教えられ、しかもそれは相手のせいだけではなく自分にもそれを引き込む要因があることを教えられる構造になっているらしい。その現状をどう考えるか？　それはどこか『ロスト・ハイウェイ』のふたつの世界の関係としても考えることはできないか？　そんな宿題が課されたトークでもあった。

4月19日(月)

みなみ会館での映画祭は木曜日まで続くが、わたしの仕事は日曜日で終了。本来なら本日の夜はシネマート心斎橋に行って某作品の音の調整を行う予定だったのだが、大阪の新型コロナ陽性者数のあまりの増加で中止に。疲れていたのでさすがにほっとする。いろんなことがこれまで通りにはやれない。とはいえお楽しみもなくてはと名古屋に立ち寄りいつものように関市のうなぎ。今回はこのために東京からも友人がやってきて、しかし新型コロナ感染拡大の影響でもしや休店しているのではという疑惑も湧き出て、わたしは帰るついでだし、もうひとりは地元だしで休店でもほぼ問題ないのだが、わざわざ東京から出てきた人間は休店なら大笑いだと、ひそかにそれも狙っていた。何しろ開店していてもまったく電話がつながらない店なので、やっているのかいないのか確かめようがないのである。それでも東京からやってくるという食いしん坊加減にも呆れるのだが、それくらいうまいというのも確かである。いずれにしても行くしかない。

辿り着くと見事店は開いていた。自然と歓喜の声が沸き上がるのだが、なんとテイクアウトのみ。もちろん以前空族のイヴェントの際にみんなでここに立ち寄り、その後大阪に向かう空族に大阪チームへの土産を託したところ、冷えてもめちゃくちゃうまいと感謝されたことを考えれば、まったく問題なし。天気も良い。あとは車を止められる公園を探せばよいだけである。昨日までの京都のはっきりしない天気が嘘のようだ。見上げると山のてっぺんに城がそびえる公園の木陰でのうなぎとなった。肝焼きが信じられないくらいうまい。炭火で焦げた苦みと混ざって口の中に幸せが広がる。うなぎは弁当の蓋で蒸されたために、本来のぱりぱり感はないが、それとはまた別のおいしさ。こんな日があってもいい。その後は山に登りリスに餌をやり、城から下界を見下ろすなど。すっかりリフレッシュしたがロープウェイを使ったにもかかわらず山の頂上近くのロープウェイ駅から城までの登りでさえ大変だった。戦国時代の武士たちはこの山の上の城を攻略するためにはるか下からこの坂を上り上からの攻撃を切り抜け戦いを挑んでいったのである。いくらなんでもあまりに無茶すぎる。頑張らないほうがいいという本日の教訓。

4月20日(火)

1週間のハードワーク（昨日は除く）の後なので、ゆったりと。身体もボーっとしている。とはいえ各所からさまざまな連絡が入る。一番大きな連絡が、緊急事態宣言で映画館にも休業要請が出る可能性があるため、お台場の爆音映画祭の前売り券の発売自体ができなくなり当日券のみとなる、というもの。こればかりは致し方ないのだが、例えば今回の映画祭のタイムテーブルは、3回のやり直しを経ている。すべてコロナの影響によるもの。経済を回すにしろ感染を防ぐにしろ中途半端な規制をしてそれを途中でコロコロ変えられるのは現場のダメージが大きすぎる。しかもこちらには補償も出ない。老体を鞭打つにも限界がある。もう働けない。というか働かないよわたしは。飢え死にするまで美味いものを食う覚悟。

それはそれ、みなみ会館で久々に『ロスト・ハイウェイ』を観てしまったおかげでアメリカの音楽が聴きたくなった。ロニー・ブレイクリーとエミルー・ハリスが心に染みた。果てしなく広がるアメリカの風景の悲しさと豊かさが彼女たちの声とともに心を震わせた。デヴィッド・リンチの音楽と言えばだれもがアンジェロ・バダラメンティを思い浮かべるのだろうが、わたしはいつも実際にはリンチの映画には流れていないこれらカントリー系の音楽を思い浮かべながら観ている。というか「ロスト・ハイウェイ」自体がハンク・ウィリアムズなわけだし。意識しなかったが今日の2枚はともに75年のアルバム。そしてインナースリーヴと裏ジャケの写真にも共通点が。ロニー・ブレイクリーのはマッスル・ショールズだが、エミルー・ハリスのはどこだろうか？　心はすでに75年のアメリカに飛んでいる。

Ronee Blakley『Welcome』
Emmylou Harris『Elite Hotel』

4月21日（水）

モンテ・ヘルマンの訃報。91歳。年齢から言えば大往生だし長期にわたって患っていたわけでもないようなので、変な言い方だがとにかくよかった。いつか人は死ぬ。そこに苦しみや痛みが伴うのはやりきれないが、ヘルマンさんの場合はそうではない（と思う）。2015年の4月にアメリカに行った時、ヘルマンさんがエアB&Bとして貸し出していた自宅の一部にわれわれは泊ったのだが、その時85歳。当たり前のようにパソコンを駆使して各所と連絡を取り、映画の授業の準備もし、その上で当たり前のようにわれわれの食事も用意してくれた。彼が生きてきた歴史ではなく何者でもない者として今ここでただ単に普通に生きるその姿を見てしまった以上、今回もただ単に普通に死んだのだとしか思えない。

午後からは中小企業庁が3月から告知を始めた「中小法人・個人事業者のための一時支援金」申請のための準備をした。書類はすべてそろったので、事前に済ませておかねばならない面談のために事務局から紹介された税理士事務所に電話すると、すでに申し込みが多すぎてすべてお断りしていると言われる。でも事務局からの紹介なのに、ということで再度事務局に電話して事情を話す。すると紹介はできるが時間がかかり、しかもこの紹介の件は電話でしか連絡できないと言う。例えば電話をとれなかった場合、折り返しはきくのか、事業者としての登録も済ませＩＤももらったのだからメールでの連絡ではだめなのかと尋ねるとそれはできないと。こちらは現場の仕事もあって電話をとれない場合も多いので、結局受け取れないまま締め切りになってしまったらどうするのか、書類もすべて用意したのに面談ができないだけで申請さえできないというのはあり得ない。それはないようにする、と言われても保証はない。この電話を録音しているので大丈夫、というようなことであった。つまり、何らかの理由があって事前面談のシステムを加えたところ、面談が申請に追い付かない事態になっているということなのだろう。そしてその連絡システムも一方通行でしか機能しない。しかもどうやら、面談の認可を受けた税理士事務所の中には、面談のための料金を取るところもあるという。いったいこの国はどうなっているのか。

そして夜には、いよいよ緊急事態宣言が東京にも出されそうで、今回の爆音映画祭にも確実に影響が出るとの知らせ。ルシンダ・ウィリアムズの昨年のアルバムを聴く。これまでになく太いベースとギターの音に圧倒される。わたしより4歳上、歌を歌うエネルギーというより歌が入ってくる容器としての健全さを感じる。いつまでも聴いていたい。

Lucinda Williams『Good Souls Better Angels』

4月22日（木）

どうなるか先行き見えぬまま、とにかく朝から爆音映画祭のための音の調整。天気のいい日のお台場は本当に気持ちがいい。その空気が移ったのか、出てくる音もさえわたっていていやあ今までもこんな気持ちいい音だったっけと、まずはわれわれがニコニコするところから調整が始まる。初日は『グレイテスト・ショーマン』『ファンタジア』『Reframe THEATER EXPERIENCE with you』『ＣＵＲＥ』『カネコアヤノ Ｚｅｐｐワンマンショー２０２１』『ラ・ラ・ランド』『ミッドサマー』の7本。終わった後も、みんな大満足。爆音のこの感触のおかげでここまで生き延びてきたことを改めて確信した。帰宅後、さらにもろもろの連絡。くたくたに疲れていることに気づいた。

4月23日(金)

開催がどうなるかわからぬまま、残りの4本。『ガメラ 大怪獣空中決戦』『AKIRA』『バーレスク』『ヘアスプレー』。昨日同様まったく問題なく、見慣れた映画がまったく新しいものとして目の前に立ち現れてくる。『ガメラ』は60年代の怪獣映画の音が現代の技術によって細部の輝きまで取り戻して蘇ったかのような、90年代の映画なのにクラシックな風格漂う音。『AKIRA』はもう、まったく新しい音に聞こえた。4Kリマスターの際にいったいどんな作業を行ったのか。以前からHDCAMヴァージョンは存在していてテアトル新宿などで上映されたことがあったのだが、それがこのマスターになったのだろうか。昨日の『CURE』と同じくさまざまなシーンにつけられた小さな音の存在が普段なら見逃してしまう世界の細部へと注意を向けさせる。『バーレスク』は圧巻のシャウト。クリスティーナ・アギレラ、シェールの声とバスドラの響き。全身が揺れる。『ヘアスプレー』はもう完全にウォール・オブ・サウンド。スクリーン全面から音が立ち上がり、会場を覆う。わたしも井手くんも涙目で笑っていた。

終了後、すでに前売り券が発売されてしまっている25日の『CURE』と29日の『カネコアヤノ』のイヴェント上映の中止がまず決まる。チケットを購入しその日の予定を決めてしまっている方たちには、少しでも早くお知らせをという配慮だが、もう一方で、もしその他の映画の上映が決まった場合のことを考えると、せっかくの期待を裏切ることにもなる。そのせめぎあいの中でギリギリまで待ち、20時を目安で告知開始、ということにした。外に出るとお台場はいい天気で、爆音の音で全身が清々しい気分でいっぱいなのだが、世の中はままならない。しかし今回はこういうことなのだ。残念だがあきらめずにゆっくり待つ。次の機会は必ずある。

4月24日(土)

結局決断が遅れていた25日からの開催案件だが、ユナイテッド・シネマ、そして映画館が入っている施設「アクアシティお台場」の休館が決まる。したがって映画祭も中止。今回の映画祭の発表をした3月末の時点では予期していなかったことだが、致し方なし。タイムテーブルも3回も組みなおしてようやく前売りも発売というところで雲行きが怪しくなりとうとうここまで来てしまった。ただ今回の変異型ウイルスはこれまでのものとは感染力も違うし未知のことも多い。イギリスをはじめとするヨーロッパの様子や現在の大阪の感染拡大を見れば十分にわかる。だからこの中途半端な政治の決断に反発することなく、人間の力の及ばないウイルスの力に敬意を表し、今回は素直に自粛する。自粛している間に次の道筋を見極めたいし広げたい。さらに、いくらわれわれには補償がないと怒っていても始まらないので、今ある制度で使えるものがあるのかどうか、あるものは使う。もちろんそれでも自粛はできない状況にある方たちもいるだろう。いろんな声が新しい制度を生み出せばよい。

というわけで、映画祭2日目にして最終日。このドタバタの中大勢の方たちがやってきてくれた。特に『AKIRA』は鉄雄の声の佐々木望さん来場とあって、ファンの女性たちが最前列に並ぶ風景は、『AKIRA』が夢想したこれからの世界の風景のようにも見え勇気を与えられた。佐々木さんは面白い人で、40歳過ぎてから東大に入学、声優を続けながら大学に通い昨年3月に卒業した。そんな経歴が特別なものに思えないような人、と言ったらいいか。自分の中のさまざまな可能性の広がりに押し出されるように歩みを進めるその姿勢が清々しい風を運んでくれる。それは『AKIRA』で言えば鉄雄なき世界の希望の種として示される「ケイ」の目を通して見た世界の風景と言えるのではないか。この日のトークの中で、そんなことを思った。そんなわけで、残念すぎる途中開催中止だが、なぜかさわやかな気分で今後のことを考える夜となった。

4月25日(日)

まあそれはそれはいろいろあって疲れ切っていた。スタッフたちと今後のことについて話した。人のいないお台場からの帰り、東の空に浮かんだ雲が夕陽に映えていた。夜は、天然の牡蠣を蒸した。濃厚な味に疲れを忘れた。

4月26日(月)

10日ぶりくらいで事務所。事務作業山積み。分厚い郵送物があったので何かと思ったら遠山純生くんの本だった。『サミュエル・フラー自伝』並みの厚さ。タイトル通り野心的な本と言ったら本人は違いますと言うかもしれないが、いずれにしても「映画」という何ものかに背中を押されて作られた本だと思う。ゆっくり読みます。遠山くんありがとう。

夜は某映画館で某映画の爆音調整。というツイートをしたのだが、もうこの日記が読まれる頃は告知OKになっているはずなので書いてしまうと、ということで詳細を書いたのだが、なんと更なる緊急事態宣言のために上映延期で告知のタイミングをずらすとの指示あり。またもや詳細はお預け。もういい加減この日記を読んでいる方は察しが付くはずなのだが、とりあえずまだ「某劇場の某作品」ということで。でもとにかく、今後、この会場は新たな爆音会場として十分にやれるということを確信。スタッフの方たちとも今後の展開を話し、コロナ以後の東京での爆音に思いを馳せる。お台場では大規模大音量、こちらは小規模でテーマを絞ったものに、という両輪で進めて行けたら。もちろんすべては、今回の上映の成功にかかっている。少なくとも音はまったく問題なし、こちらの心身を鷲摑みにして別世界へと引きずり込む。身体がむずむずする音になった。調整終了後、都知事の消灯要請の20時を1時間以上回った夜の街はまだまだ人がいてそれなりに明るかった。

4月27日（火）

朝からエリオット・マーフィーで景気を付ける。でも景気を付けただけでは何も変わらないので地味に事務作業、書類手続き、各種連絡を。あっという間に夕方。電車はそれなりに混んでる。今回の緊急事態宣言も果たして効果があるのか、この人出を見るとちょっと怪しい。今回は大人しくしていると決めているわたしでさえ、やはり事務所に出てしまってるわけだし。

Elliott James Murphy『Change Will Come』

夜は太田信吾くんの『想像』。チェルフィッチュの代表作でもある『三月の5日間』の稽古から本番、そしてパリ公演までの様子をとらえたドキュメンタリーということになるのだが、映されるのは徹底して板橋優里さんのパートのみ。それがひたすら反復、時折、それに対する岡田利規さんの反応やコメントが挟まりそしてそれに伴いつつ板橋さんの芝居も変化していく。もちろんチェルフィッチュなので「芝居」と言っていいのかどうかよくわからない。だが何かが変わって行くその変化をカメラがとらえ次第にそれも会場全体を見渡している岡田さんの視線のようにも見えてくるわけだが、しかしさらにその岡田さんの視線をとらえるカメラの視線とも言えるような何ものかが会場の空気の変化をとらえ始めることにこちらが気づくその気づきをこそ「想像」しながらの俳優の演技とでも言いたくなるようなものが時々肌に触れる。つまりここでもありここではないどこかで遠い昔でもありはるか未来でもある今ここで、これを観るわたしであるところの何ものかと目の前で演じている役者であるところの何ものかがひそかに会話を交わしかけがえのない時間を過ごすそんな終わらない時間が示されている映画になっていた。日本公演の本番で完成形が現れたかと思ったがパリ公演ではさらに違っていた。再びスタートラインに立ったような、常に「Change Will Come」な時間が流れ始めた。

4月28日(水)

休みでもないのに朝から休んでくださいというような天候。よって気持ちは休日だが仕事はある。まじめに仕事をした。といっても助成金がらみのあれこれがいろいろあって、こういった手続きや書類の書面がもうちょっとわかりやすくすっきりしてくれたらと、本当にやらなくてもいい余計な作業をわざわざやらされてそれができる人だけが恩恵を被るこのシステムは何とかならないのか。結局同じ人や余裕のある人だけのものになってしまう。根本の目的、前提を見失ってはならない。われわれは何をしたいのか何をするべきなのか。

夜は大寺がやっている新文芸坐シネマテーク／オンライン映画塾のクラウドファンディング参加者のための配信トークで、今の日本の映画の上映や公開のことについて。今この状況の中で希望をもって行える何かがあるわけではないのだが、切羽詰まったこでやれることをやることから始まる何かがあってもいいのではないか、というような話。そしてすべてを救おうとしたらすべてが倒れるような状況の中で、ではいったいどうするか、というような話を。2時間があっという間に過ぎた。

4月29日(木)

久々に低気圧の影響をもろに受けた。ぐったりの休日。腰のあたりのまったりもったり感がすべてのやる気を失せさせる。まあでもこれくらいで生きていけたらとも思う。ちょっと地下に潜ったくらいの低すぎるテンションでも生きていける世界を熱烈に希望する。事務所から持ち帰ったTボーンズのアルバムがモノだったのでカートリッジをモノ用に替えたついでに終日モノ盤を堪能した。

The T-Bones『Everyone's Gone to The Moon (And Other Trips)』

4月30日(金)

ケイズシネマのツイートで、本日『フラワーズ・オブ・シャンハイ』の上映があることを知る。そうだ、侯孝賢特集が始まっているのだ。12時30分から、座席はまだ十分に空いているようだ。11時からの整骨院は30分で終わるので余裕。昼飯を食う時間もあるだろう。久々にちょっと盛り上がって整骨院の前まで来た時にいやな予感がして予定表を見たら11時30分からだった。

ケチが付いたので事務所でやり残していた事務作業を。落ち着いて数字を整理してみると、厳しい現実が目の前に。映画を観ている場合じゃなかった。深呼吸するしかない。夜はモノ盤の続きで、結局はジュリー・ロンドンに行きつくことになる。4月が終わる。今年は映画を観る余裕があるなあと思っていたら、今月はまったくダメだった。

Julie London『Your Number Please…』

5月1日（土）

一昨夜は夢に黒沢さん夫妻が出てきて、昨夜は安井（豊作）くんが登場。そして起きたら居間の壁の塗り替えが始まっていた。まるで黒沢さんの映画に出てくる家みたいだと言いつつ壁塗りをしていたら荷物が届き、『大いなる幻影』ＤＶＤだった。数日前、マスクの時代に再度観ておかねばと注文していたのである。夜、再見すると安井くんが出ているのはもちろんそうだが、主人公たちが部屋の壁塗りをしているので呆れた『大いなる幻影』の1日。そして20年以上を経た今こうやって観てみると「幻影」ということなのか、その後やそれ以前の黒沢映画へのさまざまな道筋がぼんやりとはっきりと浮かび上がる。ああこのスーツケースはシベリアで前田敦子が引きずっていた。この海辺は『トウキョウソナタ』でも『岸辺の旅』でも観たし、アテネ・フランセの松本さんは『ＣＵＲＥ』に出演していてもおかしくないし、主人公が種を育てる屋上では菅田俊も植物を育てていなかったか。そんな記憶や妄想がふと浮かび上がり渦巻くのは確かにそれらがどこかでつながっていることもあるだろうが、この映画の時間の流れによるところが大きいのだと思う。冒頭、主人公がコピー機のところに散らばった書類を片付けるのだが奇妙に時間をかける。丁寧というのとも違う。何かひとつひとつをかみしめながら、愛おしいものを抱きしめるように紙を拾い、落とし、そしてまた拾う。かつてそこにあったもの、今や失われてしまったものを思い出すというより、まさにかつてそこにあったものや失われてしまったものが今そこにあるかのように、彼女はそれを拾い、落とし、そして拾うのである。奇妙な悲しみと愛に満ちあふれた時間が流れる。もちろんそれがその後の物語と関係しているわけではまったくない。だが、映画の最後、彼女の仕事場が襲われた後、散らばった事務所内の書類を、彼女は同じしぐさで集めるのである。この時観客たちは、彼女が過ごした時間と愛する男との関係を十分に知っている。彼女のそのしぐさの中にはその時間と愛が静かにそして豊かに流れているのを知っている。そしてまた、冒頭のコピー機のところの彼女のしぐさの中にも同じものが流れていたことを、わたしたちは冒頭から知っていたのだということをその時気付くのである。つまり、冒頭のシーンは、最後のシーンの彼女のしぐさより後の時間のものであると言ったらいいか。通常の時間の流れならあとに来るはずの時間がこの映画では最初に来て、その時間の流れの混交が、わたしたちを大いなる悲しみと大いなる幻影へと誘い込むのである。生きるとはそういうことではないか、われわれはあらかじめ知っていることを後から気付く。われわれが生きているいくつもの時間の層が交差する場所こそがわれわれの身体であることに気付くと言ってもいい。映画はそんな身体を映す。だからそこには悲しみと愛があふれているのだ。マスクのシーンは記憶より圧倒的に少なかった。そしてわれわれはこの約25年後に作られた甫木元空による『はだかのゆめ』において、同じ主演女優による同じ「かつてそこにあったものや失われてしまったものが今そこにあるかのよう」なしぐさを発見し、ああ『大いなる幻影』の彼女もまた「かつてそこにあったものや失われてしまったものが今そこにあるかのように」そこにいたのだということを知ることになる。そしてその発見によるわれわれの喜びと悲しみと奇妙な胸騒ぎこそが、「大いなる幻影」として『大いなる幻影』の中に埋め込まれているのである。

5月2日(日)

壁塗り2日目は慣れもあって順調。予定の作業はほぼ終わった。昼食は高円寺のペルシャ料理レストランのランチ。腹が減っていたので格別おいしかったのだが、腹が減っていたために写真を撮り忘れた。夜は、昨日の『大いなる幻想』の余波でエドワード・ヤンが観たくなり、『恐怖分子』かなとも思ったのだが、『台北ストーリー』を。侯孝賢の主演、共同脚本ということもあり、その後のふたりの映画が見えるような作品で、その若さも含め何度観てもドキドキする。しかしその「若さ」とは裏腹に冒頭から圧倒的に憂いに充ちた空気が濃厚に漂う。これからここに引っ越して新しい暮らしを始めようという人間の新たな時間への待望とは限りなく遠い悲しみの視線が、そこには溢れていた。それは最後近くのまだ借りたての新事務所のがらんとした空間の中でのやりきれない思いがそのまま最初に反復されているかのような憂鬱と言ったらいいか。「若さ」というかけがえのない時間だけではなく、そのかけがえのなさが自分の中から抜け落ちてしまったその空虚を抱えながら生きていかねばならない人生の悲しみが、まだ引っ越し前の何もない部屋を充たしていた。おそらく相当な低予算で撮られているはずなのだが、登場人物たちが住む家や部屋の佇まいの豊かさにいつもながら驚く。そしてこの豊かさが気が付くと消えていく台北の80年代の変化の中で、エドワード・ヤンと侯孝賢はそれぞれ別の道を選んだのだろう。主人公たちはエドワード・ヤンもこの世におらず侯孝賢ももはや映画を撮ることができないことが公的に告知された台湾映画の未来の巨大な空虚を見つめていたのかもしれない。

5月3日(月)

調子いいとは言い難い日が続く。午前中は壁塗りの最後の仕上げをして、午後からはパソコンに向かっていたはずなのだが、いったい何をしていたのかまったく記憶にない。ただ向かっていただけ、というのは大いにあり得る。ああ、電話で何人かと今後の企画の準備について話をしたのだった。2年ほど前、今後は違う形でやれたらと思い始めた時にさっさと次の準備をしておけば今頃はもう少し何とかなっていたかもしれない。そんな思いもよぎるが今更取り返しはつかない。

夜は『はちどり』。見逃していた話題作をようやく。予想よりは普通の映画だった。『大いなる幻影』からの流れだと、後半の橋の崩落事故の後の食事のシーンで、主人公の姉がすっと消えていかねばならなかった。もちろん、当たり前だがそうはならない。それをやったら観客はみな腰を抜かすが、この映画は成立しない。とはいえ勝手にちょっとそんなシーンを想像してニヤニヤした。

だがその後の、ちょっとスーサイドを思わせる50年代のスイートポップ風韓国テクノを聴きながら主人公がダンスするシーンでは、きっとこの子も『20センチュリー・ウーマン』の主人公のように、グレタ・ガーウィグみたいな誰かからこの曲の入ったディスクをプレゼントされたに違いない、そしていつかこの子も成長して誰かに思わぬ曲を思わぬ形でプレゼントする、そうやって音楽は荒野を焼く野火のように広がり始めるに違いないと、『過ぎゆく夏』でエルモア・ジェイムスのレコードをギターケースに入れてテキサスの田舎町の少年院に赴任してきたジョン・トラボルタ扮する音楽教師のような気持ちになってウルウルするのだが、だがそんなこちらの身勝手でロマンティックな思いをもあっさりとすり抜ける、見事なダンスだった。

5月4日(火)

連休中はずっと自宅だったので、1日くらいということで吉祥寺に行ってみた。仕事部屋のライトを買いたかったのともう6年くらい使っている眼鏡も新しくしたかった。しかしライトは思うようなものはなく、眼鏡は密を避けるため予約制になっていていきなりでは無理だった。別のショップでもよかったのだが、今回は訳あってここでという指定があり、また別日にということにす

る。昼食は1年2か月ぶりにピワン。定番のチキンカレーと海老キーマカレーを。ライスも含めたバランスが絶妙で、ああやっぱり時々ここに来ないとねと幸せなひと時を過ごす。石田くんから、特製カレールーをもらった。しかし吉祥寺は平日とは大違いの賑やかさで、天気が良かったせいもあるのだろう、緊急事態宣言中の街とは思えなかった。そして久々にあちこちうろうろしたら、いつも来ているはずなのに新しい店が増えていて驚いた。いつもいろんなことに焦っていて、こんなにのんびり街を歩くなんてことは久しくなかったのだった。忘れていた時間を思い出す。どうやったらこういった時間とともに生きていけるのだろう。今回のGW中、いくつかの仕事を断り友人たちのイヴェントにも行かずほぼ自宅でじっとしていたわけだが、これでよかったのだろう。

夜はしばらく間が空いてしまったがジョセフ・ロージー祭の続きで『恋』。原題は「The Go-Between」である。大人たちの恋の仲立ちをする少年が主人公。大人たちからは「メッセンジャー」と呼ばれているのだが、かつて映画の中で、このような立場の人間が主人公になりそしてこのような描き方をされた映画はあっただろうか？　つまりメッセンジャーが恋の主役になることもなく、そのまま年老いて再びメッセージを届ける、というような。人間と人間との関係がそのまま擬人化されたとでも言いたくなるのだが、それにしてもこの時間構成。少年時代と年老いてからのふたつの時間が大胆に組み合わせられているわけだが、しかしどこかでそれは、少年が友人の姉を初めて見た時のハンモックに寝る彼女の姿で止まっているとも言える。映画の中に動かしがたい決定的なショットがあるとしたらあのようなショットではないか。白く輝く夏の光の中、木陰に吊るされたハンモックに寝そべる白いドレスの女。顔は良く見えない。にもかかわらずそれは確実に少年の心をとらえてしまう。そしてそれは確かにそうでしかないことをそれを観る観客たちの胸にも深く刻み付けてしまう。まさに永遠の一瞬と言うべき時間。もうそれで十分である。

5月5日（水）

低気圧来襲、ということで更に体調は思わしくなくなり今後への不安ばかりが膨れ上がる。とにかく生きていければいい。午後からはカーネーションのライヴを見逃し配信で。リアルタイムでの配信というのにどうもなかなか馴染めず、どうしても数日遅れとかになってしまう。画面を介した瞬間に「リアルタイム」というモードが切れてしまうという感じなのだ。うまく説明ができないのだけれど。

本日のカーネーションはどこか愁いを帯びていた。ライヴを行った4月29日のリアルタイムではなくわたしが映像を見ている5月5日のリアルタイムの天候がどこかに紛れ込んでいるのではないかと思えるくらい、直枝さんの声が湿り気を帯びて聞こえた。デヴィッド・リンチ的な腐臭がほのかに漂うスイートな響きと言ったらいいか。例えばローリング・ストーンズのようないつまでも現役感とは違う、あるいは老いに向けての準備でもなく、自ら進んで生と死に片足ずつ突っ込んで新たな場所を作り出していくような、そんなカーネーションの今後を妄想した。

夜はGhost Streamをひとりの観客としてちゃんと使ってみようということで、まずは空族の「長い予告編シリーズ」3本を購入してみた。結局3本を一気見。最初の『FURUSATO 2009』からはそのタイトルが示しているようにもう10年以上が過ぎた。ドキュメンタリーということもあってか、そこに刻み付けられた時間の強さが奇妙に印象に残る。『ラップ・イン・トンド』も『ラップ・イン・プノンペン』もただただその時間の中に生きている人たちの姿が映されていた。あるいはかけがえのない過去の喪失を抱えた人たちの現在という時間が当たり前のように目の前に現れて消えた。映画はそんな時間をさらに反転させて輝ける永遠へと変換する装置ではないかとも思うのだが、この3本はそういった映画の営みを台無しにしてしまう。だから「長い予告編」ということなのだが、付属するインタビューにもあるようにもはや何のための予告編なのかわからない単なる予告編になりつつあるそれは、まさにそのことによって輝ける永遠を獲得しようとしているかのようだ。

5月6日(木)

俄然不調。SOS状態なのだが何とか乗り切るしかない。体調だけではない。こんな中途半端な宣言が続いたらboidみたいな小さな会社はひとたまりもない。なぜ、「みんなで1か月休みましょう、補償はします」とそんな単純なことが言えないのか。制度ばかり細かく作ってどんどんわかりにくくなり、本当にそれを求めている人のところに届かない。精密になった制度の網目を潜り抜けていくことができる人のところにだけそれは届く。馬鹿じゃないのか。誰のために仕事してるんだ。今はただシンプルに自分が何をすべきか足元を見つめ直すだけですべての道が開けるというのに。
　とかなんとか、ぶーぶー怒って1日が終わる。低気圧のせいもあって、怒りの熱量は思い切り低くテンションは下がりまくって死亡寸前である。到着したダブ・シンジケートのサードアルバムの音があまりよくなくて、さらに気分は低下。だが、これは気分のせいで音が沈んで聞こえているのだという言い方もできると、B面を聴きながら思った。リズムの跳ね具合はこんな気分さえ少し持ち上げてくれる。ただピアニカの音が……。その流れで本家のオーガスタス・パブロを聴く。そしてかろうじて各所連絡。松井（宏）は予定通り再来週明けくらいにフランスへ渡るとのこと。行けるなら今のうちに行った方がいい。しかしよく考えると、コロナ次第で今度顔を合わせられるのはいったいいつになることやら。わたしの体調のことも考えるともう二度と会えないんじゃないかとも思える。寂しいがそんなものだ。

Doctor Pablo & The Dub Syndicate『North of the River Thames』

Augustus Pablo『In Fine Style』

5月7日（金）〜9日（日）

母親のワクチン接種のための付き添いもあり実家に。東京暮らしのほうが山梨での暮らしより長くなって久しいためか、帰郷するたびに新しい場所に還るような不思議な郷愁にとらわれる。雨模様だとさらにそれが増す。ジャ・ジャンクーの映画などを思い出しながらぼんやりとJRの駅前に佇むわけだが、何か特別な物語が湧き上がってくるわけではない。思い出といっても具体的な風景とか行為とかばかりである。『帰れない二人』みたいな思い出があったらとか思うが、それはそれで大変だろう。
　ワクチン接種は思いのほかスムーズであっけなく終わった。87歳以上限定ということもあったのだろう、会場でのフォロー体制も万全、混みあうこともなくのどかなものだった。小さな町はこういう時はいいね。都会もこれくらいののどかさでやれたらと思うばかり。気が付くと晴れた空の青がぼんやりと霞がかかっている。これはいよいよ白内障かと思っていたらどうやら黄砂の影響らしい。ニュースでは盛んに伝えていたとのこと。たった3日間で世界から取り残されてしまった気分である。ネットでつながっているゆえに、その取り残され感が増幅される。1か月くらいこういう暮らしをすると果たしてどうなるのか。

5月10日（月）

3日間の疲れもあってぼんやりしつつも各所連絡事項多数。そして実は、緊急事態宣言が11日で解除されたら12日からお台場の爆音映画祭リヴェンジを企画していたのだが、夕方までギリギリ告知を待った挙句に都内のシネコンは一斉休業が決定。うんざりである。これで都内での爆音は秋まで無理か。一時支援金や文化庁のキャンセル補償で生き延びるしかない。演劇などの会場はOKで映画館はNGという区分けの理由の説明もなく決定事項だけが示されるのだとしたら、それに対する補償はしっかりとするのが筋だろう。どうしてそれができないのか、という説明をニュース解説者はどうしてできないのか？　抗議の声が上がりましたという誰でもわかることを伝えるだけで解説もないニュース番組にいら立ちは募る。「みんな大変」という取材ばかり。それじゃあ感情的なことしか伝わらない。

夜はスズキジュンゾくんの「みみのこと」のニューアルバム『マヨイガ』。このアルバムの告知を見た時以来、ずっと「マイヨガ」と空目していた。「わたしのヨガ」ってどういう意味なんだろうとずっと思っていたのだが「迷い」だった。でもこうやってカタカナ表記したとたんに誰も思ってもいなかった形で何かが浮遊し始める。その浮遊した何かが雲のようになり、その中から聞こえてくる音が1枚のアルバムになったような。そんなおぼろげな感触のせいなのか、久々に歌詞を見ながら歌を聴いた。「焼け憑かれた地図／間に舞う広場」というフレーズの生み出す、意味を越境していくイメージの鮮烈さに心打たれた。それぞれの楽器のエコー感とヴォーカルの定位のさせ方が独特で、これはピースミュージックの中村さんではないのかと思い、スズキジュンゾくんに尋ねようと思ってクレジットを見たら、やはり中村さんだった。録音もピースミュージックだったとのこと。

5月11日(火)

天候の悪さと体調の悪さは基本的に連動するのだが、これほど見事なまでに身体が反応しまくるのは1年のうちに何度もない。身動き取れず。やらねばならないことをかろうじていくつか。あとはぼんやりするばかり。我ながらびっくりした。

夜は久々に姫もやってきて、2日早いわたしの誕生日祝いを。ぐったりしても腹は減る。

5月12日(水)

午後からは打ち合わせと取材。海外に発注していたエクスネ・ケディのレコードのプレスがいよいよ発送間近ということで、到着後のスケジュールや内容物、販売方法などを具体的に確定していく。この企画がスタートしたのが1年前くらいで、本来はライヴができなくなったミュージシャンのための助成金をもらってということだったのだが、販売用のアルバムを作るのは助成対象にはならないという判断が下された。「え、じゃあどうやって生きていけばいいの？」と思うばかりなのだが、文化と金を取り巻く問題は腹の立つことばかりである。わたしがもうちょっと巧妙に、というか、いろんな手はずを整えて書類を作成すればいいだけのこと、と言われてしまうかもしれないのだが。

　でもそれはそれ、アルバムはね。テスト盤を聴くたびにニヤニヤドキドキ。身体がむずむずする。でっかい会場ででかい音で聴きたい。という望みをかなえるべく新たな企画もスタートしつつあるのだが、まあ、それも助成金次第。これもまたもらえないのか！　と天を仰ぐことになる前に、今回はスタッフや友人たちの力を借りて書類も作成中である。しかし一方で、でもこれマジで面白くなるから誰か出資しないだろうかと、ご機嫌な妄想も始まる。しかし某新聞社からの思わぬ取材も含め、合計4時間ほど。人と話すとその後が大変でめまい耳鳴りじわっと来る。連絡事項など、後回し。

5月13日（木）

誕生日ということで64歳なり。あと1年で公的にシニアである。先日母親が、1日ごとに老いていくのを実感している、というようなことを言っていて、さすがにもう93だからねえと思っていたが、わたしのほうは1年ごとに老いを実感する、というレベル。それでも実感される老いはなかなか本人にとってはショックなこともあり呆然とするばかり。とはいえ若い頃に戻りたいとは思えない。あれはあれでつらい苦しい。まあいいか、というのが誕生日の実感。

　とはいえ5月の低気圧はひどい。これはないだろうという感じで身体を直撃する。ぐったりである。事務所ではついに出来上がった工藤冬里ボックスセット『Tori Kudo at Goodman 1984–1986』の、制作協力の方々への発送作業。多数の方の協力でできたセットのため、ｂｏｉｄに提供されるサンプルでは足りず、買取もしてようやく全員に（たぶん）送付。ｂｏｉｄにはひとつも残らずで、さらに買取をしなければという状態である。

　しかしいったい9枚組で税込み11000円というこのボックスセットはどれくらい売れるのだろう。もちろんそれなりの予測のもとに値段と制作数を決めているわけだが、想定通りになるかどうかはわからない。冷静に考えると本当に恐ろしい。1枚1枚ゆっくりと聴いていこう。

5月14日（金）

　のんびりとした金曜日のはずだったのだが、相変わらずの諸連絡で結局あわただしかった。とはいえ昼は整骨院。じわっとではあるが、腰全体の状態が改善されつつある。そして天王洲アイルへ。寺田倉庫が運営するテラダ・アート・コンプレックスというギャラリーの集合マンション。そこで遠藤麻衣子さんが参加した展示「ジギタリス あるいは1人称のカメラ」が開催中とのことで、いったいどんなことになっているのかと出向いたのである。しかしこういうアート系の建物というのは、年寄りには敷居が高くて、どこに何があるやらということでおろおろするばかり。結局遠藤さんに連絡を入れ入り口まで迎えに来てもらった。いや、大人なんだからちゃんと見ればわかるだろということなのだが、こちらにしてみれば、黒地に黒文字で印刷してある昔のワイズの封筒とかを思い出したりもして。いや、アート系の建物ということだけではないな、先日も四谷の三菱ＵＦＪ銀行が入っているビルで、ビル内迷子になって大変だった。看板や案内の文字を読み取る能力が年齢とともにがた落ちしている感じ。ならば、グーグルマップさんにもうちょっと頑張ってもらって、ビル内案内もしてもらえたらと思う。1階の案内板に「展示入れ替え中」とか出ていてもそこであきらめないで、「ほら、横を見てください。エレベーターがありますよね、それで3階に行けば目的のギャラリーです」と優しく案内くれる、そんなグーグルマップ。案外もうすぐできるんじゃないだろうか。お願いします。

　そして展示もなかなか不愛想で、4人のアーティストが作品を出品しているのだが、どれがだれの作品なのか何の説明もない。おかげでひとつの作品を観逃すことになってしまった。最初に観たのは夏の日の海辺の家の家族をとらえた作品。花火の逆回転シーンがなかなか良かったのと、最後に出てきた「最初の夏の思い出」というタイトルらしきものが秀逸だった。「夏の思い出」ではなく「最初の」が付くとこちらは「いったい誰の？」と思うことになる。小さな子供が一家の中心にいたので、普通に考えればその子の夏の日、ということになるのだろうが。

　2番目に観ようとしたテレビモニタに映った赤いバラの花と炎の映像は観始めるタイミングが良くなかったので飛ばしてマジシャンと猫とわたし、という説明でいいのかよくわからないが、ナレーションによれば死んでしまったマジシャンのマジックが全面展開されながら語られる、虚構の果てとも言える作品。しかし実際は、非常にリアルで身体的な作品だった。

　最後はテレビモニタでしか見ることのできないような濃く輝く赤いバラと炎、そして白い霧と漂いながらきらめく小さな断片の数々が織りなすストーリーのない映像。デヴィッド・リンチをも思わせるクールでマジカルな作品。その前に観たマジシャンの作品の身体性を感じた後では、こちらの作品のそれぞれのマテリアルの質感の連鎖による魔術性が際立つ。あるいは、ピーター・グリーナウェイならバラは当然腐っていくはずなのだが、その気配も十分に内包しつつバラは輝くばかりである。生と死がある時間軸に沿ってあるものではなく、ひとつの地平の裏表にある、というような意味ではアピチャッポンに近いのかもしれない。眠りと覚醒が同時にやってくる。

観終わって、遠藤さんから「どれがわたしの作品かわかりますか？」と質問された。そう言われると困る。これまでとは違うやり方で違うことをやったとすると、こちらが思う遠藤さんの作品ではないものこそ遠藤さんの作品であるということにもなる。しかしそれもどうか。まあそんなことをぐずぐずと考えるわけである。作品にタイトルも作者表示もないのはそんなことも含めてわれわれをこれらの作品の間に置きたい、という狙いなのだろうから、ここでは答えは書かない。でも確かにこれらの作品は思わぬところでつながっていて、しかしそこに何か確かな道筋ができるのではなく更なる迷路へとわたしたちを迷い込ませることになる。その迷路をゆったりと漂う余裕のある社会を生み出していけたら。そんなことを思いながら帰路についた。

5月15日（土）

掃除をした。その後原稿の整理をして散歩を終えたらもう夕方である。本を読んだり映画を観たりという休日はなかなかやってこない。夜はモンテ・ヘルマンのデビュー作『魔の谷』を久々に観た。超低予算は基本的に際物的な扱いをされてしまうのだが、もちろんこれも謎の生物の造形は際物と言ってしまえば際物だが、その他は極めて大人の物語。あらためて驚いた。監督したのが30歳直前。自分のその頃のことを思うとそのギャップにさらに呆れる。主人公のひとり、ボスの秘書も26歳という設定になっていたが、その若さと置かれた環境のどん詰まり感に引き裂かれるばかりの彼女の姿に心を奪われる。日本だと誰がこういう役をできるのだろう。そもそもこういった状況の女性を描くこと自体が、企画段階で没になってしまうか。いずれにしても今、映画は彼女のような人間のその後の歩みを視界に収めるべきだろう。

5月16日（日）

友人のコロナ騒動が何とか収まってちょっとほっとしている。しかしコロナ感染が判明して、数時間でも連絡がないとハラハラするね。しかもこちらはなすすべなしだし。本当に連絡が取れなくなった場合、該当する保健所に電話すればいいのだろうか？しかし「本当に連絡がとれない」かどうかはどうやって判断するのか？　だがそうやって判断を遅らせてやはり本当に連絡が取れなかった場合は取り返しがつかない。ならば早めに判断して、ただでさえ目いっぱいなはずの保健所をさらに忙しくさせるしかないのか。いろんな妄想が渦巻くわけだが、そういったことの目安の一覧はどこかに公開されているとは思うもののいまだに見つからない。そういえば4月に遊びに行った時、浅川さんはみんなネット検索ができなさすぎると言っていた。これさえできればどこに住んでも大丈夫、とさえ言いだしそうな勢いだった。たぶん本当にそういうことなのだろう。

夜は本当に久しぶりに『好男好女』。時間や人物がいくつもの層に分かれて重なり合い、新しい物語を語り始めていくという、侯孝賢の新しい語りのスタイルがはっきりと示された最初の作品と言っていい。インタビューではこの作品を作ろうとした時からこの語りのスタイルは決めていたと語っているが、いくつもの時代を重ね合わせるだけでなく、今を生きるひとりの女優が過去の人物を演じるという形式によってひとりの俳優の中にいくつもの人物を重ね合わせていくというやり方、しかもそこに映されている過去の時代の映像は、実際に撮影された映画（つまり主人公の女優が主演する映画）の映像なのか、それとも単にその時代を生きた人たちの実際の姿なのかよくわからないのだ。実際映画の撮影風景シーンはなかったはずだ。今観るとそれなりに予算のかかった映画だと思うのだが、その上でこの混乱、混在。ここから『悲情城市』へとさかのぼると何かが見えてくるような気もする。それにしても侯孝賢映画のカラオケシーンはどれも本当にすごいとしか言いようがない。

5月17日（月）

月曜日は連絡事務作業盛りだくさんで、低気圧が気持ち悪くて身動き取れないもうぐったりとか言っても言わなくても何とかしなければ先に進めない。とにかく最低限のことはしたはずだが、それさえできなかった可能性もある。エクスネ・ケディのアルバムの発売までのスケジュールがもはやギリギリになっていることも判明する。久々に元爆音映画祭ボランティアチームの力を借りなければと思い立つ。わーきゃー騒いでもらえるといいのだが。

5月18日（火）

どうして東京はまだ梅雨入り宣言されないのかというひどいぐ

ずぐず低気圧のおかげで身動き取れず、ぐだぐだのまま予定は狂いまくり。まったく何もできなかったに等しい。これならずっと寝ていて1日を台無しにしたほうがまだ台無しではなかったと激しい台無し感にさらに気分は重くなり身体は動かない。しかも目の調子も耳の調子も悪い。あまりのことに眼科ではいろんな検査を受けることにした。まあこの歳になるまでまったく検査も健康診断もしていない、というのも大人としてどうかと思うのだが。

夜は、『ミレニアム・マンボ』。これはバウスで爆音やって以来か。何度も観ているはずなのに初めて観るような感触。自分の記憶力の悪さにも驚くが、映画の中の時間軸が狂いだしてからの侯孝賢の映画は何度観ても「初めて」の肌触りである。侯孝賢のバイクシーンはどれも風が肌に触れるようでワクワクするのだが、こちらは車。スー・チーがサンルーフから上半身を出し高速を走る車をとらえたショットにそのまま天国に連れ去られる。ぼんやりとぼけたピントとゆっくりとした動きが作り出す時間と空間の隙間からやってくるいくつもの波に魂が揺れる。最後のほうの夕張シーンでの雪の中に倒れ込み積もった雪の中に顔型ができるショットといい、この肌触りはいったい何なんだろう。ああそしてホテルの窓から見える列車の交錯はそのまま『珈琲時光』につながっていくし、2001年以前に作られた2001年が時代設定になっている映画がその10年後の視線によって語られるという時間の重なり合いは『好男好女』からの延長上に果てしない時間の楽園を開いてくれる。しかしただここからはもはや過去も未来も欠いた単調なリズムが鳴り響くばかりなのだ。もう、ここがどこでいつなのかどうでもいい。気が付くとわたしは2001年の台北のクラブにいるし、夕張のキネマ街道の看板を見上げているし、ヌーヴェルヴァーグ映画の主人公たちのように街を駆け抜けている。そしてここでもまた、クラブのカラオケ的なシーンがすごくてね。もう最高である。だからといってこちらの体調が良くなるわけではない。

5月19日(水)

発売日、ということで工藤冬里ボックスセットを聴いている。なんだろう、この感じ。マスタリングされたものをデータで受け取り聴いていたのとはまた全然違う。ひとつひとつの楽器の音のクリアな響きはどちらも変わらない気がするのだが、音の生まれる時間と空間が聞こえてくると言ったらいいか。楽器の音がただ単にそれ単体であるわけではない、音の母体のような聞こえない何かの存在が確認できるような音。音数はめちゃくちゃ少ないにもかかわらず、音の透明な厚みが広がる。録音はマイク1本か2

本のはずなのだが。

カネコアヤノさんの事務所から『よすが』セットが送られてきた。レコード、CD、それからアコギだけの演奏のCDとカセットテープ。事務所でバイトの細井さんと「カネコさんの面白さはパーソナルな思いを歌うのではない別の強さ」、みたいな話をしたのだが、今回のアルバムはどちらかというと「パーソナル」なところに限りなく近づいたものな気がした。そのギリギリのところで歌は生まれるのか？　そんな場所からこのアルバムは始まっているのではないか。だからこそ弾き語りで歌ったもうひとつのヴァージョンがある。バンドの音、ソロでの音。それはヴァージョンではなく、モンテ・ヘルマンなら「Two-Lane Blacktop」（映画『断絶』の原題）と称しただろう、ひとつの道の上のふたつの線といったものだ。1曲目のタイトルが「抱擁」。つまりそういうことだ。『断絶』と「抱擁」。ふたつの線が離れたりくっついたりしながら「その後」へと続いていく。コロナの後が、鮮明な映像として収められている。『さすらい』を撮ったヴェンダースなら「連帯」と呼んだはずだ。

そしてこれまでのアルバムなら表面に来るはずの写真が内側に表面はよりぼんやりとした何かになっている。タイトルの「よすが」はジャケットに斜めから光を当てないと浮かび上がらない小さな文字で、帯にもほぼ情報がなく、そのままではだれのなんというタイトルのアルバムかまったくわからない。単にぼんやりとしたものがそこにある。よすがとはまさにそういうものではないか。そしてそれは、ギリギリまで近づけるものの、その先はぼんやりしてしまうような、そこから生まれたものとそこに向かうものとの交錯の中でどんどん横道にずれ行く、そのずれた横道の軌跡によってしか示すことのできないものでもあるだろう。

5月20日（木）

池袋での打ち合わせが13時20分からなのは十分わかっていて、出かける支度もしていたのに、気づいたら13時だった。体内時間はまだ12時過ぎで、まだ何人かにメール連絡しようとしていたのだが。20分ほど遅刻。初めての場所、初めての人たちと爆音打ち合わせだった。あとは低気圧にひたすら耐えていた。

5月21日（金）

朝からめまい止めのお力でギリギリ乗り切った。やろうとしていたことの半分くらいはできた。途中、「緊急事態宣言中でも五輪開催の意向」をIOCが示した、という共同通信の記事を読んで、ひどく腹を立てた。あまりのことに、これは五輪を開催してその入場料収入とテレビ放映権収入をすべて日本国民への補償に充てる、という話だと解釈することにした。ああ、札束で頬をはたかれたい。金で口をふさがれたい。というあらぬ方向へと妄想は膨らむばかり。昼は36チャンバーズ・オブ・スパイスの新作カレーを食う。辛いがうまい。辛さが一通り通り抜けてからうまさがやってくるしかけ。激辛好きの人にとってはまだ入り口くらいの辛さだと思うのだが、わたしはもうこれで十分。しかし結局まともな仕事ができず1日終了。

5月22日(土)

めまいとぼんやりがさらにひどい低気圧の土曜日。佐川急便からメッセージが来て、荷物を持ち帰ったと。事務所の何かかと思いリンク先をポチッとやったら、スマホ画面が真っ黒になり、NTTです、電話料金が大幅に膨らんでます、みたいなメッセージが出て、強制終了するしかない状態になった。再起動してみたのだがダメで、仕方なく初期化。まっさらな状態に戻して、スマホのアプリやデータを全部入れ替えた。もう、本当に迷惑極まりない。最近はLINEやメッセージでヤマトやゆうパックから本物の連絡もやってくるから本当に紛らわしい。今回はこれで済んでよかったと思うしかないが、もう、本物であっても一切手を付けない、くらいな感覚でいないと年寄りには無理。スマホのアプリとデータのインストール作業などで1日がつぶれた。ボーっとしているとろくなことがない。夜は、ヨハン・ヨハンソンの監督作品『最後にして最初の人類』を観た。映画、というよりティルダ・スウィントンのナレーションで進む映像付きの小説、という感じか。初上映はライヴパフォーマンス付きの上映だったという。通常の劇場公開は映画館でじっくりと、早逝した才能ある音楽家のインスタレーションを観る、というシチュエーションとなるのだろうか。とにかく音の繊細な響きと16ミリで撮影されたという旧ユーゴスラヴィアのモニュメントのある風景のざらつき感が共鳴して、何億年後かの世界と人類の成れの果てへとこちらの思考を連れ去っていく。その中で聴くティルダ・スウィントンの声のトーンが何とも心地よく、絶望的な物語と現実を語られているにもかかわらず、われわれにはまだどこかに希望があると思えてくる。映されているのは旧ユーゴスラヴィア時代に作られた、第2次世界大戦中の枢軸国軍による占領の恐怖と、チトー率いる人民解放軍の勝利を記念した碑や建造物の数々。スポメニックと呼ばれるそれは、ユーゴスラヴィアが崩壊しその政治的意図が剥がれ落ちた今こうやって観ると、まるで未来からの置き土産のようにも見える。この日のために未来人が旧ユーゴに降り立って作ったオブジェであり、何億年後かの未来にもまだ存在して未来の声をそれを通して伝える通信機と言ったらいいか。その声を聴いただれかが、こうやって映画を作ったり、写真集を作ったりもする。つまりターミネーターの通路のようなものとも言えるし、『ストーン』のソクーロフもこれを通して幽霊と交信していたのかもしれない。元気なうちに一度本物を観てみたいものだと心がざわついたのだが、今や分裂してしまった国々の各所に散らばって存在しているものなので、観光で簡単には行けないどころかもはやロシアやその周辺国に果たしていつ行くことができるのか。プーチンもゼレンスキーもそして西欧各国首脳も、そしてハマスもイスラエル首脳も未来からの声を聴きに記念碑詣をして頭を冷やすことをお勧めする。

5月23日（日）

ようやく晴れた。低気圧が去っただけでこんなに違うとは、というすっきりした視界が広がる。まあ、だから何かができるかというわけではない。音楽を聴き本を読んだ。友人2名と昼飯を食い、いろいろと話をした。その中で話題になったことのひとつを日記に書かねばと思っていたのだが、すでに忘れている。新生児の出生数の問題だったか。若者の物理的な数がこれだけ減ってきているのだから、今80年代90年代に増えたミニシアターが今までこれだけ生き残っている方が奇跡だと、そんな話をした。80年代に20代だった人たちは50年代から60年代生まれ。その頃の出生数は1年あたりで150万以上。それが80年代90年代には100万前後に減り、今若者と呼ばれている年代は90年代から00年代生まれで1年あたりの出生数は100万人を切っている。ミニシアターががんがんできた頃から比べると3分の2以下。当然映画館は苦しいし、本も音楽もかつてのようには売れなくなる。若者が映画を観なくなったのではなく、物理的に若者の数が減っているのだ。そこから考え直していかないと、奇跡的なことはいつまでも続かない。クラウドファンディングだけで果たしてどれだけ生き延びられるのか。

5月24日（月）

睡眠に失敗するとどうも具合悪く起きても起きた気がしない。寝ぼけたまま昼になり、昼は友人の退院祝い（コロナではない）ということで某所でソルロンタンを。優しい味にうっとりとなり、そのままお花畑でお茶。自分ひとりなら絶対に入らないようなかわいい店でメニューも笑っちゃうような名前がついていた。わたしはローズソーダというバラの花が浮かぶピンクのソーダを。まあでも、たまにはこういう場所もいいね、ということでダラダラと気づいたら夕方で、事務所に行き損ねる。テレビでは月曜の夜の鶴瓶の番組。かつて湯浅家も登場した『家族に乾杯』というやつで、今回はいすみ市の特集である。いすみ市と言えば浅川さん。4月に浅川さんのところを訪ねた際に行った港や、岬のところの城跡などが映る。だがその港町の一角につげ義春が住んでいたというようなことはまったく話題にならない。あまりに世界が違うのだろう。これで浅川さんの家が登場したらアナログばかすごいなと思って観ていたがさすがに出てこなかった。が、なんと後編があるのだという。窓の向こうが妙に明るく見上げると月がいい感じで輝いていた。明後日だったかはスーパームーンになるとのこと。今年最大のものらしい。

5月25日(火)

病院の日。というほど大袈裟なものではなく、整骨院と眼科。整骨院はいつも通りだが、眼科はいったいいつ以来か。東京で眼科に行ったという記憶がない。目の検査もしたことがない。だがいよいよあまりに目の調子が悪くなった。友人たちには時々、「ゴダールの3D」と漏らしていたのだが、右目と左目の像がひとつにならない。眼鏡を変えてもダメ。さすがに眼鏡ではなく自分の目がどこかおかしいのでは、と思うくらいにひどくなった。パソコンやスマホでの変換ミスが異常に多い、もちろん文字校正はまったくダメ。まあそれは性格の問題も大きいのだが。細かい書類が読めない。とにかくできないことが多すぎてだらだらするにしてもつらい、映画も観る気にならない。そんなわけで眼科検診予約をしたという次第。2時間30分ほどかけていくつかの検査。結果的には目はまったく問題なし。ただ、眼鏡では右目の視力を0・7までしか上げられない、右目と左目の像がひとつにならないものを矯正するレンズは格安眼鏡店ではできない。という事実が判明。今後は映画を観る時の眼鏡と、パソコンなどで仕事をする時の眼鏡のふたつを作ることで対応していくわけだが、いったいいくらかかるのだろうか。最後に眼底を調べる検査のために瞳孔を広げる目薬を注したのだが、これが数時間は効きっぱなしでしばらくは文字などがうまく読めなくなると言われていたが、帰り道、夜道が眼鏡にきらきらフィルターを入れたみたいに輝いて気持ちよかった。

5月26日(水)

歳をとると本当に身体のあちこちが弱り出すということで本日

は歯医者。虫歯というわけではないのだが、あごの骨も含めて弱ってきているためちょっとしたことで痛んだり、歯が欠けたり。まめにメンテナンスしてかろうじて使い続けることができる。面倒だがものが食えないよりはましと思うしかない。その他あれこれ連絡三昧。夜は映画をと思っていたのだがその時間も体力もなし。愕然とする連絡も入り、もうみんな若くはない何が起こっても不思議ではない年齢であることを思い知る。そしてこの日の知らせでそれまで堪えていたものが決壊したのか、年齢を重ねるというのはこういうことなのか、死人と病人の群れが次々に襲いかかってくることになる。知り合いの占い師によるとそれはお祓いとかというレベルではまったくなく、単に物理的な年齢の問題だからひたすら受け止めるしかないとのこと。

5月27日（木）

そろそろ公的な告知をということでエクスネ・ケディのライヴアルバムのリリースを作り、サンプルも含めて第1弾の発送を昨日したのだが、ここにきてどうやらレコードのプレス作業が遅れているのではないかという疑惑が高まり、いったん告知を延期することにした。今回は安全を期して、あまり遅れのないドイツのプレス工場にお願いしたのだが、間に入ってくれた人間によると先方からの連絡が止まってしまっている状況。コロナのせいというよりも世界的なレコード需要で、プレスが追いつかないというのが実状らしい。レコードのプレス作業はカッティングなども含め経験と技術が必要なため、プレス工場は簡単には作れない。簡単に増やすと事故も起こるしもちろん音質にもばらつきが出る。技術を引き継ぐための時間が必要である。1年や2年で身に付くことではない。こういったもどかしい時間とともに、われわれは失われた時間の重さを知る。

いずれにしてもサンプルとリリースを発送してしまった方たちに、告知開始日時も発売日も延びそうだという連絡を入れる。発送前にちゃんと確認しておけばよかったとは思うものの、送付先の方たちとは久々のやり取りとなり途絶えていた連絡が復活したりもするわけで、悪いことばかりではない。仕事の効率、ということを考えるとまったく無駄な時間ではあるのだが。ということで半日以上がつぶれ、ひどい雨ということもあり本来なら事務所に行って到着する荷物を受け取らねばならなかったのだが、あきらめる。まあ、今日で地球が終わるわけではない。もちろんいつかそんなことを言ってられない日がやってくる。

5月28日（金）

整骨院の後事務所。たまっていた事務作業を。こういった細かい作業が年々しんどくなってくる。やれないわけではない。やれないわけではないのだが、すぐに飽きてしまう。そしてしばらくほったらかし。そのくせに常に気になっている。厄介である。

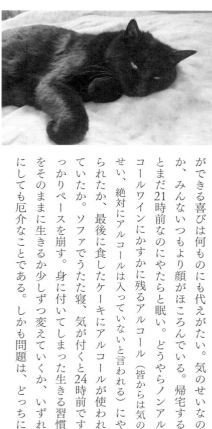

夜は青山の日記でそういえばと気になった『ドミノ』を。10年ぶりくらいに観たのだが、それまで複数回は観ているはずなのにほぼまったく内容を忘れていた。主人公がキーラ・ナイトレイだということもエンドクレジットで気づき愕然とするという、恐ろしい忘却ぶり。ああ、金魚のタトゥー。途中、ルーシー・リューからは「それは金魚じゃなくて鯉」と言われるのだが、首筋に彫られたこの金魚が要所要所で映るので気になって仕方がない。現実の金魚も同様でドミノの人生の各所で映り込んでくる。「愛しすぎてはいけない」という人生の教訓を学んだのも金魚からである。そういえば青山の『金魚姫』はどうだったか。再度観直してみると「金魚映画」独特の語りが見えてくるかもしれない。フライシャーもヴェンダースも観直さないとと思い始めると、この1本の映画の中に含まれる映画の歴史の広がりにめまいがするが、しかもそれらの歴史の重さを振り切るようなカメラの動きとショットの重なり合いがこちらを置き去りにするわけだから、アメリカ映画の最前線は過酷というほかない。すごすぎる。『デジャヴ』も観直さないと。

5月29日(土)

気が付くと11時。ここ何か月かは自然に早起き(わたしとしては)の日々が続いていたのだが、再び調子が狂ってきた。眠れないよりいい。ぐずぐずしつつ阿佐ヶ谷で買い物。その後坂本安美の家に。こんな時期だが久々に友人たちが集まる。必然的にマスク会食となるのだが、それでもこうやって顔を合わすことができる喜びは何ものにも代えがたい。気のせいなのか、みんないつもより顔がほころんでいる。帰宅するとまだ21時前なのにやたらと眠い。どうやらノンアルコールワインにかすかに残るアルコール(皆からは気のせい、絶対にアルコールは入っていないと言われる)にやられたか、最後に食したケーキにアルコールが使われていたか。ソファでうたた寝、気が付くと24時前ですっかりペースを崩す。身に付いてしまった生きる習慣をそのままに生きるか少しずつ変えていくか、いずれにしても厄介なことである。しかも問題は、どっちにしても気持ちいいわけではないということなのだ。

5月30日(日)

結局寝るのに失敗した。うまく眠れぬまま7時過ぎに起き上がる。朝食、ボーっとしてきたので掃除。わたしの部屋は猫たちのトイレにもなっているので、いくら掃除してもすぐに猫砂だらけになるのだ。とりあえずさっぱり。するとさらに眠気がやってきて、たまらずソファで横になる。気が付くと11時30分。昼寝しても午前中、というのはなかなか気分のいいものである。午後からは原稿書き。再び眠くなりとろとろしつつ原稿も書きながら夜になる。途中、すごい雨が降った。雨後、外に出ると夏の空だった。

5月31日(月)

ｂｏｉｄの決算報告で午前中から税理士と面談。昨年からのこの状況により、今年はなんと消費税が還付されるとのこと。一瞬喜んだのだが、状況が復活したらすぐに徴収されますからその時使ってしまっていると大変なことになりますと言われる。消費税の徴収システムを理解していないと、いろんな局面で愕然とすることになる。とにかく気持ちというか妄想上は、そんなこと気にしなくていいくらい儲ける、という一点なのだが。

午後は井手くんたちがやってきて、エクスネ・ケディのライヴアルバムのジャケット作りの準備。今回のジャケットはかつての海賊盤風に、デザインが印刷された紙を無地のジャケットに貼り付ける、という手作り。印刷もハンドソープレスのリソグラフ印刷を使ってのもの。いい感じにできたのだが、とにかくどうやって貼り付けたら早くきれいにできるか。スプレーのりが一番なのだが、換気が悪いといろんな意味で危ない。ではその他ののりでやるとどうなるか。あれこれ試した結果、やはりスプレーしかない、と言いたくなるくらい断然のスプレーのり。しかしｂｏｉｄの事務所でやれるのか？　さらにその前にレコード盤はいつ届くのか？　というわけで、不安は払しょくできないまま次回は本番。

夜は井手くんから受け取った井手健介と母船のセカンドアルバム(昨年4月発売)のアナログ盤を。聴いてみると印象が全然違う。いや、考えてみればこのところエクスネ・ケディをずっと聴いていたので、曲の印象が全部そっちになっていたのだ。それでもＣＤとは聞こえ方が違うのでは？　そこまで試せなかったのだが、中音域の張り出し方がレコードのほうが強いのではないか？　しかしこのゆったりとしたうねり。変態と言えば変態的な曲の流れ。ＣＤでは感じなかったこのアルバムの裏側を流れる闇が、当たり前のように聞こえてくる。わたしの気分の問題なのかもしれないが。6月半ば、P-VINEより発売。その後にVoice Of Ghostからエクスネ・ケディのライヴアルバム発売なのだが、まだレコード盤発送の連絡がない。テスト盤までは順調だったのに。というところで5月が終わる。

6月1日（火）

昼に整骨院。腰の調子が悪い。この状態だとまたぎっくり腰がやってきても不思議ではないから気を付けてと言われて送り出されて10分後くらいか、南阿佐ヶ谷にある杉並郵便局へ向かう途中、骨盤の外側というか股関節の外側というかとにかく右足の付け根の外側の部分が「くき」っとなり、うまく歩けなくなる。郵便局で荷物を受け取りそのまま事務所に向かう予定だったのだが。ただ、歩けないことはない。せっかく外に出たんだしということで、事務所に。落ち着いていると痛くはない。各所連絡。わたしにしては前向きな連絡をいくつも。いろんなアイデアや具体的な企画を出した。

夜は『トゥルー・ヒストリー・オブ・ザ・ケリー・ギャング』。この主人公のお母さんがなかなかすごい。まるでジョニー・ロットンみたいな自分の息子にも、いずれポーグスのメンバーになるんじゃないかと思われる歌好きで酒好きな無頼な男たちにも臆することなく、まるでアイルランドの血と汗と涙と怒りと悲しみ、そして何よりも愛の塊のようなものとして堂々と向き合う。自分のしてしまった間違いも男たちの間違いも全部引き受けて開き直るわけでもなく、血に染まった大地と同化するかのように生きる。パティ・スミスをモデルにしたと監督は語っているのだが、果してそうか？　じゃあ誰なのかというとまったく思いつかないのだが、アメリカ映画的に姿を変えると『幸せをつかむ歌』のメリル・ストリープみたいになるんじゃないか。まったく似てないと言われるかもしれないが。わたしとしてはパティ・スミスじゃなくてあの映画のメリル・ストリープ。パティ・スミスだと、さらにいろんな物語が付属してきてしんどい。しかしデブになったラッセル・クロウがなかなか良くて、これならいい感じでジョン・グッドマン的な役をやれるんじゃないかとか思った。というか、クレジット見るまであれが誰なのかまったくわからなかった。

6月2日（水）

午後から某映画のチェック試写のため、東宝スタジオへ。成城学園前駅から歩くのだが、この前来たのが『東京公園』の試写の時で、地震直後。東京に取水制限が出た日だった。つまり10年前。この10年が長かったのか短かったのかまったくわからない。10年という長さの感覚が失われた形ですべてが「今」に張り付いている。映画は白と赤の映画だった。赤の野生、ビーツのような真っ赤な鹿肉、大地を覆う白、海を覆う白い流氷。白い雪を踏みしめるシャリシャリとした音が脳髄を突き刺す。気を抜いたら極寒の空に赤い野生の雄叫びが響いて眠っていた何かが呼び覚まされた。

帰宅するとやはり股関節外側が痛い。階段上るのが大変。湿布を貼る。深夜からの爆音『アメリカン・ユートピア』のチケット発売は瞬殺だったようだ。各所からSOS。チケットシステムで管理されているのでわたしにもどうにもできない。5日には様子を見に行く予定。

6月3日(木)

『恐怖の映画史』Kindle版の黒沢さんの修正箇所を全部反映させるつもり満々だったのだが、そうは簡単に行かない。各所連絡などあれこれ、ちょっとさぼったりレコード買ったりしたものだから、予定の5分の1くらいか。いずれにしてももう、そんなに長く集中力が続かない。

夜は『エネミー・オブ・アメリカ』。例によってもう何度目かなのに初めて観た人のようにあきれながら観た。ボルチモアが舞台。『ロッキー』シリーズや『ヘアスプレー』の街である。高級官僚、政治家、弁護士などのアッパークラスの人々の暮らしと、マフィアのいる街、稼働をやめてしまった工場などの底辺の人々のいる風景が、国の今後を決める法案を巡っての陰謀の進展と連鎖の中で見事に対比される。かつてのアメリカを支えた人々の皮膚に深く刻まれたしわや廃棄された工場のさびた鉄骨を映すためだけにこの映画は作られたのではないかとさえ思う。『アンストッパブル』の冒頭の列車の軋みや、暴走する列車が走る鉄橋の周りの工場地帯の風景と、それは一気に重なり合う。そして主人公たちはどれだけ国家機密や大事件と向き合っていても、自分の周りにある親密さを忘れない。まずはそこ。その親密さとの対話から彼らの行動は起こる。その激しくスピーディーで限りない連鎖が、世界を変えていく。

昼にディスクユニオンで買ったジャマイカのチャンネル・ワン・スタジオのコンピレーションの裏ジャケにチャンネル・ワン・スタジオの写真が載っているのだが、いわゆるスタジオというより空き家に機材を次々に持ち込んで無理やりスタジオにしてしまったというような、クレイグ・ブリュワーの『ハッスル&フロウ』の自宅スタジオのような感じである。たったこれだけの場所、今や幽霊の住処としか言いようのないしかし今もかつても確実にあるその場所からの動きが世界を振動させる。メンフィスのサン・

スタジオもスタックスもアラバマのマッスル・ショールズも似たようなものではなかったか。親密さとの対話から始まる何か。われわれが今何をどうするべきか、小さいけれども強いヒントをこの映画は与えてくれる。

6月4日（金）

風雨そこそこ強く自宅作業。夜は映画をと思っていたのだが、各所連絡などしているうちに深夜になってしまった。気づくと今年の秋の予定が目いっぱいになりつつあり、しかもどれも日程がはっきりしない。そろそろ本当にまずいので強制的に日程を決める連絡をしていたのである。あとはワクチン頼み。

6月5日（土）

『The Rough Guide to Desert Blues』と題されたアルバムで、湿った空気でよれよれの身体に砂漠の風を注入する。まさにガイドされました！　という感じで砂嵐の向こう側への視界が開く。

夜は『アメリカン・ユートピア』の爆音上映。渋谷シネクイントへ。とにかく座席販売50パーセントなので、前売り発売開始で即完。ありがたいことなのだが、やはり全席ちゃんと売って満員の盛り上がりの中でやりたかった。電車の座席など普通に隣り合わせで乗っていて大きな問題は起きていないわけだから、映画館の座席をひとつおきにしなければならない根拠は乏しい。映画館は、閉めるか開くか、ゼロか100かどちらかでいいように思うのだが。人の流れがダメなのなら、ちゃんと補償をして休業要請をするべきなのだ。

それはそれ、『アメリカン・ユートピア』の今回の爆音は、シネクイントの常設の音響機材だけを使ってのもので、このやり方の場合さすがに音圧感などは機材を入れての爆音にはまったくかなわないので「boidsound」と呼称しているのだが、今回は音量もそれなりに出せて会場全体が響き始めたこともあり、「爆音」ということにしたのだった。その意味では、京都みなみ会館の『大和（カリフォルニア）』の最後のほう、割礼の宍戸さんとＧＥＺＡＮの演奏も実はもう完全に「爆音」だったのだが、今後、「爆音」をどう使っていくか考えどころでもある。で、今回はとにかく機材追加なしの初めての「爆音」だったので気になって結局最後まで観てしまった。座席最後方の仕切りの、さらに壁側に立っての鑑賞だったので、サラウンドの音に包まれる感触はない。また、身体全体に音を感じる音圧感もない。仕切りの前にいないと実際の「爆音」を体感することはできないのだが、とりあえず仕切りの間から顔を出して確認した限りでは、通常の爆音に比べて音圧感と乱暴さはさすがに少ない。ただその分、サラウンドに入っている音や強い音に打ち消されてしまっている小さな音の響きや動きや共鳴や重なり合いも聞こえてくる。ロック的な迫力には欠けるが、ブラジル音楽などのさまざまな音の重なり合いの響きやハーモニーは十分すぎるほど堪能できた。その意味でこの映画の意図とも共鳴し合っているのではないか。みんなで肌触れ合いながら汗まみれになって一体になる爆音ではなく、互いの距離を取り合いその隙間で響く音の共鳴に心と体を開いていくコロナ時代の爆音、というふうに言えるようにも思えた。まあでも、いつか野蛮な音の『アメリカン・ユートピア』もやりたいけどね。

6月6日(日)

観逃がしていた『クルエラ』を観に行こうと劇場のサイトを見たら、昼の回はすでにいっぱいだった。座席50パーセントだと、休日はこうなるんだよなあ。あきらめて『クライシス・オブ・アメリカ』。先日の『エネミー・オブ・アメリカ』の流れだがこちらはジョン・ヴォイトが殺される側。情報の連鎖ではなく情報の捏造が物語の中心となる、その意味では古い物語とも言える。シナトラの『影なき狙撃者』のリメイク、ということもあるのだろう。しかし冒頭のトランプのシーン、公開時はローリング・ストーンズ他もっとメジャーな曲が流れていた記憶があるのだが、全然違った。どうしたことか。その後、ソフト化されてからも一度は確実に観ているはずでその際も何とも思わなかったわけだから、それ以降の何年間で自分の記憶が捏造されたということになる。その方が自分にとって都合がよかったということなのか。それはそれ、今回は、その物語の捏造元であるレイモンド・ショー軍曹(リーヴ・シュレイバー)の母親、メリル・ストリープの物語を観たくなった。彼女があそこまでになったその背景、彼女が抱えるアメリカの闇の物語ということになるのだが、もちろんその後の『幸せをつかむ歌』やスピルバーグの『ペンタゴン・ペーパーズ』のメリル・ストリープを重ね合わせると、彼女の背景の広大な闇が浮かび上がるわけだから、大きな1本の映画を何人かの監督たちがひとりの俳優を使って何本かの映画で完成させていく、そんな営みの一端を観たのだという妄想を膨らませる。そう思うことで映画のパースペクティヴはさらに広がりいくつもの層の重なりとなる。だからきっと観るたびに、冒頭のトランプシーンで流れる音楽は変わるのだろう。

ああそういえばメリル・ストリープがアメリカ大統領を演じるネットフリックス作品『ドント・ルック・アップ』は周りの評判があまり良くなかったのでそれっきりにしていたのだが、観てみたらそういった大きな流れとは別物の映画だった。テロがあり地震があり津波がありウイルスによるパンデミックがありそして戦争がありあとは惑星が衝突して地球は滅亡という、50年代60年代なら東西対立の冷戦とともに語られたはずの事象がこの映画の中のセリフにもあるようにゲームの中の世界の出来事のように語られる。それが現代ということなのだろう。そんな現代を示すアイコンのような情報に溢れていて、それは映画がやるべきことではないのだが、最後の方でディカプリオが車の中でジェニファー・ローレンスとティモシー・シャラメに向かってデューク・エリントンが発掘したというミルス・ブラザースの話をするところはちょっと良かった。同じくジェニファー・ローレンスが出演する『アメリカン・ハッスル』にもデューク・エリントンが流れるシーンがあって、こちらはクリスチャン・ベールがエイミー・アダムスに向かってエリントンの話をするのだった。『Ellington at Newport』。大写しにされたジャケットの右上に記された「STEREO」の文字が印象的だ。56年に録音され発売されたモノ盤をステレオにリチャンネルして62年に発売されたアルバムである。まさにそれが『アメリカン・ハッスル』という映画を物語っていると思うのだが、もちろんそれはこの『ドント・ルック・アップ』にまで至るアメリカのふたつの顔が作る物語のようなものだろう。

その後、フィッシュマンズのドキュメンタリー『映画：フィッシュマンズ』。爆音では何度も『男たちの別れ98・12・28@赤坂ＢＬＩＴＺ』を上映してきたのだが、こちらはライヴではなく、バンドの誕生から現在までを現在の視点から貫いて語る作品。172分という長さが気になったのだが、観終わるとこれだけの長さが必要だったのだということがわかる。それでもわたしはオンラインでゆったりとリラックスしながら観たからいいものの、映画館でじっとこれに向き合うと耐えられない人も出てくるのではないか？　それくらい何かひりひりとしたものが最初から伝わってくる。ファンにとっては宝物であり、しかし危険極まりない何かがここにパッケージされていると言ったらいいだろうか。観終わってよくわかるのは、その音楽がいまだに生きていて動いていてつまり変化し続けていてそしていつまでもそうやって生きていくということだ。その意味でこの映画も、今現実にはいない佐藤伸治が作った新曲なのだと思った。インタビューシーンで出演しているこだま和文さんが、まるで鈴木清順さんみたいな風貌になっていて笑った。

6月7日（月）

土曜日の疲れが出たのか足腰使い物にならず。最低限の半分くらいのことをやった。アンプも具合悪く、そのままにしておいても直りそうにないので修理に出すことにした。身体も機械もメンテナンス、ということで。

6月8日(火)

さすがに暑くて、今年初めての冷房。不調のアンプは製造元の修理・メンテナンスのために送り返す。エクスネ・ケディのアルバム(レコードの方のみ)に入れる74年の座席番号付きライヴチケットの入稿をするのだが、通し番号の印刷指定は初めてのことだったのと、なぜかデータのアップ途中でエラーが起こり、てこずる。昨年までは電話対応してくれていた印刷所が、気が付くと画面でのやりとりのみとなっている。電話対応ありがたかったのだが、多分もう、それができるほどの余裕はないのだろう(と書いたものの、なんとわたしの目が悪くて電話番号がメールに書いてあったのに見逃していた、ということが判明。ますますこうやって世界とずれて苛立ちばかりが先立っていく)。先日、CDを海外発送する際も、郵便局では手書きの宛名を受け付けてくれず、すべてオンラインで登録、住所印刷などするようにと指示された。これ、もうちょっと歳取ったら自分はもう対応できないなと思った。さっさとご機嫌ご隠居になるしかないのか。

その後『恐怖の映画史』の黒沢さんの修正分をようやく整理し終わり、『デジャヴ』。これも久々。冒頭からの鬱々とした空気に心をつかまれる。もはや何をやってもわれわれは最悪の道を選んでしまう。それでも何かをする、しなくてはならない、その重い腰を上げる憂鬱が今この世界そのものの動きとどこか関係なく、しかし関係ないということで関係しているという遠い木霊のようなものとして、かろうじて映画に写し取られている。テロの準備のために殺された女の父親を訪ねた主人公がその家を出る時、玄関前であいさつを交わすふたりの向こう側の灰色の風景のちょうど真ん中に、赤い色の花を咲かせたひとつの鉢植えが置かれていて、ああ、これはこんな映画だと妙に心に染みた。灰色の中のあの鉢植えのぼんやりとした赤のために、主人公は物語の終わり近くで最後の決断をしたのだ。そしてあのぼんやりとした赤がある限り、主人公はやれる限り人生をやり直す、生き直すと言ったらいいか。そしてそれを観ることでわれわれはこの自分の人生を膨らませていけるのだ。そんなことを思った。あそこにあの鉢植えを置くかどうかが映画監督の仕事であるとさえ言いたくなった。

6月9日(水)

昼食、何年かぶりで銀座スイスのカツカレーを食う。カレーは相変わらずの味だったが、店内を仕切っていたおばあちゃんの姿はない。完全に次世代に、と言うか孫世代に移ったのではないかと思われる若返りぶり。次はわれわれがいなくなる番だ。

その後豊洲のユナイテッド・シネマで『クルエラ』を。とはいえ誰が監督なのか誰が主演なのかもわからぬままの相変わらずの無情報鑑賞。以前豊洲に来たのはロバート・ロドリゲスの『スパイ・キッズ3-D：ゲームオーバー』の完成披露試写だったか。調べてみると2003年だからもう18年前？？？　うーむ。そういえばあの時はまだ、ららぽーとも1棟だけで、周囲はまだ工事中だったような気がする。数年前のことのような気がしていたのだが。

『クルエラ』は今ひとつ乗れなかった。もっさりとしたイギリス映画というほかない。予告編のほうが面白かった。音楽はあんなに既成曲を使い続けなくてもいいのではないか。『ベイビー・ドライバー』の悪い影響としか言いようがない。でも平日の昼の回が50パーセントの座席販売とはいえほぼ埋まっている状態なわけだから、大ヒットである。主演のエマ・ストーンはなかなかいい感じで、もうひとりのエマ（・トンプソン）も嫌な感じ満載ではあったのだが、やはり、エマじゃなくてエヴァ。ストーンの代わりにエヴァ・グリーンで、トンプソンの代わりにヘレナ・ボナム＝カーターが演じて監督がティム・バートンだったら。そうなるとやはりヒットは難しいのか。それに別の映画になってしまうか。たしかにエマのあの憎めない感じがいいのはわかる。よくわかるのだが。やはりエヴァがと心が騒ぎ、夜は『ダーク・シャドウ』を。ああこれももう10年も前だ。本当に嫌になるのだが、しかしこのエヴァ・グリーンの無意味に引き攣った笑い。もうそれだけで映画観てよかったなと思う。これも妄想に過ぎないのだが、「海辺の出来事」みたいなタイトルを付けて、ロバート・アルトマンの『ポパイ』と『ダーク・シャドウ』の2本立て上映をしたらどうだろうか。個人的にはめちゃくちゃゴージャスな2本立てになるのだが。

6月10日（木）

その日やろうと思ったことの半分できればいい方、と常々思ってはいてしかもその日やろうと思うことを限りなく減らしているのだけれど、それでもはやり半分もできないとイラっとしたりしょんぼりしたりする。エクスネ・ケディのアルバムに入れる座席番号付きチケットの印刷は、結局全部手作業で1000枚、エクセルに座席番号を入れた。1列40席だったのに42席でやってしまい、途中で気づいたが直していたら途方もなく時間がかかるのでそのまま。まあ、よい。座席に増えてもらう。とにかくそれやこれやで目いっぱいになったが、今回は何とか入稿はできた。夜は翠海でこれまで食したことのない料理を注文。山芋のすり身にカニ肉ソース、白身魚の唐揚げ黒酢あんかけ。満腹ご機嫌おじさんになった。

そしてエマ・ストーンから派生して『L.A.ギャングストーリー』を。今更ながらだが『ラ・ラ・ランド』のふたりが助演していることに気づく。『ゾンビランド』のルーベン・フライシャーの監督作でエマ・ストーンは『ゾンビランド』からの流れだとは思うが、残念ながらエマ・ストーンにもライアン・ゴズリングにもまったく興味なかった。今こうやって観ても、いやこれはスー・チーが片言の英語でやったりしたら、とかさらに余計な妄想をしてしまう。ああ、スー・チーが強くて悲しいギャングの愛人をやった映画があったはずだが、あれは何という映画だったか。あの映画のスー・チーはこういう役柄の典型みたいな存在となっていたように思えるのだが、映画のタイトルが思い出せない。スー・チーのフィルモグラフィを当たってみても「これだ」という感触が得られない。スー・チーではなかった、という可能性もあるのだが、いやたぶんそれはない。などなど妄想は巡り、さっさと寝ればよかったのについ最後まで観てしまい、そこに宮崎くんから連絡が来て、こちらは男優の話。案外やり方ひとつで何とかなることもある。

6月11日(金)

異様に疲れている。目がしょぼしょぼでいろんなものの見極めがつかない。事務所で荷物の受け取りや発送をやらないとまずい、ということもあってとにかく事務所にまでは行った。荷物を受け取り発送をするだけでどうしてこんなにいらいらするのかというくらいいらついてぐったりした。

6月12日(土)

気分、体調は昨日を引きずったまま。こういう日はすべてをあきらめるしかない。スー・チーのことが気になって(6月10日の続き)、『レジェンド・オブ・フィスト 怒りの鉄拳』を観た。結果的にこれが思い出せなかった目当ての映画だったのだが、記憶とはまったく違っていた。スー・チーはちょっとした何でもないシーンの表情が良くて、つまり、仮面の下の素顔と仮面の部分の両方をちゃんと見せる、という演出だった。記憶では仮面の部分だけで押し通していてそこにすべてが張りついていたのだったが。エマ・ストーンはこういう裏表の感覚が希薄で、だからこそ『クルエラ』の表面が2色にくっきり分かれた髪の毛が似合っている、ということなのだろう。その意味で今『クルエラ』がヒットするのはよくわかるのだが。

もやもやの中、渋谷へ。元通りとはいかないまでも、もはやこれを見てだれも緊急事態宣言中とは思わないだろう。こうやって次第に日常が回復してくのか。しかしこんなずるずるとした形で日常が復帰した日には、この間ダメージを受け続けたboidのような会社はたまったものじゃない。呪いを吐き出しつつシネクイントの『ストップ・メイキング・センス』の爆音上映へ。こうやって爆音で観ると身体が自然に反応する。みんな若くて自由だ。デヴィッド・バーンのコントロールできない要素が各所に見える。ちょっとしたことでそれらが解き放たれどこかに行ってしまいそうな、しかしそのこと自体を誰も意識しておらず、ただひたすら音楽に身を任せている感じ。それが若さということなのか。『アメリカン・ユートピア』との大きな違いを感じた。

6月13日(日)

不調は続く。整骨院にも行って腰から背中は少しゆるっとなるが、生きていることの不快感は変わらず。対応不能なまま『マイ・ボディガード』を観る。アマプラでは原題の「Man on Fire」でラインナップされているのだが、これは何か権利上の問題があるのだろうか。リンダ・ロンシュタットの「ブルー・バイユー」が繰り返される前半はそれゆえどこか『地球に落ちて来た男』(こちらはロイ・オービソンのヴァージョンだが)の空気感、はるか遠くに自分を待っているはずの家族あるいは自分の帰るべき場所を夢想する郷愁も漂うが、自分の帰る場所どころか今ここの居場所もないことを思い知った後半は、デンゼル・ワシントンという巨大な機械=システムが何のぶれもなく作動して誰にも止められない時間が流れる。やくざ映画的な殴り込みのロマンチシズムはゼロ。精密に躊躇なく相手を仕留めていく。それゆえ事態が解決しても、それなりのハッピーエンドになってもおかしくない解決の仕方であったにもかかわらず、爽快感はない。ああ、ようやく何かが終わった、このような終わりしか終わりはなかった、という安堵感のようなものは残る。この映画のデンゼル・ワシントンとはいったい何者だったのか?『地球に落ちて来た男』との2本立てもいいが、『許されざる者』との2本立てもいいような気がする。

6月14日(月)

11時に事務所に行ってエクスネ・ケディのCDヴァージョンのパッケージ作業準備をという予定が、90分の遅刻。いよいよ身体が動かない。お任せできるくらいな準備ができていたので、お任せしたということでもある。今回のアルバムはあくまでも海賊盤風にというのが狙いでもあるので、基本的に手作り。ジャケットも、プリントアウトした紙を無地の紙ジャケットに1枚1枚貼り付けていく。レコードが到着する前にまずCDでその手作業に慣れておいて、という算段である。レコードに比べると小さいのでスプレーのりの噴霧も少なくて済む。そしてそれがどれくらい周りに影響するか、周囲へののりの飛散、人体への影響などを試しつつ、という作業である。で、やはり噴霧は外でないときつい。今回はベランダでやったのだが、CDでギリギリ。レコードの際はどこか広い場所を借りてやらねばということが現実の問題となった。だが、仕上がりはきれい。今すぐに売りたいくらいだが、どうやらレコードの到着が半端なく遅れる。下手すると9月発売になってしまうかもということで、レコードプレスの手配を手伝ってくれているemレコードの江村くんと電話で話していて、いっそのこともうプレス工場を設立したらどうか、という話になった。儲かるかどうかは別にして、もの凄い需要はある。そして、困っている人たちのためにもなる。失われつつある技術の継承にもなる。

すぐに湯浅さんに連絡。こういうことの可能性はあるかと。結論としては人材はいる、金はない。どうやってその資金を集めるか。ギリギリ5000万円、余裕をもって1億円あるといい。bo:idにとっては手も足も出ない金額である。儲かりはしないが大損する話ではなく世のためになる。そんなことのために500万円出資できる人間が最低10人。果たして見つけられるか。いったいどうやったらいいのかまったくわからない。昨年再見した『タッカー』を再度観ると何かヒントが見つかるか、あるいは電気自動車にガソリン車のエンジン音を響かせたいというふたり組があたふたするロン・ハワードの『僕が結婚を決めたワケ』とか。いや、映画のプロデューサーたちこそ日々そんな作業であくせくし

ているではないかとかあれこれ考える。

6月15日(火)

整骨院の後、事務所。『ストップ・メイキング・センス』の1週間の上映が全回満席で爆音の回は数分で売り切れという状況のため、今後年末の権利切れまでどうやって上映していくかなど。座席100パーセントを売れていたらと思うばかりで、こういうことが直接会社の運営に影響してしまうことの重みを、税金で給料をもらっている方たちはわかっているのだろうか。

夜はケリー・ライカート『ウェンディ&ルーシー』。冒頭の、木立の中を歩く主人公のハミングと環境音とのふたつの音の重なり合いにハッとさせられる。親密さと遠さ、ふたつの音のレイヤーによってあっさりと映画の世界が作られていく。この音の距離感とカメラがとらえる視覚的な距離感とが連動しつつ違和を作り出し、限りなく親密でありつつ限りなく遠い場所にある何かをぼんやりと映し始めるわけだ。ああ、もうたまらない。ビルの前でまっすぐに立つ老ガードマンももはや飾るものがなくなった中身のないガラス張りの抜け殻店舗も困り果てた彼女のことなど気にもかけず見もしなかったかのように沈黙を決め込む街並みも、すべてが愛おしくしかし届きがたいものとして目の前に提示される。そんな世界の中でわれわれは生きている。オレゴンのどこかの街が、世界中に広がる。ライカートの映画を観ると大抵そう思うのだがこれは日本でも作ることができる。わたしの実家のある町をオレゴンに見立ててこんな物語を作れば風景も人のいなくなった街並みも十分に何かを訴えかけ始めるだろう。まさかあの街がこんなことにと誰もが思うそんな映画を作るはずの佐向大はこの映画を観ているだろうか。

6月16日(水)

終日自宅作業。フラー自伝のKindle版ルビ振り作業をやるはずだったのに、まったく辿り着かず。

夜は『リバー・オブ・グラス』。この映画はとにかく最後のほうの、ボーイフレンドを銃で撃って車から落とすシーンである。あのシーン、銃撃音がしたとたんすでに座席には彼は居らずドアが開いていてそのまま車は走り続ける。単にそれだけのシークエンスなのだが、何度観てもその簡潔さに驚く。昨年の京都みなみ会館のトークの時も言ったのだがあれはゴダールの『ヌーヴェルヴァーグ』でのアラン・ドロンの交通事故に匹敵する映画史上の自動車事故ではないか。とにかく一瞬で世界が変わる。その直後カメラは走る車の後ろに回り、車が向かう世界の姿を車とともに画面に広げる。ああ新たな世界に彼女は向かって行く。その先はどうなるかわからない。金もなく、ボーイフレンドも殺し、希望はまったくないが、ただそうやって目の前の世界に向けてまっすぐ車を走らせるそんな彼女自身が希望となる。世界の中に足を踏み入れるとは、まさにこういうことなのだ。その一瞬の決定的な変化を観れば、これでいいのだと誰もが思うだろう。映画を観てよかったと誰もが思うだろう。現実には見えないボーダーラインを彼女はあっさりときっぱりと越えたのだ。ケリー・ライカートはこうやって数年に一度、希望の種をまいているのだと思う。

6月17日（木）

事務所で荷物の受け取りと発送。その後、今後の事業展開についてあれこれ。そして渋谷へ。再び『ストップ・メイキング・センス』爆音上映である。知り合いの顔も見える。前回は音がうまく届かないため売り止めにしている2階席で観て、音は悪くはないがこれだと爆音とは言えないということを確認したので、今回は後半を1階席の最後方に立って確認。これなら万全、身体が動く、というのを確認した。通常の爆音に比べ音圧感はないが、音のバランスがすごくいい。音に圧倒されるのではなく、音とともに身体が浮かび上がる感じ。これなら毎日観たい。終了後、知り合いからもそんな感想を聞いた。でもこれくらいの音がライヴ映画をやる時の映画館のデフォルトになってくれるといい。そうすればみんな、映画館にやってくるのではないか。そうなるとわたしの仕事もなくなるのだが、それでなくなるなら十分役目を果たしたということなので本望である。

6月18日（金）

ついに眼鏡店に。試行錯誤の結果普段外でかける中距離から遠距離用のものと、室内用、仕事用の近距離眼鏡の2種類を作ることにした。もうとにかく早く何とかしたい。でも基本的には、これらを必要としないくらい普段はぼーっとしてだらだらしているのがいいわけで、釈然としない気持ちもある。吉祥寺南口はもう夏休みのようだった。バカンスな人々でにぎわっていた。そして相変わらずケーニッヒのハムサンドはうまい。本日はレバーのやつを食った。ユニオンでレコードも買いいい気分だったのだが、あちゃー、そりゃそうだ、というがっくりする連絡が入り、帰宅。すべて思い通りに行くわけではない。

夜は観逃がしていた『白い暴動』。クラッシュの映画ではなく、クラッシュもかかわった反レイシズム運動の映画。わたしはリアルタイムの時代に20歳前後だったのだが、当時うまく伝わってこなかったことがこの映画でようやく。40年ぶりに視界が晴れたというか。シャム69とトム・ロビンソンはクラッシュより前にレコードを買った記憶がある。ポリー・スタイリーンのインタビューが若い頃のものしかないなあと思って調べたらもう10年前に亡くなっていた。収録されているXレイ・スペックスの演奏は心も身体も踊った。それらの運動を支えた人々の現在のインタビューが映画のメインだが、それぞれの発言だけでなく、彼らの作った印刷物の数々、それを作った場所、印刷所の存在が心に響いた。まさにDIY。スターリンの遠藤ミチロウさんが自主製作ソノシートを売り始めた時、こんな匂いがした。先日発売になった工藤冬里さんのボックスセットのディスクユニオン購入特典で付けた「パラレル通信」も、当時のそんな雰囲気の中で、もちろんこの映画のRAR（ロック・アゲインスト・レイシズム）ほどの強い意志とは少し離れ、やわな人でもできることをやる、というような立場で作ったものだ。いやもうちょっとお気軽お手軽な気分だったか。いずれにしても心に小さな火をつけてくれる映画だった。

6月19日（土）

雨模様のため、1日原稿書き。さっぱりしない。マンチェスターのファクトリーの人ではないほうのトニー・ウィルソンのアルバムを聴いた。76年作。当時まったく気にもかけなかった。こちらも若かったのでどうしても目の前の「白い暴動」のほうに目が行ってしまったのだけど、60年代の闘争と絶望を経てきた黒人音楽はその時すでに別の地平を広げ差し出していたのだと、今更心に染みた。

Tony Wilson『I Like Your Style』

夜はケリー・ライカート『オールド・ジョイ』。観るのはもう何度目か。観るたびに観逃がしていた細部が見えてきて小さな喜びが積み重なっていく。「悲しみは使い古された喜びのようなもの」というセリフがウィル・オールダムの口から発せられるのだが、この映画はそんな悲しみと古びた喜びの積み重ねでできている。途中、彼らが道に迷ったことがわかる直前のシークエンス。それまでは車内にあって主人公たちと窓外の風景をとらえたりあるいは並走する車から風景とともに彼らの車がとらえられたりしてきたのだが、いきなりおそらく車のボンネットのあたりにつけられたカメラのとらえた映像になって、鉄橋を渡る。その後再び並走する車からとらえた風景になり、車内のカメラがとらえたショットになりを繰り返し、そして彼らの車が道の途中でUターンしようとする。その途中でショットが変わり彼らの車がおそらくは先ほどの鉄橋らしきものを渡っていて、だがどう考えても先ほどと同じ方向に走っているようにしか見えず、そしてまた、さきほどのUターンした場所と同じに見える場所にきてUターンする。山道なのでどこも同じに見えてしまう方向感覚の欠落が、観ているこちらまで伝わってきていったい自分が何を観ているのかよくわからなくなってもまだ彼らはしばらく走り続け、ようやく車を止め地図を見始めるのである。その間3分ほど。たったそれだけでこちらも自分の身体感覚がまったく通用しない、ただひたすら自分を解放してその世界の感覚に身を任せるしかない未知の惑星に連れ去られてしまう。『リバー・オブ・グラス』のボーイフレンドを車から落とした後の一瞬で変わる世界と同じことが、ここでは少し時間をかけて行われている。その先にある悲しみと古びた喜びを身体に充満させて、ふたりは再び現実世界に帰ってくる。その後のふたりは世界の見え方がまったく変わっているはずだ。それはこの映画を観たわれわれにも言えることだろう。

6月20日（日）

深夜3時過ぎに寝たのだが、5時過ぎには猫さまの「朝ごはんくれろ」の豪快な鳴き声で目覚めさせられる。というわけで二度寝。1日が台無しと言うかまったくぼんやりしたものになってしまう。整骨院に行っても身体は目覚めず。昼飯を久々のイサーン料理にしてシャープな辛さに身をゆだねるがそれでも目覚めず、逆に腹を壊す。まあ、そんなものだ。あきらめて『ミークス・カットオフ』。前に観た時には気づかなかったのだが、冒頭近くのオーバーラップに驚く。『リバー・オブ・グラス』にも『オールド・ジョイ』にもあったわれわれを一瞬で異界へと連れ去るカットのつなぎが、ここではオーバーラップとして処理されていたのだ。主人公たちが川を渡り旅の準備をして川縁を離れていく。そしてしばらく誰もいなくなった川べりの風景が黄金色の光の中に映され続けるのだが、その空の彼方にいきなり馬が現れるのである。旅する主人公たちの次のシーンの荒野の行進がオーバーラップされているのだということは次第にわかってくるのだが、いきなり空に馬の姿が見えてきた時は本当に啞然とした。ここから先は異界。という宣言のような一瞬だった。だからそれ以降の物語は、1800年代後半の西部の物語であるのだが、21世紀に作られた西部劇としての1800年代後半ではなく、永遠の時間を旅する吸血鬼たちがたまたま1800年代後半に見た光景を21世紀の今語ることによってその1800年代後半の物語がまさに現代の風景として現代を生きる人々の姿のようなものとして見えてくる、そんな物語なのだとでも言いたくなる。『地球に落ちて来た男』

のデヴィッド・ボウイが車中から見た風景の向こう側に開拓時代の風景を見てしまった、その風景が映されていると言ったらいいか。『マイ・ボディガード』とは別の形で、ここにも「ブルー・バイユー」が流れているとも言えるが、これは振り返ることをしない人々の物語である。郷愁はない。古びた喜びとともに彼らは歩を進める。

6月21日(月)

午前中から各所連絡。こんな状況で予定が立たないと言いつつも予定は立てねば何も始まらずというわけで、いろいろぐったりすることだらけだが致し方なし。とにかくどうやって周囲を巻き込みつつ、自立して生きていくか。ただそれだけ。

夜は確認したいことがあったので『ウェンディ&ルーシー』を再度。冒頭のショットのハミングの件。そしてルーシーを探しに出たウェンディが線路付近の空き地で何かを感じて振り返るショットの件。彼女が振り返ると木々の間に入っていくレールが映っていて、もしかしてそこからルーシーが出てくるのではと思えてしまうような流れになっているのだが、いやそこから出てくるのは実はルーシーではなくウェンディなのではないか。自分を見ている遠くの自身の視線にウェンディ自身が気付いたショットなのではないか。つまり実はいつかこのレールの先に自分は行くことになるだろうと、彼女が確信するショットと言えるのでは? 時間と空間が交錯するショット。ああそれはデヴィッド・ロウリーの『セインツ―約束の果て―』でも多発していて三宅唱とふたりで「映画は何でもできるのだ」と呆れ果てながらトークをしたのだった。

6月22日(火)

やろうやろうと思っていて全然手を付けられなかった『サミュエル・フラー自伝』Kindle版のルビ付け作業を3週間ぶりくらいで。新しい眼鏡の完成が待ち遠しい。目がしょぼしょぼ。ところどころ目に入ってくる本文はやはりめちゃくちゃ面白い。面白いのだが読んでいたら仕事にならない。2段組み750ページの恐ろしさ。まだまだ先は長い。終日、レコードを聴きながらパソコンの前に張り付いていた。

ジンバブエのバンド。ディスクユニオンの解説によれば、「チムレンガ」と呼ばれるジンバブエのポピュラー音楽の新しいスタイルの誕生、ということになる。1970年代のジンバブエの独立運動とともに生まれてきた音楽ということで見開きジャケットの内側にはびっしりと解説が書かれているのだが、こういった解説を地味に訳出していけば、世界の見晴らしがよくなってくるのではないか。

Hallelujah Chicken Run Band『Take One』

6月23日（水）

終日自宅作業。『サミュエル・フラー自伝』Kindle版作業の続き。とにかくルビが多いので、書籍版を確認しながらルビふりを。書籍版の確認というのが目で追ったのではだめで、両手で文字面をなぞっていく。1行1行なぞるという「指さし確認」みたいなやり方ではなく、両手で点字を一気に蝕知するような感じでとにかく紙の面に触る。手に触れる文字の感触と目の感触を一致させながらルビが降られている箇所や、英数字がある箇所を探っていく。指先がルビや英数字などを発見できるわけではまったくないのだが、まるで指先に目があるような感覚で、目と指先を一体化していく。いや、そこまで大袈裟なことか、単にルビと英数字をひとつひとつ見つけていけばいいことでは？　という突っ込みは十分承知。目がまともに見えない集中力が恐ろしくない大概のことはどうでもいいという校正作業や確認作業にまったく向かない人間の生きる知恵みたいなものだと思ってほしい。耳が弱いわたしが爆音調整をできるのも、耳の機能を身体のどこかに預けてそこと一緒に聴いているからだと、無理やり結び付けてみたい気もする。いずれにしてもそれやこれやで、とにかくKindle版1巻目（第1部、第2部）の作業が終わった。この後関西支社長が写真とキャプション処理をやってようやく1巻目が完成となるのだが、写真とキャプション処理はさらにまた大変そうで、発売まではもうしばらく時間がかかる。

夜はアマプラで『恐怖のまわり道』。エドガー・G・ウルマーのこの作品はもう40年ほど前にアテネ・フランセで観て驚愕した印象だけが肥大して、それ以降は観ていないためにもうとんでもない恐怖映画になっていたのだが、今観るとわたしがかつて観たはずの砂漠の悪魔は出てこなかった。なんてことだ。ロージーの『夕なぎ』のエリザベス・テイラーみたいな感情の塊とも言える女の存在が、まだ20代前半のわたしをおびえさせていたのであった。近年の映画ではこういう女性に出会うことはない。もっと極端に作り込まれて単なるひとつのキャラクターになった感情の形骸みたいな人物なら各所で出会いはするのだが。ただ『スパイの妻』の蒼井優は『夕なぎ』や『恐怖のまわり道』の女性たちに近い存在に思える。こちらはあくまでも日本的に「受け身」の姿勢ではあるのだが。とはいえだから、彼女は国家も戦争も知ったことじゃないのだ。

6月24日（木）

『JUNK HEAD』を観にシネクイントへ。午前11時過ぎにスタートという上映開始時間は今のわたしにとってなかなか厳しい。かなり無理やりで身体も目覚めぬままあの世界に向き合わされるわけである。よくまあひとりでこれを、という誰もが思う感想が浮かぶわけだが、まだこれ物語が始まったばかりというか、物語の前提がようやく終わったばかりで、いったいどこまで続くのか？　監督はどこまで想定しているのか？　監督の欲望が気になった。いや、もしかするとこの後の物語や映画は他人に任せて自分はまたたったひとりで別の物語の前提だけを時間をかけて作っていくという、そんなやり方もあるな。延々とひとり作業で愛と狂気をその世界に充満させていく。まさにそれこそ『JUNK HEAD』という物語そのものではないか。その場その場で新しい体を与えられ、次々に別の世界へと旅していく「頭」。そんなその後を妄想してひとりでニヤニヤした。

その後事務所で各所連絡。しかし無理やり起きたせいか、事務所のエアコンがどうも具合悪いせいか変に身体が冷えて頭が痛い。コロナウイルスのデルタ株は頭痛と鼻水が特徴という記事も読んで、わたしのようにちょっとしたことですぐ頭痛鼻水となる人間はいったいどうしたらいいのかと思う。風邪薬を飲んで寝る。

6月25日（金）

朝から原稿、午後はバウス社長の本田さんとミーティングでその後再び原稿で朝まで。久々に集中して原稿を書いたのでなかなか眠れず。

6月26日（土）

結局原稿その他朝までかかってしまい、11時過ぎに起きたもののぼんやりしたまま。1日をあきらめるしかない。『17歳の瞳に映る世界』を観る。まさにタイトルそのままの内容で、距離感を失う。自分が17歳だった頃のことなどもうまったく記憶になくその頃何を考えていたかもすっかり忘れてしまったが、ああ確かにこんなヒリヒリした何かを抱えていた、自分だけではどうにもならないのに他に頼るすべも知らず傍から見ればあまりに無駄な独りよがりな歩みをそれでも続けるしかないそんな一歩一歩を踏みしめていたと、ほんの少しの恥ずかしさとともに思い出し、では今こう言った世界の真っただ中にいる彼らとどのように向き合えるかと言えばいらつかず怒らずじっくりと彼らの行動を見てあげるしかない。そんな主人公たちへの映画としての距離感がはっきりと表れていてうれしくなった。それから主人公の歌がなかなか良くて、どうやら本当にシンガーとのことなのだが、彼女がオープニングで弾き語りするのがエキサイターズの「He's Got the Power」、カラオケで歌うのがジェリー&ザ・ペイスメイカーズの「太陽は涙が嫌い」。エキサイターズのブレンダ・リードはこの歌をレコーディングしたのは17歳くらいなはずなので、まさに映画の始まりにふさわしい。彼女がたったひとりで世界に立ち向かっていく、そんな不安と戸惑いと痛みと悲しみに満ちた歌。そして涙の夜が明けて太陽が昇ったら新しい1日が始まると謳われる「太陽は涙が嫌い」はまさに、彼女の一大事の前夜のカラオケで。決してあらゆるものから見捨てられているわけではないと、この映画が全力で彼女の人生をバックアップする。そんな映画の姿勢がはっきりと見えた。

6月27日(日)

じっとしていても体調は戻らないので部屋の掃除から。狭い場所も広い場所も器具の付け替えなしで自在に掃除できる掃除機があればといつも思う。困っている人は多いはずだ。でもなかなかそうはならないのはやはり難しいのか、新しいエネルギーとか不治の病のための薬とかの開発なら人生をかけるに値するが怠け者の考える掃除の機械などなくても生きていけるということなのか。でもそれなりの需要はあるはずなのにとかなんとかぶつぶつと考えているうちに掃除は終わるが体調思わしくなく、ビリー・ホリデイのドキュメンタリー『BILLIE ビリー』。映画の構成が通常のドキュメンタリーとははっきり違っていて、ビリー・ホリデイの人生について取材をしていたジャーナリストが70年代に謎の死を遂げたところからこの映画は始まる。その後もビリー・ホリデイの人生と取材者の人生とが並行して語られながら進む。どうしてそうなるのかというと、取材テープが近年になって発見されたこと、取材者の死の謎、そしてビリー・ホリデイにあったはずの闇、つまりアメリカ合衆国という国の背景にある闇が関係しているとしか言いようがない。ここまでするならフィクション映画にしたほうがよかったのではとも思えるのだが、そうではない。おそらくフィクションにするとビリー・ホリデイという個人の人生の映画になってしまう。あるいは取材者の人生の映画になってしまう。そのふたりがかかわってしまった語り得ない何かと触れる前にそれぞれの物語になってしまう。この映画はそれをしないことでふたりが自らの意思ではなく触れてしまった語り得ぬ何かに触れようとしているかのようだ。どんな映画と2本立てで観るとその語り得ぬ何かが際立ってくるのか? イーストウッドの

『J・エドガー』だろうか。

しかし没年齢44歳。これまでまったく年齢を意識していなかったのだが、あまりに若い。自分が物心ついた時にはすでに故人だったこともあり完全シニアの印象だった。声の太さもそうさせるのだろうか。美空ひばりと同様、若い頃からすでに年齢を超越した声。たぶんそれも「語り得ぬ何か」が歌っているからだろう。「わたしたちはね、1日で100日分生きたいの」という彼女の言葉が予告編にも使われているのだが、それは太く短く生きた彼女の生のダイナミズムの現れであるかもしれないが、一方で1日で100日分の何かが彼女を襲い彼女の体の中を通り抜けていったのではないか。つまり彼女の独特の声とは、1日で100日分の何かが彼女の身体を通り抜ける時の彼女の身体が震える音だったのではないか。

6月28日(月)

ついにエクスネ・ケディのレコードがドイツの工場から出荷されたという知らせが届く。いやはや長かった。本当にようやくである。そして日本では、CDのほうのジャケット作り。スプレーのりチームとセッティング・チームに分かれての作業。スプレーのり担当の井手くんは前回の作業の際にマスクはしていたもののスプレーのりを吸い込みすぎて気分が悪くなり、今回は作業用のマスクにて。いったい何を作っているんだという風体。しかしその甲斐あって、CDは予定分完成。その後、夕飯を食いながら新たなプロジェクトの話題で盛り上がる。

6月29日(火)

吉祥寺に眼鏡を受け取りに行ったついでにHMVに寄ったら、入り口のディスプレイに井手くんが居た。エクスネ・ケディを歌ったアルバムがアナログ化され、美空ひばりのレコードの隣に並んでいたのである。店員の方の思いなのか偶然なのかわからないが、昨日はエクスネ・ケディのアルバムのジャケット作りを井手くんたちとやったばかりのこちらは、入り口でぼんやりとするばかりである。同時にドイツのプレス工場から発送されたはずのエクスネ・ケディのレコードがドイツの税関か何かで引っかかり、書類不備とのことで差し戻し。いったん工場に戻されて、書類を再記入したうえで出荷、という連絡もあり。なんかもう、世界中がめちゃくちゃである。本当は3月か4月に発売という予定でスケジュール組んでいたのに。

新規眼鏡の初仕事はようやく著者チェックが終わった『恐怖の映画史』Kindle版の最終確認。その後、某シナリオを読む。まだ半分くらいだが、これがまた面白く、しかしまともに考えるとめちゃくちゃ金がかかる。このまともに面白いシナリオが、しかし予算不足のために、と言うかそれを味方につけて、われわれがこのシナリオから想像するものとはあきれるくらいまったく別のところに飛び出していくのだろう。まずはそのための、美しく整った道が出来上がった。本もそうだがとにかく文字を読むのが遅いので、40ページほどのシナリオを読み終わるともう深夜3時。寝た時にはもうすっかり夜が明けていた。

6月30日(水)

寝不足もあって俄然不調。こうなるとせっかく眼鏡を新調しても効果なし。とにかくしょぼしょぼ。1日中涙目状態であらゆるものが滲んで見える。文字を読もうと思わなければ、それはそれでずいぶん気持ちいいのだが、仕事はある。『恐怖の映画史』Kindle版の最終チェック作業。涙目になっているのに目の乾き感も半端なくいつになく目薬を多用した。

さすがにもう無理と寝る準備を始めたのだが、観逃がしていた『ソング・トゥ・ソング』の配信が始まったのを知りちょっとだけと思いつつ、結局最後まで観てしまう。公開時、周りの人々のあまりに悪い評判を聞いているので、怖いもの見たさみたいなところもあったのだが、その意味ではいいものを観た。しかし音楽と歌にすべてを語らせて、映像はまったくの添え物。『イージー・ライダー』を観たヴェンダースが書いたあの文章からすでに半世紀が経ち、世界の風景がすっかり変わってしまった。何度観ても釈然としない『ベイビー・ドライバー』のような器用な音楽の使い方を突き抜けて音楽そのものに触れるには、このような映画をもっとうまく作らなければならなかったのに。いや、『ビーチ・バム』があるから大丈夫、ということかもしれないが、しかしルーニー・マーラもケイト・ブランシェットもよかった。それに比べたらパティ・スミスは過剰だしイギー・ポップも一瞬でいい。ジョニー・ロットンのように誰だかわからないくらいで十分である。本当にもうちょっと何とかなっていたら、わたしは案外ドキドキしながら観たかもしれない。しかし7月は、これまでまったく意識していなかったルーニー・マーラ祭になる。「あなたの顔には光と陰がある」というようなことをこの映画の中で言われていた。まさにそんな映画になるはずだったのに。そしてまたもや夜が明け、今年も半分が過ぎた。

7月1日(木)

この4月から月次支援金というコロナで打撃を受けた個人や企

業に対する支援金がスタートしたのだが、これが、昨年、あるいは一昨年の同じ月の売り上げの50パーセント以下の個人や企業が対象という大前提。少しでも支援金をもらえたらと申請の手続きをしてみたのだが、やはり売り上げ50パーセント以下というのがネックだった。コロナから1年以上もたってまだ売り上げが50パーセント以下だったりしたらもう倒産しているのではないだろうか。だからこちらは、売り上げ50パーセント以下になりそうなところをあれやこれや頑張って、60パーセント、70パーセントに盛り上げて何とかしのいできているのに、その苦労はどうなるのだろう？　想定としては飲食店など、自治体からの要請で店舗を閉じている企業への協力金の補助的な役割の支援金、ということなはずなので、boidのように半端な会社のことは視野に入っていないということなのだろうけど。

夜はルーニー・マーラ祭の始まり。最初はやはり『ソング・トゥ・ソング』にも出演していたケイト・ブランシェットとの『キャロル』を観ようと思っていたもののつい『ドラゴン・タトゥーの女』。昨夜、彼女のフィルモグラフィを確認するまで、この映画の主演がルーニー・マーラだとはまったく認識していなかった。2、3回は観ているはずなのだが。そして認識してから観ても認識できない。最後、金髪のかつらをつけてようやくつながった。この映画の髪形もメイクも、彼女の原形をほぼとどめないものになっているから仕方ない、という言い訳。でも最後はやはりほろりと来る。このまるで青春映画みたいな終わりと「移民の歌」が流れる始まりのいかにもデヴィッド・フィンチャーというメタリックなイメージとがなかなか結び付かず、そこが不満でもあり面白くもある。ほかのフィンチャー映画にはない味わい。こういうバランスの悪い映画をもっと観たい。例えば『ゴーン・ガール』や『マンク』にルーニー・マーラが出演していたら、とか考えてしまった。

7月2日（金）

昼近くの起床となり正午からの整骨院ギリギリ。圧倒的な低気圧のおかげで本日もまともに生きられず。かろうじて『恐怖の映画史』Kindle版最終チェック作業終了。これであとは、Kindle化のフォーマット作業をするばかり。20年前のCD-ROMからデータを引っ張り出しての作業だったこともあり、時間がかかった。著者確認&修正も大変だったと思う。基本的に当時の状況のままということにしたので、まだパッケージ化もされておらずもちろん配信などない不自由な時代の欲望渦巻く空気とともに読んでもらえたら。

その後送られてきた某映画のプロットを読んだらこれがまた面白く、俄然足元に力が入った。金はまったくないが、やることはある。

夜はガス・ヴァン・サントの『ドント・ウォーリー』。伝記が原作ということもあっていくつもの時代のエピソードが語られるのだが、その語り口が時代順に第三者の視点で語られるのではなく、すでに四肢麻痺の漫画家として名声を得た時点での講演会の語りがベースになる。だが途中に、アルコール依存症のグループセラピーでの語りも入ってきて、そこからも過去に入る。つまり語りの基準点がふたつになりそれに戸惑っているうちにいったい今目の前に見えている「過去」はいつの視点から語られたものなのか、よくわからなくなるのだが、物語自体が混乱することはない。狂人の回想ではなくあくまでも普通の人の回想として、しかし微妙に混乱する過去、時間の流れがこちらを別世界に誘う。そしてそこにルーニー・マーラがまるでこの世にはいない天使のような役割をともなって登場する。伝記ではどんな扱いなのかわからないのだが、彼女だけは実在の人物ではなくフィクションなのではないか。あるいは実在していたとしても実際にはそういう関係にはならず、主人公の人生の可能性のひとつ、そうであるかもしれなかったあり得たかもしれない過去としての記憶、つまり主人公の記憶の捏造あるいは妄想の産物。そんなおぼろげかつ決定的な人として、ルーニー・マーラがあまりにちょうどいいので驚いた。

7月3日(土)

2度寝して起きたら13時。台無しである。日曜日が天候悪いようなので散歩を兼ねて都議選の期日前投票に行った。列はできていないが途切れなく人は来ている。杉並区は6人のところに12人立候補していて、まともに頑張ってくれそうなのは3人くらいという判断で、その中ではおそらく当落線上ギリギリ、という方に入れた。

夜は『ソーシャル・ネットワーク』。これにもルーニー・マーラが出演ということで、もう何度観たかわからないのに「いったいどこに?」という状態。しかしいきなり彼女の顔からスタートしてびっくりした。冒頭のジェシー・アイゼンバーグとの早口のやり取り。ああ。そうか、この後で『ドラゴン・タトゥーの女』になるのかと納得。『ソーシャル・ネットワーク』のほうは、何度観てもやはり後半の大音量で音楽が流れるクラブの会話のシーン。権利さえ何とかなったら、爆音上映であのシーンがどう聞こえるのか確認したい。大音量の音楽のボリュームを落とさぬまま、ふたりの会話がはっきり聞こえるのだ。配信・パッケージ用の2

チャンネルの音源がうまく作られているだけなのかもしれない。で、それより少し前のデッド・ケネディーズが流れるところは、記憶の中ではもっと長く流れているのだが毎回「あれっ」と思うくらい短くて腰が抜ける。そしてそうこうしているうちに朝。昼夜逆転が戻る気配がない。

7月4日(日)

友人からルーニー・マーラとホアキン・フェニックスがパートナーで子供もあって名前がリヴァーと知らされて愕然とした。尋ねたら、妻も知っていた。わたしが人間に興味なさすぎるのか。

7月5日(月)

寝るのに失敗して早く起きたものの結局11時くらいに寝てしまい、目覚めると13時前。果てしなくグダグダである。もう1週間も事務所に行っていないのでとにかく無理やり事務所に。郵便物などの整理だけでも大変である。「爆音映画祭」の商標登録の後半分の入金をしないといけないのだがやり方がわからず特許庁に問い合わせると、すべての書類はWEBにアップしてあるのでそれを確認して送付、入金をしてくれとの指示。全部自力でやれということであるのだが、アクセスしてみると、どの書類が今回の作業に該当するのかまるでわからない。しかも、間違えたら受け付けてもらえないだけだから、再度自力でやり直しということのようだ。こういう面倒な作業を乗り越えられる人しか相手にしませんよ、ということなのだろう。わからぬではないが、結局こちらは中間業者に依頼せざるを得ないわけである。たかだか登録の後期5年分の料金を支払うだけのことでそれはない。わたしが慣れていないだけなのか。歳をとるとこんなことばかりが増える。キャッシュディスペンサーに向かって怒鳴る老人一歩手前である。あとは終日へばっていた。

7月6日(火)

カネコアヤノ@LINE CUBE SHIBUYA。2階席なので音はそんなに良くない。ヴォーカルにも深いディレイがかかっているので歌詞もほとんど聴き取れない。それでも何かが伝わる、圧倒的なパワーというのではない声の力がこちらの身体を揺さぶる。ディレイがかけられた声の靄のようなものを突き破る小さなエネルギーの粒が会場に降り注ぐ。そんなライヴだった。気が付くとそのエネルギーの塊はステージ上のひとりの人間になって小さなエネルギーの在りかをそっと示し、消えた。ああ、こういう終わり方はいいなと思った。最後の最後で自分が生きている場所を示す。ライヴ会場に集まった個がそれを観て、それぞれ別々の個として自分の場所に戻っていく。そしてそのそれぞれの足元から何かが芽生える、その運動への信頼が、そこには充ちていた。

7月7日(水)

来年のVoice Of Ghostの一大事業の準備のため、鎌倉、横浜。具体的なことはまだお知らせできないが、5年がかりくらいになるのか。とりあえずついにいよいよ始まった、という感じ。お祝いと言うか景気づけに中華街で極上の中華を食した。わかっていないと入れないかなあという店構えではあるがマジでうまかった。

一方でエクスネ・ケディのアルバムの発売告知が始まった。レコードもついに到着した。予定より3か月以上遅れたが、それでも運がいい方だとの見方もあるくらい、今のレコードプレスは世界的に大変なことになっている。レコードの音がいいとか悪いとかいろんな聴き方があるとは思うが、これはレコードでしかあり得ないということがあるとしたら、聴くことによって盤が傷つきノイズも出て溝も擦り切れて思うような音が出なくなるということだ。フィルムの場合もそうなのだが、結局作者の思う通りには行かない。盤やフィルムが変化していく時間や偶然もまた「作品」を作り上げる要素であり、いつかノイズだらけ針飛びだらけコマ落ちだらけ変色して、使い物にならなくなる時が来る。その「消滅」への予感が常にそこには張りついているということだ。そんな気持ちを心の隅に置きながら生きていけたら、この世界のシステムはもうちょっとましになるのではないか。一方でそうやって肉体が消滅した先にあるデジタルデータ、というのも妄想している。それが来年以降のVoice Of Ghost作業のひとつということにもなるのだが。

7月8日(木)

気がつくとと言うか気づかないふりをしていただけなのだが、とにかく1年後、2年後に向けてのいろんなプロジェクトの準備が始まっていて、まったく落ち着かなくなってきた。しかもほとんどが自分で予算を作り出し制作して販売して売り上げを立てるというものだから、うっかりしていると金は出ていくばかりである。今準備に入っているプロジェクトですでに予算がついているもの以外を全部自力でやろうとしたら1億5000万くらいは必要。まったく実感がない。儲かる話ではないから投資家の方たちも興味は示さないだろう。どれも面白い話なのだがとこんなところで呟いてみても何も変わらない。

7月9日(金)

ワクチンを接種した。「本日の体調は？」と質問されて「いつものように体調悪いです」と答えたのだがはっきりとした反応をもらえず、まあそういう人は多いですよねというような感じで躊躇せず「ちょっとチクリとしますよ」と言われて本当にチクリとして終了。ただ、あまりな湿気と妙な熱気で本当に具合悪く、寝る頃には頭痛もし始めそのまま寝ようとしたのだがダメで頭痛薬を飲むことにした。ワクチンの副反応対策で頭痛薬は買っておくようにという話を聞いていたので仕入れてあったはずなのだがどこをどう探しても見つからず、仕方なく風邪薬で代用する。左腕もちょっと痛い。まあでもこれくらいだと一般的な副反応くらいか。しかも頭痛は単に調子悪くて頭痛がしてるのか副反応なのかは不明。

そういえば、現在開催中のカンヌ映画祭、いやカンヌは5月だろうと思ったのだがコロナのために開催が遅れていたのかこの年はと記憶は既に霞の彼方なのだがとにかくそのカンヌにも出品されているアピチャッポンの新作『MEMORIA』の撮影中の写真とメモなどを集めたブックレットを買った。写真集ではないのだが、思った以上に豪華で、ページを眺めているだけでも楽しい。こういう本が日本でも出せたらと思うのだが、日本だと800円くらいで500部限定とかになってしまうだろうか。英語をベースにすればもっと安く、もっと無茶もできる。結局そこから考えないと面白い話にはならないなと、今更実感する。

7月10日(土)

若干の頭痛、だるさ、左腕の痛み。まあ、いつもの調子とも言える程度、左腕の痛み以外は本当にワクチンが原因なのかどうかはわからない。わからないものの無理してもしょうがないので、ゆったり過ごす。また、こういう日にしか行けないということで久々の散髪。ひと仕事終えた気分ではある。仕事もしないではなかった。おかげで、来週以降、8月いっぱいのスケジュールがほぼ確定した。だがまだこの仕事だけでは生きてはいけない。

7月11日(日)

調子戻らず。とにかく掃除だけはした。猫たちもほぼ終日寝ていたようだ。

7月12日(月)

エクスネ・ケディのアルバム・ジャケット作成作業。かつての「海賊盤」のような体裁で、というのがこのアルバムの当初から

のコンセプト、つまり完全手作り。何も印刷されていない白地のレコードジャケットを仕入れ、ジャケット用のデザインをリソグラフで印刷して、その紙を白地ジャケットに貼り付ける。CDも手作業だったのだが面積が小さいので、貼り付け作業もｂｏｉｄ事務所で何とかなった。しかしLPの場合はそうはいかない。スプレーのりが舞い散り大変なことになる。それに今回はレコードがメインということで、CDより枚数も多い。

ということで、一般に貸し出している元小学校の作業室を借りた。当日の作業員10名ほど。裏表に巻き付けながら貼るジャケット用の紙に、背の部分の折り目の線を付ける係、それを折り目に沿ってジャケットに巻き付ける係、巻き付けられたジャケットの裏面部分をテープのりで固定する係、表部分にスプレーのりをかけて貼り付ける係、合体したジャケットの汚れを取る係、そしてナンバリングスタンプを捺す係。若者たちの試行錯誤の結果、このような工程と役割分担で、まるで学園祭みたいだとか言いつつしかし効率的に作業は進んだ。１日で半分できるかなと不安ばかりが膨らんでいたのだが、なんとすべて完成。わたしが仕切ってやっていたらこうはいかなかった。

しかし作業室にはエアコンがなく、皆さん汗だく。あとから気が付いたのだが、あれはもう熱中症一歩手前。やばかった。社長

としてはもうちょっとそこに配慮しておかねばならなかったと反省した。掃除が終わって帰る頃にはフラフラだった。

7月13日（火）

歯医者と整骨院。作業疲れで半端なくボーっとしている。『アメリカン・ユートピア』のヒットの流れで『ストップ・メイキング・センス』の上映依頼が相次ぎ、上映素材のやりくりが混乱中。いやたぶんわたしだけが混乱しているのだと思う。なるべくわたしを介さないで事が進んでくれたらと思うばかり。その他各所連絡。電話とメールで1日が終わる。

7月14日（水）

アンプが壊れる。メインで使っていたアンプが6月上旬だったかに壊れて修理に出し、その間、もう10年くらい使っているミニコンポをアンプ代わりに使っていたのだが、突然電源が切れるようになった。4万円くらいのものだからもう寿命と言えば寿命で、修理に出すような状況ではない。自分で直せればいいのだが、ハードのことはまったくわからないので手も足も出ず。案外ちょっとしたことかもしれないのだが。というわけで、メインのアンプが戻ってくるまで、音なし生活が続く。プリンターの調子も悪いし、もともと調子の悪いｉＭａｃのキーボードも文字によって入力ができなくなったし、いつも持ち歩いているメインマシンのＶＡＩＯの挙動不審が日に日に増している。眼鏡を新調した時にこれでしばらく何も買えないと言っていたのを聞いていたのだろうか。

しかしそれ以上に体調もおかしくて、本日は整骨院で腰のサポーターを必ずつけるように命令が下る。装着すると確かに楽にはなるのだが、この暑さでは、家と駅の往復で腰回り汗だく。しかし少しは動けるようになったので事務所に行って、12日の作業の際に出た燃えないゴミや段ボール類など、ゴミ出し作業を。数年前の引っ越し後のことを思い出す。あの時は事務所内がごみ袋だらけだった。とにかく捨てなくてはと、ごみ収集日に大量に出したら、こんなに持っていけないと言われ、置いていかれた。大量の場合は事前に電話連絡しなければならないのだそうだ。今回はそれよりまし。その時確認した事前連絡なしで大丈夫な分量ギリギリだと勝手に判断した。しかし1枚のアルバムを出すのにみんなでめちゃくちゃ働いている。楽しいが儲けにはまったくならない。

7月15日（木）

ごみは無事回収されていた。バイトの細井さんからは、今回みたいなアルバムの作り方は2度とできないですよねと言われる。レコードのプレスのことを考えるだけでも、いくら売れても割に合わないと、誰もが思うと思う。解決するには自社工場しかないのだが。しかもプレスだけではなく、ジャケットも含めた自主製作。これはマジで考えているのだが、誰か5億円くらいくれないだろうか。あるいは5000万円が10人、500万円が100人。考えると楽しいが、まったく現実味はない。

一方『ストップ・メイキング・センス』の混乱は続く。ここにきてさらに公開劇場が増えている。さらに別方面からも予想外の問い合わせがあり、いったいどうなっているのかとも思う。以前一度だけお台場の爆音で『幸せをつかむ歌』の上映をやってまったく入らなかったのだが、今なら『ストップ・メイキング・センス』と一緒にやれば、少しは皆さん来てくれるだろうか。などと妄想は広がるがもちろんそんなにうまくいくはずはない。どうして『ストップ・メイキング・センス』には人が来て『幸せをつかむ歌』はダメなんだみんな死ねばいいと世を呪って終わるのが常。でもあのメリル・ストリープは本当にいいんだけどなあ。ニール・ヤング仕込みの彼女のギターをもう一度爆音で響かせたいという欲望が膨らむばかり。しかもバンドのベースはリック・ローザス（この映画の撮影後亡くなった）。ニール・ヤングのバンドのベーシストでもあった）、キーボードはバーニー・ウォーレル（映画公開後に死去、『ストップ・メイキング・センス』のキーボード）ほか、というメンバーなわけだから、『ストップ・メイキング・センス』と同時上映で悪いわけがない。でも考えてみたら、ジョナサン・デミが監督したニール・ヤングの映画2本はバウスで特別上映しただけでそれ以降は上映の機会はないのだが、今なら上映権が取れる可能性もある（資金さえあれば）。ああダメだ、金がいくらあっても足りない。しかしどうやったら5億円……。

7月16日（金）

原稿のため、某作品を観直す。観るたびに新たな物語が浮かび上がってきて、ああそういうことかとひとりで盛り上がる。盛り上がってしまって、原稿の分量をだいぶオーバーしてしまった。原稿書きとしてはよろしくない事態で、今回はどうにも短くできず、あきらめて依頼の1・5倍ほどの分量で編集者に出してみることにした。こんなことは初めて。自分の中で何かが壊れ始めているのだろうか。

7月17日(土)

大阪へ。本来なら京都に立ち寄りみなみ会館でのハーモニー・コリンの映画とトークを観てからという予定で、みなみ会館にも連絡していたのに体調思い切り悪く、このまま京都に行ったら肝心の大阪での音の調整がやばいと実感。みなみ会館に連絡を入れる。気持ちと身体がバラバラである。新大阪着19時40分くらい。ここで夕飯を食おうと思ったのだがもうどの店も閉店の準備中。ここでバタバタするよりホテルのそばでという判断をしたのだが、もちろん心斎橋だって同じことである。映画館には21時に行かねばならずでも腹が減ったのでコンビニのサンドウィッチはやめてくれと身体が言っている。でもないものはない。しかしいよいよホテル間近というところにとんかつ屋。営業中らしい雰囲気で、迷わず入れば映画館にも間に合うかということで入ったのだが「お弁当のみです」。でもないよりはまし。ホテルでとんかつ弁当、ということにした。しかしもう目もしょぼしょぼでいくつかのメニューのうち、最もシンプルそうなやつを頼んだのだが、食そうとするとご飯の上にとんかつのみ。キャベツがない。写真をちゃんと見ていなかった。肉と飯。確かにシンプルなのだが、20歳若かったらと思うばかり。もはや後戻りはできない。そして食事中に奥歯が縦に真っ二つに割れ、抜けた。わたしの身体はどうなっていくのだろうか。

シネマート心斎橋では『アメリカン・ユートピア』と『ストップ・メイキング・センス』の調整。『アメリカン・ユートピア』はふたつのスクリーンで、『ストップ・メイキング・センス』はスクリーン1のみ。機材のトラブルなどもあり、そして東京での反響の大きさゆえ、とにかく万全の音でということで慎重に時間をかけてチェックをした。だが慎重にすればいいというものではないのはこういう時の常。罠にかかりつつもしかしじわっと道は見えてくる。『アメリカン・ユートピア』のカメラマン、エレン・クラスはジョナサン・デミがニール・ヤングのライヴを映画にした『ハート・オブ・ゴールド』のカメラマンでもあり、『アメリカン〜』の最後から2曲目、アカペラで歌われる「ワン・ファイン・デイ」の鈍い錆色の光に照らされた出演者たちの顔は、『ハート〜』のステージ上の人々をも思わせる。ああ、いつの時代もこんな光が名もなき人々を照らし出し、それぞれのかけがえのない1日とともにあったのだと、そんなことを思った。

7月18日(日)

前夜の作業終了が深夜3時。チェックアウト10時ということで

2時間延長。シネマートの作業が早く終わって早起きできたら、昼は鶴橋でと思っていたのだがそうはこちらの思うようにはいかない。ホテルそばのカフェでブランチ、九条に向かう。新しく会社を作った岩井くんがシネ・ヌーヴォに挨拶に来ていて、ヌーヴォの支配人の山崎さん、ｂｏｉｄの関西支社長田中さんなどと会っているというのでそこに参加。コロナ次第だが、今後は少しこういう機会も増えてくるはずだ。この間、それぞれが温めてきたものが少しずつ芽を出し形になっていつか実を結ぶ。感染には十分注意しつつ、人とのつながりは大切にしたい。

　そして京都へ。イヴェントが終わったばかりの写真家の田村尚子さんと友人の編集者と3人でみなみ会館にほど近いスペインバルにて夕食。ムール貝のワイン蒸しのスープを使った雑炊など。久々にムール貝熱が高まる。バケツに入って出てくるワイン蒸しをガツガツ食いたい。ブリュッセルに行ってバケツに入ったムール貝のランチ、ムール・フリットを食ったのはもう30年前だ。

　みなみ会館では『ＡＫＩＲＡ』『ノーザン・ソウル』『全員切腹』『ストップ・メイキング・センス』。『ＡＫＩＲＡ』のサラウンドがあまりにすごいので驚いた。お台場の時はスクリーンのところに置いたメインのスピーカーが強力なのでそこまで気にならなかったのだが、こうやって小さな会場で音量を上げて聴いてみると、壁からの音がメインのスピーカーくらいの勢いで飛び交う。さすがにこれでは映画を観ていられないということでバランスを調整、整ってくると１９８０年代に夢想された２０１９年に一直線。２年前の時代設定ということになる。80年代から未来を見つめる視線と２０２１年から2年前を振り返る視線と、そして今まさに東京オリンピックが1年遅れで開催されるという現在を生きる視線とが絡まり合う。

　『ノーザン・ソウル』は逆にすべての音が混ざり合い、音楽がメインの映画でありながら、最初と最後以外は画面から独立した既成曲が流れることはない。常に画面の中の音として、さまざまな環境音、人々のざわめきとともに聞こえてくる。まさに、１９７４年のイギリスの空気がそのまま音楽とともにひとつの塊になって届けられるというわけだ。１日中見ていたい。終了、午前2時。

7月19日（月）

　しかし午前10時台だというのに京都は灼熱である。ホテルから駅まで歩くだけで汗だく。マスクのせいで呼吸も苦しい。たまらず朝食兼ねてカフェに入るが、こちらはキンキンに冷えていてしばらくしたら身体中が冷え切った。このままではエアコンに殺される。大げさではなく「これはやばい」と身体が訴えるものだから少し早めに新幹線乗り場へ向かい暖を取った。

名古屋はいつものうなぎではなく、のっぴきならない事情がありしゃぶしゃぶを食った。やはりたまには肉を食わないとね。

その後、こちらが名古屋の本命の用事なのだが、某所で諸々の打ち合わせ&相談。これが思わぬ転がり方をして、ひとつの企画は完全に決まった。

7月20日(火)

さすがにばてている。とにかく歯医者に連絡しなくてはということで本日19時過ぎの予約が取れる。そして整骨院。その後事務所に行くはずが到底無理で、自宅作業に切り替えた。

夜は新文芸坐に。東京では井手くんもいるので何となくバウスの頃を思い出す。『ストップ・メイキング・センス』『ようこそ映画音響の世界へ』『セノーテ』『サスペリア 4Kレストア版』。『ストップ・メイキング・センス』は以前やったデータがあったので安心していたのだが、おそらくデッキが違ったのか、まったく音質が違い、やり直し。こういうことがあるから何も安心できない。予定の倍以上の時間がかかった。『セノーテ』は音の正解がない映画の極みみたいなものなので、映像を観ながらいろんなことを思い描きつつそれらが訴えかけてくる音を拾い上げていく。いずれにしても自分が魚や昆虫や鳥に転生した気分である。いや、魚や昆虫や鳥から人間に転生したと言ったほうがいいかもしれない。井手くんは、坂本慎太郎やGofish のMVを8ミリで撮ったこともあって、8ミリ撮影された地上の映像に関心を示していた。

そういえばGofish のMVの8ミリは、昨年12月のYCAM爆音映画祭の時に、YCAMそばでも撮影していたのだった。あれからもう半年以上が経つ。

7月21日(水)

前夜の作業終了が午前3時。寝るころにはすっかり夜が明けていた。冬ならいいが夏はこの時間からどんどん暑くなってくるのでぐっすりとは眠れない。疲れがたまる。起きた時にはもう汗だくぐったり。ということで予定していた事務所での作業は中止。自宅でできることだけを。

夜は新文芸坐。『マングラー』『トマホーク ガンマンVS食人族』『ツイン・ピークス/ローラ・パーマー 最期の7日間 4Kリストア版』『AKIRA』。『マングラー』のチェックの際にトラブルが起きて時間がかかってしまった。もちろん音はまったく問題なし。ゴージャスかつクール。クラシカルでアヴァンギャルド。何とかして多くの人に観てもらいたいと思いつつ、しかし自分が一番観たい。通常の上映ではなく、これくらいの音で。『トマホーク』はなんと言っても食人族の足音である。音をでかくするとこういうことになるのか。そして雄たけびが会場を震わせる。こういう映画がまだ作られていることに驚くが、世界マーケットを前提にしているからできることなのか。作り続けていくための基礎を共有したい。『ツイン・ピークス』はもう何十年ぶりかで観たのだが、今観たほうが面白く観られるのではないか。この圧倒的な倦怠感と言うか夢がリアルな世界に溶け出して見境がつかなくなった空気感はすべてが行き詰ったその後の世界を生きるための養分のようなものとして、こちらの身体を作り替えてくれる。『AKIRA』はLRのスピーカーとサラウンドからの音があまりに強力で、フィルム版に慣れていた身にとって何度上映しても驚きの連続である。自分の中にある、1980年代に「もう始まっているからね」とささやかれた何かの始まりが、こうやって刺激され続けていく。確か1990年の年末だったかパリの街中にもうすぐ公開される『AKIRA』のポスターが貼られている光景は、今から思うと幻のようにも思えるのだがそのパリでもうすぐ開催されるオリンピックを前に、この新たなデジタル版『AKIRA』が公開されることはあるだろうか。揺れ動く世界情勢の中、映画の『AKIRA』の時間の混乱と渦とが実際に街に溢れ出した時、パリの街はいったいどんな表情を見せるだろう。調整終了は午前3時予定が5時。すっかり夜は明けている。

7月22日（木）

勝手に祝日が移動されていい迷惑である。いずれにしてもくたくたで何もできないからいいのだが、それでも溜まっていた事務作業とかはするわけである。世間は休日かよ、五輪かよ、なんだよ、みたいな感じで憤懣やるかたなし。しかし、このところの五輪関係のボロの出方はあまりに幼稚すぎないか。とにかく一刻も早くオリンピックは国家事業でもなんでもなくなり、ろくでもない大人たちが集まった一私企業の開催する世界的なスポーツ・イヴェント、ということになってほしい。夢とか感動とか自力で十分何とかなるのでまったく必要としておりません。

夜は新文芸坐。『ストップ・メイキング・センス』である。260席くらいの座席がどれくらい埋まるかと思っていたら完売。びっくりした。これも水商売ということなのだが、本当にちょっとしたことで状況が変わる。1年前には考えられなかったことだ。権利は年内いっぱい。新文芸坐では12月31日の上映が決まった。

7月23日（金）

早朝に目覚め、以後眠れず。結局具合悪いまま1日が終わる。ぐったりの中、ようやく修理が終わって戻って来たアンプで80年代のヴァン・モリソン。発売当時は60年代のアルバムばかりを聴いていて新作は何となくピンと来ぬまま、ここにきてようやくフィットするようになってきた。自分の聴きたい音にしか興味を示さなかった自分の若さと傲慢さにしょんぼりする。

Van Morrison『A Sense of Wonder』

7月24日(土)

眠り浅く、起きてからも身動き取れず。フラーのオールナイトでのトークもあるので、とりあえず昼寝もして体調回復に努めるが、まあ、それくらいでどうにかなるものではないし、調子悪い時ほど全然眠れない。単に横になっているだけ。余計に体がだるくなる。なんとか夕方までやり過ごし、早めの夕食、新文芸坐へと向かう。

『ツイン・ピークス』上映前に簡単なあいさつをしてそのまま映画も観たのだが、映画館の外の現実ではうわべだけだとは言えあからさまな健全さを売り物にしている世界的なイヴェントが行われているすぐそばで不健全極まりないこの映画を観ることの健康、ということについて思いを巡らすことになった。90年代、テレビシリーズを含め、この不健全さを笑いながら観て受け入れる「たしなみ」のようなものが多くの人に共有されていた。わたしはそれにどうも馴染めず、テレビシリーズは、映画版が公開されたころもまだ半分くらいしか観ておらず、そりゃあそのままこの映画を観ても全貌がわかるわけないよなと今は思うのだが、いずれにしても今こうやって映画版を観ると、旧シリーズの続きとしてあるというよりも、4年前ほどにやった新シリーズの危なさの予兆として作られたのではないかと言いたくなる。つまり、それぞれのキャラクターの個性で観るのではなく、あの場所そのものが抱えている光と闇をキャラを介さずにダイレクトに受け取る、というような意味で。何かが生まれる前と終った後のぼんやりとした広がりを通してしか見えてこない何かを、前世紀の成れの果てでもあり資本主義の終わりでもある風景とそれをギャグのように見せつけるという意味では世界の最先端でもあるこの東京で再見することの意味。とにかくローラのお父さんとともにこの東京も血まみれになって地の底に沈んでくれたらと思うばかりである。

その後、同じ新文芸坐でサミュエル・フラー・オールナイト。『チャイナ・ゲイト』『ショック集団』『裸のキッス』。女性映画の作り手としてのサミュエル・フラー、という視点でこの3本を観ると面白いのではないか、という話をした。終電ギリギリで帰宅。

疲れている。

7月25日（日）

昼まで寝て、新文芸坐へ。『マングラー』と黒沢・篠崎トーク。『マングラー』は今こうやって大きな音で、映画館の中だけとはいえ大暴れさせてもらって本当に良かったと、自分がマングラーになったかのように喜んだ。それなりの大きさのスクリーンと爆音だと、見え方が全然変わる。みんなオリンピックなんか見ないで『マングラー』だよと世界中に言いふらしたい気分。たかだか人間が身体の限界に挑んで争うだけのオリンピックに比べ、こちらは鉄と油のにおいがプンプンする巨大洗濯物プレス機が人を食い、最後には立ち上がって大暴れですよ。感動も夢も血まみれです。あり得ない。今後、こんな映画が果たして作られる余地は残されているのだろうか。トークでは、途中で登場する、冷蔵庫の話で盛り上がる。

帰宅後は、疲れすぎていて眠れない。

7月26日（月）

人生最大の疲労感。どうしていいのかもわからない。目いっぱいの重力を感じつつ、無重力歩行をしているような、そんな感じ。わたしがどんなに疲れているか、それがどういうことか、昨日の『マングラー』以上に世界中に伝えたい気分である。もちろんそんな気力はない。事務所ではエクスネ・ケディのレコードのパッケージ作業をやっていたのだが、こちらは地味に自分の作業をやるだけでめいっぱい。あとはよく憶えていない。

7月27日（火）

この10年間で初めて、ということになるだろうか、9時間爆睡。整骨院の予約時間もとっくに過ぎている。歳とってからは長時間睡眠ができなくなり、それもあって日々ぼんやりしながら過ごしてきたのだが、今回はいったいどれだけ疲れていたのか。まあでも、9時間爆睡したからと言ってすべて快調というわけではない。ようやく普段の調子悪い状態に回復というくらいか。事務所に行って作業するはずが、あきらめて自宅作業。各所連絡で終了。

7月28日（水）

「普段の調子悪い状態」というのを説明するのはなかなか難しいのだが、さらにそれより悪い状態で、やるべきことは地味に片づけはしたがそれだけでめいっぱい。ほぼ記憶なし。と思ってメールなどをたどってみたら、事務所で作業をしていた。エクスネのアルバムの発送とパッケージの続きだった。そして宮崎くんもやってきて、来るべき映画の企画の話をしたのだった。この映画の話だけではなく、ｂｏｉｄのまわりは面白い企画とそれを実現できる人材に溢れているのだが、資金だけがない。もどかしすぎる。

7月29日（木）

吉祥寺パルコへ。8階にあるスペースを使って何かできないかという話。ミーティングの相手から40分ほど遅れるという連絡が来たのを幸いに、即行でピワンへ。しかし案の定通りを1本間違えて、この暑さなので当然汗だくで辿り着くことになる。そしてその暑さの中で食うピワンのカレーは格別。スープが心地よく胃に流れ込んでいく。一瞬の幸せ。石田くんからピワンのカレー粉とショウガ漬けをもらった。

そしてパルコへ。話を聞くとああ、それならこんなことができるあんなことができるし、人材もいる、ということにはなるのだが、果たしてそれで人が集まるのか、儲かるのか。そこがよくわからない。ピンと来ていない部分もある。これはわたしひとりでは無理だ、ということでアシスタント募集の連絡もしてみた。

その後、先日眼鏡を作った井の頭公園そばの店舗へ。この季節の公園側はもう完全に避暑地の風景である。もちろん暑さは変わるわけではない。先日の眼鏡を1か月ほど使ってみた結果いくつか修正してほしいところができたので、その報告に行ったのである。突然だったので本日は検査はできず、次週、再検査をして再調整して精度を上げる。帰宅後は各所連絡事項で深夜。

7月30日（金）

2回目のワクチン接種ということで落ち着かない。雨は降っていないが雷が近くで鳴っている。接種後に調子崩してもいいように、今できる連絡事項などを各所に。そして予約時間。雨も降り始めボチボチと接種会場に行ったのだが、なんと入り口を閉じて片付けの作業を始めている。まさかまたもや日付を勘違いしたのかと思い、係の人間に問い合わせると、接種終了時間を開始時間と勘違いしていたということが判明。はい、申し訳ありません、でも2回目なので今日打たねばということで中に入れてもらった。カレンダーアプリを確認すると、開始時間はちゃんと書いてあるので、単にわたしが思い込んでしまっただけでそういえばカレンダーアプリをまともに見てはいないな、書き込んだだけで安心して終了だなと反省。接種はあっけなく終了。腕を触られたと思ったら終わっていた。実感はない。帰宅後も体調に変化なし。いつも調子悪いと何がワクチンの副反応なのかはまったくわからない。

それなら、ということでルーニー・マーラ祭の続きで『セインツ―約束の果て―』を。始まってすぐ、あれ、これはつい最近観たと気づくが、いつ観たのかまったく記憶にない。しかも、アマプラには吹き替え版しか載ってなくて、字幕版は配信停止中でわざわざ中古のDVDを買ったのだから、到着した時に観た、ということになる。ならば日記に何か書いてあるのかと思うがそれもまったく思い出せない。しかも、DVDを買ったことさえ忘れていて、買ったものの観ていないDVDの山を見ていたら『セインツ』があったので、おお、いつ買ったのだろうと思って観始めたという次第だからもう訳がわからない。いや、もしかしたらルーニー・マーラではなくデヴィッド・ロウリーで観逃がしていた映画を観ようと思って買ったのか、でもなぜ、買ったのにまだ観ていないDVDの山に置かれていたのか。ということは、最初だけ観て、あとでゆっくりと思いつつその山の中に置いたのかと思ったのだが、いつものように部分部分しか憶えていないものの、記憶にあるシーンが終わりの方にもあるからそんなことはない。これ以上この謎に深入りはしない。

『セインツ』は『マングラー』もそうなのだが、時代がいつなのか、たぶん想定されている時代はあるものの観れば観るほどいつだかわからない場所に連れて行かれてしまう映画だった。あのぼんやりとしたオレンジ色の光がそう思わせるのだろうか。カメラマンは後に『メッセージ』や『ハン・ソロ／スター・ウォーズ・ストーリー』を撮ることになるブラッドフォード・ヤングである。ルーニー・マーラの肌の質感、ディテールの見せ方がお見事というほかない。しかしそうなると、やはりわたしはルーニー・マーラでこのDVDを買ったわけではない。だがそうだとしても、これを観てまだルーニー・マーラを認識していなかったとはと、自分の認識力のなさに愕然とするばかり。とにかく、ここでの彼女は、男たちの被害者ではなく、男たちとの関係の中で自分の道を傷つきながら涙と悲しみとともに築いていく、細いけれども足取りの確かな人としてある。細さと強さが同居して悲しみの中に決意が見える。かつての西部劇やギャング映画には見られなかった小さな光のようなものが、オレンジ色の鈍い光の中で輝いている。ケリー・ライカートの映画のミシェル・ウィリアムズとはまた少し違った映画の希望が見える。

7月31日（土）

昼に起きてボーっとしていた。新文芸坐の boidsound 映画祭で上映した『ツイン・ピークス／ローラ・パーマー最期の7日間』が公開時に観た時より俄然面白く、その流れでクリス・アイザックのレコードを久々に聴いた。そうなると止まらず、ロバート・ゴードン、リンク・レイと続けているうちに1日が終わる。結局副反応らしきものは特になかった。健康な人ほど、あるいは若い人ほど反応があるという説を信じるとすると逆にちょっと不安にもなるのだが。

夜はやはり新文芸坐の『マングラー』トークの時に話題になったトビー・フーパーの遺作『悪魔の起源―ジン―』。ドバイが舞台ということなのだが、風景として砂漠の中のビル群が映るもののあとは濃霧の中である。世界全体が霧に包まれている中での物語ということになる。場所を示すシンボリックなもの以外、登場人物たちがそこで暮らしているのだというディテールはまったく見えない。いったい自分は何を観ているのだろうか？　確かにこれは映画なんだが、なぜか主人公もそれを観るわれわれも非常に純度の高い霊的なものといきなりコンタクトしてしまう感じ。そんな映画としての距離感とは別種の危うい距離感も映画の裂け目から顔を出し、途方に暮れるばかりである。リアル、というのとも違う。しかも霊体の動きがビデオノイズのようなものとして示される箇所があって、いやそれは霊体を示す表現としてはありふれたものなのかもしれないのだが、霊的とはまったく違う電気的なその震えの肌触りが忘れられないものとしていつまでも身体をざわつかせるのである。これはいったい何なのか。春の京都みなみ会館のboidsound映画祭の『悪魔のいけにえ』の上映の際に原因不明のトラブルで大ノイズが発生した時に味わった空気の震えを思い出させたからなのだろうか。いずれにしても今後わたしにとってトビー・フーパーは、電気信号の中に存在する人となって時々このような形でわたしの前に訪れるのかもしれない。がんの手術後の意識の混濁の中で見た夢の中にもそんな危うい何かがいたような気がする。そういえば『スポンティニアス・コンバッション／人体自然発火』のクライマックスでも、主人公の怒りが電線を伝わって世界中に伝播していくのではなかったか。

8月1日(日)

昼はつらくて何もできなかった。夜は『ブラック・ウィドウ』を、お試しということでディズニープラスで観た。アカウントの取得と支払いの手続きがめちゃくちゃ面倒であきれた。あとから面倒なことになるより、最初の時点でさっさとふるい落として残ることのできた人たちだけで商売、というやり方にしか思えなかった。マーベルもフォックスも買収して、日本公開されるハリウッドメジャー作品の半分くらいを占めるようになったディズニー様のやり方は、真夏の日本で国家の金を使ってオリンピックを開催させようというIOCのやり方と変わらない。フランスの酪農家の方たちが政府の方針に腹を立てて、家畜の糞をマクロンの家にかけたという記事を読んだが、日本でもこんなことできないかと妄想が広がる。いずれにしても、昼間はぐったりしていたくせに夜は大暴れ寸前である。

しかしまさかこんな形で「スメルズ・ライク・ティーン・スピリット」を聴くことになるとは。「ハロー、ハロー」というあのフレーズが、30年経った今も確実に耳元で鳴っていることに気づかされた、ということか。一方少女時代のブラック・ウィドウの妹が車の中で歌うのがドン・マクリーンの「アメリカン・パイ」で、ああ中学時代のわたしもよく歌ったと思い出していたのだが、映画はそれから20数年後。そしてその歌詞の中の「The day that I die」というフレーズのあたりが印象的に使われていて、この映画の不吉な物語を予感させる。しかし、この歌詞はそのちょっと前にある「The day the music died」に呼応していて、音楽の死と自分の死が並べられることによって成り立っている歌詞なので、その片方だけが切り取られて歌われたら、単に言葉の意味だけが音楽を超えて独り歩きするばかりである。この映画を観る限り、彼女とブラック・ウィドウはそういった、あらかじめ方向性を与えられた意味を生み出すシステム、あるいはシステムが生み出す意味に対して戦っているようにしか思えないのだが。このブラック・ウィドウの可能性を別のやり方ではっきりと見せることはできなかったのか。

8月2日（月）

エクスネ・ケディのチラシが届いた。ライヴもなかなかできず、例えば映画館でもチラシの手渡しは行っていないという時節柄、果たしてどれだけの効果があるのかよくわからないのだが、このチラシ自体がいったい何なのかわからないただの怪文書。なかなかいいものが出来上がったとニヤニヤした。そしてようやくついに申請していた助成金が決まったという知らせ。当初の結果告知予定より1か月以上遅れてイライラもてっぺん超えてあきらめに入っていたのであった。新企画の準備が忙しくなる。

8月3日（火）

1か月ほど前に作った眼鏡の再調整のために吉祥寺の眼鏡店に。たぶんこの再調整で世界はよりはっきり見えてくるようになる。お祝いも兼ねて久々にレコードを買った。アスワドのダブが爆音でかけると空間を揺らし、「世界がはっきり見えたところでどうすんだよ」と問いかけてくる。

Aswad『A New Chapter of Dub』

8月4日（水）

渋谷の予定が吉祥寺にてミーティング。2日続けて吉祥寺なのに、火曜日と水曜日はピワンの定休日である。ミーティングでは、秋の新しい企画について。内容は面白いのだが、これでいったいどうやって稼ぐのか？　それが見えない。こういうことは、わたしの個人活動でやるとしたらギリギリ何とかやれるのだが、今回はそういうことではない。誰かを巻き込みゲストの力を借りておかしな方向に行けたらしめたものという企画だから、予定通りにはならないし時間も金もかかる。簡単には行かない。

夜は『サマー・オブ・ソウル（あるいは、革命がテレビ放映されなかった時）』オンライン試写。ライヴ収録されたものの半世紀間そのままになっていたフッテージをひとつの作品としてまとめたものなのだが、ある日のライヴをひとつの時間軸で見せていくというわかりやすい構成ではない。と言うか1週おきに6回、ハーレムの公園で行われたライヴをまとめたものなので、順番通りやっていたら大変なことになる。そのライヴがどんな意味を持っていたか、何のために行われたか、それによって世界はどんな風に変わったか、あるいは変わらなかったか。あくまでも現在の視点から時間を行ったり来たりしつつ、そのライヴに関わった人たちの思いや願いや生き方とともに音楽を聴き、時間を再構成する。監督はザ・ルーツのクエストラブだった。音のつなぎが絶妙なはずだ。もうそれだけでご機嫌になってしまうのだが、場所と時間を飛び越えつなぐ仕掛けが素晴らしすぎる。50年ほど前の自分のパフォーマンスを観ながら語る現在まで生き延びたミュージシャンたちの表情や声が、われわれにもうひとつ別の視線を与える。個人的にはフィフス・ディメンションのふたりの現在の表情にウルっときた。

しかし、このフェスが行われていた時に達成された月面着陸との対比のシーンは、今東京で観るとまさに今ここでの出来事のように思える。このために50年間この作品は放置されてきたのではないか。観客が言う。「月面着陸に使う金をハーレムの貧困を救うために使ってくれ」。こちらは東京五輪真っ最中である。このライヴには6回で約30万人の人が集まったという。すべて無料。スポンサー集めをはじめ恐るべき行動力である。

　ああそしてスライ&ファミリー・ストーンの最後の演奏「ハイヤー」の冒頭。スライがマイクを口元に近づけすぎて、完全に音が割れている。もうプロとしては完全NGな演奏なのだが、まさにそれこそスライ。その他の演奏も完全に制御不能な力を画面全体から出していた。通常の映画ならこのシーンは入れず、あるいは最後にはせず、ニーナ・シモンで美しく終えてひとつのイヴェントに区切りをつけるのだろうが、この映画はそうしなかった。音の割れた「ハイヤー」が映画の終わりを閉じることなく、どこでもない場所ではなくどこかわからない場所への道のりを示す。それでいいのだとスライが歌う。ユートピア的な終わりにひび割れを入れて、さらに上へとわれわれを誘い出すわけだ。最高である。

　しかしいったい、どうやったらこんなライヴができたのか。東京なら、代々木公園をじわじわとでたらめな場所にしていくことができたら可能なのか。そういえば『PARKS』の公開時に井の頭公園で劇団のロロによる公演を行ったのだが、その中で春先に集めた桜の花びらをばら撒く場面があって、その時公園の管理責任者がブチ切れて「とにかくあの花びらをひとひらも残さず片付けろ」と怒鳴られたことを思い出した。たぶん、今のニューヨークでもあんなことはできないだろう。どうしてこうなってしまったのか。生き残ったミュージシャンたちが50年前の自分たちを見るのとはまた少し違った目で、われわれはこの映画を観ることになる。

8月5日（木）

　事務所作業の後、厚木に向かい、あつぎのえいがかんk・i・kiでの爆音上映の準備。『アメリカン・ユートピア』『ストップ・メイキング・センス』『アメイジング・グレイス／アレサ・フランクリン』『ビーチ・バム』の4本。この映画館は映像機器システム社というまさにそのまんま映像機器を扱う会社の運営する映画館で、スピーカーがほかの映画館とはまったく違う。21インチのバカでかいウーファーがスクリーン脇にドーンとあって、パワーがすごい。機材持ち込みなしでフル爆音ができるシステムである。逆に、その分だけ、扱いが難しい。ボリュームを上げると、低音がもう半端なく暴れ出す。以前『大和（カリフォルニア）』『TOURISM』をやった時もそうだったのだが、とにかくこの低音を落ち着かせるのに思い切ってガツンの低音を切らないとどうしようもないということがわかるまで時間がかかる。何度もやるようになったら、もはやこの低音ベタ抑えをデフォルトにしてもらってからの調整をすればいいわけだ。とにかく全体のバランスが整ってくるといい音がする。しかし『ビーチ・バム』の音のバランスはとんでもなかった。頭狂った人が音を付けているとしか思えない。それゆえにこれが正解なのかどうかもわからない。ＹＣＡＭでも爆音上映するので、その時はさらに違ったことになるのではないか。映画の音自体が酔っ払っている。終了午前1時30分。

8月6日（金）

ホテルが10時チェックアウトだったため、延長してゆっくり寝るという選択肢もあったのだが何となく早くから動くのもいいかなと思い、8時過ぎに起きる。無理やり起きたので、やはり延長してゆっくり寝ていればよかったと思うばかり。ボーっとしながら事務所で発送作業など、でも相当頑張った。夜は今夜こそ早く寝ようと思っていたのに失敗し、ほぼ寝られないまま朝を迎える。

8月7日（土）

仕方ないので朝飯を食い、ようやく眠くなってきたので床に就いたのが8時前。気が付くと13時30分。台無しではあるのだが、眠れただけましと思うしかない。井手くんから連絡あり、エクスネのアルバムを送った町田康さんがツイートしてくれたと。お見事なツイート。おかげで注文が断続的にやってくる。ありがたい。しかし金曜日の発送作業の際にわたしがあれこれミスをした報告が寄せられしょんぼりもする。こうしたことを人に任せられるくらいｂｏｉｄの運営が楽になるまではもうちょっとと言い続けていったい何年が経つのか。いやでも本当にもうちょっとなのだが。とかなんとか言ってるうちに眠くなり、夕方の昼寝。夕食後も眠くて何もできず、しかしちゃんと寝てみたら1時間で目が覚めてグダグダしているうちに夜が明け、朝食。

8月8日（日）

12時30分に目覚め。土曜日よりましかなと思っていたのだが、昼食後再び眠くなり、何をすることなくソファで寝てしまった。夕食の時についていたテレビでオリンピックの総集編みたいなことをやっていていらいらしながら見ていたせいか胃が重くなりまた寝てしまった。勇気も感動も希望も五輪のお礼に開催権を日本にくれるという世界陸上も血まみれにする映画を観たくてロブ・ゾンビの『スリー・フロム・ヘル』。しかしこちらのいら立ちのほうが強くて、スージー・クアトロ「ワイルド・ワン」が流れた時だけは盛り上がったものの、残念ながらあとは釈然とせず。腹立ちまぎれに映画でうっぷん晴らそうとか思ったらいけないね。その意味では正しい映画であった。しかしテリー・リードがこんな形で使われるとは。

8月9日(月)

調子悪い。全然だめ。ぐったりしながら事務所で発送作業。

8月10日(火)

延々と発送作業。ネットでの先行発売の最終日ということもあって、日付が変わるまで次々に予約が入る。ありがたい。その分発送作業は大変になる。想定を大幅に超えている。でもありがたい。

8月11日(水)

更に大発送作業。終わらず。終了23時過ぎ。

8月12日(木)

なんと、いつも使っている宅配業者が本日から夏休み。あ、お盆だ、ということにようやく気付く。したがって、発送は郵便局から。とにかくレコードの発送は料金が高くて、いやどうして送料無料にしたんだろうと、来月の宅配便請求額が頭の中を駆け巡る。でもとにかく車で郵便局に持ち込み2回。

8月13日(金)

発送作業の中で全然できなかった事務作業延々。その後、某企画の打ち合わせ。気が付くと夜。やるべきことがまだ全然できない。5分の1くらいか。睡眠さえ何とかなればもうちょっと作業は進むのだが。夜は、再度『サマー・オブ・ソウル』を観て興奮してまた眠れなくなる。

8月14日(土)

6時過ぎにようやく寝る。12時前に起こされ、慌てて取材の準備をして14時から『ナマー・オブ・ソウル』の取材を受ける。同じ年に行われたウッドストックと対比しながら語るというやつで、はじめはぼんやりしていたのだが、比べながら話していくうちにいろんなことが見えてくる。

その後、再調整の終わった眼鏡のレンズの装着のため吉祥寺へ。いったん眼鏡を預け、眼鏡が出来上がるまでの時間に高円寺に戻りロスアプソンへエクスネ・ケディのアルバムを納品。山辺くんは相変わらず。そして吉祥寺に戻り、HMVに寄って74年発売のアルバムを買った。これまで73年発売のアルバムを意識して集めていたのだが、今後は74年になる。まさかアナログばか一代で73年特集や74年特集をやるとは思ってもいない長閑な夏の日であった。わたしの中のエクスネ・ケディが数年前から73年74年と騒ぎ立てていたのだ。

Barbara Mason『Transition』

8月15日(日)

結局またもや寝たのが朝。6時は過ぎていた。11時過ぎに目覚め。思わぬ連絡が入って盛り上がる。でもとにかく身体がグダグダ。昼寝もしてしまう。足からきのこが生える夢を見た。見つめていたら縮んで足の中に納まっていった。目覚めても具合悪く、このままではだめだと部屋の掃除をした。各所連絡の際にツイッターを見ていたらデヴィッド・クロズビー（ピーター・バラカンさん曰く「ズ」なのだそうだ）が昨日80歳の誕生日、ということを知る。曲作り、録音、続行中とのこと。なんだろう、他の人ならスルーしたはずなのに、なんか一緒にお祝いをしたくなる。アナログばか一代でのデヴィッド・クロズビー特集は今も忘れがたい思い出である。その時「これは買っておかねば」と思ったアルバムをいまだに買いそびれているのは、いつか思いもしない再会をするその喜びを夢見ているからだろうか。

8月16日(月)

どうもまったくさっぱりしないのはちゃんと休めていないからだということなのだが、飲食店のような店舗、場所を持っていないわれわれのような会社にはまともな補償はないので、あれやこれやしないとやっていけないのである。しかもこの状況だともうかつてのようにイヴェントをやるのは無理だから、新たな仕事とその準備をしつつ生き延びていくしかないわけだ。というわけで今後に向けての準備のための準備を始めている。軌道に乗るまで生き延びていけるだろうか。

本日は朝から目の調子が悪いし耳も完全にメニエール復活気配。

8月17日(火)

夜の涼しさのおかげでようやくぐっすり眠れた。とはいえ朝からの打ち合わせで焦る。遅刻しないでよかった。アマゾンからはエクスネのアルバムの注文が大量にやってきて、こちらも焦る。ただ、ここでアマゾンの口車に乗るとあとから大量の返品がやってくるので、注文の半分を送ることにする。それでも大量で在庫切れ。急遽井手くんを呼びだして、LP、CDともに追加のパッケージ作業を。年内にこれくらい売れたらいいな、と思っていた分はこれですべてなくなったということになる。

その後、さらに今後の企画について各所連絡。どれもまだ公式にはまったく発表していないものばかりなのだが、それぞれめちゃくちゃ盛り上がってはいる。経産省の助成金の申請をお願いしているチームからは、わたしがあまりにつらいつらいとこぼすので、「これは戦争だと思ってください」と返される。グダグダ言わずに働け、と怒られた。帰宅前、エクスネ関係でさらなる朗報が入る。

8月18日（水）

午後から某映画館関係者たちと打ち合わせ。boidsound 上映を今後どう発展させるか。楽しみは増えるが、そのためにやらねばならないことも増えるわけで体力気力と相談することになる。突き詰めるとそれは財力の問題にもなり、boidsound 上映をどうやって営利ベースの仕事に近づけていくか、という話でもあった。やり方次第では大きな可能性を秘めているのだが、さまざまな人の協力も必要になる。もちろんそのベースにあるのは、たまたま入った映画館の音が気持ち良くてまたここに来ようと思った、という経験を多くの人に積み重ねていってもらいたい、ということである。ただそれだけ。

8月19日（木）

オンラインでの打ち合わせふたつ。合計6時間ちょっととなった。長ければいいというものではないが、時にはこれくらいがっつりやらなければならないこともある。長時間人と話すといつも使っていない脳細胞が活性化して元気になると同時に妙な興奮状態に入って全然眠れなくなる。疲れているのに眠れない。睡眠不足はどこまでも続く。

8月20日（金）

月曜日からのＹＣＡＭ爆音に備えてＰＣＲ検査を受ける。初めての体験。あれこれ迷った挙句木下グループのやっている検査機関のものにしたのだが、会場に行ったら若い人だらけでちょっとビビった。わが家から一番近い歌舞伎町の会場を選んだのが間違いだったかと、その光景を見て気づく。わたしのように、出張があるので念のためというのではない、もしかしてと本気で感染を疑っている人のほうが多いのではないか。検査会場で感染、とかシャレにならないとつい思ってしまったのだが、初めてだと思わなくてもいいことも思ってしまう。結構人が多く狭い検査会場がちょっとしたカオスな感じにもなっていて、検査の説明を受けていると、検査待ちの人が並ぶ歩道のほうから、「おい、ちゃんと並ばせろよ、邪魔なんだよ」と声がかかる。怖いおじさんの声。ああ、歌舞伎町だなと思う。

その後、事務所にて秋からの新企画の打ち合わせ。これはこれだけの企画ではなく、その後の壮大な企画（ｂｏｉｄにとっては）の一部として始めるということになったので、構成や内容も詳細に詰めていかねばならない。考えてみればこれまで、一般社会なら当たり前のようにやっているはずのこういう作業をほとんどやらぬまま来てしまった。20年前にこういう作業をしっかりやっていたらもうちょっと運営も楽だっただろうにと思う。それをしなかったから今のｂｏｉｄがあると、いい意味で言えることも確かにあるがだがやはりこれは大切なことだと今は思っている。たぶんそれは、自分がいなくても何かが動くかどうか、ということに関わっている。システムを作るということとも微妙に違う。自分が思っているぼんやりとしたこと幽かなことをとりあえず明快な言葉にして筋道を見せ人々と共有し、そこに他人の力を挿入することで何かを動かしていく。自分が動く、自分が動かすのではなく、他人が動く他人が動かすための緩やかだが強い道筋を作るということになるのか。

8月21日（土）

月曜日から8日間留守にするため、その間にやるべきことをやっておかねばならない。まともに眠れない。

8月22日（日）

目覚めと同時にめまい。吐き気。どうにもならずとにかく特効薬のめまい止めを飲む。あとは寝るだけ。終日寝たきり。

8月23日（月）

日曜日の時点では、ＹＣＡＭは無理だと思っていたが、ギリギリ回復。羽田で井手くんと落ち合い山口へ。めまい止めがまだ効いているのか終日眠い。ＹＣＡＭ着15時過ぎ。すでにセッティングはできている。今年はサラウンドのスピーカーをさらに強力なものに替えたので、いったいどんなことになっているのか、『スパイの妻』の空襲シーンで確認をした。ちょっと呆れるような空間が出来上がっている。さすがにこれではやりすぎかと思えるくらい。とにかく普通に出したらこうなるということを実感できた。考えてみたら、強力なスピーカーでしっかり音を出すとこれだけの音が入っていていてしかもしっかりと空間が出来上がるようにバランスよく作られているにもかかわらず、通常の上映ではそれらは単なる背景の音になる。もちろん爆音上映でもサラウンドが目立つようなことはあってはならないので、やはり背景であることには変わりない。いずれにしても音響スタッフが全力で作り込んだ音を、聞こえるか聞こえないかのレベルのかすかさで上映して初めて成り立つわけだから、映画は贅沢と言うか燃費が悪いと言うか、そこに注ぎ込まれたエネルギーを想像すると呆然とする。

それはそれ、さっそく『パーム・スプリングス』。今回の機材セッティングのバランスを見る意味もあり、セリフと音楽が流れるシーンをあれこれチェック。次第にバランスが取れてくると、使われている既成曲がまさにこの映画のために作られたんじゃないかと思えるような、奇妙な酩酊感を出し始める。ボリュームは少し抑えめで余裕を持たせた感じ。ゆったりと観ているうちに次第にこの微妙な揺れと反復の中で身体の輪郭が溶け始めるような、時間と空間を失った浮遊感の中に浸っていくと最後の野生の噴出に目を瞠る、みたいな感じになったかと。ミニマルなくすくす笑いが重なっていきなりの大喝采、と言ったらいいか。

8月24日(火)〜26日(木)

夜は温泉に入り、少し良く寝た。

忙しくしていると、どんどん記憶をなくす。何をどんな順番で音の調整をしたのかもうまったく記憶にないので、3日間のまとめを。

『スパイの妻』はイマジカの試写で観た時と映画館で観た時との音の違いに愕然とした。それゆえ今回のセレクションとなったのだが、とにかく左右のスピーカーとサラウンドから聞こえてくる戦争に向けて加速する誰にも止められない時代の流れ、世界の空気をまず感じてもらえたらという調整。そして登場人物たちの声。始まってしまった何かに対して小さな個人はどのような姿勢でどのようにそれに対応するのか。それがそれぞれの声によって伝えられる。その対比を。

『鵞鳥湖の夜』はやはり主人公たちを取り巻く世界の音に驚かされた。やはりそれらに対して彼らは何もできない。できない中でどうするか。空間はどこまでも広がりしかしその広がりの中に閉じ込められている彼らは、そこからどうやって抜け出すのか。それぞれの生きる姿勢の違いの中で見えてくる聞こえてくる、その向こうの風景が何とも気持ちよかった。

『デニス・ホー ビカミング・ザ・ソング』はとにかく彼女の声。歌声と話声。デニス・ホーのことはまったく知らなかったのだが、とにかくこの声の力に圧倒された。中国の抑圧に対しての抵抗のシンボルとして、こんな声がある香港はまだまだいける。そう思わされる小さいが強力な彼女の声を堪能した。つまり、その周囲から聞こえてくるデモ参加者やライヴの観客たちの、さらに小さな声の集合としての彼女の声、ということなのだが。彼女はあのデモに参加することで、今の声を獲得したのだと思う。

『ストーリー・オブ・マイライフ／わたしの若草物語』は今回の映画祭の中での一番の賭けだった。あのしずかな映画を爆音にしてどうなるのか？　ほとんどの人が想像できない映画だと思う。でも敢えてやる。進行形の現在の中にさまざまな過去が紛れ込んで、結果的に大きな時間の広がりが出来上がりそれがそのまま進行形の現在を形作っていく、そのベースに音がある。その核心だけで今回のラインナップに加えたのだが、大正解。いやあ、目くるめく時間が流れ、まだまだ自分もどこにでも行ける気がしてきた。

『ウルフウォーカー』は井手くんの調整。わたしはそれを見ながらスクリーンの中のキャラクターたちの動きとさまざまなところから聞こえてくる音の動きのアンサンブルを堪能していた。アニメはこういう絵と音との連動の仕方が自由で素晴らしいと思った。

『JUNK HEAD』は映画館で観た時と音がまったく違った。これはいったいどういうことかと思うくらい。映画館ではいかにも宅録っぽいレンジの狭い音が聞こえてきて、それはそれで味があって面白く観たのだが、ＹＣＡＭではその狭いレンジがスーッと広がって、同時に視界も広がる。ただその分、音の印象が硬い、痛い部分が出てきたのでそこを注意しつつ、しかし、ＤＡＦぽいビートのノリを最大限に活かした。

『バッファロー'66』はモノラル音源。90年代末にモノで映画を作るというのは確実に確信犯なわけなのだが、途中、ヴィンセント・ギャロの父役のベン・ギャザラが「ネルソン・リドルがフランク・シナトラのために作ったがシナトラに拒否された曲」という解説をして歌う曲のあたりで、その狙いが明確になる。ノイズ入りのモノラルサウンドカラオケ。それも含め贅沢な映画であった。

『ビーチ・バム まじめに不真面目』はもう画面に映っているも

の映っていないものがあらゆるスピーカーから音を出すと言ったらいいか、音の集積と拡散のリズムで映画が進行する。ムーンドッグという酩酊する身体の中に、それらが入ったり出たりしながら世界の物語と人類の歴史を語る、とも言いたくなる。したがって逆に、センターからの音がどれだけしっかり聞こえるかに注意して調整した。

『アメイジング・グレイス／アレサ・フランクリン』は、あつぎのえいがかんkikiで聴いた時と全然違う。あつぎでは低音の暴走に苦労して、音のバランスがとれるまでにだいぶ時間がかかってしまったのだが、YCAMでは全然そんなことはない。いろんな場所で爆音上映、boidsound上映をやっていると、こういうことがよくある。セッティングの違い、会場の機材の違い、会場自体の違いが影響するのだろう。アレサの声が自分のすぐそばで聞こえるようになったのだが、少しうるさくなりすぎた。最後で音量を下げてバランスを取った。今回はサラウンドのスピーカーをさらに強力なものにしたので、全体の音のバランスや音量感が難しい。なかなか身体になじまない。

『アメリカン・ユートピア』は井手くんにお任せした。もう何度もやっているので、まったく問題なし。最後、ちょっとだけバランスを変えた。会場全体が歌い出す。この感じこそ正統的かつ反転された「ユートピア」の響き合いと言えるのではないかとも思えた。

『ストップ・メイキング・センス』も井手くんにお任せしたのだが、相当苦労したとのことで、一緒に最終確認。爆音やboid-sound上映の場合は基本的に5・1チャンネルでやっているのだが、やはりサラウンドが強くてヴォーカルが出てこない。話し合って、最初の劇場公開当時の2チャンネル音源での上映に決める。左右のスピーカーとセンタースピーカーからのみ音を出すシンプルなもの。ようやく本来の音になる。これでまったく問題なし、と言うかこれがいい。最終的にはひとつのスピーカーから出る音だけですべてを出せたら。YCAMはこの数年、スピーカーを増やし続けてきたのだが、今後はたったひとつのスピーカーに向けての道を歩んでいきたい。映画の音声の作り上、それは無理なのではあるが。気持ちの問題。

『Reframe THEATER EXPERIENCE with you』も何度もやり直した。今回は音楽ものが大苦戦。サラウンドスピーカーが変わるだけでこんなことになるとは。とはいえ最終的にはベストなバランスへ。ど真ん中の位置で聴くと、音の中にいる感覚。これまでの爆音上映では苦労した最後のMCパートもまったく問題なし。

8月27日(金)

朝YCAMに入った時は通常通りだったのだが、本番開始直前に「明日からYCAM休館」という連絡が入る。木曜日から山口市内の図書館がすべて休館になり、YCAM内でも図書館は休館、爆音映画祭は開催というちょっとバランスが悪いことになっていたので心配はしていたのだが。

というわけで1日だけの本番。ああそれにしても『ストーリー・オブ・マイライフ／わたしの若草物語』は素晴らしかった。そして『スパイの妻』から始まり『鵞鳥湖の夜』『デニス・ホー ビカミング・ザ・ソング』『ストーリー・オブ・マイライフ』へと連なる4本に共通する大きな流れ。この1日で映画祭が終わってしまっても、始まってしまったこの流れは誰にも止められない。太く強く世界に向けて流れ出していく。そんなことを思わせる、映画の中の女性たちの歩みに強く心を動かされた。このために今年のYCAM爆音はあったとさえ言いたくもなった。

8月28日(土)

来年のためにいくつかの試写を行い音の確認をして、あとは残務処理片付け。その間わたしは、某プロジェクトの助成金申請のための聴き取り作業を。無茶なプロジェクトなのでどうなるかまったくわからないのだが、少しずつ少しずつ現実的になっていく。

8月29日(日)

予定より1日早く帰宅。さすがに疲れている。

8月30日(月)

たぶん役立たずで寝ていた。

8月31日(火)

歯医者に行ったという記録がある。思わぬ出来事と思わぬ涼しさで8月が終わった。

9月1日(水)、2日(木)

まったく記憶なし。猫の写真だけが残っている。体調は最悪。

9月3日（金）

13時から助成金ミーティングという予定が入っている。久々に買った「亀戸升本」の弁当の写真が残っているから、午前中に小田急の地下で弁当を買い、事務所に行って13時から某助成金のためのミーティングをズームで行った、ということになる。この経産省の助成金の申請が文化庁の10倍くらい大変で、もちろん私は手も足も出ない。言われたことを調べたり確認したりするだけ。あとはスタッフ任せなのだが、諸々の確認や状況の共有などで、ミーティングが平気で4時間くらいかかる。この日も多分夕方まで。終わるころにはくたくたである。助成金額が半端ではないので致し方なし、というところか。

9月4日（土）

山梨へ。いつものように実家に戻るのではなく、助成金も絡んだboidの新プロジェクトに関する打ち合わせ。とにかく広い場所が必要なのである。空族のプロデューサーでもある笹本さん、そして富田くんも交えての悪だくみでもあるのだが、まあその前に腹ごしらえということで蓬来軒へ。相変わらずの味とボリュームを堪能しながら状況報告をする。やろうとしていることがだれがどう見ても暴挙と言うしかないので半分冗談みたいな感じでぼか話が続くわけだが、その流れの中で思わぬ事態となる。この無茶なプロジェクトにおいて最初にして最大の難関と思われた「場所」＝工場用地候補が思わぬ形で出てきたのである。見事に「国道20号線」沿い。映画『国道20号線』の風景がそのまま広がるのどかな場所ではないが、20号線と笛吹川というふたつの大きな流れが、きっと何か思わぬものを運んでくれるだろう。

その後笹本さんが運営しているカフェ兼コワーキングスペースにて話の続き。地元のフルーツを使ったジェラートがうまい。そしてさらに話は転がる。あとはboidの規模にはまったく見合わない資金をどう集めるか。通常ならこの後は実家にというところなのだが、とにかくわたし自身が介護してほしいくらいの体調なので、日帰りで帰宅。

9月5日（日）

ぐったりしていた。

9月6日（月）

午後からは助成金がらみの銀行担当者との打ち合わせ。原稿を仕上げた。

9月7日(火)

カレンダーには午後から宮崎くんとの打ち合わせという記述。たしか、直前になって日付変更やら時間変更やらしたはずだが、果たしてこの日だったか。いずれにしても、今年から来年にかけてのいくつかのプロジェクトについて。ここにきてこれまでのｂｏｉｄの企画とは違う、とはいえこれまでやって来たことの延長線上にはあるが、延長するにもほどがあるだろうというはみ出したプロジェクトが生まれ、どうやらそれらが形になっていく。ありがたいし楽しいことなのだが、金が出ていくばかりの準備段階は同時に別のこともやって稼ぎつつ生き延びないとならない。

9月8日(水)

こんな猫さまの写真が残っている。何をしているのだろうか。

9月9日(木)

本日はこんな写真。

9月10日(金)

まったく記憶なし。たぶん、延々とズームの会議をやっていたはず。5時間くらい。

9月11日(土)

ぐったりとひきこもってばかりだったので、夕方、散歩した。

9月12日(日)

いくらぐったりしていたとはいえ、こういう時のために写真くらい撮っていたらと思う。

9月13日(月)

昼に事務所で打ち合わせあり。その後永山にあるホールへ行き、爆音上映の可能性があるかどうかという下見。諸条件が重なり合い、簡単ではなさそう。やれるかどうか、判断は持ち越し。相変わらずこのあたりの団地の佇まいはすごい。

9月14日（火）

猫さまは何を思っているのだろうか。わたしはズームで延々と打ち合わせをしていた。4時間か5時間。

9月15日（水）

夕方には京都に出発するのだが、それまではズーム打ち合わせ。まさかこれが、京都に行って3日間、みなみ会館で作業している時以外は延々と続くことになるとはこの時は思ってもいなかった。経産省助成金、恐るべし。

夜はみなみ会館。上映順に調整をということで『アメリカン・ユートピア』と『Reframe THEATER EXPERIENCE with you』。ともにこれまで何度となくやってきた映画なのでまったく問題なく、というか、みなみ会館の柔らかめの音のスピーカーがいい塩梅に音の空間を広げる。疲れ切っての調整だったのにみるみる元気になった。身体にいい音。うまくいく時はこんなものである。boidsound上映ということで、音量も無理して上げていないこともいいのだろう。ひとつひとつの音がくっきり聞こえ、低音もしっかりというかがっつり足元から腰にかけてやってくる。しかし『アメリカン・ユートピア』は曲によって音質のばらつきが実はそれなりにあるのでそんなに簡単な調整ではないのだが、今回はわたしの体調のせいもあって一晩に2本ということにしてゆったりと時間をかけられたのもよかった。やっぱり音の調整は楽しいね。

9月16日（木）

昼過ぎに京都在住の倉茂透くんと会って、来るべき某書籍のデザイン打ち合わせ。倉茂くんがプリントアウトした実寸サイズのサンプルを見て、文字の大きさを決め、写真の入れ方などを確認する。５００ページを超えるページ数。印刷費がどれくらいになるか。表紙のデザインなど、本全体のイメージは、手ざわりが良く少しクラシックな感じでというめちゃくちゃ大雑把なリクエスト。つまり倉茂くんにお任せである。まあ、毎度のことなのだが。

その後、ズームにて助成金会議。21時からはみなみ会館にて『カネコアヤノＺｅｐｐワンマンショー２０２１』『サン・ラーのスペース・イズ・ザ・プレイス』『ストップ・メイキング・センス』の調整。『カネコアヤノ』はみなみ会館の場所と見事にマッチして、これ以上ないくらいの音になった。声と息遣いに皮膚を触られる感じ。ずっとここでやり続けるといいんじゃないかという話にもなった。

『サン・ラー』は思わぬ発見あり。スタンダードサイズで2チャンネルの作品だと、スクリーンに合わせて黒幕を閉じると、スピーカーからの音を見事にふさいでしまうことになるのだ。多くの映画館では視覚優先でこの形で上映しているのではないだろうか。スクリーンの裏側にあるスピーカーが現在一般的な16：9のスクリーンサイズに合わせて配置されていてそれを動かせない以上、ヨーロピアンビスタやスタンダードサイズのスクリーンに合わせて幕を閉めてはいけない。客席にはモコモコとこもってしまった音が届くことになる。頭ではわかっていたけど、つい閉じたまま調整を始め、ようやく気が付いたわけである。したがって今回はシネスコサイズのスクリーンのまま、幕は全開での上映ということにした。音も全開。みなみ会館の天井も開いて土星とつながった。

『ストップ・メイキング・センス』は前回来た時に調整していたので今回は確認のみ。気になったところをちょっとだけ修正して、『ストップ・メイキング・センス』上映の集大成と言えるような音になった。頭と心と身体が緩みながら痙攣して無意識のダンスを始める。素晴らしすぎる。

9月17日（金）

いよいよboidsound映画祭の本番も始まり、15時30分からの『アメリカン・ユートピア』の上映前に挨拶をするのだが、挨拶後は再びホテルに戻りズーム。そして17時40分の『Reframe THEATER EXPERIENCE with you』の際も同様。みなみ会館斜め前のホテルにしておいてよかった。そして上映終了後21時からは『デニス・ホー ビカミング・ザ・ソング』『最後にして最初の人類』の調整。

『デニス・ホー』はYCAMでの上映前にも話したのだが、ひとりの歌手が自分と世界との関係を変えることによって新たな歌を歌い始めるまでのドキュメンタリーとも言えて、「ビカミング・ザ・ソング」という邦題でのサブタイトル（オリジナルではこれが原題）が、非常に重要な映画である。彼女の元にやってくる人々の声、街の音、世界の動きが彼女を通して「歌」になる。彼女の行動が、歌を呼び寄せると言ったらいいか。『バーフバリ』と逆の構図。人々の声が作り上げた「バーフバリ」ではなく、「デニス・ホー」がそこにいることによって見えてくる人々の姿。その姿と声を世界中に伝えることのできるような音に、という意図。

『最後にして最初の人類』は『サン・ラー』と同様の問題。1：1・66のヨーロピアンビスタサイズに合わせて幕を閉じるとスピーカーが半分以上隠れてしまう。よってこれも幕は閉じずスクリーンは全開。例によってティルダ・スウィントンのナレーションも音楽の一部となって身体を包み始めるともう意識が現実からどんどん離れていく。この映画に関しては、ナレーションの字幕はつけず、テキストはプリントアウトしたものを配布、みたいなことのほうがいいんじゃないかとさえ思う。一般の興行ではなかなか難しいだろうけど。

9月18日(土)

今日こそ助成金の最終申請作業をやってしまうと、昼からズーム。みなみ会館とホテルの往復。ホテルの従業員の方たちはいったいどう思っただろうか。ということでたぶんこの日に申請終了したのではなかったか。

夜は『映画：フィッシュマンズ』。フィッシュマンズの音は映画館での上映向きと言ったらいいのか、その場のノリでぐいぐい押してくるような音ではなくて、音の反響、共鳴がベースにある音と音との関係性の広がりの中で聞こえてくる音なので、何度調整しても気持ちいい。ベストな調整というのはなくて、その場その場がベストと言いたくなるような、聴き手との関係がはっきりとある。毎回、それを再確認しつつの調整となる。以前は上映可能だった最後のライヴのドキュメンタリーをまた上映できたらと思うばかり。

9月19日(日)

昼間何をしていたか記憶にないので、もしかするとこの日もまだズームで、この日こそ最終申請だったのかもしれない。夜の『アメリカン・ユートピア』の上映にはいしいしんじさん一家がやってくる。久々に会ったひとひくんは小学校5年生になったとのこと。どうやらいしいさんより『アメリカン・ユートピア』を気に入っているらしい。いったいどんな若者になっていくのか。

その後『幸せをつかむ歌』の調整。調整なのでポイントポイントを確認してみていくわけなのだが、もう、それだけで泣きそうになる。むちゃくちゃいい。最後のライヴシーンはもう完全に号泣。ブルース・スプリングスティーンの曲でこんな気持ちになるなんて、もちろん演奏は違うわけだけど、いったいどういうことか。飛ばし飛ばしとはいえ彼女の時間と思いの積み重ねを見てきた果てのこの歌、ということもあるのだがどこかこの歌そのものの力にやられた感もある。今この画面から聞こえ見えてくるこの歌、この演奏、この表情そのものに心をつかまれる。逃れようがないこの感じ。われわれはこれを受け継いで広めていかなくてはと、自分のやるべきことがまたひとつ増えた気がした。かつての「爆音アンストッパブル・ツアー」のように「幸せをつかむ歌ツアー」をやるしかないのか。

9月20日（月）

昨夜の『幸せをつかむ歌』の余韻のままさわやかな気持ちで、みなみ会館に出向き挨拶をして、大阪へ。シネマート心斎橋で『サウンド・オブ・メタル』『fOUL』『ショック・ドゥ・フューチャー』『白頭山大噴火』のboidsound調整を。京都ではほとんど街に出ず、ホテルとみなみ会館の往復のみだったので、心斎橋の人込みに戸惑う。ホテルそばで関西支社長とその息子に会い、息子の成長ぶりに驚く。生まれた時から落ち着き払っていたのだが、1年半後はさらに大人びて、こちらを見ながらニヤッと笑う。通常の1歳半の子供とは絶対にとれないコミュニケーションが、こちらの意図とは関係なく開始される。いつもは使わない回路が開いたと言ったらいいいか。

ホテルで少し休んだ後シネマート心斎橋。バウスで爆音をやっていた10年以上前なら深夜の調整も「お楽しみ」という感覚だったが、今や体力的にそうはいかない。だがもちろんお楽しみには変わりはない。『サウンド・オブ・メタル』はつい、冒頭のライヴシーンに力が入りすぎてしまった。思い切りの迫力シーンだが、ここの音量を上げすぎたり、耳鳴りがするくらいのガツンとくる音にしてしまうと、後半の、耳の代わりに音を感じる装置を付けた時の音があまりにノイジーすぎて、映画を観に来た人には耐えられないのではないか。もちろんある程度はノイジーで、聴きたくない音を無理やり聞かされている感じがないと、主人公の感覚はつかめない。そして装置を取り払った後の静寂と、その際に視覚から伝わってくる音のイメージが際立つようなノイズであることが何よりも大切。ということで何度も行ったり来たりしながら、その感触を確認した。

『fOUL』は20年以上前の音源だったりするのと、カメラのマイクなどで簡易的に録音された音も混じっているのとで、そう簡単には迫力あるライヴの音にはならない。音量を上げると耳に痛い。だが、あれこれ試すうち、ちょうどいいバランスを見つける。いったんそこが決まるとあとは何とかなる。映画館がライヴハウスになったような音になったと思う。めちゃくちゃ気持ちいい。

『ショック・ドゥ・フューチャー』はアナログシンセの音をどれだけ会場に響かせることができるか。その他のシーンに影響が出ず、しかもシンセの音の震えが皮膚を震わすくらいにできたらということで、やはりこれも繰り返し同じシーンを再生しながら調整、確認した。若者たちの現在、中年・初老の男たちの過去と未来とが絡まり合って太い物語の流れを作り出す映画が自ら発した音のような震えを意識した。
『白頭山大噴火』はパニック映画というくくりになるのか、とにかく大爆発大破壊の連続でもあるので、これは迫力重視。でも人の声はちゃんと聞こえるように、そして劇場の機材を痛めないようにに。普通に映画を観にやってきて、これくらいの爆発、破壊の音が聞こえてきたら大満足ではないか。
というわけで終了は午前4時過ぎ。夜明け前。まだ暗い心斎橋の街を歩きホテルに戻った。

9月21日(火)

朝まで仕事だったにもかかわらず早めに起きてしまったので、せっかくなので鶴橋へ。キムチあれこれ購入。毎週買い出しに来たい。帰宅後は当然、キムチとともに夕飯。

9月22日(水)

ついに公開されるヴェンダースの『夢の涯てまでも ディレクターズカット 4Kレストア版』を観る。4時間47分。もう15年以上前にドイツ版のDVDをもらってときどき観ていたのだが、字幕が付いたものは初めて。字幕なしだと、冒頭の導入の部分がものすごく長く感じられ、その長さが退屈でその退屈さがとてもよかったのだが、字幕がついてはっきりと伝わってくる物語とともに観てみると、案外最初からいろんな展開がある。こんなにサクサクといろんなことが起こるのかとそれはそれで面白く観たのだが、いや、これを初めて観た人にとってはやはりこれでも全然物語が進まない退屈な流れと観られてしまうかもしれない。だがそういう映画なのだ、キンクスの「デイズ」の速度を2、3倍に引き延ばしてコステロが歌うその時間の停滞の中に浮かび上がるおぼろげな日々の風景の悲しさが、映画全編に張りついている。登場人物それぞれがそれぞれの長い長い時間を過ごして何かの偶然であるいは否応ない事情により集まったオーストラリアの砂漠の中で、かけがえのない時間を過ごしそして再び別れ別れになっていく。だたそれだけ。コステロによって引き延ばされた「デイズ」がオーストラリアの砂漠に凝縮されて登場人物たちの「デイズ」セッションとなってぼんやりした時間が一瞬はっきりと輝き永遠となる。ただそれだけの愛すべき映画。あの瞬間の彼らのほほえみをわたしは一生忘れない。

9月23日(木)

山口から栗が届いたので栗ご飯を食った。

9月24日（金）

自宅作業の1日。猫たちは相変わらずだった。

9月25日（土）

原稿を書いていた。ヴェンダースについて。

9月26日（日）

『1日1杯　脳のおそうじスープ』という本を買ってみた。頭の中のメモリにたまったゴミをいったんクリアにする、リフレッシュ作業のためのスープのレシピが載っている。CPUをいくら上げてもメモリの動きが鈍っては台無し、という話。作り方は簡単で、いったん作ったらそれを冷凍して保存しておき、必要に応じて取り出してお湯をかければ出来上がり。そのほかにも、それを使ったさまざまなスープが紹介されている。想像以上にうまい。でも最低2週間は続けないとダメなんだそうだ。それが難しい。

9月27日（月）

札幌爆音のためのPCR検査を受けた。同じ歌舞伎町の検査所だったのだが、夕方はあまり人もいず、前回のような「いやここでコロナに感染するよ」というような危うい気配はなかった。

そして福岡芳穂さんの『CHAIN／チェイン』。とにかく地理歴史がまったくダメで何も覚えられず、大学入試も社会科系の科目の代わりに数学で受けられるところしか受けなかったわたしは、幕末や明治のさまざまな出来事やそこに関わり激しく生きた人々のことにまったく関心がなくて固有名もほぼわからないのだが、歴史に名を残す彼らがまだ20代のまっすぐな目をした若者で、ただひたすら自身の体で感じ、呼吸した空気に身を切られるようにして生きていたのだ、ということはこの作品ではっきりと感じることができた。その切実さとそれゆえの緊張感。彼らの姿を正面から、あるいは対峙するふたりをどっしりととらえたカメラから伝わるひりひりとした冷気は以前どこかで観たことがあると調べてみたら、『シコふんじゃった。』のカメラマンであった。そのふたつの作品に共通するのは、物語に流れる太く深い歴史とそれを観るわれわれが生きる今という時間の消滅点のような場所とのあり得ない形での接合、と言ったらいいか。この映画に現在の京都の風景が映り込むのは意匠でも冗談でもやけくそでもなく、堂々とした必然なのだと思った。

9月28日（火）

札幌前の事務所作業で終日バタバタと。夜になって札幌から、トラブルの知らせ。急にあたふたとなるが、とにかく落ち着いて、作業の手配をした。

9月29日（水）

昼から、某プロジェクトのズーム会議。今後のための大切な作業になっていくのだが、まあ、口で言うほど簡単なことではない。これまでもっと早くちゃんとこういうことをやっていればと思うばかり。

同時に、昨夜の作業無事終了との知らせもあり。夕方、武蔵小杉までブツを受け取りに行った。これで札幌爆音は無事開催できる。

イメージフォーラム・フェスティバル2021で上映された『N・P』は変な映画だった。吉本ばななの原作をベルギー&日本ハーフの女性が監督をした。という説明をわざわざ入れておきたいような、言葉と生と死の間に立つような映画だった。映画自体もセリフやナレーションすべてが字幕。無声映画とは違う、確実にそこで「声」が発生し、声と声との関係が生まれていることは観ればわかる。あるいは周囲の物音や音楽が、彼らの関係と存在を伝える。画面に現れる字幕のフォントと言うか形自体に違和感はあったのだが、その違和感も含めて、それを観るわれわれの「今ここ」の輪郭を削り取っていくような映画だった。

9月30日（木）

札幌へ。昨年12月以来の羽田。という記述にこの8月に飛行機で山口に行った身としてはいったい自分の記憶がどうなっているのか愕然とするのだが、気にしてもしょうがない。あの時も寂しかったが今もまだ寂しい。利用する方としてはこれくらいが楽でいいのだが、これではまったく商売にはならない。これくらいで商売になる方法はないんだろうか。何かを根本的に変えたら、いつもこれくらいで普通にやっていける。そんな気がしてならないのだが。

新千歳空港はさらに寂しかった。とはいえ景気づけにいつもは帰りがけに寄る立ち食い寿司屋に寄った。カウンターが半分くらいに狭められている。ネタの数も半分くらいか。それでもうまい。季節外れだが、ニシンや北寄貝、季節の秋鮭、サンマなどを堪能する。

札幌の爆音会場、札幌市民交流プラザではすでに準備完了。久々の『レ・ミゼラブル』をまず調整して音のベースを決める。

この会場の歌声は強すぎず広がりすぎず絶妙なバランスで聞こえてくる。『カネコアヤノ Ｚｅｐｐワンマンショー２０２１』は２チャンネルなのだがある音量と中音域の調整の微妙なバランスがうまく決められると全体にふわっと音が広がる。会場が歌い出すと言うか。歌い手の息遣いや身体の動きが作り出す空気の揺れも伝わってくる。

本日分の調整が終わりホテルに向かおうとすると、なんと思っていたのとは全然違う場所にあるホテルを予約していたことが判明。いつも結局この場所になり、そのたびに変な空気を感じるので今回はここだけは避けて会場の近くか札幌駅周辺ということで決め打ちして予約したはずなのだが。いくらなんでもこれはないだろう、ここを避けることが今回の大きなテーマだったのにどうしてそこを予約してしまったのか。いまだにわからない。毎回何かに騙されているような気がする。とかなんとか主催者の小野朋子さんに「きっとこれは小野さんの罠であるどうしてくれるんだ」とぶーぶー文句を言いつつホテルに向かったのだが、最終日とはいえまだ緊急事態宣言中ということもあり、街はぼんやりと暗かった。ほとんどの店舗がすでに閉まっていてまともに食事もできなかった。ぼんやりとした不安を抱えたまま眠りも浅く、９月が終わった。

10月1日（金）

もうちょっと寒いというか涼しいのかと思い長袖の上着も持ってきていたのだが、半袖でも大丈夫だし、夜は薄い長袖をひっかければ十分という気候。それでも空気が乾燥して肌に気持ち良い。ホテルから会場までの20分ほどの散歩を堪能する。単にだらだらとこうやって歩いていたい。というわけにもいかず、時刻通りには会場について『鷲鳥湖の夜』『典座―ＴＥＮＺＯ―』『メッセージ』の調整をする。

『鷲鳥湖の夜』はＹＣＡＭでやった時もそうなのだが、通常の音量での上映とはまったく違う。雨の音街の音バイクのエンジン音などが身の回りを駆け巡り否応なしに舞台となる武漢の街に引きずり込まれる。ただそれは例えば逃れようのない運命の足音のようなものではなく、その世界のどこかにあるはずの希望の窓に向けての小さな流れの合唱のような、新しい世界のざわめきとともにある。それが最後に大きな流れとなって画面を充たすのだが、こんな展開をいったい誰が想像しただろうか。

久々の『典座』はバラバラにあった人の声が次第に積み重なり、青山俊董というひとりの尼僧の声として宇宙に広がり出す。その思わぬ展開に、こちらの心も全開となる。しかしあの上海の郊外にある寺には一度行ってみたい。特に何かを期待しているわけではないのだが、太刀打ちできない何かと向き合うそんな一瞬は起こりそうな気がする。

　そしてやはり久々の『メッセージ』。『ＤＵＮＥ／デューン 砂の惑星』公開間近ということでの選択だったのだが、こうやって何度か観ているとようやく、この映画の時間のリンクの仕方が見えてくる。１回でわかれよ、ということでもあるのだが、そんなものだ。そしてまた次観た時は変わる。そして観るたびに、エイミー・アダムスの幸薄い顔が、次第に愛おしくなってくる。そしてそのまま本番へ。札幌爆音スタート。

　昼食はおいしい焼き魚、夜は弁当になってしまったのだが旬の秋鮭がめちゃくちゃうまかった。緊急事態宣言が明けただけで、街はだいぶ明るくなっていた。

10月2日（土）

気温が少し下がり、秋の気配。空が広いので何となく気分もいい。会場のそばにあるおいしい居酒屋のランチ。ニシンはもう季節外れだったのだが、生のニシンをそのまま焼いたものは北海道でしか食えないのでつい頼んでしまう。満足。そして本日１本目は『レ・ミゼラブル』。さすがに人気作だけあって、当初は半分しか売り出さなかった座席を急遽全席開放したにもかかわらずほぼ満席。年齢層はもっと高いかと思ったら以外に若い人が多かった。こうやって幅広い年齢の方たちが思わぬ形でやってきてくれるのはうれしい。夜の回は『カネコアヤノ Ｚｅｐｐワンマンショー２０２１』。こちらはさらに年齢が若くなり、挙手してもらった結果、ほとんどの人がこの会場は初めてだった。この人たちが、何かもう１本、別の映画を観に来てくれるといいのだが。でも明日は、本物のカネコアヤノライヴが札幌であるので、皆さんそちらに行くことになるだろう。残念ながらこちらの思うようにはいかない。

　夜はジンギスカン。東京のジンギスカンと違って札幌は基本的に生の羊肉なので、それだけで全然違う。何度でも食べたくなる。実は毎食ジンギスカンでも案外大丈夫だと思っている。

10月3日（日）

午前中はやはり気持ちがいい。見晴らしのいいカフェの2階で仕事をしつつ、秋の気配を堪能する。昼は会場すぐそばにある根室港に水揚げされた魚をメインにした回転ずし。北寄貝やイカやウニ、筋子などをおいしく味わった。

本日1作目は『鷲鳥湖の夜』。これはさすがにコアなアジア映画のファンが、と思っていたところ、いろんな年齢層の方たちが来場されていて次回につながる感じ。思わぬ爆音に皆さま色めき立ってくれたらいいのだが。そうこうしているうちに『典座』のトークに出席する富田くんも到着。富田くんがいかに飛行機に遅れるかを札幌爆音ディレクターの小野さんに盛盛で話しておいたので小野さんはひやひやだったらしいのだが。トークは盛り上がり、このままあと2時間くらいは行けそうだ、というところで終了。内と外、ドキュメンタリーとフィクション、監督と観客などあらゆるものが反転しながら転がり続け、誰も想像しない場所を開いてしまう空族の映画についての話であった。その後の打ち上げも含め、楽しい札幌の4日間であった。

10月4日（月）

午前中から某雑誌の取材を受ける。2時間ほど、爆音と、それをいろんな場所で行う意味について話す。こちらはもう15年以上もやり続けていて当たり前になっていることを、まだそれがまったく当たり前ではない人に向かって整理しながら話すというのは、同じ話の繰り返しのようで何か新鮮な気持ちになる。初めて爆音をやった時の驚きや興奮は、まだ昨日のことのようでもあるからだ。過ぎてしまった時間はしかしまだ手の届くところにある。

昼飯はたぶん今年の北海道での最後の食事。とはいえほぼ満喫したので小野さん御用達のスープカレーを。旅行者向けのガイドにはたぶんあまり載っていない、ジャマイカ風味の店舗。香辛料の香りが清々しく身体を貫く。わたしは25倍の辛さでこれが中辛から辛口の、辛いものOKな人の入り口くらいの辛さ。小野さんは100倍（笑）。一口味見させてもらったら脳天までスコーンと抜けた。

10月5日（火）

1週間ほど事務所を留守にすると、郵便物だけでもあれこれ溜まる。というわけでいろんな整理にかまけた1日だった（はず）。実は記憶なし。家でぐったりしていたかもしれない。

10月6日(水)
5日と同様。北海道から買ってきた激ウマの筋子を食った。

10月7日(木)
山口に行くためのPCR検査を受けた。受けている途中で、緊急事態宣言が明けたので受けなくてもよかった、ということが判明。今回はPCR検査の件をすっかり忘れていて、札幌から帰って来た日に急に思い出して湯浅さんにも伝え急ぎで検査の予約をしてもらったのだが。いつものように忘れたままだったらよかったのに。『脳のおそうじスープ』逆効果ということにしておこう。そして検査場すぐそばでイサーン料理を久々に。辛い。たぶん日本人向けに相当マイルドになっているはずなのだが。イサーン風焼き鳥で辛さを落ち着けながら、もち米のまったり感を楽しんでいるうちに、すべてがどうでもよくなってくる。その後それでも仕事はした。夕方には大阪アジアン映画祭の暉峻創三くんと会って、boidの企画について話す。実現できるかどうかはまだわからないが、自分の仕事を自ら変えていかないと何も変わらない。

10月8日(金)
月に一度の税理士との面談。今後の企画のことなど。これまでやったことのないことをやろうとしているので、新鮮でもあるがそう簡単にはことは進まない。でもやるんだよ、という馬力がすでにないところからの話である。

10月9日(土)
山口へ。羽田は相変わらず空いている。湯浅さんも同じ便。11日締め切りの原稿がまったく手つかずだったので、飛行機の中で書いた。何を書くかはだいたい決まっていたのでとにかく文字にするだけ。まあ、それが難しいのだけど。
山口ではまず『アメリカン・ユートピア』上映中のYCAMスタジオCにて、上映後に湯浅さんとトーク。暴走気味にあれやこれやを話し始める湯浅さんを止めるのは諦めて、はいはいと聞いていたらあっという間の1時間。この日の収穫は、『アメリカン・ユートピア』を日本語で、劇団四季か宝塚が上演、という提案。こんなことができるようになれば暮らしやすい世の中になる。

10月10日(日)
萩へ。アテンド車が30分ほど遅れるも、無事萩に到着し、とにかくまずは昼めしということで3年ぶりの「豊月」。普通に観光で来たらわかっていないと絶対に入れない街の寿司屋なのだが、

1300円のランチで出てくるなんの変哲もない普通のネタが、信じられないくらいうまい。写真だけではわからない。湯浅さんも大満足で、つい、追加の握りをいくつか。次はいつ行けるだろうか。

そしてアナログばか一代。会場は明倫学舎という、吉田松陰や高杉晋作、桂小五郎という幕末明治維新の志士たちが学んだ「萩・明倫館」の跡地にある、旧明倫小学校校舎である。歴史に疎いわたしはそう言われてもあまりピンとこないのだが、とにかく「日本」という「国」の未来を賭けて才ある若者たちがしのぎを削ったその場所で、ローリング・ストーンズやトーキング・ヘッズや内田裕也やアラン・ヴェガやリー・ペリーをかけまくってようやく温まってきたところで時間切れ。続きは11月20日に山口市のほうでということでなんと今年初めてのアナログばか一代は終了したのであった。

夜は、2種しかいない現存する日本在来牛のひとつである見島牛（萩の沖にある見島で飼育されている）とオランダのホルスタインとが掛け合わされて生まれた見蘭牛の焼肉。1日で絶品の魚と牛を堪能したわけである。罰が当たらないように、あまり自慢はしない。

10月11日（月）

湯浅さんもわたしもこの日は夕方にそれぞれの目的地に着けばよいということで、昼は萩をさらに堪能。その後給付金の誤振込で大問題になった阿武町にある道の駅に行って、もう信じられないくらいの激安プリプリの魚をひたすら愛でまくる。湯浅さんは「ここに住みたい」とまで言い出す。でかいカツオまるごと1匹800円、真鯛2匹で1300円とか。4月にいすみ市の浅川さんのところに行った時も近所の港そばのスーパーの激安魚の群れに唖然としたのだが、その値段を知っていてもさらに驚く価格と質。もちろん買っては帰れないのだが。仕方ないので併設されている温泉に入って気持ちを静める。外は夏のように暑いが空気は秋のように乾燥しているので何とも言えず気持ちいい。つかの間の休息というところか。そして場所を移して海鮮丼を堪能して新山口駅へと向かう。

湯浅さんは京都へ、わたしは博多へ。駅で博多行きの列車を待っていると、アテンド車を返しに行った友人から電話があり、車の中にパソコンが置かれていたと。ああそうだ、手荷物の中にパソコンを入れていて、こんな日にパソコン持ち歩いてもということで、車の中のスーツケースの隣に立てかけておいたのだった。しかしなぜか、スーツケースだけ持ち、パソコンは置き去り。愕然としたのだが、幸い新山口に停車する新幹線は少ないのだった。時間の余裕はある。友人も京都へ向かうということで駅に持ってきてもらった。やれやれ、うっかりしているとあれもこれも忘れる。

博多の夜は、以前タイ爆音でも上映したアノーチャ・スウィチャーゴーンポンの特集上映を企画した三好剛平くんと。三好くんは、もう何年も前、福岡爆音の時に知り合いその後福岡爆音をやるたびに観に来てくれてそのたびにやりとりはしていたのだが、まさかここまで本気で上映活動をやり始めるとは思ってもいなかった。夏の終わりに連絡が来て、もう、アノーチャの映画をやるなら全力で手伝うよということで、とりあえず状況確認や今後の動きの確認など。

しかし博多の料理も美味い。萩では素材の新鮮さがずどんと胃袋を直撃したのだが、こちらは人の手が入った時間が胃袋を満たしていく。

10月12日（火）

博多がいいのは空港が近いことだ。天神からでも地下鉄で約15分。ギリギリまで仕事をしていても遊んでいても大丈夫。羽田もこれくらいだといいのにと、いつも思う。まあこちらの勝手な都合に過ぎないのだが。

10月13日（水）

『GUNDA／グンダ』試写。疲れ果てていたため何度か気を失いそうになる。と言うかおそらくそうでなくてもきっとそうなる。気を失いつつ我も失い別のものになる。登場するのは豚と牛と鶏とあとは何だったか。セリフもなく心地よい音楽もなく豚のいびきや放屁の響きといった通常の映画では絶対に聴くことのできない音が次々に。いったいこれは誰が見ていて誰が聴いた音なのか。そんなことを考えているうちに考える我を失いカメラの視線の移動とともに世界を見つめ直す何ものかとして自分が作り替えられていくわけである。世界を変える小さな革命の映画と言ったらいいか。

10月14日（木）

何か月ぶりかで渋谷川沿いの某所へ。再び迷子。何度来ても迷子になる。早めに着いたはずなのに5分ほどの遅刻。

夜は『ラストナイト・イン・ソーホー』試写。エドガー・ライトの新作である。主人公の生きる時代がいつなのかははっきりとわからないのだが、とにかく彼女の母が青春時代を過ごした60年代のロンドンに、彼女がトリップしつつ物語は展開する。というわけで60年代イギリスのポップス、ロックがこれでもかと流れる。ペトゥラ・クラークの「恋のダウンタウン」が最も大きく扱われていたかな。ほとんどがモノラル音源にもかかわらず、センターのスピーカーから出たり左右のスピーカーに振られたり、あるいはサラウンドにも回ったり、主人公のトリップの状態によってなのかその場の状況に合わせてなのか、音の空間が次々に作り替えられていく。ドルビー・アトモス仕様で作られているということで、音楽だけならそこまではやりすぎではないかと思うのだが、後半の展開を知るとああこのためかと納得。とにかく、デヴィッド・リンチで言えば『ロスト・ハイウェイ』のような夢の残骸によるわれわれの世界の歴史の物語となるわけだが、これは実は母のかなえられなかった夢ではなく、死んだ母の代わりに主人公を育てた祖母のかなえられなかった夢が母の幽霊を通していびつに語られているのではないか。つまりわれわれの歴史とは常にこのようなゆがんだ像を持っていて、時間の流れもよどみ逆流し脇道へと迷い込む、そんな整理不能な靄としてあるのではないか。そして現在もまた、その靄の中にあってさまざまなゆがみの影響を受けつつそのゆがんだ光を過去へと投げ返す。そのような過去と現在とが鈍く共鳴し合う映画だった。監督はそんなことは思ってもいないかもしれない。

10月15日（金）

『ショップリフターズ・オブ・ザ・ワールド』試写。ザ・スミスの解散発表の日から始まる映画。87年。わたしは30歳である。この映画の主人公たちのようにスミスの解散に心底ショックを受けるには、スミスとの出会いが遅すぎた。ではわたしにとってのそんなバンドは何だったのかと思うと思い浮かばない。好きなバンドはいっぱいあるが、この映画の彼らのような反応を果たして示すことができるかと言うと、どうやら無理そうである。愛が薄いのか。いや、若い頃はそうだったはずなのにもはやその感触を忘れているのか。いずれにしてもある出来事をきっかけに、自分と世界との関係が一気に変わる。そんなうらやましい「若さ」が、この映画には溢れていた。

「87年のアメリカのコロラド州デンバーの熱狂的なザ・スミス・ファンを主人公に、これでもかとザ・スミスの曲をかけまくりながら、『マドンナのスーザンを探して』や『プリティ・イン・ピンク』をやってしまうという、泣きながら笑うしかない映画を観た。『スーザンを探して』の万引きは万引き防止システムをかいくぐる、ストリートで鍛えられた技あり万引きだったのだが、こちらは別の意味でストリートな香り漂う公認万引き。共に舞台はレコードショップ。そして87年当時現役レコード店員だったわたしは、やはり皆様の万引きに泣いていたのだった」というツイートをしていた。

10月16日（土）

映画を観に行こうと思っていたのだが、無理だった。

10月17日（日）

秋の競馬のシーズンということもあって、古井由吉さんの競馬原稿をまとめた本をぼちぼちと読んでいる。もちろん読んだからと言って馬券が当たるようになるわけでもないし、新しい競馬観がひらけるわけでもない。ただときどき、古井さんの目がドコーンに乗って競走中の馬と騎手の間近に寄ってその表情をとらえるようなそんな描写があって、ひたすらその幽体感＝遊体感を楽しんでいる。この日は3歳牝馬の日本一を決める「秋華賞」があったのだが、わたしは何をしていたのか、まったく記憶にない。

10月18日（月）

午後から来年製作予定の某作品のための打ち合わせ。シナリオはほぼ完成。前半から後半への思いもしていなかった転換に動揺したのはわたしだけではない。ここにもまた、ドローンに乗って時間を超えさまよう魂を見つめる瞳があった。

シナリオは若干の直しを経て11月には完成、いよいよキャスティング、ロケハンが始まる。

10月19日（火）

事務所でもないどこかで何かをしていたはずだがカレンダーにメモもなく写真もない。だが夜の阿佐ヶ谷に行くために自宅からでも事務所からでもない経路で行ったことだけは憶えている。ではどんな経路だったのか。ＰＡＳＭＯのデータを探れば出てくるに違いないのだが、地下鉄の窓口に持っていけば調べてくれるのだろうか。

いずれにしても久々に阿佐ヶ谷中華。おすすめメニューが一新されていた。一新されてもうまいものはうまい。

と書いて数日。ようやく思い出した。佐向大の新作『夜を走る』の試写を観たのだった。したがって、新高円寺→新橋→阿佐ヶ谷という経路。しかしこの日は『夜を走る』の試写のことを朝、佐向から連絡がくるまですっかり忘れていて、同じ時間に別の予定を入れ、しかもその別の予定が阿佐ヶ谷の予定にもかぶさっていて、阿佐ヶ谷の予定を少し遅らせてもらっていたのだった。つまり、トリプルブッキング。慌てて「別の予定」をキャンセルし、新橋へと向かう、という大人としてどうか、という1日。

しかし佐向の映画はいつ見ても奇妙なサバービア感が漂う。当たり前のようにそこで育ったものでしか出しえないのどかな荒廃感と言ったらいいのか。おそらく意識はしているのだろうが、まるでまったくの無意識のうちに撮られてしまったかのような『ディア・ハンター』的な鉄くず工場。これ見よがしに鉄鋼の鈍い光を映し出すわけではない。その場所自体がこの映画のアイコンとなるような輝きや暗さを示すわけでもない。ただたまたまそこにあるだけといった何ともない風情で佇むそれは、その漠然とした軽さゆえに、あらゆる映画的な試みを台無しにしかねない危うさである。何がそう思わせるんだろうか？　それにしてもこの登場人物たちそれぞれの居心地の悪さは何だろう。誰もがそこにいるようで誰もそこにいない空虚が画面全体に広がる。映画の始まりは洗車シーンだった。この時すべてが洗い流されたのか。いったいここでは何が起こっているのか。そんなことを考えながら観ていたら、最後思わぬ反転が起こり、こちらの存在そのものが脅かされることになった。ああ、わたしはいったいどこにいるのか。身体を離れた心が虚ろなまなざしを世界に向ける。不意に太いギターの音が鳴り響く。映画の中でそれだけが確かな存在だった。浮遊する魂の停泊地のような映画と言ったらいいのか。いったい何人の死者や殺人者がそこを訪れたのだろう。

10月20日（水）

午後から新企画のためのズーム会議をしていつものように助成金申請チームに怒られてしょんぼりしつつ『クライ・マッチョ』試写へ。クリント・イーストウッドはスタッフに怒られてしょんぼりするとかあるのだろうかとかなんとか、公私混同と言うか現実とフィクション混同と言うか、とにかく我を失いながら観始めるといきなりイーストウッドが怒られている。でも、しょんぼりはしていないな。今回は再びメキシコに行って、友人に依頼された友人の息子を国境まで連れ戻す「運び屋」となり、しかしメキシコのギャングに狙われる標的を護送するという意味では「ガントレット」にもなるし、またその息子の願いをかなえるという意味では白馬に乗った「ペイルライダー」にもなる。物語の途中、馬の調教シーンで一瞬白馬が映された時はさすがに涙腺が緩んだ。その場にはまったくふさわしくない「白」という色だったのだが。『スリー・ビルボード』や『ガーディアンズ・オブ・ギャラクシー』『キック・アス』などのカメラマンと新たに組んでの作業は、こういったところに現れていたりするのだろうか。
ツイッターには以下のようなコメントを書いた。

『クライ・マッチョ』。だれもができることをやり、必要に応じて受け取る。そんなマルクスの教えの美しさを、まさかイーストウッドがこんなかたちで見せてくれるとは。デヴィッド・グレーバーが生きていたらなんと言っただろう。コロナ禍で作られたこの作品に流れる時間の流れの緩やかさは、イーストウッドに向かって「前に進むよ」と語った子供の未来に捧げられたものだろう。まわり道や寄り道や後戻りをしながら、ゆっくりとではあるがわれわれは前に進む。ただそれだけでいい。迷い戸惑い優しさに心をときめかすこと。

そのときめきが世界を作るのだ。などと呟きながらうるうるしていたら、「ハリウッドで泣き言を覚えてきたのか」と、助成金申請チームに怒られた。はい、せっせと働きます。

しかし、製作のアルバート・S・ラディは『ゴッドファーザー』や『ロンゲスト・ヤード』や『ミリオンダラー・ベイビー』のプロデューサーでもあり、イーストウッドと同い年。90歳のふたりが、多くのスタッフ、キャストの支えを得て作り上げた映画、ということになる。映画の中で主人公を助ける女性のほほえみが何とも言えず、こちらもそれにつられて微笑んでしまいそうになったのだが、あれは、90歳の老人ふたりを支えたスタッフやキャストたちのほほえみでもあったのだな。そんなことを妄想した。

昨年90歳を迎えたご老体がいまだに馬に乗る姿を大画面で観られるとはと、ゆっくりと馬を走らせるその姿にやはり涙腺は緩みっぱなしだったのだが、その姿はもはやそこに本当にあるのかあらゆる人々の妄想の産物なのか見分けはつかない。イーストウッドはマカロニウェスタンに出演し始めた頃から幽体としての姿をスクリーンに晒してきたわけだが、さらにその幽体自体を自身も含めてあらゆる人々の遊びの対象として緩やかに形作り始めている。ゆっくり走る馬に乗った何ものかのまなざしを通してわれわれはその世界を見る。ただそれだけのことでわれわれの世界は広がり、何かが確実に変わる。微笑みが生まれる。

10月21日(木)

高崎へ。新幹線に乗って仕事をしようとしたらパソコンがない。落としたとか置き忘れたとかではなく単純に自宅に置いてきてしまった。いつもは電源ケーブルや仕事の資料を忘れたりするので今回は気を付けてまず、スーツケースにそれらを入れて安心してしまった。あまりのことに唖然とする。こんな事かつてなかった、いよいよこういうことが次々に起こっていくのだろう、早く爆音も井手くんに引き継がねばとさすがにしょんぼりした。しかし考えてみればすでに先日の山口の帰りでも、アテンド車の中にパソコンだけ置き忘れて届けてもらったではないか。もはやこういったことは日常ということである。しょんぼりしていても何も変わらない。

爆音の調整作業は順調に進んだ。『オアシス：ネブワース1996』『アメリカン・ユートピア』『ストップ・メイキング・センス』『アメイジング・グレイス／アレサ・フランクリン』。オアシス以外は何度もやってきた作品だし、オアシスも思った以上に音のバランスが良かった。ファンたちのインタビューもオアシスの音楽の一部のようになっていた。全国の映画館にこれくらいの音響機材が設置され、それぞれの担当者が作品に合わせて音の調整を行えるようになったら、どこかで確実にわれわれの暮らし自体が変わるのではないかと妄想する。

終了後、ホテルに戻って普通に寝たのだが、深夜3時に目が覚める。うまく寝付けずぐずぐずしていると耳元の空気がすぅっと動く。あ、と思ったとたんに「やだ」という女性の声。しかもその声が耳元で物理的に聞こえてくる前に、頭の中では「やだ」が発話され始めていた。つまり「やだ」と言われることが空気が動いた瞬間にわかって一瞬後に「やだ」の声が聞こえてきたという次第。まあ、ただそれだけのことなのだが、いったい何だったんだろう。声はめちゃくちゃいい声（女性）でそれから数年経ってもまだ頬がむずむずするような艶かしさ親密さ愛おしさ、このまま一緒にいたいと思った。だから「やだ」だったのだろうか。

10月22日（金）

調整2日目も順調に。高崎の爆音映画祭はラインナップの中に必ず1本はフィルム上映を入れるという縛りがあって、今年は三隅研次の『座頭市物語』。10年ほど前に作られたニュープリントで。とはいえちょっと前までなら10年前のニュープリントって、事実ではあっても10年も経てばフィルムは相当くたびれて、お世辞にも「ニュープリント」とは言えない。だが映写してみるともう映像も音もびっくりするくらい「新しい」のである。つまり、ニュープリントは作ったもののほぼ上映する機会がないままの10年。これもデジタル化の影響ということになるのだが、とにかく生まれたてのフィルムの音と映像を堪能した。クリアなモノラルサウンドが増幅され、客席を包み込むように広がる。虫の声、川の音、風の音などが今そこにあってそこから聞こえてくるような不思議。「映画」という生き物を観ているようだった。

『海の上のピアニスト』は、こちらも「毎年1本はクラシック音楽の流れる作品を」という縛りの中で、この作品はクラシックではなく正確にはジャズだから微妙なところなのだが、ただバンドではなくピアノ演奏で、「クラシック音楽」の枠を思い切り広げて「大人の音楽」と強引に解釈しての上映。音の大きさではなく小さな響きや繊細な音の変化を楽しむ上映と言ってもいい。その割に物語はしっかりとベタなお楽しみも各所に堂々とちりばめられていて、ジュゼッペ・トルナトーレの人気はこういうところにもあるのだとようやく認識した。

最後は『ゼイリブ』。上映のたびに「今観るしかないじゃないか」という思いがこみ上げてくるのだが、もうこれがどれだけ続いているのか。簡単には世界は変わらないし、このサングラスほど単純な装置も世界には存在しないが、それでもこの映画をこうやって上映し続ける。とにかくそういうことだと思う。

夜は本番。オアシスの映画には、おそらく電気館は初めてに違いないと思われる若者たちが大勢集まった。

そして再び深夜3時。目覚めるとホテルの廊下の奥のほうで昨日とは違うもっと若い女性の声が「中原さん」と呼ぶ。昨夜は確実にそこにいない人の声が、しかも確実に目覚めている時に聞こえてきたので、これはもうまぎれもない本物とおもえたのだが、この日の「中原さん」はそれに比べると自信はない。そんな気がする、というより少し強いくらいかな。その分不安は募る。

10月23日(土)

上映は滞りなく終了。音楽映画は観終わった方たちの笑顔がいいんだよね。なんか、いいことした気分になる。

夜はすぐそばのアーケード内の路地にある焼き肉屋。ずっと気になっていた店なのだが、ひとりでは入る勇気がなかったので、皆さまを巻き込みつつ。どこからどう見ても昭和の焼き肉屋。どうやらおいしいらしく予約が必要という電気館スタッフの判断で予約してもらってよかった。確かに店内満席。家族連れから酔っ払いの方々までさまざまなジャンルの方たちが集っている。肉は最近の流行からは独立して昭和の漬け込み肉。ああ、これがうまい、口の中に何十年か前の時代の空気が広がる。子供の頃こんな肉は食えなかったのになぜこれが高度成長期の昭和の香りだと脳は判断するのか。とにかくあっという間にあれこれ平らげた。電気館の片づけをやってきたスタッフが到着したころには、われわれはほぼ一通り食べつくしていた。漬け込んだホルモンがうまくて追加注文。

10月24日(日)

『アメイジング・グレイス』の上映開始直ぐに音が途切れる。今回は無事終了かと思ったのだが、まあ、簡単にはいかない。バックアップ機材によるリカバーが完了するまでの10分ほど、この映画についてのトークで時間をつなぐ。これだけカメラが会場に入っていて、映像に映っているカメラマンたちを見る限りそれぞれがそれぞれのタイミングでカメラを回しているようだから、それは編集作業が大変ですよね、という話。音とのシンクロは今だってそう簡単なことではない。しかし何度観ても、教会の神父やアレサの実父の顔つきがすごすぎる。思わず自分の人生を振り返る。

バックアップ機材のおかげでその後の上映は何事もなく無事終了。『ゼイリブ』はまだまだ上映し続けたい。そして最後に皆さんとゼイリブ記念写真を撮った。楽しい数日だった。

10月25日(月)

出張明けの事務所出勤は、その間に溜まった事務作業の山との格闘である。疲れもありボーっとしているうちに夕方になり、来年の企画の打ち合わせ。新しい場所での新しい企画。地味に少しずつ。

10月26日(火)

事務所で昨日の続きをやろうとしたのだが元気なく、自宅作業。猫たちはそれぞれ思い思いの時間を過ごしている。

そして夕方には大阪へと向かう。途中、新幹線が止まったりしてハラハラしたがギリギリ心斎橋に到着してみたら、シネマート心斎橋が入っているビッグステップ・ビルの表がハロウィン仕様になっていた。さすがに緊急事態宣言も明けたとあって、前回来た時よりも人通りは多い。実はひとつ心配事があって、この日はプロ野球セ・リーグのヤクルトが負けて阪神が勝つと阪神の逆転優勝目前ということで心斎橋あたりはとんでもないことになっているのではないか、でも優勝したわけじゃないからまだ大丈夫か、とかあれこれ考えながらの大阪だったのだが、結果はその逆で、ヤクルトが勝ち阪神が負けた。そしてあっさりヤクルトが優勝した。40年来のヤクルト・ファンのわたしは心斎橋のコロナにかこつけたしょんぼり感をニヤニヤして眺めていたわけである。もちろん「A.R.E.」が流行語大賞になる大騒ぎぶりでこの時のニヤニヤをニヤニヤどころか何千倍かの大騒ぎで返してもらった2005年以来の阪神優勝（日本シリーズ優勝は1985年以来）は、ハロウィンどころではなかったはずだ。

シネマート心斎橋では『ジャッリカットゥ 牛の怒り』と『殺人鬼から逃げる夜』の2本のboidsound調整を。『ジャッリカットゥ』は場面の転換と音の転換の速度と回転が速くて唖然とする。それぞれとんでもない、あるいは気持ちの良い音が出て、「これから」というところで次のシーンにあっさりと移る。音もまったく違う音へといきなり変わる。不意打ちの連続のようなものでリズムが作られ、大した話ではないと思われる話がものすごいことのような様相を呈して本当にものすごいことになる。凶暴さと静謐さとゴリゴリとした現実と幽かに変容し続ける異界とがまったく交じり合わずそれぞれの場所にありながらぶつかり合い砕け散ると言ったらいいのか。われわれの知らない共存感にあふれた映画だった。

『殺人鬼から逃げる夜』は、殺人鬼に狙われてしまった聾唖の主人公が、「聴こえない」「しゃべれない」という通信手段の断絶の中で、いかに偏執狂の殺人鬼から逃れるのかという太い物語が展開されるのだが、背景につけられた音が奇妙に繊細で柔らかい滑らかさを持っていた。韓国の音楽事情にはまったく詳しくないのだが、音楽はファン・サンジュン、音響監督はソン・ユンオンとイ・インギュ。おそらくふたりの音響監督の力によるものだろう。ものすごい音になっているわけではないのだが、こういう音響が無理なく作れる環境にある映画監督たちは幸せである。あーでも、もう固有名をどんどん忘れていくから、彼らがかかわった作品に今後出会っても、まるで初めて知ったかのような反応をするだろうなあ。

10月27日（水）

昼までぐったりしていたのだが、boid関西支社長から連絡があり、やはり鶴橋へと向かう。本日はさらに鶴橋から15分ほど歩いたところにある生野のコリアンタウンへ。『パチンコ』の主人公たちが住みついた場所である。鶴橋とはまたちょっと違う、圧巻の風景。怒涛のキムチ攻撃。ウルウルしつつ、ソルロンタン定食を食った。ひたすら満足。

ｂｏｉｄの今後の予定などの確認作業などをして、わたしは京都へ向かう。鶴橋から近鉄を乗り継ぐとみなみ会館最寄り駅の近鉄東寺へ辿り着くことができる。本日から3夜連続でジム・ジャームッシュ作品のboidsound調整である。

10月28日（木）

京都駅の南側にはおいしい焼き肉屋や韓国料理屋がいくつかあって、昼はそのうちのひとつへ。ユッケジャン定食を堪能。いずれにしても京都駅南側は一般的な京都のイメージとはまったく違う生活感と荒涼感があり、わたしにとっては非常に居心地がよい。

ジャームッシュ作品の調整は順調に進む。『デッドマン』以降の作品は、おそらく予算の問題だとは思われるのだが音に時間と金を費やす余裕ができたのだろう、聞こえてくる音の表面がきめ細やかで滑らかで、その上でざらついていて浮遊感と安心感が同居する。ここにあるにもかかわらずここではない場所への移動の切実さが痛みというより癒しとして伝わってくる。そのままそこに浸っていたいと思ってしまうのはいいことなのかどうなのか。

10月29日（金）

昼は友人の実家である某うなぎ屋に。西本願寺からさらにだいぶ西へ行った京都の中央市場の近くである。市場のそばということなのか、観光地化されてしまった京都の中心地にはない古くからの生活感が時間の流れの中で古びていったその時間の厚みと残酷さと優しさを感じさせてくれるような街並み。おいしいうなぎともどもまた来たい。帰りにすっぽんスープをもらった。

夜の調整は、試しにジャームッシュ初期作品をやった。音数が少ないのとかつて観た時のそこに流れる「歌」の印象が強いのとで、こちらの思いほどの音は出せないのではないかと思っていたのだが、それはそれでまた別の味わいを感じることができた。小さな音では感じられない街の「気配」のようなものが、ときどきすっとスクリーンから立ち上がってくる。かつてそこで生きていた人たちと一緒に映画を観ている気分になる。

調整終了は日付の変わった午前3時近く。外に出るとパトカーが停まっていた。

10月30日（土）

東京へ。来年ｂｏｉｄで配給公開する『MADE IN YAMATO』のプレミア上映が、フィルメックスで行われる。上映には間に合わないが、その後の監督トークには間に合う、ということで東京駅から有楽町朝日ホールへと向かう。とはいえ対面のトークではなく、5人の監督たちは別の部屋に待機して、カメラに向かって話す。それが会場のスクリーンに映し出されるという、現場にいるのにオンライン・トークである。おかしな感じではあるのだが、客席からの質問に対する監督たちの応え、そして監督同士のやり取りなどが普通に面白くて、こういった言葉たちも映画の一部として多くの人に伝えたい、という気持ちになった。つまりパンフやらチラシやら読み物などを俄然作る気持ちになってしまったのだが、自ら貧乏に向かって歩を進めるスイッチが作動したということである。

10月31日(日)

さすがに疲れていた。選挙には行った。

11月1日(月)

今年のイメージフォーラム・フェスティバルで上映された『N・P』という、吉本ばなな原作による映画の来年の公開に向けてのズームミーティング。監督のリサさんは現在ベルギー在住だが日本育ちで、この映画も会話は日本語で進むのだが、声としての日本語は聞こえてこない。すべてが日本語字幕で進行する。小説が原作であること、翻訳者の物語であること、監督がベルギーと日本とのハーフであることなど、会話が音声ではなく文字としてやりとりされることに関してはさまざまな要因が考えられる。だがそういった要因以上に、こうやって文字が画面上に文字として現れる時、映画が必要としている「声」とはいったいどのようなものなのかと、考えることになる。無声映画として始まった映画はいつどのようにしてどのような「声」を獲得したのか。カラックスの『アネット』やブリュノ・デュモンの『ジャネット』『ジャンヌ』など、「声」の映画とも言える映画とともにこの映画の文字について考えてみたい。来年、通常の公開は簡単ではないが、できる限りいい形で上映できたら。

11月2日(火)

渋谷で、結城&黒岩と打ち合わせ。滞っているGhost Streamの次の配信について。いろいろ時間がかかる。あきらめずゆっくりとできることをやる。

夜は再び渋谷。シネクイントでのboidsound調整。エドガー・ライトの新作『ラストナイト・イン・ソーホー』。オリジナルはドルビー・アトモス仕様で、試写で観た時は音楽が流れるシーンではなぜアトモスなのかよくわからなかったのだが、終盤に入っていろんなことが起こり始めて、「ああ、これか」と納得したのだった。では、アトモスの劇場ではないシネクイントではどうなるのか。ペトゥラ・クラークやダスティ・スプリングフィールドなど60年代のイギリスの音楽がメインで流れるのでシネクイントの新しいとは言えない機材の響きはちょうどよく、再びどうしてわざわざドルビー・アトモスで、とか思ってしまうわけだがもちろん後半の怒涛の展開がある。これに関しては、爆音機材があったら完璧なんだがとは思いつつ、アトモスの設備なしでも十分に呪いの60年代ロンドンを体感できる音になった。毎度思うことなのだが、シネクイントの上映作品、基本的にboidsound設定でやれたら楽しい毎日が過ごせるのではないか。まあ、いろんな権利や映画館同士の関係も出てくるのでそう簡単にはいかない。

SNSには以下のようなことを書いていた。

いよいよ今週末からヴィム・ヴェンダース・レトロスペクティブが始まります。今回の衝撃はなんと言っても『夢の涯てまでも』の監督ヴァージョン4時間47分。ああついに念願かなう。レトロスペクティブのパンフレットにはその喜びのまま『夢の涯てまでも』について書きました！

ヴェンダースが居なかったら私はおそらく映画の仕事とかかわっていなかったのではと思われるくらい、今やっていることとの具体的なかかわりを付けてくれた監督です。つまり、ヴェンダースが居なかったら爆音上映はなかった。というわけで、皆さま心して駆けつけていただけたら。

そしていつの日か『夢の涯てまでも』監督ヴァージョンが爆音上映されることを願ってください。その疲労感と酩酊感で「at last I'm free」と思わず両手を挙げる、そんな瞬間が訪れるはず。

この「at last I'm free」というのは、『さすらい』のハンス・ツィシュラーが両手を挙げたスチールの、やはり同じく両手を挙げた天使の像の台座に書かれているフレーズなのだが、それは確かボブ・ディランの何かの歌の歌詞の一部だったはず、という朧げな記憶。しかし、「At Last I Am Free」はわれわれの世代にとってはロバート・ワイアットの歌として知られていてディランではない。ディランの記憶は単にわたしの捏造なのか。ということで調べてみると、捏造していたのは「at last I'm free」のほうで、ハンス・ツィシュラーが読む台座にはディランの「イディオット・ウィンド」の次の歌詞とほぼ同じものが刻まれていたのだった。

「I been double-crossed now / For the very last time and now I'm finally free」

こういう原稿をこれまで何度も書いてきたのに。いったい人間の記憶というのはどうなっているのか。しかしこれまで何度か書いた原稿は果たして「イディオット・ウィンド」の歌詞をちゃんと記述しているのか？　もしかすると捏造された記憶のまま「at last I'm free」と書いているのではないか？　時が経てば経つほど記憶は不確かになり捏造は繰り返されていくことになる。

11月3日（水）

猫と遊びながら幕末の京都と今の東京とはるか未来の日本をぼんやりと周回しつつ原稿を書いていた。『CHAIN／チェイン』。

11月4日（木）

カラックス『アネット』試写。アダム・ドライバーすごすぎる。『ポーラX』の出演者たちが若くして次々に亡くなってしまったように、カラックスが向き合っている「X」にまともに立ち入ることはできないだろう。ドニ・ラヴァンが何と言うか、どうしてこの映画にはドニ・ラヴァンが出演していないのか、それもまた大いなる「X」ということになるのだろうが、とにかくアダムは堂々と「X」に踏み入っている。しかも普通なら絶対に死ぬか狂うかするだろうと思うところで死んだり狂ったりすることはないと思わせる、強靭な空虚を体現しつつ。これがハリウッドスターということなのだろうか。人間が人間であることの限界まで辿り着いたとしても、どこか心は上の空。これは、同録で行われた歌唱シーンのなせる業とも言える。ちょっとした感情の変化や歌唱ミスがそのまま録音されてしまうこのやり方での一発本番において、アダムの歌声は主人公になりきるとともにまったくなりきっておらずミスなく歌うことに心を奪われているようにも聞こえる。これがカラックスの狙いなのかどうかはわからないのだが、その引き裂かれた存在を「アダム・ドライバー」という俳優の輪郭ががっちりとつないでいる。まさにそこには、『スター・ウォーズ』の「カイロ・レン」と「ベン・ソロ」がいるのである。これはドニ・ラヴァンにもできない。

11月5日（金）

富山のほとり座スタッフと12月に企画しているほとり座でのboidsound上映についてのズームミーティング。コロナのおかげでなのか技術的な進化のおかげでなのか、こういうことは簡単にできるようになって、今回のように初めての場所での企画では本当に助かる。おかげで一番の不安点が一気に解消された。

11月6日（土）

山梨へ。母親の具合を確かめに。2か月ほどサボっている間に足腰はだいぶ不自由になってきた。部屋の中を歩くのがギリギリ。以前は嫌がっていたヘルパーさんの来宅回数もだいぶ増えて、おかげでわたしがこうやって帰ってもあまりやることはない。話し相手である。

11月7日（日）

実家からの帰りに甲府某所に立ち寄り、工場見学。ここで何かができたらという野望の足元確認ということなのだが、それがなくてもこういう無駄に広い場所には心躍らされる。こういう心の動きと資金の動きがちゃんと連動できるといいのだが。まあそれができたらこんなことはやっていないので本当に難しい。

11月8日（月）

『偶然と想像』試写。『ドライブ・マイ・カー』を観逃したまま、こちらを先に観ることになった。時間のある時に無理やりに観ておかないと、とにかく観逃す。それもまた偶然ということなのだが、観逃してしまうと想像はおぼつかない。だがこうやって作品を観てみると、どの短編も皆、かなわなかった偶然が引き起こす想像のようなものに思えてくる。「偶然と想像」というのは仮タイトルのようなもので、その背後には偶然の想像やら想像の偶然やら数え切れない幾筋もの道があって、もちろんそのどれもが現実化する前のあやふやな道筋でありそれゆえに混線し混ざり合い重なり合い、更なる偶然と想像を作り上げる。3つの短編で語られる物語はいったい登場人物の内の誰によって「想像」されたものなのか。それを特定できずコントロールもできないその現場に、われわれは立ち会わされている。したがって一瞬の空気の揺れのようなもの、声のトーンの違いや変化にドキドキした。

その後いったん事務所で社長仕事。そして夜は何年かぶりに新大久保の「まいう」にてタッカンマリを。しばらく忘れていたこの味。歳とって出不精が加速するとお楽しみも遠のいてしまう。

11月9日（火）

PHEWの新作『New Decade』。まさにタイトル通りの新しい時代に向けての動きが足元から伝わってくる。A1「Snow and Pollen」、A2「Days Nights」、A3「Into the Stream」、B1「Feedback Tuning」、B2「Flashforward」、B3「Doing Nothing」という曲の並びも絶妙で、カラックスの次回作音楽はPHEWに、と言いたくなった。というようなことをツイッターなどに書いたのだが、今ここで起こっていることとかつて起こったことといつかどこかで起こるだろうこととがひとつの時間の厚みとなってこのアルバムの中で渦巻き始めている。たったひとりの小さな試みではあるのだが、その渦の厚みと広がり、強さといってもいいのだが、その動きがわれわれが無意識に立っているこの足元をぐらつかせかつてないものへと変容させる。そんな小さいが確実な鼓動のようなものが聞こえてくるのだ。「Doing Nothing」な未来が今ここに開かれていく、そんな感じ。

11月10日（水）

ディズニー試写の面倒なシステムによってウェス・アンダーソンの『フレンチ・ディスパッチ』を観逃す。こうやって年寄りはゆっくりと確実に社会のシステムの外側に追いやられていく。夕方は中華街に。システムの外側の時間を堪能するには十分なメニュー。ああ美味い。

11月11日（木）

毎月一度の税理士訪問。いろんな相談をする。

11月12日（金）

映画祭TAMA CINEMA FORUMでの爆音上映準備のために永山のホールへ。京王線、小田急線どちらでも行けるのだがつい京王線に乗ってしまうのは、京王線は西、小田急線は南、というイメージがあるからだろう。最終的には小田原やら箱根やら江ノ島やらに行く列車が、どうして多摩方面を走るのか、いまだに体感できない。わたしの中の地理と現実とがまったく合わさっていないのであるが、こういう場所はいくつかある。フィットする場所もあるのに、これはいったいどういうことなのだろうか。

はじめての爆音でしかも会場の設備が2チャンネルしかないということで心配していた今回の爆音だが、やってみると太い音が出る。あれこれ苦労はしたが、結果的には満足いく音になって身体が喜んだ。音響担当の方たちがスピーカーの台座を見事に作ってくれたおかげでもある。ニコニコしながら外に出ると、永山駅方面はすでにクリスマスになっていた。

11月13日(土)

疲れてぐったりしていたんだと思う。

11月14日(日)

久々に阿佐ヶ谷まで散歩に行った。散歩道はすっかり秋も深まっていた。

11月15日(月)

巡り巡ってと言うか巡ったわけではないのだが、ひょんなことからboidが製作することになった映画『Caveman's Elegy』(宮崎大祐監督)の撮影初日。タイトルは、井手くんの曲の「人間になりたい」の英語タイトルで、その「人間になりたい」がテーマ曲にもなっている20分くらいの短編になる予定。撮影は清澄白河近くの室内某所だったのだがわたしはそれには間に合わず、この映画唯一の屋外撮影シーンに顔を出す。晴れてよかった。その後せっかくここまで来たのだからということで森下の桜鍋「みの家」に皆さんを案内したのだが、なんと、この日だけ臨時休業。愕然として立ちすくんでいると、ご近所住人のヴァレリア小倉聖子が通りかかり、良き店を教えてもらい事なきを得た。森下の街も、年を越す準備に入っていた。

11月16日(火)

事務所での作業後に神楽坂のCAVE-AYUMI GALLERYで開催されている大貫敏之(Toshi Onuki)さんの個展「TODAY」へ。地下にある一室に「YESTERDAY」と「TOMORROW」と書かれたバーが交差して、「TODAY」を作り上げている。写真を見ていただくとわかってもらえると思う。現物の前に立つとはっきり見えるのはふたつの言葉の交差によって作り上げられた実際にはそこにはない「TODAY」であって、「YESTERDAY」と「TOMORROW」は交差によって分断されて肉眼ではそれをひとつの言葉の連なりとして読むことはできない。まさにわれわれの「今」という時間の存在をシンプルな言葉の交差のみによって作り上げたオブジェになっていた。「今」はどこにもないゆえにいつでもそこにある。ひとつひとつの文字の間隔も、それぞれの文字としての存在と、単語としての連なりと、両者が拮抗するギリギリの間隔にしたのだという。確かに絶妙な文字間である。ほんのちょっとのことで崩れ落ちてしまうわれわれの過去や未来がその文字と文字との間に詰め込まれ、あるいはそこから生み出され、

しかしそれゆえにすぐにでも消えてしまいそうでもある。その危うさ。つまりわれわれの「未来」も「過去」もわれわれの前にあったり後ろにあったりするのではなく、このような形で「今」に食い込んできているのだ。だからわたしは「子供たちの未来のために」という言葉をまったく信じない。あるいは自分たちの未来のために、という言葉も。そしてそのような言葉を疑いなく使う人間もまったく信じない。われわれは子供たちのために生きているのではないし未来のために生きているのでもない。ただ、自分が直面する目の前の出来事と共に生きているだけなのだ。そしてそれが過去でもあり未来でもある。大貫さんの展示でその確信をさらに深くした。

11月17日（水）

午前中から池袋で打ち合わせ。来年動き始めるかもしれない新プロジェクトについてなのだが、これまでやったことのないことだけに、かつてその仕事に携わっていた会社の方たちに、助言をお願いしに行ったのである。まだどうなるかわからない、まったく頼りになりそうにない小さな会社のお願いに対して、皆さんかつての経験や仕事の仕組みについて詳しく説明してくれた。時にはこんな、金にもならない変な話に乗っかるのも面白いと思ってもらえていたら幸いだ。というか、関わる人がそんな気持ちになってくれることがｂｏｉｄの作業のすべてでもあるように思う。

午後から『春原さんのうた』。前半はややぼんやりと観てしまっていたのだが、途中、バイクに乗せられた主人公が後部座席から「もう大丈夫だから」とかなんとかバイクを運転する叔父さんだったかに声をかける。そこから映画が動き出す。それまでは人間の物語だったのだがそこからは死人の物語、幽霊の物語になる。

全部死人。みんな死んでる。「転居先不明の判を見つめつつ春原さんの吹くリコーダー」という、この映画の元になった短歌の抒情をこの言葉が打ち砕く。死人たちが踊り出す。今日に刺さった未来が、われわれはみんな死人だと告げる。そんな宣言のように聞こえた。すでにそこにはいない人、これからそこにやってくることになるかもしれない人、意図せずそこにやってきてしまった人、生きていることの意味も理由も意思も関係なく、ひとつの部屋とひとつの店にやって来た人々が動き語る。みんな骸骨みたいなものだ。筋肉がないからうまく踊れない。リコーダーだってまともに吹けるはずはないのだ。カラカラと空回りするバイクなのか自転車なのかの車輪が見た誰にも伝えようのない夢のような映画に思えた。製作者の意図しなかった見方なのだとは思うのだが。

　終了後、渥美喜子、月永理絵両名とお茶して近況を伝えた。

11月18日（木）

　アルノー・デプレシャンのブルーレイボックスの写真が撮られている。この日の日付。たぶん届いたのは1週間ほど前で、せっかくのボックスセットなのだしライナーに原稿も書いたのだから告知しなければと思いつつできないまま、とにかく写真だけでも撮っておけば時間ができた時にすぐにできるだろうと、そんなことを思っていたに違いない。果たして告知はしたのか？　原稿は『魂を救え！』について。何を書くか悩んだ挙句、常に心に引っかかっていたエマニュエル・ドゥヴォスについて書いた。女王の気品と下種な笑いとを同時に表すことのできる女優。もちろんそれこそがデプレシャンの映画の核心でもあるという思いを込めての原稿である。しかし日本の俳優ではいったい誰がそんな存在としているのか？

　午後から羽田。そして福岡へ。20日の山口「アナログばか一代」のためだが、せっかくなので福岡に前乗りしてお気に入りの参鶏湯を。年に1回はこれを食いたくなる。昨年、ＹＣＡＭ爆音の帰りに食って、ほぼ1年ぶり。

11月19日（金）

　山口に向かう途中、小倉で途中下車。絶品の寿司を食い旦過市場で鰯と鯖の糠炊きを買う。小倉の糠炊きはやはり本当にうまくて、九州に来たらこれを買わずには帰れない。調子に乗って資さんうどんに寄りぼた餅を買ってしまい、食いすぎだと顰蹙を買うことになる。

　山口では湯浅さんとも落ち合い、あらかじめセッティングされた会場での夕食。何度か来たことのあるレストランなのだが、コロナのためにコース料理だけになっていて、しかしそれがまたうまい。ああやはり料理のひと手間って本当に大切なのだと、そこにかけられた時間を思う。

11月20日（土）

アナログばか本番。米屋の2階をリノヴェーションした会場。10月の萩の学校もそうだが、こういった木造の日本建築は、メンテナンスもしつつ使い続けようとするといったい何年くらい使えるのだろうか。あまりの澄んだ空気にすっかり気持ちは落ち着くのだが、しかし果たして自分がこういう場所に住むのかと問われたら、素直に「住む」とは言えない。冬は寒そうだとか、つい思ってしまう。まあどんなところに住んだとしても文句ばかりが出てくるのだが、きっと。でも寒いのは嫌だな。

本番のことはよく憶えていない。周りからは本番中寝ていたと言われている。ときどき目覚めて、「これかけたい」と言って勝手にかけていたとかなんとか。でも憶えていないのと寝ていたのでは違う、とだけ言っておく。幽霊の話からジュリー・ロンドンの歌声を聴いてもらったことは憶えている。

11月21日（日）

京都に向かう。昼から木屋町通りにある瑞泉寺という寺の境内にいしいしんじさんの蓄音機を持ち込んで、みんなでSP盤を聴く会が行われるのである。湯浅さんとわたしも参加。門を出れば京都の繁華街、しかしその内側は別世界。ディズニーランドみたいに外界と完全に隔てられていることで違う世界となった「ここ」を味わうのではなく、外界とひと続きであるにもかかわらず空からは異世界の鳥の声虫の声が降ってくる。それと蓄音機が共鳴する。風がそよぐ。エルヴィスが蘇る。アレサの父が天空の鳥たちをざわつかせる。ビートルズがそうなるかもしれなかった世界を歌い、寺の風景を一変させる。唖然としている間に時は経ち、打ち上げへと向かう皆さまと別れ、わたしは心斎橋へと向かう。

今回のboidsound調整は『シャウト・アウト』『スティール・レイン』『映画 真・三國無双』の3本なのだが、どれもわたしにはなじみのない作品。インド、韓国、中国・香港・日本という製作国になるのだが、どれも音が確実にある一定ラインをクリアしていると言ったらいいか。何か、デジタル技術の進化で「世界基準」みたいなものが見事に出来上がり、システム上の技術力でそれがクリアされる状況になってきたのだと実感した。人力では相当な経験が必要になるはずのコンビニのレジが、より少ない訓練でだれでもやれるようになるポスレジのシステムの力と同じような力が、映画の音にも働き始めているのではないか。かつてはスタジオの音、みたいなものがあったのだが、今はアプリの音、というようなことになるのだろうか。でも使いこなすと相当なことができる。結局使うのは人間、という当たり前のところに落ち着くのだが、可能性はどこまでも広がっている。

外に出ると心斎橋はすでにクリスマスだった。

11月22日（月）

激しい雨。東京に戻る前に鶴橋へ寄ってキムチと思っていたのだが、疲れていることもあって、早々に退散。帰宅して寝る。

11月23日（火）

午後から某作品のミーティング。脚本はできたものの資金が足りない。配給・宣伝の会社が決まらない。この2点を何とかクリアできるか。もうちょっとなのだが。

夜は、福岡で行われている「Asian Film Joint 2021」のアノーチャ・スウィチャーゴーンポン特集の上映後トークをズームにて。福岡の三好くんの軽やかすぎる行動によって実現した企画。

大寺の動きといい、グッチーズや肌蹴る光線の動きといい、気が付くと小さな動きが各所で始まっている。ちょうど1年くらい前だったか、京都みなみ会館でケリー・ライカートの特集時にグッチーズの降矢くんとトークをして、その際に「ミニシアター・エイドで集まった資金を全部かっぱらって、その金でライカートはじめ降矢くんが日本公開したい映画を買い付けて配給するのが、本当のミニシアター・エイドになるんじゃないか」というような乱暴な話をしたのだが、まあそんな乱暴なことをしなくても、それなりにキャリアを積んできた若者たちが独自のやり方で道を切り開いている。頼もしすぎて涙が出る。おっさんはブーブー文句言ったり愚痴を言ったりしているだけだ。

11月24日（水）

来年のboidの活動に関するミーティングいくつか。身の程知らずのことを考えているので、簡単ではない。というか、金さえあれば簡単なのだが。これをやったら面白くなるし実際おもしろいですよということは言えるのだが、実際の運営をどうするかどうやったら赤字を出さずにやっていけるか、儲かるか、というようなことをリアルな数字とともに伝えることがなかなかできない。おそらくそんなことどうでもいいと思っているのだろう。うまくいかなかったりひどい目に遭ったりすることもまた楽しいと思ってしまっている部分が自分の中にあって、予定もろくに立てずやり始めて大騒ぎするということでいいんじゃないか、どうしてダメなんだ、そういうものだろうと、どこかで思っている。もちろんそんなことを言っていてはできることもできなくなるのはよくわかっている。いるのだが。

11月25日（木）

松本へ。今回の松本はスケジュールがタイトで作品数も多いため、前半は井手くんに任せてわたしは午後からのんびりと松本へと向かった。

調整は順調。今回のようにベースとなる機材のセッティングがうまく決まっていると、本当に助かる。ニコニコしながらの調整。したがって予定より早く終了。夕飯も美味い。馬刺し、おでん、山賊焼き。

11月26日（金）

夕方まで調整、夜は本番。昨日、爆音会場となっているまつもと市民芸術館の屋上が気持ちいいのだという話を聞いたので、朝、さっそく上ってみた。寒さも含め、身が引き締まる。

午後からは来年製作の映画のために、青山が調整の様子を見にやってくる。バウスでやっていた頃とは調整のやり方も全然違う。フィルムの頃は何よりもまず、巻き戻してさっきのところを確認、というのができなかった。それができない、ということが爆音調整の醍醐味でもあった。あの時点で調整した音の記憶と今変えた音の現在とを比べながら、あの時点の音の記憶を変更、塗り替えていく。今こうならあの時点の音はこうなっているはずだというフィードバックの繰り返しによって映画全体の音のバランスを決めていく。例えば今、絶対に後戻りしない調整をやってみるとどうだろうか。

とかなんとかしているうちに思わぬトラブル発生。長年やっているといろんなことが起こる。それはそれで楽しい。

11月27日（土）

今年の松本はなかなか寒くて、朝は氷点下。今回はやばそうだったので冬支度をしてきて正解だった。冷気が肌に気持ちいい。食い物も美味い。ホテルの朝食はたぶんこれまで泊まったホテルの中で、海外も合わせて一番うまいのではないか。地元の方たちが家族に食わせるように、そして地元の素材を使っておいしく季節に合わせた調理をしている、という感じ。すべてにひと手間かかっていて、優しく穏やかな味。ずっとここに泊まっていたいとさえ思うのだが、一方でバスタブはこれまで泊まったホテルの中で一番小さい。大浴場があるから、ということなのだが、大浴場のやっている時間が短くてどうにも入れないのである。しかし寒いし、1日中あーだこーだ楽しみながらではあるが目いっぱい働いているのでゆったりと風呂に入りたい。例えば来年このホテルに泊まるかどうかということで言うと、朝飯を取るか風呂を取るかという選択になる。迷うところだが、朝飯は寝坊することもあると考えると、やはり風呂を取るという選択。本来なら確実に食をとるのだが、まあそれくらい身体も疲れていて、朝は苦手だ。

本日のゲストは『いとみち』の横浜聡子さん。映画の中盤、物語の流れの中ではやや唐突とも思われる青森の空襲の話が出てくるのだが、でもはやりここがポイントであるという話など。最後の山のシーンの斜面がすごく良くて、この映画の主人公がこのままクリステン・スチュワートとジュリエット・ビノシュに置き換わっても成立するんじゃないかとも思った。

11月28日(日)

本日のゲストは『ヒルコ 妖怪ハンター』の塚本晋也さん。毎年松本で会ってる気がするのだが、去年は会っていないか。とにかく今回はもう30年前の映画なので、そのころの話やジュリーの話など。それなりの予算をかけて作られている映画であるにもかかわらず、手作り、しかも身の回りにあるものを寄せ集めて作られたのが丸出しの「自主製作マシン」を堂々と出すあたりの、ホームとアウェイとの距離感のとり方にニコニコする。メジャー配給作品の中に自主映画スピリットを出してやったぜ、みたいな篤いマシンではなく、こんなの作っちゃったんですが、ちょっと出してみると面白いんじゃないですかね、というくらいの腰の低い登場のさせ方。しかも、案の定あまり役に立たない。

夜は『オールド・ジョイ』を観に来ていた仙頭武則さんたちと、再び馬刺しなど。今年最後の松本の夜を満喫した。

11月29日(月)

名古屋へ。京都へ向かう途中で名古屋で昼食となるのだが、当然ここはうなぎを。いつもの岐阜の関市ではなく、名古屋市内でいい店を見つけられるかということで、市場調査部隊が一軒の店を抽出。とにかくそこへと向かう。名古屋駅から歩いて15分ほど、住宅街の中。白焼きがうまい。しかもでかい。すでにこれだけで満足なのだが、やって来たうな丼の量が半端なく、あとから思うと店の方もそれをわかっていてわれわれがそれぞれに注文したうな丼をひとつで十分だからという配慮だったということだったかと思うのだが、うな丼ひとつしか来なかったためについ勢いでもうひとつ頼んでしまい、食い終わったころにはほぼ動けなくなる。うまかったが、やはり岐阜のうなぎのばりばり感とふわふわが恋しくなる。名古屋駅はクリスマスツリーが全開だった。そういえば去年もこの季節にツリーを見た気がするのだが、いったい何しに名古屋に寄ったのだろうか。

そして京都へ。夕飯は食わずだったか。急遽決まった音楽映画の特集作品の調整である。ミッシェル・ガン・エレファントとゆらゆら帝国、そしてジョー・ストラマー。どれもバウス時代の爆音常連作品である。懐かしいというか、とにかくまだこうやって久々に上映することができてよかった。いろんなことを思い出しながらの調整、これからどんどんこういう機会が増える。思い出しばかりに目の前が埋め尽くされて人は死ぬ。いろんな新しいことも思いつくが、わたしが思うのとは違う形で誰かにやってもらえたらそれで十分である。

11月30日(火)

思いのほか疲れていたので、京都でうまい昼食食ってという目論見は早々に破棄して、とはいえ何となく名残惜しくもあり、決断のつかないダメなおじさんになってしまった。でもやはり疲れが勝り、たまらず新幹線に乗り帰宅して寝た。メリハリの利いた生活は今後もやってくることはないだろう。

12月1日(水)

さすがに疲れて休んでいた。

12月2日(木)

夜は『GUNDA／グンダ』の一般試写でのトーク。ぼんやりしていたら集合時間に遅刻しそうで宣伝担当者に連絡をしていたのだが、そこまでは遅れず到着した。しかし映画館の受付で挨拶をしたら「今日はトークの予定が無い」とのこと。いったい何が起こったのかと思ったら、映画館を間違えていた。ヒューマントラストシネマ渋谷と渋谷ヒューマックス。「ヒュー」が同じだけなんだが。とにかく、ヒューマントラストシネマに行かねばならないのにヒューマックスにいたのである。幸いそれほど遠くはない。とはいえ、走った。転んだらさらにまずいことになると思いつつ慎重に走るので、周りから見たらとても走っているようには見えなかっただろう。それでも気持ちは走った。

ということで迷惑はかけずに済んだ。久々の蓮沼執太くんとの話も面白かった。この映画の音のレンジの広さの話をベースに、そのレンジの広さは音だけの問題ではなく、あらゆる世界に向けてのものではないかという、今ここでこの映画を見る意味についてて。しかしこの映画の撮影や録音に関して、いったいどうやって録音したのか何を思ってそうしたのか聞こえてきた音はどう感じたのか、シーンごとに監督には解説してもらいたい。

12月3日(金)

やはり疲れていた。事務所に行かねばならなかったが、行けず。昼飯にピワンのレトルトカレーを食った。これまで出ていたピワンのレトルトは、レトルト用に作られたものだったのだが、今回はいつも店頭で出しているチキンカレー。まさにピワンの味がそのまま家庭で味わえるのである。これはありがたい。もちろんライスは店頭のようにはいかないし、ライスで半分に分けられた皿に、本日のカレーとチキンカレーが半分ずつ入れられてライスを食べていくうちにふたつのカレーの境目がなくなり次第に混ざり合っていくあの絶妙なカレーの変化を味わうことはできないのだが、それでもやはりおおピワンのカレーだと、体が喜ぶ。

12月4日(土)

昼はぐったり、夜は少しは何かしなくてはと観逃していた『ザ・スーサイド・スクワッド』を観た。いろいろあって反省もしたけどやることはやりまっせ、みたいな勢いがそこかしこから伝わってきて笑った。早く爆音上映したい。ワーナー配給なので、公開後1年経ったら爆音やれる。つまり来年の夏以降だからまずはYCAMあたりから、ということになるだろうか。

12月5日(日)、6日(月)

カレンダーにメモもなく、写真もない。疲れ果てていたはずで、数日後にぎっくり腰になる予兆の中で身動き取れなくなっていたことは確かである。

12月7日(火)

今年最初にして最後のアナログばか一代。谷口雄くんは仕事のため参加できず、久々に還暦過ぎの3人ばかでの開催となった。

1年ぶりなのだがつい先月もやったような身体感覚で下北沢の街を歩いた。気づくと新しくなっている店舗もあって、ああ1年来ていなかったのだなとは思うのだがしかしレコードが重い。本番では直枝さんがキンクスをかけたのをきっかけに、湯浅さんもノリノリになり、次回はキンクス特集をやろうという話になる。わたしも『夢の涯てまでも ディレクターズカット版』の日本初公開をきっかけにペトゥラ・クラークによる「デイズ」のカヴァー（映画ではコステロがカヴァーした上に、最後、オーストラリアで迎える核衛星爆発前夜のセッションでも出演者たちによって歌われる）を持っていき、ああやはりキンクスいいなあと、会場全員でため息をつく。

「過ぎ去った日々、あの日あの時一緒にいた「きみ」のことを今ここにいるみんなとともに歌い演奏する。ゆっくりでもなく早くでもなくただひたすら今この時のかけがえのなさとともにそれはある。それぞれにとっての今この時はいつかそれぞれにとってのあの日あの時となるだろう。そんな未来に向けての視線も感じられる。いや、そんな未来の日々の彼らが今この時に降り立っていつか未来の自分たちが歌うあの日あの時の歌を今この時に歌っているのだ。その喜びと悲しみと痛み。ただこの時のためだけにわれわれは旅をしてきたのだと、登場人物のひとりは語る」

『夢の涯てまでも ディレクターズカット版』のオーストラリアでの「デイズ」のセッションのシーンについて、こんなことをパンフに書いたのだが、これは映画の話でもあり、キンクスの歌の中に埋め込まれていた物語の話でもある。ああもうすべてのキンクスの曲を映画化したらどうだろう。そんなことを考え出すとそれだけで胸が熱くなる。「サニー・アフタヌーン」は『ラスト・ショー2』のピーター・ボグダノヴィッチに任せたい、「デッド・エンド・ストリート」はニコラス・レイに撮ってほしかったとか。

12月8日（水）

ついに腰が悲鳴を上げ始める。まだ何とかなるかと事務所で税理士と面談したり歯医者に行ったりはしたのだが、これはやばい。明日は整骨院に行かねばと思ったのだが、整骨院だと単にその場の対症療法だけで根本的な解決にはならない。整骨院とは一桁違うがここはやはりちゃんと整体に行って身体自体を立て直してもらわねば、しかしこの腰の状況では遠くへ行くのは無理だ、まずは近場でと、10年くらい前にちゃんとやっておけよと怒られそうではあるが、とにかく高円寺周辺の整体治療院をいくつか探したのだった。いよいよ寝ていても痛い、というか寝返りが打てない。

12月9日（木）

整体に行く。散歩中に気になっていた場所があって、いや、ここはちゃんとしていそうだとかそういうまともな場所ではなく、いかにも怪しい。あたりかハズレかほとんど冗談みたいなところなのだが、それでも気になる、いつか行ってみようと思っていた場所である。ただまあ、普通に考えたらこんな緊急時に行くところではない。そう思い直してもっと近所にあるここは良さそうだという整体院に電話をかけたのだが出ない。何度かけても出ない。ということで覚悟を決めて問題の整体院に行ったのだった。

1000年の歴史を持つという整体術である。しかし院内に入るとストラングラーズやクラッシュやポリスなど、70年代末から80年代初頭のブリティッシュ・ロックが流れている。院長はおそらくわたしと大して違わない年齢だと思われる。わたしと同様、若き日にこれらを聴きまくったのだろうか、それとも有線をかけっぱなしにしているだけなのだろうか。さすがにいきなりそんな話をすることもできず症状を伝え、すぐに施術となったわけだが、身体にはちょっと触るだけ。軽く曲げたり伸ばしたり。あとは何をしているのか、独り言のようなものをぶつぶつと呟いてはいる、ぼんやりと気持ちよく寝そうになっていたのだがあまりに何も感触がないので目を開くと、Vの字にした指を膝とか腿にかざしている。整体というよりも気功である。かざされた箇所は確かになんとなくほんわかしてくるわけだが、それだけ。その他の箇所も同じようなことをされ、まったく実感のないまま、再びちょいちょいと身体を曲げられたりして終了。これで本当に大丈夫なのだろうか。不安はいっぱいである。しかし腰は確かに痛みが引いている。もちろん完全になくなったわけではないものの、夜の湯浅湾のライヴに行けるくらいにはなった。治療の効果は出ている。それに対して7700円支払うとすればまったく問題ないはずだが、どうにも釈然としない。いったい人は何に対して金銭を支払っているのか。

クラブクアトロの湯浅湾の楽屋でそのことを話すと、松村くんは「かつて気功を受けたことがあるが、汗水垂らした実感を受け取れないものに金銭を支払う気はない」と言っていた。つまりわれわれはそこに費やされた労働に対して金銭を支払うということになるのだが、さて気功師は汗水垂らしていないのか？　われわれは何によって生きているのか？　そんなことを考えながらの湯浅湾の演奏は、まさに汗水、しかし同時にその場の空気やかつてそこに漂っていたものやこれから何処かを漂うものに対しても音と声が、音の波と声の波と音にも声にもならない波がどこまでも

弱まりながらしかしどこまでも無くならず伝わって、空間と時間の果てをひと回りしてまたひたすら弱くコツンと背中を叩いてくるような、そんな演奏であった。この日は年に1度のエンケン祭ということで、エンケンのカヴァーがほとんどだったわけだが、歌詞などわかっていないと原曲が判明できないくらいに解体され再構築されそれがさらに輪郭を崩しつつバンドの汗水が再び輪郭を整える。その危うい跳躍の充実感に泣きそうになっていたわけだが、実際にそこで汗水垂らしたバンドメンバーたちの反応がこちらの思いとはまったく違っていて面白かった。とにかくこの演奏をなんとか大勢に見てもらいたいということでその場で4月のライヴを決める。

12月10日（金）

整体後の調子がそこそこ良かったのでエンケン祭ライヴの時につい調子に乗ったため、翌日は当然反動が出る。

12月11日（土）

再度整体に行ったのではなかったか。やはり身体にはほとんど触れられず。しかし、ソックス履くのが本当に辛いと訴えたら、その際の姿勢をとらされ、そのまま10分と感じられるくらい長く、実際には30秒ほど同じ姿勢、背後で何やらやられた。もちろん身体には触れず。これを3回くらい繰り返し、最後にはもう勘弁してくださいと心の中で叫んでいた。帰りには身体は軽くなり靴も楽に履けるようになるわけだが。

ニール・ヤングの新作『Barn』が届いた。近くで聴くより遠くで聴く方がいい。遠さの中の近さの感覚に心をとらわれる。遠く離れても大丈夫、いつも近くにいる、ともに何かをしている、これからはさらに遠く離れていくだろう、でもこれまでともに歩んできた今はもうここにはいないひとたちもだからこそここにいる。音の中にいるのではなく音の境界線に立つ、そんなアルバムだった。

12月12日(日)

浅川さんのフェイスブックのタイムラインにブラック・ウフルのジャケットが並んでいる。文章を読んだらスライ&ロビーのロビー・シェイクスピアが亡くなったとのこと(忌日は12月8日)。享年68歳。その年齢に愕然とした。わたしとたいして違わない。だがわたしがブラック・ウフルを聴き始めた70年代末はもうレゲエの重鎮だった。それ以前の活動も含めると50年以上は最前線。自分だったら50年も耐えられない。

12月13日(月)

五所さんの『薬を食う女たち』をついに読み終わる。約半年間、ここに記された「女たち」とともに過ごしたことになる。なぜかそう言ってしまいたくなるような本だった。ノンフィクションを読むのともフィクションを読むのとも、いや「読む」ということともどこか違う距離感で、この本を読んでいた。これも「読むことの境界線」ということになるのだろうか。これまでに読んだ本の中で一番近い感触だったのはデイヴィッド・ピースの『占領都市』なのだが、今ここで語られるかつてそこにいた人々の言葉が、いつか自分が語るかもしれない言葉になって自分の背後と前方を行き来する感触。

12月14日(火)

わたしにとっての最大の鬼門である九段下—靖国付近での打ち合わせ。とはいえ飯田橋から行ったほうが近いということも把握して、飯田橋方面から慎重に、焦らず、細心の注意を払いつつしかし細心になりすぎないように、あたかも普段の行動と変わらないことを心掛けながら、そして何が起こっても仕方ないとすべてを受け入れる用意をして電車に乗り、事務所へと向かった。もちろん何も起こらなかったのだが、振り返ってみると数年前にひどい目に遭って以降、無事に切り抜けている。こういうことは場所の問題だけではなく、時間の問題も絡んでいるのだろうか。よくわからないのだが油断したとたん大変なことになるので、用心怠らず。とはいえ、打ち合わせ自体はうまくいかなかった。わたしがひどい目に遭ってもこちらの打ち合わせは成功させたかったと思うこともできるのだが、かつてそう思った瞬間にとんでもないことが起きたのでもう絶対に自分を犠牲にしてとか思わない。申し訳ないがもう無理。しかしその分、別のやり方を考える。すべての道がどこかに通じている。

12月15日（水）
事務作業に明け暮れる。いろんなことが先送りになったまま、明日から富山だ。

12月16日（木）
富山へ。初めてのほとり座でboidsound上映。深夜の音の調整の前に市内から少し離れた場所にある回転寿司に連れて行ってもらった。美味しいんですと言われてはいたが、マジで美味かった。魚の力だけではなく、米やちょっとしたひと手間の力も重なって、回転寿司という料理を食っている気分。甘エビの味噌汁も絶品。

ホテルは旅館スタイルといったらいいのか、廊下もすべて畳敷で靴を脱いで上がることになるのだがしかしその他はホテル様式で、居心地がいいのか悪いのかよくわからない。面白くはある。たださすがに長距離移動で腰が悲鳴を上げていて、温泉があるのは助かる。個室の狭いバスタブに浸かるのとはやはりまったく違う。

ほとり座の音響設備はミキサーも常備されていて、映画館の音響設備というよりも、爆音のための音響設備と言いたくなるようなものだった。オペレーターもその機材をセッティングされた方で、つまりboidsoundというより爆音。形式的に映画館の常設機材を使うものをboidsoundと呼び、機材を持ち込む場合を爆音と呼んでいるのだが、ここは、爆音機材が常設されているということで、つまり、通常のboidsound上映の時の音圧感の不足も感じず思う存分やりたいことをやれる、という環境であった。これならいくらでも企画が立てられる。あとは富山の方たちに、いかにこの面白さと劇場のポテンシャルを知ってもらうか。多分楽しいことになる。

12月17日（金）

いつもは朝飯はほとんど食わないのだが、ここはあまりにうまそうだったのでつい欲張って食ってしまった。つまり早起きをしたということで、午前中の空いた時間は近所のカフェで各所連絡。昼飯はめちゃくちゃ美味いけんちんそばがあるというので行ってみたら本当にすごかった。具材の多さもそうなのだが、どこにでもあるけんちんそばと立っているステージが違う感じ。これはいったいなんなのか。

その後、雨の中をレコード屋巡り。お目当てのところが臨時休業で、そこからはだいぶ離れたところにある店まで行ったのだが、さすがに初めての場所の距離感が掴めず、帰りはタクシー捕まえたい、というくらい歩いた。いや、距離的にはそこまででもなかったかもしれないが、腰はもう限界だった。雨も激しくなってきた。したがって辿り着いた店でゆったりと在庫を確認する余裕もなくそれでもあれこれ見たものの心は上の空。腰が悪いとこういう時はもう諦めるしかないのだが、帰りも歩いてしまった。さすがにたまらずホテルの温泉に直行。何をやっているんだか。

夕飯はほとり座そばの居酒屋にて。出てくるものすべてが美味い。その中でも太刀魚焼。びっくりした。

ご機嫌のまま音の調整。今回のセレクションの中で『スウィート・シング』だけが初めてのboidsound上映。ということで念入りに確認しつつやったのだが、やり始めた時とは大違いのバランスの気持ちいい音となりわたしも音響担当者も大満足。音の変化やそれに伴う映画の変化を微妙に感じ取りつつ調整していくことの醍醐味を久々に味わった。こういう過程を経験すると簡単にはやめられなくなる。映画と一緒に生きている感触。夜から雪予報だったので心配していたのだが、深夜、外に出たら駐車中の車の屋根にうっすら白いものが、という程度だった。

12月18日（土）

雪が降り始めている。寒い。ほとり座に出向き、映画祭の様子を伺う。音はいい感じで出ている。いい音だ。調整前と聴き比べたら皆さん呆れるだろうが、これをいきなり聴いてしまうとこういう映画だと誰もが思ってしまうだろう。もちろんそれでいいのだが、いや頑張って調整したんですよと、ときどき言いたくはなる。その後、押し寿司なのだがぷりぷりの鱒寿司をご馳走になり、京都へと向かう。

途中は雪がどんどん深くなる。このまま閉じ込められそうな勢い。これから『シャイニング』の雪の中のホテルに向かうような気分にもなる。頭の中にも雪が降り積もる。いい感じでぼんやり

していると街の灯が。京都も寒かった。
土曜日ということもあってか人出は多く、いや、雪の富山からなので単にそう感じただけなのか。みなみ会館そばのいつもの定食屋に行く。いつものように「時間がかかりますけどいいですか」と声をかけられ、奥のテーブルに1組とカウンターにひとりという普通ならなんのことはない客数だと思われるのだが、大体30分くらいと時間指定される。これもまあいつものことなので待ちますと伝えじっと待つと本当に30分くらいかかった。わたしの後のお客さんは40分と言われていて、諦めて帰った人と待った人。でも普通にゆったりと待つわけだからまあ、急いでなければこれでいい。安定の味。我が家に帰った感。つい食べすぎた。

12月19日(日)
昼は原稿。夜はみなみ会館のスタッフたちと『ジギー・スターダスト』のboidsound上映ということでデヴィッド・ボウイが京都滞在時によく通ったという蕎麦屋で夕食。この店の特製の鍋を注文し堪能。いかにも京都という日本家屋を使った店だからコロナがなければ海外からの観光客で簡単には食えなかったと思われる。とはいえ観光客向けの品ぞろえに味、ということではまったくなく古くからのこの店の味をそのまま保っていると、初めて来た客に言われたくはないだろうが、そのようなことを思ってしまうような見事な空気と味であった。

その後、『ジギー・スターダスト』と『モーターヘッド／ラウダー・ザン・ノイズ』の調整。『ジギー・スターダスト』は久々。ミック・ロンソンのギターがこちらの足腰を持ち上げる感じで響く。こんなことになっていたっけと、半ば唖然としながら、もちろん大喜びで行けるところまで行った。バウス時代のフィルムの音よりクリアで芯もず太くなって、ああこれだよねこれこれと思わず笑顔。そして『モーターヘッド』はもう、身も心も全開。低音があまり入っていないので、劇場のイコライザーの125ヘルツ以下の低音のボリュームも全開。レミーのアンプ同様フルテン上映である。ほんと、これだよねこれこれ感が膨れ上がりっぱなしの京都の深夜であった。

12月20日（月）

京都大阪間の移動はいったいどうやったら一番楽なのか、結局何も考えず新快速に乗ることになるのだが、この日もそうだったのか？　楽に座って、仕事もボチボチしながら行きたいのだけど、それが難しい。新快速で新大阪へ行き、そこから地下鉄、といういつもの経路だったとは思う。夜はホテルそば某所で煮込みうどん。そしてシネマートへ。『アンテベラム』と『モーターヘッド』。『アンテベラム』はまったく知らない映画だったのだが、思わぬ展開と構成。ホラーではなくスリラーということになるのか。今この時代にこういう世界観の映画を観ると、映画以上に現実世界のことを考えてしまう。大きくも激しくもない音が身体のまわりにまとわりつき、否応なしに映画の世界の中に引きずり込まれて行けば行くほど、現実のこの世界についてのさまざまな思いが頭の中をくるくる回る。こういう映画がもっと話題になったりしてくれたら面白いのだが。

そして『モーターヘッド』は連日のイケイケ感。脳髄から足腰まで暴れ始める。京都と大阪でこの映画をこの音で観ることのできた人は本当に幸せである。同じ料金じゃいけないんじゃな

いかとも思う。でもほんとに、いきなりこの音で観てしまった人にとっては、こういう音の映画でしかない。もどかしいが続けていくしかない。東京のモーターヘッド・ファンは新幹線代出す価値はあるんじゃないか。外はクリスマス使用のシネマート心斎橋だった。

12月21日（火）

関西支社長からブツを受け取り、そのまま鶴橋へ。テールスープ定食。絶品すぎて鶴橋に住みたくなる。そしてキムチ大量購入、スーツケースが重すぎる。致し方なし、そのまま新大阪へ向かい帰宅。富山、京都、大阪と、買い出し出張となってしまった。

12月22日（水）

疲れ果てていたが仕事は待ってくれない。ご機嫌な猫たちを横目に事務作業。そして夜は、宮崎くんがエクスネ・ケディの歌をモチーフに作った短編『Caveman's Elegy』の試写。静けさの中に音が揺れる。部屋の中と外、枠の中と外。鏡、窓、パソコンのモニタ。いくつもの枠の中でふたりの主人公が虚ろな会話を交わす。わたしたちが生きている場所はどこなのか？　マスクのせいなのか常に呼吸は苦しく、口で息をしている、まるで海面に浮きあがる魚のような日々が目の前に広がる。

12月23日（木）

昼から某作品の製作ミーティング。もうちょっとのところまで来ている。しかしキャスティングは難しい。普段テレビをほとんど見ないわたしは、俳優の名前と顔や姿がまったく一致しない。皆さんが挙げてくる俳優たちの名前を聞き、スマホ上に現れるその人物を見て、ようやく今作ろうとしている映画に触れる、という感じか。少しずつみんなが考えている映画の感触、手ざわりを確認する。

12月24日（金）

クリスマスイヴだがあまり関係ない。妻は母介護のため実家に行っていたのではなかったか？　猫たちもクリスマスは関係ない。昼間は『Caveman's Elegy』の経費確認作業。助成金で作ると、最後の経費まとめが大仕事である。まあ、わたしが単に確認して、言われたように振り込み、それらの書類を集めておくだけなのだが。一方でboid内の経費処理が追いつかない。税理士には相当な負担をかけてしまう。

12月25日（土）

たぶん疲れ果てて寝ていた。写真もメモもなし。

12月26日（日）

夕方までにいろいろやろうと気持ちは焦るばかりで結局何もできず。夜は井手健介と母船、エクスネ・ケディ・アンド・ザ・ポルターガイスツの忘年会。来年1回はエクスネのライヴをやろうという話など。しかしやるとなると舞台装置やら衣装やらどうする、ツアーもしたい、そのための練習もしなくてはと、どこまで行っても金がかかる。やりたいことはわかっている、そして絶対面白い。しかし圧倒的に予算がない。世界のどこかにエクスネを気に入った大金持ちがいないだろうか。その人にとったら誤差みたいな金でめちゃくちゃすごいライヴができるのだが。そんなことばかりである。何とかしたい。

12月27日（月）

本来はこの日くらいから休みにしたかったのだが全然ダメだった。ひだまりの猫たちの写真が撮られているのだが、昼は事務所、夕方からズームでベルギー在住『N・P』監督のリサさんと。そして夜は新文芸坐でboidsound調整1日目。ゆらゆら帝国の低音、特にキックの音がなかなか出てこず苦労する。カネコアヤノはあっさりと決まる。うまくいく時はこういうものだ。そしてミッシェル・ガン・エレファントはライヴ会場のあまりの広さに呆れつつ、それに見合う響きをとあれこれ試した。調整を始めるまではすっかり疲れ切っているのだが、始まると映画の音に元気にしてもらうと言ったらいいのか、身体の中に音が入って眠っていた何かを活性化してくれる。身体の中で何かが動き出す感じ。ライヴ映画はやはりいいね。どれもこれも、上映させてくれて本当にありがとうと思う。終了は午前3時半過ぎていたか。

12月28日（火）

昼は事務所作業。結局あれこれ終わらずいろんなことが年越しになってしまいしょんぼりである。もちろんそれでもやるべきことをやれるかどうか。もうすぐできなくなる。

夜は新文芸坐で、ポール・マッカートニー『ゲット・バック』『スパイナル・タップ』『ストップ・メイキング・センス』『アメリカン・ユートピア』。『ゲット・バック』は無茶苦茶気持ちよくなった。あれこれ試した挙句、低音がついに落ち着いたのだった。そして『スパイナル・タップ』は苦労すると思ったのだが想定よりずっと綺麗に整音されていた。80年代の作品はやってみないとわからない。そしてトーキング・ヘッズとデヴィッド・バーンは以前やっていたので確認のみと思っていたのだが、『ストップ～』は前回の時と全然違っていて、そういえば前回もその前とは違っていたなということで全部やり直し。この不安定さはどうにかしたい。そして『アメリカン・ユートピア』は確認どころかわたしの勘違いで、今回が新文芸坐初めて。ということが判明したのが午前3時過ぎ。ああ。そこから最後のもう一踏ん張りとなったのだが音が鳴り出すと疲れも忘れる、ということでご機嫌の夜明けとなった。

12月29日(水)

昼近くに起き、2021年最後の「翠海」。安定の水餃子、そして豆腐の蟹肉ソースがけがめちゃくちゃうまい。ご機嫌で、バス、キッチンの水回りの大掃除をした。狭い家なので腰をかがめての作業となり、腰が悲鳴を上げる。あと何年、こういった掃除ができるのだろうか。

12月30日(木)

いったい誰が年末は家族揃ってとか、田舎のおじいちゃんおばあちゃんと一緒にとか言い始めたのかと、毎年この時期は日本中を呪い殺したくなるのだが、そうは言ってもひとり暮らしの母親を放っておくわけにもいかず、山梨へ。本来なら昼に甲府に寄り空族チームと悪巧みという予定だったのだが、なんと列車が全部満席である。年末を甘くみていた。というか、昨年は余裕だったのだ。同じようにコロナ感染が収まらずにいても、人間の対応は1年で大きく違う。後からならなんとでも言えるが、乗れないものは乗れない。夕方近くの列車のチケットを取る。

その間、山梨からも連絡があり、どうやら母親の血圧が上がりあわや入院か、みたいなことになった模様。電話連絡とりつつ、しかしなんとか持ち直したとのことで、予定はそのまま。わたしが戻って様子を見ることになった。

という慌ただしい帰省だったのだが、母親の状態は落ち着きわたしは夕食の支度や後片付け。母親の世話をするというよりも、それらはヘルパーさんがやってくれているので、とにかくわたしは飯を作り一緒に飯を食い話し相手になる。ただそれだけ。

12月31日(金)

飯を作り掃除をして飯を作り買い物をして飯を作り1年が終わった。

2022

1月1日（土）

天気予報では最低気温マイナス8度。昨夜午前2時くらいでマイナス7度だったのだが、やはり寒くて起きる気がしない。しかし寒さで目覚めてしまったので仕方なく起き始めたのが午前9時。これが実家で母と迎える最後の正月になるかもしれぬとなんとなくは実感しつつもちろんいちいち未来のことを気にしていても身動き取れなくなるばかりである。とりあえず雑煮をはじめ新年の朝食の準備を。歳取ってから食欲旺盛な母親があれこれ生協に注文するものだから、正月用の食い物が冷蔵庫に溢れている。そしてひとつの品の分量がそれなりに多くてわたしが手伝ったにしても食い切れず3日からやってくる妹一家に任せることになる。とにかくわたしはこの日の朝食と昼食の支度と片付けをして、東京に戻るわけである。2泊3日の田舎暮らしは、畳とこたつと布団によって腰を決定的に痛めつけることになった。子供の頃から畳の暮らしがダメだった。身体がさらに硬くなった今、耐えられるわけがない。まあいずれにしても3日間、食事の支度と片付けに追われ、ほぼ何もできなかった。いやこんな時は下手に仕事に手をつけないのがいいのだとようやくこの歳になって思い知り、今回はそれを徹底したために身体はつらいが気持ちは和やかな年の初めであった。

帰宅後は昨年の続きで『エスケープ・フロム・L.A.』。バウスで爆音やって以来、久々の鑑賞である。ああまた爆音やりたい、これがデジタルリマスターされたらもうこれを爆音やり続けるだけでいいんじゃないかと思ってしまうようなサーフィン・シーンのピーター・フォンダとディック・デイル。物語の展開は大雑把だが、でもこれくらいで本当にいいのだ。これ以上やったらサーフィンもハングライダーも楽しめない。こういうことをやるために映画作ってるんじゃないのか？　その分、サーフィンもハングライダーも本気だし。とまあ、見事にひとりで盛り上がったのであった。

1月2日（日）

夜中に映画を見てひとりで盛り上がったりするとそう簡単には眠れない。眠りは浅い。ぐだぐだのままの起床。朝食を済ますともう昼で、高円寺氷川神社に初詣に行く。帰りに神社隣のカフェ、negombo33の店頭には、ピワンのレトルトカレーでもお馴染みの36チャンバーズ・オブ・スパイス製のレトルト2種が並んでいた。この「ラムキーマカレー」も「ポークビンダルー」もめちゃくちゃ美味くて、正月からカレーが食いたくなってしまった。

帰宅後、『ザ・ウォード』と『ザ・フォッグ』。久々に観た『ザ・

ウォード』の人物たちの存在の説明のなさは、最後に諸々の説明があり物語の解決はつくのだが、その説明ゆえにさらに存在の根拠が薄くなる。汗水の跡を消すために汗水垂らしているような、実体のないものに対して汗水垂らして働きかけて実体だった痕跡を浮かび上がらせるもののそれをさらに消し去る汗水も垂らす、その執念というかカーペンターを動かすエネルギーに動揺した。

青山の日記でブルーレイが値上がりしていると書かれていた『ザ・フォッグ』は、現物があるものの新しいｉＭａｃにはドライブ類は皆無で簡単にディスクを見ることができない。外付けのブルーレイドライブは手元にあるもの、それを動かすアプリケーションがない。ネットでダウンロードできる唯一のフリーソフトをダウンロードしてみるがどうにもダメで、諦めて、有料のソフトをダウンロードした。あらゆるものを情報化していくＭａｃこそ、世界から汗水を消すことを加速する。『ザ・フォッグ』はそんな世界に向けて霧の中の実体が復讐する物語だと言えるようにも思う。『ニューヨーク１９９７』でも『エスケープ・フロム・Ｌ.Ａ.』でもスネークがかつての仲間たちに過去の裏切りをしつこく言い募っていたのだが、まさにそれは、自分の垂らした汗水の痕跡を消すような作業に対しての怒りだったはずだ。世に名を残すのではなく、名もなき汗水の痕跡を消すな、という怒り。そしてやってくる霧から息子を逃そうと、母親が電話で息子（アンディー）に向かって「ラン・アンディー・ラン」と叫んだはずなのだが、『ザ・ウォード』の監禁病棟の中で少女たちが聴くレコードの曲はニュービーツの「ラン・ベイビー・ラン」だった。このカーペンターの声の木霊をとらえる耳を、いつまでも持ち続けたい。『ザ・ウォード』は『ザ・フォッグ』の子供たちの物語でもあるのだ。

1月3日（月）

休んだ。なんだかすごく疲れていた。休むのも仕事ということでひたすらぐーたら寝て、体操などもした。考えてみればもう毎年のことなのだが、1年働いた疲れがこの時期に出て、大抵熱を出したり倒れたりして、年末年始に映画館に行ったりライヴに行ったりできた試しがない。一度だけ黒光湯に行った年は、その後熱を出して酷い目にあった。だから毎年ＳＮＳで皆さんのお楽しみぶりを眺めるのみ。マジで身体がきついのですべてを諦める。と言いつつ夜は某所で新年会。この日のネタは、とある人物の写真。ここにアップしたいところだが、これぱかりはさすがに門外不出。そして食い過ぎた。大勢で話しながら食べていると、満腹感がわからなくなる。

1月4日(火)

埼玉の方で暮らしている姫が久々に顔を出した。転職をするとのことで、わたしが勝手に思い込んでいた職業とは全然違ったことをやろうとしていた。だらだらと食事をし、本日締め切りの原稿を書いた。劇場公開される『戦慄せしめよ』のパンフレット用。和太鼓の音をこのように録音、整音できる技術力と繊細さに対する文章となったのだが、果たしてこの映画を観た方がこの文章を読んでなんと思うのか。しかしパソコンの画面を長時間見ていたおかげで、目が開かなくなった。

1月5日(水)

2022年初出勤。さまざまな連絡と事務作業の山。当然全部はできず、予定していたことの半分くらいか。芳しい知らせはない。とりあえずひとつひとつやるしかないのだが、何か気持ちは焦っている。しかし何が気になっているのか自分でもわからない。

夜は本当に久々に『ヴァンパイア／最期の聖戦』。いや、いったい当時何を観ていたのかというくらい面白い。盛り上がる盛り上がる。音楽の入る絶妙なタイミング、交わし合う視線、自分は人間なのか吸血鬼なのかわからない境界線上にある人物たちの曖昧な微笑みや困惑の表情、その一方で主人公のあくまで硬派な態度と仕草、曖昧さと硬さとの優しい触れ合い。音楽も含めて、これこそカーペンターの最高傑作ではないのかと言いたくなった。

1月6日(木)

義母の体調不安もあって、久しく行ってなかった義母の住む千葉の家に行った。家族全員集合だが、大雪になり謎の高揚感。たまにはこういうのもいい。しかし家が高台にあるため、帰り道は雪はすでに止んでいたものの下り坂で滑ったら大変。思い切り慎重に歩いた。もう子供のようにはこういうことを喜べない。

1月7日(金)

出遅れて仕事終わらず、18時からの新年会に30分ほど遅刻した。三河島にある「世味」という韓国料理の店で、岸野統隆くん一家、月永、渥美さんと川口力くんというメンバーだったのだが、店の前にどうみても岸野くんなのだがなんとなく違う、という人が立っている。いや、岸野くんだろう、いや違うのかと迷いながら曖昧に微笑みかけると相手は困惑の表情。ありゃ、違うのかと思いつつそれでも不安になり再度顔を見たのだがまだ判断がつかない。さすがにいくらなんでもここまで困惑されたら違うよなということで、すみませんと謝りつつ、店に入ったら客が誰もいないのでさらに焦る。1日中焦っていたので、焦るのにも疲れてひたすらぼんやりしてしまっていたら、店の人が声をかけてくれた。2階に行けばよかっただけのことなのだが、想定外の事態にまったく対応できなくなっているのを実感するばかり。そして実感すればするほどさらに呆然となり、その場に立ち尽くす。身体全体が猫化しているのか。

料理はどれも美味かった。するすると身体の中に入った。そしてあーだこーだわいわいと、しょうもない話ばかりだったが、笑い全開で激しくエネルギーを消費した。

1月8日(土)

オーバーに言えば何十年ぶりに8時間以上ぐっすりと寝た。信じられない爆睡。その爆睡＝寝坊のおかげで夕方までにやっておこうと思ったことの半分はできない。眠りと引き換え、ということを考えると半分はできたわけだから悪くはない。

夕方からはアップリンク吉祥寺でカーペンターのトーク。確認のため『ゼイリブ』を1時間ほど見た。殴り合いが終わるあたりで出れば大体1時間だろうと思っていたら、ほぼ間違いはなかった。身体は猫化しても時間感覚はまだ人間ということか。今回は4Kリマスターということなのだが、昨年まで爆音でもやっていた2KのDCPと、肌の質感が少し違ったかもしれない。音は同じだったと思う。4Kのありがたみは、初DCPの『ニューヨーク1997』や『ザ・フォッグ』の方にある。ただ、大抵の映画館では4K素材でも2K上映になるので、4K上映ができる映画館でこの『ゼイリブ』を観たらかなりの違いを感じられるかもしれない。デジタルはこういうところが厄介といえば厄介だ。なんでもいいけど映画は映画だ、という大らかな爽やかさに欠ける。映画を全身で受け取り全身に入ったそれを再びスクリーンに向けて投げ返すんじゃなくて、映画を細かくチェックする感覚になってしまうというか。いや、とにかくこうやってカーペンター作品が普通に上映されるということ自体がとんでもなくありがたいことなのだが。これに続いて『エスケープ・フロム・L.A.』も『クリスティーン』も『スターマン』も『マウス・オブ・マッドネス』もそして『ヴァンパイア／最期の聖戦』も、次々にお願いしたい。その意味でもまさに今こそカーペンターの『リアルタイム』ではないか。トークでも、とにかく今、カーペンターを、という話に終始したと思う。

その後、トークにやってきた友人たちと焼肉。とある助成金が決まり、ちょっとしたお祝いも兼ねてのもので、もう、何年ぶりかの李朝園を堪能した。

1月9日（日）

羽田発9時40分。そこから逆算すると7時40分過ぎには家を出なくてはならず、そのためには遅くとも6時30分に起きなければならない。最近は完全に昼夜逆転していて朝5時くらいに寝ていたので大丈夫かと緊張するばかりの夜は早く寝たものの当然眠れず、朝まで布団の中で悶々とするばかり。多分一睡もできなかった。その割にはひどく具合悪くもなく、ぼーっとはしているがなんとか起きて大分に着いた。別府で昨年から行われている梅田哲也くんの「『〇滞』２０２１-２０２２」という作品を観て聴いてその後梅田くんとのトークという仕事、というかお楽しみ。

　いったい何が行われていたのかというと、ひとつは別府ブルーバード劇場の、今はほとんど使われなくなってしまっていたスクリーン（元々ふたつのスクリーンを使った映画館だったのだが、今はひとつのみ。もうひとつは時々こういったイヴェントなどで使われる）を使っての上映。そして特別な受信機を持って地図上に示された場所にいくと、ＧＰＳでとらえられたその受信機の位置情報に向けて衛星から信号が発せられ、それを受け取った受信機がその場所用の音声を流し始めヘッドホンで聴くという地域巡回作品の体験である。

　ただ受信機も精度がいいような悪いようなで、決まった場所で決まったタイミングでＧＰＳ信号をキャッチするわけではない。いったい何が原因かわからないのだが、受信機によって信号を受け取ったり受け取らなかったり、あるいはタイミングがずれたり、受け取る場所がずれたりと、まったくもって受信機任せ。コントロールはできない。途切れ途切れにやってくる宇宙からのメッセージを、使い古されあるいは作られてからもう数え切れないくらいの時間が過ぎてかろうじて動いている受信機が受け取る、そのギリギリな生き物感。まったくダメではない、でもうまくいっているわけではない、死にそうだけど死んではいない生と死の境界線上を、そこにはいない梅田くんの案内の元歩いて行くというわけだ。その放送を聴くこちらも生死の境へと分け入っていくことになる。

最初はかつて遊興施設があったという場所。いったいいつのことなのか、建物はすでになく、木々が生い茂っている。林とも森とも言い難く鬱蒼とでもなくただ単に木が茂っているだけでもない。しかもそれなりのアップダウンがあって、ここに建物が建っていたとは考えにくい。でもその向こうにはプールもあるわけだから、確かに何かがあったのだろう。映画の中のセリフが聞こえてくる。後から映画を観てわかることになるのだが、その謎の台詞は映画の中のこの木立の場面で流れているものだ。「この場所に足を踏み入れることを、当然の権利と勘違いしないこと」。そんなこの場所とわれわれとの注意事項、契約事項が続く。

映画の冒頭は映画館の客席だったか、あるいは大ホールの客席だったか。とにかく大勢の人間が集まり一心にスクリーンや舞台を見つめ、我を忘れ、忘れた我に違う誰かの人生が流れ込み、今そこにいない人たちの時間が流れ込み、見たこともない世界の風景が流れ込み、我はどこまでも膨れ上がり気がつくと世界の果てと宇宙の果てとが重なり合い今ことなって手に汗握る、そんな場所が映されていたはずだ。主演の森山未來がその客席の合間、生い茂った椅子の間を抜け、ああそれは今はなき記憶の中の映画館、大ホールの客席を誰かに案内するような、そんな風情にも見えたのだが、その姿を追っていくうちに木々が茂るこの場所の凸凹を森山未來は軽々と歩き柵を乗り越える。ヘッドホンからは注意事項が続く。確かにここには遊興施設が建っていた。大勢の人たちがやってきた。数え切れない時間を過ごした。積み重なる人々の気配の名残と名残の気配と彼らの彼女たちの時間が木となり草となり坂道を作り穴を作り小さな流れとなってこの土地の下で今も彼ら彼女たちは手に汗を握っている。

そして木々の脇にプール。中に入ると何かが聞こえてくるというのでプールの底へ降りる。映画の中での森山未來はもはやそこには重力などないかのようにふわりと底に降り立つのだが、還暦過ぎのおっさんはそうはいかない。落ちないように注意深く、膝や腰に負担をかけないようにそっと。底に降りてしまえばそこはただの底でしかないのだが、ヘッドホンからは不意にかつての館内放送のようなものや、お囃子なのか祭りの歌なのかいつかそこで歌われていた歌が流れてくるともうそこ＝底は未来の遊興施設となって、もはや自分がいなくなり人類さえもいなくなってもなおそれがここで歌われ続ける、そんな気配だけの人間たちの集会にわたしもすでにこの身体を離れて参加している。プールの底は時間の底でもあって、そこには過去ばかりではなく未来も溜まる。その時間の水溜まりを、映画の中で森山未來は歩くのだ。『ブレードランナー２０４９』の中、廃墟となったラスベガスのホテルでなんの拍子か不意に流れ始めるエルヴィス・プレスリーのラスベガス・ライヴの途切れ途切れの３Ｄ映像に涙を流す年老いたハリソン・フォードの乾いた涙の水溜まりでもある。

「きっとまた、４０００万年後に会いましょう。大きな地盤のプレートの上で。次は、地球の裏側で」

映画の中ではロープウェイのシーンでそんな声が聞こえてきたのだが、わたしがロープウェイに乗るのは明日のことである。しかしその声はすでにこの時、ヘッドホンから聞こえてきたのではなかったか？　受信機の間違い？　いや違う。その場所と時間の違いとねじれこそ、この受信機の音声の中心にあるものではないか。表立っては決して聞こえてこないそれが、各所を周り終点で映画を観てそして出版された本も読んだ挙句、その日その場で聴いたものすべてが幻になっていく。幻になり混線し新たな時と記憶が生まれていく。プールの底にはそんな新たな時間と記憶も溜まる。

聞こえてきた楽曲は「つるみ小唄」というかつてそこにあった遊興施設「鶴見園」の女優歌劇のラインダンスの際に歌われていたものだ。それを現在の高校生たちのブラスバンドが演奏、映画の中ではそれが使われているのだが、ヘッドホンからは満島ひかりの歌も聞こえてくる。そんな解説が書籍版『〇滞』に書かれている。もしそうだったとしたらそれはきっと４０００万年後になってもまだ、地下に沈んだ王国の道案内を地上で続けるアピチャッポン・ウィーラセタクン『光の墓』の女性、ジェンさんのように４０００万年後もバスガイドを続ける未来の満島ひかりがジェンさんのように足を引き摺りながら道案内をしている、その道案内と歌声が４０００万年の時を超えて今ここに聞こえてくるのだと言いたくなる。いや、かつてこの地でバスガイドをやっていた過去の満島ひかりの声が４０００万年後のジェンさんに届きそこから再び送り返された信号をこの受信機がキャッチしたのだと言うべきか。この別府の地熱が時間の結界を緩やかに解いている。しかし映画の中の満島ひかりは果たしてバスガイドだったのか単なる旅行者だったのかラインダンサーだったのか、もはやまったくの記憶の外である。いくつもの記憶が集まり重なり合いひとつの像を結ばない、「記憶」というより「可能性」と言いたくもなるような過去と未来が逆転して混ざり合う小さな運動体として別府はある。

別府の裏側はアルゼンチン沖なのだそうだ。そしてこの受信機はその場所付近に行くと何やら反応して音声が聞こえてくるらしい。そこまで行く奇特な人間がいったい何人いるのかわからないが、映画『サウダーヂ』には甲府から真っ直ぐ穴を掘り進めて90度だったか45度だったかとにかく右に曲がればそこはタイ、といったセリフがある。ああならばわたしはどこかでそちらの道に入ってしまったのか。あるいは『光の墓』のジェンさんはタイ・イサーンの地下に眠る王国を案内するとともにそこからさらに穴を掘り進め左に曲がって日本の別府へと行き着いたのではないか。あの映画の中でジェンさんが案内する王国とは、別府の鶴見園のことであり、そこで行われていた女優歌劇が繰り広げる夢の王国のことではなかったか。

そんな曲がった道と曲がった時間がこのプールの底に水溜まりを作る。

鶴見園跡地に生い茂る木々の梢の上に一艘のボートが掛かっていたはずだ。もちろん映画の中の1シーンである。あれはいったいなんだったのか。たとえばある日このプールの底の曲がった道と曲がった時間とハリソン・フォードの涙が溢れ出し周囲を覆い洪水となりどこからかボートを呼び寄せる。帰り道なのか目的地なのかを失ってここに引き寄せられたボートはもはや漕ぎ手もいなくなり梢の上でいつかくるはずの大洪水を待ち続けているのだ。ジョン・カーペンターの『エスケープ・フロム・L.A.』で廃墟となり脱出することは不可能な巨大な監獄となったLAの浜辺でサーフボードを抱えいつかくるはずの大波を待ち続けるピーター・フォンダ。彼の視線は海上をまっすぐと進み、しかしいつかねじれてアルゼンチン沖を通り過ぎタイを通過してこの別府へと辿り着くかもしれない。そしてわれわれの胸を貫き、ああ映画の風景とはこのようにねじれた時間の運動を待ち続けるひとりの人間のねじれることも曲がることも引き返すこともすべて引き受けるまっすぐな視線によって見つめられて初めて浮かび上がってくるものなのだとわれわれは知ることになるのだ。

「バス停はどこですか?」と聞こえてきた。すでに別府を越え由布に入った伽藍岳の火口に向かい急な坂道を歩いている時だったように思う。いや別の場所だったか。いずれにしてもこんなところにバス停があるはずはない、いくら昔のことでもここをバスが

走っていたとしたら過去ではなく未来であると思えるような場所だった。こちらは息も絶え絶え。書籍版を読むと「どこですか？」ではなく「ここですか？」である。もちろんそれも定かではない。不安定な受信機と宇宙からの途切れ途切れの信号、そして曖昧な記憶。われわれの人生のほとんどは、そんなブツ切れの断片の重なり合いで成り立っているのではないか。いつかここをバスが走る。バスのようなものが走ると言ったほうがいいのかもしれない。いや、永遠に来ないバスを待つ人間が探し続けるバス停としての我を忘れた我。曖昧な記憶と他人の人生とねじ曲がった時間の水たまりで膨れ続ける我。バス停としてのピーター・フォンダ。

映画では最後近くに位置している火口のシーンは、もはやそれが別府であろうとなかろうとどうでもいい、とにかくこれがすべての始まりなのだと言いたくなるような風景だった。書籍版『〇滞』には地獄について次のような記述がある。

「地獄は人工物と相性がよくないばかりでなく、はっきりと人の生活を蝕んで破壊していく一面を持っています。そんな地獄の湯に浸かり、地獄で蒸した材を食する、地獄と密着した生活が、別府という町を豊かにしているのです」

『光の墓』のジニンさんが案内しているのはおそらくここなのだ。

ここからさらに奥にある場所。しかしそれはわれわれの暮らしと相性が悪い。津波はLAからの主人公の逃亡を助けると同時に人々の暮らしを破壊する。木の上のボート、あるいは船という映像はピストルで出演者を脅しながら撮影されたというヴェルナー・ヘルツォークの映画だけでなくわれわれはつい10年ほど前、テレビの画面で嫌というほど見せられた風景ではなかったか。東北の海岸沿いで命を失った人々は、あるいはその家族は、この木の上のボートを見て何を思うだろうか。だがそれでもここがわれわれを豊かにする「地獄」なのだ。この噴き出す湯気と熱気の中で生まれた大波に、われわれは乗らねばならない。そのためにただひたすら待つ。そこがバス停なのかどうか、誰にもわからないにしても。

そんなわけで温泉にも入った。塚原温泉火口乃泉。じっとしていると身体が浮く。重力が消え時間の波に乗った。

1月10日（月）

別府駅前にある温泉「駅前高等温泉」へ。「あつ湯」と「ぬる湯」がある。入る時にどちらか決めなければならない。別府の温泉はどこも熱いので初心者は当然「ぬる湯」を選ぶわけなのだが、入り口のところで「あつ湯」を選んだらしいおじいちゃんが出てきて番台の担当者に「命懸けだね」とか話しかけている。いったいどのくらいの熱さなのか。「ぬる湯」にはおじいちゃんがひとり。今日は市営の温泉が定休日で、そんな時はここに来るのだという。別府の温泉に入ってると肌もツルツルになるよとニコニコしているわけだが、もはや老人と赤ちゃんの区別がつかないお肌ツルツルの老人。ブラッド・ピットの『ベンジャミン・バトン』の赤ちゃん化する老人とは違う、ねじ曲がった時間に乗った老人というべきか。時間のサーファーとしての別府の老人たち。確かにそれもまた「命懸け」の運動ということになるだろう。しかし無茶苦茶熱い。これが「ぬる湯」とは。昨夜のホテルの温泉とも、火口の湯とも全然違う熱さ。入ることもできない。あっちの方がぬるいとおじいちゃんに教えられ、奥の洞窟のようになった場所にあるもうひとつの湯船に行くとここならギリギリ入れるという熱さである。ここで身体を慣らし最初の湯船に戻る。一旦地下に潜ってから浮上する感覚と言ったらいいか。洗礼終了。地獄の熱を体内に注入し、鶴見岳山頂に登るロープウェイへと乗り込む。

ヘッドホンからは機械音が聞こえてくる。バスのエンジン音なのか？　よくわからない。映画のシナリオには「ロープウェイ上りの定在波（モーターの駆動音）」とも書いてある。しかしヘッドホンからのそれは、バスだけでなく、遠く海上を地球の反対側へと向けて進む船舶のエンジン音にも聞こえる。はるかアルゼンチン沖合で受信されるはずの信号を求めて船は行く。辿り着いた時、果たして信号はやってくるのか受信機は機能するのか。命を懸けるには微かすぎる期待とともにそれでもわれわれは行く。黒沢清『回路』の最後、ほとんどの人類が地球上からいなくなり、それでもどこかで生きている最後の生き残りからの微かで途切れ途切れの信号を受信した主人公たちが船出するように。だがその微かさは、われわれが今ここに足を置いている限りのことにおいてである。

「そこから先は別世界」

そんなアナウンスが聞こえる。シナリオには「そこから先は煙です」と書かれているから、映画でもそのように発話されていたはずだ。たまたまなのか山々には霞がかかり、われわれは現実世界でも煙の世界に入ってしまったことになる。確かな今ここと実体がもつ痛みや悲しみや喜びの世界ではなく、あらゆるものが小さな粒子となって世界を彷徨う煙として生きる世界。忘れられた我が漂う世界。映画ではこの後が昨日行った火口なのだが、現実では、ロープウェイを降りて鶴見岳の山頂を間近に見上げ、同時に霞んだ別世界を見下ろすことになるわけだ。そして身体を離れ漂い始める我の耳に聞こえてきたが「このバスは、別府発、満蒙、朝鮮、台湾、南洋を経由、ブエノスアイレス行きでございます」というアナウンスではなかったか。いや、それが聞こえてきたのはまったく別の場所だったか。いずれにしても今ここにいる身体を離れた我に、つまりまったく別の時間の別の場所を漂っている我に、そんなアナウンスが届けられたはずだ。船でもロープウェイでもある、われわれの乗ったこのバスは地獄の煙に乗るサーフボードでもある。

しかしこのバスは侯孝賢の『好男好女』にもジャ・ジャンクーのいくつかの映画にも当たり前のように現れなかったか？　主人公たちはいつしか自分の目指していた場所とは違う場所へ辿り着

くことになる。気がつくと信じられないくらいの時間が経過している。その残酷さに彼らは皆打ちひしがれ、しかしそのことによって初めて彼らにとっての「別世界」へと歩を進めることができたのではなかったか？　つまりこのバスこそが映画であるのだと、それらの映画は語っていたはずだ。

帰り道のロープウェイの中では山頂へ向かう時とは違うアナウンスが流れたはずだ。小さなモーター音のようなものは相変わらず気持ち良く、我は目の前の空の向こうへと飛び立っていく。映画の中で満島ひかりが乗り込んだバスが消えていく時の奇妙な音は、明礬地獄の地下から蒸気によって泥が半球上に盛り上がるポイントで録音されたと書かれている。ロープウェイで流れていたのはこの音ではなかったか？　地下から地上へ、地球の反対側からこちら側へ。山頂に登るわれわれは同時に地下に潜り蒸気となって地上へと噴き上がる。山頂と地上と地下では時間の流れが違うことは物理学的に証明されている。その3つの時間の流れがこのロープウェイの中でひとつになりアルゼンチン沖（実際の別府の反対側は、アルゼンチン沖というよりブラジル沖らしいのだが）へと流れ出す。いつか誰かがそこで、宇宙からの信号をキャッチする。『回路』の最後、船に乗った主人公たちは南米を目指す。そこから微かな信号が発せられていると、その中のひとりが言う。

「この穴の奥に、何がありますか。この穴の奥に、何か見えますか」

そんなセリフが聞こえてくるのは、別府ラクテンチの敷地内にある金山跡の坑内だったか。金を求めて地球の裏側へと掘り進んだ坑夫たちは温泉を掘り当ててしまう。その蒸気と熱気で金を掘ることはできなくなり、代わりに温泉ができたというわけだ。われわれの計画は常に失敗する。だが失敗は終わりではない。計画は捻じ曲がり、違う目的地へと到達する。信号は誤配される。スペイン語の放送が聞こえてきたのは、この金鉱内だったか、あるいはその上にある露天風呂でだったか。露天風呂は現在工事中ということで人も温泉も入っていなかったが、果たしてそれは常にこのような状態なのではないかと思われる、それ以上進みようのない時間の裂け目がそこに広がっていた。時間の断層としての露天風呂。そのお湯に足をつけたら途端にそこはアルゼンチン沖になる、そんな断絶の接続があった。

だからこそスペイン語の放送をわれわれがここで受け取ったのだ。言葉の意味はわからないが、アルゼンチン沖で誰かが聴くはずだったことだけはわかる。宇宙を介して別府とアルゼンチン沖がつながる。逆に言えば今ここで聴く日本語のアナウンスも、いつか誰かがアルゼンチン沖で聴くかもしれないということだ。願わくばこの受信機がわれわれの命より長生きして、幾つもの世代を超えてここにあり続けてくれることを。スピルバーグの『A.I.』の最後では、人類が滅んだ後も残り続けたクマのぬいぐるみに張り付いていた母の髪の毛のDNAから、AIであるデヴィッドの人間の母が1日だけ再生されたのだった。まさにそのぬいぐるみに張り付いた母の髪の毛としての受信機として。もちろんそれが母の髪の毛かどうかは再生してみないとわからない。別府ラクテンチの露天風呂がアルゼンチン沖の海に変わる。

別府はそんな受信機である。地熱と蒸気、バスとロープウェイと船、山頂と港。さまざまな形でさまざまな場所にさまざまなものがやってくる。別府には立命館アジア太平洋大学という国際大学がある。約80カ国から3000人ほどの留学生が訪れているのだという。誰かがその受信機を母国に持ち帰る。あるいは母国にあった受信機を持ち込む。その信号の更新が更なる誤配を生むことになるだろう。昼食はスリランカカレーを食った。

食後は鉄輪温泉へと向かった。「かんなわ」と読む。別府の中の一区画なのだが、そこだけでいったいいくつの温泉があるのだろう。日本中のいわゆる温泉地が凝縮された場所のようにも見える。空気の濃度がすごい。とある温泉場の脇に小さな間欠泉のようなものがあって、自然にできたものではなく人工的な配管とその出口から湯気が噴き出ているのだが、こんな蒸気がそこかしこから出ている。ぼんやり見ているだけで息が苦しくなる。ヘッドホンから何か聞こえてきてはいるのだがまったく上の空。音を聴くというよりもただひたすらその音を呼吸していた。その呼吸とともに、かつてそこで暮らしていた人々の声や歌や音楽や金鉱を掘る男たちの息遣いが入ってくる。映画を観るとはその時間と歴史と人生を呼吸することでもある。数年前大阪の西成で開催された「〇才」と題されたイヴェントでは、西成の街中の各所に梅田哲也による作品が展示され、それを観て回るうちにどれが作品なのか日常の風景なのかわからなくなり気がつくと「我」が身体から離れ街中のそこかしこにある裂け目の中に入り込み内側からその街を体験するというスリリングな時間を過ごしたのだが、ここでは歪んだ時間や断絶され接続された場所の風景が不意に大波となってやってきて、時間の海へと「我」が無理やり引き摺り込まれる。場所が時間であることを、別府では徹底して身体に叩き込まれることになる。いや、身体が喜んでしかし恐れながら吸い込むというか。

薬草のむし湯、というのに入った。雑に言えばサウナということになるのだが、床に薬草が敷いてあり、その下から鉄輪温泉の熱気と蒸気が立ち上る。薬草とともにこちらの身体も蒸されるわけである。扉を開けた瞬間、肺が熱い。濡れタオルを口に当てないととてもじゃないが呼吸はできない。ここもまた命懸けである。入湯時間は8分。地獄の蒸気が身体に充満する。いいことも悪いこともすべて受け入れる準備はできた。

むし湯そばの猫に挨拶をしつつ、海岸へと向かう。映画ではラストシーン。その浜で皆が走り穴に入り砂をかけられ蒸されるわけだが、現実の海岸はただの海岸である。砂蒸しができるわけではない。人工的に作られたということだけあって地獄感はない。昨年の春に行った千葉のいすみ市の海岸もこんな感じだった。その辺りもまた、実はいろんな逸話がある。しかしこの人工のビーチの、そんな歴史などなかったかのようなコンビニエンスな佇まいはどうだろう。映画は映画であるというあっけらかんとした終わりでありつつ、それゆえにそれは確かに映画であった。

「ちなみに別府の裏側は大西洋の真上で、実際の位置はブエノスアイレスよりさらにもっと東のやや北、ブラジルの最南端に位置する州リオグランデ・ド・スルの沖合に位置しています。ブエノスアイレスとしたのは、単純にその言葉の響きのよさ、口の気持ちよさからです。作品なんて、そんなもんです」

そんな梅田哲也の言葉があらかじめ孕んでいる誤配の可能性を、この人工ビーチが示している。あらゆる人工物を受け付けない地獄の街別府が作った人工のビーチ。たとえ人類が滅びても、なぜかここは破壊されつつもあっけらかんと、この明るさのまま生き延びる。世界の終わりを生き延びる 人工受信機としてのビーチ。そんな未来の時間がここには流れていた。いや、映画の中に流れていたというべきか。その後別府ブルーバード劇場で再度映画としての『〇滞』を観ることになるのだが、もはやどちらが現実なのかどちらが映画なのかわからない、

反転というよりも誤配とねじれがそこに生まれていた。

上映後のトークでは、このような誤配とねじれの体験を報告した。ロバート・ゼメキスの『コンタクト』のジョディ・フォスターが演じた主人公は、宇宙からの信号をひたすら待ち続けついにそれをキャッチしたわけだが、その信号が示す設計図通りに作られた宇宙船に乗って束の間の旅をする。地上の時間では数秒。しかし彼女にとっては果てしない宇宙の旅であり自らの過去を宇宙の果てまで追いかけるものとなった。だがその時間の感覚と体験を地上の言葉で彼女は説明できない。たった数秒でそんなことができるわけないじゃないかと世界中から彼女は非難を浴びる。しかし彼女はひたすらその体験を語ることしかできず誰をも説得できない。まさにそんな体験が別府を舞台にして起こっていたのだ。そして彼女が地上に降り立ってももはや地上の人には戻れなかったように、わたしもまだ別府の時間の中にいる。梅田哲也によって仕掛けられた時間の断層と不意の接合によって噴き出た蒸気と熱気の中にいる。そしていつかくる大波を待っている。サーフボードと一体化したピーター・フォンダの真っ直ぐな背中が今も目の前にある。老眼で世界は滲んでいるが、アルゼンチンの沖合は見ることができる。


かつて青山真治は映画監督は考古学者のようなものだと語っていた。ある空間に刻まれた過去の痕跡を頼りに時間の旅をして過去の出来事や空間や時間を作り上げる考古学者としての映画監督。そんなイメージだろうか。いやそれだけじゃ単に考古学者じゃないかと青山は言うだろう。青山の映画が示すのは「過去」だけではなく「現在」も「未来」も含めた時間の混在である。あらゆる時間の中にわれわれはいる。その意味では映画監督とは常に未来に居続ける考古学者ということになるだろうか。未来において発掘された未来でもある現在でもある遺跡を手掛かりに、かつてあったはずの空間で起こったはずの出来事を未来における現在として描き出すことで更新され続ける現在として示す。そんな映画監督……。

北九州で行われた「青山真治クロニクルズ展」の会場に飾られた青山映画の撮影地図は今後も果てしなく更新されていくだろう。それはより正確な情報が付け加えられ修正されるということではまったくなく、われわれがそれを見るたびにわれわれの世界で起きている出来事やそれがもたらす未来の展望、あるいはそれらが浮かび上がらせる過去の出来事がその表層や下層に塗り加えられていく、そんな地図自体の永遠に未完成のふくらみとしてわれわれをまだ見ぬ歴史の中に引きずり込むということである。

別府はそんな更新される地図である。青山映画の北九州地図を作成した堀口徹氏が梅田哲也の別府地図として書籍版『〇帯』の解説を更新したら、そこにはどんな別府が見えてくるだろう。もちろん地図を作るのは誰でも構わない。誰もが別府の地図を作りいつしか歌劇団の合唱の声のひとつとなる。更新される未来地図の製作者でありその未来地図の登場人物でもある自分へと自分を変えていく大いなる可能性をわれわれは持っている。そのための熱と蒸気を別府が与えてくれる。輝ける未来としての19世紀と言ったらいいか、大友克洋なら『ＡＫＩＲＡ』ではなく俄然『スチームボーイ』であり続けるわれわれの身体を、梅田哲也は刺激し続ける。

1月11日（火）

名残惜しいが10時過ぎには別府駅を出て博多に向かう。別府がこんなところだとあらかじめ知っていたら、もっとゆったりしたスケジュールを組んでおいたのにと悔やむばかり。いや単に温泉にもっと入りたいだけなのかもしれないのだが。しかし、この時間の混沌、場所の混在。帰京後に『ＡＫＩＲＡ』の鉄雄の声をやった声優の佐々木望さんと話した時に、「まるで『ＡＫＩＲＡ』の世界の後に昭和が始まっているような」と説明したのだが、そういった時間と空間のねじれが、別府中のそこかしこで起こっている、そんなふうに感じたのはやはり梅田くんの罠に嵌められたということなのだろうか。

福岡では三好くんと今年は日本各所で行う予定のアノーチャ・スウィチャーゴーンポンの特集上映の打ち合わせ。どうやっても黒字になる見込みはない上映をどうやって成り立たせるかという話といったらいいか。もちろん助成金などが頼りになるわけだが。だがそれだけでは面白くない。ワーワー騒いで思い切り楽しんで、気がついたらなんとかなっていた、みたいなバカみたいなことにできればしたい。夢みたいなことを考えるな、と言われるかもしれないが。でもそういうものじゃないか。

その後、木下くんとカレー食ってお茶して空港へ。なんやかんやで福岡土産もあれこれ買ってしまう。

1月12日（水）

昼からこの春公開の某作品の宣伝についての打ち合わせ。ｂｏｉｄ配給ではないのだが、これはさすがに何があっても手伝いたい、というやつ。こうやって自分の首を絞めていく。

夕方は下北沢にオープンする映画館「K2」の内覧会。ほぼ駅に直結。環境はバッチリである。新しい映画館は気持ちがいい。ただ、参考上映された映画が、元々が16ミリ作品のモノラル・サウンドのドキュメンタリーで、これをやりたくなる気持ちはわかったが、これだとたとえばサブウーファーからはどの程度低音が出るのか、サラウンドのバランスがどうなのか、人の声や音楽はどんな音質で聞こえてくるのか、という映画館の音響設備のポテンシャルはまったくわからない。音響のことがあまりわからない人がこれをみたら、この映画館は音が悪いと思ったはずだ。その意味では非常にもったいなかった。オープン後、いろんな映画をやることでそういった映画館のポテンシャルはゆっくりと伝わっていくとは思うのだが。

1月13日(木)

いろんな作業が山積みである。青ざめるができないものはできない。目一杯働いた。夜は15日のダグラス・サークのトークのために今週はサーク漬けということで『翼に賭ける命』。もう何度目かの鑑賞だが、観るたびに感情移入度が激しくなって、もはや飛行機乗りの気分である。まるで自分がその場にいるような、心はもういつの時代のどんな場所にでも行けるのではないかと、そんな錯覚をしそうな勢い。サークの映画の飛行機の暴走、車の暴走、馬車の暴走、ボートの暴走が、今ここを永遠へとつなげる扉を開いてくれると言ったらいいのか。それにしてもドロシー・マローン。彼女のためならなんでもするって、この映画の登場人物じゃなくても言いたくなる。

1月14日(金)

事務所作業の予定だったのだが、急遽、某作品の企画書作りをした。サボっていたやつだが、いろんなことがあってようやく覚悟が決まったというか。企画書作りや書類作りはまったく得意ではないのだが、とにかく気持ちだけは伝わるように作ってみた。

夕方には別件のトラブルの知らせ。とんでもないことが起こってしまったのだが、まあ起こってしまったものは仕方がない。しかし何十万円くらいが一気に飛んでしまった。愕然とする。でも、こういうこともある。

夜は久々に『風と共に散る』。『翼に賭ける命』のドロシー・マローン、ロバート・スタックのコンビにローレン・バコール、ロック・ハドソン。もう最強である。冒頭の車の暴走、ドロシー・マローンのダンス、ローレン・バコールの冷たいが強い思いの視線。ああもう、サークばかりを観ていたい。

1月15日(土)

シネマヴェーラにて濱口竜介くんとダグラス・サークについてのトーク。上映作品は『世界の涯てに』。登場人物たちの動き、表情、声、視線の交わりなどに圧倒されっぱなし。そして音楽、やはりやってくる馬車の暴走。濱口くん曰く「サーク作品は全部傑作、どれか1本は選べない」。観れば観るほどその思いが強まる。わたしとしては濱口竜介が最もサークに近づいたのは『寝ても覚めても』で、あとは西島秀俊をいかにロバート・スタックにするか、あとは『ドライブ・マイ・カー』の三浦透子の声は『風と共に散る』のローレン・バコールのようだという話をしたかどうかもはや記憶は霞の彼方なのだがとにかく今後の濱口作品の展開に思いを込めた。『寝ても覚めても』こそ「偶然と想像」であると、わたしは思っているのだが。

その後、映画を観に来ていた声優の佐々木望さんとお茶をしつつ、今後の企画について話をした。夜はさらにサーク、『心のともしび』。そう、この冒頭のボートの暴走。『風と共に散る』、ヴェンダースの『さすらい』と3本立てで、冒頭の暴走シリーズができる。しかしあのサングラスといい女性たちの衣装といい、映画のリアルってなんだ？　と思ってしまう。とまあ、気持ちは昂るばかりの1月前半であった。

1月16日(日)

疲れ果て、ほぼ寝ていた。午後から『ハウス・オブ・グッチ』。実話というのがすごいとしか言いようがない。責め続けるレディ・ガガ。受け続けるアダム・ドライバー。同じリドリー・スコットの『最後の決闘裁判』でもそうだったが、アダムはほぼただそこにいるだけでなにもしない。結果的に映画というより80年代テクノを聴きにきたという感触で、ユーリズミックスが流れたあたりが白眉だったか。でもやはりドナ・サマーか、というかジョルジオ・モロダーということか。グッチ家のことはまったく知らなかったのだが、名家には生まれたくはないねと、これは誰もが思うはずだ。だがそれよりも、物体としての「家」の物語として奇妙な魅力を放っていたように思う。そしてここでも車が速く走っていた。凍りついた山道を走るバイクにもドキドキさせられた。リドリー・スコットは頑張っている。でも上映時間が少し長すぎる。90分くらいで観たかった。

1月17日(月)

事務所にて山﨑樹一郎監督と『やまぶき』の宣伝・配給経費に

ついての打ち合わせ。金はない、ということはよくわかった。その中で何をするか。わたしへの負担ものすごく大きいということもよくわかった。しかしこれに関しては「わかったつもりでわかっていなかった」ということだったかということが後に判明することになる。

その後、映画美学校にて『やまぶき』の内覧試写。年末に最終版が仕上がったわけだからそれをスクリーンで観るのはほぼ全員、これが初めてということになる。オンラインのモニタ画面ではわからなかった表情の微妙な変化、視線の動き、空気感がその肌触りとともに感じられて明確には語られない彼らの思いや行動の原理を、はっきりと受け取ることができた。多くの出来事を詰め込みすぎかというくらい詰め込んだ物語だが、ああこれくらいでいいのだという落ち着きと言ったらいいのか、映画が映画であることを生み出す土壌の香りのようなものが漂う物語だった。16ミリでの撮影、ということも大きいのかもしれない。編集のリズム、カットのタイミングの潔さが、次々に展開する物語を支えていた。そしてほぼだれも脛に傷を持たない者はいない大人たちを見つめる若者たちの強い視線が、こちらの身体をも貫き通した。それはかつての「ドント・トラスト・オーヴァー・サーティー」みたいな言い方ではない、つまり、大人たちへ向けての反抗の視線ではない、ひたすら自分とその足元を見つめる、そしてその足元の大地を貫き地球の反対側を見つめ、そしてさらに地球を半周してわれわれの背後から新たな明日を見ようとするような視線であった。簡単に言えば、わたしを信じて、という視線。これに乗るかどうか。わたしは乗る。それだけのことだ。

1月18日（火）

鎌倉へ。あまりの仕事山積みで、湘南新宿ラインのグリーン車でパソコンを開きながら行く、という仕事のできる人みたいなことをしてしまった。というか、鎌倉までの1時間、座れなかったら腰がやばい、ということもあったのだが。グリーン料金1000円は果たして高いのか安いのか。

鎌倉では、江藤淳さんの遺族を訪問し、Voice of Ghost の kindle シリーズで夏から発売する「江藤淳全集」の契約をした。予定では何年かがかりで50冊ほど。いったいなぜboidがと思う方がほとんどだろう。まったく結びつきはない。わたしだってまともに読んではいない。今更江藤淳、と思う方も多いはずだ。読み尽くして卒業した方、その次のステージに行かれている方も多いと思う。だが、気がつくと著作の多くをもはや読むこともできない。古本屋では高い値段がついている。どうして当たり前のように読むことができないのか。読みたい時、必要な時に読めないのはどうしてか。あるいはまた、老人になってから江藤淳に出会ってもいいではないか。年寄りでなくてはできない読み方もできるではないか。とかなんとか、いろんな思いはあるもののほとんどは偶然の所産。その流れにあまり逆らわなかった。果たして全作読めるかどうか、のんびり付き合っていけたらと思う。

その後、恒例の中華街。いつものあの店である。しかしシャッターが降りていた。まさかコロナでと一同青ざめたが、定休日だったことが判明。致し方なし。第2候補の同發本館。昔からときどき食っていた店なのだが、やはり美味い。満腹で帰宅し風呂に入ろうとしていたら井手くんからラインが届く。「ロビーにいます」。

いったい何が、と思ったら新文芸坐のboidsound調整の日であった。すっかり忘れていた。いつもならカレンダーに記録しておくのだが、今回はいつも連絡が遅れて焦る井手くんにすぐに連絡したことですっかり安心してしまっていた。カレンダーにもメモにも何も記録が残っていない。ああ。とにかく池袋に走る。『MONOS 猿と呼ばれし者たち』と『ジャッリカットゥ 牛の怒り』。『MONOS』は井手くんが大半はやってくれていたので、確認と微調整。松本爆音の時に配給の方が観て呆れ、それが新文芸坐でのboidsoundにつながったのだが、とにかく音の映画。山岳を移動するゲリラの若者たちを取り巻く環境音が主役。その音の中で彼らの何かが反応して行動を起こすと言いたくなるような、無意識と意識が混在して混沌となりあらゆる場所から人間の身体を刺激する。

『ジャッリカットゥ』も同様。生きていることのすべてが音とつながっている。人々が昆虫のように生きている。牛に群がるハエの視線で撮られた映画と言ったらいいか。ハエになることのできる人だけが作ることのできる映画。

ということで、疲れ果てた後のあり得ないような音の刺激で元気になった。疲れと元気が一緒になってどうしたらいいかよくわからない。

1月19日(水)

昼過ぎ、そろそろ事務所に行こうと思って準備をしているところにHP制作の岸野くんから電話。2時から岸野くんとｂｏｉｄ通販ページ大リニューアルの打ち合わせ予定だったのだ。もう事務所に着いていると言う。あれ、1時だっけ？ とまあ、昨日の今日なので動揺しまくりだったのだが、今回は岸野くんの勘違い。2時集合だった。いつも間違うわけじゃない。自慢にはまったくならないが。とにかく打ち合わせも済ませ、各所連絡連絡連絡。気がつくといろんなことがギリギリのスケジュールである。と言うか間に合わない。深夜過ぎまで働く。

1月20日（木）

昼夜逆転生活が再び始まり、朝6時前に寝て、11時くらいに起きる。そうなるともう、昼はバタバタである。あっという間に3時前になり、慌てて半蔵門の試写室へ。エドガー・ライトが監督したスパークスのドキュメンタリー『スパークス・ブラザーズ』。4月公開だそうだ。2時間20分くらいの長さがあると聞きちょっとビビったが、観始めると真ん中少し前くらいか、ジョルジオ・モロダーの話が始まる辺りから語りのノリが良くなる。こちらが映画に引き込まれ始めると言ったらいいか。スパークスの変態性がじわっと浮かび上がり始めるのである。ああこのまま『アネット』だと、カラックスを観た人なら誰もが思うだろう。カラックスは静かに狂うこのスパークスに、おそらくずっと付き合ってきたのだ。ドキュメンタリーの中では彼らが出会ったのは2013年だったかのカンヌ映画祭と語られていたが、そんな現実の出会いなどものともしない時間と空間を超えた出会いがすでに80年代に起こっていたはずだ。そんなことを感じられるだけでも貴重な作品、ということになる。わたしも含め、エドガー・ライトには拒否反応を示す人もかなりいるはずだが、これはそういったこと関係なく、映画と音楽との出会いの映画として受け入れられてくれたらと思う。

1月21日（金）

朝まであれこれやっていたおかげでぎりぎり午前中、という時間の起床。だるい。連絡事項山積みで、原稿は後回しとなりとにかく各所連絡。そして夕方は渋谷へ。昨年から持ち越しになっている一大事業の打ち合わせである。あとは資金を集めるだけ、というところまではきているのだが、その資金額がｂｏｉｄの規模を超えすぎていて集めるにも集められない。どうしたものか。でも可能性はないわけではない。疲れてはいるが諦めたわけではない。

夜は、このところのバリバリの営業マンみたいな働きのストレスからか、通販のレコードをあれこれ買ってしまう。

1月22日（土）

平日の頑張りによって土日は原稿書きにほぼ専念できる。だが起きてみると隣の布団では黒猫がこの体勢なので途端にダレる。

しかしそれでも気を持ち直し、別府の原稿（1月9、10日の日記）に取り掛かる。今回の梅田くんの展示、上映をまとめて記事にするのである。だが東京に戻り10日がすぎたというのにまだ心も身体も完全に別府にある。なんだろうこの感じ。もはやあの時間と空間の断層の間から抜け出せそうにない。ならばこのままそこに、という原稿になる。別府の罠なのか梅田哲也の罠なのか。まだあの匂いと熱気と蒸気から離れられない。いつかわれわれは別府と交信しているはずのアルゼンチン沖の人になる。別府で聞こえてきた声はわれわれの声でもある。そんな思いが駆け巡り気がつくと朝になっている。

1月23日（日）

昼過ぎから再び別府。一歩も外に出なかった。しかしそれでも腹は減るから不思議だが、まあ東京と別府を高速で行ったり来たりしているわけだからそりゃあ腹は減る。地獄に潜り山頂にのぼり熱いお湯に浸かる。そして更にはアルゼンチンの沖合へと意識は飛ぶ。『回路』や『A.I.』まで観直してしまった。配信はこんな時に便利である。『回路』の最後、役所広司さんはこんな唐突な現れ方をしていたのだっけ？　恐ろしい。爆音かboidsoundで今年は是非やらねばと心に決める。深夜2時過ぎ、ようやく原稿が終わる。もちろんこれで別府から離れられたわけではない。

1月24日（月）

久々に一気に長文を書いたので完全に腑抜け状態。ぼんやりしながら事務所に行き、あれこれ連絡とバイトの細井さんと打ち合わせ。長居してもぼんやりするばかりなので、夕方早めに帰宅する。パソコンに向かおうとすると目が拒否反応を示すので、本を読んだ。

1月25日（火）

終日自宅作業。といっても昼近くに起きるわけだからあっという間に夕方である。暮らしが夜型になるとこれが虚しい。若い頃は夜中はいろんなお楽しみがあったわけだからそれでもまったく問題なかったのだが、今となっては夕飯を食うと大抵眠くなってひと眠りのはずが気がつくともう夜中で、一瞬元気になるがまた眠くなる。捗るはずの仕事が滞るばかりである。そのうちにしなければならない連絡も忘れ、思い出したところだけに連絡するわけだからすべてがまだら。そのまだら加減が伝わってくれると少しやりやすくなるのだが自分でもそれはコントロール不能でちゃんと連絡する時は案外ちゃんと連絡しているから、仕事のできる人にも見える時もあり余計に始末が悪い。本音を言えば、連絡事をわたしに頼るな、わたしをすっ飛ばして直接やり取りして結果だけを報告してほしい、その結果がどうあれわたしはそれに対応するだけであるしたとえ失敗であっても気にしないから問題なし、というところだろうか。しかしまあとにかく、本日はこれだけはしておかねば、ということはやった。

夕方はズームで打ち合わせもしたのだが、いろいろ整理しながら話してみると、今年はもう目一杯であるということもわかってきて動揺する。覚悟を決めていろいろ思い切ればいろんなことがうまく回りだすのではないか、そんな思いに囚われて、つまり人をちゃんと雇うとか事務所を引っ越すとかということになるのだが、それはそれで一大事なのでいやちょっと落ち着け落ち着けと言い聞かせながら寝る。

1月26日（水）

ここのところの体調不具合は花粉の始まりのせいということにしている。くしゃみと鼻水がひどく、睡眠中は鼻の中が乾いて呼吸が苦しく眠りが浅くなる。ただ、もしかして、ということで新しくした腰のためのマットレスが割と身体にフィットして、腰はだいぶ調子いい。全体としては腰は良くなって嬉しいが花粉と低気圧と寒さで身体が重くて仕方ないという相変わらずの状態である。事務所では『宝ヶ池の沈まぬ亀　ある映画作家の日記　2016—2020』の表紙違いオリジナル未発売ヴァージョンの各所発送作業。この手触りが最高なのだが、発売ヴァージョンではそこを諦めた。友人たちのみこちらをいち早く送る。皆さんあれこれ騒いでその結果売れてほしい。2016年から2020年夏までの濃厚かつ軽やかな5年間のまとめである。発送係は井手くんと細井さん。

そこに宮崎くんもやってきて今年製作の映画の話と『MADE IN YAMATO』の宣伝打ち合わせ。5月末公開なのだが、そこから逆算するともうぎりぎりの進行になりつつある。その後結城もやって来て打ち合わせが進む。

1月27日（木）

京都、大阪へ。コロナがやばいので延期にしようかと思っていたのだが、映画の公開は待ってくれないということで予定通り。昼夜逆転中なので、昼間の移動となると体調はおもいきりさっぱりせずということでぼんやりしていると時間ばかりが過ぎる。京都には15時過ぎに到着予定が結局17時前くらいになってしまった。今年の予定などを話し、いくつかの企画をお願いし、大阪へ。夕方の新快速はやはり混んでるね。でも速い。

大阪は「まんぼう」が明日から実施されるということで飲食店もギリギリ遅くまでやっていたので心配していた夕食は問題なし。シネマートはバレンタインデー仕様なのだろうか。これが終わるとどんな電飾になるのだろう。

『レイジング・ファイア』はとにかく、ドニー・イェン。すごすぎる。痛すぎる。そしてそれを切れ味良く見せていく撮影と編集。いったいこんな撮影を街中でどうやったらできるんだと思っていたら、最後のクレジットのところで見せられるメイキングでは、オープンセット撮影とCG合成の結果であることがわかる。しかしそれにしても、という計り知れない身体性。映画全体がドニー・イェンの身体になったかのような。シナリオはマッチョ満載だが、もうこれはこれでいいような気がしてきた。

『戦慄せしめよ』の整音作業には本当に頭が下がる。和太鼓の音の録音、整音はものすごく大変と文字では簡単に書けるが、録音するだけではなくこの映画の場合はマイクが映ってはまずいわけだからマイクの位置も限られる。それに単にいい音にするのではなく、いったいそれは誰が聴いているのかカメラは何を見ているのかも考慮に入れなければならない。直径2メートル近くありそうな大太鼓をたたくシーンでは、太鼓に張られた皮の震えも伝わってくる。いわゆる和太鼓の音に、太鼓に張られた皮がぶるんと震える乾いた音が重なる。つまりその皮の震えが空気を揺らしたその波がわたしの身体を揺らす、といった感じ。聴いているうちにこちらの身体も太鼓に張られた皮のように揺れ始める。その揺れを呼吸する。小さな金属をたたく小さな音のシーンでもヴォイスパフォーマンスのシーンでも手拍子のシーンでも、それは同じである。配信だとこういった呼吸感は絶対に味わえない。

1月28日(金)

あまり眠れずとりあえず起きたもののぼーっとするばかりでコーヒー飲んでみたがダメ。今回はさすがに鶴橋行ってキムチ買い出しとか、そんな元気はまったくない。各所連絡はした。昼は関西支社長一家とカレーを食った。滅多に食わない欧風のやつ。なにやらやたらと美味そうで、つい、カツカレーにしてしまった。と言っても和風のカツカレーとは大違いでびっくりした。フルーティーと言ったらいいのか、カレーの爽やかで深みのある味わいと分厚いヒレ肉の柔らかな口溶けがたまらなく、ついバクバク食ってしまった。

その後、ｂｏｉｄの今後についての整理を支社長と。前半で相当しっかり準備しておかないと、後半は大変なことになる。というか誰か雇わないと多分やっていけない。面白いことになるのは確実なのだが。膨らむ期待に比例する冷静な対応が求められる。帰りの新幹線の中でやることがあったのだが寝てしまった。

1月29日(土)

疲れが出て昼まで寝た。やはり1日ぼーっとしていた。原稿のための映画を観たりもしたのだが、原稿の扉は開かない。景気付けにウォーカー・ブラザーズを聴く。ああ、この感じで世界の果てまで連れてって欲しい。

そして勢い余ってスコット・ウォーカーまで手が伸びるのだが、こちらはもうわたしを置いてきぼりにする寸前である。そのままにしておいたら誰もが忘れてしまう世界の記憶をこの2枚組のレコード盤にとことん詰め込んでこちらの胸を打ち続ける。胸が割れ骨が割れてその中を流れる髄液のひとつぶひとつぶをその忘れられた記憶で満たすまで音は止まない。わたしの外側とそしてわたしの骨の内側から聞こえてくるこの響きと共に、映画はあるはずなのだ。

Scott Walker『Bish Bosch』

1月30日(日)

朝4時くらいに寝たのだが、9時前に目覚める。せっかくだから起きることにして、午前中に買い物。トースターが壊れて、焼いたパンが焦げ焦げカラカラでああ度をこすとこんなことになるのかと今更思い知らされるくらいなことになっていたのだ。いろんなタイプがあって迷ったのだが、これまで使っていたトースター専用のものではなく、簡単なオーブンとしても使える横型のものにした。

昼飯を食うとさすがに眠くなり昼寝後、アピチャッポンの『ＭＥＭＯＲＩＡ メモリア』。今回は通常の試写はなく、オンライン試写のみということで、こうやって日曜日でも観ることができるのは平日に余裕がない身にとっては非常に助かる。だが観てみると、これはこの画質でこの画面で観るものではない。先日の別府の梅田くんの作品とものすごく似たことをやっていてニヤニヤしてしまったのだが、梅田くんのものが別府という場所を使ってそこに漂う未来の時間をも含めた歴史とその風景を今ここに次々と呼び寄せるものだとしたら、『メモリア』は今ここでそれを聴いて観ている人間の身体を徹底して詳細に見つめ、その音を聴き取ろうとするものだとも言えて、その徹底した詳細さはそれこそ8Kとかの高解像度の画面に包まれて観ないとこちらには感じとれてこないものだと思えたのだ。撮影はどの程度の解像度でされたのだろう？　上映はどうなるだろうか？　今ここにあるものを徹底して見つめるというカメラのリアリティのあり方がこれまでのアピチャッポンの映画とは違い、見えないものは映さないというアメリカ映画的な立場になっているだけにその時間のかけ方、細部の映し出し方の繊細さをフォローする装置が必要なのではないか。しかしジャームッシュにしてもアピチャッポンにしても、ティルダ・スウィントンを使うとどうしてこうなるのか。よほどおかしな人なのかティルダ。そして例によって音は面白く爆音でいつかと思うものの、この映画の最大のポイントになる音がかなり極端な音になっているので難しいかも。

1月31日(月)

久々の事務所出勤なので早起きを。と思っていたのだができず。いつものように10時30分くらいの目覚めで12時過ぎてようやく活動開始、というパターン。もうちょっと目覚めが早い方にシフトしてくれたら事務作業は捗るのだが。各所連絡が追いつかず。そして事務所がほとんど冷凍庫。エアコン、ヒーター全開だが効かず。仕事半ば、凍えて帰宅した。いろいろのやり残しが地味に重荷となり、気分が優れない。1月はずっとこうだった。そしてわたしが考えている以上にやり残したものは多くて重い。という思いばかりが身体中に膨れ上がり、いつか耐えられなくなる日がくると思うとさらに耐えられなくなる。という焦りで居ても立ってもいられなくなる。

2月1日(火)

コロナ禍が始まった頃は生活がかつてなく朝型になってもしかするとこのままついに早起きの気持ち良い午前中にすっきりした気分で仕事ができるのではと思ったものだが、結局ずるずると元戻り。11時前にようやく目覚めて意識朦朧だが今年に入って一番の爽やかさではなかったか。その気分は長続きはしなかったがたとえ一瞬でもそう思える日はありがたい。五所さんから送られてきた久々のちくび珈琲を淹れる。おすすめのドミニカ。これがまた爽やかな味わいで心が弾む。五所さんありがとう。

午後は自宅作業の予定だったのだがどうしても事務所に行かねばならぬこともできて、夕方急遽事務所に向かった。訳あって大久保、新大久保経由。一時に比べ韓国以外のアジアの国々の店が増えてカオス。鶴橋や生野の韓国マーケットとはまったく違う方向へとシフトし始めた感じもあり、これはこれで面白い。80年代にハリウッドが日本に幻視したアジアの姿が、白人たちの意図とは関係なく自然発生してきているような、そんな感じもする。ｂｏｉｄも高田馬場から大久保に引っ越せたらとか思う。事務所は寒過ぎて早々に退散した。

2月2日（水）

早く寝たはずなのに結局やはり11時前の起床。とにかく起きてからの元気でいられる時間がどんどん短くなってきてこの短縮感にまだ全然身体が慣れない。昼過ぎから夕方までに何ができるか。各所連絡だけで大体終わる。それに加え、夕方とんでもない連絡が来て、我が家は完全に緊急事態宣言。夜は『スター・ウォーズエピソード3／シスの復讐』を観た。原稿のための確認なのだがアクション・シーンは退屈で飛ばしてしまった。とはいえあまりに残酷な物語なのでいったい世界中の子供たちはこれをどう思って観ているのだろうと、初見の時と同様首を捻る。まあ、サークの映画に比べたらなんてことはないといえばなんてことない。

2月3日（木）

我が家緊急事態宣言につきいろいろと気をもむが、何ができるわけではない。地味に仕事をしつつ連絡を待つ。夕方から事務所に。瀬田なつき、斉藤陽一郎と待ち合わせてトンカツを食いに行った。もう1年くらい前からの約束で、すっかり延び延びになっていたのだった。それなりの値段はするが、十分に美味い。いわゆるトンカツというものを久しく食べていなかった気がして、あトンカツが食いたいと思っていたところだったのだ。その後お茶もしながらダラダラと近況報告など。帰宅後は原稿。

2月4日（金）

経産省の助成金が通ったのでそのための今後のスケジュールについての打ち合わせ。自分ひとりだとどんどん混乱が増すばかりなので、とにかく皆様に助けてもらいつつという感じ。これは、何か新しいことをするための助成金ではなく、これまでやってきたこの告知・宣伝などして売り上げを伸ばすためのもので、ｂｏｉｄでは通販サイトのリニューアルや、これまで作ってきた制作物のカタログ的なものを作ることにしたのである。気がつくともう、データがなくなってしまっているものもある。すべてわたしの整理能力のなさゆえ。こういうことはもう本当に誰かに助けてもらうしかない。

帰宅するとエルヴィス・コステロの新譜が届いていた。声が70年代の頃に若返っているように聞こえてしまうのはなぜだろうか。しかも年相応の色っぽさというか艶があってドキドキする。大昔、確か1989年の九段会館だったと思う、ギター1本のソロのライヴを聴いたことがあるがあの時は2時間くらいだったか単に歌っているだけなのにまったく飽きずこのままずっと聴き続けていられる、そんな気持ちになった。今回のアルバムも同じ気持ちにさせられた。なんだろう、コステロ本人だけではなくその歌の主人公が今ここでコステロとともに歌っていてそれがかろうじてエルヴィス・コステロの中に留まっている、そのコステロの声の強さと優しさに心を鷲摑みにされる感じと言ったらいいか。これから15年くらい、エルヴィス・コステロの時代が続くんじゃないかとか、そんな気持ちにさえなった。

Elvis Costello & The Imposters『The Boy Named If』

2月5日（土）

結局寝たのが朝5時過ぎで、それでも10時過ぎに目覚めてしまう。ぐずぐずしているうちに昼。15時からの恵比寿映像祭のアノーチャ・スウィチャーゴーンポン『暗くなるまでには』を。満席。数年前の爆音映画祭で上映した時にはまだこれほど話題にはなっていなかった。昨年の福岡の上映でようやく少し温まり始めたということか。映画はいまだに謎の部分を引きずりながら、しかしこの情報の海の中であらゆるものを見失いながら溺れることなくあるいは溺れつつ歴史と関わるための方法が、ひとつひとつのショットとその関係の中にある覚悟を持って語られていたように思う。並んで歩くふたりの腕と腕が触れ合うか合わないか、あるいは手と手を握り合うか合わないか、その微かな距離と肌触りとともに浮かび上がってくる物語を歴史と呼んでもいいのではないか。しかしそこからもこの映画は飛び出していこうとする。もはや物質性を失った何ものかのとらえた世界の中で生まれる何かを見つめる視線。その意味でも音はやはり重要なのだ。上映が始まった時はこのくらいの音量で十分と思ってみていたのだが、終わってみるとやはり再度爆音でという思いが募った。

その後、故あって池袋にて火鍋。今ここで食わないといよいよまずいという、食欲とは別の要求により設定されたものだが、もちろん食欲も十分に満たされた。その後恵比寿映像祭のオンライン映画、遠藤麻衣子の『空』を観る。ツイッターには、「歴史を読み替えるのでも掘り起こすのでもなくただひたすら物理的にカメラの目を通して世界を見る。ガラスのレンズと電子情報によってとらえられ構成された世界の断片」と書いた。こんな東京なら悪くはない。誰もがそんなことを思いながら生きれば、この世界も変わるのではないか。ほんのちょっとのことなのだが。『暗くなるまでには』のタイと遠藤麻衣子の東京とが重なり合い混じり合い、今自分がいる場所がさわやかに開けていく。時間の通路、電子信号の通路、昆虫たちの通路など、わたしがわたしであることの枠組みからスルッと抜け出していく通路が目の前に見えてくる。

2月6日(日)

終日原稿書き。簡単には書けない。日々更新される遠藤麻衣子作品の本日分は、音がすごかった。と言ってもものすごい音が入っているわけではなく、画面に映っていない人たちが話すその場の声がまるですぐ近くで話しているのを聴いているような、つまり映っているものと聞こえて来る音のバランスが作り出す世界の歪な空間がこちらの脳みそを掻き回しこれまで自分が当たり前だと思っていたことの足元をゆるゆると溶かしていく。これは昨日の作品の音にも言えることでもあるのだが。

深夜、昨年の2月に急死した岐阜の友人(80年代の高円寺レコード屋仲間)の友人で、その友人の急死を知らせてくれたスズキジュンゾくんが高円寺駅のホームから落ちて重体ということを知る。なんてことだ。

2月7日(月)

深夜の原稿書きが長引いて終わったのが朝9時。10時半に寝て14時目覚めでさすがに使い物にならない。それでもまあ、各所連絡などはこなした。若い頃は徹夜で原稿書きとかまあ普通にやってはいたが、さすがにこの年齢でやることではないね。

2月8日(火)

歳とってからの疲れは尾を引く。よく眠れず早く起きてしまったので思い切って起きてみたものの役立たず。ギリギリ最低限のことはこなしたが、これを機になんとか早寝早起き生活をという企みも無残に散る夕食後の爆睡。目覚めてからは「みみのこと」の昨年のアルバム『マヨイガ』を久々に聴く。霞の向こうからやってくるジュンゾくんの歌に引き摺り込まれる。昼はそのジュンゾくんをかつて紹介してくれたAmericoの大谷さんからできたてのソノシートを受け取ったのだった。「アメリコの新学期」。季節が変わろうとしているのか。

遠藤麻衣子日替わり配信の5日目の3作品。観ているうちに映像と自分と、あるいはそこに映っているはずの水面と自分の位置関係がまったくわからなくなる。特に3番目のやつは2Dなのに完全に3Dに見えて、しかも重なり合って映る映像の一番下の層の映像が時折スーッと表層に浮かび上がってくる。こちらの問題か？

2月9日（水）

疲れが出て寝坊。『宝ヶ池の沈まぬ亀　ある映画作家の日記　2016―2020』の販売ヴァージョン納品があるのだが完全に出遅れてしまった。しかもいつもギリギリになる支払調書の発送もある。というわけで細井さんだけでなく、井手くん、風元さん、そして黒岩もやってきての大騒動になったのだが、わたしはしかものっぴきならない打ち合わせのため途中抜け。というわけで、予約者の一部にしか発送ができなかった。あとは明日。なのだが大雪予報が出ていて、大丈夫なのか。わたしもすっかり自宅作業態勢でいたので明日は出勤と気持ちを切り替えるのにもエネルギーがいる年齢である。いつまでこういうことをやっていけるかさすがに不安になる。これまでは相当ハードな状況でもわりとヘラヘラしていられたのだが、どうも先日のジュンゾくんのことが引っかかっているのか、胃が痛む。時間がない。というか普通ならこの年齢までには自分が働かなくてもいいように会社運営も安定させて社員も雇って、ということなんだろうけど。とはいえ、延々とここまでやりたい放題やってきたわけだから今こうやって生き延びているだけで偉いと思うことにする。

夕食後は再び爆睡してしまう。日付変わって起き上がり遠藤麻衣子『空』DAY6。

「いったいここはどこ？　という場所が映るのですが、いったいこれを観ているのは誰？　という音が作り出す作品、ということになる気がします。まあ遠藤作品すべてがそんな音の映画なのですが」とツイッターに。この作品は冒頭の馬鹿でかい木の根元あたりから始まって奇妙な洞窟のような穴居のような場所をカメラが移動するという構成なので、余計に昆虫感というか妖精感、宇宙人感が音とともに増幅する。ああ、こういう緻密さに比べると映画は大雑把だなと思う。もちろんそこが好きで映画を観ているわけだが。

しかしこんな夜は、コステロの新作のディスク2のD面に涙するばかり。

2月10日（木）

東京は大雪予報ですでに前夜からお休みモードに入っていたのだが、バカみたいに寒いだけで雪は大したことなし。しかし寒い。

北国の方たちには本当に申し訳ないが、この寒さだともう身体が動かない。とはいえ杉並区役所、法務局に書類を受け取りに行った。中小企業への支援金申請に必要な書類である。区役所も法務局もこんな日はめちゃくちゃ空いていた。そりゃそうだ。

夜は久々に『ゴールキーパーの不安』。4月に発売になるボックスセットの解説を書くためだ。ありゃ、音楽が違う。またわたしが思い違いをしていたのかとドキドキしながら観ていたのだが、やはり違う。著作権問題らしい。もちろん全部違うということではなく、一部差し替え。しかし今こうやって観てみると、ヴェンダースとロビー・ミューラーの共同作業の成果というか、いやふたりだけではないな、脚本のペーター・ハントケ、音楽のユルゲン・クニーパー、編集のペーター・プシゴッダ（明石さんによるとこれが発音に一番近いカタカナ表記とのこと）、録音のマルティン・ミューラーなど、その後のヴェンダース映画を支える面々が勢揃いしている、そのバンド感、つまり「ヴィム・ヴェンダース」というバンドのファーストアルバムとしての魅力が画面に漲っていて、寒さでこわばった身体に血を通わせてくれた。しかし、あると思っていたヴェンダース関係の資料が例によってことごとくない。本当に、自分の物持ちの悪さと整理のできなさに愕然とする。でもこれは病気だと思うので自分ではどうすることもできない。

2月11日（金）

土曜日だとばかり思っていたら金曜日だった。3連休という認識はあったのだが、1日得した気分である。でもまあその得した1日でやり残しの作業の帳尻を合わせなくてはならないのだから結局同じこと。天気も良かったので昨日よりだいぶ気分も良く、それが続くうちにと昼から各所連絡、支援金の申請作業を。支援金に関しては、昨年の手続の面倒を乗り越えたら、その後はその部分が免除されて簡素化され、資料と数字さえちゃんと揃えておけば30分もかからずに申請終了というくらいになった。ありがたい。

作業のBGMはルシンダ・ウィリアムズの「From Memphis to Muscle Shoals & More」というサブタイトルがついた南部アルバム『Southern Soul』。この中の「Take Me to the River」がなかなか良くて。アル・グリーンのオリジナルともトーキング・ヘッズのカヴァーともまた違う、女性の視点からの歌と言ったらいいか。川は楽しい場所でもあるが、呪われた場所、何人もの女性たちが男たちに犯され傷つけられ殺されてきた場所でもある。そんな歴史が込められた重い響きに、わたしも無意識のうちに片足を突っ込んでいるはずの男たちの世界の終焉を心から願った。

毎日更新遠藤麻衣子の8日目は3本がアップされた。そのうちの3本目、スローモーションで公園の風景をとらえたものは、どう見ても落ち葉の動きがおかしい。落ちるのではなく地上から舞い上がっているようにしか見えないのだ。もちろん落ちてもいる。何がどうなっているのか。そのうちに、真ん中にとらえられているふたりの子供の動きもおかしく見えてきて、まるでその子供たちが同じ空間にいないかのようである。もちろんそんなことはないはずなのだが、そう思うと、前を過ぎる人々、子供たちの向こうにある樹々の中、そしてさらに向こうの空間を動く人々もまた、別々の空間にいるように見えてくる。別々の時間と言ってもいいのだが。それを観るわたしはもちろんモニタのこちら側にいるのだが、しかしどこかでその公園の中にいてしかもそこにいるはずの彼らの誰とも同じ公園を共有していない。そんな迷子感。世界の中でたったひとりの時間が過ぎていく。

『都会のアリス』も久々だった。遠藤麻衣子の公園を見たせいか、アメリカでもアムステルダムでもヴッパータールでも、どこに行ってもひとりぼっちなふたりの物語の悲しさが胸に沁みる。言葉ではない違うやり方でのコミュニケーション、いや言葉じゃなくて意味だな、言葉の意味を介してのコミュニケーションではなく、意味を欠いた形式としての対話によるコミュニケーションを、最初から最後まで貫き通す。ヴェンダースもインタビューで、音楽をその意味ではなく形式のみを受け入れることによって自分は映画を作り始めた、というようなことを言っている。しかし例えば今、このような映画の企画を立てたとしても自分たちで無理やり作り始めない限り、どこからも予算は出ないだろう。意味を欠いた形式の戯れの中に、出来上がりを恐れず踏み出していく映画がここにある。本当に勇気が出る。この映画の中のアリスこそが映画であり当時のヴェンダースだったのではないかとさえ思う。

2月12日(土)

油断しているとすぐに昼を過ぎる。朝飯を食い終わったのが13時過ぎくらいではなかったか。散歩をし、しばらく散歩をしていないうちに近所の商店街が少しずつ様変わりしていることに少し驚き、しかし名物喫茶店の「七つ森」とその斜向かいにある薬局はもう80年代からそのままで、永遠にそのままではないかと思う。特にその薬局の店主であると思われる白髪白衣の女性は80年代からまったく変わらない。わたしが死んでもそのままそこにい続けるのではないかという夢想が始まる。いやマジで80年代からあの姿のままなのだ。

夕方からパリのスタッフとスカイプで打ち合わせ。いろんな準備がうまく行ってくれることを願うばかり。世界の金持ちのたったひとりでいいからboidに目を向けてくれたらと、あり得ないことを思う。それがないからみんな苦労しているというのはわかってはいるがとりあえず思ってみるのは勝手である。

夜は『まわり道』。若い頃はこれがなかなかしっくりこなくてゲーテの原作をペーター・ハントケが脚色という文学臭に馴染めなかったということになるのだが、今観るとまったく気にならない。画面の切り返しと視線の強さがかつてなく気持ちよくてわれながらこれまでいったい何を観ていたのかと呆れる。ハンナ・シグラとリュディガー・フォーグラーとの出会いのシーンの視線の交わし合いは心には残っていたものの、それも記憶とは大幅に違っていた。記憶では並行して走る電車の窓と窓とで交わされる視線が最初の出会いだったのだが。いったい何回この映画を観ているのか。シナリオ採録の時も含めたら30回くらいか。ヴェンダース初期作品はほぼみんなそれくらいは観ているが、どれもほぼ初めて観るようなそんな感覚である。デジタルリマスターの力なのか、音が妙にクリアになったためなのか。いずれにしてもこうやって時を経て観直すことの、その間に過ぎて行った時間を豊かに取り戻す感覚はなにものにも代え難い。時間はこうやって不意に背後から忍び寄ってきて身体中をその存在で満たしてくれる。時間は過ぎ去るのではなく、今ここにわたしとともにある、そんな気持ちにさせてくれる。

2月13日（日）

再び雪予報が出ていることもあって、昼からじめじめと寒い。もちろん体調もすぐれず夕方までほぼ何もできなかったのだが夕方から某所でとんでもない料理を食った。友人からたまたま連絡が来てすごいレストランに予約ができたので奢ると言われおそれはラッキーということで出かけたのだが本当にすごかった。写真は撮ったがこれはさすがに顰蹙の嵐だろうということでやめておく。明日から、質素に暮らします。いや今までも質素に地味に生きてきたのだがさらに質素に地味を心掛けますと誓いたくなるくらいすごいものだった。いったいいくらだったのだろうか。怖くて値段を聞けなかった。

帰宅後は『さすらい』。これも音がクリアになっていて、やはり初めての映画を観るようだった。『都会のアリス』から『まわり道』での視線の交わし合いとショットの切り返しによる語りを一旦保留して、ふたりが同方向を見つめつつ少しずつその視線がずれる、というまさに「さすらう」ショットによって、語りの行き先も揺れる。その揺れの中で時間が生まれる。ものすごいことが起こるわけではない彼らの日常の断片をぼんやり観ているだけで、さっきまでとは違う場所に自分も彼らと一緒に来てしまったことを知る。ああ、時が流れたのだと思う。しかしそれは過ぎ去ってしまうのではなく、わたしの中に止まり続け、同時にどこまでも遠くへ行く。ああ昔バウスシアターの客席がソファだった頃のジャヴ50で、ソファにねっ転びながら観たなと、ふと思い出すのだが果たしてそれは『さすらい』だったか。

2月14日（月）

思わぬ大寝坊。10時には起きている予定が目覚めると12時過ぎ。16時30分くらいには名古屋にと思っていたのだが、東京駅を出たのが15時30分で名古屋には17時10分くらいの到着。コロナでおそらく新幹線の本数が減っている。以前は5分から10分おきに出ていたのに、今は間隔があく時間帯は20分くらい待たねばならない。まあ、アバウトな時間で動いているので特に問題なし。名古屋では今後の映画製作や特集上映などについての打ち合わせあれこれ。もうちょっとしたら次々に告知できるようになると思う。今年は名古屋にも頻繁に顔を出すようになる。

2月15日（火）

ホテルでうまく眠れず、ああ12時チェックアウトのプランにしておいてよかったという結果。夕方まで各所連絡と原稿書き。夕飯は結局ちょっと贅沢になり、心斎橋へ。

『ハード・ヒット 発信制限』と『ブラックボックス：音声分析捜査』の2本のboidsound調整である。『ハード・ヒット』は『スピード』の韓国変奏曲といった感じ。止まったら爆発ではなく、座席下に仕掛けられた油圧式の爆弾によって、人間が座席から立ち上がって「圧」がかからなくなったら爆発という仕掛け。ゲームとしてはそれなのだが、物語は大人情ドラマ。一方でゲーム的なスリル&サスペンスと一方で過去の行為が作り上げたそれぞれの歴史の物語が同時進行する。それをつなぐのが音楽と効果音という感じで、大きな音はほとんど出ないがその人情ドラマのせいなのか奇妙な親密さを作り出して観ているこちらを物語に没入させる。なんだろう、声まで出そうになった。

『ブラックボックス』は「音声分析捜査」というサブタイトルにあるように、主人公はブラックボックスに収められた音声によって事故の際の状況の詳細を露わにして、その原因を突き止めていくのが仕事。ノイズの入った音からさまざまなイコライザー操作などによってクリアな音声を取り出していく作業など、他人事とは思えなかった。それに加え主人公の耳の良さを表現する日常シーンの音響がまたすごくて、会場全体が彼の頭の中に入ったような世界の各所から聞こえてくる音の共鳴に震えた。

しかし途中ちょっとしたトラブルもあって終了午前4時近く。寝たのは5時過ぎていた。フィルムの時代なら絶対あり得ないトラブルで、デジタルになって映画館のスタッフやイマジカその他の技術スタッフは作業が減るどころか増えているのではないだろうか。何かそんなことも含めて、『ブラックボックス』の物語はわれわれの今を語っていたように思えた。

2月16日(水)

ほとんど眠れぬまま9時30分には起き上がる。同じ場所に滞在だとこういう時はだらだら寝ていられるのだが、毎日の移動だとどうしてもこうなってしまう。近所のカフェで各所連絡原稿書き。心斎橋から御堂筋線で新大阪に出てそこから新快速という予定だったのだが、気が付くと地下鉄御堂筋線はなんば駅にいる。反対側に乗ってしまったのだ。慌てて降りたのだがせっかくなんばに来たのだから、ここから近鉄を乗り継いでのんびり京都行くことにした。昼飯前だったら確実に鶴橋経由になったのだが、すでに昼食はすませた。したがって、まどろみの近鉄。危うく乗換駅を乗り過ごしそうになりつつうとうとしながら東寺駅に。猛烈な眠気。ホテルで昼寝をするしかないということでベッドに横になるともうすっかり陽が落ちている。慌てて食事を済ませてみなみ会館へ。

本日は『ゼイリブ』と『ニューヨーク1997』。『ゼイリブ』は4Kリマスターで5・1チャンネルになっているかと思いきや、2チャンネルステレオ。ブルーレイの時は7・1チャンネルだったので感覚が狂う。DCPで劇場上映用のデータを作る際にフィルムの頃の音のバランスを重視したということなのか。冒頭の低音が足腰と腹に響く。それだけで十分なのだが、これだけ何度も『ゼイリブ』やっていると、もっともっとと胸が騒ぐその欲望に従うのみ。

『ニューヨーク1997』はついに、ようやく、初めての調整である。何度もやった気分にはなっているが単に脳内調整を何度もやっていただけ。まずはそのギャップを埋めるところから。こちらは5・1チャンネルになっているが、音が細い。この輪郭をゆったりと広げ、空間がスクリーンの外側に作られ始めるようになったらOKである。粘れば粘るだけ音は生き生きとし始める。これまで何度も脳内再生した時間が音になって聞こえてくる。

2月17日(木)

明け方まで眠れず、10時過ぎに目覚めたもののそのまま結局昼過ぎ。原稿を書く。各所に連絡をする。夕食は韓国料理に行ったのだが目当ての店はコロナで休店。もう1軒の店もサムギョプサルのセットコースしかやっていないという状態だった。でもそれでなんの不満もない。美味しくいただいた。一緒に食事をした友人から「眼蘇茶《めいきるちゃ》」というのをもらった。これはありがたい。

　そしてみなみ会館へ。『ザ・フォッグ』と『ダーク・スター』。昨夜の調整で大体の感じを摑んでいたので、それに添いつつよりいい音にできないかと試行錯誤。ともに元々はモノラルの音を擬似的に5・1チャンネルに変換しているという状態なので、つまりセンタースピーカーから出る音をいかに気持ちよく出すかということに尽きる。また、センターの音がデカすぎると真ん中の席では圧迫感がすごくて耐えられなくなったりもするので注意しつつ、そのフォローとしての左右のスピーカーとサラウンドを調整する。バウス時代の音の調整を思い出しつつ、『ダーク・スター』は結局全部観てしまった。終了午前1時30分過ぎ。

2月18日（金）

　前夜も眠れず、このまま始発の新幹線に乗った方が1日を無駄にしないかと思っていたら眠ってしまった。結局ギリギリになり、みなみ会館に顔を出してから帰ろうかという目論見は崩れ、そのまま新幹線。14時30分に東京駅につき、丸の内のカフェで『N・P』の監督、主演の姉妹と初顔合わせ。監督のリサさんが今週、たまたまベルギーから一時帰国していたのだ。今後のスケジュールや現時点での確認事項などを話した。東京に比べたらちょっと春めいていると甘く見ていたら思い切り寒くなって凍えた京都から東京へ戻ると案外暖かくて屋外の陽だまりでのお茶だったのだが、夕方になり陽が傾き始めるとさすがに寒いというところでお開き。

　帰宅後はズームにて11月公開予定の『はだかのゆめ』に関するミーティング。実はまだ作品が完成していない。という状況で11月公開というのは相当ギリギリである。でもなんとかなる。なんとかならないのはわたしのスケジュールの方である。各所から「そろそろ」という連絡が入っていて、さすがにまずい。常駐のアシスタントを雇えるくらい儲かってくれたらいいのだが。逆に言えば、常駐のアシスタントを思い切って雇えば必然的に何かが稼ぎ始めるはずとも言える。決断次第ということだ。深夜は原稿。

2月19日（土）

　昼は原稿。夜は浅草へ。20年ぶりくらいだろうか。事情あり柳川鍋を食う。うなぎも美味しくいただく。

帰宅後も原稿。原稿からの逃避でネットを見ていたら、今回の冬季オリンピックの女子フィギュアスケートで銀メダルを取ったもののその後の態度が反響を呼んだアレクサンドラ・トゥルソワ選手のフリー演技の中の曲が「I Wanna be Your Dog」だったということを知り愕然とした。まさか本当にストゥージズが全世界のお茶の間に、と思ったらさすがにオリジナルではなく『クルエラ』のサントラを流しているのだそうだ。ああ、確かに映画の中で流れていたっけ。もちろんストゥージズじゃなくて誰かがカヴァーしているのだけど、あの重いリズムはほとんど同じ。案外トゥルソワ選手も本気でこの曲を好きなんじゃないか？　いつかストゥージズ版で演技してくれたらちゃんと見るんだけど。誰かリッピングして、ストゥージズ版の音源貼り付けて作り替えて世界中にばら撒くとかしてくれないだろうか。やりたい放題のオリンピックだからこちらも遠慮することはない。でもまあ訴えられてマジでひどい目に遭いそうだ。ディズニー（『クルエラ』）とオリンピックという世界的な独占クソ企業のふたつを相手にすることを考えただけでぐったりする。

2月20日（日）

原稿が朝までかかったので、昼過ぎぐらいまでは寝たかったのだが、11時から恵比寿映像祭の遠藤麻衣子のオンライン映画の最終日のライヴ配信というのがあり、16日間毎日観てきた以上最終日を逃すのもなんとなく気分が悪いので、ぎりぎりだが起きた。布団の中でスマホ。しかし始まらない。トラブっているらしい。ライヴ配信はほぼ観ないので、こういう時にぼんやり待つことができない。もしかして自分のスマホだけ何かが誤作動しているのではないかとか、このページは違うんじゃないかとか不安になりあれこれいじるとさらにそのいじったこと自体が誤作動を呼び寄せたのではないかと不安が重なり、この不安こそがライヴ作品のような気もしてきてこれはほとんど観たようなものだなということで諦めかけたら、始まった。詩人が出演して詩を朗読するという話だけは聞いていたのだが、この16日間ずっとあれこれテクニカルな実験をやっておきながら最終日の有料ライヴ配信ではこのままかい！　と暴れたくなるようなそっけない10分間であった。しかも英語の詩なので聞き取りがまともにできない身としては完全に置いてけぼり。頑張って起きたのに置いてかれた。プレ上映された作品に映されていた赤ん坊のような気分である。果てしない時間をひとりぼっちで過ごす孤独というよりも、その果てしない時間の空虚の肌触りの不安。しかしそれが、この16日間いろんなものをカメラとともに見てきた視線の持ち主の存在を示す。その時この詩人にこの詩を読ませた誰か、いや、その詩人を通して詩を読んでいる誰かと言ったらいいのか。世界にぽっかり空いた時間の通路をスッとすり抜けることのできる誰か。機械としてのカメラはそれゆえその「誰か」が入り込みやすくその時カメラはちょっとだけヴァージョンアップされた何かになり、そのカメラが何かになった瞬間をとらえそれを信じることができる人がカメラマンであり映画監督でもあるのではないかとかなんとか、英語の詩を呪文のように聞きながらそんなことを思った。

あとは終日ぐったりしていた。疲れがひどい。

2月21日（月）

昼過ぎまで自宅作業。夕方になってようやく事務所に。とある企画を考えているという方が訪ねてきて、その件であれこれ話をする。わたしより20歳くらいは年下だろうか。たぶん、何かを変えて何かを始めるにはそれくらいの年齢が適齢なのだと思う。ｂｏｉｄも20年以上が過ぎた。

直枝さんから荷物が届いている。ダン・ペンの珍しい7インチとザ・バンドのセカンドのオープンリール版の音を焼いてくれたＣＤ－Ｒが入っている。ダン・ペンのは『Nobody's Fool』の収録曲のラジオ局プロモーション用のものでステレオとモノでＡＢ面になっている。これは後でのお楽しみとして、オープンリールの『The Band』は最初ちょっと物足りないかなと思っていたのだが、直枝さんからのメールによればボリュームを大きめにすると低音が広がるとのこと。ああ確かに。部屋の床の少し上あたり、つまり膝下あたりがゾワゾワする感じ。ガツンとくる低音じゃなくてふんわりと包み込んでくる。それに釣られて中音域も優しくなって気持ちいい。思わずレコードも取り出して聴き比べてしまう。レコードの方がレンジは広い。オープンリールの方はもう少しでかい部屋ででかいオーディオセットで聴くと全身が喜びの声を上げるはずだ。ああ、明日は午前中から動かないとならないのに止まらない。

2月22日（火）

月曜日に絶対にやらねばならなかったことをし損ねたことに気付いたのが昨夜寝る前。もうなんとしても早起きというはずがやはりダメで11時過ぎの起床。本日もやり損ねる。我ながら酷いと思う。そして14時50分に某所待ち合わせでミーティングという予定に遅刻しそうになり慌てて家を出て駅まで来ると、スマホを忘れたことに気づく。持たずに時間厳守するか遅れても取りに帰るか。外での待ち合わせで初めての場所なのでもし何かあったら、ということで一旦帰宅。スマホを確保して駅へ。ホームへの階段を上がっていると後ろから追いかけてくる人がいる。わたしも焦っているし、後ろの人も焦っているのだろうかと思っていたのだが、階段登り切ったところで肩をたたかれる。おや知り合いだったか、と振り返ったらそうではなく、わたしのPASMOやクレジットカードなどを差し出される。改札でタッチした時に、カード入れにしている小銭入れのポケットから全部落ちたらしい。本当にやばい。今までこんなことはなかったと、そんなことばかりがこれから起こっていくのだろう。そしてそんなことの連続に耐えられなくなってこの世を去る、ということなら美しいのだがそんな甘くはないこともわかっている。

しかし助成金というものは困っている企画を助けて物事を成り立たせるための金であるはずだと思うのだが、結局いつも首を絞められる。本当にもううんざりだ。もらえるものはもらってなんとか成り立たせたいのはもちろんなのだが。首の皮がつながらない。

夜は、なんと恵比寿映像祭の遠藤麻衣子『空』に続きがあったことを知る。20日のライヴ配信の後に、これまで通りのユーチューブを使っての作品4本がアップされていた。ライヴが最後だと思っていたのに。

ということで観てみるとライヴ配信の時の妄想とすんなりとつながり、幽かに聞こえるノイズもお母さんが背負った全方向VRカメラもそしてそれを映す画面には見えないカメラも親密な何かとして自分の身体の中で重なり合う。目で何かを見るという距離感ではなく、それを見ている目が何かと次々につながっていくという、ワイヤレス時代のワイヤード感が自分の身体を作っていくと言ったらいいか。置き去りにされた赤ちゃんのいる部屋をVRカメラがとらえた映像はマウスでいじることはできるのだが、そうではなく何もせずそれをぼんやり眺めていくと、時間の経過がわからなくなる。今見ているのは「動画」のカメラがとらえた、細部では埃が舞い目に見えない小さな虫が動きもちろん空気も動いている、刻々と何かが変化しているはずの部屋なのか、あるいは静止画としてとらえられた部屋の映像なのか。今それを見ている自分は何を根拠にその部屋の時間の変化を感じたらいいのか。今それを見ている自分の時間とかつて何かが動いていたはずのその部屋の動かぬ時間とがいつかどこかで重なり合うことはあるのか。このまま止まった部屋が映され続けてほしいという奇妙な欲望が生まれた。そしてこれを観るとライヴ配信で読まれた詩の翻訳はいらないようにも思えた。あの置き去りにされた場所こそが、この動かぬ部屋なのだ。まあ、翻訳も読んだからそんなことが言えるのだが。

2月23日（水）

天皇誕生日ということで祝日なのだが、だからといって休めるわけでもないし、いいことがあるわけでもない。遅れに遅れていた『MADE IN YAMATO』のチラシ原稿や試写状原稿を作る。やればなんとかできるし新しいアイデアもないわけではないのだがとにかく手をつけるまでに時間がかかる。企画書やチラシなどを作るのはいつも気が重くもうこんなこと2度とやりたくないといったい何度思ったことか。企画書やチラシに限らず何をやる時も大抵そうだから救いようはない。

2月24日（木）

13時に恵比寿某所で待ち合わせ、というだけで遅刻しそうで前夜から眠れなくなる。最近は大抵12時起きとかになっているので本当にやばい。老人になったら早起きになるはずだったのに、ただ睡眠時間が短くなっただけである。とはいえ遅刻するわけにもいかないので無事時間通りに到着。今年の一大事業の打ち合わせである。いろいろあった挙句、やっぱりこうするしかないよねというところに落ち着いたというわけである。楽ではないがこれがいいのだ。ちょっとしたことなのだが、自分たちのやるべきことを自分たちなりのやり方でやる。ただそれだけ。

ロシアがウクライナに侵攻したとのニュース。強大国の傘下に強制的に押し込められる小さな国の人間たち（自分も含め）の生き方を考える。

2月25日（金）

今日は14時に事務所での打ち合わせだったのだがやはりギリギリでまともな食事ができなかった。打ち合わせ後、スリン・パークシリさんが亡くなったという知らせ。昨日、ｅｍレコードから出たスリンさんの仕事集の第2弾が送られてきて、ご機嫌で聴いていたのだがまさかの訃報。このところ、こういった奇妙なタイミングでの良くない知らせが多すぎる。スリンさん、3年前の1月にタイ爆音で招聘した時に、これまでの仕事をまとめて残しておかねばとみんなで話していたのが、今回のアルバムのように少しずつ形になっていく。Ｓｏｉ48とｅｍレコードと仲間たちのわいわいとした楽しい作業の賜物である。入魂のブックレット。死は悲しいが、それが終わりではないということが見事に実践されているその見事さに照れることなくさらに次につなげてほしい。

『Classic Productions by Surin Phaksiri 2: Molam Gems from the 1960s–80s』

2月26日(土)

昼夜逆転は治らず、朝5時過ぎに寝て11時くらいに目覚めるというパターン。まあ、5時間くらいは眠れているのでよしとするしかない。終日『MADE IN YAMATO』がらみの仕事。暖かくなってきたため花粉もひどく、くしゃみと鼻水目の痒み。それでも病院に行くほどではない。夜はboidマガジンにアップされた青山の日記を読む。この長さでモニタ画面越しに読むのは無茶苦茶疲れる。病状は心配だが、それ以上のことはわたしにはできない。今回は「単独のショット」というのにハッとした。たまたま先日、ヴェンダースのボックスセットのブックレットに掲載する原稿で、『ゴールキーパーの不安』の中で一番迷ったのが主人公が橋の上からぼんやりと眺めているりんごのショットを入れるかどうかということだった、というインタビューでの発言について書いたところだったのだ。こう書くと、橋の上で何かを見つめている主人公のショットがあり、その後にりんごのショットを入れるかどうか、というので迷っているようにも聞こえるかもしれないが、実際は、先にりんごのショットが来ているのである。それもそれなりの時間。つまり、いったいこのリンゴは何なのだ何が映っているのだわたしは何を観ているのだと、観客が思うのに十分な時間ということである。その後に橋の上でぼんやりする主人公のショットがあるのでわれわれはああ主人公が見ていたのかと思うわけだが、とはいえいったいどうしてそのリンゴが映されなければならなかったのか、主人公はどうしてそのリンゴを見ていたのかが判明するわけではない。ただぼんやりとした時間が過ぎただけである。こういうショットを映画の中に入れられるかどうか。ぼんやりとした時間、何を意味するわけではなく何も意味しないことが意味を生むわけでもなく、しかし何かを見つめている時間。50年前のヴェンダースの迷いと思考は、今もまだわれわれが今を生きるのに十分有効である。

2月27日(日)

起きると昼なので休日を損した気分満載である。しかもめちゃくちゃ暖かい。世界からの置いてけぼり感が半端なく、とりあえず何かしてみようと思うもののどれも上の空で時間だけが過ぎる。しかも眠い。夕方は友人たちと食事。訳あってちゃんこ鍋である。boidの現状を話すと、わたしの子供と言っても不思議ではない友人たちから「その日暮らしですね」とあっさりと突っ込まれる。はいそうですと言うしかない。でも今更いろいろ反省はしているのだが。

帰宅後、やはりここは生活を変えねばといつものうたた寝を我慢して、深夜1時くらいにちゃんと寝た。しかし想定通り4時30分に目覚めて眠れなくなる。長めのうたた寝になってしまった。いずれにしても花粉がひどい。

2月28日(月)

結局朝9時前に寝て13時目覚め。無理して早く寝ても結局事態を悪くするだけである。というのをいったい何度繰り返して来たのか。本来なら早めに事務所に行って今後の打ち合わせをということだったのに、事務所にも行けず。ただ各所連絡はしたところ、湯浅さん転んで顔面強打で眼底骨折という知らせ。もう周りで病人、怪我人、死人だらけである。なんかもう怖いものなしな気がしてきた。精一杯は生きるが思うようにはならない。それでいい。

そして深夜になってようやく目が覚めてきてさすがに2日連続同じ過ちは繰り返せない。いろいろやることはあったのだがやり残していることとは最も関係ない、フランソワ・オゾンの『Summer of 85』を観る。夏の海辺に胸騒ぎがする。山育ちなので基本的に海に弱い、ということはある。1985年、10代終わりの主人公。わたしより10歳下くらいということか。主人公たちの出会いから死まではいったい何日だったのか、いずれにしても短い。それは彼らが感じている人生の短さなのか、永遠を生きるがゆえの時間の速さなのか。イギリスからやって来たという少女の背景の語られなさが、彼女の悲しみを画面いっぱいに漲らせる。突然現れた男は突然死に、突然現れた女は物悲しい微笑みを残して消える。そして新たな出会いがラストにあるのだが、すべてがここに集約されていた。すでにそこにはいない死んだ男や消えた女がそこにいた。元々彼と彼女はいなかったのかもしれない。でもだからこそそこにいるのだと海辺の空気が伝えてくる。というか、最初の海辺のシーンから彼も彼女もきっとそこに映っていたのだ。突然彼や彼女が現れたのではなく、もともとそこにいたのにわれわれが気づかなかっただけなのだ。胸騒ぎとはそういうことだ。ロッド・スチュワートの「セイリング」もザ・キュアーの「インビトゥイーン・デイズ」もよかった。2月が終わった。

3月1日(火)

結局寝たのが朝6時30分。11時過ぎに目覚める。大いに暖かいが、だからと言って調子が良くなるわけではない。身体のあちこちが痛い。事務所は寒い。暖房器具全開だが温まらず。風元さん、細井さん（バイトの細井さんとは別人）がやってきて、Kindleでの江藤淳全集のスケジュールや作業手順の最終的な打ち合わせを。わたしはその一方で、『MADE IN YAMATO』のチラシやポスター、試写状などの入稿作業。本当は誰かにやってもらうべきことなのだが、いろんなことがギリギリで進んでいるのでどうしてもこうなってしまう。まあでもひとつひとつ確実に。小さな実感のようなものが生まれる。そんなものはまやかしだ、ということも言えるのだが。

夕食後は気がつくと2時間以上寝ていた。遅れている作業をやり、それから某映画のシナリオ第1稿を読んだ。執筆者には、「エドワード・ヤンの『恋愛時代』を逆向きに、そして錯綜させつつ語る」というのを目標に、みたいな感想を書いた。なぜか同時にトマス・ディンガーのアルバムをずっと流していた。このロマンティックだけど硬質な音の輝きのような映画になってくれたら。

Thomas Dinger『Für Mich』

3月2日（水）

若干遅刻しつつ、ひさびさの吉祥寺。今年の一大事業の打ち合わせである。詳細はまだ書けないのだが、普通に生きている人が聞いたら呆れるような流れで事態が進行している。順調に進んでいることもあるし思わぬ展開でマジで運に任せるしかできないこともある。それらも含めてとにかくいい波を待ち、波と対話して、波の示してくれる道を進む。そのことに躊躇いはない。そこまで待つ。それだけのことだ。

あれこれしているうちに気づくと空はもう暗く、しかしせっかくなのでやはり今年初めてのディスクユニオンでキャバレー・ヴォルテールやスライ&ロビーを買った。夜はそれらを聴きながら各所連絡、社長仕事で朝。連絡不十分。致し方なし。

Cabaret Voltaire『Shadow of Fear』

Sly & Robbie And The Revolutionaries『Sensi Dub Vol. 4』

3月3日（木）

朝6時30分に寝たのだが10時には起きねばならない。やることが多すぎる。自分で仕事を抱えない、やれる人にお願いする。もう否応なしの状況である。映画を観る時間がまったくない。打ち合わせ中に打ち合わせ相手に電話が入り、なんと家族がコロナ感染濃厚ということで、必然的に打ち合わせ相手が濃厚接触者となる。とはいえまだ確定ではないのだが、緊張感が走る。話を聞くとおそらく問題ないだろうということは素人でも予測はつくが、それでも万が一ということもある。検査の結果を待つしかない。

その他いくつかの緊急連絡が入る。フランスからも電話がかかってくる。もう、みんなギリギリである。でもなんとか対応していかないと先に進まない。来週末の予定も大きく変わる。諦めかけていた大事業が復活、一気に現実味を帯びる。いったいいくつ大事業があるのかという話だが、ｂｏｉｄの規模でちょっと大きな話になったら全部大事業でありそれぞれの成果を考えると、すべて全力以外にあり得ない。自分の気持ちというよりももはや世界中を彷徨う映画や音楽や思想の幽かな魂の声に身体を乗っ取られたという気分である。いろんなものの見境がつかなくなっている。

気がつくと会社の銀行口座のオンライン作業のためのパスワード生成機がない。それがないと銀行作業がまるでできなくなるのだが、こんなことのないようにわかりやすいがなくすことはない場所に入れておいたのだが、どうやっても見つからない。ああああそこで落としたんだとなんとなく思い当たり、その店に電話をするとやはり落としていた。確かにあそこでボーッとしていた。焦って荷物を取り出したり、その荷物を落としそうになったり、我ながらああ挙動不審だと思ったことも覚えている。まさに何かに乗っ取られていた。

夜は諸々の書類の整理。延々と整理と連絡。マイク・ミルズの新作のオンライン試写を観る気満々だったのだが、お預けで、今日は少し早く寝なくてはと頑張ってみたものの朝5時である。ああ。

3月4日（金）

10時過ぎに起きたのだが意識朦朧。やらねばならぬことが多すぎてイライラするばかりで何事も捗らず時間ばかりが過ぎる上に腹を減らした猫さまががっついて昼飯を食った挙句ド派手に吐き散らしそれを片付けているともう一方の猫さまが床におしっこをしている。もうどうしてくれようと思うものの されるがまま床拭きに精を出すしかない状況を仕事は待ってくれない。それやこれやであっという間に夕方になるのだがその間に山梨の母親が転んで肋骨にヒビという連絡があり来週の予定がすっかり変わり来週末は猫さまではなく母親のしもべとなるしかない。夜はさらに意識朦朧で連絡半ばで寝る。

3月5日（土）

寝るつもりが布団に入ったら全然眠れず再び起きて、結局いつものように朝5時就寝。昼に起きるとまあ、いろんな連絡が入りこれは一大事、とにかくいきなり全力出さねばどうにもならないだろうみたいな感じにもなってテンションは上がるが現実は厳しい。井手くんからも新曲の原案みたいな音源が届く。これがまたいい感じで今後がひらけていく。夜はもともと約束していた食事に行くのだがそこの仲間も今回の騒動には関係していて否応なく引き摺り込むことに。こういうことも楽しいではないかと笑うが年末もそんな笑いで迎えたい。ただそれだけ。

マイク・ミルズ『カモン カモン』をオンライン試写にて観た。小さな映画。途中、「当たり前のことを永遠に変える」というようなセリフがあった。まさにこの言葉がこの映画のすべてを言い表している。永遠に変える、というのは、「当たり前」を「永遠の何かに」変えるというセリフで、つまりこの小さな日常の、カメラがそれをとらえなければその場で消えてしまいこの世に無かったことになってしまうわたしやあなたの言葉や仕草や胸の内の独り言や互いのやりとりや外から聞こえてくる鳥の声や風の音や車の音やああ今日はいい天気だと見上げた空や街ゆく人のそれぞれの会話や、それらとにかく日常のすべてを、わたしとあなただけではなく世界中の誰にとってものかけがえのない大切な何かに変えて世界のあらゆる場所の見知らぬ人に届けるということだ。そんな映画が夢見たその夢をマイク・ミルズが見つけてその夢を自分の中に注入し世界を見つめ記録して夢の流れに沿ってそれらを並べる。「並べる」というのは、自分の中に注入した映画の夢をそこに注ぎ込むということでもある。その小さな夢の回路が「永遠」を生む。そんなことを思うだけで涙が出る。

3月6日(日)

本日もいろんな連絡が入るが、やらねばならぬ別件もあり、地味にその作業をやりながら夜を迎える。そして夜遅くになって今度は吉報も入り一気にまた動き出す。歳とっていろんなことに動揺しなくなり大抵ヘラヘラしているが、さすがに今回は胃が縮んだ気がする。というか、まだまだ始まったばかりなので、慎重に確実に気を緩めずでもヘラヘラとゆったり構えておかねば。

3月7日(月)

早起きしないとならないというプレッシャーにどうしてこう弱いのかと我ながら本当に呆れるのだが、やはり眠いのに眠れず、ほぼ一睡もしないまま朝を迎え9時20分くらいの新幹線に乗る。年に一度の家族旅行である。京都で伏見稲荷、それから北陸本線か何かに乗って、園部、福知山、和田山、竹田。コロナの影響らしく特急が間引き運転で延々と各駅停車で4回くらい乗り継いだか。しかも特急の運休をわかっておらず、特急に乗るつもりで京

都でもうちょっとダラダラしていたら竹田に辿り着いたのはホテルの夕食時間後になっていたはずで、伏見稲荷で山道を歩いたので早めにホテルに行って休もうということで京都駅に向かって正解だった。結局京都から4時間くらいかかったか。奇妙な駅名が次々に現れ楽しかったが、こういう地名の由来を調べるときっといろんなことが見えてくるのだろう。地元生産物などを使ったホテルの夕食もおいしく満腹になると眠くなるのだが予想通り早く寝たら朝4時前に目が覚めてしまった。各所連絡多数。

3月8日(火)

眠れぬまま朝食を摂り山の上の城跡へ。竹田城跡というところで今から６００年くらい前に作られたものらしいのだが、もはや上物はなく石垣だけ。そばまでバスが出ているのだが時間が合わず歩いて行くことにしたものの登り始めたらかなりの急坂と石段が鈍った身体に堪える。身体は悲鳴を上げるわけだが引き返すこともできないのでひたすら登るのみ。おそらく鍛えている人にとってはなんでもない山だとは思うのだが。このままだともう数年後にはこんなことはできなくなるなと、自分の身体の衰えを実感するばかりである。しかしなんとか山頂に辿り着いた。特に何があるわけではない。ただひたすら、この城を作るために資材を運んだ人々の苦痛を思う。いったい何人がこのために命を失ったのか。そして、いざ合戦という時、この坂を登って城に攻め入るのはいくらなんでも不可能だろうとも思われ、仕方ないので兵糧攻めをしていたのかとか、城の内部に配下の者を送り込んでいたのかとか、この地で起こったいくつもの出来事に思いを巡らす。ちなみに角川春樹が『天と地と』を監督した時にこの場所をロケ地に選び、４２０トンの資材をヘリで運んで実際にこの石垣の上に城を築いたとのこと。それだけで3億円。春樹さんもたっぷりと戦国の殿様気分を味わったに違いない。

その後、再び各駅停車を4回ほど乗り継いで、合計5時間くらいかけて城崎へ。多分直線距離だと新宿—甲府くらいの距離ではないかと思われる。各駅停車の旅を楽しむには少し体力が落ちすぎていて、とはいえ苛つく若さもすっかり消えている。つまりのんびりなんとなく居眠りもしながらぼんやりとしていたわけだ。とにかくようやく辿り着いた城崎は、春休みということなのか大学生くらいの若者たちがいっぱいで驚いた。山盛りのカニを食った。

3月9日(水)

温泉寺というのに行く。温泉街のはずれにある山の中腹あたりにある寺で本日は昨日の反省からロープウェイを使って登ることにした。城崎温泉街が驚くほど若者が多く、若者向けに街の姿を変えようとしている気配が窺えるのに対し、こちらはありのまま。朽ちるままと言ったら言い過ぎだが何の飾り気もなく訪れる人々に対しての媚びは一切なし、ただひたすら約1300年間そこにあり続けたという歴史と風格漂う場所であった。本当に1000本の手を彫ったという千手観音像(弘法大師作と言われているらしい)はじめ、多くの寺の金ピカの存在感とはまったく別の、そこには確かに何かがあったという強烈な名残の感覚がひとつの形をなしていると言いたくなるような、存在と非在が重なり合った何かとしてそれはこちらを睨んでいた。

そして鳥取へ。コナン空港から羽田へ。実質フライト時間は50分ほどで、東京から城崎温泉までの列車乗り継ぎの果てしない時間を思う。

3月10日(木)

朝8時過ぎに目覚め。無理やり早起きの3日間のおかげでこの2、3か月間のドラキュラ生活が矯正されるかもという淡い期待を抱きつつ、事務所で打ち合わせなど。今年は助成金を何とかうまく活用していきたいし、そこをうまくやれたらだいぶ希望が持てるとちょっと前向きな気持ちになるのだが、何よりも早起き暮らしが少し身につかないとこの前向きな気持ちは長持ちしない。そんなことを書く側から緊張し始め眠れなくなるのだが。

3月11日(金)

11年前、足元が揺れ始めてからのことは鮮明に憶えているのだが、それまで何をしていたか、事務所でパソコンに向かっていたことは確かだがいったい何の仕事だったのかは記憶から完全に抜け落ちている。いずれにしても仕事は山積みで金はなくこんなに働いているのにどうしてこんなに貧乏なんだ俺に金をくれればあれこれ面白いことはできるのにとか何とか思っていたはずである。今と変わらない。時間だけが過ぎた。

山梨へ。ミッションはふたつ。ひとつは今後のboidの一大事業となるかもしれないプロジェクトのミーティング。これまではboid単独での事業として動いていたのだがどうもうまくいかない。各所に相談するうちに一番困っている部分に助け舟が出た。両者でやればそれぞれの困っていたパーツが埋まる。そんなわけで今回のプロジェクトの舞台となる甲府の某所に皆さんで集まり現場見学しつつ、とりあえずそれぞれがどんなことを考えているかを話した。ようやくスタートラインに立ったという感じ。

もうひとつは母親の世話。先日転んで肋骨にヒビが入りSOSが出たのである。夕方、ミーティングが終わると即行で身延線に乗り実家のある町へ。母親は今年93歳になるのだが、この年齢になるともう生協に何を頼んだのかぼんやりとしか憶えておらず、同じものを頼んだり、気持ちばかりが食べたくてつい頼みすぎたりで、冷蔵庫冷凍庫はもう満杯。冷蔵庫の中に、冷凍庫に入りきらなかった冷凍食品も入っていてとにかくそれらをさっさと調理して食わないと単に捨てるだけになってしまう。そんなわけで頑張って調理した。それなりに遅い夕食になってしまった。

3月12日(土)

今週はとにかく無理やり早く起きて強制的に生活を早起きサイクルにするという意気込み。といっても8時過ぎに起きるのを「早起き」と言うかどうか。まあいい。とにかく朝飯を作り昼飯を作り買い出しにも行き夕飯を作り終電1本前の列車で帰宅した。他にはできる限り何もしないと決めていたので、それはそれで気持ちのいい1日だった。

深夜に『アメリカの友人』。ロビー・ミューラーの仕事にあらためて驚かされる。カメラの位置、動き、フォーカスや陰影はもちろん、この映画に関しては大胆な色使いとその微細な変化。こういう色合いとその変化によって物語を語る日本映画を観たいと素直に思った。スタイルの問題ではなく姿勢の問題として。『寝ても覚めても』の佐々木靖之くん、もう一踏ん張りしてくれないだろうか。

3月13日(日)

ようやく自分の時間を過ごす。といっても山積みの仕事の帳尻合わせとなるのだが。

午前中から各所連絡。そして午後からはまさかこれが青山の顔を見る最後になるとも思わず行われたズームミーティング。1年がかりで進めてきた某プロジェクトがいよいよ現実化に向けて動き始めているわけだ。しかし緊迫した事態となっていることも確かで、その緊張感の中でいかにワイワイやるか。楽しみすぎるのだが、boidにとってはプロジェクトがでかすぎ、プロジェクトにとっては予算が足りなさすぎという状況なので、どんな結末が待っているのか。とはいえすでにその結末不明もまたお楽しみの領域に入ってしまっていることも事実であるしそれのお楽しみは今も続いている。まだまだ大丈夫。

夜は『パリ、テキサス』。『アメリカの友人』に続く、というかヴェンダースのフィルモグラフィでいうと『アメリカの友人』から『ハメット』を経てのこの色合い。そしてかつてはその風景ばかりに注目してしまっていたのだが、今こうやって観ると、登場人物の顔、表情の映画であることがよくわかる。その上でのさまざまな色の変化。そしてロケーションや舞台となる家やモーテルやテレフォンクラブなど、これは京橋にあった頃の映画美学校のロビーや藝大の馬車道校舎のロビーをいろんな場所に見立てて作られた映画と同じだとか、そんなことを思いながら観た。つまり思い切り勇気をもらったわけである。やればできる。この映画も映されている風景は壮大で移動距離も半端ではないのだが、予算はギリギリ。もう粘りに粘ってついにここまでという状況が容易に想像がつく。もちろんそんなことはこの映画に限ったことではないのだが。だがたぶん、予算のない中でどうやって映画を作るかという映画と自分の人生との距離感やスタンスが、わたしが考えているものと近いのだと思う。『夢の涯てまでも』の終わり近く、オーストラリアに集まった登場人物たちが一晩のセッションをしてキンクスの「デイズ」を歌う。あの感覚。われわれはそうやって生きて行く。非常にシンプル。それだけのことだ。

3月14日（月）

朝からあれこれあって呆然とするばかり。この日、青山が緊急入院という知らせが届いたはずだ。青山監督予定の映画はスタッフも集められ準備も始まっている。果たしてこの映画はどうなるのか。とはいえやることはやる、やるべきことをやる、ということで皆さん意思はぶれない。ただ、どうやるかは慎重に、しかし迅速に進めないとならないこともある。

夜は『東京画』。そうだ、音楽はディック・トレイシーだった。80年代前半の東京と『東京物語』が交錯しながらヴェンダースのナレーションによって語られる。そのナレーションでも語られているように、現実の東京と小津の東京に加え、ヴェンダースの東京が重なり合い、もはやどこにもあり得ないゆえにどこででもあるような、途中ヘルツォークが語る「純粋な映像」ともまた違う、ヴェンダースにとっての「純粋な映像」が連なっていく。現実にここに住むわれわれには簡単には観ることができないがしかし確実にそれはこの東京にあってそれはおそらくこうやって映画を観ることによってのみ辿り着くことのできる、しかし辿り着いてしまうとまさに今ここの東京に他ならないなんでもなさを伴った特別な映像。われわれのDNAに刻み込まれているのではない、何か自分自身とは別のものに自分が変容するそのことによってようやくぼんやりと見えてくる映像。たとえばその「別のもの」を「無」と呼んでみたらどうだろう、というのがこの映画が語りかけてくることのようにも思えた。切符切りのパンチの音、パチンコの喧騒、重なり合う街頭ヴィジョンや店舗の音などにぼんやりと耳を傾け時間を過ごす。そこに子供たちの声が紛れ込み、人々の会話が紛れ込み、小津の映画やその名残やその思い出が流れ込む。そしてそこに時間が生まれる。

3月15日(火)

『MADE IN YAMATO』の試写。事務所から持ち帰ったプレス用の資料を80冊ほど持って映画美学校へ。そこそこ重い。レコードよりはましかと思っていたら、気づくと右足の付け根から腰にかけてが痛い。いつもの箇所である。この1週間は城崎や山梨で重い荷物を持って歩いたのでその疲労も重なった。立っても座っても痛い。座ったほうが痛いか。何事もなかったかのように打ち合わせをしたりしていたのだが、その後訳あっての都内某所を巡る2時間ほどは辛かった。いつかやらねばならないことなので致し方なし。

夜は『ベルリン・天使の詩』。リマスターされた音響がすごい。『東京画』の東京のノイズであり「無」の流れでもある何かがベルリンでは天を舞っている。あれ、こんなにモノクロのシーンが長かったっけというわたしの思い違いも含め、まるで初めて観たかのように観た。そしてここでも『東京画』の時間が流れていることがはっきりとわかる。語り口も俳優たちの演技も全然違うのにこのひとつづきの感覚はいったいどこからくるのか。ユルゲン・クニーパーの音楽の力なのか。現実の東京の街の中に小津映画の子供たちを見たヴェンダースのように、見えないはずの天使に「見えるよ」と声をかけたピーター・フォークは実際に見えていたのだ。そういう映画なのだ。人々の心の声を聞くことのできる天使と、その天使を見ることのできる元天使ピーター・フォークのベルリンお散歩映画。『東京画』から一直線。

10月1日(土)

7月8月に比べるとだいぶ体調は回復してきたのだが、まったく気力はない。元々意欲はないし何もしたいことはないのだが、それなのに働き過ぎたという反省をする間も無くいろんな要求要望が押し寄せていったいわたしが何歳だと思ってるんだと怒りの塊のようにはなっていて夜になると目も見えなくなりねむすぎて息も絶え絶え。日記の再開は社会復帰のためのリハビリのようなものだが、今回は社会復帰しないためのリハビリと言ったほうがいいかもしれない。

土曜日だと思うとさらに何もする気がなくなる。しかし本日は約束もあり、渋谷に行ってチャールズ・バーネットの『トゥ・スリープ・ウィズ・アンガー』を観る。映画館で普通に映画を観るのはいったいいつ以来か。冒頭しばらくは何かが足りない、ショットとショットの間がありすぎるいったいこの間合いは何なのかと思いながら観ていたのだが、印象的な音楽（ブルース）が画面のそこかしこから聞こえてきてそれに耳を傾けるうちに、そのショットの隙間にあるはずもないショットが差し込まれてくる。血まみれの腕や肉の塊や実際にはそこにはないショットの数々が、自分の視覚に勝手に現れるのである。黒人音楽の闇が注入されると言ったらいいいか。アメリカ大陸で有色人種たちが受けてきた差別と虐待と虐殺のすべてがそのショットとショットの隙間に幻視され始めるのである。隙間に流れる音楽の視覚化と言ってもいい。そして黒人たちの歴史の黒い澱みが頭の中にひたすら沈澱して視界を黒く輝かせる。初めて「アイ・プット・ア・スペル・オン・ユー」を聴いた時の気分を思い出す。アメリカ合衆国の黒い闇は今でも世界を覆っている。

その後、とはいえ少しは元気にならねばと、新大久保で参鶏湯を食った。普通においしくいただいたのだが、この日の食事が後のｂｏｉｄを救うことになるとは。闇の隙間からのぞいた小さな希望のかけらをそれが希望であるとも知らずでも何かの力によってふと拾い上げた、あるいは受け入れた。そんな感じ。

10月2日(日)

昨夜は普通には社会復帰してなるものかと変な気合が入り明け方まで眠れなかった。気がつくと昼過ぎ。休日の予定も台無しになり、しかし寝たからといって気分がスッキリするわけでもなくさらに眠く、昼寝もしてしまう。ぼんやりとしたまま、夜はビアリストックスのワンマンライヴを観に大手町へ。

音楽の成り立ちが全然違う。セロニアス・モンクやフランク・ザッパやハンク・ウィリアムズやフランク・シナトラや、とにかく音楽の先達たちが切り拓き耕した土地で生まれた果実たちの音がバンド内で響き合い、いつどこでどうなるかどんな道筋を辿るか未来を見せるかそれとも過去に立ち戻るか予断を許さない。その緊張感の中を甫木元の歌声が自由というわけではなく何かに引き寄せられるように誰も予想もしなかった方向へと舵をとっていく。果たしてこれが一般に受け入れられるのかどうかとハラハラするが、しかし本日のチケットは即完だったというし、もちろん世間の動きとまったくずれてしまっているのはこちらの方である。最後、ステージ背後の暗幕が開き大手町の夜景が全開になる演出。ああこれは、ロビン・ヒッチコックのライヴ作品の中で、ジョナサン・デミがやってたやつだとニヤリとしたが、でもこの会場とこの風景なら誰だってこれはやりたくなるよね。終了後、みんなステージの向こうに見える夜景の写真を撮っていたが、ぼんやりしていて撮り忘れた。

10月3日（月）

起きた時は久々に身体が軽く午前中から各所連絡していたのだが、まあ長くは続かない。午後はぐったり。いつも通りと言えばいつも通りで、しかしもしかするとこれが今の最大限の回復状況かもと思うと先行きは暗く次第に鬱々となる。

事務所での井手くんとの打ち合わせもすっかり忘れていて大遅刻。24日のライヴでの物販のことなど。

その後、今日は少しのんびりとユニオンでレコード見てから帰宅しようと思っていたのだが、月曜日恒例の細かい事務作業がまったく終わらず結局我が家の夕食の時間にも遅れる。それでも何かを忘れ、何かをやり残した感が満載で、まったく気持ちは晴れない。こんな日もある。

10月4日（火）

昼からの予定をふたつキャンセル。どうにも身体が動かない。やらねばならない仕事に身体が耐えきれない感触がさらに身体を重くするその重い身体でひとつひとつやるべきことをやっていく。夜はうなぎを食った。東京のふわふわうなぎも悪くないというか美味かった。

その勢いで上映後のシネクイントにて『はだかのゆめ』の音響チェックを。音響の菊池信之さん、監督の甫木元と一緒に。甫木元はパルコの方のホワイトシネクイントと完全に勘違いしていたようだが、ロードショー期間中もおそらくそういう人は出てくるだろう。間違いなきよう細かい告知もやらねばならない。

音の方は無事菊池さんのOKも出た。クリアな音質で、登場人物たちの息遣いもはっきりと感じられる。この映画の場合幽霊の息遣いと言うことになるのか。当たり前のことだが、表面上のストーリーを裏側から刺激して映画を変えていくような音が映画にはあらかじめ込められているのだ。帰り際、菊池さんに「あと3年は生き延びてください」と励まされる。ちなみに菊池さんはわたしよりひと回り年上である。

10月5日(水)

うまく眠れずうまく起き上がれもせず、死んだように起きる。

午後から東京国際映画祭での『はだかのゆめ』上映会場の、舞台あいさつのための導線確認作業があったのだが間に合わず、宣伝担当者たちにお任せして『やまぶき』の主演、祷キララさんのインタビューへ。結城秀勇がインタビューをやってくれるので、わたしはその立ち会い。事務所の場所が麻布十番という慣れない場所にあるだけで緊張する。映画の撮影から4年半が経っている。この日のキララさんの言葉は、その4年半をキララさんなりのやり方で「やまぶき」として生きてきた、そんな言葉だった。その清々しさに背筋が伸びた。

その後渋谷に回り、助成金その他の打ち合わせ。待ち合わせ場所の渋谷東急プラザが昔とまったく違っていて自分がどこにいるのかわからなくなった。新しくなったその場所には何度も来ているのに、改めて東急プラザと言われると目の前には昔の東急プラザがはっきりと立ち現れるのである。渋谷は昔からいつもそんなその前の時代の風景が今の風景に重なり合って目の前に現れてわけわからなくなる。イメージフォーラムで上映があったアルノー・デプレシャンの映画の公開初日だったか、青山とのトークに遅刻した言い訳もそんな時代が重なり合った渋谷の風景とアルノー・デプレシャンの映画とを結び付けながら話した記憶がある。

10月6日(木)

夕方から札幌に行くのだが、その前にやらねばならないことが山ほどあって昨夜はほとんど寝られず、午後からの打ち合わせも30分遅らせてもらった挙句にさらに遅刻という状況で、それでも少しずついろんなことが次につながっていくから不思議である。忙しい中でのゆったりとした時間の流れに励まされる。

札幌は覚悟していたほどは寒くなかったが寒くないと言うと強

がりでしかない、という寒さ。それでもまだコートが必要というわけではない。毎回ホテルの場所を間違えて予約して爆音会場からだいぶ離れたすすきののさらに先の場所になり、繁華街の周辺だからどうしてもよどんだ空気がそこらじゅうを覆っていてホテルに着く頃には大体気分がどんよりしてしまうのだが、今回は間違えなかった。札幌で爆音やり始めてもう10年近くなるのにようやくである。駅前のホテル。こんなに違うかというくらいニュートラルな気配で、あきれる。これはこれで騙されたような気分でもある。ジンギスカンとホルモンと北寄貝を焼いて食った。

10月7日(金)

朝から『アメリカン・ユートピア』と『スクール・オブ・ロック』の調整をやった。このところ起きるのが10時くらいだったので身体が全然目覚めず、会場までの道がわからなくなりすぐそばに来ているのにぐるぐると回った。すぐにグーグルマップを見ればいいものをすぐそばだからということで自分の勘だけで歩くのは本当にいつもこうなるのでやめないとと思うもののいつまで経ってもやめられず迷う。遅刻して心配をかけた。

『アメリカン・ユートピア』はYCAMの上映が強烈だったのでその印象がまだ残っていて、「ここはそうではない」ということを身体が理解するまで時間がかかった。この場所の音にじわじわと近づいていく調整。苦労したが中音域が広がるいい音になった。『スクール・オブ・ロック』はバウスの時代に苦労した思い出が残っていたもののその頃はフィルム。デジタルでは音も太く豪快でもう何もかも忘れてこの音と一緒に生きる、そんな気持ちにさせてくれる音になった。最後はやはり大感動涙と笑い。ツイッターにも書いたが来年、この権利をちゃんと買い付けて爆音ロードショーしたいと久々に前向きな気持ちを湧きあがらせてもらった。

昼は札幌に来たらここという小料理屋「こふじ」でにしんの開きを食って満腹になり、いったんホテルに戻って各所連絡後に昼寝。夜は『アメリカン・ユートピア』本番で、チケットは発売すぐに完売というすごい売れ行きの満席の客席を前に挨拶するのはそれだけでなんだか気分がいい。そして鮨を食い、上映終了後は明日の上映の『暗くなるまでには』のチェックをした。こちらは爆音上映ではないので最後のクラブのシーンで驚く人続出ではまずいということで爆音セッティングよりだいぶ音量を落とし、それでも十分な音量感の設定にした。明日は少し寝坊ができる。

10月8日(土)

寝坊ができると思っていたら夜はぜんぜん眠れず、寝たのが5

時くらいで11時前に目覚め。すっきりはしない。ボーっとしたまま昼飯を食ったら余計に具合悪くなる。昼のうちにいろいろやろうと思っていたことはひとつもできず、『暗くなるまでには』を観る。今回は爆音ではないのだが、音の映画でもあるので通常よりもそこそこ大きめ、爆音と通常上映の中間くらいの音で調整した。どんな映画でもそうなのだが、観るたびに別の印象が加わり別の発見をする。『スクール・オブ・ロック』にも通じる、映画や音楽に対する初期衝動も感じた。ゴダール初期の映画のようなむき出しの映画の運動やそれを残酷に切り刻む大いなる力への視線も感じた。時間を隔てて重なり合うショットの連なりやカメラマンのいないカメラの動きなど、この映画の可能性にまたもや胸が高鳴った。またどこかで上映したい。しかし本当に、無人のカメラがとらえた映像が動き始める瞬間は最高にやばかった。

10月9日（日）

再び眠れずしかしチェックアウトもあるので9時過ぎに無理やり起きる。身体はぼーっとしたままだが外はいい天気で1年中これでお願いしますと言いたいところだがかなわぬ望み。目を覚まそうとコーヒーのいい香りにつられて入った店はバリスタがコーヒーの説明もしてくれる高級店だった。ただだらだらとコーヒー飲みたいだけだったのだがそんなことも言えず、にこやかに話しかけてくるバリスタの若者に「そうですねえ」とかこちらの気持ちを悟られまいと頑張ってしまった。

昼飯は今回の札幌で食い損ねていたスープカレーをと思って近場のうまそうな店にむかったのだが当たり前のように反対方向へと歩いていた。多分、テレビ塔が何か悪いものを発しているのだと思う。やはりテレビ塔のそばにある札幌の爆音会場にも簡単には辿り着けない。90度、１８０度、２７０度とクルクルと方角が回る。東西南北という区別もわからなくなる。何が起こっているのだろうか。そしてようやく辿り着いたスープカレーの店の前には信じられないくらいの長蛇の列。3連休の中日のランチの時間をなめていた。仕方ないのでいつもの焼き魚屋へ向かうとそこも10人ほどの列ができていた。

『スクール・オブ・ロック』にはなんとか間に合った。ラモーンズが流れるシーンが本日のクライマックスだった。思わず泣いた。今回は爆音は2本。なんとなく寂しいが2本とも早くに完売ということで、嬉しい3日間だった。来年はもう少し何本かやりたいと来年に気持ちを向けていたら、スタッフから「また来月」と声をかけられた。11月1日からは新千歳で爆音準備が始まるのだった。

新千歳空港も混み合っていて、いつも帰りに食う立ち食い寿司屋も長蛇の列。こんな時のためにもうひとつ別の秘密の（大げさ）寿司屋で夕食をとった。会心の寿司ではないのだが、いい意味でまったりとしたくせになる寿司。また食べたい。というか、今後はもっと空港が混み合い始めるだろうから、ここで食うしかなくなるだろう。

10月10日（月）

札幌では食欲と体調とのバランスが崩れかなり際どい思いをした。当然、帰宅後はその影響がでるわけで、終日ぐったり。絶対何もしない予定だったが、夜はズームでの打ち合わせもあり結局仕事になり簡単には休めない。でもこれもあと2か月、その後は何もしないことを励みになんとか1日をやり過ごす。何もしなくなった後のｂｏｉｄの運営を考えていたら夜が明けた。

10月11日（火）

夜明けの就寝だったが気温の上昇とともに目が覚め、10時過ぎには起き上がる。思ったほどは調子悪くないがふわふわと身体が浮いている。しかし連休明けと映画祭出張明けが重なって細かい連絡事項が多数。あっという間に夕方で参る。しかも5月にはすべて終了した作業の助成金の報告のチェックが遅れに遅れていて、何度提出しても、ここがわからないここをこうしてくれとその度にいろいろ注文が来る。最初から全部言ってくれと我慢は限界で、それに加えて今度はさらに元戻りして、これを出しておけば全部ＯＫというのを今更言ってくるものだから最初からそうはっきりと書いておいてくれと、ブチ切れる。もう助成金もらわなくてもいいやという覚悟で、いったいどうなってるんだ最初からこれだけを言ってくれればそうしたのにあれやこれや何度もやらせた挙句これかよ、と怒りの言葉を電話口にて発するわけだが、とはいえ申請はネット上だから言われた通りに資料を出すだけである。あとは知らない。

夜は『はだかのゆめ』の試写。渋谷駅からショウゲート試写室（かつてのユーロスペースの下）に行くだけなのに、渋谷駅の中を2周くらいした。工事で出口がよくわからなくなっていることはわかっていたので、わかりやすいハチ公口から出ようとは思ったもののいや少しはこの工事中の渋谷の今をうまくすり抜けながら当たり前のように目的地に辿り着かねばという妙な欲望に逆らえずおそらくこの出口から出るとうまいこと新装となった東急プラザ方面にすんなりと出て、桜丘方面に行く歩道橋を渡れるだろうと思ったのが間違いで目の前にはヒカリエが見えるので軌道修正

すると六本木通りが現れ、さらに軌道修正するとここは恵比寿に向かう道ではないか。愕然としつつさらに軌道修正しても迷うばかりで仕方ないのでおそらくここだろうというところで地上に降りたら宮益坂方面だった。まあ、そこからはぐるっと地上を回ったわけなのだが、いったいわたしは何をやりたかったのだろうか。

夜は札幌土産の筋子をご飯の上に載せてみた。

10月12日（水）

夜明けに寝ると1日が終わるのが早い。とはいえ、目一杯各所に連絡、事務作業しても全く終わらず。本当はブリュノ・デュモンの『フランス』を観に行く予定でカレンダーにも入れておいたのだが、擦りもしない。腹立たしいくらい忙しい。さまざまなイヴェントや上映についてのSNS上の感想とか読むたびに頭がくらくらする。おかしすぎる。これは犯罪や自殺が増えるよな。

10月13日（木）

高崎へ。井手くんは24日のライヴの練習などあってダメなので今年はわたし単独にて。新幹線はいよいよコロナ前の感じに戻り始め、それなりの混雑、予約しておいてよかった。

『アメリカン・ユートピア』『サッドヴァケイション』『犬王』『ロ

ッキーVSドラゴ：ROCKY　Ⅳ』『回路』『乃木坂46「Actually...」』。

高崎爆音は回を重ねるごとに音響のベースになる機材設定が安定洗練されてきて、どれもほんの少しずつの修正で音が生き生きとしてくる。音から新たな生命をもらった気分になる。とはいえ『回路』と乃木坂を続けて観るともはや世界は完全に終わり、という気分になるのだった。

だいぶ遅くまでの作業になり、恒例の中華「来来」へと向かうが満席で入れず、うどん。昨年のホテルでは夜中にいろんなものが出てきたが、今年は気配もなかった。ホテルの工事が終わり、向こうの世界も少し落ち着いたのかもしれない。

10月14日（金）

朝から『クレッシェンド 音楽の架け橋』『ザ・ローリング・ストーンズ チャーリー・イズ・マイ・ダーリン』『ザ・ローリング・ストーンズ ロックン・ロール・サーカス』『ショップリフターズ・オブ・ザ・ワールド』。

ストーンズは中学の頃から、『チャーリー・イズ・マイ・ダーリン』と同じ66年のライヴ盤『ガット・ライヴ・イフ・ユー・ウォント・イット！』を愛聴し続けてきたので、もう「アイム・オールライト」のイントロが流れ出すとまるでロンドンの会場の観客になったかのように足腰が動き出す。まあそりゃあ、暴れるよな。

昼は昨年ようやく食すことができた昭和の空気満載の焼肉屋「慶州苑」が移転して新しくなったというのでみんなで駆けつける。昔ながらの漬け込み系で、そのタレの味とともに食すこの感じはなんとも言えない。それにこの量でこの値段。近くにあったら週に1度はランチに行くだろう。

『クレッシェンド』は意外な面白さ、後日、本番の上映後に興奮冷めやらぬ来場者が泣きながら話しかけてきてくれたのだが、その気持ちはわからぬでもない。

『ショップリフターズ・オブ・ザ・ワールド』の音楽に対するシンプルな衝動は何度観ても心が洗われる。初爆音なのでどんな音になるかは心配だったのだが心配無用。今後機会ある度に上映することを決意。一方でこの映画がほとんど話題にならない世界に自分が住んでいることも実感する。バウスの頃から何度こんな思いを味わったことか。

夜の本番は『アメリカン・ユートピア』から。上映後の拍手と皆さんの笑顔が疲れを癒してくれる。そして本日は「来来」。汁ビーフン。

10月15日(土)

朝からの本番は順調に。『クレッシェンド』は知名度がないこともあり今回は最も前売りが売れてない1本だったのだが、観終わった後の来場者の方たちの反応はすこぶる良くて喜んでいるところに中原から連絡。明石政紀さんが亡くなった。友人の死の知らせはいつもそうなのだが本当に不意打ちである。ベルリン在住だから詳細もわからない。日本に住む奥さんに連絡するもつながらず。ベルリンに行っている模様。ｂｏ：ｉｄマガジンでの明石さんのＣＡＮの原稿の掲載はいつだったか。あれが最後である。その際、ゆっくりとＣＡＮの本を作りましょうという話をしていたのだが。いったいどうなっているんだ今年は。

その動揺を抱えたまま夜は渋谷へ。高崎から湘南新宿ラインが出ているということを初めて知る。それに乗れば渋谷まで乗り換えなし。グリーン車料金も８００円とのことでゆったりと仕事をしながら行ける。

イメフォでは『Ｎ・Ｐ』の初日。ようやくここまで漕ぎ着けた。なんと20年ぶりくらいで山猫印刷所の三井さんと遭遇した。お互い元気でよかった。

10月16日(日)

再び高崎へ。着いたらすでに黒沢さんたちも到着していた。『回路』は何度も観ているはずなのに思い切り勘違いしているシーンを発見した。発見というか、わたしが記憶の中で完全に捏造しているシーン。しかし何度も観ているわけだからいずれかの時に気がつくはずなのだがどうして気づかなかったのか。とにかく記憶の中では確実にあってそれがまさにこの映画を象徴しているように思えたシーンがないのである。今年の初めにも観たはずなんだが。

そんな動揺を引きずりつつ上映後のトーク。フィルムで撮影することとデジタルで撮影することとの世界の受け入れ方の違いについて。黒沢さんの映画とそれが向き合う世界についての基本姿勢をここで語ってもらうことができて本当によかった。そして最後にじゃんけん大会。打ち合わせなしで黒沢さんにその場でじゃんけんまでさせてしまった。ファンには怒られそうだがまあこれも映画祭のお楽しみということで。

その後『サッド ヴァケイション』で映画祭終了。打ち上げは洋食レストラン。マッシュポテト載せのステーキや濃厚チーズケーキなど、美味しくそして満腹で新幹線に乗る。

10月17日（月）

朝から社長仕事、ｂｏ：ｉｄの経理関係の整理と税理士との対応。あっという間に1日が終わり無茶苦茶疲れているが眠れない。

10月18日（火）

まるで眠れず、昼からの某新作映画（近々boidsound上映する予定）の試写にも行けず、結局全ての予定をキャンセルして、しかし各所連絡は次々にやってきて休むこともできず、パソコンの前でうたた寝するしかない。

　そしてこのバタバタの中で開けるのを忘れていた友人から届いた荷物の中にこんなものが入っていた。

10月19日（水）

昼から青山邸へ。中途半端になっていた部屋の整理。そして山積みの本を部屋に残すものと誰かにあげるもの売るものに分けていく。とりあえず大量の文庫本などは神保町の「猫の本棚」に青山の本棚を作ってもらい、そこで展示販売をすることにした。もはや手に入らない貴重な本も入っているが、部屋に残せる数は限りがあるし、多くの人の手にわたって読まれたほうが本のためでもある。ということで胸は痛むがそれら「猫の本棚」用の本を次々に段ボールに入れる。本来なら残しておくべき本を見逃して段ボールに入れてしまったかもしれない。だがそれも何かの縁。思わぬところに辿り着き、思わぬ展開を見せてくれたら。

　そしてロバート・ゴードンの訃報。今年は本当にもうやりきれない。90年くらいの初来日の際の金ラメジャケットの姿が未だに瞼に焼き付いている。

　夜はシネクイントにて11月3日からの音楽映画祭の音の調整。『ブエナ・ビスタ・ソシアル・クラブ』『ブエナ・ビスタ・ソシアル・クラブ★アディオス』『ノーザン・ソウル』『メイキング・オブ・モータウン』。どれも作られた場所も違うしドキュメンタリーだったりフィクションだったりで、作品ごとにゼロから調整していく感じになるが、それぞれやればやるほど音の輪郭が際立ちバランスが良くなり心地よく響き始める。爆音ではないので音圧を期待されると困ってしまうのだが、映画館の機材だけでの上映ということならベストに近い状態で鑑賞してもらえるのではないかと思う。やっているうちになんだか楽しくなり元気にもなったりして続けていたら、気がつくと朝4時を回っていた。

帰宅5時過ぎ。風呂に入って寝る時は7時近くになっていた。

10月20日（木）

13時から青山の本のための山田勳生さんへのオンライン・インタビュー。ほとんど眠れぬままだったが、山田さんの話が面白く90分があっという間だった。

一旦昼寝をしてその後青山で迷子になり表参道との交差点を行ったり来たりクルクル回ったりどこにも行けなくなって冷や汗をかくがまったく解決の糸口もなくグーグルマップもまたクルクルと周り自分がどこを向いているのかもわからなくなりさらに行ったり来たりで駅にはだいぶ早く着いたのに10分くらい遅れようやく目当ての場所に辿り着きおいしい蕎麦を食い、イメフォにて『N・P』上映後に監督のリサさんとのトーク。生と死の間にあることの呪いを引き受けつつ生きることについて。この映画の上映のきっかけを作ってくれた牧野貴くんとも久々に会う。

そしてシネクイントへ。『はだかのゆめ』『トミー』『アメイジング・グレイス/アレサ・フランクリン』の音の調整。

『はだかのゆめ』は先日菊池さんもやってきて確認していたので、うるさくならない程度にさらに少し音を上げ、耳障りなところを削り、最後の歌を監督にも確認してもらい終了。大きな音ではないが、水の音雨の音虫の声風の音が目の前で揺れ、その揺れの中に視線が吸い込まれていく。贅沢すぎる上映になると思う。

『トミー』の音が悪いのはわかっていて覚悟はしていたが、それでも最初はもうこれは上映できないんじゃないかと思ったくらい。しかしやればできる。徐々にあの時代のグルーヴが湧き上がってくるビートが足腰を揺らす。これなら皆さんに満足していただけるだろう。

『アメイジング・グレイス』は昨夜の『メイキング・オブ・モータウン』と同じ設定で始めたらやはりうまくいった。レコーディングということもあって緊張感漂うアレサの表情と声は、『リスペクト』を観た後だと余計に心に響く。こんなことなら『リスペクト』もプログラムに加えて貰えばよかった。『リスペクト』はプログラムを決めている時は未見、周りの評判はあまり良くなかったので、加えてもらう理由がなかったのだ。だが観てみると案外面白いではないか。評判の『エルヴィス』よりもいい。まあ『エルヴィス』は『エルヴィス』で観る価値は十分にあったけれど。でもやはりわたしの頭の中の『エルヴィス』の方が俄然面白かった。いつかそのことも書けたらと思っているのだが今はその時間も体力も気力もない。調整終了は午前3時30分。

10月21日（金）

昼に起きパソコンに向かう。未読のメールが200通くらいある。思わぬ連絡などもあるので順番に読んで、返事が必要なものには対応していく。もちろんいくらやっても終わらない。ようやく50通くらいになってきたところで本日のメールが次々にやってきて、残り50通がいくらやっても減らない。終了午前2時。1週間遅れの原稿を書くはずだったのだができなかった。映画も観られない。1歩も外に出ず。

10月22日（土）

終日原稿。やはり1歩も外に出られず。

10月23日（日）

目覚めから左耳の耳鳴りがひどい。メニエールが復活したのである。終日原稿（昨日とは別のもの）。1歩も外に出られず。原稿は終えたが、明日は東京国際映画祭（TIFF）にエクスネ・ケディのライヴ。それが終わると月末までの作業が山積みでそれを思うとまったく眠れず。

10月24日（月）

昼前にはポニーキャニオンに辿り着いて『はだかのゆめ』があみの作業をというはずだったのだが、起き上がれず、着いたのは15時過ぎ。ボーっとしている。そこから皆さんと一緒に東京国際映画祭の会場へ。帝国ホテルの宴会場で待機。出品作品すべての控室となっているので知り合いも大勢いるし、知り合いではないテレビでよく知った人も大勢いる。居心地いいような悪いような。監督、キャストの皆さんはレッドカーペットへ。あとからネットで確認すると、そこでインタビューされた甫木元はなんだか微妙なギャグをかましていたようで笑ってしまう。しかし、このレッドカーペットの儀式を行うためにいったいどれだけの人員と時間と予算とがかけられているのか。そこそこの日本映画の1本、2本はこの経費で撮れるはずだ。何かいい方法はないのだろうか。

その後、エクスネ。開場時間直前に駆け込んで、物販その他。動員は本当に心配だったのだが気が付くと目標人数に。ライヴはライヴ後の物販が驚くほど売れたのと、皆さんのニコニコ顔で大成功だったのがわかる。わたしは冒頭の2曲ほどでメニエール状態がひどくなり、左耳が完全にダウン。まともに音を聴けなくなってしまった。ただとにかくロックは見た目というグラムロックの渦巻く精神がまるごと現前化されたようなステージ。それだけ

撮影＝三田村亮

で泣けた。

10月25日（火）

朝からめまい。何もできず。

10月26日（水）

予定キャンセル。何もできず。

10月27日（木）

本日も予定キャンセルなのだがひとつだけ無理やり打ち合わせ。途中で気が遠くなる。少し良くなっためまいも復活。やはり無理するとろくなことはない。日本シリーズではヤクルト、サヨナラ負け。オリックスのリリーフ陣の投球がすごすぎて打てる気がしない。

10月28日（金）

めまい止めでなんとかめまいを抑え込み、副作用の眠気も受け入れつつうとうとしたまま大阪へ。夜はシネマート心斎橋でboidsound上映の音の調整があるのだ。これぱかりはわたしが行かないと成り立たない。爆音の方は井手くんに任せられるのだが。

しかしシネマート心斎橋のあるビッグステップビルは相変わらず派手である。この季節はハロウィン仕様。若者たちが集って写真を撮っている。もちろんわたしも撮る。

調整は『ディーバ』『バビロン』『ランディ・ローズ』。今回はスクリーン2にて。2の方は機材自体は新しいのだが音の広がりが今ひとつで毎回苦労する。もちろん普通に映画を見るのにはなんの問題もないわけだがしかしこちらはできる限り気持ちよく聴きたいわけである。それもひとりやふたりではなくそこに集まった人みんなにその人の魂と映画の音が触れ合うような体験をしてもらいたい。そんな思いで映画と向き合っているうちにじわっとメニエールが引いていった（ような気がした）。調整に時間はかかる。『ディーバ』も『バビロン』も2チャンネルで音楽とセリフが同じトラックにあるので両方が無理なく心地よくなるバランスを探らねばならない。それに『バビロン』は元の音がめちゃくちゃ悪い。同じ登場人物のセリフでもさっきと今では質感が全然違ったりする。でもそれが映画の内容とよく合っている。あのデタラメの勢いがそのままひとつの映画の形式として映画のルールを作り始めるポイントがあり、それに沿って人々が変容していく。それとともにこの悪い音が「これでいいのだ」と聞こえてくるのである。

『ディーバ』はかつて観た感覚を思い出しつつ。あれからもう40年が経った。いったい自分は何やってるんだとクラクラする。わたしより1歳年上のランディ・ローズが亡くなったのは『ディーバ』が製作された翌年で日本公開の前年である。25歳。その生涯を追った『ランディ・ローズ』を観ると自分の記憶とまったく違う。勝手にいろいろ捏造していた。そんなことにドキドキしながらこちらは5・1チャンネルの音作りなので対応はしやすい。しかしいろんな場所でいろんな人にインタビューをし、それに過去のアーカイヴ映像が混ざるこういうドキュメンタリーはそれぞれの箇所で音の質がバラバラで、古いビデオに記録されたライヴ映像や音はもうボロボロ。そんなものも見せつつ聴かせつつ、クリアな音源もしっかり聴かせるその出し入れは、音楽ドキュメンタリーの編集作業の醍醐味でもある。こちらはその製作者たちの意図を聴き取りつつそれが生み出す響きと共鳴とを会場に溢れさせる作業。深夜作業のお楽しみである。終了午前4時前。

10月29日（土）

それまではまったく気づかなかったのだがハロウィンの週末である。昼から変な服装をした人たちがちらほらいるなあと不思議に思っていたのであった。14時過ぎにようやく起き上がりホテルでもらった全国旅行支援の4000円のクーポンで前から気になっていたホテルそばのしゃぶしゃぶ屋に入ったらどうも様子がおかしく、店員が若い女性ばかりで皆さんメイドの格好をしている。席もカウンターだけでそのカウンターの向こうでメイドさんたちが肉やら野菜やらを出してくれるのである。もちろんハロウィンだからということではない、おそらく。メイドしゃぶしゃぶというジャンルは果たしてあるのだろうか。いずれにしても世界が遠くなるばかりである。

しっかりしなければと中古レコード屋に行ったら、クランプスのレコードがファースト以外ほぼ全部揃っていてもちろんロバート・ゴードンのアルバムもあれこれと置いてありしかも他のジャンルも充実していて解説もそれぞれ専門の担当者が書いているものと思われる。東京にも支店出してほしいと思うような店だった。でもまあ、それゆえそれなりの金額がつけられている。クランプスの7インチの正規盤は9800円だった。金に困ったらここに売りにこよう。

何枚か買ったのだが、店員がいかにも関西のアンダーグラウンドといった感じの独特の人だった。母船の池部くんが無愛想でボソボソと喋りよそ者を受け付けない感じを漂わせつつしかしどこか生真面目な部分も見せる、みたいな。基本的には店番には全然不向きだと思われるが、この店はこれで十分いけるだろう。

夜も具合は回復せず昨夜に続きうどんを食って（別場所）、シネマート方面に行くとハロウィンが賑わっている。なんか羨ましくもあり、関係なくもあり。『未来惑星ザルドス』の世界もまた遠い70年代という雰囲気満載だがそれはそれでラヴリーで、ああシャーロット・ランプリングいいなあ。音は3チャンネルだが、ほぼ、モノラルの3チャンネル。つまり同じトラックがＬＣＲのスピーカーから出るという仕組みである。当時の音声トラックを無理やり分解して5・1チャンネルに振り分けるのではなく、そんな無理やりなことをやるならこのままで、という堂々とした態度。もちろんいい音ではない。だが微調整していくとこれで行くのが良い、という一筋の道が見える。音はそのシンプルな道をひたすら歩む。あまり変化のない繰り返しが次第に心を開かせる。この次の作品が『エクソシスト2』になるわけだから、ジョン・ジョン・ブアマン恐るべし。この2本立て、いつかやりたい。

深夜になっても、映画館外の道は若者がわらわらと。それを時々見ながら、スクリーン1に場所を移して、さらに『未来惑星ザルドス』と『ランディ・ローズ』。1の方は音が会場を柔らかく包む。天井が高いからか、スピーカーの位置が少し高いからか。いい感じである。終了午前2時30分。


ホテルに帰っても眠れず。音の調整をした後は大抵こうである。そうこうしている内に、『やまぶき』のパンフのレイアウトデータが届く。皆さんに届けたりチェックをしたりで夜が明ける。眠ろうとしたがダメ。仕方ないのでそのまま仕事を続ける。

10月30日（日）

眠れずぼんやりしたままの時間が続いている。もうこのままずっと眠れないいんじゃないかと不安になる。あるいはこんなことが度々続くともうまともには生きていけないのではないかとさらに眠れなくなる。ドトールでコーヒーを飲み少し頭をすっきりさせようとするがまあ、気休めである。妻から頼まれていた鶴橋のキムチ。せっかくだからテールスープかソルロンタンかシレギスープ（干した大根の葉や白菜のスープ）を食おうと思うものの全然胃が働いていないのは十分にわかる。でもせっかくだし、今年はもう行けないかもしれないし。ということでキムチを買い、結局ソルロンタンにした。その間にも『やまぶき』パンフ関係の連絡いくつか。まあ、11月5日から公開なのにまだ入稿もしていないのだから当たり前である。恐ろしいスケジュール。だがもうちょっと。帰りの新幹線の中でも各所連絡。帰ってから転寝したがなんだか寝た気がしない。こうやって寝た気がしないままずっと生きていくのだろうか。大阪で買った7インチを聴いたら少し元気が出た。テレヴィジョン・パーソナリティーズは自分の原点と言うしかない。

10月31日（月）

またもやほぼ眠れず。ＴＩＦＦでの『はだかのゆめ』上映があり、昼からポニーキャニオンに行ってインタビューの立ち合いなど、という予定だったのだがあまりに具合悪くキャンセル。しかし『やまぶき』パンフの入稿作業もあり寝込んでいたというわけではない。明け方から夕方まで目一杯働き、『はだかのゆめ』の映画祭上映後の質疑応答を観覧。この映画、一度観てしまうとビアリストックスの演奏するテーマ曲「はだかのゆめ」が流れるだけで涙腺が緩むことになる。監督キャストたちの登壇時には当たり前のようにこの曲が流れるわけなのでもう冒頭からうるうるである。

その後、打ち上げにちょっとだけ参加して、ハロウィンの渋谷へ。シネクイントでのboidsound上映のための音の調整である。『デヴィッド・ボウイ ムーンエイジ・デイドリーム』『77 BOADRUM』、そして『SAYONARA AMERICA』。

渋谷はカオスであった。スクランブル交差点は絶対避けるということで半蔵門線の１０９側の出口から出てセンター街を横断して向かうという道筋にしたのだが、センター街がね。横断するだけで大変。ただそれなりの数の警備員が出ていて整理はしてくれていたのでことなきを得た。

調整は苦労しつつも最高の出来上がり。音量も完全に爆音レベルで、わたしの耳も目一杯。時にはこれくらいがいい。終了午前3時。渋谷はまだまだ盛り上がっていた。月曜日だからハロウィンも終電で終了かと思っていたがまったくそうではなかった。まあ、休日前でなくてよかったとしか言いようがない。タクシーは無事つかまった。とはいえ爆音とハロウィンの興奮が伝播してまたもや眠れず。起きたら新千歳にいかなければならないのだが。

8時過ぎにようやく寝た。

2 0 2 3

1月1日(日)

昨年末にほぼ1年遅れでようやくというか無理やり観た『リコリス・ピザ』がなかなか良くて、これを観ることができなかった1年間を反省するばかりで迎えた新年。しかしいきなりのニーナ・シモンのあの使い方はできそうでできない。ショーン・ペンは歳とって『翼に賭ける命』のロバート・スタックのような役が似合いそうだと思ったが、もう歳をとりすぎているか。映画にもし命があるとするなら映画自体もショーン・ペンとともに何年かを無駄にしてしまったと寂しい気持ちになるが、そんな寂しさも引き受けてそれでも目の前にある小さな喜びを最大の喜びに変えるマジックは手の中にあるのだと語りかけてくるような映画だった。やはり年末に中原から連絡があって、アレックス・チルトンの『ライヴ・イン・ロンドン』が最高であるとのことだったが、アレックス・チルトンの最高の曲もまた、うまくいかなかった寂しさとそれゆえの新たな展開をわれわれに向けて差し出すグダグダかつ最強のもので、ポール・トーマス・アンダーソンもいよいよそんな場所に辿り着いたのかもしれない。そうなると侯孝賢『百年恋歌』を観ないわけにはいかないと、年明け早々DVDを引っ張り出したのだった。

ああ、すっかり忘れていたのだが、こちらもいきなりのプラターズ「煙が目にしみる」でわたしをいくつもの時間の層の中に誘い込むのだった。ビリヤードをするスー・チーの今ここにいるのかもはやここにはいないのかまだここには現れていないのかそのどれでもあるようでどれでもない不安定な上の空は、ただひたすらいつまでもそれを観ていたいと思うばかりである。このまま何年も時間を無駄にしてしまっても悔いはない。日本映画にこんな女優が果たしているだろうかと思いを巡らす。そして挿入歌として何度も流れる「Rain and Tears」はこの映画のために作られた曲にしか思えず落涙するばかりなのだが、50年代のヒット曲かと思ったらギリシャの歌手デミス・ルソスのヒット曲で作曲はヴァンゲリスということなのでもう訳がわからなくなる。公開時、こんなことまで気にしなかった。ようやくこの映画に仕込まれたいくつもの時間と空間の扉に気づく年齢になったと言うのは都合良すぎるか。おそらく予算の問題だろう、現代パート以外はほとんど室内のみで語られるこの映画の寂しさとそれゆえの時間と空間の果てしない広がりに侯孝賢の悲しみと強さを思う。昨年、新作の準備に入ったという記事に添えられた写真のスー・チーとともに写る侯さんの姿が妙に年老いていたのを思い出し、もうゾンビになってもいいから何か撮ってくれと願うばかりであった。

初詣の神社への行き帰りだけで腰を痛める。

1月2日（月）

昨夜からの流れの中でアレックス・チルトンの『Document』を聴いていた。70年代半ばから80年代半ばまでにリリースされた曲のコンピレーション・アルバム。あらゆる演奏が常にバランスを失いそしてそのことによって次の一歩を踏み出していく、そのぎりぎりのバランスが作り出す一筋の軌跡の10年間。「Like Flies on Sherbert」という曲のタイトル（セカンドアルバムのタイトルでもあった）が、その滑稽さと強靭さを表しているように思える。

そしてノア・バームバック『ホワイト・ノイズ』。バームバックとドン・デリーロとがどうやったら結びつくのかまったく謎だったのだが、デリーロの小説のこれみよがしな広がりと世界の終わりへの視線を、徹底的に個人的なものに変える、矮小化して最小単位の出来事に仕立て上げていくバームバックの製作態度に並々ならぬ覚悟を感じた。めちゃくちゃ金もかかっている。「大きなものを小さく見せる」（by梅田哲也）ことにこれだけの資金を注ぎ込むバランスの悪さ。そのこと自体がバームバックの映画とも言える。腹の出たアダム・ドライバーにも驚くが、いつもながらこのアダム・ドライバーの役をオーウェン・ウィルソンが演じたらどうなんだろうと、ぼんやりと思ってしまう。グレタ・ガーウィグはもう、デプレシャンの映画のカトリーヌ・ドヌーヴのような風格さえ出てきている。妄想が広がる。

1月3日（火）

オーウェン・ウィルソンが今何をやっているのかネットで確認していたら数年前にウディ・ハレルソンと共演していた。『ウディ・ハレルソン ロスト・イン・ロンドン』。全然知らなかった。ウディ・ハレルソンが監督でもある。全編をワンカットで撮影ということで、まあそれに関してはデジタルの時代だからとしか思わなかったのだが、ウディ・ハレルソンが舞台出演のために滞在中のロンドンでの一夜の物語という内容を見るとそうしたくなる気持ちもわからぬではない。そしてそれ以上に、もちろんこちらの勝手な想像に過ぎないのだが、ウディ・ハレルソンにとってハリウッドでの撮影は退屈なのだろう。ワンカットで映画を撮るということ、そのための俳優としての準備や緊張感高揚感、そして「映画」の外へと一歩足を踏み出して映画と現実の間に身を置く責任感。ここでのハレルソンは自らの私生活と引き換えに新たな場所と時間を生み出そうとしているかのようだ。だからなのかどこにいてもどんな時でもいつもその場所と時間に馴染めず居心地悪くオロオロしているはずのオーウェン・ウィルソンは、ここでは慌てることも戸惑うこともなくハレルソンの良き友人としてあたかも昔からそうだったかのように地に足を付けた人として存在していた。あくまでもリアリズムを追求しながら気がつくと夢のような一夜になっている、そんな物語と言えばいいか。物体としてはすぐに消えてしまうが記憶の底に残り続けるクリスマスプレゼントのような映画だった。そしてそれを象徴するような存在として出演するウィリー・ネルソンの歌と声が、一夜をワンカットで撮影するという構築されたリアリズムの枠に穴を開けてその向こうの世界を見せてくれる。『心の指紋』をまた観たい。

そしてあまりに身体が鈍ってきたのでロバート・ゴードンの『I'm Coming Home』で景気をつけ、高円寺駅まで散歩をした。

1月4日(水)

トッド・ヘインズの『ダーク・ウォーターズ 巨大企業が恐れた男』。公開が一昨年の暮れだから約1年遅れで観たことになる。この時間差をどう受け止めたらいいのか。忙しさの中で大切なものをどんどん観逃していく。この映画もまた、そんな日々の暮らしの中でわれわれが失っていくものについての映画でもあった。巨大企業が隠す環境汚染に被害者からの思わぬ連絡で気づかされ、それまでの自身の暮らしを脅かしさえもするその運動に半ば強制的な力によって関わり始めどこかで自分を見失いながらもさらにその運動に深く入り込んでいくそんなストーリーは、スティーヴン・ザイリアンの『シビル・アクション』をも思い起こさせた。あの映画のジョン・トラボルタは50年代映画の悲惨な主人公たちのように、自身の人生より大きなものに結果的に立ち向かいあらゆるものを失ってもう無理だとなっても被害者の視線がそれを許さない。人生より大きなものは目の前の敵だけではなく自身の背後にもあって、そのふたつの間で双方に怯えながらも自身を鍛えていくトラボルタの姿が印象的だったのだが、こちらの背後の力(視線)は『シビル・アクション』ほどは凶暴ではない。それゆえに主人公は運動をやめられないと言ったらいいか。そしてそれゆえに主人公は鍛えるどころか時間をかけて弱って行く。弱って行くことで周囲が鍛えられることもあるのではないかとふと思ってしまうほどに、終盤は時間と状況が何かを解決していく。それを見つめ続けるというふうについ擬人化したくなるような形で何度も差し込まれるウェストヴァージニアのさまざまな風景。ああこれは『カリフォルニア・ドールズ』でも観た『ブルース・ブラザーズ』でも観た『アンストッパブル』でも観た『ディア・ハンター』でも『ウェンディ&ルーシー』でもポール・ニューマンがルイジアナ州知事を演じ冒頭でランディ・ニューマンの「ルイジアナ1927」が流れる『ブレイズ』でも観た……。アメリカのそこかしこにこんな風景があって映画に映されなければ誰の記憶にも残らない名もなき人々が生きている。そしてそれがある限りまだアメリカには希望はあると語りかけてくるような風景がこの映画では映されていた。9・11の後、今この音を世に出さねばという切羽詰まった性急さでリリースされたニール・ヤングの『Are You Passionate?』にも同じ風景が歌われていたように思う。

1月5日(木)

しかし世間で仕事が始まるとわたしものんびりはしていられない。のんびりしていられないという気持ちだけが増幅して何もできなくなる。寝つきも悪くなり眠りも浅くなる。仕方ないのでデヴィッド・O・ラッセルの『アムステルダム』。もうマーゴット・ロビーがむちゃくちゃいいじゃないかと、まるでこの映画でようやく名前と顔が一致したばかりの人間とは思えない盛り上がり。一昨年だったかはテレンス・マリックの『ソング・トゥ・ソング』でようやくルーニー・マーラを認識してそれまで観てきた彼女の出演する多数の映画をほとんど観直したりしたのだが、今回もまた似たような状況でしかし『ワンス・アポン・ア・タイム・イン・ハリウッド』のシャロン・テートもそうだったかとか、自分の認識力のなさにまたもや愕然とする。それにしても目の前の獲物に今にも食いつきそうな凶暴さと普通に歩いていたはずなのに一瞬ふらつき倒れ込む不意打ちの弱さとそしてそれらの強さと弱さを忘れて今この一瞬の喜びのために一歩足を踏み出してしまうことの痛みと悲しみが作り出す彼女の微笑みを見ると、もうそれだけで何もいらなくなる。とはいえ彼女の義理の姉を演じたアニャ・テイラー＝ジョイと配役を入れ替えても行けるんじゃないか、そうなったらそうなったでこの映画はまた別の運動を始めるはずだ。そんな流動的で予断を許さぬ映画でもあった。しかし何年か前ならマーゴット・ロビーの役はエイミー・アダムスがやっていただろうと思うと胸が痛む。

でもとにかくマーゴットである。今年は年初からスー・チー、グレタ・ガーウィグ、アニャ・テイラー＝ジョイ、マーゴット・ロビーらと一緒に過ごせて言うことなし。そんな話を友人にしたら『バービー』もそうですよねという返事。これまた全然わかっていなかったのだが、グレタ・ガーウィグの監督最新作の主演がマーゴット・ロビーなのだった。配信で2000円というそれなりの金額を支払ってまで『アムステルダム』を観たのはなんと『バービー』に辿り着く道だったのかと、妄想は果てしなく広がる。

忘れていたが『ダーク・ウォーターズ』のアン・ハサウェイも

映画の後半になるにつれてダグラス・サークの映画の女優たちのような表情を見せていた。おそらくそれは姿だけの問題ではなく、声の問題でもあるような気がした。

1月6日（金）

体調すぐれず。夕方までは事務作業満載でやりきれぬまま気分を変えようと新宿に出て今年初ユニオン。中原から指令のあったアレックス・チルトンのロンドン・ライヴのほか、イーノの新作など。しかし新しいレコードが高すぎる。諸事情わからぬでもないが、これでは余程のことがない限り買えない。イーノのレコードは上から見ると溝が均一で、聴かなくても音がわかると言いたくなる。歌モノということなのだが、歌もまた起伏のない状態で入っているのだろうか。盤面を撮った写真だとこの溝の見た目が伝わらないのが残念すぎる。

夜は、ドイツに住む姪がボーイフレンドと来日中ということもあり、また、我が家の姫がついに結婚ということもあり本当に久々に妹一家と我が家とで全員そろって会食。目が閉じていると指摘される。いろいろつらい。

1月7日（土）

仕事関係のやり残しや急ぎでやるべきことなど山積みなのが気になりまともに眠れず。布団に入るとどうしてそれらを思い出すのか。起きている時は逆にあまり気にならなかったりするのだが。いずれにしてもおかげで朝寝て昼起きるという高齢者にあるまじき暮らしからまったく抜け出せない。

だが本日は12時前に銀座に行き、姫の結婚相手の一家と初顔合わせということで眠いとかつらいとか言ってはいれられない。なんとか役目は果たす。結婚式は3月21日。青山の一周忌である。何という娘だと言うしかない。とはいえ自分にとってもその日が新たなきっかけになってくれたらと、とりあえず前向きに考えることにする。

そして青山が日記の中で何度も取り上げていたくせにずっと観逃していた『マネーボール』を。『ダーク・ウォーターズ』からの『シビル・アクション』を経てのスティーヴン・ザイリアンつながりでもある。いや実は、マーゴット・ロビーの『マネー・ショート』を観てみようかと思ったところでああそう言えばと『マネーボール』のことを思い出すという流れで、マーゴットが導いたザイリアンなのであった。そしてこれもまた目の前に立ちはだかる巨大で強力なシステムと戦う人の物語。『シビル・アクション』の前の『ボビー・フィッシャーを探して』も視界に入る。あの時のチェスの天才少年の姿からジョン・トラボルタを介してのブラッド・ピット。ザイリアンが見つめる常識や世界のシステムに立ち向かう人々の行動は、徹底して孤独な作業となるのだがその孤独は寂しさや悲しみといった感情面からはほとんど描かれず、自身の選んだ任務とも言えるような作業を遂行する強さとそれゆえの弱さとして描かれる。そしてそれゆえに彼らは強さの果てのシステムではなく失敗もするひとりの人間へと還っていく。その循環。

青山もきっとこのブラッド・ピットの行動の中に、ハリウッドと戦うための日本映画の運動を夢見ていたはずだ。こういった変革は小さい場所だからできる、あるいは小さい場所だからできるやりかたで変革を行う。そのふたつが同時進行で進む。経験や直感ではなく膨大なデータとそれがもたらす数値を元にした決断。現実の徹底した対象化の果てに、しかし最後はそれを信じることができるかどうか、そこに賭けるかどうかという人間的な対応の時がやってくる。決断の時、というのがあるのだ。それは人間がするべきことだ。いろんな課題が見えてくる。

ところでわたしは編集者の黒岩幹子に指摘されるまで、『ボビー・フィッシャーを探して』とジョディ・フォスター監督の『リトルマン・テイト』を混同していて、ピアノ天才児を育てる母親を演じたジョディ・フォスターの姿が『ボビー・フィッシャーを探して』の登場人物として強く目の前に現れ、ジョディ・フォスターが『ボビー・フィッシャーを探して』に出演しているとばかり勘違いしていたのだった。ネット上に残る日記にはまさにその勘違いのままの記述が残っている。どうしてそうなったのかまったくわからないのだが、おそらく強さと弱さが同居してしかしそれこそがゆるぎない強さとして身体を覆うジョディ・フォスターの身体性とどこか同質なものをスティーヴン・ザイリアン映画の身体性が抱えていると感じているからなのだろう。『シビル・アクション』にも『リトルマン・テイト』のジョディ・フォスターのような母親がいた。汚染された土地に立ってトラボルタに調査を続行させるあのゆるぎない女性の身体性が、あの映画全体を覆っていたはずだ。

1月8日（日）

3連休とはいえ自営業だと休日まったく関係なくやらなくてはならない仕事はやらなくてはならない。いろいろある。終日具合悪くほぼ寝たきりだったが起きている間はずっとパソコンの前に張り付いていた。

夜は昨夜のスティーヴン・ザイリアンの流れでエイドリアン・

ラインの『底知れぬ愛の闇』。アマゾンプライム配信のみの作品？わからぬまま観ていたのだが、どうもザイリアンの脚本にしてはおかしいと、観終わった後で調べたらザイリアンは製作のみだった。まあそこそこ楽しく観たし、人間を（特に女性を）見つめる時のエイドリアン・ラインのえげつない画面の切り取り方も堪能したが、とにかくプールでのパーティシーンで出てくるギター弾きのおばちゃんにびっくりした。いやこんな人がいたのかと思ってクレジットを観たらジョアンナ・コナーだった。わたしより年下の女性に「おばちゃん」は失礼な話だがしかし心からの敬意を込めて「おばちゃん」と呼びたくなるような迫力でギターを弾いていた。ロバート・ジョンソンの「ウォーキング・ブルース」。こんな人をこんなパーティのシーンで不意に登場させるエイドリアン・ラインの懐の深さ。映画は時々こうやって思わぬプレゼントをしてくれる。

そういえば江藤淳の『奴隷の思想を排す』を読んでいたらこんなフレーズがあった。

「たとえばシェレイは、彼が夢想した理想社会の実現の可能性を信じることなしには、「解きはなたれたプロメシウス」のヴィジョンを抱きえなかつた。ロマンティシズムがこのようなヴィジョンを持つかぎり、つまり実際の社会をみちびくべき方向を見失わないかぎり、それは逆にもつと日常的な現実との関係を失わない」

『マネーボール』のブラッド・ピットの行動や決断と重なり合った。映画を観ることはどこかロマンティックな行為であるが、その「映画を観る」という行為によってわれわれは時に新しいヴィジョンと向き合うことになり、それに向かって歩を進めるかどうかの決断を迫られる。『ライフ・アクアティック』でも船の甲板に引いた線を越えるかどうかを問うシーンがあったと思うが、あれこそ映画の運動なのだと思う。そして多分、ジョアンナ・コナーもある時一線を飛び越えたのだ。向こう側に行ったということではなく、向こう側に広がる可能性にかけたのだ。それゆえに現実にこうやってバリバリとギターを弾いているのである。一線を飛び越えることは徹底してこの現実と関わることでもあるのだ。

1月9日（月）

よく眠れず。久々に最低に具合悪い。ぼんやりしたまま柴崎にあるピースミュージックのスタジオに行き、エクスネ・ケディの今後についての打ち合わせを、井手くん、プロデューサーの石原洋さん、それからエンジニアの中村宗一郎さんと行う。この半年くらいで果たしてそこまでやれるのか、井手くんにはものすごいプレッシャーがかけられるわけだが、まあなんとかなったとしたら楽しい1年になることだろう。

その後、助成金関係のやりとりいろいろ。ひと休みして夜はシネクイントに行き、もうすぐ公開になるロバート・エガースの『ノースマン 導かれし復讐者』とその前作『ライトハウス』のboidsound調整を行う。ともにこれ以上音を上げなくても通常の上映で十分な迫力の音なので、いかにも音の映画でありつつはたしてboidsoundでやって違いが出るのかどうか判断がつかなかったため年末にテストをしたのだがやはり上げたら上げたで全然違う。その挙げ句今回の調整となったわけである。スクリーンの奥にあるスピーカーから聞こえてくる音なのにバランスがとれると天井からも降ってきてここではないどこかにたったひとり連れ去られた気分になる。そして何度も言ってきたことだがいい音を聴くと元気になる。終了午前1時30分。渋谷の町はまだ若者たちが動き回っている。成人式だったのだ。

1月10日(火)

前夜のboidsound調整から帰宅後、助成金の報告作業など社長業務で朝まで。7時くらいに寝て12時過ぎに目覚める。夕方から打ち合わせ。夜は各所連絡で力尽きる。

1月11日(水)

体調は最悪。歯にも影響が出てまともに食事ができない。当然元気も出ない。夕方から打ち合わせ。今後に向けての話なので少しは元気が出るが、帰宅後、深夜まで寝てしまう。その後各所連絡。悩ましいことが多すぎる。我慢の時なのだが、その体力はあるのか。あと20歳若かったらとつい思ってしまう。まあ、若かったら若かったでこんな我慢できないなとも思う。

1月12日(木)

昨日から奥歯の調子が悪く、ものが噛めない。バナナとか柔らかいうどんとかポタージュスープとか。歯医者に予約の電話をかけるが治療は明日。果たしてこの状態をどこまで我慢できるか。気持ちは沈むばかりでろくなことを考えない。連絡のために何人かに電話したりしたのだが、声もうまく出ない。もう本当に逃げ隠れしたい。という状況でしかし連絡の嵐は止むことなく続くものだから底なしである。そんなところに中原の緊急入院の知らせ。予断許さず。入院は長引きそう。それやこれやで背筋は少し伸びるが奥歯の調子がよくなるわけではない。鼻水と頭痛。花粉が飛び始めている。深夜過ぎても事務作業終わらず。

1月13日（金）

待ってくれない事務作業を続けつつ歯医者。かみ合わせの問題で歯を支える顎の骨が下がりそこにできた歯茎との隙間から細菌が侵入して炎症を起こしているとのこと。治療後、明日もひどかったらもう1度来てくださいひどいと点滴になりますと告げられたのだが、『やまぶき』初日の下北沢K2に辿り着く頃には大分楽になっている。山﨑くんと三宅とのトーク。『やまぶき』初見の三宅は「めちゃくちゃ面白かった」と。それはおそらく単に面白かったということでもあるだろうし、物語の内容やテーマに関して言うべきことはたくさんあるはずの、そしてそのようにも作られているこの映画の「単に面白い」という根本的な部分をまず指摘したかったのだと思う。つまり撮影や編集や音響の面白さとそのバランスやつながりが作る時間や空間に包まれることの面白さ。そこから撮影や編集の具体的表層的な話となり、それが一段落つくと今度は山﨑くんから『ケイコ 目を澄ませて』における映画の内面の問題についての問いかけ。スクリーンに映るものや動きのほかに、そのままにしていては見えてこない「感情」や「歴史」「時間」といったカメラには映らないものは見えてくるのかどうか。写すことができるのかどうか。すべて嘘で出来上がっている映画の世界を信じるとはどういうことか、という話。そして来場していた祷キララ、川瀬陽太の俳優ふたりが登場、この映画の中の虚構の人物を演じる時の態度などについて実感を話す。というところで時間となった。この話は終わりがない。

その後、川瀬陽太の導きにより下北沢から15分くらい歩いた某所へみんなで移動。わいわいしているうちに、この日は明日のために横浜宿泊だった山﨑くんが終電を逃すことになる。わたしは帰宅後、朝まで各所連絡などやり残した仕事。

1月14日（土）

ぐっすりは寝た。歯の調子もいい。頭もすっきりして何か昨年1年のとんでもない厄災の名残がようやく抜けた感じがした。少し前向きになれるだろうか。

黄金町へ。ジャック&ベティに行くのは4年ぶりくらいではないか。たたずまいは相変わらずだが周囲のゴチャゴチャ感はさらに消えている。そしてそれゆえに、わたしが知らないこのあたりに映画館が並んでいた頃の幻影がうっすらと浮かび上がる。横浜は初めてという山﨑くんに、まるでここで育ったかのような気分で黄金町・日ノ出町あたりを案内する。トークの方は山﨑くんから映画の成り立ちなどの簡単な説明のあと、Q&A。祷キララさ

んをキャスティングした時のエピソードでは皆さんから笑いが。トマト農家と映画監督の両方をやる葛藤、それからオリンピックの話など。

そして下北沢に移動。途中、山﨑くんのＳｕｉｃａが使えなくなるというトラブルが起きるが、原因は不明（すべて川瀬陽太が悪いということにする）。Ｋ２のトークはなぜか冒頭から和田光沙さんがやった「美南」の離れて暮らす夫役を演じた松浦祐也さんの話で盛り上がる。松浦さんはこの映画ではちょっと厳つい風貌でやってくる役だがじつは酒が飲めない。でも酒の席で酔っ払ったようになるというエピソードで酒の飲めないわたしは親近感を抱くわけだが、実はこれには理由がある。蒸発して空気中に飛び散ったアルコールに酔っ払うのである。大勢の酒の席ほどそれが極まる。それからサイレントスタンディングやその撮影時のエピソードなど。

Ｑ＆Ａではなんとこの映画のことを全然知らずに来たという川瀬陽太同級生登場。ポスターにどうしてあの写真を使ったのかサイレントスタンディングの写真ならまた違う印象を与えたのではないかという質問で、わたしが答えざるを得なくなる。彼女の視線の強さゆえ、という答えをした。男たちが作った世界がもうどうにもならなくなった時に育った彼女の戸惑いながらも自分で考え自らの今を考える視線を受け止めてほしいという願い。それからカン・ユンスさんが終盤で何か強い決意をしたのか眼鏡を外し、眼鏡なしで生き始めることについて。ここにもまた、この映画の扱う視線の問題が絡まるはずだ。最後に子役の演技と彼女が描く絵について。あの絵は彼女が描いたものではなく画家が描いたもので、いわゆる子供が描いた面白い絵ではなく、大人の描いた絵にしたかったと。昨日三宅が言った「めちゃくちゃ面白かった」というこの映画の面白さは、こういったことの積み重ねなんだと思った。

その後、松本へ向かう山﨑くんを新宿で見送り帰宅。疲れている。

1月15日（日）

疲れが出ていて目覚めると12時過ぎ。眠れるようになっただけましと思うしかない。各所連絡していると夕方。NRQのライヴへ。月見ル君想フ。日曜の夜の青山あたりは妙に寂しくてああ早く暖かくならないかと思う。ライヴは別世界だった。attc vs Ko-haru の音は昨年発売になった7インチでなんとなくイメージしていたが、レコードのまとまり方とは反対に、メンバーたちがそのまとまりを作り出すいくつもの源流となりひとつの川の表面と底流と傍流とそれらが作り出す渦を作りだし会場の人々全員を溺れさせようとでもしているかのようだった。その抵抗不可能ないくつもの流れのどこに身を任せるか。目と耳をしっかり開きつつそこにはない流れを幻視する。今ここにいるだけでどこまででも行ける。

NRQはいつかどこかで聞こえてくるはずの声、かつてあそこで聞こえていたはずの声といった今ここにはない声と交信したそれぞれの楽器が実際にはまったく関わらなかったはずのそれぞれの声を共振共鳴させてどこにもないがどこにでもあるはずの今ここを作り出すと言ったらいいか。遠い木霊でもあり幻聴でもあり聞こえないはずの音が作り出すリアル以外何物でもない音。ギターを弾く時の牧野くんのジャンプのような引き攣り気味の牧野くんのMCに爆笑した。

しかしこういった音を聴くと、死んでからもやることはあるなと思ってしまう。死んでからどう生きるか、今までもそうだったのだが今年はさらに強くそんなことを考えることになるだろう。

1月16日（月）

月曜日はいろんな事務作業が山ほどあってしかも税理士の月1の報告訪問があるとなるとその前までにさまざまな書類やデータ

を整理しておかねばならぬ。もちろん間に合うはずはないのだがそれでもやれることはやるということで朝から事務作業。報告終わった後はその他連絡作業で夜のアナログばかに食い込みそうになるが、昼飯抜きだったのであまりに腹が減り小田急線に乗り換える前におにぎり1個を頬張った。先週から立て続けに来ている下北沢だが新しくなった駅には未だに慣れずどの階段を上ったら西南口に一番近いのかわからぬまま本日はたまたまエレベーターの扉が開いていたので吸い寄せられた。レコードが重かったのだ。本当に最近のレコードは重い。ほとんどが180グラムの重量盤を謳って音の良さをアピールするが本当にそうなのかどうか。巨漢のママ・キャスの1972年のアルバム『The Road Is No Place for a Lady』なんてもう彼女の巨体を思うと涙止まらないくらいの薄っぺらでペラペラの盤なのだが、それでもまったく問題ない。大好きなアルバム、おそらくわたしの持っているレコードの中で一番薄い。手で持っただけでもすぐわかる。まあその薄さがいいということではないのだが。

アナログばかは久々にテーマなしの雑談会。新年会なのでこれでいい。めちゃくちゃ楽しかった。時々こんな時間を持てるだけでなんとか生きていける。そんな感覚はその場にいた皆が共有していたと思う。その後、本物の新年会。

1月17日（火）

昼から今年のｂｏｉｄの企画打ち合わせ。すごい企画があるわけではない。わたしの手でできることをどれだけ多くの人に伝えることができるかというやりかたを年内に定着させられたら。今決まっているもの以外、他人のペースに巻き込まれる仕事は一切断る方向。この何年かの怒りが溜まりすぎている。自分のペースを作る。と決断したものの果たしてどうなるか。

1月18日（水）

寝坊すると1日があっという間に終わる。起きてからは全速力で仕事をしたがまあ、数時間。それくらいしか働けない。昨年から取り組んでいる青山真治本の3冊目の内容がほぼ固まってきた。2冊目『青山真治クロニクルズ』の表紙案もいくつか届く。いろんな作業が予定よりだいぶ遅れているが、ゆっくりとやることをやる。きっと時間はわれわれを追い越し先回りした挙句どこかで再び出会うことになる。というかそのねじれた時間を今ここで生きているのだとも言える。あきらめたりいらついたりしたらそれはすぐに逃げていく。すべてに遅れがちなこのゆっくりした一歩が未来を先取りしているのだと思うことにしている。まあでも本当に機を逃して皆さんに迷惑をかけないようにしないと。

マーゴット・ロビー祭『ハーレイ・クインの華麗なる覚醒』。途中で出てきたベーコン&チーズ・エッグ・サンドみたいなやつが妙にうまそうだった。以前b o i dがパンフを作ったダニエル・ジョンストンのドキュメンタリーをやった時、ジャーナル・スタンダードが運営するハンバーガーショップが、タイアップでダニエル・ジョンストン・バーガーみたいなのを作ってそれはそれでうまかったのだが、昨年のこの映画の上映の際はどこかがあのサンドウィッチを作ったりしたのだろうか。できれば時間をさかのぼりたい気分である。あれを食いながらこの映画を観て続けて『ザ・スーサイド・スクワッド〝極〟悪党、集結』を爆音で観たら最高だろうなあと妄想するものの30年ほど歳を取りすぎている。

1月19日(木)

昨夜は眠るのに失敗し、うとうとしただけで朝8時くらいに目覚めるがやはりつらくて再度ぐずぐずと寝たり起きたりであきらめて12時過ぎに起きた。こんな日もある。コントロール不能。その後各所連絡して事務所に行き、河出書房新社から出す映画化されなかった青山のシナリオやプロット企画書などを集めた本のための権利問題などの確認。いろんな話が出てさまざまな問題もあらわになるが簡単に解決はつかない。

夕食後さすがに眠くなり寝てしまい、深夜12時くらいにようやく目覚め。そこから事務作業。そして、深夜にレコードを聴くのに今のスピーカー配置だとどうしても音を大きくせざるを得ず、先日も妻に怒られてしょんぼりして小さな音で聴いていたのだがさすがにそれは耐えられないということでスピーカーの配置を変えた。これなら小さな音でもわたしにとっては十分な音量で聞こえるということでついいろいろ聴いてしまって朝。こうやって生活は乱れていく。いったい何年こんなことをやっているのだか。

レコードを聴きながら江藤淳全集第1巻を読み進めたところこんなフレーズに出会った。

「いわばそれは本来の意味での小説的な現実把握であつて、実際の作者と日常的な現実との関係は、一つの変形された相似形として言葉の次元に転位されようとする。そればかりではなく、作者と話者との間に意識的に設けられた距離は、話者と彼がむかいあつている転化された現実との間にも保たれていなければならない。さらに話者は、言葉の次元に一次的に転化された日常的な現実の中にいるが、彼の物語る内容は、日常性とは薄い皮でへだてられた、一種のあいまいな、詩的なイメイジに凝固して行かなければならない。「寓話」性とはこのようなもののことをいうのであつて（後略）」（江藤淳『奴隷の思想を排す』）

こういうのを読むと、今度の土曜日（21日）の明石さんを送る会の上映作品は『あやつり糸の世界』をやってもらえばよかったと反省。あの映画の最後に流れるフリートウッド・マックの「アルバトロス」がいいんですよねえと嬉しそうに話す明石さんの笑顔は今でも忘れられない。

1月20日（金）

10時くらいかと思って起きたら12時だった。よく寝た、ということになるのだが昨日は寝たんだか寝なかったんだかわからない1日だったので、プラマイゼロ。不規則極まりなしということを考えるとマイナスである。調子は悪い。年長の白猫さまに腫瘍が見つかり来週手術ということにもなる。もう本当に勘弁してほしい。たまたま昨日阿部和重くんが書いた『空に住む』の原稿を読んでいたところだったのだが、こうなってくるとしばらく『空に住む』をまともに観ることができない。あの猫の名前は我が家の姫の名前でもあるのだ。もうなんだかいろんなことがこんがらがって胸が苦しくなるばかり。神保町の「猫の本棚」での「青山真治文庫」へ行く予定だったがキャンセル。

月曜日のアナログばかの時にわたしの持って行ったアレックス・チルトンのロンドン・ライヴのあんまりなヨレヨレぶりを聴いた直枝さんが「もっとちゃんとした人なんですけどね」というようなことをボソッとつぶやいたのが気になっていた。そうなんです。あのアルバムは特別。そして再びアレックス・チルトン祭。

1月21日（土）

「伯林ペスタロッツィ通り88Ａ番地」と題された明石さんを送る会である。ファスビンダーの『不安は魂を食いつくす』の上映と知人、友人たちのリレートーク＠ゲーテ・インスティトゥート東京。いきなり寝坊して遅刻という情けない限りの状況だったのだが、デジタル化された『不安は魂を食いつくす』の鮮やかな色にびっくり。真っ赤に変色した16ミリフィルムのイメージしかなかったのだが、まあ当たり前である。思い出の時間と現実の時間はまったく相いれない。

トークの時間。自分の思い出話をするということがそれを聞く人にとってどういうことなのかまったく想像がつかなかったのだがこうやっていろんな人の思い出話を聞いていくと忘れていたことや知らなかったことが浮かび上がってくるだけでなくそれが浮かび上がってくることによってばらばらに存在していた点としての記憶がつながっていく。これは時代順にトークの場を構成した主催者のおかげなのだが、まだ明石さんとは面識がなかった代々木のイースタンワークスの頃から数えると45年ほどの時間が駆け巡り体内をぐるぐると回る。終了後、80年代初頭だから40年以上前に遊びで一緒に高円寺のスタジオに入ったことがある知り合いから声をかけられる。40年ぶりである。もちろんすっかり忘れていたのだが、言われてみれば確かに。それに加えその時にわたしがサックスを吹いている写真があると言われ、呆然とする。まったく吹けないのに何かやろうとしたのだろうか。

その後は、20数年ぶりに会う友人、10年ぶりくらいに会う友人と食事に。それぞれ妻とも共通の友人なのでみんなで忘れられた時間の埋め合わせトーク。もちろん一致しない。話は横に広がるばかり。そしてまるで失われた時間などなかったかのように10年前20年前が今ここで動き出すのである。実は時間は今ここで渦巻いているだけで流れていないのではないかと、そんな妄想。明石さんがあまりプライヴェートを話さなかったせいもあるのか。つまり点ばかりをわれわれに遺し、その点と点を結ぶ作業をするわれわれの今が10年前20年前を今ここに呼び寄せる。それは今でしかない。そうやって活性化された「今」が年寄りを元気づけるわけである。

1月22日（日）

大勢の人に会い多くの時間が体内を駆け巡り眠れぬまま朝を迎えようやく少し寝て昼に起きる。中断していた部屋の整理をする気持ちになる。

夜、江藤淳全集第2巻『新版 日米戦争は終わっていない』を読んだのだが、序文の中で円高ドル安について触れていた。昭和62年（１９８７年）のことである。円が対ドル１５０円台から１３０円台に突入するかという、同じ１３０円台でも今とまったく逆の状況。ニュースではひとり暮らしの老人たちを襲う強盗グループの件。マーゴット・ロビー祭で観た『アイ、トーニャ』では救いようのないアメリカの貧困が描かれている。もはやかつてのようなアメリカはそこにないと１９８７年の江藤淳も書いている。１９７０年生まれのトーニャ・ハーディングはもはやかつてのアメリカではないアメリカで育ったのだ。いや、かつてもそんなアメリカなどなくただそうあってほしいと思うアメリカがそこにあっただけなのだとも言える。そうやってアメリカを覆っていた願いの裏側からもはや覆いきれない夢の残骸が顔を出す。『ブレードランナー２０４９』で描かれたアメリカの廃墟は、１９８０年代のアメリカでもあったということになる。廃墟としてのアメリカの80年代が2049年のアメリカの廃墟として描かれているのだと言ってもいい。いや、50年代のアメリカが自ら理想のアメリカとして世界に自らの姿を演出し始めて以降、アメリカは常に廃墟だったということにもなるかもしれない。いずれにしてもそんなアメリカの80年代から40年ほど経った今、かつてのような日本も今ここにはない。昨夜はわれわれがまだ20代の頃働いていたアート系の会社のアルバイトの時給が1200円だった話。そのアート系の会社が大手企業に吸収されそこのアルバイト募集の時給が1072円。東京都の最低賃金である。この時給で働きつつ映画館で映画を観ることは簡単なことではない。

1月23日(月)

いつも調子のよくない左耳が悪化。世界の左半分がぼやけている。2時間ほどで目が覚め眠れなくなり、仕方なくいったん起きて仕事。午後からは役立たず。とはいえ予定の連絡などをできたはずだ。少しずつ「現在」に追いついていく。夜は気合を入れるため、火鍋に行った。少し元気になった。

1月24日(火)

やはり眠れず。またもや早めに起きて仕事をと思ったのだがあまりに具合悪く、再度寝て目覚めたら12時だった。午後から各所連絡。夜まで連絡を続け、起きるのが遅かった帳尻を合わすが耳の調子はさらに悪くなる。

1月25日(水)

眠れず。めまいが始まる。白猫さまに見つかった腫瘍の手術もある。インタビューのために午後2時までに田町に行かねばならぬが到底無理。めまい止めを飲みごまかしながらなんとか。インタビュー、面白くてつい長居をして歯医者の予約に遅刻。10日前なにも食えなかったのが嘘のように回復し、今回の治療はこれで終了。帰宅すると手術を終えた白猫さまが戻っておられる。お怒りである。撫でようとするとウーウー言って怒る。部屋の中をのしのしと歩き回ってどこにも落ち着かない。まさか腹を切られるとか思ってもいなかっただろう。でも、お怒りになる元気が残っていてよかった。そう思うしかない。わたしは、めまい止めが効き、寝てしまう。こんな日に限って、連絡の山。メールなど、読み切れず。

1月26日(木)

朝4時30分に目が覚め眠れず。あまりに眠れないのでぐったりしたところでようやく眠りについたのだが10時30分に目覚める。合計では6時間ほど寝たことになるものの「眠りは足し算ではない」と誰かが言っていた。グタグタである。耳の調子も戻らず。そしてさらに最悪に近い知らせあり。どうしたらいいのか。午後は皆さんでミーティング、今後について話す。いろんなことを思い出すたびに涙ぐんでしまう。そして自分の今後のことも考える。もうこれまでのようにはいかない。

夜は半ばやけくそ気味に寿司を食った。こんな時でもうまいものはうまい。そして青山の特集上映の打ち合わせなど。

1月27日（金）

2時間ほどで目が覚めその後朝まで眠れず仕方なく朝食を食ったら少し眠くなり仮眠の後は各所連絡。いろいろ見えてくるものは見えてくるが、果たしてこの不規則な睡眠でどこまで健康を維持できるのか。気にしても仕方のないことだが一日中腹の底あたりに不安がよどみを作る。

夜は『はだかのゆめ』の下北沢K2初日ゆえ、今月はいったい何度目になるのか下北沢へ。須藤健太郎くんと甫木元とのトーク。衣装の話、それに連なる脱皮の話と映画冒頭のセミの声。われわれを覆ういくつもの時間の層を映し出しそれをひとつの「現実」へと作り上げる映画という装置。こういった映画への視線と現実の在り方が多くの人に共有されていけば、もう少し愛にあふれた世界になると思うのだが。わたしも審査員をやった3年前だったかのPFFで観客賞を獲った『アスタースクールデイズ』という高校生が作った映画では、確か転校生の男子生徒が仲間割れしているクラスメートたちにバカにされながらも花束を配りまくって彼が見たそれぞれの長所を告げていくというエピソードがあったのだが、そういうことである。それぞれにそれぞれが思ってもいなかった衣装を着せていくことがいつか新しい現実を作る。「はだかのゆめ」に新しい衣装を着せることでその『はだかのゆめ』がわれわれに新しい衣装を着せる。映画が作り出すその循環と変容をわれわれは生きる。ただそれだけだ。

1月28日（土）

当然のように朝まで眠れず、8時に寝て11時に起きて14時すぎに横浜。ボーっとしている。ジャック&ベティでの『はだかのゆめ』初日である。監督のトークとミニライヴということで東京なら確実に女性8割から9割で年齢層も若いといった傾向がはっきりと見えるのだが、ジャック&ベティでは東京の極端な構成とはちがい男女比4対6くらいに縮まり年齢層も子供から老人までさまざま。子供たちは両親が連れてきたのかと思ったら、子供たちがビアリストックスのファンで両親を引き連れてやってきたのだという。いい感じに音楽も映画も広まり始めている。ライヴの音のバランスもうまくいって会場全体に新しい風が吹く。甫木元の声はマイクを通さなくてもマイク越しでも関係なく、身体を通して出てきた「あの世」の空気を会場に降り注ぐわけだから『はだかのゆめ』はさらにその空気を吸ったそれぞれの身体の中で変容してそれぞれの身体を侵食していくはずだ。サイン会にも長蛇の列。

夜はK2にて、やはり上映後にトークとライヴ。こちらは9割近くが女性。時間の都合でライヴは生ギターに生声という超シンプルなスタイルにて。こうなってくるとますます声の力が前面に出てくる。売れるか売れないかは別にして、生ギター、生ピアノと甫木元の声だけでアルバムを作ったら絶対に面白いと思うのだが。まあそこまで極端にするとバンド全体の活動が小さくなってしまうのかもしれない。ただそれを超える声の力がここにある。それはこの場にいた誰もが共有したのではないか。まあ、録音がめちゃ難しいだろうけど。

帰宅後、どうせ寝ても仮眠で終わってつらいだけとあきらめて、仕事をしようとしたものの余りに眠くなり気が付いたらソファで寝ていて多分90分ほど。仮眠であった。その後朝まで久々のウォーレン・ジヴォンで盛り上がりつつ、日記を書いたり。

1月29日（日）

朝9時になってようやく寝付く。13時起床。具合は思い切り悪いがまあこんなものだと思えばこんなものだ。かつては近田春夫「調子悪くてあたりまえ」を合言葉にしてもいたが今はそうやって開き直るというかそこを軸にして元気を出す気力もなくひたすらこの調子悪さを受け入れるのみ。調子悪くても身体はまだ動く。下北沢に向かう夕方、電車に乗り遅れそうで駅の階段を調子悪いなりのスピードで駆け下り駆け上る。K2に着くとロビーが人で溢れている。何があったのか。どうやらK2が入っているビルのオープン1周年でロビーのカフェが特別なワインと何かをサービスするパーティらしいのだった。ウーム、しかしこれはコロナ感染し放題だなと、妙に冷静になる。ヴィヴィアン佐藤さんと甫木元のトークはドキュメンタリーとフィクション、非演技と演技、生と死など、いくつもの対立項の合間の話だが、そのどちらをも行き来する通路としての映画、そのふたつの間にある浸透膜のようなスクリーン、という話になる。そして最後に親の遺した形見の話。現物としての形見は単に思い出の品というくらいの意味しかなく死んだ者と生きている者の間を行き来する存在は誰かという、まさに『はだかのゆめ』の示す人間の存在へと肉薄して終了。日曜日の夜にもかかわらずこちらの会場も大勢の方たちが来場、多分パンフもこの週末3日間で売り切れてしまった。少しずつ何かが伝わっていく。

帰宅後、仮眠。そしてもうすぐ公開される『バニシング・ポイント』を久々に観た。音がリマスターされたのだろうか。音楽の響きがパワフルで、ひた走るダッジ・チャレンジャーのガソリンとエンジンとなってこの白い車を加速させ自滅させる。70年代に幻視された西欧白人資本主義の未来。

1月30日（月）

朝7時にようやく寝付く。11時30分目覚め。当分このペースになるのか。事務所に行く際、自宅から新高円寺ではなく高円寺まで歩いてみた。動くうちに少しでも体を動かしておこうという配慮なのだがどうやら歩き方が悪いと逆効果でもあるらしい。靴のサイズや形状も歳を取るにつけ気になってきた。ちょっとしたことが体のバランスを崩す。事務所は相変わらず寒い。夕方になると足元から冷気がやってくる。いくつもの事務作業をしているうちに体が冷え切ってしまった。まだまだ山積みの事務作業、ブルシットな官僚書類がいくつもあって、これを見るだけでも本当につまらない世界に生きているのだと実感する。そんな文句を言ってる間にさっさとやってしまうのがこの手の作業のコツではあるのだが、昼夜逆転生活になってくるとどうも頭でっかちになる。

帰宅後はズームにてインタビュー。限りなく雑談に近いものでもあるのだが、公にできるかどうかぎりぎりのいくつものエピソードに爆笑しつつ次への力を得る。必要なのは現実的には資金なのだが、そのためにはおそらく強い願いと勇気なのだと思う。じっと待つことも含めて。

1月31日(火)

いったい自分の体はどうなっているかもはやまったくコントロール不能で、昨年の秋も2、3週間こんなふうになったのだが、寝ようとしても眠れず起きると眠くて何もできずただひたすら疲労が積み重なっていく。しかも仕事は待ってくれない。昨年の予定では年が明けたら超貧乏暇ありで映画を観ながらこれもつまらないあれもつまらないとブーブー文句を言っているはずだったのだが正月のみそんな生活ができたかどうかその後は昨年と変わらず年明けからまだ映画館で1回も映画を観ていない。

1月が終わる。朝8時から12時半くらいまでは寝た。予定がまったく立たない。

2月1日(水)

一睡もできず寝たり起きたりを繰り返しその間にああもう時間がないどうしようという連絡がいくつか来てさらに眠れなくなったまま昼。13時には下北沢に行かねばならない。今年に入っていったい何度下北沢に行っているのか。不思議な縁だがとにかく昼から冨永昌敬に会う。こうやってまともに話をするのは何年振りか。30日の夜の空族へのズーム・インタビューに続き青山の話をいろいろ訊く。いろんな風景が思い起こされる。ずいぶん前のことかと思っていたら2000年代に入ってのことで、まあ20年くらい前を近いととるか遠いととるかわたしにとっては冨永と青山の思い出はもっと遠いと思っていたら案外近い時期のことだったということになる。90年代と2000年代が自分の中でぐちゃっと混ざり合ってしまっているのだろう。過去の振り返り方がよくわからない。青山に関するいくつかの本が出来上がるまでもう少し、そのぐちゃっと圧縮されて混ざり合った時間の中を生き続けることになる。

2月2日(木)

この日も眠れぬままだったか。すでに記憶にない。昼から三宅にインタビューで、これも昨日の冨永インタビューの続き。この世から姿を消してから存在時よりも何倍も濃密に青山がわれわれの周りにいる。『エリ・エリ・レマ・サバクタニ』の中の岡田茉莉子さんのセリフにそんな内容(死んでからのほうが一緒にいるような気がするというニュアンス)のものがあったという誰かの発言を読んだ気がするが、確かに『エリ・エリ・レマ・サバクタニ』はそんな映画だった。『エリ・エリ』は3月の一周忌のあたりで上映を予定している。姿を変えて生き続ける「青山真治」を改めてそこで認識できたら。いずれにしてもあれだけの密度で生きた人間をわれわれがそう簡単に追悼できるはずもない。どこまでもこうやってともに何かを作り歩み続けるだけだ。三宅に限らず今回インタビューした友人たちは皆、そんな認識を共有していると思う。

2月3日（金）

4時間半近く寝た。1時間睡眠を何度か繰り返しその間眠くても眠れず悶々とする日々はこれで終わりを告げてくれるかと少し前向きな気分になる。節分である。1年の節目ということで昨年はさぼった深川不動堂へのお参りを。相変わらずの和太鼓の音にしびれる。土居伸彰くんも来ていた。お互い近況報告。しかし結婚してスリムになっていた土居くんのシルエットが再び膨張し始めている。まあその繰り返しも含めて相変わらずである。

その後映画美学校試写室にて清原惟さんの『すべての夜を思いだす』。PFFのスカラシップで作った最新作である。そしてわたしも今年になってスクリーンで丸ごと1本をきちんと観る(boidsoundなどの調整は除く)のはこれが初めて。そんなわが身を振り返るにつけ、日本中の人々が今の半分の仕事量で生きていけるようになったら、映画をはじめさまざまな文化はまったく違う風景を作り出し始めるだろうと思う。だが今更それは望めない。

『すべての夜を思いだす』で驚いたのは確か物語の真ん中あたり、主人公のひとりが店頭に置いてあった陶器のカップを手に取った時、センタースピーカーから不意に短いメロディが流れてきた時だ。それまでの音楽は左右のスピーカーから出てきていたので、センタースピーカーから不意に流れたその音楽はいわゆる劇伴ではない。画面に映っているその現実の中から聞こえてくる音なはずだ。だが画面にはその音源がどこにも映っていないのだ。彼女のポケットかバッグの中のスマホの通知音なのか？　しかしそれはあまりにクリアすぎる。まるで劇伴の音楽のように介在物なく直接われわれの耳に届く。音の位置が見えないと言ったらいいのか、その音の音源がどこにあるのか特定できないようなバランスで、ただ画面の中心から聞こえてくるのである。果たして彼女にはこのメロディが聞こえているのだろうか？　画面外の音楽ではなく確実に画面内の音としてはっきりと出されているにもかかわらずその画面内にいる人間に聞こえているのかまったく不明のましかしそれを観ているわれわれには確実にそこで聞こえている音として聞こえてくる。ああそしてその少し後で左右のスピーカーから聞こえてくる劇伴の音楽は確かにその陶器のカップのシーンで聞こえてきたメロディの変奏のように聞こえるのである。画面に映らない場所で流れているメロディが不意に画面の中に流れ込むそんな離れた時間と場所をつなぐあり得ない装置として映画というメディアがあるのだと言いたいかのような音楽の連鎖。「すべての夜を思いだす」装置としての映画がそこでいきなり不意打ちでもあり当たり前でもある一瞬として立ち上がるのである。とにかく「すべての夜」の思い出がそこには含まれる。それはもちろんそこに映る彼女たちのものでもあるしそれを観るわれわれのものでもあるし彼女たちが訪れる資料館のような場所に展示されている縄文土器やそれを作った人々のものでもあるしそしてこの映画を観るわれわれの遺した何かをいつかどこかで手に取る遥か未来の人々のものでもあるしわれわれのまったく知らない知ることもないどこかの誰かのものでもある。そんな果てしない時間の広がりを示すこの映画の語り手はいったい誰なのか？　清原さんはどこの誰にアクセスしてこの物語を作り上げたのか？　陶器のシーンの音源はいったいどこにあるのか？　80年代以降のゴダール作品で飛びかういくつものセリフの断片が思い起こされる。

しかし1年後にこの音の出所を清原さんから聞くことになるわたしは驚いて腰を抜かすしかなかったのだが、だがそれがわかったとしてもこの日の気持ちはきっと何かに刻み付けられる。そしてそれがまた誰かの記憶として誰かが思い出しこのメロディを聴くことになるはずだ。

2月4日（土）

札幌へ。しかしようやく睡眠障害を脱したかもという希望的観測に反して結局眠れぬまま羽田に。コロナ以降のんびりした雰囲気だったのだがやはり確実に人が戻ってきていてどこも込み合っている。そして何よりも満席の飛行機の混乱ぶりがひどく離陸も遅れた。ホテルの予約もどこもいっぱいでギリギリだったし今後はやはりどんどんこうなっていくのだろう。予定を立てる、時間を守る、という当たり前のことができないと脱落する。その日の体調や状況に合わせてとかいう余裕はない。どんどんそうなっていく。そんな状況の中でどうやって生きていくか。

札幌の冬はさすがに寒いのだがそれなりの厚着はしていたのでその寒さが心地よい。飛行機も電車も遅れ、結局上映時間に間に合わなかったシアターキノは超満員で入れなかった人も出たらしい。映画館にはだいぶ無理を言ってこの日のイヴェントを決めてもらったのでホッとしつつ交渉ごとの難しさを実感する。わたしにはもうこういうことはできないな。甫木元の生声ライヴはいつものように会場の空気を一瞬で変え向こう側の世界とこちら側の世界とをつなぎ実は誰もがそこを行き来できるのだわれわれがそのことを知らなかっただけなのだと告げる。ライヴ後の会場の人々の様子を見ると皆がその思いを共有していたことがわかる。『はだかのゆめ』の今後の上映に関してのいくつかの企画の話もする。そして安定のジンギスカン。今回は初めての店だった。

2月5日（日）

少しはよく眠れた。5時間くらいか。午前中は各所連絡、そしていくつかのやり残した仕事をして昼は地元民から教えられた雪まつりの時期でも観光客はほとんどやってこないスープカレーの名店に。札幌駅の北側は南側とはまったく違う風景が広がっている。開拓時代の風景の名残とか思わず言いたくなってしまうのだが、もちろんそれはこちらのロマンティックな思いに過ぎない。いずれにしても観光客はほぼいない。ようやく少し何かから解放された気分になるが、踏み固められた歩道の雪の滑りやすさを感じるとやはり雪国には住めないなと思う。若ければ転んでも痛いだけだがこの年になると転んだら確実に骨折。慎重に歩く。しかしスープカレーの店はどうしてレゲエが流れているのか。なんとなくわからぬでもないが経験的にレゲエの流れるスープカレーの店とは相性がいい。この店もサラサラのスープで渦巻く香辛料の香りシャープな辛さであこういうストレートな味わいが好きだ。むさぼるように食ってしまった。睡眠はおどろくほど足りていないが食欲だけはあるのが救いだ。

夕方まで昼寝しつつ読書や連絡。東京にいるととにかくいろいろ落ち着かず気持ちばかりが焦って何もできなくなるので今回は逃避の意味も込めて1日余計に札幌滞在したわけなのだがとにかく意味もなくダラダラと過ごすこんな1日がないともう長くは生きていけないことを実感する。今回はせっかく冬の時期に北海道に行くのだから牡蠣を食おうと思い立ち地元の若者に牡蠣の店を予約してもらったところ本当に次々に牡蠣が出てきてやはりわたしは火を通した牡蠣が好きだと改めて思いいたったものの今回のベストは牡蠣のしゃぶしゃぶをした後の牡蠣の出汁を十分に吸い取った野菜とそのスープで作ったラーメンであった。〆のラーメンだったにもかかわらずお代わりをした。若者たちも食欲旺盛である。外は雪まつりで日曜の夜にもかかわらず大勢の人、いろいろ甘く見ていた。

2月6日（月）

甘く見ていたのは月曜日になっても同じで、例によって6時過ぎに目覚めてしまったので仕事もしつつ時間の余裕ありで動き始めたからよかったものの昼飯を食ってから空港へと思っていたら11時過ぎだというのに駅周辺の食事処はすでに大勢の人。食事を終えて空港までの列車の指定券を買おうと思ったらやはりそれなりの人が並んでいてまあこれくらいならと思って並んだもののちっとも進まない。どうしたことかと思っていたら区別が全然つかなかったのだがほとんどの方たちがアジアの国から来た観光客で当然指定券の買い方で戸惑っておられるのであった。係員のような方もいるのだがなんだかあまり機能していない様子。そういえば構内の手荷物預かり所こそ本当に長蛇の列だったと思いだした時は遅い。指定券でこれだと自由席は結構なことになっているのかと思い始めたら列から離れることもできないわけでむなしく時間が過ぎていく。ようやく自分の番が来たのだがすでに直近のふたつの列車は満席で3番目の列車にするしかない。さらに30分ほど待つわけである。空港も同様。いい感じにできている長い列の後ろにつき荷物を預け、ここに来たらチーズを買って帰らないわけにはいかないだろうとチーズを買ったらすでに搭乗40分前。これまでなら余裕だったのだが今日はやばいと思って保安検査所に向かうとやはりここも人だかり。列は「ここから20分」と書かれた札の後ろまで続いている。でも並ぶしかない。そのうちにアナウンスがあり、わたしの乗る便はいよいよ保安検査所通過締め切り時間が迫っているため別の列を作れということでまあぎりぎりだが置き去りにされることはなくなったものの列車に乗り飛行機に乗るだけで結構な時間を無駄にしたのであった。帰宅後は寝て、目が覚めて仕事をして、また寝た。

2月7日（火）

昼から甫木元のインタビュー。河出書房新社から出る青山本のためのもので、大九明子さん、空族、冨永昌敬、三宅唱、甫木元空。さまざまな形で青山から影響を受けたと思われる監督たちにそのかかわりや思いを語ってもらう。そしてその言葉とともに映画化されなかったシナリオやプロット、企画書を読むことで新たな青山映画が生まれてこないか、という未来に向けての書籍である。この日の甫木元の言葉の中にもさまざまなヒントがちりばめられていた。そして彼らがこうやって語ることでその言葉が自身の映画の中に反射して彼らの新作であると同時に青山真治の新作の遠い木霊であるようなかつてない映画が出来上がるのではないか。そんな期待が膨らむ。

2月8日（水）

事務作業山積み。延々とそしてひとつひとつやる予定だったがいろいろやり残した。気が付くと夜。あれこれ考えずにひたすら手を動かす。

2月9日（木）

2月3日のお祓いの日におさめ忘れた昨年の御札を深川不動にもっていき、とりあえずこれでいろんなけじめをつける。ほんとに何とかなってほしい。スリランカカレーを食っていたら連絡が来て書類を急ぎプリントアウトして商工会議所へもっていく必要があると。どうしたものかと思っていると「コンビニプリントでやってください」と目の前の人間から指令が出て、と言われてもどうしていいのかまるでわからずスマホを渡してラインからデータを登録してもらう。その登録番号をコンビニのプリンターに入力すればいいのだそうだ。もうまったくついていけないがとにかくそれをもって商工会議所に行きチェックを受けると「完璧です」とのお答え。「あなたが作ったんですか？」という質問におそらく「はい」と答えたほうがいいとは思うのだがそうではないので「手伝いの人間がやってくれました」と正直に答えるのは公的な作業のやり取りとしていいのか悪いのか。通常はどう答えるのが正解なのだろうか。だがまあそういう優秀なスタッフがいるのだからそれでいいと思うことにする。わたしにはこんなの作れない。だがこのおかげで助成金ももらえエクスネのライヴやニューアルバムの助けになるわけだからありがたいことである。作成者にも「完璧や」と報告する。そして本来ならこれでひと仕事終えてお気楽に帰宅というところだがそうはいかず事務所に戻り作業をする。終わりの見えぬまま諦めて帰宅した。

2月10日（金）

雪雪雪とメディアが騒ぐものだからなんとなくその気になったりもするがまあそういう時ほど大したことはなくてでも激しく寒い。法務局に書類を取りに行くのをあきらめそのまま事務所に。入院中の中原にオンライン面会。まともに動くことはできなくてもこうやってモニター越しに映る姿を見るだけで安心する。不思議なことにモニター越しゆえにそこに映る人間が今まさに目の前で生きているその生きている時間のようなものを感じるのだがそれはこちらの勝手な思い込みなのか。とにかくただそこに横たわる姿に感動するのである。そして今までだってこんなものじゃなかったかとか面会までは思ってもいなかったことを思い始める。大したことない。奇妙にポジティヴな気持ちになった。その他いろんな懸案事項にも光が差す。帰宅後はいろんな疲れがどっと出て気を許すとかくかくと頭が揺れる。とりあえず生きてるだけで素晴らしいと思い仕事は後回しにする。

2月11日(土)~2月15日(水)

記憶のない日が続く。猫の写真しか残っていない。激しく事務仕事をしていたのだと思う。いくらなんでも2月は余裕でふらふらしているはずだったのだが。自分のスケジュール感が呆れるくらい甘すぎるということでもある。でもそれくらいだからようやくこうやって生きているということだとさらに自分を甘やかす。

2月16日(木)

11時から19時までオンライン含めたミーティングが4つ。ただただ人と話した1日だった。人と話す時はとにかく自分の輪郭をはっきりさせないと話すことができないので、いつも自分の存在をぼんやりと曖昧にしたまま暮らしているわたしは、8時間もくっきりした輪郭でいるだけでぐったりである。しかもその輪郭もその場に合わせて作り上げているだけだから、終わった後の落ち込みが激しく気持ちは沈むばかりでしかし頭はさえるばかり。メニエール経由の耳鳴りがひどくなる。必然的に眠りも浅く短い。

2月17日(金)

昨日に続きミーティング4つ。朝10時から3月に行う中原緊急支援ＤＯＭＭＵＮＥの打ち合わせ。話している内に企画が広がって1日だけの予定が2日にわたるものになる。中原が生きているということ自体が奇跡みたいなものなので、とにかく何が何でも生き続けて、生きてることはそれだけで素晴らしいということを伝えていってほしいと思う。

その後、商工会議所に行って助成金申請の最後の手続き、そして税理士事務所に行って毎月の税務報告を受ける。いつもは税理士がｂｏｉｄの事務所に来てくれるのだがこの日はその後に代官山での打ち合わせがあったので渋谷の税理士事務所。そして代官山にて久々に久保田麻琴さんに会う。今後の企画についての話だったのだが、さらにその先に見据えている案件もあり、それなりの覚悟が必要だということがわかる。とにかくやることはやる。金銭面は最終的にプラスマイナスゼロになる。これはこのプロジェクトの話ではなく、ｂｏｉｄの今後の話。やるべきことをやり必要な分だけ受け取る。いつか帳尻が合う。根拠のないその確信だけで動く。

そして久保田さんに誘われ晴れたら空に豆まいてでの裸のラリーズのイヴェントに。久保田さんが参加していた頃のラリーズのライヴ映像の上映とＤＪという構成なのだが、こうやって爆音で聴くとわたしが最もなじんでいた80年代のラリーズとは少し聞こえ方が違う。エコーがまだだいぶ浅く水谷さんの声が割とはっきりと聴き取れる。そのエコーの浅さが最初は気になっていたがだんだんどうでもよくなって全身が耳になっていく。鋼鉄のようになった音に脳天から足元までを貫かれる。もちろんこれのおかげで現在の爆音上映があるわけだが久々に背筋が伸びた。その後さらに代官山で打ち合わせがひとつ。よく働いた。

2月18日（土）

夕方まで事務作業。そして恵比寿リキッドルームへ。ビアリストックスのライヴである。こんな超満員のリキッドルームは初めて。とはいえ関係者席のおっさんおばちゃんたちはほぼPTAなノリでうるうるはらはらしながら聴くわけだが、そんな事お構いなくバンドの音はそれぞれがくっきりとした輪郭を保ちつつどこまでも自由で互いに対話をしそこから新たな響きを作り出しさらに次の展開が生まれ、突然の終了。横に揺れ縦に揺れ空に舞い上がり地中を掘り起こす。どこからどこへ行くのか誰にもわからない声が甫木元の身体を通して流れ出しいくつもの脇道や大きな太い道やかすかな道をわれわれの目の前に映し出しわれわれを誘う。さまざまな音楽のジャンルが絡まりあってそれぞれの歴史を伝えわれわれの足元から身体を駆け上がり終わりのない時間の旅を示し誰もがその途中の引き返すことのできない場所にいることを告げる。ラリーズの鋼鉄の音とはまったく違う音だがラリーズとはまったく違うやり方でわれわれが今ここで生きているというその現在形のヴィジョンを見せてくれた。途中、どの曲だったか、甫木元が手に取ったのは青山の愛用していたギターだった。

2月19日（日）

昨夜のライヴで完全にビアリストックスに嵌まった妻が朝からずっとビアリストックスを聴いているのを横目に、延々と事務仕事。一歩も外に出なかった。

2月20日（月）、21日（火）

その後に続く各所への出張のため、とにかくやり終えておかないといけない仕事山積みでほとんど生きた心地がしなかった。

2月22日（水）

夕方ぎりぎりまで事務作業をやって仙台に。フォーラム仙台で上映する『エリ・エリ・レマ・サバクタニ』と『はだかのゆめ』の音の調整をということで21時30分現地集合。その前に80年代からの友人と会い、謎の中華料理屋に連れていかれた。仙台でうまいものを食って元気を出すという目論見は最初から崩れることになる。まあそれはそれでよし。

22時過ぎからの『エリ・エリ』はすごい音になった。草原での演奏は先日の裸のラリーズを思いだしながらやってしまったのが良かったのか悪かったのか。しかしそれ以外の部分の優しさと静けさがこの映画の白眉である。中原がそこでニコニコしているだけで泣けてきた。

　岡田茉莉子さんのカフェでカレーを食うシーン。ラジオからは斉藤陽一郎のMCが流れるのを岡田さんが消そうとする。中原がどうして消すのかと尋ねると岡田さんが「だってくだらないんですもの」と答える。「くだらないからいいんじゃないですか」と中原。

　このやりとり。こんなことをまともに言える人間は中原しかありえないと踏んでのこの映画への中原起用だったはずだ。あるいは中原の起用が決まってのこのセリフだったのか。とにかくこのひとことで、レミング病で人々が次々に自殺していくという極端な設定が今ここの世界に向けて開かれていく。われわれが今ここで生きていることとスクリーンの中で起こっている絵空事とが太い回線で結ばれる。

2月23日（木）

せんだいメディアテークにて今回の青山特集の上映チェックと音調整。今回のメディアテークとフォーラム仙台での特集は、フォーラム仙台ではデジタル（DCP）上映できる作品をすべて、それ以外をメディアテークでというすみ分け。ただ『EUREKA』だけはメディアテークで初めて上映した作品（?）だったか、とにかくメディアテークの記念となる作品とのことでメディアテークでもDCP爆音上映ということになった。それで本日はフィルムやブルーレイ作品の上映チェックと『EUREKA』の爆音調整という作業なのである。

　どこの映画館もそうなのだが、フィルムの映写機があり映写技師がいたとしても、普段はほとんど使っていないわけだから、映写機のメンテナンスもまめにやらねばならない。できれば1か月に1度はメンテナンスのための上映をした方がいいと言われている。どんな機械でも、使っていないとダメになる。人が住んでいない家もすぐにダメになる。無駄な動きも無駄ではない。メディアテークでも本当に久々のフィルムでの上映なのだが、『路地へ』『赤ずきん』『月の砂漠』などは順調に。しかし『あじまぁのウタ』で1号機にトラブルが。『月の砂漠』では普通に働いていた5・1チャンネルの読み取りがうまくいかずノイズが出る。スタッフが懸命の対応。確認のための再上映では、問題なし。なんとか上映できるところまで辿り着いた。

『ＥＵＲＥＫＡ』の爆音は、特に大きな音が入っているわけではないので流れる音楽のバランスと、小さな音がどこまで聞こえてくるか、それらが聞こえてきた時に空間がどんなふうに出来上がるかといったことがポイントになる。たとえばあのバスが初めて家にやってくるシーン。家の中で秋彦（斉藤陽一郎）がアルバート・アイラーの「ゴースト」を聴いているのだが、何やら変な低音が音楽に混じって聞こえてくる。通常の音量だとそれはまだ聞こえず、しばらくしてクラクションの音が幽かに聞こえたところで秋彦が何かに気づき外に出る、その動作によって、つまり聴覚ではなく視覚によってわれわれは何かの到来を知ることになるのだが、爆音ではここにあらかじめつけられていた低音の響きによって得体のしれない何ものかの到来を感じることになるのである。「ゴースト」の音に混じって聞こえてきたバスの幽かなエンジン音。主人公たちはバスであってバスでないものに乗って、これから旅をすることになると言ったらいいか。沢井（役所広司）はそのバスについて「別のバス」という言い方をしていた。物語的には沢井はもともとが路線バスの運転手だったわけだから確かに「別のバス」なのだが、果たしてこの時沢井が言おうとしていたのはその意味での「別のバス」だったのだろうか。姿の見えない低音だけが聞こえる「別のバス」を沢井は感じていたのではないか。それを『ＥＵＲＥＫＡ』が見据える「新しい家族」と言ってもいいし、「映画」と言ってもいい。

爆音調整をしていると、そんな映画の細部の広がりに気づかされる。

夕飯はとんでもないところに行く羽目になった。仙台の名誉のために詳細は控えるが、ホッケ焼きを頼んだら、手のひらサイズのホッケ焼きが出てきた、とだけ言っておく。恐ろしい。すぐに場所を変えて美味しい刺身などを食した。

2月24日（金）

休養日。といっても朝から各所連絡。さまざまなことが2月いっぱいで仕上げということになっていてまったく気持ちが休まらない。もちろん身体も休まらない。

夕方から久々に渡邊琢磨と会ってあれこれ話した。仕事と関係なくたんに人と会って話すのはいい。ようやくリラックスする。その後は別の友人と食事。美味しいものを食った。

2月25日（土）

上映本番。『路地へ』はフィルムが劣化していて、その劣化のおかげで中上健次が生前に撮影した「路地」の映像とそれを基に作り上げた2000年の映像とが、見かけ上ほとんど区別がつかなくなっている。制作当時は中上の映像はすでに劣化していて、青山が加えたものはリアルタイムの風景でもちろんフィルムもきれいだからだれが観てもすぐに判別がついた。だが、製作から20年以上が過ぎた今こうやって観ると、当時の風景を知らない人にとってはまったく区別がつかないかもしれない。中上がそれを撮影した80年代と青山が撮影した10数年後がひとつのレイヤーに圧縮されわれわれは時間の違ういくつもの細部を観るというより、ぺらっとした平面に圧縮された時間のその厚さを感じることになる。ひとつの風景を映し出すことでそこに重なり合ったいくつもの時間を感じるという映画の本質のようなものが、作家の意図とはまったく違う形でここに実現しているような、いやそれも作家の意図なしにはあり得ないかもしれない実現を、いきなり見せつけられて驚いた。すごいものを観てしまった。

そして『あじまぁのウタ』は昨日のトラブルが再出。いったん上映を中断して2号機のみでの上映となった。皆さんには大変迷惑をかけた。ライヴシーンは本当にいい音だったのでもったいない。いつかリヴェンジを。

『EUREKA』上映後のトークは、23日付で書いたような話を。月永の話にウルウルもしながらつい調子に乗ってしまった。

その後夕食を済ませ、メディアテーク御用達らしい中華屋さんなのだが東京では食ったことのないスープなど、思わぬ美味で胃腸が優しく包まれた。そしてフォーラム仙台に行き『はだかのゆめ』上映後の甫木元のトークとミニライヴ。いつもながら大変すばらしくそしてその素晴らしさが日々更新されていく。いったいこの後、甫木元はどうなっていくのだろうか。本人のあずかり知らぬところでの動きが甫木元を通して会場にあふれ出てくるような、ポピュラー音楽でありながら伝承音楽でもあるような、大きな時間の流れを感じた。ホテルまで歩いて帰った。

2月26日(日)

『月の砂漠』『私立探偵濱マイク 名前のない森』『赤ずきん』。『月の砂漠』の音に驚きながら観ていた。具体的にはうまく言えないのだが、映っているものと聞こえてくる音との奇妙なねじれが作り出すゆがんだ空間の中に閉じ込められているような感じと言ったらいいのか。いつか爆音上映しなければ。その時初めて、冒頭の看板シーンの意味も見えてくるのではと思った。『名前のない森』はカメラの位置やレンズの選択や動きなどが素晴らしく、それに見とれた。なんだろう、予算もそんなにないもともとはテレビ向けの作品なのに、映画全盛期の秀作を観るような、そんな驚き。そしてPFFで観逃していて本当に久々の『赤ずきん』。いやあこんなドープな映画だったか。途中、どこかの市場を高台から俯瞰で映すシーン。そしてカメラが市場の中に入りその狭い路地をうろうろとするシーン。なぜかここだけ精度のよくないビデオカメラ映像で撮られていて必要以上に長い。物語的な要請というよりも、その物語の背景にある世界の広がりの中心にわれわれ皆を引きずり込もうとする作者なのか世界そのものなのかの強い欲望によるシーンのようにも思えた。そして最後のシーンの音楽……。これまたいつか爆音上映でやらねばと思うばかり。しかし青山の死後、いろんな追悼文の中でこの映画を取り上げた蓮實重彦さんは、これらのシーンをどんなふうに思っていたのだろう。いつか尋ねてみたい。

そして『FUGAKU』3本。こうやって3本続けて観るともう、こういうことばかり青山はやっていればよかったのにとか思ってしまう。でたらめさと大胆さと古典的な力とが3本の映画の中でどこまで行っても尽きない世界の広がりを見せる。「映画」というものに触れて育ってしまったわれわれの、「生きる」ということの意味の変容がこの3本に体現されていると言ったらいいのか。限りなく小さな力で作られたこの3本に込められた可能性の大きさに頭をたれつつ妄想は膨らむばかり。この3本すべてに助監督として付き合った甫木元に今後その可能性が託されるわけだが、その可能性の重さを舞い上がる喜びとして反転させる力が甫木元にあるのだと根拠もなく思えてしまうのは、「空」という名前を持つ人間の器をわたしが信じているからなのか。

そしてゲストたちにメディアテークの壁にサインをしてもらっているのだということで、ヒスロムの隣にサインをしてみた。

2月27日（月）

午前中は各所連絡。終わりがない。昼飯を食って東京へ帰ることになるのだが、手元には全国旅行支援で受け取った9000円分のクーポンがある。この6日間の間でうまいものを食おうと思っていたのだが、使用可能な店舗が限られているうえにチェーン店が多く、なんだ結局地元に入るのではなく東京本社に吸い取られるのかと思うと進んで使う気にもならず放り出されていたのだった。とはいえもったいない。駅ビルの店舗ではほとんど使えるということがわかったので、寿司屋にした。ランチで9000円分は相当なことである。メニューを見るとランチ用のセットメニューになっていて、ただ、単品での注文も可能というので、とりあえず3500円のものにした。高級素材なのでそこそこうまいが少し物足りず、いわし、さば、あじ、などの青魚を注文するとやはりこちらの方が断然うまく、いやこれはわたしの好みの問題なのか、いずれにしても光物がわたしは好きだということを実感した。こはだもあったのに注文し損ねたのを後悔した。

残りのクーポンで家に土産を買って帰った。疲れて寝た。

2月28日(火)

休養日に充てたつもりだったが、めちゃくちゃ働いた。2月は28日まで、そして月末、ということを忘れていた。社長仕事にいくつもの締め切り。これまでの人生の中で最高にてんぱった1日になった。多分もっと忙しい日はあったとは思うが、体力気力がこの忙しさにまったく追いつかない。案の定耳鳴りが始まった。本当に何とかなってほしい。

3月1日(水)

山口へ。ぐずぐずしていたら羽田着が遅くなってしまった。まあ、いつも通りということでもある。羽田で昼飯を食ってから搭乗という予定はいったい何だったのか。機内では『青山真治クロニクルズ』のための、最後のキャプション原稿を書き上げ宇部到着後すぐに皆さんのもとへと送る。これですべてのページが出来上がった。これだけの人間がかかわり、ページ数も増え、なるべくいろんな写真や資料をということでやっているとどうしたって最後はぎりぎりの作業になる。何とかなってよかった。あとは最後の修正作業のみである。ホテルでひと休み。ついでに温泉に入ろうと思ったのだが転寝してしまった。

夜は廃屋でのイヴェントである。どう説明したらいいのかよくわからないのだが、とにかくYCAMのそばにある一軒家が解体されていく。その解体過程の中で行われるイヴェントということになるのだが、さまざまな場所でさまざまな活動を行っている人たちがそこにやってきて、山口の人たちと話す。家の解体の進み具合や天候気温などによって、会場の環境が変わる。その変化もまた「場所」の持つ時間として受け取りつつ場所や時間の持つ意味について語り合い感じあう、というような趣旨らしい。解体初期の頃のイヴェントと、すでにだいぶ日数が経った本日とでは、家の姿もだいぶ違う。もはや外側の壁がなくなりほぼ骨組みのみ。外は雨。外側の壁にあたる部分にはビニールシートがかけられ、一応の冷気除けにはなっている。室内は焚火。雨漏りがする。なんと屋根瓦もすでに取られてしまっているのだという。焚火の方はどうなることやらと思っていたら、焚き木用の竹が盛んに燃え始めてからは熱いくらいだった。集まったのはなぜか僧侶の方ば

かりだった。いったいどういうことなのか。告知の仕方の問題なのか、このイヴェントの方向性の問題なのか。それぞれの自己紹介もしつつさまざまな話をした。途中からはわたしの人生相談みたいにもなった。曹洞宗の寺の方も来ていたので、青山が書いた親鸞をめぐる小説（未発表）のことや死期を間近に控えた青山の様子についても話した。あっという間の3時間。その後は例によってわたしと同じ名前の店「泰人」（タインチュと読む）で美味しい魚を食った。

3月2日（木）

朝から足湯。好きで入ったわけではなく、ＹＣＡＭの年間カタログの記事のための案件だった。しかし、朝の空気は予想以上に冷たく、多分あと20分くらい浸かっていたら全身が温まったはずなのだが、案件が終わったら終了で、半分寒いまま。まあでも、足元はほかほかである。そのままＹＣＡＭで今年の爆音の打ち合わせ。今年はＹＣＡＭ20周年ということで盛りだくさんの企画、と思っていたのだが予算的にはそうもいかず。でもいつもより1日多い。その増えた1日をＹＣＡＭ20周年記念爆音ベストセレクションの日にできたらという話である。映画の場合権利切れが多数で、果たして思うようなプログラムができるかどうか、欲望と現実の差は大きい。しかしそれゆえか欲望は果てしなく広がる。

そして大阪へ。シネマート心斎橋で『トップガン マーヴェリック』『バニシング・ポイント』のboidsound上映のための準備。『バニシング・ポイント』はモノラルなので、センタースピーカーひとつからしか音が出ない。それはわかっていたので、今回はそれだけでどこまでやれるかという実験でもある。リマスターされて音は格段に良くなったのだがそれでもシーンによって話し声の質感の差がかなりある。これを均一にすることはできない。その差が耳障りにならぬよう、そして音楽と車の暴走が絡み合いそれを観る自分の視覚がどこかで変容するぎりぎりのポイントを見極める。スクリーン2は前と後ろの差がかなりあるのでそれをどうするか。爆音的なものを期待する人にとっては最前列は最高の席だが、爆音を知らないこの映画のファンの方が一番前で観たくて座ってしまったらしんどいだろう。そこもまたぎりぎりのポイントを探る。まさに「バニシング・ポイント」を探る作業となった。

それにしても『トップガン マーヴェリック』の音はとんでもない。通常のboidsoundのレベルにボリュームを上げただけで映画館の機材が壊れるレベル。これを毎日何度も上映し続けたシネコンの機材はどうなっているのか。というかそもそもそこまで音量を上げてない。とにかく通常のboidsoundより音量を下げつつ微調整。ひとつのスピーカーからしか音の出ない『バニシング・ポイント』と違ってあらゆるスピーカーからバランスの取れた音が出てそれが作り出す空間の中にがっつり閉じ込められる。もともとのバランスがいいので、戦闘シーンの中でも話し声がすっと耳に入ってくる。こういうバランスを絶対に壊さないように、というのが音を上げた時の基本である。

それやこれや面白がってやっていると夜は更けるばかり。

3月3日(金)

さすがに疲れがたまり始めぼんやりしながら各所連絡というのはリトルモアから出る『青山真治クロニクルズ』が本日入稿で河出書房新社から出る『青山真治アンフィニッシュドワークス』は校了。あまりの忙しさの中の作業だったので不安ばかりが募りそれが的中する案件も出てあたふたしているうちに昼飯を食い逃し京都に着いてからようやく蕎麦を食ったが高い。観光地値段である。それに対してとやかく言う元気もなくさらに連絡やら事務作業をしているうちに寝てしまい夜は友人と食事。なぜか裸のラリーズの話で盛り上がる。まさに世界レベルの反響が起こっていて驚くがそれは驚く方がどうかしている。昔からラリーズはそうだったのだと久保田麻琴さんに怒られそうだ。

久々のみなみ会館。アンプのメンテナンス、プロセッサの取り換え(新規購入)のため、半年以上boidsoundがやれなかった。プロセッサはCP950という以前の750の上位機種だが今はこれがスタンダードで新規購入の場合は必然的にこれになる。イコライザーの設定も細かくできるし、すでに普通に出てくる音がきめ細かい。すべてのミニシアターが950に変えたらboid-soundの必要はなくなるんじゃないかとさえ思える中での『グリーン・ナイト』。どれくらいの音量レベルが妥当なのかと徐々に音量を上げていく。セリフはうるさくならない。これくらいの音量ならいろんなシーンで驚きつつ楽しく観られるのではないかというところまで辿り着いたのだが、そこに来るとなんだか全体の音が平板になってただでかいだけに聞こえてくる。ある音域を少し下げてもらうと音が動き出し目の前でぶつかり合い響きあい映像に埋め込まれていたいくつもの層が立ち現れそれぞれがそれぞれのさまざまな物語を語り始める。多分これを『ライオン・キング』と2本立てでboidsound上映したら、観た人はしばらく別の人生を歩むことになるだろう。そんな上映をしたい。

そして『アメリカン・ユートピア』。以前にもみなみ会館でboidsound上映をしているのだが、機材が変わるとゼロから。そしてこちらもいくつもの楽器のそれぞれの音の輪郭が絶妙な強さと繊細さで聞こえてきて、彼らのアンサンブルの面白さがおそらくライヴより確実に強く観客を揺さぶることになるはずだ。ライヴで観るのとも家で観るのとも違う、映画館という場所で音を調整して観ることの面白さ醍醐味である。これまで何度も観た人にも是非観てほしい興奮の一夜だった。

3月4日(土)

連絡事項や心配事絶えずであまり眠れず、午前中から各所連絡。新幹線の車内でも延々とで、本当にもうこういう作業はやめにしたい。というかできない。おそらく各所連絡が負担にならない元気な人だったら何のことはない作業なはずだとわかっていてもできないものはできないわたしにこんなことをやらせるのは本当に間違っているという呪いがすべて自分に戻ってきて体調はどんどん悪くなる。

3月5日(日)

休養に充てようと思ったが休めず。事務作業など終わらず。ぼんやりとした不安が身体に充満する。

3月6日(月)

胃腸の調子最悪でぐったりしたままの月曜日。山口からすごいしいたけが届き興奮して食欲は戻る。夕方からは今年後半の大きな案件の打ち合わせ。やれば面白いに決まっているのだがどうやったらうまくいくのか、その「どうやったら」が難しい。予算があるなら話は別だがｂｏｉｄの案件に予算があるはずはない。どうしてｂｏｉｄに金をくれないのかそうしたらめちゃくちゃ面白いことが次々に起こるのにと世間を呪っても仕方ないので地味に助成金を申請したりクラウドファンディングを企画したりするわけであるがタイミングが難しい。少しでもいいやり方を。いったん開催時期の変更を提案することにする。帰宅後はしいたけステーキを食した。

3月7日(火)

心配事はほぼ解決したはずなのだがぼんやりとした不安は消えず。その不安に駆られるように仕事に励むが本当はやらなければならない明日締め切りの原稿にはまったく辿り着かず。午後からはリトルモアで『青山真治クロニクルズ』の校了作業をやる予定が大幅に遅刻してしまった。まあ、最後のチェック自体はわたしは役立たず。何か起こった時のためだけにいる、という感じ。これだけの人数がかかわり、膨れ上がった内容を1年でよくまとめたとは思う。ずっと青山と一緒の1年だった。今後もずっと一緒に居続けるだろうと思える作業になった。この本にかかわった多くの人がそんなことを感じたと思う。

3月8日(水)

午前中はまだまだ山積み仕事で昼から銀行。その後某映画の宣伝会議がありそして夜のアナログばかのために下北沢に向かう。昼飯を食い損ねたのでまだ間に合うちょっとだけでも腹に入れようとそばを食っていたら「日付間違えてます?」「始まってますよ」というメッセージが届く。19時からだから18時30分過ぎくらいに行けばいいやと思っていたら、その時間がスタートだった。慌てて会場へ走ると湯浅さんと谷口くんしかいない。直枝さんも遅れていたのであった。まあ、致し方なし。デヴィッド・クロスビーである。わたしはバーズとニール・ヤングくらいしかレコードを持っていないのだが、こうやって聴くととめちゃくちゃ面白い。メロディではなく繰り返されるリズムの酩酊感。それなりの家柄のLAのぼんぼんでしかこのリズムは刻めない。世界からの逸脱感とそれでも余裕で暮らしていける豊かさが作り出す世界の揺れ。これからデヴィッド・クロスビーを聴くためにこれまでちゃんと聴いてこなかったのだと言い切れるほど運命的なものを感じた。ジェファーソン・エアプレインのアルバムで参加した曲もよかった。松本の蚕カレーとジェファーソンとバーズの話をした。なんでその3つが結びつくのか、来た人にしかわからない。どんどんアナログばかになっていくそのばか度がヒートアップするにつけぼんやりとした不安が消える。次回は1973年特集。絶対にこれは盛り上がる。2回連続でやろうかという話にもなる。72年から74年の間に何かが起こった。映画ではかつて「リュミエール」が73年の世代特集をしたが、音楽もまた73年に何かが起こったのだ。スティーヴ・エリクソン的な2つの世界がそこで出会ったというか。触れ合うべきではなかったはずのふたつの世界が当然のように触れ合いそれゆえ世界はさらに混迷を増しその濁流は今ここをも脅かしているのに誰も気づいていないそんな場所から見る1973年。そしてエクスネ・ケディが翌年に来日する1973年。

3月9日（木）

今日こそは昨日締め切りだった原稿を書こうと何も予定を入れず朝9時過ぎから動き始めたのにもかかわらず各所に連絡をしていたら19時くらいになってしまった。原稿、1文字も書けず。書けないのではなく書く時間がなかったということなのだが。

3月10日（金）

大久保の法務局に行かねばならないのでいつもの新高円寺ではなくJR高円寺に向かっていると駅前の喫茶店トリアノンのところにドトールの看板。ついにトリアノンがドトールになるのかと思ったら2階にドトールができていた。しかもカタカナ表記。「ドトール珈琲店」である。運営が違うのだろうか。

そして法務局から事務所に向かう途中で事務所そばの成城石井で買い物をした時に何かが足りないことに気づく。法務局によって取り寄せた印鑑証明やら登記簿やら、その他家にいる時に振り込もうと思っていた請求書やら、整理しなければと持ち帰っていた振り込み済みの請求書やらとにかくｂｏｉｄ関係の書類あれこれを入れたトートバッグがないのである。どこかに置き忘れた。法務局ではない。そのあとに寄った高田馬場駅前の銀行ＡＴＭが怪しい。とにかく戻る。戻ったが当然のように何もなく、それでもと思いＡＴＭの電話で問い合わせると銀行の職員がやってきて銀行内に案内されいくつかの質問をされた挙句、トートバッグを渡される。そのやり取りの中で、わたしがこのディスペンサーを使ってどこの銀行のカードでいくら現金を引き出したのかも把握されていることがわかる。つまりわたしの荷物を誰かが持ち逃げしてもおそらくすべて映像の証拠が残っているということで犯罪防止には役立つし今回のような場合は本当に助かるのだが、それが行き過ぎたら簡単にあらゆるものが監視されている息苦しい世界になるわけだしおそらくそれは避けられないと思えるので、その中でいかにばかになるか。正体のつかめない予測不能のばかになるか。そんなことを考えた。ますます中原が求められる。

　事務所では久々に岩井秀世くんと長話。この行き詰まりをどうするかという漠然とした話だったのだが最後には何となく今後のやるべきことが見えてくる。これもまたばかにしかできない。

　夕方もまた高円寺経由だったので、夕暮れのトリアノンとドトールのツーショットを撮ってみた。

　そして五所さんからは「ちくび珈琲」も届いた。

3月11日(土)

相変わらず調子は悪い。夜は梅本さんの逝去10年ということで『サッシャ・ギトリ　都市・演劇・映画』の増補新版出版記念のパーティ。それまでに原稿を仕上げようとするものの、体力がついてこない。書くことはわかっているしほぼまとまっているのに、じっと座っていることができないのである。座っている体力がない。いつものことでもあるがひどい。今後は原稿を書く身体を作っていかねばと思う。

　そして渋谷へ。とにかく人がすごい。こちらが弱っているということもあるだろうが、コロナ前よりひどくなっているのではないだろうか？　道玄坂を上がっていくだけで10回くらいは世界を呪った。

　会場は神泉駅のそば。辿り着いてみて以前やはり坂本安美たちと来たことのある店であることが判明。旧知の顔たちで満員である。道玄坂と同じように人だらけでもこちらはなぜか落ち着く。落ち着くどころかどんどん気分が良くなってくる。流れている時間が違うのだろう。あっという間に時間が過ぎる。アナログばか一代をやっている時にどんどん気持ちが盛り上がってくるのとどこか似た、自分が時間の中に溶けだしていくような感覚。無理してでも来てよかった。

　しかし帰宅すると耳鳴りがひどくなっていてなかなか寝付けなかった。仕方ないので原稿を仕上げた。

3月12日（日）

浅い眠りの後は目覚めたものの体が動かない。ぼんやりとしたままずいぶんの間やり残していた家の中のあれこれを片付ける。この1年、部屋の掃除さえまともにできなかった。まったく余裕なし。疲れ切っていた。というようなことを振り返る余裕ができた。しかしなんとも身体が動かず、昼寝をして散歩に出た。例の「ドトール珈琲店」でのんびり本でも読んでやろうというつもりもあったのだが、行ってみると道路わきの看板メニューのところに若者たちがたむろしている。なんだろうと思い2階に上がると階段脇に並べられた椅子に入店待ちの人々が。ああ、休日のカフェを甘く見ていた。

3月13日（月）

15時に事務所で今後の企画についての打ち合わせ。それまでは各所連絡とこれまでの作業の整理。だいぶ追いついてきたが余裕はない。夜はまず下高井戸シネマにて山﨑くんの『新しき民』のトーク立ち合い。自主製作で時代劇を作るという無茶はもう今はできないかもしれないが、その無茶は『やまぶき』にも引き継がれている。『やまぶき』の大島渚賞受賞でその無茶の道が別方向へと開いていってくれたらいいのだが。いずれにしても今の日本で自力で映画を作るというのは無茶以外の何物でもない。

そしてショーン・ベイカーの『レッド・ロケット』。最初から映画（フィクション）を観ている気がしない。あまりに素のまま過ぎる俳優たちの顔つきのせいだろうか。ああこんな映画観たくないといきなり思う。こんな人たちと暮らすのは嫌だ。そんな思いを吐き出せるだけ吐き出させられるのが前半。そしてようやくああこれはフィクションなのだと思い始めたのは確か『ブギーナイツ』だったかの話を主人公がし始めた時だったか。フィクションのスイッチが入ると物語も次々にいくつもの道を示し始め、そこから広がる可能性が彼らの現在に逆流しその時間の循環の中でテキサスの荒れ果てた土地を豊かなものに変えていく。かつて観たサーフィン映画でテキサスのガルベストン湾でのサーファーのシーンがめちゃくちゃ印象に残っている（『ステップ・イントゥ・リキッド』）。ガルベストン湾でサーフィンができるような波は来るはずがないのだが、石油輸送の大型タンカーが起こす人工の波でサーフィンをするのである。タンカーが走る限り同じような波は起こり続けサーファーはどこまでもその波に乗る。通常のサーフィンの場合、常に違う波がやってきてひとつの波に乗れる時間は限られている。しかしタンカーサーフィンの場合は同じ波が延々と続く。その退屈をサーフィンするのである。おそらくこの『レッド・ロケット』の舞台となったテキサス湾岸の町の住人たちも、そんな退屈を生きているのだろう。何かが始まりそうで特別なことは何も始まらず何かが起こったとしても日々の退屈の中に吸収されていく。境も壁もなくただどこまでも広がっていく空間の中に人々は閉じ込められていて簡単に出ていくことができるはずなのに出ていくことはできない。映画の死と誕生を見るような映画だった。

3月14日（火）

大島渚賞の授賞式。『やまぶき』の上映・公開は本当に大変だった。宣伝予算を聞いただけでどの会社も手を引くはずだ。あれこれやりくりしながらようやくここまで来た。監督、スタッフも大変すぎたと思う。そんなことも含め、本当によかった。会場で皆さんの挨拶を聞いていて涙溢れた。年齢のせいで涙もろくなっているのか。打ち上げもあったようだが、わたしはもう十分。皆さんにおめでとうを言って帰った。東京駅から歩いて帰りたい気分だった。

3月15日（水）

諸事情あり西新宿の都税事務所へ。2年に1度くらいの割合で出向いてはいるのだが、80年代は輸入盤屋巡りで通いなれた西新宿も2年に1度だとさすがに戸惑い迷い続ける。だがそのあたりの風景がまったく新しくなったということではなく逆にほとんど変わらない昭和の終わりの空気感に戸惑い迷うと言いたくもなる時間の淀みの中に自分の身体が溶け出していく。今ここで映画を撮ったら絶対に面白いことが起こる。普通にはあり得ない時間が流れ出し観る者たちを過去にも未来にも連れ出していく。西新宿でぼんやりするその何もない時間の中で、いったいどれだけ豊かな時間に触れることができるだろうか。どれだけの映画を生きることができるだろうか。そんなことを思った。ああ、侯孝賢のドキュメンタリー『ＨＨＨ：侯孝賢』をまた観たい。あの映画の中で故郷の高雄の街を案内する侯孝賢の姿は一生忘れることができない。

3月16日（木）

いろんな催しの準備が大詰めを迎え、いくつもの連絡ミスをしているのではないかという不安ばかりで身動き取れなくなる。これだけいろいろやったんだからもういいじゃないかと開き直ることがなかなかできない。そしておそらく開き直った瞬間にとんでもないミスが発覚するという根拠のない確信だけが身体の動きをさらに重くする。仕事はなかなか進まない。午後からは銀行案件、そして中原支援バンドキャンプで集まった基金の整理の件など。まだまだ長い道のり。途中で息切れしてもいいように、その後の準備もしておけたら。

3月17日（金）

『青山真治クロニクルズ』がついに出来上がる。まだ見本誌で書店発売は4月になるのだがとりあえずとにかくこの1年の作業がこれでほぼ終わりを迎えたということである。感慨深い。昨年9月のPFFに向けて、と言うことで作業は始まった。もちろん間に合わずせめてTIFFにはということになったが間に合わず、12月のアテネ・フランセ、2月の仙台と締め切りは崩れていき、ようやく命日にぎりぎり間に合った。青山のパソコンの中に自身の年代記の目次が見つかったことでこの本の形式が決まったわけだが、人間の一生はそう簡単にまとまるものではなかった。当たり前だろ、と青山に怒られながらの1年ということになるだろうか。

この本へ参加してくれた方々へのリトルモアでの発送作業を見届け、恵比寿ガーデンシネマへ。本日から、昨年のTIFFでDCP化された『エリ・エリ・レマ・サバクタニ』の1週間限定上映である。21日の一周忌もあるしいろんな関係者のトークとともに、ということも考えたのだが、それをやっているとこちらの体力気力金力がまったくもたない。それでも何かと考えていたところに「そういえば以前『エリ・エリ』を上映した時に青山さんと蓮實さんの対談があってそれの録音がありますよ」という天使の声。今回はその載録と、美術の清水剛さんが毎回の撮影の度に各場面の詳細なスケッチを残しているのでそれを掲載した小冊子を作り無料配布ということにしたのである。記念として大切にしていただけたら。

ガーデンシネマの支配人に挨拶をしてDOMMUNE会場に向かう。本日から2日間、中原昌也支援配信なのである。本日は音楽編。わたしは冒頭だけ、中原の出演している『エリ・エリ』の告知を。三田格さん野田勉さんと数年ぶりに会って話をした。三田さんには、三田さんをわたしに紹介してくれた女性も昨年亡くなったとお知らせした。われわれより年下なのに。次はお前の番だと言われているような気がしてならない。そしてどうやら大友さんもそんな声が聞こえている。青山の一周忌の会で演奏する出番が来た時に「次は、大友さんです」と呼ばれて本気でドキッとしたという話をその後大友さんから聞いたのだった。

そして横浜へ。シネマリンで『ＥＵＲＥＫＡ』上映後のトーク。その前に飯を食っておかないとということでシネマリンそばのお気に入りの中華屋に行ったのだが、なんとこの日に限り団体の予約が入っていたようですでに閉店。愕然として周囲をうろうろ。『孤独のグルメ』の井之頭五郎さんのような野生の勘が働かないものかと天を仰いでも何も降りてこないので、店頭のメニューに見慣れないスープなどが並んでいた中華屋に入ってみた。そこで選んだのが豚肉とノリのスープとライス。これまで生きてきて初めての味わい。片栗粉をまぶして揚げた豚肉のふんわりした歯ごたえは上質のホルモンを食している感触にもちかく、胃の中がほんわりした。つい食べすぎた。

『ＥＵＲＥＫＡ』のトークはシネマリンの支配人の八幡さんの質問に答える形で、時には暴走しつつ、できたばかりの『青山真治クロニクルズ』の話にまで及んだ。ああしかし、秋彦が聴いている「ゴースト」の演奏者アルバート・アイラーの名前を忘れるという失態。いろんな記憶の回路が途切れていく。まあそれはそれで気持ちいいことではあるのだが。しかし、関内から11時過ぎの列車に乗ると、丸ノ内線の終電にはぎりぎり間に合わないということがわかった。ジャック&ベティ周辺もそうなのだが、シネマリン周辺もいろいろ面白く、ついうろうろ散策してしまうのだった。横浜に住みたいと、この辺りに来るたびに思う。否応なくこの怪しい光と影の中にわたしを引きずり込む天使のような悪魔を希求する。いったい何をしたいのやら。

3月18日（土）

疲れが出ている。左耳の耳鳴りがやばい感じ。とはいえこうなってくると止められない。夕方からＤＯＭＭＵＮＥ2日目。パルコのエレベーターのところに上條葉月さんもいて一緒に乗り込むと地上階からは宇川直宏くんも乗り込んできて、すでにテンションが高い。昨夜は朝までになったらしい。今のわたしにはその元気がない。

17時過ぎから始まって23時前終了で約6時間。この日のトークをまとめておくだけで中原昌也をめぐる日本の文化史が見えてくるのではないかという、驚きと発見と展望に充ちた6時間だった。われわれのパートのトークの最後に言ったのだが、かつて一緒に占いしてもらいに行った時、中原は占い師から「あなたは老後に紫綬褒章のようなものをもらう。世界を救う」と言われた。つまり、まだまだ仕事はこれからである。復活後、何かとんでもないことが起こるのかもしれない。しかしその時の条件として、持ってる荷物を整理してさっぱりすること、というのが挙がり中原は抵抗したものの仕方なく納得して占いは終わったのだが、その占い部屋からの帰り道で早速古本屋に寄って数冊の古本を買ったのだった。

3月19日(日)

21日の娘の結婚式のために髪を切りにいかねばならない。いつもの美容室に予約しておこうと思ったのに忙しすぎて忘れ、本日慌てて電話を入れるとすでにいっぱい。どうにもならず、とにかく高円寺の街に出るのだが、日曜日に空いてるところが慌てて探しても見つかるはずもない。1軒だけ、我が家の割と近くに謎の美容室がある。昔はちゃんとしていたのだが、今は外側から見ると閉店した美容室にしか見えない。椅子は荷物置き場になっているようだし店内もぼんやりと暗く、どうして店頭のクルクルが回っているのかよくわからないような状態。店内を覗いてみると遠くの椅子で作業をしているようなので、思い切って入ってみたら普通に対応してくれて、16時からなら空いているという。もちろん普通にちゃんと髪を切ってくれたのだが、「顔を剃りますか?」と言われたのでせっかくなので剃ってもらうと返事をしたところ奥の別室に連れていかれた。そこがちょっと変な感じで、あえて言えばデヴィッド・リンチの映画に出てくる秘密の部屋ということになるか、奇妙な空気が漂っている。美容室には必要ないのではないかと思われる謎の機材も置かれている。とにかく右奥にシャンプー台のようなものがあり、その前の椅子に座らされ背もたれが倒されるとなんだか手術台に乗ったような気分になる。もちろんごく当たり前の手順でことは進むわけだが、髭剃りやシャンプーなどをしている間、目の上にタオルが置かれ周囲が見えなくなるとなんだか異常な眠気に襲われうとうとしてしまう。いや確かに気持ちはいいがこんなにうとうとするのは何かがおかしいすべてが上の空で時間の隙間にもぐりこんだような気分になっていると作業が終わりタオルを外されしかしなんだか外された実感がない。部屋が暗いのである。しかもムーディな青や赤のランプが灯されている。『ブルーベルベット』の赤いじゅうたんの部屋と言ったらいいのか。一瞬、目が見えなくなったのかとドキドキしたがどう見ても部屋が暗く赤や青のランプ。いやこれはこれで悪くはないが、こんな明かりの中で髭剃りとか顔そりとか果たしてできたのだろうか。どうしてこんな照明にしなくてはならないのか。おろおろしているうちに普通の照明が点灯され、そうなってしまうとそれまでのことは跡形もない。ただの部屋である。夢だったのだろうか。

3月20日（月）

boidがらみの某作品の初号試写。左耳が聞こえなくなっている。メニエール間近の気配で果たして映画が観られるのかどうか心配になっていたら都営地下鉄の市ケ谷駅で迷子になった。まあこの辺りの迷子は織り込み済みである。映画は確認のため何度かVimeoでは観ていたのだが、やはりこうやってスクリーンで観てみると別物になっていた。当たり前だがそういうことである。目や耳から日常の情報がどうやったって飛び込んでくる家庭での視聴とは全然違う時間がそこには流れる。その中でわれわれは映画を観ることになるわけだが、では、映画を編集する作業の周りにはさまざまな日常が流れているわけで、いったいその中でどうやってこの映画特有の時間を作り出すのか？　編集作業とはいったい何か？　あるいは音や音楽が付けられて映画が変わるとしたら、編集作業は何を想定して行えばよいのか？　それさえ想像がつかないわたしには映画の製作のどの過程にもかかわることはできないと思うばかりである。

3月21日（火）

子供の結婚式である。朝9時までに青山の式場に。そこで貸衣装に着替え初めて着るモーニング。ひどい緊張はしていないのだが、微妙な緊張感がここ数日続いていて昨夜はついにほとんど眠れずということになり、とにかく今日だけはメニエールの発作が起きないようにと気持ちを落ち着かせていた。式や披露宴の内容に関してはまったく知らされておらずとにかくわたしは座っていればいいのだということなのだという理解をしていた。それでも疲れる。シチュエーションに合ったちゃんとした服を着たせいだろうか。娘からは子供ができたことをいきなり知らされる。どうやら数日前に判明したらしい。孫ができる実感はないが、まあ自分の子供が生まれる時も、似たような感じだったか。妻は太ったからと言って、メニエールのリハビリで公園を走っていたわたしと一緒に走っていた。太ったのではなく子供ができたのだと後に知らされることになるのだが、お互いに自覚はまったくなかった。孫も似たようなものなのだが、この1年くらい、子供たちに我が家の猫の面倒を見てもらいながらわれわれは旅行に行こうと計画を立てていたその計画はいきなり台無しにされたわけだ。われわれが世話しに行かねばならない状況になってしまったのである。まあそれはそれで何とかなる。そして披露宴は、若者たちが大はしゃぎでもはや二次会と化していた。親の出る幕はない。そういうことだったのかと納得した。

そしてバタバタと恵比寿ガーデンルームで行われている「青山真治監督に声を届ける会」へ。あれからちょうど1年が経った。わたしも企画者のひとりなのだが、さすがに子供の結婚式をさぼるわけにもいかず、本番はお任せ。いったいどんな進行になるのか、誰が何を言うのかとかいう心配は無駄だった。悲しみにあふれつつも楽しく、明日につながる会になった。そしてこういう会があると、何年も会っていなかった人たちが再会する。椅子に座る人間がひとりいなくなると運動が始まると言ったのはミシェル・セールだったたか。また新しい流れができてくれるといい。終了後、居残った斉藤陽一郎、山田勳生さん、黒岩幹子、廣瀬純と食事。疲れていたので軽く食って帰るつもりが少し長居しすぎた。帰宅後、めまいが始まる。

3月22日（水）

午後から事務所で打ち合わせだったのだがめまい止めが効いていてボーっとしている。具合はよくない。左耳もうまく聞こえない。

3月23日（木）

起き上がろうとした瞬間から吐き気。もうどうにもできない。メニエールの発作。慌ててめまい止めを飲むが、とにかく吐き気。とはいえ胃の中には吐くものは何も残っていない。それでも吐き気はやってくるからトイレで胃液だけを吐くことになる。吐けば治るものではないことはわかっているので、とにかく落ち着いてめまい止めが効き始めるのを待つ。頭を動かすだけで吐き気がやってくるので、頭の位置を固定したまま動く。一番楽な姿勢で座る。1時間ほど経ったかようやく吐き気が治まり少し楽になってきたところで、寝る。あとは休むしかない。妻に各所キャンセルの連絡をしてもらう。今週いっぱい休むことにする。

3月24日（金）

めまい止めは効いている。その間にメニエールのための体操やら散歩やら、とにかく体を動かす。そのことで左耳のところにたまったリンパ液を身体全体に分散させる。阿佐ヶ谷までの散歩道は桜が満開だった。しかし帰り道はしっかり雨に降られびしょ濡れになった。あとは適当にだらだらした。

3月25日（土）

朝から雨模様ゆえ特に何もせずまったりと過ごす。ボチボチと江藤淳全集を読んだ。若い頃読んでいたらどうしてこの人がこんなことを言っているのかよくわからぬままだっただろう。今こうやって読むことで全体像が見えてくる。まだ始まったばかりだ。

夕方雨が止んだので高円寺駅前まで散歩に行ったら工事中だった駅の三鷹側の高架下の覆いが外され近々オープンするはずの店舗の様子が露わになっている。なんだか下北沢の井の頭線高架下みたいな感じだという印象。カフェがいくつかオープンする。ドトール珈琲店がオープンしたばかりだというのに、駅前がカフェだらけになる。というか今まで高円寺駅周辺は全然カフェが足りなかったからこれくらいでいいのかもしれないが。しかしのんきに散歩のつもりが結構な速足で歩いている。メニエールの症状が出ている時は周りがうまく見えなくなるので変に集中してどうしても早足になるのである。それにまだまっすぐ歩けない。

3月26日（日）

猫たちとともに過ごす1日。来年には公開をという某作品のシナリオの改訂版を読む。いよいよやるべきことが見えてきてこれなら何かが伝わる通常の伝わり方はしないがそれゆえに何かが確実に伝わるかもしれないと思えた。予算内でやれるかどうかはわたしにはまだよくわからない。出演者もまだまだ多いから予算も手配も大変だろう。いずれにしても儲かる話ではないことだけはわかる。体調はだいぶ戻ってきたがまだ左耳がダメだ。

3月27日（月）

リハビリがてら事務所に行こうとしていたら道に誰かが倒れている。すでに2名ほど介助している模様。近寄ってみると老婆が仰向けになり震えている。救急車を呼ぼうと声をかけると大丈夫だと言う。どうやら糖尿病の低血糖の発作らしい。青山も中原も糖尿で、その他周りに何人もいる。こういう姿を見ると遅くとも40代くらいで老後に向けての生活にシフトしていかないと健康な老後は送れないと若者たちに伝えたくなる。まあ、好き勝手やるのがいいんだよという生き方もあるので何とも言えないところなのだが。とにかく老婆は自宅に送り届け砂糖をなめさせることにした。家のそばまで付き添って、あとは最初のふたりに任せて駅へ向かい改札を入ったところで忘れものに気づく。今日は税理士が来るので銀行の通帳などを用意しておかねばならないのだった。家まで取りに帰り事務所へ。リハビリらしい時間を過ごした。

3月28日(火)

朝から不調なのは昨日いろんな人と会ったからか。ということで自宅引きこもり。歯医者には行った。口の中が腫れていて予定の治療をできず。入口が悪いとすべての臓器に影響が出る。1年かけてボロボロになった内臓は1年かけて治すしかない。知り合いが電車とホームの間に落ちたとツイートしていた。みんな大変だ。

3月29日(水)

うまく眠れず5時過ぎに目覚め、7時過ぎに再度寝て10時に目覚める。元気をだそうとスタローンの試写に行く。『クリード 過去の逆襲』。このとってつけたようなサブタイトルがあまりに露骨だなと思っていたのだが、物語はまさにこのサブタイトルの違和感をそのまま引き受けた「過去の逆襲」だった。まさかのスタローンは不出演。もし出ていたらどの役だっただろうかとか、出ていたらもっといびつな映画になっていただろうとかあれこれつい思ってしまうような前半の展開だが、アップが多すぎるのがどうかということは脇に置くとして、主人公の前に不意に現れた「過去」が主人公に自らの過去と決着をつけさせるという展開はそれなりにスリリングで手に汗握るのは、やはり後半のボクシングシーンが控えているからだろう。ここまで来たらスタローンはいなくても映画全体がゆがみ始める。誰もそんなことは思わないかもしれないが、最後の戦いのシーンはソクーロフの新作『独裁者たちのとき』を思い出してしまった。『クリード』のシリーズでのリングは現実のリングでありつつ時間の架け橋のような場所へと変容していき時間は止まり過去も未来も現在もひとつののっぺりした平面の上に広がりだしつまりあらゆる時間が「現在」である他なくなる、そんな場所となる。厚みも流れも欠いたのっぺりとした時間の平面としての四角いリングが出現する。そんな霊界でもあり現実界でもある時間と空間の肌触りが『独裁者たちのとき』を思い起こさせるわけだが、クリードは独裁者ではないので目の前の「過去」の攻撃に野生をむき出しにする。そのスイッチが入る瞬間がわかりやすく描かれていてそれはそれで盛り上がろうというものだ。そしてこの数年ほとんど聴いていなかった最新のヒップホップがいろんなシーンで流れてきて耳が震えた。ワーナーの内幸町試写室の音は相変わらずでかかった。しかし例えばこの映画のサントラを、すでに霊界の人であるスコット・ウォーカーがやっていたらどうなるか、みたいなことを妄想する。

　帰りがけ、昨日のツイートのホームと電車の間に落ちた主に会った。同じ試写を観ていたのだった。会った時はそのことを忘れていてああ昨日彼女の話を我が家でしたのになと思いつつ、いったいそれが何の話だったのか思い出せなかった。思い出していたら電車とホームの間に滑り落ちる気持ちはどうですかと尋ねたのに。何か大切なことを聞くせっかくの機会を逃してしまった心残りで他に何もできなくなった。日比谷公園は桜が満開だった。

3月30日（木）

　昼から人の出入りが激しいｂｏｉｄ事務所。引きこもりからの乱暴なリハビリという感じか。こうやって打ち合わせたことは頭の中ではあっさり実現していくのだが現実世界での実現は簡単ではない。というか、頭の中で実現させる前に手足を動かすことで本当は何とかなっていくわけだがどうもそこで不具合が起こる。もたついて余計な要素が入り込む。そうこうしているうちに時間が無くなる。考えただけでぐったりしてどんどんひきこもる。わかってはいるのだが。

　夜は貝を食いに行った。壊れていた胃腸も少し回復してきた。

3月31日（金）

　月末の社長仕事。入金を確認し各所へ振り込み。入金された額が基本的に全部出て行ってわたしの給料は残らないのが常である。天を仰ぐしかない。しかも本日は銀行のネット操作のためのパスワード生成機が壊れた。銀行に電話をかけると取り替えるのに2週間くらいかかるとのこと。再び天を仰ぐ。近所のキャッシュディスペンサーで10年ぶりくらいで振り込み操作を行った。

　その後事務所にて巻上公一ご一行さまたちと楽しい打ち合わせ。うまくいけば11月に。なんだかバウス時代がよみがえってくるような企画である。こういったことをいい形でやり続けていけたら。しかしそれにしても日本の助成金や文化系の「賞」の賞金が安すぎるという話。アメリカでの賞金の額を聞いて愕然とする。天を仰ぐとか言ってられない桁違いの賞金で、ああ、ｂｏｉｄもアメリカに移住して爆音やってたらもしかしてとマジで思ってしまった。日本の貧しさはもう十分わかっているつもりだったが現実はそれ以上遥か彼方に置き去りにされていた。残念ながら生きているうちに何とかなることはあり得ないだろうが、とにかく50年後を目指す改革を、まずは90年代韓国映画に何が起こったかを参考にするのがいいように思う。いずれにしても新しい風よ吹けと天を仰ぐ3月末。

4月1日（土）

ようやく新年が来た。今年は4月1日から新年と決めていた。新年度ではなく新年。昨年はいろいろありすぎたので、青山の一周忌や子供の結婚式などが終わることで何か気分が変わってくれないか、という願掛けでもある。困った時のこういう願掛けは絶対やったほうがいい。これはこれまでの経験上の教えである。とにかく嘘でもいいから本日から新年と言い張って、それをベースに世界を見る。ということで元旦は単なる休日として過ごした。

ゴダールの『1PM―ワン・アメリカン・ムービー』。ゴダールの、というよりペネベイカーの、ということになるのか。この映画の全体の構成を語る冒頭のゴダールの言葉とは全然違うその後の構成に戸惑うのは、ゴダールの人の悪さではなくペネベイカーの人の良さのせいということになるはずだ。結局は作られることはなかったゴダールによる『1AM』のことよりも、今となってはここに映されている68年のゴダールがアメリカで過ごした時間の方が貴重なものに思えてくる。ペネベイカーの人の良さが映した68年ゴダールのアメリカ。それもまたひとつのアメリカ映画である。そして路上演奏を行うリロイ・ジョーンズたちや屋上でのジェファーソン・エアプレインの演奏などを観ていると、ああ、これをオーソン・ウェルズの『イッツ・オール・トゥルー』みたいに55年後の再編集とかしてゴダールが自死する前にまとめてくれていたらと思うばかり。今からでもたたき起こしたい。ゴダールさん、あんたひとつ仕事を忘れてるよ。「1＋1AM」ってタイトルでどうでしょうか。

4月2日（日）

6時に目が覚めこのまま起きたら気持ちよい日曜日になるだろうかと迷っているうちに寝てしまい、目覚めたら10時過ぎでいつもと同じ。今日は留守番なのだがそれでも昼にちょっと出かけようかと思っていたのにぐずぐずしているうちに夕方である。もっといろいろできたはずだとかは思わないことにする。ちゃんとぐずぐずした。少し体調は良くなってきた。

仕事がらみでドリュー・バリモアの『ローラーガールズ・ダイアリー』を観た。大好きな映画だがたった110分の間に愛と友情、親子の葛藤、希望と挫折があり友人たち親たちそれぞれの背景が主人公を包む。彼女が彼女であることは単に自立することではなく彼女を取り巻くあらゆるものたちとともにあることだということが彼女の周りに起こるさまざまな出来事や聞こえてくる歌や彼女が暮らす街の風景によって少しずつ語られてあなただってこんなふうに生きたらきっと幸せになるしそれが世界を変えることなのだと映画がほほ笑む。毎年1回は観たい。ドリュー・バリモアの最新監督作を観ることができるのはいつになるだろうか。

そして坂本龍一さんの訃報。昨年からいろいろ聞いていたので覚悟はしていた。

4月3日（月）

新しい年になったからと言ってすぐにすべてが変わるわけではない。本日は調子が悪い。昼まで仕事をしたものの12時過ぎに異常に眠くなってたまらず寝てしまう。何とか事務所へ。夕方になるにつけ冷え込みこれまたたまらず帰宅。帰宅後も寝てしまう。

その後起きて江藤淳全集『犬と私』を読んでいたら、以下のような文章に突き当たった。

「とにかく、ぼくのさしあたっての夢は銀座のどこか文春ビルぐらいのでっかいビルをたてて、そこで世界の現代文学の粋を集めた雑誌を発行することである。日本のジャーナリズムのマーケットなどはたかが知れている。これからは世界が相手だ。ここで映画もつくればいいしペン大会もやればいい。さしあたって働き手は五人、そろっている。だれかお金を出す人はいませんか？」

やりたいことはこれとは違うが、ｂｏｉｄをやりながら常々思っているのはこういうことである。無駄に金を持っている人は多数いると思うのだが、そういう人とうまくつながれるかどうか。

4月4日（火）

8時すぎに目覚めるが、10時くらいまでぐずぐずと布団の中。寝たのが3時過ぎだからまあ、これくらいでちょうどいい。急ぎの用件などあるがあまり気にしない。起きてからは１９７３年特集となるアナログばかのためのレコードを何枚か聴く。理由は忘れてしまったのだが、もう何年も前から買うかどうか迷った時に73年前後の制作だったら「買う」ということに決めていて、それまでは聴いたことも存在すらも知らなかった人たちのレコードがそのたびに増えていった。今回はそれらも持って行こうと思う。

午後からはジェームズ・グレイの新作の試写へ行く予定だったのだがその後の予定を考えるとどう見ても無理やりで、ただ無理やり観に行かないと結局観逃がすんだよねとも思いつつ予定を変えて自宅で夕方からの打ち合わせのためのシナリオを読み直す。もう少しのところまで来ている。過去と現在と未来が循環し混ざり合ってもうひとつ別の現在を作り出すような映画になってくれたら。そんな兆しが見えてくるシナリオになってきた。オンライン・ミーティングまで少し時間ができたので散歩。ゆっくりとまっすぐ歩けるようになってきた。

深夜、明日の大阪宿泊のホテルを全国旅行支援でとっていたことを思い出したのだが、時すでに遅し。翌日に結果お知らせが来る無料PCR検査をし損ねていた。何か忘れているとずっと思っていたのだがこれだった。ただ大阪府は抗原検査（定性、定量）でもオーケーとのことで、それなら即日検査も可能ということがわかり、さっそく検査の予約をした。しかし、2か月前からは考えられないくらいホテルの料金が上がっている。まあ、普通に考えれば現状の料金くらい取らないとホテルもやっていけないだろうと容易に想像はつく。これまでが異常だった。しかしそれに合わせてboidの収入が増えるわけではない。

4月5日（水）

抗原検査を受けに新宿の検査所に行くのだが、検査所の前で若者たちが何人かスマホをいじっている。何事かと思いつつ受付をすると、スマホで入力しなければならない事項があるのだという。項目が多いし複雑でスマホがうまく機能しなくもなりいらつくがいらついたところで何も変わらず黙々と作業。しかしこういった時にいつも思うのだがスマホを持っていない人、扱えない人はどうするのだろうか。

気が付くとなんだか調子悪く体が重いうえに浮ついていてぼんやりしている。ポイントがたまっていたので新幹線はグリーン車でゆったり寝ていこうと思っていたら、7日だと思っていた原稿の締め切りが本日で「そろそろいかがでしょうか」という連絡が来て、新大阪までは執筆の時間となる。もちろんそれだけで書き終えられる量ではないので、とにかく7日の夕方までには仕上げますという連絡を入れ待ってもらう。いつもにもまして新幹線の中の気圧変動がきつい。ただでさえ調子悪い左耳がやられ、ぼわぼわくらくら。これぱかりはなってみないとわからない辛さである。足腰もこわばり体が固まっていく。心斎橋に着いた頃は思った以上にダメージを受けていて、海外からの観光客の方たちを含めた人波と活気がさらにそのダメージを増幅させる。それでも夕食をと旅行支援のクーポンが使えるうどん屋に行ってみると満員で順番待ちの方たちも多数。弱っている時はうどんが頼りだったのにとしょんぼりしつつさすがに大阪に来て蕎麦を食う人はそんなにいないだろうということで蕎麦屋に落ち着き食べ終わり周りを見回すと日本語が聞こえてこない。ほぼ満席の店内で日本人客はわたしひとりではないかと思えるくらいだったのだが、弱っている人間の妄想なのか。

ビッグステップは前回と同じ30周年仕様だった。今回の調整作品は『オオカミ狩り』という作品で、韓国のアイドルのひとり、ソ・イングクが出演していることで話題になっているのだという。日本のアイドルの見分けもつかないわたしが韓国のアイドルのことをわかるわけもなく、まさかこの全身タトゥーの凶悪犯がそうだとは思いもせず、もうひとりの若者（チャン・ドンユン）のことなのか、名前だけでは男女の区別もつかぬ韓国音痴ゆえ、いい感じの女性警官（チョン・ソミン）がそうなのか、いやこの人だったとすると日本の女性たちが騒ぐというのは変だとか、もう、しょうもないことを思いながら観たのであった。もちろんそれとはまったく関係なく、ゾンビのようなターミネーターのような怪物が大暴走する。この足音を聴くだけでもこの映画を観る価値はあるのではないか。とはいえ何か特別なことをしているわけではない。感情のようなものをなくしてはいるものの完全な無機質ではなく、有機的なものがやってくるにもかかわらず情け容赦のない運命のシステムが作動する足音と言ったらいいのか。いやそれほど大げさなものではなく単にどたどたとしかし素早い動きの何かがやってくる、やってきたらもう逆らえないという足音を付けただけということなのだろうが、いずれにしてもこの足音がこの映画のすべてを決める。その足音の示す怪物の在り方が『地獄の警備員』を思わせたのだが、黒沢さんはなんと言うだろうか。映画自体の緻密さや大胆さは置くとして、いずれ韓国映画は実写版の『ＡＫＩＲＡ』のようなものを当たり前のように作ってしまうのではないかという韓国映画の腕力を改めて実感させられる映画であった。

ホテルへの帰り道、あまりに体がこわばっているので遠回りをして散歩しながらコンビニに寄ると珍しくヤクルト１０００を売っていたので買ってみた。

4月6日（木）

10時過ぎに目覚めるとなんだか耳の調子がいい。体も軽い。こんな目覚めは久しく覚えがないのはいったいどうしたことかと考えてみるとヤクルト１０００しか思い浮かばない。以前飲んでいた時は特になんとも変化は感じられずその後話題になって買いにくくなったこともありそのままやめてしまっていたのだが何かが変わったのだろうか。まあとにかく調子はいい。原稿も続きを書いたが、帰宅してから確認しなければならないこともあり完成はできず。しかしとりあえず気持ち的には終わったことにしてレコード屋に向かう。鶴橋に行ってソルロンタンかテールスープにキムチの買い出しも考えたが夜はうなぎが控えているということで欲張らず。心斎橋にはいろんなレコード屋があって楽しい。本日は定番になってきたTIME BOMB Records。ロカビリー、サイコビリー、グラム系のレコードの充実ぶりはほかになく、クランプスの10インチ、ロバート・ゴードンが主演、音楽も担当した『ラブレス』のサントラを仕入れた。クランプスのポイズン・アイヴィー姉さんのお尻がキュートすぎてもうそれだけで十分。最近は『ノースマン』のアニャ・テイラー＝ジョイのお尻にやられていたのだがこちらも負けてはいない。クランプスのジャケットでこのキュートさはあり得ないのだがまあそれはそれというものだ。などと思っているうちに予想外に時間が早く過ぎているおかしいと思った時にはもうぎりぎりであわてて新大阪から名古屋、そして犬山で友人と落ち合いその車で岐阜へと向かう。

いつものうなぎ屋が目的地なのだがその日のうなぎがなくなったらおしまいの店なので急がねばならない。予約はできない。昨年のドタバタもあってもう1年以上食っていない。気持ちは焦るがなぜかカーナビはいつもとは違う道を指示している上に道路も突然の渋滞でしかもわれわれも1本前の道を曲がってしまいさらに大回りとなりようやくもうこの道をまっすぐ行けば目的地まだ大丈夫となったところでさらに右へ曲がれとカーナビが言う。いったいなぜ？　こういう場合人はどうするものなのか？　もう目的地は目の前である。ナビがなくても行けるしまっすぐ行くだけだから間違いようもない。ではいったいなぜナビは曲がれと指示しているのか？　まるで見当もつかないのだが見当がつかないゆえに曲がることにしたわれわれは結局単に大回りをさせられただけとなったわけだが店の看板はまだ点いている。何とかなったということで喜びもあらわに駐車場へ。いそいそと店に向かう人たちとすれ違い、車を置いたわれわれも店に向かうとなんと看板の明かりが消えている。確認したところで同じ。駐車場ですれ違った人たちで本日のうなぎは終了となったのであった。悔やんでも悔やみきれない大回り2回の15分の無駄。わたしは何のために大阪からわざわざ岐阜まで立ち寄ったのか。

しかしもう1軒あるとの提案あり。どうやら岐阜県民の間ではわれわれがいつも行く店ともう1軒とで、支持者が2派にわかれているのだそうだ。そう遠くはない場所にあるのだという。もちろんそこも売り切れという可能性もあるが行ってみなければわからない。新たなうなぎに辿り着くための試練なのだと思ったわけではないがまあここまで来たからには何とかするしかない。辿り着くと見事営業中でなんと店舗も新築リニューアルオープンしたばかりの様子。とにかく腹をすかせたわれわれは肝焼きとうな丼を注文したのであった。その後は天国。ああうまい。2派にわかれるのはもうわかりすぎるくらいわかる。しかもこのうな丼このうまさで3200円というのはおかしいというか、都会の人たちはうなぎ屋に騙されているとしか思えない。バリっと焼かれた表面の内側はふっくらというよりジューシーでしかも脂ぎっていない。なんだこれは。いくらでも食べられそう。ということでついがつがつと調子に乗って食ってしまった岐阜の夜。急いで新幹線に乗って帰宅した頃には日付も変わっていた。

4月7日(金)

さすがに疲れている。ヤクルト1000の効能も1日のみということかまあ少しずつ回復してくれればよい。原稿の仕上げをして、夜のアナログばかのレコードを選び下北沢へ。1973年の音楽というテーマである。50年前。中学3年から高校1年。その頃いったい何を聴いていたのか、中学時代はいろいろな記憶があるのだが高校に入ると途端に音楽の記憶が消えるのは「スモーク・オン・ザ・ウォーター」ばかりが流れるのでうんざりしていたからか、いやスティービー・ワンダーの「迷信」はまだ行ったことのないディスコの空気を田舎の高校生にもわかりやすく運んでくれて、みんなでジュークボックスにかぶりついていたのは憶えている。授業をさぼって麻雀に行くかボーリングに行くかちょっとその前にお茶ということで寄った高校のそばの喫茶店の風景が脳内で再生されいまでも少し胸が熱くなる。リリース年代を調べると「スモーク・オン・ザ・ウォーター」も「迷信」もともに72年リリースの曲だから山梨の田舎には1年遅れで届いたということなのか。

いずれにしても73年前後の音楽は楽しい。体も頭もかつてなくぼんやりしていたが、アナログばかはたっぷり堪能した。ずっと続けたいということで次回もこの続き。わたしが間違えて持って行ったスコット・ウォーカーの67年作品を聴くためにそのうち67年特集もという話も出た。

4月8日(土)

雨模様でボーっとしていた。月曜日に支払わなければならない税金の金額をチェックしていたのだが、それなりの金額になっていてこの約10倍の支払いを3月にしたのかと思うとぐったりする。お試しで注文していたヤクルト1000が届いた。

4月9日(日)

昨夜飲んだヤクルト1000は大阪の時のような効き目はなかった。あれは別の要因だったのだろうか。胃腸は少し楽になった気もするが、とにかく毎日飲めということである。
昼から江藤淳全集を読んでいると以下のようなフレーズが出てくる。
「私たちは、自分にはわからぬ網の目にとりまかれていてその向こうに行こうとすると「無」につきあたってしまう。しかし、やはり何かが実在している」（江藤淳『犬と私』）
こんなことを書く人ならもっと早くからちゃんと読んでおけばよかったと思うのだが、今だからこそこういったことで喜べるのかもしれない。少しずつできてきた時間の余裕のお楽しみとしては最高である。当分時間を持て余すことはない。

4月10日（月）

2度寝したら12時近くになっていた。久々に大寝坊したのはヤクルト1000効果なのか。とにかく寝坊するとその後は大変である。歯医者に行ったら中学か高校の時に治療してそのまま銀を被せてあった奥歯の根が悪くなっているらしく豪快に穴をあけられた。神経を抜いているので何をされても痛くはないのだが、もしここで急に神経が復活したらどうなるかとはらはらしつつ握りこぶしなのであった。口の中の腫れはすぐにはよくならないとのこと。入口が悪いとすべてに影響する。針とリード線とカートリッジは大事、というアナログプレーヤーの教えは人体にもそのまま当てはまる。事務所に行く元気はなく自宅作業。

4月11日（火）

起きた時からボーっとしていた。まるで目覚めない。大抵体調の悪いわたしだがこれほど身体が目覚めない感覚はかつて味わったことがない。半覚半睡で気持ちいいかというと残念ながら全然そんなことはない。柔らかな世界の中に自身も揺らめきつつ身を浸している心地よさとは程遠い居心地の悪さ。体の中のどこかはめちゃくちゃ覚醒しているのにそのほかのあらゆるものがままならないままふたつの打ち合わせをすませ、ふたつめの打ち合わせの井手くん、石原洋さん、風元さんと夕飯を食いつつ大学時代の話をして帰宅したら、胃腸の調子が最悪になりやはり食べすぎはよくないと本気で反省するほどの具合悪さで悶絶した。

4月12日（水）

昨夜の調子悪さを引きずりつつも昨夜よりましだしまったく目覚めてない感覚は消えて人間らしくなったがその分強風に乗ってやってきた黄砂にやられて起きてからくしゃみが止まらない。いやもうこれはこれで大変だとは思うもののくしゃみが出るだけましと思う。午後から高田馬場のカフェで中原の今後についての相談・打ち合わせをして事務所で仕事をしていると中原からフェイスブックメッセンジャー経由のビデオ通話が入る。病院で治療できる「病気」の部分はほぼ治ってあとは後遺症のリハビリなのだが、これが相当大変そうだ。頭は普通に動いているので体の不自由さがわれわれの想像以上にもどかしいはずだ。しかしそれでもなお、まあ、前からこんな感じだよねと相変わらず思ってしまうのはいったいなぜか？　2年前だったかのアテネ・フランセでの白紙委任状のトークも自宅のベッドの上から行ったわけだから、寝たきりでも動けるようになってもまったくOKな何かとともに中原は生きているのだと言いたくなる。その後湯浅さんからも連絡が来て、「ボブ・ディランがもう生きてるのか死んでるのかわからないような感じで演奏してるから樋口くんは絶対観ないとだめ」とのことで、チケットがまだ発売中の週末のライヴに行くことにする。しかし26000円。

4月13日(木)

寝坊もしたことだし事務所に行くのはあきらめて自宅作業なのだが体を動かさないとどんどん調子が悪くなる。そういえばboidの事務所を借りたのが2004年でもう20年前のこと、その時もメニエールがあまりに調子悪くとにかく外に出ないとダメということで外の仕事場を決断したのだった。調子悪い日こそ事務所に行かねばということなのだがもう若くはない。調子悪いという認識と気分が身体的な調子悪さをさらに増幅させるばかりで体を動かす気持ちが湧き起こらない。だいぶ片付いたとはいえまだまだ昨年の仕事の事務作業が終わらない。

4月14日(金)

とにかく目の前の作業をひとつひとつということで地道にやり続けているのだがいろんな連絡が入り結局混乱して今日は何をするのが最優先だったかよくわからなくなる。周りにお願いできる作業はお願いしてできる限り自分は引き受けないようにはしているがそれでもまだまだ。いったい人はどれだけ働けば普通に稼いで暮らしていけるのだろうか。目の前の数字を見ると愕然とするばかり。よくこんな数字で15年も会社続けていられるとくらくらしつつ感心もする。まあ、元気でご機嫌ならそれでいい。

ということで夜は久々の新大久保タッカンマリの会。2年ぶりくらいか。いやもっと間が空いたか。とにかくそんな久々感も含めて堪能、食べ過ぎた。しかもボブ・ディランのチケットを思わぬ形で手に入れた。

4月15日（土）

食べ過ぎた次の日はもう2度と食べ過ぎませんごめんなさいというくらい調子が悪い。今後しばらく外食禁止令を自分の中で出すのだが、すでにいくつかの約束がある。すべてキャンセルの連絡をしてしまおうかというくらいな具合の悪さで1日が終わる。そんななか江藤淳をぼちぼち読み続けいくつか心に刺さった言葉があるが、そんなこと今更かいと突っ込まれそうなので書き出しはしない。

4月16日（日）

本日は妻が山梨のわたしの実家に母親の様子を見に行ったため、明日まで猫たちのお世話係である。とはいえ夕方からはボブ・ディラン。雷が鳴りしかし空は晴れているが雨は降るという謎の状況のなか有明の会場に向かう頃にはだいぶ体調は回復していて約2時間ほぼ歌いっぱなしのライヴを堪能した。曲を途中で変更したり不意にリズムを変えたりと、これを成立させるバックバンドすごいなというか、まさにライヴであると同時にありえない陽炎のようなステージだった。2階席からだとステージの上のバンドは小さくてもちろんボブ・ディランの姿もぼんやりとしか見えない。別人がそこにいても声さえ同じならまったくわからないというくらいなのだが演奏中は見れば見るほどそこにいるのは60年代から70年代の若き日のボブ・ディランではないかと思えてきてそういえばスマホだけでなく双眼鏡も禁止アナウンスが流れていたのはそのためだったのかとますますその確信が深まる。われわれは若き日のボブ・ディランがそのまま半世紀後にやってきたライヴを見ているのだ。いや、「半世紀後」という時間の感覚を飛び越えたボブ・ディランのライヴと言ったらいいか。『ローリング・サンダー・レヴュー』に出てきた白塗りの男は時間を駆け巡り2023年にも顔を出したというわけだ。ステージ全体が陽炎のように見えたのは本当に陽炎がそこにあったからだ。歌はいつもそのようなものでしかもそれは確かな現実であることがステージ上から伝わってくるその音の波が会場をいつの時代かわからない場所へと変えていく。湯浅さんから電話が来なかったらこんなライヴを観に行くこともなかったなと感謝しつつ一緒に行った元バウスの西村さんと会場で合流したboid初代アルバイトの中根と駅に向かって歩いていたら肩をたたかれ振り返ると湯浅さんがいた。

ちなみにこの日のライヴに刺激を受けて、エスクネ・ケディについての以下のような文章を書いた。

1974年、ボブ・ディランは60年代の多くの時間を共に過ごしたザ・バンドと再会し『プラネット・ウェイヴズ』をリリースする。アルバム全曲をザ・バンドとともに作るのはこれが最初で最後、ともに過ごした日々へのけじめのようなつもりもあったのかもしれない。くしくもアメリカは建国199年。そして建国200年目となる翌年の秋、ディランは大勢の仲間たちを引き連れて、ネイティヴ・アメリカンのメディスンマン（祈禱師／霊能力者）の名前をタイトルに供えた「ローリング・サンダー・レヴュー」を開始する。顔面を白く塗り、時に仮面を着けてステージに上がるディランはまるでアメリカ建国以前からこの土地に遍在する精霊のようでもありそれらとコンタクトするメディシンマンのようでもあった。マーティン・スコセッシが監督したこのツアーのドキュメンタリーのインタビューの中で、ディランは「ローリング・サンダーなんか覚えていない。昔の話だ。生まれる前に起きた事。何を知りたい？」と語る。まさにそのような存在として、その時のディランはステージの上にいたのだ。いつの時代にもどんな場所にもいるにもかかわらずそこにはいない。「アイム・ノット・ゼア」なものへと自身を変容させていったのである。事実2023年、実年齢80歳を超えての来日ツアーを行ったディランのステージは薄暗く、その中で歌うディランの顔は時折、「ローリング・サンダー・レヴュー」の白塗りの男のようにも見えた。そのステージの薄暗さは白塗りの男をそこに呼び込むための装置でもあったのだろう。いや、その白塗りの男がボブ・ディランを召還するための装置だったのかもしれぬ。その男はどこにもいないがそれゆえにいるのである。

もちろんわれわれは、「ローリング・サンダー」と呼ばれているその白塗りの男の名前を知っている。1974年に消息を絶ったその男が2022年10月の東京に突如姿を現したことも知っている。「エクスネ・ケディ」。2023年の日本にボブ・ディランを呼び寄せてそのステージに陽炎のように姿を現した白塗りの男が再びわれわれとコンタクトする。その時われわれはツアーの最中顔を白く塗り帽子をかぶったステージ上のディランのそっくりさんになって皆を驚かせたジョーン・バエズのように、何人ものボブ・ディランが登場する映画『アイム・ノット・ゼア』の中でただひとり女優としてディランに扮したケイト・ブランシェットのように、気づくと何ものでもない何ものかへと自身を創り変えているだろう。われわれはわれわれ自身を日々更新する。なぜならエクスネ・ケディがいつもそこにいるからだ。

（『Young Person's Guide To Exne Kedy』より）

4月17日（月）

湯浅さんから「名古屋行かない？」という悪魔の誘い。ボブ・ディランのライヴである。18日から20日までが名古屋で、今回の日本ツアーはそれで終了。昨日のライヴを観てしまうと今度は近い座席で観たいという欲望はむらむらと湧き上がり、名古屋の会場は東京の3分の1くらいだからどんなに遠くても昨日よりは近いはず、現実の人間と幽霊とが合体しながら揺らめいているあの感じが名古屋ではいったいどうなっているのかと完全にその気になるがしかしいったいいくらかかるのかというと、交通費宿泊費チケット代で5万円ちょっと。食事代とかもいれたら6万円である。湯浅さんは2回見たいとのことなので9万円から10万円。それくらいの小遣いを持てるようになりたいと思いつつもうご隠居の歳である。とりあえず少し冷静になってから、明日再度連絡しあうということで悪魔との会話は終わる。

その他各所への連絡の前にメールを見たら、今夜のシネクイントでのboidsound調整のことをすっかり忘れていて、今夜は大丈夫ですかというメールが来ていた。というわけでちょっと昼寝もした。昼食を食っている脇で白猫さまが豪快にゲロをして昼飯が台無しになったりもしてふたりの猫さまたちは主がわたしだけだと勝手やり放題で夕飯の時間になってもぐーすか寝ていてままならないことこの上なし。気が付いたらすでに歯医者の予約の時間で何十年も前に治した奥歯の根の治療。大昔に神経は抜き去っているので何をされても痛くはないが歯医者が何度も「痛くないですか」と尋ねてくるので相当深いところをいじっているのだろう。口の中の腫れは治まってきてはいるが、この治療で再度少し腫れるかもという予告をされる。早く楽になりたい。

夕食後、渋谷へ。深夜の仕事は出かける時が一番つらい。このまま風呂に入って寝たいと体が訴える。それを振り切るのがね。でも、行ってしまえばこちらのもの。お楽しみ&ご機嫌タイムとなる。本日は『デヴィッド・ボウイ ムーンエイジ・デイドリーム』。公開前の特別上映で一度boidsound上映をしているので、今回はその確認と微調整を。欲張って少しボリュームを上げてもらう。ベースのあたりもさらに膨らませて、「抱きしめたい」のカヴァーの時など、バカでかいコンサートホールの音になり映像はアップが中心だから奇妙な空間が出来上がる。近いのに遠い。そして「アラジン・セイン」の時は音と映像のコラージュがこちらの頭と身体をかき乱し自分が自分の輪郭を超えて外へ外へとはみ出していく感覚を得る。体調悪いときついかも、というぎりぎりのところの境界線は常に体調の悪いわたしがよくわかっているつもりなのだが体調の悪さゆえにさらにその限界値を超えようとする欲望も働いたりするわけだから信用はならない。帰り道、深夜のタクシー代がはっきりと値上がりしていた。

4月18日(火)

雨が降りそうで降らないさっぱりしない天気の日は耳の調子も悪い。頭からバケツを被せられている感じで周囲のあらゆる音が頭の中で反響し駅のホームなどアナウンスや人々の声や電車の音で拷問であるという話は以前も日記に書いたような記憶がある。ぼんやりしたまま事務所に行くのだが途中4月26日に何か用事があったことを思い出しカレンダーを見るものの何も記載なし。というか26日の件をカレンダーにメモしておかねばと思いつつ忘れていたことだけをはっきりと思いだす。事務所で皆さんに尋ねるも当然皆わからず。もやもやしたまま井手くんと打ち合わせをして大体終わったところにメッセージが届き「もうみんな集まって飲んでますよ」と。『青山真治クロニクルズ』の打ち上げである。あれ、19時30分からではなかったかとカレンダーを見てもやはり19時30分からと記載あり、慌てて電話すると18時からだと言う。わけがわからない。カレンダーに記入した時にすでに間違えていたということなのか。でも記憶の中でも確かに19時30分なのだ。混乱しつつ辿り着いた現地では春らしい美味しい料理をいただいた。1年がかりでみんながそれなりに力を出し切ってのこういう打ち上げは楽しい。わたしは体調不安もあり先に帰ったのだが皆さんはさらに次の店へと向かっていった。

帰宅後、4月26日は歯医者の予約をしただけなのだった、ということを思い出してがっくりする。

4月19日(水)

体調すぐれず左耳がやばくてすべての予定をキャンセル。昼寝をして自宅作業しているところに牛久に行った友人から牛久大仏の写真が次々に送られてくるのだが、120メートルもあるのだという。いったいこんなものをだれが何のためにと思ったら東本願寺による建立だった。こういった大陸的というか宇宙的なでかさはわたしの感覚をはるかに超えている。そしてさらに大仏の向かいのアウトレットモールはアメリカの西海岸をイメージして作られているのだそうで、その仮想西海岸の隣に大仏という風景を想像するだけで途方に暮れる。自由の女神的な感じにも見えるのだろうか。いずれにしても世界は常に想定外の展開を見せるのだった。

4月20日(木)

ぐっすりと寝たものの耳鳴りめまいはぼんやりと続く。事務所で打ち合わせしているうちにどうも様子が変になってきて、打ち合わせ終わり遅い昼食を買出しに行こうとしたらまっすぐ歩けない。こういう時は無理やり歩く。じっとしていると余計悪くなる。とにかく昼食を買う。ドトールのミラノサンドが450円から480円くらいの値段設定になっていてびっくり。物価の上昇に伴って給料も上がる会社に勤めている人は何とか生きていけるだろうが、そうでない人たちは苦しいということがどんどんあからさまになってそれはみんなでそれぞれの生活を良くしようというふうには向かわず単に断絶を生み競争だけが激しくなって生き残ったとしても苦しい。しかも欲望だけはその競争の中で刺激される。違う道を進むしかない。と思わせるわれわれくらいの年代の人間の責任は重い。

4月21日(金)

昨夜は気が付くともう朝の5時であわてて寝たもののうまく寝付けず仕方ないので起きようかとしたらとたんに眠くなり気が付くと12時。すべての予定が台無しになるが、昨年のように眠れないよりましということで寝坊を堪能する。その分少しは頭も体も動くので結構な数の連絡をして今後の作業の段取りをした。しかし映画製作の仕上げは細かい作業が山ほどあって半端ではない。JASRACへの申請や原盤処理、エンドクレジットの仕上げなど、boid新入社員がてきぱきとこなしてくれているので本当に助かるが、これをわたしがやっていたらと思うとぞっとする。しかしようやくそれも終わりを迎えつつある。

夜は近所のイタリアンへ久々に行った。高田馬場には美味しいイタリアンレストランがいくつかあって、ここはわたしの一番のお気に入り。リーズナブルな値段でイタリアの地方料理が楽しめる。本日はキビナゴ、イイダコ、羊の内臓など。

4月22日(土)

昨夜のイタリアンで最後に飲んだエスプレッソが効いたのか、昼まで寝てしまったのが悪かったのかとにかく朝まで眠くならず。本日こそ起きようとしたのだがやはり気持ちと体が折り合わず寝てしまい、でも2時間くらいしか寝ていないだろうと思ってスマホを見るともう12時だった。まあ、土曜日である。朝昼兼の食事をしてからは某仕事のために映画を3本観た。閉じられた世界に生きる人々が作り出すいくつもの閉じられた世界とそれらを貫く視線が映し出す物語の数々。ああ自分ももっと自由になれるなと思った。先は長くはないがそれでも心はすでに時間と空間を超えている。

4月23日(日)

目覚めたとたんにめまい。昨日3本も映画を観たのが悪かった。目と耳をやられた。めまい止めを飲んで眠くならないうちに投票を済ませ、帰宅後ひっくり返る。その後は眠ったり起きたり。

4月24日(月)

昨日よりましだがまだ具合はよくならず。月曜日なので、各所連絡が多数。メールを見る元気もないが、急ぎの案件などがあるのでなんとかパソコンに向かうものの、返事をするたびにまたさらなるやり取りが始まって、とにかくやれるうちにやろうとするものだから全然終わらず夜にはもう勘弁してくださいと目をつむるばかりの無限地獄。ということで23時過ぎに、すべてをシャットダウン。

4月25日(火)

早く寝ると体は昼寝と勘違いするのかいつも1、2時間で目覚めてしまう。3時過ぎに目覚め6時過ぎまで眠れず悶々とするばかりで気づいたら眠っていてそれでも10時過ぎには目が覚めた。体調は少しましになってきたがまだ身動き取れず。とりあえずたまっている連絡を各所に。うまくいっていることとうまくいっていないことが混在するのは当たり前のことだがうまくいってないことに対する耐性がどんどんなくなっていてしなくてもいい心労ばかりが増えるのは我が家の血の問題かもしれないと母親を見るたびに思う。今後はご機嫌爺さんでという思いはありすぎるほどあるしある程度そうなってはいるもののうまくいかないことに関してはどんどん体も心も重くなるばかりである。しかしうまくいかないこととは何か。何をもって人はうまくいっていないと思うのか。

このところずっと中原が書いた昨年のフェイスブックの整理やチェック、校正をしていて延々と2022年の中原昌也を読み続けているのだがやはりここにも当たり前のようにうまくいっていることやいっていないことが連なる。大抵はうまくいかない。しかし読んでいるうちにそれが果たしてうまくいっていないのかどうかもよくわからなくなる。うまくいくいかないという想定された基準にのっとった判断ではなくその基準を足元からなし崩しにしてしまう欲望の深さなのか生きることの潔さなのかが顔を出しそれに一瞬触れる時、世界がじわっと輝きだすのである。書かれたものだからそう思うのであって本人は本当に大変すぎなのだろうがそれも含めておそらく自分もまだ何か違うやり方ができると思わされる。背中を押される。

4月26日(水)

めまいは治まってきたので事務所に行き、月末を前にしての振り込み作業など。集中しているうちに具合悪くなりその後歯医者に行ってしばらく苦しんでいた口の中の腫れの原因だった奥歯の根っこの治療も終わり気分すっきりのはずがもやもやが増すばかり。こんな天気の日は仕方がない。誰とも連絡を取りたくなくなるとはいえ寂しいのでばかな話には乗るのだが大事な話を避けてばかな話に逃げていると自分の中の生真面目が顔を出しますますうつうつとなる。こんな時はすべて忘れて中原のフェイスブック日記に集中するしかない。しかし大抵わかっているつもりだがそれでも次々に知らない名前が出てきて時々このレコードは買いたいとか思って調べると10万円くらいするわけだからそりゃあいくら金があっても足りない。

4月27日(木)

中原のフェイスブック日記の整理をしているうちについレコードを注文してしまった。kindleでboidから出した20、21年のフェイスブック日記に比べて昨年のフェイスブックに登場する固有名は格段にハードルが高い。ますます裾野は広がり掘り下げ方も深い。何十年もかけて日々当たり前のように摂取してきたものの全貌が3年目にして次々に露わになってきたということなのか。あるいは中原の体調が思わしくなかった昨年はその分自宅にいる時間ができてかつて自分が栄養にしてきたものを再度咀嚼することができそれをフェイスブックに書くことができるようになったということか。とにかく栄養の宝庫である。これらを聴いたり観たりする余裕が欲しいと誰もが思い始めた時、はじめて世界は変わり始めるのではないかと妄想も膨らむが、そんなことに気づいた時はもはやこちらの気力体力はすっかり干からびているという現実もあるわけだ。もちろん今一番大変なのは本人であることは間違いないのだが。

4月28日(金)

朝から月末の社長仕事に精を出した。占いを信じているわけではないのだが占われることは好きなのでいろんな機会に占ってもらうとほぼ決まって金は入ってくるがそのまま素通りと言われるその占い通りに今月もまたそうなるという残念な結果を当たり前のように受け入れつつ今月のようにあまりにその数が多いと疲れもして昼寝。4月になったら少しは映画も観られるのかと思っていたが甘かった。予想以上に忙しいということもあるがそれ以上に体調が回復しない。左耳がまだまだ駄目で映画を観たらまためまいが始まるかもという恐怖が腰を重くさせる。というか映画どころか事務所にもまともに行けていないのであった。今週は2日のみ。映画祭や新作映画、特集上映の情報に溢れるSNSは目の毒である。夜は中原と江藤淳。仕事というよりもお楽しみとして。

20年以上聴いてなかったルパート・ハインがなぜか心に染みる日だった。むちゃくちゃ盛り上がるはずのところをすっと交わして外に向いていた視線が内側へと向かい始める。前に向かっていたはずなのに気が付いたら後退していてしかしその後退によってふたたびじわっと前進しているような酩酊感。ヒットすることはないだろうけど、こういうことを地味にやり続けられたら。

Rupert Hine『Immunity』

4月29日(土)

GW初日。天気がいいので気分はいい。ということで散歩もしたが、夕方になるにつれ低気圧が近づいてくることがはっきりとわかるくらい左耳の調子が悪くなる。映画を観ようとしたがあきらめた。中原フェイスブックは8月まで来た。ここに記されている映画、音楽、書物などをすべて観たり聴いたり読んだりしながら1年を過ごせたらどんなことになるだろうか。多分それだけをやっていても1年ではとても消化しきれない。しかし誰もがそれを望み始めたら……。そんな欲望を刺激するものを作っていけばそれでいい。

ルパート・ハインに刺激されて80年代によく聴いていて今はまったく聴かなくなったミュージシャンのひとりとしてルイス・フューレイを聴いてみたが残念ながら何の感慨ももたらさなかった。

Lewis Furey『Lewis Furey』

4月30日(日)

低気圧がやってくる日はとたんに体も頭も心も重くなる。一歩も外に出られず。中原に刺激されて石井輝男『黄線地帯 イエローライン』を観ようとしたがすでに配信期間が終了していて仕方ないので『怪談昇り竜』を観たが気分は落ち込むばかり。若き日の梶芽衣子はよかったが、動きが全体的にもっさりしていて『さそり』の頃のシャープな切れ味はない。そして続けて野田幸男の『不良街』。70年代の新宿は多少記憶にあるのでいったいどこが映っているか、今そこはどうなっているかという映画以外のお楽しみも。リーゼントにした若き松方弘樹がまるでエルヴィスみたいに見え、この頃の松方弘樹の映画を再見するのも面白いかと思っていたら、『エルヴィス・オン・ステージ』のバカでかい看板の前で「エルヴィス！」と叫ぶシーンもあったので十分意識していたのだろう。しかし今だったら権利問題でこういった看板は絶対映せない。かつてヴェンダースが『サマー・イン・ザ・シティ』のことを、１９６９年のベルリンについてのドキュメンタリーと評したように映画を撮ることは今はできないだろう。もちろんそれでも２０２３年の東京についてのドキュメンタリーをフィクションとして撮ることは可能ではあるはずなのだが。そしてこの手のジャンル映画につきものの主役が歌うテーマ曲は、仁侠映画風演歌調のメロディと歌詞を70年代のロックやジャズの音色でアレンジした、まさに和製エルヴィスが歌う演歌、みたいな曲だった。Ｓｏｉ48や俚謡山脈がこれを聴いたら何と言うだろうか。

しかし、モニターとヘッドホンで2本も映画を観ると脳のどこかが覚醒して眠れなくなる。朝8時まで悶々とし続けた。

5月1日(月)

朝8時に寝たからといって脳は覚醒中なわけだからぐっすり眠れるわけはない。亡くなってからついに初めて、青山が夢の中に登場した。現実の関係者が出てくるような夢をわたしはほとんど見ないので知り合いが出てくるだけでびっくりするのだが、でもまあ単にいつものようにばか話をしただけだった。

11時に目覚め、4月末に振り込み忘れた支払い分などを支払うが、映画の宣伝会議に向かう地下鉄車内でもさらなる支払い忘れが判明する。整理下手、管理下手がもどかしい。

しかし本当に映画の宣伝は難しい。この映画を観てもらうためにいったい何を伝えたらいいのか、映画が伝えようとしていることを伝えるだけではだめなのか、思いは乱れる。宣伝チームに無理を言ってしまう。途中、中原の経過がだいぶいい、という知らせが入る。もう4か月になる。

その後来週台湾に行く友人に侯孝賢のＤＶＤを何枚か渡した。

5月2日(火)

体が休め休めと言っている。言い張り新年宣言から1か月経ったが体調は果たしてよくなったのか悪くなったのかよくわからない。不安が身体を重くする。吉祥寺での打ち合わせにも微妙に遅刻してしまったがまあそれはいつものことである。吉祥寺に行くのは何か月ぶりか。微妙な変化を感じるがそれは「コロナ明け」

の兆候ということなのか。いずれにしてもGW込みでの華やいだ気分は皮膜の向こう側の出来事でぼんやりするばかりである。とはいえせっかく吉祥寺に来たのだからという『バナナマンのせっかくグルメ!!』みたいな感じでディスクユニオンへ。手前のノイズ・アヴァンギャルド・コーナーでデア・プラン、シュプルンク・アウス・デン・ヴォルケン、コージー・ファニ・トゥッティを見つけてしまい、買わざるを得なくなる。クロームの『Red Exposure』のビカビカに光る豪華再発盤も売られていて思わず手に取ったが7000円超えの値段だったのですぐに諦めた。

帰宅後、気が付いたら体調悪くなり、耳もだめ、胃腸も苦しい。これで今後を乗り切れるか不安になるが、ツイッター上に流れてきたリンク・レイの1974年のライヴ映像を観て元気を取り戻す。同じライヴのライヴ盤よりこの映像の「Rumble」のほうがより迫力があり狂った感じ満載なのはいったいなぜか。音楽における視覚の重要さ。次のエクスネのライヴの時は清岡くんにここまでやってもらえたらと思う。

5月3日（水）

昨日買ったコージーのアルバムは昨年リリースされたもので、イギリスの電子音楽家デリア・ダービーシャーについての映画『Delia Derbyshire: The Myths and the Legendary Tapes』のサントラとして作られたものの全貌ということになるのだそうだ。ああ、ダービーシャーはまともに聴いてないなと思い調べ始めるといろいろ出てくる。この映画も観たい。大金持ちだったら権利を買って上映するのだが。好きな人はおそらくもうディスクを手に入れて観てしまっているのだろうが、一部の選ばれた人たちだけが海外盤を買ってひそかな楽しみにしてしまうのはますます社会を閉塞させる。無茶な形でいいから国内上映する方法はないものか。もちろん儲かることはないだろうから、補助援助は絶対に必要なのだが。

5月4日（木）

街に出ると絶対に調子悪くなるのはわかっているもののじっとしていても体調は治らないということで散歩。これくらいの天候だと気分もいいのだが、左耳はなかなか思うに任せずまっすぐ歩けない。まっすぐ歩くためにそれなりの緊張感を強いるわけだから、まだまだご機嫌さんにはなれないし胃腸も弱る。昼寝もした。

5月5日（金）

気分すぐれず明け方に目が覚め、それ以降は寝たり起きたり。

いろいろあきらめた。

5月6日（土）

風は強かったが気持ちのいい日で普通ならどこかに出かけてみようと思うところ、体調は一向に思わしくなく少しの散歩で終わった。少しは回復の気配。

5月7日（日）

雨模様で起き上がれず、朝食が13時になりそれだけで落ち込むのだが、結局何もできなかったGWということでそれはそれでよし。夕方からは福岡で行われているリム・カーワイ特集のトークにオンライン参加。元気で金があったら福岡まで行っていたはずだがオンラインゆえこのひどい体調でもなんとか対応できた。『アフター・オール・ディーズ・イヤーズ』の上映後のトークである。リムくんの初長編で10年以上前の作品だが、これを今まで観逃していたことに愕然とするくらいの面白さ。リムくんはトークの中で「自伝的な要素もある」というようなことを語っていたが、その個人的な出来事が気が付くと世界中を巻き込み時間を混乱させ、われわれが安心して生きているこの足元を果てしなく曖昧なものにしていく。いや、この映画全体に仕掛けられたフィクションがそれら小さな出来事の反復とずれと持続と切断に意味を与え、そのことによって仕掛けられた説明不能のフィクションの存在が確かなものとなり、ゆえにわれわれの生きるこの世界の不安定さがさらに浮かび上がると言ったらいいか。世界とわれわれ自身とが日々生まれ直しているという確かな感覚が生まれる。トニー・スコットの『デジャヴ』の世界の中でわれわれはいかに生きるのかと、映画はそんなことを問いかけつつ人々の行動と彼らが生きるその世界の姿をひたすら見つめ続けるのである。

なんとこの作品は日本では10回くらいしか上映されてこなかったとのこと。本来なら今からでも遅くないからboidでロードショーをと名乗りを上げるところ、今の気力と体力ではスタートラインにすらつけないので、9月のYCAM爆音で上映をという話をする。

5月8日（月）

猛烈に具合悪いまま事務所で書類整理&連絡多数で夜になりさらに具合悪いままなので江藤淳を読んだ。

「現代社会で作家が機能化されるのが必然の勢いであってみれば、作家は後退するよりむしろ空転しているレンズに自分からとびついて、それを自分の「存在」と結びついた「眼」にしなければならないだろう」

（江藤淳『海賊の唄』）

これは、それまでの小説の基準には当てはまらない形で結びついた作家と世界を見つめる「眼」が作り上げた日本の私小説の変態的な世界がそれゆえに閉塞してしまった時に、「眼」を作家から切り離して現実をとらえるための「機能」に限定していった、という話の流れの中に出てくる一文である。文学史的なとらえ方は脇において、この文章の物理的な側面だけを想像すると、主観カメラで撮るかハリウッド的なマルチ・カメラで撮るかみたいな話にも結び付けられるのかと思ったのだが、さらにその上で、「作家は後退するよりむしろ空転しているレンズに自分からとびついて、それを自分の「存在」と結びついた「眼」にしなければならないだろう」と言われると、いやこれは『リヴァイアサン』（監督：ルーシャン・キャステーヌ＝テイラー、ヴェレナ・パラヴェル）のゴープロのことを言ってるんじゃないかとか思い始め大いに盛り上がった。あるいは豚の視線で世界をとらえた『GUNDA／グンダ』（監督：ビクトル・コサコフスキー）やロバの視線の『EO イーオー』（監督：イエジー・スコリモフスキ）。果たしてわれわれの視線はそれらから何かを獲得したか。そんな視点から『空に住む』を観たら何が見えてくるか？

5月9日（火）

天候とともに気分もよくなりこれなら今後ももう少しやれると思い始めるのだが、1日のうちで元気でいられる時間はますます短くなっている。だから仕事自体は確かに減ってはいるものの結局映画を観るような余裕はない。しかもわれわれのやっているような仕事は年々規模が小さくなるばかりなので労力と対価とのバランスは加速度的に悪くなっている。今後、ｂｏｉｄを運営していくにはどうしたらいいか本当に悩ましいところだがそんなところに某所からいよいよ仕事を辞めるとの知らせが届く。わたしがこの仕事をするようになってもう40年くらい経つわけだから、さすがにいろんなことが変わる。辞めることは残念だし寂しいがそこからまた新しい動きが生まれればそれでいい。というか、今ここでもはや先はないと感じている人や会社はいったん辞めるといいとさえ思う。おそらくそういう時期なのだ。あるいは、辞めるまでいかなくてもサボタージュはやるべきである。これまでやってきたことから自由になる時期が来ている。

5月10日（水）

ちょっとあきれるような話を聞いて、やはり執着が強い人というのは確実にいるものだと改めて思う。そしてそういう人たちが生き残っていくのだろうとも思う。しかしこちらはさっさと諦めて別の道を歩むし別の道を歩んだ人たちの間で経済的に成立することを考えたい。そのことが強い人たちのやっていることの足元を蝕みなだれ落ちさせるきっかけになるかもしれない。まあそのための気力体力が必要にはなるのだが。

しかし具合が悪い。自分のことで精一杯である。ひとつひとつ対応しているつもりだがやはりいくつも漏れているし、特に映画を観ることにまったく関心が持てない。関心が持てないのではなく90分から120分じっとしたまま映画を観ている気力体力がない。今は仕方がない。もう少し休む。

5月11日（木）

明け方の緊急地震速報のおかげで寝たばかりというのにすっかり目覚めてしまい、調子悪く1日中苦しんだ。しかも午後からは雷。いろんなことへの耐性がなくなっている。

名古屋シネマテークの閉館がアナウンスされた。boidの配給作品はほぼシネマテークだったので衝撃は大きい。ジョー・ストラマーのドキュメンタリー『レッツ・ロック・アゲイン！』だけは少しシネマテークにも儲けてもらったはずだが、それ以外は迷惑をかけっぱなしだったのではないかと思う。もどかしいばかりである。そしてわたしも疲労困憊だが、シネマテークも疲労困憊だったと思う。思いは膨らむばかり。しかしいったん閉じるのはいいことだ。80年代に高円寺のレンタルレコード店を閉じる時も、バウスの時も思ったのだが、閉じることは悪いことではない。もちろん、「今、バウスがあれば」とか、「今、あのレコード店があれば」と思うことはたびたびあるが、いずれにしてもそのままの形では無理だったのだ。もう若くはないので、若者たちにやってもらえばいい。もう若くはないので、別のやり方を考える。思いついたらやればいい。自分の考えや思いをどうやって社会に還元していくか。年寄りたちなりのやり方があると思う。シネマテークで育った人々が、自分の場所でそれぞれのシネマテークを作っていけばいい。

5月12日（金）

朝まで原稿を書いていたが、9時くらいに目覚めてしまい眠れなくなる。7月のエクスネ・ケディのライヴのためのチラシ原稿を仕上げる。エクスネの場合は設定が複雑なのでそれをどのように伝えるか見せるか、そしていかに面白がるか。迷った挙句、チラシも豪華版（といってもA4ふたつ折りにしただけだが）にする。もちろん面白がるには時間がかかるし、結局金もかかる。ライヴには相当な数の人たちが来てくれないと赤字になるわけだから、その不安をどうやり過ごしつつ前に進むか。課題は多い。こういったことを一緒に面白がってくれる大金持ちがいないかとよこしまな考えがふと頭をよぎる。

5月13日(土)

誕生日である。1年のうちでも誕生日の頃は大抵調子悪くいつもぐったりしているのだが、今年はもう最低であった。この1か月くらい、ただひたすら自分の体調のことばかり考えていたといってもいい。病院嫌いでなければさっさと病院に行っていたとは思うのだが。いずれにしてもこの年齢になるとあと何年生きられるのかという思いは強くなる。春先にがんを切除した我が家の白猫さまを見るたびに、どちらが長生きするかを考える。甫木元が『はだかのゆめ』のトークの時に、余命宣告されてからの母親の日常感覚の変化について繰り返し話すのだが、まるで自分の意識が自分から周りの自然の中に浸出していくような甫木元母の感覚についてはよくわかる。もうすぐこの世界と一体になる、その準備が始まっているのだ。

とはいえ本日はまあまあ調子もよく、日本橋方面に出かけて日本進出を果たした台湾レストランにて誕生日ランチを。薄味で香辛料によって微妙な変化をつけるという台湾の料理はいつ食べても肌に合う。ちょうど昨日から台湾に行った友人たちからは嫌がらせ写真が次々に送られてきているのだが、ああもうちょっと体調良くなったらまずは台湾だと改めて思う。そんなわけで、少しは希望の持てる誕生日にはなったのだが耳鳴りはひどい。バケツが2重に頭から被せられている。明日の湯浅湾は果たして大丈夫か。

5月14日(日)

メニエール鬱はなかなかきつく、かろうじて起き上がった、という感じ。こうやっていつまで生きていられるのかと思う。しかし湯浅湾のリハの音を聴いただけで身体が充実してくるのがわかる。体の芯が入ったと言ったらいいか。この音がある限りは大丈夫、たとえ自分がどうなったとしてもその場で堂々と生きていけばよいという強く柔らかい肯定の波動をたっぷりと受け取ることになった。本番のケバブジョンソンも同様でちょっとやんちゃで元気のいい肯定感が会場を満たす。湯浅さんが彼らとどうしてもやりたいと言って今回ブッキングしたのだが、ああこの音を湯浅さんはみんなに聴かせたかったのだ。最後にやった「揚子江」は70年代ソウルをさらに洗練させたようなリズムのリフレインが背筋を伸ばさせ、このままずっと聴き続けていたいという気持ちに

撮影＝塩田正幸

なった。シングル盤、買ってしまった。
湯浅湾のライヴは大地を耕すような野太いリズムの音と空気の小さな震えも見逃さず音に変えていくような繊細な音が絡まりあい、数々の歴史を振り返り現在を見つめ未来を呼び寄せる。ああ、今ここにいてこうやっていることの中にすべてがある、そんな気持ちにさせる。誰かのためでも自分のためでもなくただ生きる。ミミズのように猫のように豚のようにロバのように生きる。その素晴らしさをたっぷりと受け取った。心も体も自由になった。
とはいえ現実の体はままならず、帰宅後急激なめまいで不安と恐怖に満ちた我に返る。めまい止めを飲んで寝た。

5月15日(月)
めまい止めのせいで終日眠い。ほぼ寝たきりだったと言ってもいい。致し方なし。自宅でできる仕事はした。

5月16日(火)
北九州方面から来客。連れだって青山宅に赴く。今後予定している企画のため資料漁りをした。探すとまだまだ出てくるが、もしこれが見つかったら最高、というやつは見つからなかった。メニエール他体調はまだまだで途中何度もくらくらしたがそのままやり過ごした。やり過ごすことができるくらいには回復したと考えるべきなのか。その間にいろいろ連絡が入り、こうなってくるとすべてが混乱し始めるのだがあまり気にしない。ひとつひとつやればいい。そしてそろそろ早起き生活にシフトしたい。とか思いつつ結局寝たのは午前3時過ぎ。

5月17日(水)

中原の現状を聞く。回復が進んでいる。入院当初はいったいどうなることかと思っていたが、今はだいぶ希望が持てる。というかもうちょっとのところまできた。もちろん完全復帰とは言えないがそれゆえに別の道が開けるのではないか。今はわたしの方が具合悪いんじゃないかとさえ思えてくる。そんなこと言ったら怒られそうだが。

その後、来年の企画の打ち合わせ。いったい来年は元気でいられるのだろうかという不安満載だが、こうやって企画を立てることによって体がついてくるということもある。何とかなる。そして本日はバイトの細井さんが出勤最終日。7月からは海外。コロナがなければ今頃は海外から帰ってきたばかりとかそんな感じではないかと思うのだが「バイトは海外に行くまで」という約束が3年延びてしまった。本当に助かりました！　とはいえ7月までにアナログばかがあと2回。boidの音楽がらみのイヴェントをほとんどお任せしてきてしまったので、今後を考えねば。

5月18日(木)

体調はぎりぎり持ち直し、行けないかと思っていた京都へ。まあ、不安はいっぱいである。ただ音の調整を始めるとあまりにいい感じになるので勝手に盛り上がる。『Helpless』の音楽はこんなに奥行きがあったのか、決して贅沢に作られた音楽ではないのだがしかし今ここにあるものでできる限りのことをする作業が引き連れてくる背景、つまり青山や山田さんが聴いてきた音楽の奥行き、そしてそれらの音楽が成立した歴史、それらを吸収した彼らの生き方、それらが重なり合い共鳴しあってとてつもなく豊かな空間を作り上げる。これはもうこれまで何度も『Helpless』を観て、観たつもりになっている人たちにぜひ観てもらいたい。もちろんわたしもふくめて、ということなのだが。

『エリ・エリ・レマ・サバクタニ』は物語の内容と音楽が共鳴して、映画を観ることとは自分が自分でないものになってその後世界の隅々まで時間を超えて触れ合い浸透する、そんな作業のことを言うのではないかと思えてくる。轟音が自分を解放し静寂が世界への浸透への道を開く。「いなくなってからの方がそばにいるような気がする」という岡田茉莉子さんのセリフがこの映画のすべてを言い表している。できる限り多くの人にこの音で観てほしい。

『EUREKA』はそういった世界に浸透したそれぞれの魂たちの共鳴とも言うべき幽かな音の呼応の物語と言えるだろうか。あらゆる場所に見えない誰かの声が響いている。

5月19日(金)

しかしホテルの人はこの人いったい何しに京都に来ているのだろうと思っているかもしれない。朝は遅くまで寝ているし昼はロビーのところのカフェでパソコン広げているし、夜は出かけて深夜遅くにならないと帰ってこないし。まあ、そこまで泊り客に関心を持つことはないかもしれないが、それでも我ながら自分の不審さに戸惑いもする。特に雨の日はもうぐったりで、食事以外はずっとホテル。夜は友人と会う約束もしていたがキャンセルした。どうにもならず。でも今回はそれくらいでいい。

とはいえ音を聴くと少し元気になる。『FUGAKU』3部作は多摩美時代の青山が教え子たちと作った映画だが、これがもう何度観ても素晴らしく、もし自由に映画を作れたらこんなふうにするあんなふうにするという映画の夢の塊。しかもそれを手持ちの素材や環境でやり切ってしまうわけだからそれは可能性の塊であるとともにすでに完成された何かでもある。ものすごい充実感を受け取る。それはじわじわとスタッフ、キャストにも伝わっていったのだろう。映画の喜びが画面にあふれている。

そして『ゴダールの探偵』と『ゴダールのマリア』。ともに80年代半ば、同時期に作られた作品である。フランソワ・ミュジーとの音作りはまだ初期段階、『探偵』の後の『右側に気をつけろ』以降の圧倒的な音の洗練と実験に至る助走、といったところか。『マリア』の飛行機や列車、『探偵』のタイプライターやエコーなどにやにやとするシーンが各所にある。フランソワ・ミュジーのインタビューなどあったりしたら本当に読みたいのだが。今度誰かに探してもらおう。

5月20日(土)

深夜の音調整が続いた後の昼のトークというのはそれなりに疲れる。昔ならそれでもトークの後の皆さんでの食事もたっぷり付き合ってその後また深夜の音調整に戻る、ということもできたのだが今はもう完全に無理。ということが翌日身に染みることになるのだが、とにかくトークは面白かった。青山映画における場所、空間というテーマで、近畿大学の堀口くんが現地に行かないまま青山映画の撮影地を特定して地図を作っていく。その地図を見ながらどうやって特定したのかを質問していくと、今度はそこにその土地の持つさまざまな歴史が浮かび上がる。映画に映されている住宅などの建築物の歴史、それが建設された背景、そしてその背景の重要な位置を占める炭鉱の歴史……。その時間と場所との交錯。そしてその中で見えてくる別の映画。話は広がるばかりである。5時間くらいやってもいいんじゃないかと思った。

その後、皆さんで食事に行き、わたしは早めに退出してホテルでひと休み、22時30分にみなみ会館へと出向き、本日は『パッションョン』『カルメンという名の女』『ゴダールの決別』。最初のふたつがモノラルで『決別』はステレオ。ゴダールの長編フィルモグラフィの中では、『マリア』が最後のモノラル作品になるのか。そして『探偵』からステレオで、『右側に気をつけろ』を経て『決別』で完全にステレオサウンドを手に入れて、以後はもうやりたい放題の別世界に突入、という感じ。『右側に気をつけろ』以降の音はご機嫌すぎてとにかくそれらを日替わりで延々と上映し続けたい。

5月21日（日）

さすがに体全体がボーっとしている。こんな時は体を動かすに限るということで午前中はぐるぐると散歩。ホテルやみなみ会館のある京都駅の南側は多くの人が想像する京都のイメージとは違いどこにでもあるような街並みでもあるので別に散歩の楽しみがあるわけではないが、とにかく北側に行くと人だらけでうんざりだからこれで問題なし、観光しに来たわけではないとは思うもののもうちょっとリラックスしてご機嫌でいないと体調も良くならない。気持ちの問題と体の問題とがリンクしつつどんよりとした時間が流れる。しかし昼飯を食おうとすると南側のレストランや食堂まで満員である。観光客は完全に戻ってきているという実感。うろうろしていると駅ビルの中に新しくできた京都お好み焼きの店が空いていた。何も考えず入ったのだが、お好み焼きができるまで15分くらいかかるという。特に急いでいるわけではないので問題はなかったのだが、15分をたっぷり過ぎてようやく出てきたと思ったら隣の席のわたしより後に来た人へ運ばれて、さすがにいやわたしはだいぶ待っているのだと伝えると、単に配膳ミスだったようでそれがそのままこちらに運ばれた。まあ、食えればよい。しかしどうしてそれがそんなに時間がかかったのかというと普通のお好み焼きとは違って小麦粉より卵の方が多いんじゃないかと思われるふわとろお好み焼きで多分それなりの技術がいる。夜メニューはなかったらからわからないのだが、昼のお好み焼きはそれ1種類である。こだわりの、ということなのかもしれない。そういえば昔吉祥寺に「きっちょむ」というお好み焼き屋があって、八丈島の明日葉を使ったお好み焼きであそこは店に入ると「大か小か」と尋ねられ、あとはお任せであった。80年代の遠い記憶である。

みなみ会館では『にわのすなば』のトークにやってきた黒川夫妻や鈴木卓爾さんに会った。体調悪くぐったりしているうちに『にわのすなば』を観逃がしたことを詫びつつ、今度どこかで必ずという約束を。絶対面白いのはわかっているのだが。そして『FUGAKU』のトーク。北小路隆志くんと。わたしの乱暴な発言を丁寧に咀嚼した上で新たな見解を返してくれるので助かるし面白い。自身の体や存在をカメラの前に晒すことで逆に自身を消していくという映画作りの態度こそこれから映画作りをしようという人たち、そしてそれらの映画を観る観客たちに学んでほしいしそれこそが映画にかかわることではないかというような話。映画を作りつつ観つつ映画の一部になっていくイメージと言ったらいいのか。もはや生きていても死んでいても関係ない。

夜はゴダール『はなればなれに』『ウイークエンド』の音の確認。60年代作品の音はもともとの録音がそこまでよくないので無理して大きくせず、ノイジーな部分はしっかり残しつつ聴きやすく。そしてこうやって改めて60年代作品を観てみるとこの音の過激な使い方はやはり今も刺激的である。基本的には溝口健二のトーキー初期の音をベースにしているとは思うのだが。

5月22日（月）

京都から大阪へ。その前に旅行支援のクーポンを使い切ろうと思い使用可能なレストランで食事をしたのだが、どうやってもクーポンのログインページに行くことができない。京都の応援ページのトップページにログインページのボタンが出てこないのだ。レジの方にも待ってもらい、後ろに並ぶ方々には先に清算してもらい15分ほど汗だく。でもどうにもならないので普通に支払った。自腹だがふだんはできないちょっと贅沢なランチができたと思うしかない。支払いを済ませ、それでもやはり納得はいかないので問い合わせ先に電話をすると、「ブラウザの履歴でログインページまで戻ってください」とのこと。それぞれのパスワードごとに別のページが作られているからトップページからは行けないのだそうだ。説明を受ければ確かにそれはそうかもしれないのだが……。しかしいったいスマホ慣れしてない年寄りはどうしろというのだと腹立たしくもなるが、清算の時に15分も待ってもらったのだからどうしてその時にまず問い合わせの電話しなかったのかと自分の対応能力のなさに呆れる。いずれにしても、そこそこのポイントが残ってしまった。仕方ないので家へのお土産をあれこれ購入したのだが、あちこち行くたびにポイントに振り回されているようで釈然としない。

心斎橋ではboid関西支社長と打ち合わせ（雑談）後、ひと休みして22時から調整開始。『THE WITCH／魔女』という映画である。シリーズの1と2。ふたつの作品の間には4年くらいの開きがあるのだが、1と2では音の安定感がはっきりと違う。前回やった『オオカミ狩り』の設定を基に調整したのだが、2の方はもうほぼそのままでも大丈夫。つまり、この1、2年のうちに韓国映画の音の基準がすっかり整い洗練されてきたということである。映画館もある基準に沿ってシステムのバランスをとればそれ以上手を加える必要なし。音を上げた場合は機材の特性が出てくるのでその部分だけを整えてあげればいい。映画が面白いつまらないという判断とは違うところで韓国映画の底力がどんどん上がっているのがはっきりとわかる。

その上で両作品とも時々、今はハリウッド映画で観ることのできなくなってしまった屋根の上で夜空を見つめる若いカップルの会話とか、暗闇の中に浮かび上がる一軒家の光とか、80年代のロン・ハワードやジョン・カーペンターにもこんな風景があったよなという空間の広がりと闇と光とが時折顔を出す。乱暴な言い方をすれば、アメリカ映画を撮りたい日本の監督たちはアメリカではなく韓国に行って映画を撮るといい。そんなことも思った。しかしアクションの速度が速すぎてというか物語の設定上主人公の力が人間離れしすぎていて、もう誰と誰がどう戦っているのかわからぬまま気が付くと決着がついている。『マトリックス』以降、映画における「時間」の操作や捏造が今やこのような形をとっているのかと、この20年間の映画におけるアクションの質の変化を改めて観直したくなった。

5月23日（火）

いつもならせっかくだから鶴橋に寄ってと思うところさすがにまだまだそこまで元気じゃないということで心斎橋のちょっと気になっていた中華レストランでランチを食う。写真を撮り損ねたのだが、中からチャイナドレスを着たマギー・チャンが出てきてもおかしくないという店構え。『クリーン』のマギー・チャンではなく『花様年華』の方のマギー・チャンである。店内も料理も、そんなどこかクラシカルな空気が漂っていた。ちょっといい気分で新幹線の予約をしようとしたらめちゃ込みである。平日の夕方ならわかるが昼でこれだと出張の方たちが利用する夕方は大変だろう。まだ間引き運転をしているのだろうか？　仕事でひとりの移動は疲れてもいるし今後ますます大変になる。商売をしている人のことを考えたら「ガラガラスカスカがいい」とは言えないし。適度なバランスは簡単には訪れない。大阪も涼しかったが東京はさらに涼しいというか寒かった。この寒暖差に体がついていかない。気が付くと当たり前だがひどく疲れていた。

5月24日（水）

パソコントラブルで書いたはずの日記が保存されておらず愕然とするのだが、いや、今のワードは自動保存しているだろうと疑問に思う人もいるはず。でも自動保存の設定にするとマイクロソフトのOneDriveに保存されてわたしは違うところに保存したいのに面倒なんだよなあということでデフォルトの自動保存設定をオフにしているのだった。もちろん自分の思う場所に保存できる設定方法もあるとは思うのだが。でもまあ、実は何度も同じトラブルがあって、さすがに意地を張るのもよくないなと思い始めた。というか、昨年購入した新しいタブレット型のパソコンがどうも使い勝手が悪く、いろいろ面倒を起こす。気持ちよく仕事をするために使っているのに、たびたびメッセージが立ち上がって「ウイルス対策ソフトが入ってない」とか「何々をアップデートしろとか」うるさいことこの上ないうえに、kindleを読んでそのままにしておくとすぐにフリーズする。90年代のパソコンみたいだと懐かしくもあるが、事務所でもう8年くらい使っているレッツノートは高いがそんなトラブルは一度もないし今でも現役バリバリである。これまでも何度もレッツノートを使いつつ浮気して別のパソコンを買って痛い目にあってきた。もう浮気しませんとそのたびに思うのだが、とにかくレッツノートは高いんでついよそ見をしてしまうのであった。

ということでこの日は疲れてぐったりしていたと思う。

そして気が付いたらなぜか書いていたはずの24日分が復元されていた。以下、復元分。

＊＊＊

目覚めると白猫さまのお顔が目の前にあって何かを訴えている、というおぼろげな記憶はあるもののそれ自体が夢だったのかもしれず再び眠りに入りもう10時くらいかと思ってスマホを見ると6時30分でがっくり。このところ4時間30分しか眠れない。歳なんだからそれくらいでいいんじゃないのという見解もあると思うが全然さっぱりしない。このまま起きるかどうするかぐずぐずと1時間ほどしているうちに眠くなり次に目覚めたら10時。起きる時間である。スマホのニュースアプリの中で「2度寝はいいこと何もない」というような見出しを見つけたが無視する。子供の頃から睡眠がコントロールできず60年以上である。今この状態でやれることをやるしかない。それで何とか稼いでいけるかどうか。悩ましい。

午後からは散歩、その後は江藤淳。その中に高校の時の英語教師の話が出てきて、その教師が授業の中で取り上げたイギリスの小説家の作品が印象に残っているのだという。『ドリーム・チルドレン』というその小説の終わりの部分を江藤淳本人が翻訳引用していて、そこを読むと内容は全然違うのだがなぜかジェームズ・グレイの『ロスト・シティZ 失われた黄金都市』の終わりを思い出した。まるであらゆるものが幻影だと言わんばかりに鏡に映る立ち去っていく人間の後ろ姿を映し続けたラストシーンとこの小説のドリーム・チルドレンの告白とが重なり合って、こうやって具合の悪いまま1日を無駄と言えば無駄に過ごすのも悪くはないなと思えてきた。そして現実のわたしは『アルマゲドン・タイム ある日々の肖像』を観に行く元気もない。

5月25日（木）

久々に6時間くらいは寝てしかしそれですっきりというわけでもなくどんよりとしたまま事務所にて打ち合わせ。まだ先だと思っていたことが気が付くともうすぐになっている。いろんなことをもうちょっとちゃんとした予算でやることができたらさらに面白く余裕もってやれるのだがと思うばかり。まあでも気が付くと変なものが出来上がっていればそれでいい。夜は具合悪くなって苦しんだ。

5月26日（金）

関西に行く前から何となく変だなと思っていた右膝が帰京後にいよいよ痛みはじめ、本日は膝サポーターをして出勤。平らな場所を歩く時は特に痛みはないのだが、階段の上りで数段上がると痛みはじめる。筋力が弱っている。左耳も全然よくならないし、とにかく回復力が極端に落ちている。基本は睡眠の安定、ということはよくわかっているのだが。

夕方からエクスネ本のミーティング。バカみたいな大人の遊びを面白がって参加してくれる人が増えている。こちらもやはりもうちょっと予算が欲しい。とはいえいくら予算があっても同じことを言い続けるはずだというのがこの手のものの常。欲望は限りない。というわけでひたすら未だ出会わぬスポンサーに向けて資金をおねだりし続ける日々である。7月にはライヴと映画、その後はニューアルバムという構想はできている。

5月27日（土）

たまに気分のいい日が訪れる。もしかするとこれからこうやって生きていけるかもと小さな希望が湧く。午前中に方南町にあるホームセンターまで散歩をした。猫のトイレシートや付け替え用の網戸のシートなどを購入。いったいいつまでこうやって気持ちよく散歩ができるのかという不安もある。もちろんそんなことを気にしていても仕方がない。老人に向けての体の変化が少しずつ起こっているのを実感する日々である。その変化に慣れるまでしばらくかかるだろう。世界から取り残されていく感じ。あと10年くらい待ってほしかったのだがそれはぜいたくというものだ。コントロールの利かない時間の流れの中でどうやって生きていくか。ほとんどの映画がまだ外側の出来事としか思えない。

5月28日（日）

昨夜から具合が悪くなり、気が付くと天候もさっぱりせずああ低気圧が近づいているというといつものパターンで1日中まったりぐったりしていた。江藤淳の『夜の紅茶』を読んでいるのだが、その面白さとは別に、男女の在り方について「こんなふうに書いたら今だったら大炎上だな」という部分があって当時の状況が浮かび上がる。昭和の時代。自分もまさにこのような環境の中育った。時代の制約はそこからいかに逃れたつもりになっていても体のどこかに染み付いている。それらとどう向き合うか。細胞を作り変えることもきれいさっぱり引きはがすこともできない。

5月29日（月）

高円寺の空模様はさっきまで雨が降っていたけど今日はぎりぎりこのまま何とか降らずに行けそうだなという素人判断の「傘持ちたくない」願望を後押しするがそれでもやばそうだから持って行こうかどうしようか迷うもののでもやはり降ったら降ったで何とかなるだろう行ってしまえとそのまま出かけるわけだが高田馬場に着くとやはり雨は降っている。何度このパターンを繰り返したことか。学習はしない。「傘を持ちたくない」という願望が結局行動を支配する。ということで本日も事務所に着いた時はそこそこ濡れてしまっていたわけだが馬場駅で傘を買わねばならぬような大降りでなくてよかったと思うしかない。

本日はｂｏｉｄの3月決算のまとめの日で税理士とあれこれ。この2、3年、コロナの影響はもろにかぶっていたわけだが、ようやく少し回復の兆し。しかしそれに反比例するようなわたしの体調不良。まさに身を削ってしのいできたということになる。株式会社とはいえフリーの個人運営にすぎないわけだからそりゃそうなる。そうではないもうちょっとうまいやり方もあったはずなのだが。夜はアナログばか一代のレコード選び。1973年特集のパート2である。しかしすでにわたしは自分が前回何を持って行ったのかを忘れているという始末。前回間違えたスコット・ウォーカーの正しい73年盤はちゃんと選んだ。そしてこうやって選んでみるとどれも陰鬱な闇の中で響く音に包まれるものばかりになってしまった。とはいえこうやって音楽を聴いていると、体調不良で不安だらけの身体にもまだ少しエネルギーが残っていることがわかる。でかい音で聴きたい。

5月30日（火）

昼過ぎから上野の東京藝大にていくつもの大学の学生たちが作った映画についての某会議。学生たちが作った映画でも映画は映画という観方でつい観てしまうので、評価が辛口になってしまう。大学4年間の技術的な習得もあって例えば色のバランスはとてもよかったりする。だから余計に内容面や音の使い方の面であれこれ言いたくもなる。とはいえそれはあくまでもすでに還暦すぎてたっぷりと時間が経った人間の思うこと。どうなるかわからない未来への不安と期待に震える若者たちとは映画に対する立場が全然違う。そのことだけがはっきりと実感された。ではその全然違う立場のものとしてどのような態度をとるか。それが問われているように思えた。

夜はアナログばか一代。73年特集である。パート2。浅川さん作のカートリッジの力が存分に発揮された一夜であった。家で聴いているのとはまるで違う。音の定位、解像度、スピード感などいくつもの細部が絡まりあって思いもしない空間を作り上げる。今から50年前の空間が会場に広がっていく。音の質というよりも、それぞれの音楽の作り上げる空間に流れる50年前の空気がゆっくりと体の中に入ってくる。もちろんそんなものは年寄りの妄想でもあるのだが、生きているということはそれくらい幽かな出来事ではないのか。この日流れたさまざまな曲が語るのは結局そういう幽かさであったように思う。73年にレコードを作った多くのミュージシャンがすでに亡くなっているが、しかし彼らの呼吸した空気はこうやって今もどこかで流れわれわれの体の中に入り新たな生命となっているのだ。

5月31日（水）

いよいよお台場の爆音調整である。今回はチケットがめちゃくちゃ売れていて、といってもboid推薦の映画はなかなか売れてくれないのだがその他の作品は絶好調。かつてない売り上げとなっている。気持ちいいくらい格差があるのでこれはこれでいいんじゃないかと思い始めている。とりあえず売れる作品にはガンガン売れてもらって、その隙間にboid推薦作品がある感じ。映画館がそれで許してくれるなら今後もしばらくはそのバランスで行けたら。

そしてお台場の1番スクリーンの音の響きは相変わらずめちゃくちゃいい。『グレイテスト・ショーマン』『トップガン マーヴェリック』『バーレスク』といった定番をまず調整していろんな確認をしていくのだが、微調整程度。音量を上げたせいで出っ張ったところを少し引っ込めたりとか引っ込んでしまったところを少し持ち上げたりとか。絶不調だった体にエネルギーが注入される。『エリ・エリ・レマ・サバクタニ』ではもう、あの大草原のライヴシーンでそのまま寝っ転がりたくなったり、冒頭の荒波に飲み込まれたくなったり。『ラストエンペラー』の冒頭のテーマ曲（デヴィッド・バーンの曲）はほぼウォール・オブ・サウンドになってスクリーンから分厚い音の波がやってくる。その後の環境音のアンサンブルは主人公の体内に広がる空虚な空間の広がりとも言える頼りなく寂しい時間の流れを作り出す。ああやっぱり時々はこういう音で映画を観ないとね。絶不調でほぼ何もできなかった5月がようやく終わる。

6月1日(木)

お台場爆音調整2日目。まずは『BLUE GIANT』。これは井手くんにお任せしつつわたしはぼんやり観ていたのだが、演奏が素晴らしくて驚いた。本気である。その音から確実に何かが伝わってくる。物語は現実にはなかなかあり得ないようなものだがそのフィクショナルな部分を演奏のリアリティが支え包み込みさらなるフィクションを生み出していく。音で一気に元気になる。びっくりした。その勢いで観る『THE FIRST SLAM DUNK』の爽快で力強いバイブレーシヨンにも驚かされた。微かな呼吸音、一瞬の無音、壮大に盛り上がる環境音など音の強弱のバランスが彼らの微妙で危うい立ち位置を示す。果たして次の一歩を無事に着地できるかどうか。そんなことにはらはらするような映画になっていた。わたしはこれまで漫画も含め「スラムダンク」とはまったくかかわりがなかったので、相変わらずその全体像はよくわからないのだが。
そして『セインツ―約束の果て―』の空間の広がり。2023年に生きるわれわれの呼吸するこの空気の中に、明らかに半世紀前の空気が紛れ込んでいるしそれ以前の空気も、そしてまだ知らぬ未来の空気も流れ込んでいることをこの映画は示す。たとえひとりで生きていくことになったとしてもそれでもわれわれはひとりで生きているのではない、1本の映画がそれ単独で成り立っているのではないのと同じように。そこかしこから聞こえてくる虫の声や風のざわめきが、そんなことを伝えてきた。シークレット作品はもううるうる。ユナイテッド・シネマの担当者からは「こんないい映画ならタイトルをちゃんと出した方が良かったのでは」とも言われた。確かに。堂々としていればよかった。でもやはりタイトル出したら観てくれないかもしれない人にも観てほしい。評判が良かったら、今後は爆音の定番作品として打ち出していけたらと思った。

調整最後は『RRR』。もう圧巻。スタッフ全員ニコニコ。『バーフバリ』に比べてがぜん音質もよくなり、高い（値段の）機材の音がする。爆音のために作られた音としか言いようのない迫力でしかしまったく耳に痛くなく体の底から持ち上げられる感じ。
そしてそれらの調整の間に、読売新聞九州版の記者による青山の書籍に関する取材を受けた。『宝が池の沈まぬ亀』1&2『青山真治クロニクルズ』『青山真治アンフィニッシュドワークス』。今振り返るとよく1年間でこれだけやれたなと思うのだが、そんな感慨も含め改めて青山の遺したものについて話した。記者はすごくまじめな方でしかも青山の映画もその他の活動のこともよくわかっていて、だからより一層話はディープにもなり、記者とともにちょっと涙ぐみながらの取材となった。

6月2日（金）

朝から大雨である。午後から青山映画の美術担当の清水剛さんと打ち合わせ。『青山真治クロニクルズ』にも少し掲載しているが、これまでに清水さんが青山作品のために描いた多数のスケッチを見ながらあれこれ話しをした。いろんな思い出が次々に出てきて、仕事なのか雑談なのかわからなくなるがそれはそれでよし。いくつもの時間が重なりあう。

6月3日(土)

午前中まで大雨でお台場の爆音の開催が心配されたが無事上映も始まり盛り上がっているという報告も受ける。歳をとるとどうしても天候を気にして雨だと出かけること自体をやめてしまうのだが、自分が若かった頃のことを考えてみても雨など気にしたこともなかった。自分が若かった頃のことを考えてみても雨など気にしたこともなかった。何かをしたい、というエネルギーがほとんど消えかけているのを感じる。ここにきて美味しいものを食べたいとも思わなくなってきた。

とはいえそれではあんまりだということで、夕方から映画を1本。試写も含めてスクリーンでまともに映画を観るのは3月の『PLASTIC』の初号試写以来ではないか。『フェイブルマンズ』も『アルマゲドン・タイム』も『EO』も『それでも私は生きていく』も『苦い涙』もアルトマン特集もあらゆるものを観逃がしている。自分の仕事はいったい何かと思うばかりなのだが、それくらい調子悪かった。まだ過去形ではない。ただ少し気分はいいので何か観られそうなものはあるかと探すとどれもこれも時間が合わない。あきらめかけていたところで『ガーディアンズ・オブ・ギャラクシー：VOLUME3』がユナイテッド・シネマとしまえんで急げば観られることが判明。ご近所にこういう場所があるのはうれしい。ちょうど本編が始まったばかりであった。

しかし今回はアライグマの「ロケット」くんが倒れてその回想とともに語られる物語、つまり彼の生い立ちの物語がメインになっているので、いつもの減らず口が聞けない。あの言葉のリズムが好きだったのだが。というかあのリズムがこの映画を前に進めるエンジンだったわけだから、いくら画面が派手に展開したりスピード感をつけてもそれを支える何かの不在にどうしても行きついてしまう。もちろんそれが生まれるまでの物語が今回の物語なわけだからあきらめるしかないのだが、ではその不在を補う何かはなかったのかと思うばかり。いい話ではある。泣きもした。だがこの画面に張りついた重苦しさはいったい何なのか。ノア・バームバックの『ホワイト・ノイズ』とは反対のやり方で、壮大な金をかけたプライヴェート・フィルムを見せられているような、そんな親密な重苦しさ。その「告白」に限りなく近い「回想」はやはりこれまでの「ロケット」には似合わない。この映画の中にまた、あの減らず口の兆しがそこかしこになければあの減らず口は生まれないはずなのだ。つまりいずれの時代にもすべてがなければならない。

久々に映画をまともに観たせいか、帰宅後はふらふらだった。

6月4日（日）

映画で脳に刺激を受けたせいか3時間で目覚め、調子が狂う。どうやっても眠れないので起きて朝食を食いその後仮眠を。10時過ぎに起き上がったもののさっぱりはしない。さっぱりさせようと、中近東で愛飲されているという麦芽の発酵飲料（もちろんノンアルコール）を炭酸で割って飲んだのだが、なんとマジで発酵が進んでいてアルコールが生成されていた。しばらくして顔は真っ赤になり息が荒くなりふわふわな感じに。それが過ぎると思いきりだるくなり、もう1日何もできません。予定していた各所に本日は行けずの連絡を。ぼんやりしたまま部屋の掃除などをした。掃除ができただけまし、と思うことにする。

夕方過ぎになってようやく少しまともになり、配信が始まった『フェイブルマンズ』を観た。これもまた、壮大な予算をかけた小さな物語だった。いったいどの程度が実際にスピルバーグの実体験なのかドキドキしながら観るわけだが、今やスピルバーグの大ヒット作を観たこともないというかその頃はまだ生まれてもいなかった若者たちにとって、これはどんな映画に見えるのだろうか。お台場の爆音でサイリウムを振りながら歓声を上げる満席の若者たちが、こういう映画を観に行く動機が果たしてあるのかないのか。しかもどう見てもものすごい予算をかけないとできない作品なのだ。しかしこの映画の主人公を若き日のジャン＝ピエール・レオがやっていたら。ふとそんな思いが頭をもたげ、途中からニヤニヤしっぱなしである。『未知との遭遇』にトリュフォーをキャスティングしたスピルバーグのことだから、絶対にそれくらいは思い描いていたはずである。ジャン＝ピエール・レオとミシェル・ウィリアムズが共演する『フェイブルマンズ』……。脳内で妄想が始まる。

しかし先月末の学生たちの映画の野心のなさ、自分のために映画を作っているような内向きの視線と『ガーディアンズ・オブ・ギャラクシー』や『フェイブルマンズ』の「個」の物語がどこかシンクロする。そのことを振り返ると、わたしが戸惑った学生たちの映画はまさに現代映画ということにもなるのかもしれない。観逃がしている山ほどの映画をそんな視線で観てみると面白いかもしれない。テレビではコロナ以降の若者たちの対人恐怖症についての番組をやっていた。

6月5日（月）

朝5時過ぎに目覚めて眠れない。ぐずぐずと布団の中で4時間ほど。疲れは抜けないし眠いし眠れないしで台無しな1日になった。まともなことができないなあと思いつつ、各所に送金をしたら、見事に2重振り込みをしてしまった。5月末に振り込んでいたのに振り込み忘れていたと思い、再度振込んでしまったのである。こういったことはこれで何度目か。いろんなことをひとつひとつ整理しながら生きていきたい。

6月6日（火）

何年かぶりで世田谷線に乗った。某作品の製作打ち合わせのためなのだが、そういえば何年か前に乗った時も同じ場所での打ち合わせだった。世田谷線は、物心ついて初めてひとりで東京に出て（おそらく中学1年）数日やっかいになった叔父の家が確か「上町」あたりにあってその時の風景がいまだに強く記憶の中に残っている。電車に乗りながらついその時の風景を探してしまうのだがもちろん今残っているはずもない。50年以上前の風景である。打ち合わせ後、ふと、散歩でもしてみようかと思ったことをこの日記を書きながら思い出し、ああ、あの時ふらふらと時間の隙間で迷子になるべきだったと自分の踏み出しの悪さを呪う。この時間差。その時なぜすぐに一歩踏み出さなかったのか。もちろんそこで散歩をしたからと言ってかつての風景に出会うわけではまったくないのだが、50年前と今を体内に抱えながらただひたすらそこを歩く、そんな時間のない時間だけが今や必要なのだと思う。

帰宅後、倒れるように寝てしまう。

6月7日（水）

お台場爆音の動員が前売り販売分も含めて1万人を超えたという連絡が来た。爆音がこれだけの動員となるのは「ラスト・バウス」の時以来か。しかしあの時とは違い、今回はとにかく入る作品と入らない作品が極端に分かれていて、boidがこれまでやってきたような映画ファン向けの作品はもう完全にお手上げ状態。バウスの頃は『ラルジャン』や『フルスタリョフ、車を！』で200人以上来たのにとか思うと10年という時間の流れに愕然とする。まあそれはそれでよし。今回の作品による動員の極端な落差は驚きはするが気持ちの良い落差でもある。これを受けてではどうやっていくか。でもお台場の爆音は本当にすごい音になっているので、体に芯を通すためにもboidセレクション作品も時々観に来てもらえたらと思う。

夜、我が家の壊れたカートリッジの修理を依頼中のカートリッジ改造人の浅川さんから連絡。浅川さんの家の近所をグーグルマップの撮影車が通ったので縁側に座って絶望しているおっさんのふりをした、という現在グーグルマップで見ることのできる浅川家の写真が送られてきた。縁側に座る浅川さんの姿はドン・ニックスのアルバムジャケットのようなまさにアメリカ南部のおっさんの姿だった。我が家のような高円寺の狭い家ではこれができない。まあおそらくわたしの場合、たとえ浅川さんの家のような場所で暮らしていても絶望しつつ日々の時間を過ごすおっさんのふりはできないだろうな。

6月8日(木)

今後に向けてやることはいろいろあるのだが、すべて体調と相談しながら。しかしこの先どうなるかわからないとはいえ準備だけはしておかねばならない。ということで打ち合わせも増えるわけだが若い頃とは別の不安がじんわりと体内に蓄積していく。何も考えず来年の仕事を企画できていた頃のことが嘘のようだ。調子が悪かったら誰か代わってくれる人間がいるか、バックアップ体制は整っているか、あるいは最悪その企画が成立しなかった場合どの程度周囲に迷惑をかけるか。そんなことをぼんやりと考えつつ未来を見つめる。昨年のハードな日々の中ですっかり弱ってしまった体の芯の声と相談しながらである。

6月9日(金)

いったい何をしていたのか。自宅で辛かったんだと思う。こんな日もある。

6月10日(土)

午後からお台場。三宅が選んだ『セインツ―約束の果て―』の上映後にトーク。普通に客席で観る『セインツ』がとにかくすごかった。今このシーンで映っている人間が確かに話しているはずだがしかしそれは同じ人物がかつて誰かに向かって話した言葉ではないか、あるいはそこには確実に話し相手がいるはずなのにしかしその言葉はそこにはいない誰かに向けて語られているのではないか、そんな時空を超えた言葉が飛び交いそこにいたりいなかったりする人物が映るショットが交錯する。DVDでは観ていたものの、こうやってこの音響と大スクリーンで観てみると、その画面と音との関係や存在の仕方が手に取るようにわかるゆえに自分が何を観ているのかまったくわからなくなる。そこにある何かを手掛かりに、それが引き寄せるいくつもの断片的な記憶をつなぎ合わせそこに飛び交う声や音を拾い上げてつなぎ合わせたような映画と言ったらいいか。スピルバーグの『A.I.』で、もはや人類の存在しない未来世界で目覚めた主人公がぬいぐるみに付いた髪の毛だったかを頼りに母との時間を少しだけ取り戻す、そんな映画と言えなくもない。トークでは三宅とそんな話をした。

その後、みんなで夕食。平日はガラガラに空いているレストラン街だが、見事にどこも長蛇の列。土曜日の夕食時をなめていた。とはいえ何とか入店。夜の東京湾、レインボーブリッジを眺めながらカレーを食った。

6月11日(日)

2日連続でお台場。シークレット上映は『ショップリフターズ・オブ・ザ・ワールド』であった。ザ・スミスが解散した日のアメリカのド田舎、コロラド州デンバーの若者たちの一夜の物語である。87年。日本では当時、ザ・スミスと言ってもマニアックな音楽ファン以外、普通の人は誰も知らなかった。アメリカでも似たようなものだったはずだ。それがこの物語の前提である。地元のラジオ局はヘビメタしか流さない。イギリスの音楽に興味のある少数の若者たちだけがスミスを聴き、そして人生を変えられるほど影響を受けた。解散のニュースは彼らにとってとんでもない一大事である。しかも彼らは年齢的にも人生の転機。ハイスクールからいよいよ現実の世界に飛び出そうとしている時期である。イギリスの音楽に興味があるということはもちろん彼らはここよりどこかほかのところに出たいと願っている。その期待と不安。夢と現実。どっちつかずの曖昧で不安定な場所に彼らはいる。曖昧な未来と振り返りたくない過去の間で揺れる彼らのいくつもの思いがその一夜に集約される。監督のスティーヴン・キジャックはスコット・ウォーカーのドキュメンタリー『スコット・ウォーカー 30世紀の男』を作った人だ。あのハードコアな作品を作った人間が作る、こんな輪郭の不確かな若者たちの、ちょっと押せばそのままはじけてしまうような夢のような一夜の物語が面白くないわけがないじゃないか。しかも見事にジョン・ヒューズやハワード・ドイッチらが作った80年代アメリカの青春映画の群れを批判的に引き継ぎ87年の時代設定にもかかわらずまさに今ここで観る物語として彼らの今がそっと差し出される。贅沢すぎる時間だった。上映後、ゲストの桜井鈴茂くんと80年代の自分たちに思いをはせた。

6月12日(月)

13時の約束を14時と間違えていて40分ほど遅刻。カレンダーにも13時と書いてあるのに、もうこうなると手の施しようがない。あきらめてのんきに生きる。

6月13日(火)

久しぶりの晴れ間というのにいつにも増して具合が悪い。ぼんやりと眠い。完全に集中力が途切れている。夕方から『ＰＬＡＳＴＩＣ』の映画音楽をやったPLASTIC KEDY BANDの、パンフレット用のインタビューでいつもならその後夕食でもという流れなのだが、インタビュー途中で帰宅。ちょっと体調が悪化すると気持ちがその3倍くらいダメージを受けるのである。とはいえ以前に比べて時間はできつつあるので、これまでさぼってきていた社長仕事もした。そしてｂｏ：ｉｄがいかにこれまで受け取るギャラ以上の仕事をし続けてきたか、資金繰りのサイクルを無視してやるべきこと優先でまず動いてしまっていたかを確認。別の可能性を妄想した。

6月14日(水)

調子すぐれず家でぐったりだったがそれでは何も始まらないので事務所に行った。高円寺駅から見える空は完全に夏の空だった。

6月15日(木)

思い立って病院に行った。日を改めて精密検査をすることになったのだが、それができる病院の紹介状を受け取り、予約を入れた。これまで30代後半の最初のメニエールの発作以来検査らしい検査は受けてこなかったから緊張している。あの時紹介された大病院の医者の冷たい対応と、その前に緊急入院した救急病棟のこの世の終わりのような凄惨な風景はトラウマと言っていいくらいな強烈な記憶として心に焼き付けられている。その時はまだ自分がいったい何の病気でこんなひどいめまいがして立ち上がれず世界から振り落とされていくように感じるのかまったくわからずこのまま死んでしまうのかとただひたすら恐怖におびえていたのだった。しかも周りはわたしのように緊急入院した人たちばかりで特に夜中はすごいことになっていた。喘息の発作、老人の徘徊、脳梗塞の人のいびき……。いずれにしても今回はまだ精密検査だから、あとは運次第。自分の力ではどうにもならない。ただ自分が思うよりは、病とともに生きる術はいろいろ出来上がっているはずだから今後はその可能性とともに生きることになるのだろう。

6月16日(金)

一度病院に行ってしまうとなんだか自分が完全に病人になってしまった気分にまとわりつかれてまったくよろしくない。鬱々とするばかりである。とはいえ社長仕事。税理士の4月分のまとめの報告などを聞き、今後のｂｏ：ｉｄの企画について思いを巡らすがまったく気持ちが入らない。帰宅後もぐったりしていた。

6月17日（土）

近所の内科医からの紹介状を持ってやはり徒歩圏内にある佼成病院へ。散歩の際に前を通ったりしていたのでなんとなく様子はわかっていたのだが初めてである。建物は新しく、1階の受付ロビーは明るくいわゆる病院感はあまりない。案内された2階の診察階はさすがにいかにも病院といった感じだがしかし天井が高く外部からの採光もあり緊張感はほぐれ、担当医には昨年からの詳細を話し、検査の日取りなどを決め血液検査のための採血をした。血液検査は20年ぶりくらいか。血圧でさえ数年は測っていなかった。こういうことを普通にしておかないとダメだったと思っても後の祭り。とりあえず血圧も正常、血液も当日わかる分に関しては正常。そして検査の詳細を説明されるわけだが、胃カメラも大腸カメラも造影剤を使ってのCTスキャンも初めてだから、その際消費されるエネルギーのことを考えるだけでくらくらする。メニエールが一気に悪くなる予感しかしない。いったん悪いほうに考え始めると止まらなくなる自分の性格を何とかしたいが今更どうにもならず。まあいずれにしても、すべてを医者に預けるしかないことは頭ではわかっているが気持ちがまだそこに追いつかない。

6月18日(日)

どうしようかと迷っていたのだが、予定通り家族旅行で和歌山へ。白浜、那智勝浦などを巡る旅。飛行機が揺れた。何年か前やはり家族旅行で長崎に行った時、あれは台風とすれ違いで激しく揺れたのだが、その時ほどではないにしてもわたしがこれまで乗った飛行機の中で2番目くらいではないかという揺れ方。とはいえ無事南紀白浜空港に到着。ホテルに荷物を置き、千畳敷と呼ばれる平らな岩が作り出す奇妙な海岸へ。ほとんどが海外からの観光客でびっくり。その後、どこに行っても同じ状況でいったい海外の方たちはどこでこういった情報を仕入れ、白浜や那智勝浦まで出向こうと思うのだろうかと頭を抱えるが、もう20年以上も前やはり家族旅行でスコットランド北部やアイルランドの西海岸、あるいはマン島などに行った時、現地の人々から「どうして日本からこんなところに?」と不思議がられたのだが、多分それと同じことなのだろう。確かスコットランド西海岸の沖にある島に行こうとしていた時、その港町で偶然、80年代のレコード屋時代のお客さんに出会ったりもしたのだった。似たような志向の人間は必ずいる。

そして南方熊楠記念館へ。田辺湾の南端にあって湾に突き出た細長い小さな半島(?)のような場所にある、番所山と呼ばれる

高さ163mというからそれほど高くない山の中にある。高くないとはいえほぼ海抜0メートルのところから登っていくわけだから最後の階段や上り坂は年寄りにはそれなりにきつい。それ以上にあまりに風景が独特である。SNSには「ウォン・カーウァイの『欲望の翼』の最後でレスリー・チャンが辿り着くフィリピンのジャングルのような」と思わず書いてしまったが、もはや迷い込んだら絶対に出られそうにない世界の濃密な空気に包まれる。ふだんはまったく気にしていない植物たちの生命の力が作り出す空気と言ったらいいか、いや熊楠にあわせて言うなら植物とともに生きる菌類たちの生命の力、そこに入ったら吸い込まざるを得ない空気中を漂う胞子が作り出す濃密さということになるのだろう。記念館の中で語られる熊楠の人生こそ、実体としての菌類ということではなくこういった菌類的なものとその胞子を世界に向けて放つ実験の場であったと言えるのかもしれないと思った。しかし1日アンパン6個、という暮らしには笑った。わたしも見習いたい。

6月19日（月）

起きていつものようにメニエール体操（メニエール予防のための体操）をしていたら、いきなり腰の筋肉がピキンと伸びた音が体内から聞こえ、そのままダウン。ああ、先に温泉に入って体をほぐしてから体操をすればよかったと後悔してもどうにもならず。ホテルのフロントに連絡して何か冷やすものをということで冷えピタシートを受け取り腰に。そこまでが早かったのとぎっくり腰ほどひどい症状ではなかったのとで、何とか歩ける状態に。最悪の事態は免れた。タクシーを呼び、ドラッグストア経由で湿布薬を手に入れそのまま白浜駅。那智大社へ行くのであった。ホテルのある白浜からは特急で90分くらい。那智勝浦からバスが出ている。当初は参道へと続く山道の停留所で降り、そこから山道を登り大社へという予定だったのだがもちろんわたしの腰はそこまで回復せず。妻だけが山道を登りわたしは大社入口の参道のところまでバスということになった。

しかし参道の階段がものすごく、いや、これはもし山道から登ってきたらひとたまりもなかったなと昨年城崎に行った時に途中で寄った竹田城までの道のりを思い出しそれから1年ぶりの大汗かきながら途中でたまらず休んでいると、参道の階段を上ってくる1匹の鹿。この付近で生息してるのだろうが、こうやってこの場所で出くわすと何か特別なものに出会ったのではないかという思いが湧き上がる。心が弱っているので何にでもすがりたくなる。その鹿に挨拶をしてさらに階段を上り何とか汗だくで大社の鳥居まで辿り着くわけだが、老人たちはいったいどうやってここまで登ってきているのだろう。山道から登ってきた妻も遅れて到着し、さすがに呆れていた。『宝ヶ池の沈まぬ亀』の中で甫木元と連れ立って那智大社にやってきた青山はこの参道を登ることをあきらめ、甫木元だけが大社に行ったという記述があると妻が言い、確かにそんなことが書かれていたという話になったのだが、とにかく弱っている人はここは無理だ。途中、いくつもある休憩所はもちろんそんな人のためにあるわけだが。

しかし大社のあたりの空気には、昨日の熊楠の森とはまったく違う何かが漂っていた。熊楠の森が人間の目には見えないがしかし確実に生きているものたちの生命の力であるならば、那智大社は生き物ではない何かがしかしそれゆえに生き物とともにある場所を作り出している、生命を支える時間の力と言ったらいいのか。番所山(熊楠の森)の鬱蒼とした茂みと那智大社の樹齢850年と言われる大樟の木の違いがすべてを物語っているように思えた。とにかく弱った心に久々にすがすがしい風が吹いた。

その後さらに階段を上り下りして那智の滝へ。このとんでもない滝の飛沫と昨日の菌類の胞子とが同時に体の中を駆け巡る。この感触をまたどこかで思い出す時があるだろう。

6月20日(火)

帰りの飛行機が14時前なのでそれまでに何をするか。妻は俄然「ふうひん」なのだと言う。アドベンチャーワールドのパンダである。わたしは別行動をとるつもりでいたのだが、腰も体調も心もとなく同行することに。いやしかしパンダはすごいね。わたしのようなまったく興味のない者が見ても、パンダがそこにいるだけで感動する。生きてるだけですごいと思う。大したことなんて何もしなくていい。何かがただそこにいるだけ、という奇跡のような瞬間を見せてくれる。人間はこのように生きることは絶対に無理なのだが、ある時、誰かに向かって、このような生を願うことはあるのではないかと思う。あなたがそこにいるだけでいい。ピンク・フロイドの「Wish You Were Here」をそんなふうに言い換えるとそこにはまた少しだけ別の物語が浮かび上がってくるような気がした。

そしてあの曲が流れていたのは『ロード・オブ・ドッグタウン』だったか『マーヴェリックス/波に魅せられた男たち』だったかとあれこれ調べていたら、『マーヴェリックス』は批評家たちから酷評、Rotten Tomatoesでの平均点は10点満点中の4・9点との記事を見つけてしまった。カーティス・ハンソンの大傑作なのに。わたしはこれを爆音で観てもらうために数少ない友人たちに「もうこんな誘いは2度としないのでとにかく観に来てほしい」と一晩中かけてメールして上映したのだった。あの時のことは一生忘れない。

6月21日(水)

2日連続の検査前にやることをやっておかねばと事務作業。すでに緊張している。事務所では皆様から胃カメラや大腸カメラの経験談を聞く。すごすぎる。この年になるまで未経験な上に必要以上に緊張している自分が単にダメ人間に思えてきた。夜になって、胃を通り越して十二指腸までカメラを入れられた時はマジでつらかったという話も聞いた。

6月22日(木)

緊張しながら病院へ。朝食抜きだがそのため胃腸も軽く気分はいい。知り合いたちには、『インターステラー』の主人公の娘が年老いて入院している病院みたいな未来的な感じと、今度の病院の風景を例によって大げさに伝えたのだが2度目にちゃんと見るとさすがにそこまでではない。ガラス張りのロビーの向こう側の中庭が見えたりするのでそれでもやはり気持ちはいい。今日は胃カメラとその後CTスキャンという予定だったが、都合により順番が逆になったのだがとにかく問題は胃カメラである。どうなることやらと待っていたのだが、絶え間なくさまざまな人が撮影室に入り出てくる。ああ具合の悪い人がこんなにも世間にいるのだとちょっとホッとしていたらよく見ると大抵は人間ドックの検査のようであった。つまりきちんとした人生を生きて健康管理もできる人たちである。いや今や普通の人はそれくらいちゃんとやっているだろうと言われてしまえば確かにそうである。落ち込みながら撮影室に入ると、わたしの場合は歯医者の麻酔がダメなので喉の麻酔はせず、鎮静剤を打って半分眠りながらカメラを胃に入れるというやり方の説明を受け点滴が始まったと思ったら起こされて胃カメラ終了とのこと。嘘のようだがマジで途中の記憶がまったくなく時間だけが過ぎていた。こんなことがあるのかといまだに「検査やらなかった疑惑」が消えない。その後隣室のベッドで休んでから帰宅とのことなのだがそこでも眠ってしまい、帰宅してもほぼ寝ていた。

6月23日（金）

検査2日目。大腸内視鏡検査なので昨夜から下剤を。考えてみたらいわゆる下剤と呼ばれるものを飲んだのは初めてではないか。とにかく記憶にない。病院に着いても2時間くらいかけて下剤を飲み、便が透明になったら検査開始である。ここまで、とにかく入れては出しなので大変である。いよいよ内視鏡検査なのだが、昨日の胃カメラで楽をしたので本日も当然鎮静剤をというお願いでほぼ眠りながらの検査だった。ここまで約5時間。その後、最悪ではないがあまり良く無い知らせを医者から説明され、帰宅。7月1日の担当内科医との面談で今後のスケジュールが決まる。おそらくエクスネ・ケディのライヴにも参加できない。わたしの代わりにエクスネ・ライヴに1500人くらい集まってくれたらいいのだが。この数年で受けた巨大なストレスによる病を今年1年かけてゆっくり治すと4月に宣言したわけだからとりあえず焦らずゆっくり。皆様に大いに迷惑をかけつつ生きていけたら。

6月24日（土）

病気の診断をされてしまうとそれだけで本当の病人になった気がしていろんなことをするのにあれこれ躊躇してしまう。昨日までは普通に感じていたこともまったく普通でなくなる。月曜日のアナログばかをどうしようとか、食事はこれでいいのかとか、体のちょっとした痛みとか不調がすべて病気のせいのようにも感じてしまうから恐ろしい。とりあえず我が家で出せるぎりぎりの爆音でアナログばか用の1974年リリースのアルバムを聴く。浅川さんの新作のカートリッジがやはりすごくて隠れていた背後の音の存在が新たな空間を作り出す。ヴァン・モリソンの『ヴィードン・フリース』は本当に名曲ぞろいで本番でかけるのはどの曲にするか頭を抱えるが結論は出ない。

午後からは散歩、昼寝。そして大学生たちの卒業制作のための映画の企画書、プロットをいくつか読んだ。自分が20代前半だった頃いったい何を考えていたか、シナリオを書こうとしていたこともあったのだが、その頃自分が書いたものを今読んだらどんな気分だろう。幸いどこにも残っていないので読むことはできないが、おそらく目の前にある企画書類と大差ないかもっとひどいものだったのではないか。ただこの音楽を使いたいとか、ここはこの展開でとか、映画の細部への強烈なイメージはあったように思う。おそらくそれ以外はまったくダメだったはずだ。そんなことを思い出すと、40年ほど前はまだでたらめが許されていたのどかな時代だったと思わざるを得ない。その意味で、このよくまとまった夢見がちでしかし簡単にはワイルドサイドへとは踏み出しはしない今の若者たちの企画書に隠れた野心を読み取りそれを浮かび上がらせることがこちらの仕事のように思えた。

6月25日（日）

導眠剤のおかげで寝つきはすっかり良くなったのだがだからといってしっかりと眠れるわけではない。4時間前後で目覚めてしまう。その間の眠りが深いことだけが救いである。その分、一度目覚めるとなかなか眠れない。4時間では体力は続かない。どうしようかとぐずぐずしているうちに時間が過ぎる。日々そんなことの繰り返しなのであるが、日曜日だと思うと余計損した気分になる。それやこれやでさっぱりしない1日であった。ブライアン・フェリーの74年リリースのセカンドに入っている「Help Me Make It Through the Night」が良くてうっとりした。この路線で行けば、スコット・ウォーカーが遺した可能性のひとつをまっとうできたのではないかと思った。この曲はクリス・クリストファーソンの曲でそれをサミー・スミスが歌って大ヒットしたものだが、それがモンテ・ヘルマンの『果てなき路』で使われている。かなえられなかった夢や忘れられた夢や見向きもされなかった夢やかなえられるかもしれない夢やぼんやりとまだ形にならない夢の数々が埃のように舞い上がり歌の背景を作り出す。かなえられなかったことに対する怒りや悲しみとも遠いただひたすらその夢の残骸たちとともにあることの中から生まれてくる幽かな感情がちょっとだけ明日を夢見させる。そんな歌だ。

6月26日(月)

アナログばかは楽しいね。今回ばかりはばか3人と参加された皆様のおかげで大いに励まされた。谷口くんのレーナード・スキナード「スウィート・ホーム・アラバマ」や直枝さんのミック・ロンソン「ラヴ・ミー・テンダー」、湯浅さんのジェリー・ガルシア「レッツ・スペンド・ザ・ナイト・トゥゲザー」など、うるうるするばかり。途中何度も湯浅さんが「ロック喫茶みたい」とか「ブラック・ホークにいるみたい」とか言っていたが、ご機嫌な音楽をでかい音で聴いてニコニコしているだけ。どうでもいいと言えばまったくどうでもいい時間を他に何も考えずただひたすら皆さんと堪能する。流れてくる音楽が伝える時間や空間にそれを聴いているそれぞれが抱える時間や空間が混ざり合い、会場の空気が温まる。その空気の温かさを感じるだけ。次は5時間やろうとか6時間だとか、最後そんな話になったのは、みんなこんな何でもない時間のありがたさと豊かさをここで実感したからだろう。

そして今回で長い間アナログばかを支えてくれた細井さんが最後。オーストラリアへ2年くらい留学である。ｂｏｉｄの手伝いをしてくれる時、半年か1年後に海外留学するのでその時まで、という約束だったのがコロナにぶち当たり結局4年ほど。本当に助かりました。どうもありがとう。そして出発ぎりぎりのあたりでみんなでボーリング大会をすることにした。

6月27日(火)

入院中の母親の具合が思わしくなく、今のうち、ということで顔を見がてら見舞いに行く。半年ぶりの山梨である。前回行った時はわたしの目の前で意識を失い大変だったのだがそれからはまったく普通に暮らしていたものの5月くらいから調子を崩し6月に入って入院。謎の肺炎(なかなか抗生剤が効かない)と膠原病を発症。入院後は食欲が落ち、寝たきりになっているという。久々に実家のある町に着くと、身延線の駅から町内に向かう時にわたる富士川橋の新築工事が完成間近である。しかもほぼ廃墟と化しているかつてのメインストリートにガラス張りの法務局や図書館を集めた新施設が作られこちらも7月にオープンだという。わたしの通っていた小学校は今や1学年10名を切る勢いということなのだが、そんな町でも新たな動きは始まっている。

母親は完全に弱っていた。どうやら肺炎の方はだいぶ良くなってきたらしく酸素マスクも取れ鼻からの吸引のみになっていて、肺にたまった水もほとんどなくなってきているということなのだがとにかく食べない。ほとんど寝ていて、呼びかけると答え、何か言おうとするのだが声にならない。体の中から音が出てこない。完全なガス欠状態である。これが一時的なものなのか、あるいは生きるエネルギー自体がいよいよ燃え尽きようとしているのか、素人目には判断できない。ただ、もはや病気の問題ではなく体力の問題であることだけははっきりとわかる。痛いところや苦しいところがあるかと尋ねると首を振るので本人としては単に眠いだけなのかもしれない。昨年末に倒れた時も、本人にとっては単に寝て起きただけのつもりだったようだ。寝て起きただけなのにどうして病院にまで連れていかれないとならないのかと、ご立腹であった。

しかし今回はそれに比べても弱り方がひどいので、病院から戻った後に母親の姉妹たちに連絡を入れた。実家の庭は完全に夏の庭になっていた。

6月28日(水)

大学生たちの卒業制作映画企画書やシナリオを読みながら自分の大学時代のことを思い出していた。それぞれの状況にもよるだろうが、20歳前後、未来の果てしなさに押しつぶされそうになっている年頃と言えるかもしれない。ナイーヴすぎる感触だろうか。自分にとってはもはや45年くらい前のことである。記憶の彼方と言えば記憶の彼方。未来に向けての不安や戸惑いをあらわにする映画の中の登場人物たちにわたしの中の忘れていた感触を刺激されあれから45年間自分はいったい何をしてきたのかと頭を抱えているという次第。日々更新され蓄積されていく「過去」がいつの間にか現在を追い越していったい自分がどこに向かっていくのかますます見えなくなってそれゆえにひたすら現在と向き合わざるを得なくなったのはいったいいつ頃だろうか。boidを立ち上げたのもそんな「現在」との向き合い方のためだったように思う。もちろん今から振り返ってみてそう思うということなのだが、それはそれで気持ちのいいものだ。今ここと全力で向き合うことが目の前に立ちはだかる「過去」もそしてその向こうにあるかもしれない「未来」をも変える。未来のために現在を生きるのではなく、現在を生きることが過去も未来をも変えると言ったらいいか。目の前にあふれ続ける過去に押しつぶされないための生き方と言ってもいい。しかし押しつぶされないようにするのではない、あふれ続ける過去と戯れることはできないかとも思い始めたのは、今度の病気のせいかもしれない。いわゆる「終活」とも違う、目の前の「過去」と戯れることで現在や未来やそして翻って今戯れている過去をも変えてしまうような生き方。未来への不安満載の若者たちと過去と戯れる老人が思わぬ形で結びつく、そんな現在を描くことはできないだろうか。

6月29日（木）

以前から約束していたのだがさすがに検査の結果も出て無理して食べても体によろしくないだろうし今回はあきらめておとなしくしていようとも思っていたのだが、しかしよく考えてみると病院で薬をもらったわけでもないし緊急手術というわけでもなくとにかく手術までは消化のいいものを食べていてくださいと言われただけで手術しない限りどうにもならないわけだから自分の体調さえ問題ないならここでおとなしくしていても何も変わらないということで予定通り食べに行くことにした。日本橋いづもやのうなぎ。ここの名物が蒲焼以前のレシピである「蒲の穂焼き」というやつで、下記のような説明がある。

「割く技術、また醤油や味醂を醸造するというような技術などが無かった時代は棒に鰻を丸のまま刺して、当時あった唯一の調味料「塩」で食べていました。この姿が水辺に生える「蒲《がま》」の穂に似ていることから「蒲焼《がまや》き」と呼ばれ、それが訛って「蒲焼《かばや》き」と呼ばれるようになりました。珍しい鰻の蒲焼きの語源ともなった鰻料理です」

というわけで一度食ってみたかった。要予約。目の前にやってきたそれはまさに「蒲の穂」で、そのままかぶりついてみた。蒲焼とはまったく違う、うなぎそのものの味。油の染みわたった白身魚の塩焼き、という塩梅でめちゃくちゃうまい。以前富山で食った太刀魚の塩焼きを思い出した。あの太刀魚も絶品だった。身も心も喜ぶ、ということで病気とはいえ、食事制限されているわけではないので無茶せず普通にうまいものを食う。食べ過ぎない。美味しくいただく。白焼きも、うなぎの魚醤で焼いたといういづも焼きも、そしてうな重も、それぞれ小ぶりながらそれゆえに凝縮されたおいしさ、やさしい東京のうなぎであった。

その他本日は、ＹＣＡＭ爆音のオンライン・ミーティング、『ＰＬＡＳＴＩＣ』パンフとエクスネ・ケディのガイド本の入稿作業のちょっとした手伝い、月末の社長仕事などをした。

6月30日（金）

具合悪くほったらかしになっていた作業がいろいろあって、この際なのでそれらをひとつひとつ片付けていく。この数年の体調の悪さの元が結局ひとつの病気からだったというのはわかってしまえばすっきりはするが、当たり前に毎年検査をしていればこの数年を無駄にせずに済んだことでもあって、かつてのすっきりした体調での日々の暮らしのことを思い出すこともできない。しかしその時期はその時期でメニエール含め体調不安は満載なのであった。

夜は爆音お台場の打ち上げ。今回は目標動員数の倍を達成ということで打ち上げというよりお祝い。毎回こんなことになるとは思えないので、次回はこれを期待せず、しかしこの勢いをうまく取り入れつつということで。機材チーム、爆音チーム、ユナイテッド・シネマの担当者で美味しいイタリアンを食した。ｂｏｉｄ事務所から歩いて数分のところなのだが、ここは本当にいつ来てもおいしい。とはいえわたしは病気のこともあるので、適度な分量、デザートはちょっと味見しただけでやめておいた。手術の経過さえ順調なら、またそのうちデザートまで食えるようになる日が来る。

7月1日（土）

病院との面談の日である。検査の2日目の終わりに大体の説明を受けていたから覚悟は決まっていたが、これが説明抜きでいきなり面談だったら緊張の度合いはすごいものだったと思う。面談での説明は検査の日の説明とほぼ同様。詳細に調べたが転移はなし、ただがんはそれなりに育ってしまっている。あとはどのように切除するか、その手術の仕方などを外科医と話し合ってほしいとのこと。内科医が妙に神妙な態度なので、病状の説明よりそっちの方が気になって1日中鬱々となるが、まあ気にしてもどうにもならない。

それとはまったく無関係に浅川さんから購入した改造カートリッジの通電が完了。湯浅さんから「１００時間以上カートリッジを使って、針に振動を与えてあげれば、ある時突然音が抜けるから」と言われていたのであった。本日がその日。気が付くと音の大きさに関係なく、音の空間が見事に出来上がる。鬱々としたわたしの耳にもよくわかる。お祝いに何枚か聴いたのだが、中でもこれ。トニー・ウィルソンの76年のアルバム。と言ってもファクトリー・レコードのトニー・ウィルソンではなく、元ホット・チョコレートのトニー・ウィルソン。今、何をしているのだろうか。

Tony Wilson『I Like Your Style』

7月2日（日）

4日の外科医との面談まで宙づり状態である。なかなか嫌なものだ。外科医からさらに良くないことを言われるのではないかとか手術は大変なことになるのではないかとか、いろいろ最悪な状況を考えてしまう。そういう日もあるということであれこれ浮かび上がる考えに身を任せぐったりしていた。逆らってもどうにもならない。そして夜中はひどい雷。

7月3日(月)

腸の調子が良くなくて心配されたのだが本日はもうすぐオーストラリアに留学するバイトの細井さんの送別ボーリング大会である。ぎりぎり何とかなった。湯浅さん、直枝さん、風元さん、boidチームからはわたし、大橋、青柳、そして細井さん。わたしはボーリングはそこそこやれていたのでこの日は目標を高く掲げ150を目指す宣言をしたのだが、さすがに体が弱っている。まったくダメで、ボールがあっちに行ったりこっちに行ったり、コントロールが利かない。結局100にも届かず最下位。まあ、病人だから仕方ないということにした。元気になった際には回復ボーリング大会をしてその時は見事に150をという宣言もしてみた。その後、馬場のベトナム料理屋で送別会を。大橋は仕事がてんぱっていて、ボーリングのみ。boidのためにせっせと働いてくれている。

7月4日(火)

外科医との面談である。何を言われるかとドキドキであったが手術の具体的な説明とその後の対応などであった。そこそこ育ってしまった病なのでこれ以上ぐずぐずしているのも、ということで特にセカンドオピニオンなども取らず、あっさり手術をすることにした。あとは運に任せる。4、5年前からたびたびの体調不良で迷惑をかけた方たちも多数いるのだが、仮病ではなかったということがこれで証明されたというわけだと、変な慰めも頭をもたげる。それも含めこの数年、2018年以降くらいを振り返ってみると、やはりいろいろぎりぎりだった。今から思えば、体がこんなことになっているとは知らずほとんど命がけと言えば命がけでいろんなことをしてきたわけだ。逆に言うと、そうとも知らず夢中になれることをやってきたとも言えるわけだから、それはそれでよかったということにもなる。手術が終わった時どんな気分になっているのか、それもまた運次第ということであまりあれこれ考えずに向き合えたらと思っている。

7月5日(水)

本日は体調よろしくなく、1日中ぐったりであった。とはいえ体も動かさねばということで散歩はした。大腸と脳は直結しているらしいのだがまさに腸の調子が悪いと脳もろくなことを考えない。映画はもうまったく観る気持ちがしないのだが、こんな日は音楽も聴く気にならず、それでもということでレナード・コーエンの最後のアルバム『サンクス・フォー・ザ・ダンス』を聴いてみたものの途中で眠ってしまった。30分から40分ほど眠っただろうか、それでもさっぱりしない。手術後はとにかくこの不快感がなくなるだけでもましそれで十分と思って気持ちを切り替える。その他、社長仕事をあれこれ。入院前に税理士に先月のまとめを渡さねばならない。

7月6日(木)

本日もあまり芳しくない。午前中は昨日寝てしまったレナード・コーエンを再度聴きなおしうるうるしつつ事務仕事。遺作となったアルバムということもあってか、声の枯れ方が清々しくて、「死」に片足を突っ込みながらそこもまた生きる場所でもあるかのように軽々しく「生」を歌う。あくまでも軽薄さを失わないそのスタンスの現れと言ったらいいのか。若い頃より老人になってからの方がレナード・コーエンは身軽になっているような気がする。いやそれこそが老人になるということなのか。

斉藤陽一郎が東京に出てくる用事があるということで事務所で会うことにした。陽一郎とはお互いの病気話。長く生きているといろいろある。わたしもこの年齢まで大きな病気も怪我もせず何とか無事生きてこられたのだから、それだけでも感謝しなければならない。あとはやれることをやるだけ。陽一郎からはがん封じのお守りをもらった。

7月7日(金)

入院までにやっておかねばならないことがいくつかあって、とはいえ一気にやれるほど集中力も続かないのでぼちぼちと。本日は音楽を聴く気にならず。午後は事務所。篠崎と少しだけ会い、その後助成金打ち合わせ、そして佐藤公美さんがやってきてあれこれ。事務所はこれで月末まで来ることができない。そう思うとちょっとほろりとするが、社員大橋にこの間はすべてを任せる。公美さんからは簡単には手に入れることができない肉まんをもらった。家で温めて食うことになるのだが、さっそく食った大橋からは「めちゃくちゃうまい」という連絡が届く。

テレビでは1年前の奈良での街頭演説中に狙撃された元首相関連のニュースをやっている。ニュースというより、このような暴力は2度とあってはならないというメッセージの一点張り。それはわかるがではなぜ元首相が撃たれたのか、その背景は何か、その中で元首相は何をしていたのか、という肝心の事件の実態については一切触れず。呆れるような報道であった。まあ各所からの圧力がすごいのだろう。暴力に訴えないと浮かび上がってこないような闇が今もなおわれわれの世界を覆っている。ＰＡＮＴＡ死す。中学3年の時に生まれて初めて買ったＬＰ（それまではシングルしか買う金がなかったのだ）が『頭脳警察3』だった。「歴史からとびだせ」というあのフレーズは今も時々頭の中を駆け巡る。

7月8日（土）

午前中に病院に行き、手術と入院に関しての詳細な説明を聞く。外科医からは先日の説明に加えさらに手術の際、手術後のさまざまな可能性の話を。最良と最悪の広がりがそれなりに大きいので自分をどこに置いていいのかわからなくなる。基本的にはそのど真ん中あたりということなのだろうが、ついつい悪いほうだったら、ということを考えてしまうのである。しかしわたしがいろいろ考えても何も変わらない。そして予定の入院期間は案外短かった。何とか予定通りにと願うばかり。

帰宅後、修理に出していたCDデッキが戻ってきたので、景気づけにジョアンナ・コナーの２０２１年のアルバムを聴いた。『4801 South Indiana Avenue』。今のところの最新アルバムなのだが、バリバリのブルースで彼女の粘りつく執拗なギターのリフがとんでもなくて、ニコニコしっぱなしである。彼女がこのギターをバリバリに弾いていた映画は何だっけ？　この2、3年の映画だったと思うのだけど。と思って調べたら、エイドリアン・ラインの『底知れぬ愛の闇』だった。とにかく彼女の出演シーンを観るだけでも価値ある映画。内容はすべて忘れた。

7月9日（日）

入院前の1日。いろいろあわただしかった。とにかく数日間は連絡が取れなくなる可能性があるわけだからそれまでにやってしまっておかねばならないこと、確認しておかないとならないこと、連絡しておかねばならないこと、など結構いろいろあった。やりきれなかったこともあるがまあそれはあきらめる。周りの人々が何とかしてくれる。

7月10日（月）

本日から入院。初めてのことなのでちゃんと準備をしていったはずなのに、病院に着いたら財布や診察券、保険証などすべて忘れていたことに気づく。幸い病院の手続き自体は終わっていたので事なきを得たが、売店でのスマホ支払いが楽天ペイだけ使えず、楽天ペイオンリーのわたしはアウト。こんな時のために予備を作っておくしかない。しかし、これまで何度となく地方出張してきたが、財布などを忘れたのは始めてだからさすがに少し緊張していたのだろう。とにかく自力でできることは何もない、現代医学の力に身を任せるだけという覚悟は決まっているもののそれでもやはり動揺はしている。飛行機にまったく乗れなかった頃、それでもアメリカに行きたくて病院で安定剤をもらって乗ってもリラックスはまったくできず手に汗握って一睡もできなかった30年以上前のことを思い出す。今や飛行機に乗っても眠ければ一瞬で寝てしまう。同じように飛行機嫌いだったアテネ・フランセの松本さんに相談した時、「そのうち慣れます」と言われそんなものだろうかと思っていたが、本当に慣れた。そんなものである。

病院では人工肛門をつける位置のマーキングをされた。腹のどの部分につけるか、腹筋の位置などを確認されて、油性マジックで丸印を付けられるのだが、その丸印の真ん中にバッテンが付けられていて、それがへそを挟んで左右にふたつ。腹の中に目玉ができたみたいで何とも間抜けである。友人にラインをしたら、「腹踊りをしてください」と返信。もうちょっと腹が出ていればまさに腹踊りができる感じである。残念ながら少しやせたこともあり、腹に皺が寄っていてその皺を避けての装着ということでマークの位置が決められたわけだから、腹踊りならぬ皺踊りである。よく見るとちょっとかわいくもある。しかし10時消灯以降をどうやってやり過ごすか。朝は6時に起こされるらしい。

7月11日(火)

下剤の日。下剤2リットル、ミネラルウォーター1リットル、経口補水液500ミリリットル。これらで、胃腸にたまっているあれやこれやを根こそぎ掻き出す。出始めるまでが大変で、このまま腹が破裂するんじゃないかと思う。人や病状によってさまざまなんだろうが、まあ本当に出るまでが苦しいのなんの。思わず天を仰ぐ。本日はただそれだけ。昼から飲み始め、22時くらいに大体終了。看護師の方々はまったく焦っていなかったので、こんなものなのだろうか。まあこれだけいろんな病人を抱えていたら、これくらいのことで焦ってはいられないのはよくわかる。何もかも初めての病人は、ただおろおろするばかりだけどね。だからこちらも本人にとっての一大事と、相対的に見た場合の自分の立ち位置、その両方を視界におさめながら気持ちを落ち着かせていく、ということになるのだろう。

7月12日(水)

朝から手術である。麻酔を打たれたかと思ったら起こされた。と言ってもすぐに目覚められるわけではない。遠くの方から名前を呼びかける声。それに向けてぼんやりと覚醒していく。「ああ、終わったのか」と思ったとたん、体が震えだす。痙攣に近い。もうまったく止まらない。看護師たちが電気毛布などを用意しわたしを温める作業をてきぱきとこなしているのはわかるのだが効果はない。震えが止まらない。体がこわばる。このまま死んでしまうのかと思う。ようやく収まり始めたのは30分ほど経ってからだろうか。まさに死の淵から蘇生している感じである。全身麻酔で長時間の手術をした人たちは、皆さんこんな感じなんだろうか。長期の眠りから覚醒する時の気持ち悪さを描いた映画があったように思うのだが思い当たらない。『ターミネーター』はさらに技術力が上がってからの話だし、体の中身も違うし(マイケル・ビーンが演じたジョン・コナーの部下を除いて)、考えてみれば眠りとは違う種類のものだ。『エイリアン』だったかもしれない、あればだいぶ気持ち悪そうだった。『悪魔のいけにえ』は逆で死の直前の痙攣。

とにかくようやく落ち着き、あとは集中治療室で寝たきり。震えは収まったがしかし体が硬直している。しばらくしてからそれに気づく。腕と肩が手に負えないくらい痛い。冷やしてもらい痛みを和らげるが、とにかく腕が硬直してしまっていて、それが取れるまでまたしばらくかかる。これはしんどい。朝までそれらと格闘する。そしてとんでもなくのどが渇いている。水が飲めるようになったら浴びるほど飲みたいとミネラルウォーターを頭から浴びているイメージが脳内を駆け巡る。

7月13日(木)

午前中に通常の病室に戻される。とにかく寝たきりの姿勢が辛い。それに暑い。汗が止まらない。1日中意識朦朧。とはいえ眠れず、一瞬気を失ったように寝るが、変な夢を見てすぐに目覚める。というか、夢が先行してやってきて気を失い、いやそれはないだろうと体が突っ込みを入れて目覚める、といった感じなのだ。夢が先行しているのは、痛み止めや麻酔の影響ということなのだろう。しかもその夢が、どう考えても自分の夢ではないのだ。誰かの夢。それが寝たきりの人間の中に侵入してきてそれに体が抵抗する。ここが病院のベッドだからだろうか。ここで苦しみ涙を流した人々の意識の残骸が何かを発している。蘇ったばかりでまだ「自分」が確立されていない弱った自分の体が見事にそれらの受信機になり次々にそれらをキャッチしている。だからそれは眠りではなく、まさにその他人の意識の残骸に体を明け渡す瞬間、ということになるだろう。少しずつ蘇りつつあるわたしの体が、それに抵抗する。気を許したら他人の夢に体が占領される。その一瞬の抵抗から目覚める時の異様な息切れがまさにまだその体が自分の体であることの証のようなものだ。そんな転寝を終日繰り返す。汗が止まらない。

7月14日(金)

重湯とスープが少しだけ出る。衝撃的にまずい。こんなまずいものがこの世にあるのだ、しかしいったいどうしてこれだけまずいものを出さねばならないのか、同じ栄養バランスでももうちょっと何とかなるはずなのにどうしてこうなのか。この辺りの事情は本当に誰か説明してほしい。そしてさらに発汗は増す。熱も出てきた。38度台。夜になって吐く。止まらない。胃腸が反乱を起こしている。医師によると患部を切り取り接合した部分が炎症を起こしているのだという。再手術するほどひどくはないが、しばらく抗生剤を点滴して数日様子を見ないとならないとのこと。落ち込む。いずれにして今再手術なんかしたらそのまま死んでしまう。

7月15日(土)

吐き気と熱で眠れず。重湯とスープを飲むがやはり吐く。まったく体が受けつけない。昼になって医師が来て、鼻からチューブを入れて、胃液を取り除くのだという。あまりにしんどそうなのでつい泣き言を漏らすが当然医師は聞いてくれない。「何日もやるわけではないから」というひとこと。いやそんなに長時間やるのかとさらにショックを受ける。鼻にチューブを入れ食道から胃へ。食道や胃にその感触がチューブを抜いた後も強烈に残っているくらい苦しい。まな板の上の鯉と言ってもこちらは人間であるしまだ生きている。それに痰が絡まる。鼻水も止まらない。動くことも寝ることもできない。午後から妻と娘が見舞いにやってきたのだが、声も出ない。生きるエネルギーがわずかになっていくのがわかる。深夜は地獄だった。この作業はたぶんいろんな人がやっていて、わたしより年配の方も少なからずやられているはずなのだが、皆さんどうやってこれに耐えているのだろう。異物の侵入に関してわたしが過敏すぎるのだろうか。いずれにしてもこんな長い夜はかつて経験したことがない。このつらさを友人たちには、「こんな拷問をやられたら知らないことまで話してしまう」と説明したのだが、このチューブから逃れるためには何でもする、そんな感じ。

7月16日(日)

昼になってようやく鼻からのチューブが抜けた。抜けたとたんに世界が変わるかと思うくらい辛かったが世界は変わらなかった。

チューブが強烈だったためか、抜けた後もその存在感だけを身体が感じ取り、まだゼイゼイ言っている。これからゆっくりとそれがただの幻影であることを体に覚えさせていく作業が始まる。簡単ではない。そして今後を生きるエネルギーをすべて奪い取られてしまったということだけははっきりと実感する。ではどうやって生きていくか。

その後、ベッドに寝たきりでシャンプーをしてもらう。ベッド上でシャンプーができるセットがあるのだそうだ。水を使わないのではなく、美容室と同じようにお湯でのシャンプーとリンス。妙に慣れているので驚くが、なんと看護師学校ではこういったことも授業のプログラムに入っているのだそうだ。助かるが、ホッとしていると同時に熱いタオルで全身を拭く作業も始まり、わたしはもう手も足も出ない。ここが病院のベッドでなかったら単なる変態である。

7月17日（月）

ようやく水を飲む許可が出た。点滴のみの3日間で胃腸の具合はわけわからないくらい悪い。水を飲んでも胃が受け付けない。点滴で栄養分と水分は補給できているから胃腸はもはややることもなく、それでもいよいよ今日からいろんなものが胃の中に入っていきますよという、胃に対する挨拶みたいなものなのだが。いったいいつになったら胃腸は納得してくれるのだろうか。この胃の調子も、どこかぼんやりと世界がかすんでいるのも痛み止めを点滴されているせいかもしれないと思い、もはや痛いところはほとんどないのだと伝え、いったん痛み止めを止めてもらう。しばらくすると頭ははっきり、世界の解像度が上がり、テンションも上がってしまった。ようやく世界が変わった感触もした。もちろん世界と向き合った疲労とともにそれらは消え去るのだが。

7月18日（火）

病院食は限りなくまずい。この世の終わりくらいまずい。重湯とスープだけなのにどうしてこんなにまずくできるのだろうかと思う。しかしよく考えると、わたしの味覚がまったく戻ってないのではという疑惑も湧く。確かにどこかおかしい。それに胃が受け付けてくれないものだから余計にまずく感じるのだろう。

エクスネ・ケディの東京ライヴである。VOGの今年最大のイヴェントのひとつなのだが、もはや行くこともオンラインで見ることもできず。夜中にネット上にアップされた参加者たちの画像や動画で何となく雰囲気を感じるのみ。80年代のラテンが混じっていないか？　次のアルバムは80年代あたりをコンセプトにしようとしている話は聞いているが、こんな形で表れてくるとは。果たして次のアルバムを作ることのできる予算を、わたしはどうやって確保したらいいのか。いろんな思いが頭をめぐる。だがそれ以上に、胃腸の調子は悪いし、寝たきりで体中がだるく痛い。長期入院の方たちはいったいどうやって暮らしているのだろう。入院前は、「生きてるだけでいい」と思って覚悟を決めたのだが、こうやって入院してみると「健康で生きていたい」と切に思う。「ただ生きてるだけ」は辛すぎる。しかし寝たきりの方、長期入院の方は世界中に山ほどいるわけだ。皆さんこの辛さとどのようにして折り合いをつけているのだろう。

7月19日（水）

腹にモノが入り始めると、体に芯ができ始める。体を縦にするのが少し楽になってきた。だが胃腸の調子は相変わらず。病院食はまだ衝撃的にまずい。午後は別場所でシャンプーをしたり、人工肛門の付け替え練習などを行った。

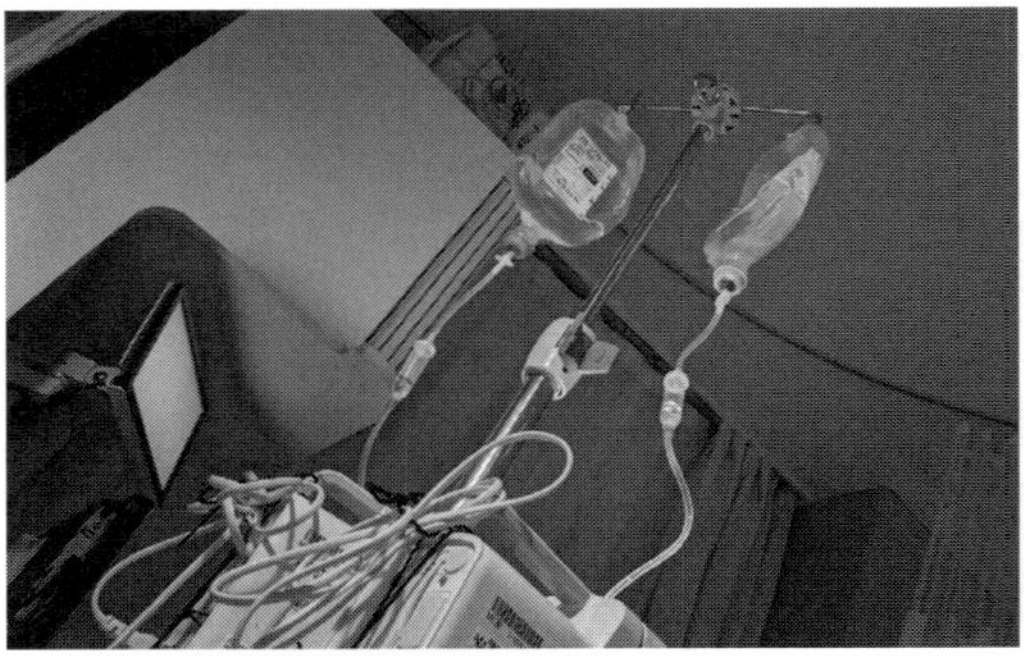

7月20日（木）

胃腸の調子は相変わらず悪いが、とりあえず病院のプログラム通り、リハビリも始まった。と言っても1日目はゆっくりと歩いたり、椅子に座っての足の運動を。無理なく。

夜は調子に乗ってアマゾンプライムで映画を観た。篠崎から絶対に観るようにと言われていた『ハロウィン』の最新版（『ハロウィン THE END』）。ショッキングな惨殺シーンではなく、アメリカの小さな田舎町で暮らす人々の、その閉ざされた空間の中での出来事や感情の動きを繊細に追う。こういった作業を徹底的に突き詰めたのがチミノの『逃亡者』ではなかったかと思うのだが、あの登場人物それぞれの視線のやり取りは、観るたびにハラハラしてその上で、この閉ざされた空間が宇宙の果てまで広がっていく感覚を受ける。彼らの過ごした時間、それぞれの人間関係、そこで起こったいくつもの出来事……。それらが彼らの目配せと視線の方向だけで語られる。脚本からは絶対に見えてこない世界の広がり。まさに映画監督とはこういったことを行う人だと思えるような映画だった。この『ハロウィン』はさすがにそこまでは到達していないが、それでもそんな監督としての作業にチャレンジする心意気は十分に感じた。

7月21日（金）

病院食が少し固形化してきた。主菜のネタが何であるかの表記もついてくる。だからといって胃が受け入れてくれるわけではない。

夜は『ブラックパンサー／ワカンダ・フォーエバー』。現代社会の混迷と混乱が寓話的に描かれるわけだが、そのことよりもここに登場するメキシコの洞窟が気になった。これは小田香さんの『セノーテ』ではないか！　はっきりと固有名が示されているわけではないが、メキシコにはいくつもそのような洞窟があるのだろう。いずれにしても生と死が交錯しそれによって新たな何かをはぐくむ場所であることは確かである。この映画と『セノーテ』の2本立てはどうだろうか。絶対嵌まると思うのだが。

とか考えているうちに何やら具合が悪くなり、ほとんど眠れず耐えられない状況になる。

7月22日（土）

医師の判断により、食事を中止して再び点滴に戻ることに。いったん治まった炎症が、復活し始めている。その理由はあるので、それを修正していく処置。抗生剤の点滴治療が再度始まる。終日、なかなかつらい。映画もしばらく観られない。ほぼ寝たきり。眠いが眠れず。

7月23日（日）

点滴は続く。土曜日よりはましだがまだまだ気分は悪い。担当医師が休日出勤して、状態を診てくれる。朝の血液検査の結果は昨日より良くなっているから、このまま抗生剤治療を進めていけば大丈夫とのこと。いわゆる敗血症のようなところまでは至らずにすんだのか、そうなりかけのところで踏ん張っているのか。とにかくギリギリである。夕方以降、少しずつ体が楽になってきたことを実感する。胃腸も動き始めた。とはいえほぼ寝たきり。

7月24日（月）

だいぶ復活。起き上がる気力は出た。なるべく体を縦にしている時間を増やさないとということで、パソコンに向かい、仕事関係を。リハビリも始まっている。あとは腹が普通に減ってきて、ネット上のグルメサイトばかり見ていた。

7月25日（火）

少し元気になってくると、体の細部が気になり始める。これまではもっと大変な部分があったために隠れていた痛みとか痒みとか重苦しさとかしびれとか。おかげで気分はさっぱりしない。しかもそろそろ月末である。社長仕事も気になり、朝からもろもろの経費計算などをしていくわけだが、そんなものがストレスにならないわけがない。これも赤字あれも赤字、いったいどうしたらいいのか。まともに食事もできないベッドの上で数字だけを見るのはきつい。しかもエクスネのライヴにも行けてないし『PLASTIC』のパンフさえまだ手に取っていない。お楽しみはなく数字だけ。昼過ぎで、本日の社長仕事は放りだす。

午後はリハビリと昼寝。病院食は相変わらず少し固形化してきたものの壮絶にまずく、しかし文句は言えないのでひたすら我慢。ということで夜はさすがに少し気晴らしがしたくて映画をと思ったのだが、いったい何を観ていいのかわからない。どうでもいい軽い映画というお望みではあるがこれが難しい。具体的には『ギャラクシー・クエスト』みたいな映画、ということなのであるがそう簡単にあんな映画が見つかるはずもない。ならば迷わず『ギャラクシー・クエスト』を観ればいいじゃないかという話なのだが、毎回それじゃ芸がなさすぎる。ということでこういう気分になった時はいつも迷った挙句失敗して残念でしたとなるのだが、今回は何となくレベッカ・ファーガソンを拝みたくなりでも『ミッション：インポッシブル』はもう観たしどうしたものかと思っていたら『MIB』に出演している。『メン・イン・ブラック：インターナショナル』。

観ていくと途中から妙な既視感に襲われるが、最初に出た限りでまったく出てこなかったファーガソンは後半になってようやく登場。笑っちゃうような役どころでこれはこれでありがたいが、強そうであまり強くないのはなぜか。『ミッション：インポッシブル』の生身の人間の方がよほど強い。途中、3本目の腕が突然出てくるところは笑った。というくらいであまり見どころもないままクライマックスになったところで、これはやはり以前同じような思いの時に観ていた、ということを突然思い出す。ああ。すっかり忘れていた。監督のF・ゲイリー・グレイは『ストレイト・アウタ・コンプトン』もいいが、やはり『Friday』みたいな小さな映画が好きだ。『ワイルド・スピード ICE BREAK』とか、目を瞑って手癖だけで撮ってるような映画だったし。『セット・イット・オフ』だったかの、若者たちが家の屋根に上りぼんやりと無駄話をする時間の停滞が好きだったんだけど。

7月26日(水)

点滴のおかげでなかなか夜眠れない。食事が始まったとはいえ、主な栄養と水分は点滴から補給されているのだが、つまり水分は常に補給中。ということで大体2時間おきくらいに尿意を催すのである。夜中も同様。したがって、1時間30分寝て目覚めてトイレに行き、また1時間30分寝て目覚めてトイレに行き、大体そこで眠れなくなる。あとはぐだぐださっぱりしない。というわけで、ぼんやりしながら1日が終わる。食事はだいぶ人間らしくなった。それだけが救いである。

7月27日(木)

食事が徐々に人間らしくなってきた。もちろん病院食なのでうまいまずいはもう気にしないとして、とりあえず固形物が食えるようになったことに感謝しながら食すわけだが、いやそれでももうちょっと何とかならないか。もちろんこれはこちらの体調の問題もあるわけだし、多くの病人を抱える病院でひとりひとりの病状に合わせしかも味にまで気を遣うことは無理な話なのだが。それでもこのままでは食べること自体がストレスになり、退院した際には食欲自体が失せているのではないかとちょっと心配になる。点滴もほぼ取れた。これまでは24時間ずっと、多い時には3本同時にしていたのだが、本日から1日4回の抗生剤の点滴のみ。ついにライン接続からフリーになったというわけだ。あとは左わき腹に刺さっている、患部に通じる管が抜ければ一時的な人工肛門以外は元通りとなる。体の方はまだいろんなことに追いついていかない。固形物の摂取にも戸惑っているのか、胃腸の痛みが復活した。点滴が取れてもまだ何かと接続している感触が残り、動きは微妙に慎重になったままだ。無意識に動けるようになるまでにあとどれくらいかかるだろう。

夜は見逃していた『NOPE／ノープ』を観た。面白く観たのだが、主人公たちの職業が馬の調教師という設定がただただあの場所を周囲の世界から切り離された場所にするためだけにしか活かされていないのがどうにも気になった。つまり彼らの労働のシーンが全然ないのである。マーベルなどのコミックスが次々に映画化されるようになって以降、ハリウッドメジャーはもう、人々の暮らしを描くようなことをしなくなってしまった。彼らの暮らし、歴史、風土がまずそこにあり、そこに異物がやってくる。そんな物語ではまったくなかった。ただもちろんそれは意図的なものだろう。冒頭でまず父親が死ぬ。それがすべてを表している。彼らが抱えてきた歴史の死。その後の物語として作られていることは確かなのだが。終盤、異物が暴れだしてからの主人公たちとの戦いはハラハラはするがちょっとしょぼかった。あらかじめ決められた解決の仕方しかしてないというか。異物的なルール破りも、あるいは主人公たちが異物になってのルール破りも、どちらもなかった。

7月28日(金)

手術後、排尿の具合がどうも思わしくなく担当医に相談して泌尿器科の診断を受ける。しかし数値的にもレントゲンの画像からもまったく問題なし。手術の影響で器官が過敏になっているのだろうというような診断で、このところのいくつかの箇所の具合の悪さも大体そんな感じ。メニエールもそうなのだが、自分の感じる具合の悪さと実際の医学的な数値の落差が大きく何とも居心地が悪い。東洋医学的な体全体のバランスや気や血流の流れなどで健康を管理していくしかないのだろうか。リハビリでは階段の上り下り。術後はずっとベッドの上か同じフロアでの移動だったから、階段は2週間ぶり。2階分を上り下りするだけで息が切れた。夜、結局またもや観てしまった『フライト』の前半にも病院の階段シーンがあって、主人公がタバコを吸いに扉の向こうの裏階段(?)にこっそりと行くのだが、そこには似た者同士のダメ人間がいてタバコを吸っている。そこにもうひとり、階下からタバコを吸いにやってきた人間も加わって会話が進む。この狭い空間、小さな人間関係、それぞれの年齢や立場の違い、そして人物の絶妙な配置が、一方でこの映画のすべてを表しているようにも見え泣けてきた。誰もがそんな場所を抱えている。それを「裏」として隠し通すのか、あるいはそれとともに生きようとするのか。その狭い階段のシーンのような風景を、映画の中で観ることはなかなかできなくなった。日本映画でも十分やれるはずなのだが。

7月29日(土)

本来ならYCAMの台湾特集で侯孝賢についてトークをしている日。6月の時点でキャンセルの連絡を入れていたのだが、それでもその時点では、少なくとも今頃は退院している予定だった。オンラインだとできるかなあとか思いつつ、とはいえ無理は禁物ということで断りを入れたのだが、まさか未だに病院のベッドの上とは。手術前がそれなりに辛かったこともあり、手術さえすればとりあえずは楽になると、楽観的に考えていたのが間違いだった。同年齢やさらに高齢者の方たちはいったいこういった術後の辛さをどうやって乗り切っているのだろうか。たまたまわたしの術後の経過が良くなかったということもあるが、それでもやはり大変である。佐野史郎さんのインタビューを読んだら、佐野さんも術後に敗血症になって大変だったと話していた。わたしはその一歩手前でこの状態だから、本気で敗血症になってしまった佐野さんは本当に大変だったと思う。この状況になってみてようやく具体的な辛さがわかる。

そんなこともあり、術後にもろもろやり取りした仕事関係の作業が、どれも上の空だったということが判明、ショックを受ける。全然ちゃんとしてなかった。今となっては別人が確認、チェックしていたのではないかと思われる、そんな具合。仕事はやっちゃいけなかったと、今更反省。術後はゆっくり生きるとか口では言いつつ、しっかり焦っていた。

夜は『アルマゲドン・タイム』。タイトルから想像つかなかったのがなんとも悔しいが、クラッシュの同名曲がこんなふうに使われるとは！　80年代前半、サッチャーとレーガンの時代。世界は未来のない未来へと突入し、その荒廃と混乱の中でそれまで抑えられていた多様性が花開き、しかし一方でそれを仕切る「父親の強さ」が求められてもいた。そんな時代の物語。祖父母がウクライナからの移民であるユダヤ人一家が舞台となるのだが、その小さな家庭の中の出来事だけで、アメリカの歴史とその時代の混乱に視界が広がる。その広がりはまさにこの映画を観ている今ここにもやってきて、それを観ている自分がその映画に観られているような、つまり、今ここでもその時代の混乱と荒廃と「強さ」への希求は終わっておらず、それに対してわれわれはいまどのように向き合っているか、「行動、戦い」という主人公の祖父の言葉とクラッシュの歌の内容とが呼応する。そしてその歌詞の攻撃性とそれを包むクラッシュの演奏の多様性と豊かさが、現在における戦い方の方向を指し示してくれているようにも思えた。

7月30日（日）

午前中にシャワーを浴びたり、人工肛門のパウチ交換の練習をしたりと退院後に向けての準備が始まった。来週中の退院というのが確定したようで、病院からも妻のところに連絡が行った。想定外に長引いたがようやく。で、具体的に退院が見えてくると、帰宅後いったい何が食えるのか食えないのか気になっていろいろ調べたところ、いわゆる腸活のための繊維質を多く含んだ食材はすべてNG。それに加え刺激物、甲殻類、油など。完全にダメということではなく、退院後1、2か月は控えめに、ということらしいのだが、それでもまだしばらくはカレーは食えないなとか、なぜかやたらと食いたくなっていたとんかつやアジフライもお預けだなとか、ちょっとしょんぼりしていたところに、病気先輩から、退院してすぐに焼き肉食いに行ったというメールが来て笑う。

まあ、体調と気分次第なのか。

とはいえいったい何を食ったらいいのかということで、kindleの読み放題プランで大腸がんの退院後の食事レシピ本のいくつかを読んだ。要するに野菜の煮込みものを中心に（根菜は避ける）、魚や肉を適当に組み合わせ、乳製品はお好きにどうぞ、ということのようだ。一般的には腸のために良くないと言われている「白い」穀類が、退院後しばらくの主役である。うなぎに関しては何も書いてないので、多分問題ないだろう。果物は柑橘類とパイナップルなどがNG。桃の季節は終わりかけだがぎりぎり間に合いそうである。というような具体的な（？）妄想で1日が終わる。朝食の時にさっと飲むことができるレトルトの無添加スープあれこれをお試し注文してみた。

夜は、『プライベート・ベンジャミン』。『アルマゲドン・タイム』を観た方はおわかりのように、主人公一家がみんなで観に行く映画である。ゴールディ・ホーンがめちゃくちゃかわいいのだが、この時すでに30代半ば。当時20代前半のわたしから見たら十分におばちゃんで、そこまで夢中にはなれなかった。今観たほうが俄然いい。しかし一家でこの映画をよく観に行ったなと思うような何でもありのめちゃくちゃな映画なのだが、その内容を考えるとまさに『アルマゲドン・タイム』のベースに流れているのがこれであることがわかる。甘やかされわがままに育った現場知らずの口先だけとも言える弱い人間が、軍隊や、そしてそれよりもさらにひどく主人公を抑圧してくる世間のシステムの中でそこに飲み込まれることなくなんとか自分で考え、自分の道を見つけ出していく物語。ダグラス・サークの映画にも似たそんなテーマを、主人公がバカみたいな大騒ぎを繰り広げながら賑やかに語る。ウェス・アンダーソンにもそんな血脈が流れているだろうか。まさかジェームズ・グレイがこんな形でこのテーマを展開するとはと、背筋が伸びる。思い起こせば当時イギリスではスリッツやレインコーツがそれまでのポピュラーミュージックの慣習にとらわれない彼女たちなりのやり方で彼女たちの音楽を堂々と奏でていた。アメリカの音楽批評家デイヴ・マーシュが「これまでの女性ヴォーカルにあった母性や男たちが考える女性性から離れたまさに彼女そのものを堂々と前面に出した」（要約）と称したマドンナがデビューするのはその少し後のことである。10代前半のジェームズ・グレイはまさにそんな空気をたっぷりと吸い込んで血肉に変えたのだろう。

7月31日（月）

朝から血液検査とCT撮影があり、未だに体内に残っていた検査用の管が抜かれた。これで体外とつながっているすべての付属物（人工肛門は除く）が取り除かれ、晴れて自由の身となったわけだ。水曜日に退院というスケジュールも出た。いやはやようやく、ということでうれしい限りなのだが、いざ退院が具体的になってくると、その後の生活が気になる。空調が管理された病棟内とは違う酷暑のことや、さまざまな食事制限（ほかの病気と比べてだいぶ緩いが）や再発防止対策などを考えると、もう元通りの暮らしや仕事はできないことだけが見えてくる。今抱えているイヴェント関係もすべてあっさり放り出したいくらいだ。何かもっと、自分と向き合って暮らしたいというか他人との関係の中であたふたするのはもうたくさん。しかしどうやって稼いだらいいのだ。心身ともに元気な状態でちょっとひと休みとはまったく違う状況なので、boidの運営自体を根底から変えないと生き残れない。

夜は『エンパイア・オブ・ライト』。なんとこれも『アルマゲドン・タイム』と同じ1980年から81年にかけての物語だった。1960年代後半生まれの監督たちが、自身の10代の記憶をさまざまな形で語り始めた、ということなのだろうか。あるいは、あの頃から始まった何かが40年を経てもなお世界に影響を与え続け、その結果としての現在から出発点を振り返ることで今ここを変えようとしているのだろうか。しかしあの頃に始まった何かとは何か？

こちらはイギリスのロンドンから近いビーチリゾート地マーゲイトが舞台。映画館で働く人々が主人公になるのだが、現在のシネコンのようなシステマティックに整理された運営ではなく、限りなく家族経営に近い。極端に言えば疑似家族のホームドラマとも言えるような構成である。そこに当時のイギリスのさまざまな社会的な動きが流れ込んでくる。移民と人種差別、新しい音楽、新しい映画、サッチャーによるマッチョな社会の再建……。映画館はその後、シネコンによる中央管理システムによる運営に変わっていく。上映形態もフィルムからデジタルに変わり、こちらもまた、権利元による中央管理が進む。規律や訓練から逃れた場所で新たに生まれたパンク／ニューウェイヴのムーヴメントは、それゆえにそれらを統御、排除するための新たな「規律・訓練」を生み出しわれわれはその一見ソフトな「規律・訓練」の社会の中にいる。たとえばこの映画の主人公のヒラリーはそんな「規律・訓練」社会の圧倒的な被害者であり、『プライベート・ベンジャミン』の主人公のような抜け道を見つけることができずまともにそれを受け止めさせられてしまってきたわけだが、ラストシーンでようやくその閉じ込められた自分を解放する。この時彼女が、ベンジャミンと同じスタートラインに立ったのかどうか。まだ十分に弱すぎる気がしてならない。

8月1日(火)

昨日の検査の結果を受け、明日の退院が決まる。まだ体調・体力は全然万全ではないのだがもう入院している意味はあまりない。日常に体を慣らし、動かしていくうちにじわじわと回復していく。1か月くらいあればだいぶましになるだろうし、その頃にはまた新たな治療が始まる。半年くらい過ぎたら一時的な人工肛門を外して元に戻す手術もある。そこからまた人工肛門のない暮らしに慣れるまで半年くらい。半年以上休んでしまった通常の肛門が現状復帰するまでには相当大変みたいで、中には再び人工肛門に戻す人もいるらしい。いずれにしてもあと1年。来年の夏には、どうにかなっているだろう。そんな見通し。そこまでboidの運営はどうするか。やることは決まっているのだが。

夜はM・ナイト・シャマランの『ノック 終末の訪問者』。確か青山の『月の砂漠』の中で、「愛を試しちゃいけない」というようなセリフがあったはずだ。同じ意味でたとえ試す側が神であろうとわれわれの力の及ばぬ何ものかであろうと、とにかく人間を試すようなことがあってはならない。それだけは確実にそう思う。観ているうちにこちらまで試されているような気分になってちょっと参った。ゲームとしては成り立つが、リアルな問題としてそれは絶対にありえない。西欧の人との「犠牲」の感覚の違いなのかもしれない。『エイリアン4』の時もそんなことを思った記憶がよみがえってきた。シャマランの映画には時々そういった超越的な視線が表れてそれが面白くもあるのだが、今回はあまりにそれが全面に出すぎていて辛かった。

8月2日(水)

退院である。退院の時にはもっとすっきりして久々の外の空気を十分に満喫、というつもりでいたのだが、全然そうじゃなかった。すっかり落ちている体力、まだ抜けきらない違和感と痛み、入院中ほとんどの時間を寝ていたために生じる頭のもやもや感。いろんな要素が重なってとにかく何もせず普通にそこにいるだけでめいっぱいである。これはまともに日常生活が送れるようになるまで、相当な時間がかかる。9月のYCAM爆音が不安になる。1日単位で考えるとちょっと絶望的な気分になるので、10日単位で考えることにする。とはいえ、桃を食った。新鮮な果物に飢えていた。ひと息ついた。

夜はアルジェントの『ダークグラス』を観た。何も考えず観始めたのだがこの手の血まみれ描写は退院後すぐに観るものではなかった。編集のスピードも近年のアクションやホラーの切れ目のないつなぎから比べるとオールドスクールと呼びたくなるようなぶつぎれ感とまったりとした時間経過で、慣れるまで時間がかかった。ただそのおかげで最後のシーンにみなぎる主人公の新しい人生への踏み出しを、温かい目で見ることができたように思う。『サスペリア』などには見られなかった独特の祝福感というか。ようやくひどい世界が終わったという安心感ではなく、これから新しい何かが始まりそれとともに彼女は生きていく、そのことを心から祝福する気持ちが湧き上がってくるのである。もう十分に齢を重ねたアルジェントの世界とのかかわりの変化ということなのだろうか。

8月3日(木)

久々の自宅生活でさすがに疲れた。朝夕の2回の散歩でめいっぱいである。あとは何もできなかった。体中がまだヒリヒリしている。

8月4日(金)

これまでの人生の中で一番多く聴いたミュージシャンは誰かとCCRのドキュメンタリー『クリーデンス・クリアウォーター・リヴァイヴァル トラヴェリン・バンド』を観ながら思ったのだが、はっきりとどのバンドとは言えないものの、CCRもその中のひとつであることは間違いない。まだシングルしか買えなかった中学時代にレコードやラジオでいったいどれくらい聴いたことか。「雨を見たかい」の大ヒットで自分にとって決定的な存在になったのが中学2年の時というのが、今回、リリースの年代を確認してはっきりした。しかし記憶の中では確実に中学1年である。生まれて初めて自力で買ったシングル盤の中には入っていないが、その次くらいに買った思い出が。もしかするとそれは「雨を見たかい」ではなく「フール・ストップ・ザ・レイン」だったか「グリーン・リヴァー」だったのか。もはやそのあたりの詳細は捏造された記憶の中にしかない。だがとにかくCCRの音を聴くと中学時代の風景がそのまま目の前に鮮明さを伴って現れる。あの暑い夏、あの夕暮れ、あの夜明けの空……その時の気温や体温や空気の湿り気……、それらが今まだ自分の中にあってざわめきたち、体を熱くさせる。退院後の弱った身体に力が入るのを感じる。特に映画前半の結成から1970年までのストーリーは特別新しい情報が語られているわけではないが、それゆえに自分の過去と重なり合って親密でかけがえのない物語となり自分がまだ確実にその頃を生きているのだと言いたくもなる。時間は流れるものではなくこうやって静かに沸騰しているだけなのだと。その静かな沸騰とともに生きていければいい。

そしてなんと、ジェフ・ブリッジスのナレーション。あの声とジョン・フォガティの声も共鳴してその歴史をより豊かなものにする。映画の中ではビートルズと比べられているが、CCRはビートルズのような特別感、圧倒的な才能と好奇心による新しい世界への導きの音であるような何かとは違い、もっと身近でパーソナルな領域を小さく振動させて聴き手の世界を広げていくような何かとしてあったように思う。だからあえてビートルズと比べる必要はまったくないと思うのだが、後の世代のためにはビートルズと比べられるくらいのバンドだったのだと伝えることもひとつのやり方なのだろう。そして映画の後半は70年のロイヤル・アルバート・ホールでのライヴ映像。今まさにそこで演奏しているCCRを観ることができるのは至福の体験であるが、実はわたしは、この力強く一歩一歩を刻み続けるライヴの音源よりも、それよりテンポが遅いスタジオ録音の、その力強い一歩一歩の後に響くリバーブの音が大好きで、彼らの音の影とも言いたくなるようなそのリバーブの響きと翳りの中でいつまでも夢見ていたいと思うのだった。もちろんこのライヴにもその名残はあって、時折聞こえてくるジョン・フォガティのギターの残響音にうっとりするばかりであった。ああしかし、彼らの曲を聴くたびに、自分の個人的な思い出だけではなく、『地獄の黙示録』やオリヴィエの『冷たい水』、ヴェンダースの『ゴールキーパーの不安』や『さすらい』などの映画の思い出も次々に蘇ってきてさらに胸を熱くするのだった。

8月5日(土)

1日おきに調子よかったり悪かったりということで、本日はちょっとぐったり。散歩をして昼寝して終了。映画も観始めたもののまったく集中できず、20分くらいであきらめた。まだまだ体中がひりひりしている。いったいこれで本当に回復するのかという不安も頭をもたげるが気にしても治るわけでもないので、寝る。

8月6日(日)

1日2回の30分~40分程度の散歩でへとへとになるので、睡眠はしっかりとれる。というか1日中眠い。手術前までは当たり前のように歩いていた距離が、遠い。帰り道はちょっとくじけそうになる。いろいろ思うことはあるのだが考えても仕方がないので、とにかく歩く。もうちょっとしたら、散歩を楽しめるようになるはずなのだが、今はまだ体に歩き方を教えているような状態。80歳くらいの方たちと同じようなスピードである。よそ見すると倒れそうになる。

8月7日(月)

午後から病院へ。人工肛門の専門医との面談。病気のことというよりも、取り付け方の確認やら、今後使いこなしていくためのノウハウやらといった技術的な指導である。手術前は慣れてしまえば案外らくちんなのではないかと楽観視していたのだが、いざ取り付けてみるといろいろ気になってなかなか身動きがとりにくい。1日に数度はたまった排泄物を捨てないとならないのだが、それがなかなかグロテスクで結構しょんぼりする。まあ、すべて慣れてしまえば何ともないとは思うものの、やはり人工肛門なしで生きられるならそれに越したことはないと願う気持ちがむくむくと湧き上がる。また、来年3月くらいに元に戻した時の本来の肛門の働きを取り戻すために、今から肛門括約筋を鍛えておかねばならないとのことで、自分としては結構真面目に体操をしている。

とまあ、それやこれや温泉にはどうやって入るのかとか、ボーリングはできるのかとか人工肛門についての話をしたのだが、右わき腹の人工肛門の下の方に傷口を縫い付けた箇所がありそこの抜糸がされてなかったことが見つかり、急遽抜糸作業。その場であっさりとやることになるもののもちろん麻酔はなしなので、それなりに痛い。というかかなり痛い。やれやれいろいろ大変である。すっかり疲弊して帰宅。他には何もできなかった。

8月8日(火)

深夜、暑くて目覚める。どうにも具合が悪い。冷えピタシートをでこに貼り付け、しばらく涼を取り何とか再度寝たものの寝起きは当然悪い。体操をして朝食はとったものの起きていられず、再度寝て昼に起きる。その後、再び病院へ。外科の担当医との面談である。いかにもな夏の空が気持ちよくもある。面談では今後の治療の予定などが説明される。退院1週間後の血液検査の結果は良好、腫瘍マーカーも通常値に戻り、がんの取り残しもなく、現状ではフレッシュな状態。ただ、わたしの場合の再発率は50パーセントということで、そこそこの確率なので、再発防止のための抗がん剤治療を勧められる。それにはいくつかのやり方があり、効果があるやり方ほどこちらの身体への負担は大きい。治療を受けるとするとそのうちのどれを選ぶか。いったいどれくらいの効果なのかの説明としては10パーセント＋αとのことで、つまり、再発率が、40パーセントから30パーセントくらいになるということらしい。この10パーセント＋αをどうとらえるか。今の体調を考えると、あまりに身体への負担が大きいならそちらの方がよくないのではとしか思えず、憂鬱になる。来週の面談までに判断をとのことで、いったん持ち帰ることになったのだが、なんとなく答えは出ている。とにかく今は体力の回復を優先。まだ日記を書くことくらいしかできない。仕事の連絡もいくつか来ているが、お断りしたり、返事をせぬままのものもある。原稿書きならできるのだが。

8月9日（水）

へばっている。入院中の日々の血圧測定でわたしの血圧が低い、ということは判明していたのだが、本当に低い日は高いほうが85くらい。これくらいになると、動くのが辛い。足が地についている気がしない。20代の頃からそうだったので、多分ずっとそう。メニエールでぶっ倒れている時とかはめちゃくちゃ低かったと、今更思い出した。というわけで、本日は血圧測定をしたわけではないが、体感で85。つまりくらくらである。それでも少し声が出るようになり、ようやく腹に力が入るようになってきたということなのだが、何箇所かと電話連絡。声を出すのはいいことだというのを実感する。声を出すことで気力が生まれる。それが身体のエネルギーなる。体育会系の人はこの循環をわかるはずだ。無駄でもいいから声を出した方がいい。つられて体が動く。しかし、それ以外はぐったりと寝ていた。

8月10日（木）

本日も体感血圧85。昨日よりさらにひどいかもしれない。それでも動けないわけではないので、よろよろと散歩。途中、佐伯美波から連絡が入り、たまたまそばにいるらしく、わたしも散歩ついでなので久々に会った。9月からスイスの大学院に留学という話は聞いていたのだが、出発が早まり明日11日の飛行機で実家に戻りその後スイスへということで、今日が東京最終日とのこと。留学期間は2、3年、しかしその間の生活費は、という話で相変わらずの無茶な渡欧にあきれるが、まあ、何とかなるのだろう。2、3年後の帰国時は今よりがぜん元気になって出迎える約束をして別れる。

午後は、昼寝後、YCAMとの打ち合わせ（16日にYCAMラジオの公開収録があり、そこでYCAMでの爆音のことや映画のことを話すのだが、16日はユーチューブでリアルタイム配信があり、その後、音声のみをYCAMラジオで聴けるようになるとのこと）、そして各所連絡。疲れてまた昼寝、というか夕寝。そして日が陰ってからの散歩。これだけするともう目いっぱいである。そして、映画観て原稿書くことしかやりたくないとつぶやいていたら、パンフ原稿の依頼が来た。ありがたい。

8月11日（金）

完全にへばっていて、ほとんどの時間を寝ていた。散歩も軽め。しかし夕方くらいになってからお陰で少し力が戻ってきた感じ。声もさらに出るようになり、ダメな時は寝るしかない、ということを実感した。夜、パソコンで少し作業をと思ったら、仕事用に昨年の秋に買ったばかりのパソコンの電源が入らない。実は富士通のパソコンは以前にもひどい目に遭っていて2度と買わないと心に決めたはずだったのだが、本体重量の軽さに負けて、さらに2度と買わないと誓ったことをその時点ですっかり忘れていて、買ってからの調子の悪さでようやくかつての苦い経験を思い出すという情けなさ。ああもうほんと面倒臭いこのパソコンと仕事するたびに思っていたこちらの不満が伝わったのかもしれない。何事も愛情を持ってということはわかるが、しかしその前に面倒なお知らせとか、あれしろこれしろという技術的な指示がわかりにくくて、レッツノートもＶＡＩＯもＮＥＣもこんなことは絶対なかったと、ついつい思ってしまうこちらの諦めの悪さが事態を悪化させるばかりなのであった。データ自体はクラウドに全て上げてあるので自宅のＭａｃで問題なくできるのだが、銀行作業だけは富士通パソコンでしかできない。早急に対処しなければならないのだが世の中お盆休みである。仕事しないで体力回復に努めなさいということだと思うしかない。

8月12日（土）

うまく眠れなかったこともあり、ぐったりしたままの1日。体操と散歩はなんとかこなしたが、あとはほぼ寝たきり。なんかもう入院中より体調悪いんじゃないかと思い始めたのだが、入院中はこんな散歩も体操もできなかったわけだから少しは体力は回復してきているのだろう。ただ食欲はまったくない。果物ばかりを欲している。体のあちこちがヒリヒリとして過敏に反応している。声が再びうまく出なくなる。

8月13日（日）

気圧不安定、低血圧、胃腸の調子も悪く、諦めてぐったりしていた。とはいえ、人工肛門につけるパウチ（便をためておく袋）を注文しないとこれを切らしてしまっては大変、ということで初めての注文。しかし高い。5袋で5500円である。ひとつで2、3日使えるので、5袋で大体2週間。つまり1か月で11000円ちょっとかかる。その他、いろんな備品も必要で、まとめると1か月で15000円以上はかかると思う。まともに働けない上に、この出費は痛い。障害者手帳をもらい、障害者割引が適用されると補助金が出るのだが、障害者手帳を受け取るまでに1か月半。そこからしか補助金申請をすることができなくて、それが受理されるまで2、3週間。そしてそれが受理されて手続きを済ませてからでないと、補助金が適用されない。それ以前にかかった費用は全部自腹である。いや、これはどう見たって、障害者手帳を申請した時に遡って補助金を出すのが普通でしょと思うのだが、全国の自治体でそこまで遡ってくれるのはごくわずからしい。杉並区は申請処理済み後という全国標準のシステムだから、早くて10月から。というわけで大事に使うしかないのだが、取り替えて2日目以降になってくると、貼り付けている皮膚がかぶれてきて痒い。その痒み止めの薬も必要になり、さらにかぶれを防ぐためのパウダーも必要になるという無限地獄。とまあ、こういうことを考え始めると鬱々とするばかりである。しかし、人工肛門用の備品というのがものすごい数あって、カタログにはさまざまな商品がびっしりで、それも病院が契約している備品会社だけのカタログでそれである。こういう会社は他にいくつもあるはずで、つまり必要としている人がそれだけいるということになる。そんなことは想像したこともなかった。自分が生きているということ、その生が死と地続きであることを人工肛門という形で日々数回の排泄作業の中で具体的に実感している人が自分の想像外の多さで存在している。その事実に頭がくらくらした。まだまだ体のあちこちがヒリヒリする。

8月14日(月)

退院から10日以上が経ち振り返ってみると少しは体力が戻ってきて身体中の痛みもなんとなくマシになってきた気がする。とはいえまだずっと座っていることもできないし、立ち上がっても辛いしでつい横になってしまうのだが、そこから再び立ち上がることがなかなかできない。立ち上がったら立ち上がったで血液が一気に下方に下がり再度頭に血液が流れ始めるまでしばし時間がかかる。体はまだまだ日常の暮らしに慣れてくれなくて、一時は観始めていた映画もなかなか観られない。集中力がまったく続かなくなってしまっている。手術後1か月、体調次第で気持ちのあり方も大きく変わり、コントロール不能である。今は食欲もないからあらゆる欲望から遠い状態。10日後にはどうなっているか。

とはいえネット上を賑わしている『バービー』を観た人たちの意見・感想を見ると、ああこれだけはいち早く観たいという気持ちは高まる。今年1番の期待作であるが、いくつか見かけた厳しい意見が気になって、これはboidマガジンで具体的に書いてもらって、おそらくわたしも観たら観たで絶対に盛り上がるに違いないはずのその盛り上がりを一旦距離をおいて見てみるのもいいのではないかと思った次第。ただそれにしても映画を観ない限りは原稿のお願いはできないし、とはいえ映画館の中で2時間じっと座っていられるようになるまであとどれくらいかかるか下手すると1年かかるなと思っている現状では手も足も出ない。配信が早く始まってくれるのを待つばかり。

8月15日(火)

いやあ、薬代が高い。本日病院に行って主治医と話し合い、再発予防のための抗がん剤治療を始めることにしたのだが、まだ体力が全然戻ってきていないこともあり、一番やわな、体に優しい飲み薬のみのコースを選ぶ。それでも何が起こるかわからないということで副作用の可能性の説明を再度レクチャーされるわけだが、「可能性」ということはわかっていてもこうやって説明を聞いてしまうとやはり緊張する。果たしてこの先大丈夫なのか。体重は10キロ減っていた。半年から1年かけてこれをどれだけ戻すことができるのか。主治医に「ネットではこの時期に食べない方がいいものとか食べた方がいいものとかいろいろ載っているが、実際のところどうなのか」と質問すると、あまり気にするなとの答え。キノコと海藻を食べすぎない、くらいであとはバランスさえ保てば好きなものを食べるように。副作用の緊張が一気に解れる。とはいえ胃腸の調子は良くないので、まあそれが戻ったら好き勝手やらせていただくことにして、胃のための漢方薬も処方してもらった。

それで薬局に行くわけだが、病院側の薬局が混んでいたので自宅側の薬局に処方箋を持って行ったところ、さすがに抗がん剤は特殊な薬なので大病院のそばの薬局にしか置いておらず取り寄せになると言う。いやしかし明日から内服というスケジュールで今後の予定も組まれているので、ということで再度病院そばの薬局へ向かおうとしたもののさすがにそこからさらに15分以上の道のりは体力的にきつい。一旦家で休んでから夕方近くに出かけたところ、薬代2万円超え。人工肛門のパウチ代といいこの薬代といい、頭を抱える。

8月16日（水）

再発予防のための抗がん剤を飲み始める。とにかく8時間おきに飲む。その前後1時間は食事は厳禁。それを4週間、そして1週間休みというのが1セットで、それを5セット。ということで、1セット目は7時、15時、23時に飲むことに決める。また、副作用として食欲減退というのがまずあるらしくて、とにかく抗がん剤を服用中はしっかり食事を摂るようにということで胃のための漢方薬も処方され、これを食事30分前に服用。つまり1日のスケジュールが薬の服用時間ですっかり決められてしまう事態となった。その間に散歩して体操して昼寝をしたらほとんど何もできない。それが仕事だと思うしかないわけだが、その間いったい誰が稼いでくれるのか。

そんなわけでｂｏｉｄ ＡＩＤ福袋セットを売り始めることにした。お楽しみも兼ねてのものなので、もし買い損ねていたものだったとしたらこの機会に是非。そして午後からは9月のＹＣＡＭ爆音の宣伝・告知も兼ねてのＹＣＡＭラジオの公開収録をオンラインにて1時間ほど。昨日だったら無理だったが本日は体力が少し戻ってきた。台風がいってしまったからだろうか。体感血圧100、くらいな感じである。少しは宣伝になってくれるといいのだが。今年はＹＣＡＭ20周年ということで爆音映画祭もいつもより1日長く、盛りだくさんの企画である。あとはわたしの体力次第。一昨日はあまりの調子悪さに、「行けないかもしれない」とＹＣＡＭの担当に連絡を入れてしまったのだが、果たしてどうなるか。

8月17日（木）

いったいこれが抗がん剤の副作用なのかどうかよくわからないがめちゃくちゃだるい。体が思うように動かない。しかも午後からはめまいもしてきた。とはいえメニエールのめまいと違って体を動かすとゆらゆら揺れるというやつで大人しくしていればなんでもない。寝たまま船酔い状態になって吐きまくるメニエールに比べたらなんてことはないのだが、この状態では散歩にも行けない。やれやれどうしたものかと思っているうちに眠ってしまい、目覚めるとめまいは消えていた。ということで抗がん剤2日目にして副作用はまあ耐えられる範囲でなんとかこれくらいで済んでほしいと願うばかり。しかしわたしの場合は家族の支えもありなんとか休み休み暮らしていけるのだが、もし独り身で蓄えもなくとにかく今すぐ仕事に復帰しないと生きていけないという人はどうやっているのだろうか。考えただけで恐ろしい。少なからずそのような状況の方たちはいる。

それやこれやでぐずぐずしている以外、ほぼ何もできなかった。

8月18日（金）

本日もだるくて眠くて、結局かなりな時間を眠っていた。寝て起きるたびに身体中の痛みが少しずつ楽になってきている気がするのだが、単に気のせいか。

boid AID福袋がそれなりの反響を呼んで、爆音Tシャツセットが売り切れた。ありがたいことである。と同時に、皆さんの期待に応えられるだけのことを今後やっていけるかどうかという不安もある。自分が面白いと思うことが世界の動きと大きくずれ始めているのを強く実感する時がある。それ以上に強い衝動とか欲望というものからも遠くなり、ただこうやってぼんやりと生きていくだけでも十分と思うようになってきた。今回の入院で自分の低血圧具合がはっきりと証明されたので、血の薄い低血圧者としての思わぬ野望を見せられたらとは思うのだが。CCRではないが低血圧者の血の静かな沸騰を形にすることができるかどうか（8月4日の日記参照）。

夕方、散歩のついでに高円寺駅前のトリアノンで久々に風元さんに会った。友人たちに会うのは久々ではあるが久々感はない。特別な話をしたわけではない。緊急の課題としては中原の今後をどうするか。われわれ友人たちの大人としての社会的対応力が試されている。

8月19日（土）

抗がん剤の副作用がじわっと来始めている。とにかくだるいし、低血圧が加速しているような気がする。立ちくらみが激しい。食欲もない。とはいえどれも耐えられないというほどのものではないが気分は悪いし何もできない。諦めるしかない。それでも散歩にということで本日は高円寺駅そばの「座・高円寺」で行われている「座の市」に行く。各地の提携農家が座・高円寺前の広場やロビーで市を開いているのである。午前11時のオープンに合わせて行くわけだがもうその頃の気温と日差しは半端ではない。汗だくである。妻とあれこれ買い物をしていると「あれ、湯浅湾だ」ととある出店の販売人から声をかけられる。わたしは五木田智央くんデザインの湯浅湾Tシャツを着ていたのである。その方は高円寺で山形料理と地酒の店をやっているとのことで、今回は山形からやってきた農家の出店を手伝っているのか、あるいはその飲み屋の出店で山形産のあれこれを販売しているのかなのだが、とにかく湯浅湾の大ファンということで、元気になったら高円寺の店に湯浅さんも連れて食べにいくことを約束。さすがに高円寺だと、湯浅湾のファンのひとりやふたりはいる。次回はエクスネTシャツを着て座の市に行ってみよう。

帰宅後も汗だく。気がつくと人工肛門のパウチが外れそうになっていて悲しい。多分貼り付け方が悪いのだろう、このところ1日くらいしかもたない。落ち着いて新しいものと取り替えたのだが、やはりすぐに剥がれそうになる。パウチを貼り付けた部分がかぶれていて、そのかぶれを治すための薬をつけすぎているのかもしれない。ほんの少しでいいと念押しされていたのだがこのことなのかと今更納得。あとはぐったり寝ていた。食事も無理やり。食欲がなくても無理やり食うことと主治医からも念押しされていたのであった。食事がうまく摂れなくなるのは精神的になかなかきつい。

8月20日(日)

夜中に目覚め、暑くて眠れずそのまま階下に降りてエアコンをつけソファで仮眠。リハビリは思うようにいかない。とにかくこのままでは本当にズルズルになるので、デプレシャンの新作『私の大嫌いな弟へ ブラザー&シスター』を観た。もっと早く観て日記にも感想をアップする予定が予想外のへばり具合でまったく映画を観られなかったのである。退院したての頃は妙にテンションが上がっていたのだろう。その奇妙なテンションがようやく落ち着いてきたということか。原題は「Frère et Sœur」、「ブラザー&シスター」である。当然『キングス&クイーン』を思い出すわけだが、内容もどこかで対になっているような、男女、親子のきつい関係の物語である。『キングス&クイーン』の中にこんなセリフがある。

「男は直線の上で生き、女は泡の中で生きてる。小さな泡をいくつも移動するか、その中間地点で……ある地点ごとに泡がある。男は一本の直線を死ぬために生きていく」

これは主人公のひとりイスマエル(マチュー・アマルリック)が言うセリフなのだが、これに倣えば『キングス&クイーン』は一本の直線の物語をベースに描かれていて『私の大嫌いな弟へ』は小さないくつもの泡をベースに描かれているということになるだろうか。主人公たちが生きた歴史や空間のいくつもの泡と泡がぶつかり合い、おそらく彼らとは具体的にはまったく関わりを持たない人々の泡や政治の泡やシステムの泡が彼らを襲う。時間は予告なく今ここからあの日のあそこに戻り、その感情を抱えたまま再び今ここの時間が始まる。その中でおそらく泡同士の誤配や誤解やすれ違いがあって、再開し始めた時間はその前に進行していた今ここの時間と同じであるのかどうか、誰にもわからない。彼と彼女、彼と彼、彼女と彼女の関係は果たしてそのまま彼と彼女、彼と彼、彼女と彼女の関係なのかどうか。それぞれがそれぞれの時と場所でそれぞれと危うい関係を結ぶ。タイトルが示す姉と弟の関係はもはや今そこに映っているアリスとルイという名前を持つ女優と詩人の関係を遥かに超えて、かつてどこかで愛し合い憎しみあった男女の関係ともなりいつかどこかで出会うはずの小さな希望のような関係ともなるわけだ。カサヴェテスの『オープニング・ナイト』のような女優とファンの女性との関係、その時女優が演じているのはジェイムズ・ジョイスの『死者たち』を翻案したジョン・ヒューストンの『ザ・デッド／「ダブリン市民」より』をさらに翻案したという舞台作品という翻案の連鎖が、それぞれ単独で何かを語るのではなくその連鎖そのものが主人公たちの世界を作り上げていく。そしてそんな泡と泡のぶつかり合いと誤配とすれ違いの連鎖の物語の中にさりげなく流れるアル・スチュワートの「Timeless Skies」の、世界に浮かぶあらゆる泡を見晴らすような歌詞が心に沁みた。

8月21日（月）

8時間おきに飲まねばならない抗がん剤の縛りによって生活が規則正しくなるかと思ったら23時に飲んでからすぐに眠ることがなかなかできず、寝るのが大体2時近くになりしかも寝苦しくて途中で目が覚めるものだから、結局7時に抗がん剤を飲んでから再びぐずぐずしてそれでもなんとか気を取り直して朝の体操をして朝食を摂ると眠くなり寝てしまう。そこから日光浴も兼ねての散歩になる訳だからもうその時点で汗だくぐったりとなり1日のエネルギーは終了。午後からはまあ成り行き任せである。いくらリハビリ中とはいえやらねばならない仕事はいろいろ出てきてさてどうするかという状況にはなってきているわけでまさか手術後1か月半経ってもまだまだ役立たずの状態だとは思っていなかったし、抗がん剤の地味な副作用が案外堪えていてこれが半年間続くのも想定外だった。しょんぼりだが予定を遅らせるしか方法はない。

夕方から昨日の流れで『ルーベ、嘆きの光』（配信タイトル『ダブル・サスペクツ』）を観た。初めて観たのは2年くらい前だったか。日記にも感想は書いたはずだがいったい何を書いたのかまったく憶えておらず。探そうにも、日記自体が月毎にファイルが別々だから一発では検索ができない。そろそろこの数年のものをまとめられたらとかぼんやりと思っている。ああしかし、クリスマスの夜の警察署の描写から始まるというのは『L.A.コンフィデンシャル』だなといきなりニヤニヤする。とはいえ語られる内容は大違いで、エルロイのそれが「アメリカ」という大きな闇の怪物的な物語なのに対し、こちらは名も知れぬ小さな人々の小さな嘘や反抗や涙が示す愛や憎しみや善や悪の数々である。あらゆるものが危うい境界線上にある曖昧な真実の影のようなものとして、画面に定着される。はっきりしているのは、やはり映画には馬が必要だろう、というようなことだ。馬を出せなければ機関車を出す、あるいはカトリーヌ・ドヌーヴがいる、というデプレシャンの映画のゴージャス感はこの映画でも『私の大嫌いな弟へ ブラザー&シスター』でも健在である。

8月22日(火)

不安定な天候のせいなのか、どうにも身動き取れず。薬を飲みほぼじっとしていた。かろうじて散歩にだけは行った。あとは廃人。

8月23日(水)

目覚めると足元が冷たい。何が起こったかと思ったら、白猫さまにやられていた。あまりの暑さにエアコンのない寝室から1階の仕事部屋にマットを移し寝ていたのだが、1階はわたしの仕事部屋であると同時に猫さまたちのトイレでもあるのだ。何もなければわたしの仕事デスク下に置かれたトイレのどれかにしてくれるのだが、今回は邪魔なマットがあって白猫さまがご立腹なされたのであろう。こればかりは怒りを鎮めていただくしかない。こちらもエアコンの部屋で寝ないと命に関わる状況である。

それやこれやで無理やり起きてしまったためか、その後はぐったり。午前中はほぼ倒れていた。午後からは社長仕事の税理士との面談でどうしても事務所に行かねばならず、退院後の初出勤なのだがもうフラフラでひどいものだった。社員大橋からも「本当にＹＣＡＭに行けるんですかね」と心配される。マジで心配になってきた。ＹＣＡＭまであと20日。

8月24日(木)

昨日までの湿度全開の耐え難い天候からさわやかな風が吹くどこか秋めいた1日。そのためか気分はよかったのだが気が付いたら4回も昼寝していた。こういうのを昼寝というのかどうかわからないが、結果的に1日中寝ていたということになる。ということで昨日までと同じ何もできない1日であった。食欲は相変わらずまったくわかず、とにかく食えるものを無理やり食っている。これが半年間続くのかと思うとがっくり来るが、体が慣れてくれることを願うばかり。そして気が付くと太もものあたりが微妙に痛い。どうやら昨日事務所まで行ったために、どこかで無理な動きをしたのだろう。単にいつものように行って帰ってきただけなのだが、電車に乗ったり駅の階段を上り下りしたりというのが、散歩とは違う筋肉の力の使い方をしているということか。その意味では来週は何度か事務所に行った方がいいという結論。そうでないとマジでＹＣＡＭには行けない。昨日の感じだと、事務所に行くだけでまだまだ相当辛いのだが、まあ、リハビリとはそういうものである。

8月25日(金)

いよいよ副作用が激しくなってきた。めまいと吐き気。もう何も食べる気がしない。しかしとにかく食事はする。それだけでめいっぱい。こういう時、何を食べたらいいのだろうか。それなりに栄養価の高いバランスの取れた、しかも食べやすいもの。胃に負担のかからないもの。それを1日3食ではなく5回くらいに分けて少しずつ食べるしか、今のところ思いつかない。エネルギーゼリーとかも活用するのがいいかもしれない。来週火曜日の主治医との面談まで、何とか持ちこたえられるといいのだが。しかしこのめまいと吐き気が抗がん剤の副作用ではなく、メニエールが出てきただけかもという疑惑もある。左耳もだいぶ調子が悪い。自分の体を総合的にチェックしてくれる信頼のおけるかかりつけの医者が求められる。

8月26日(土)

日記をつけているのでかろうじて曜日の感覚はあるが、それ以外は曜日とはまったく関係のない暮らしが続く。抗がん剤の服用さえなければもう少し何かが戻ってきているのではないかと思うのだが、現状は日々を乗り切るのがめいっぱい。本日もめまいと吐き気で、とにかく無理やり食事をし、ひたすら耐える。先はまったく見えないが、体が慣れてくれるか耐えられなくなるか。散歩も体操もできなかった。

8月27日(日)

めまいと吐き気がひどいと体操も散歩もままならない。この土日は高円寺の阿波踊りがあっていつもの散歩コースには行けないなと思っていたのだが、その心配も無用に終わった。まったく祭りの気配のない週末になってしまった。ヘッドホンで映画を観てもめまいがひどくなるし、音楽を聴いても耳鳴りがひどくなる。その上、とにかく眠い。気が付くと寝ている。これでめまいと吐き気がなかったら贅沢な休日なのだが。

8月28日（月）

めまいと言ってもメニエールの時のような激しいめまいではなく体を動かした時にくらくらっとなる程度であるいは立ち眩みの少し強いやつくらいなのでメニエールよりましとは思えるのだが、それに伴う吐き気が何とも気持ち悪い。食欲はゼロ以下でまったく何も食べる気がしない。でも食べられないわけではないので無理やり腹に詰め込んでいるという状態。友人たちから送られてきた見舞いのフルーツやフルーツゼリーのようなものは美味しく食べられるのだが、それ以外はひとくちかふたくち。あとはむかむかする胃をだましだましというところ。満腹感もない。入院している時はとんかつが食べたいとかアジフライが食べたいとか思っていたのだが。この副作用に体が慣れてくれる日は来るのか来ないのか。それにしても眠い。ほとんどの時間を眠っている。夕方、病院へ。人工肛門の専門医との面談である。飛行機に乗る時の準備や注意、温泉に入る時の準備など、ＹＣＡＭ爆音に供えての旅行時の注意や準備についてのレクチャーを受ける。慣れてくればいろんなことが可能になる。退院時に比べたらだいぶ大胆にはなってきた気がする。しかし寝ていると1日が終わるのが早い。

8月29日（火）

障害者手帳が発行された。入院中に申請していたのだが発行までに約1か月半。これが早いのか遅いのかよくわからないが、とにかくこれでいくつかの補助が受けられる。人工肛門関係の経費補助はこの手帳が発行されてからの申請なので、本日区役所で申請を行いさらに2、3週間後。都営交通の補助に関しては本日すぐにカードを受け取ることができた。障害の等級としては低いのでそこまですごい補助が受けられるわけではないが、それでも助かる。しかしめまいと吐き気はなかなかしぶとい。本日も朝から病院に行き血液検査を受け主治医の面談を受け、そこから区役所という段取りで、余力があったら阿佐ヶ谷で買い物をと思い、なんとか阿佐ヶ谷駅まで行ったものの帰りはふらふら。元気だったらさらに事務所までという野望はまったく果たされず汗だくになって自宅に引き上げた。あとは寝るだけ。主治医からは、吐き気だけで済んでいるなら抗がん剤は続けるようにという指示。実際に吐いたら対応を考えましょうとのこと。まだまだ序の口である。しかし何もする気にならない。

とはいうもののあまりの倦怠感を何とかしようと『悪魔の追跡』を観た。ピーター・フォンダとウォーレン・オーツというおなじみのコンビの75年の作品。これを観たら「そりゃあアメリカは銃社会になるよね」ととりあえずは納得させられてしまうような怖い話。リアリティがまったく無いようで「いや、これは十分あり得る」と思えてしまうのは、こちらがアメリカ映画を観すぎているせいかもしれない。でもあそこでは何が起こっても不思議ではないと思わせてしまうような土地の力がアメリカにはある。あの何もない暗闇と共に暮らすということはそういった恐怖と共に暮らすことでもある。しかも当然CGを使用していないので、車はリアルにボコボコになる、炎上する、橋から落ちる、ぶつかって転げる。パソコンのモニター越しでも否応なしに伝わってくる破壊のディテールが映画の肌触りとして強烈な感触を残す。この肌触りを感じるために映画を観ているのだという確信のようなものがむくむくと湧き起こる。スピルバーグの『激突!』から数年後。ただ車が走ってぶっ壊れるだけで映画はまだまだ成立していた。

8月30日（水）

めまいは続く。立ちくらみがひどい。ただまだ耐えられる範囲である。リハビリのために事務所に行こうと思っていたのだがそれは無理。ますますYCAM行きが不安になる。とりあえず飛行機で行くのはやめた方がいいという結論。気圧の変化にめまいが耐えられそうにない。新幹線で障害者割引を使いその分グリーン車に乗れば4時間を何とか耐えられそうだ。行ってしまえば、その期間は抗がん剤の休止期間に当たるので副作用も治まり何とかなるだろう。という妄想で1日が終了。

8月31日（木）

8月は完全に副作用バテバテ日記になってしまった。本日はさらにひどい。ほぼ寝たきり。とはいえ月末なので社長仕事の各所振り込みはやった。それをやっただけでも許してほしいといったい誰に向かってなのかとにかくひたすら訴える。これが半年間続くわけだ。YCAM爆音も怪しくなり、いったん確保してあった飛行機のチケットをキャンセルしてもらった。この状況だと絶対に飛行機には乗れない。新幹線で行けるようなら行く。楽しみにしていたのだが、もうそれどころではなくなってきた。抗がん剤の1クール目の服用が12日で終わるので、それだけが救いというか希望。12日に新幹線に乗れば何とかなるかも。こんな8月の終わりを迎えるとは思ってもいなかった。

9月1日（金）

夜中に猫さまの気配で目覚めると足元が冷たい。お怒りは収まったものと思っていたのだが、再びやられてしまった。ただ幸いわたしが早く気が付いたので被害は大きくなくシーツを片付けるだけで何とかなったのだが、今度は枕元で毛玉を吐かれてしまい、さすがにこちらはちゃんと片付けなくては臭くて寝られもしないのでバタバタしていたらもう夜明けですっかり寝損ねてしまった。ということで本日は終了。昼はほぼ寝ていた。めまいと吐き気は治まらず、ひたすら耐えるのみ。こんなことで半年つぶしてしまってそれでいいのだろうかと考えたのだが、こんなことでもなければ半年ぐーたらできないなとも思った。原稿書き以外はやらないということでそれでいいのではないか。すべてをいったん止めてみる。

9月2日(土)

夜中にひどいめまいが来て、ついにめまい止めを飲む羽目になった。これを飲むととにかく眠くて1日が台無しになるのだが、本日も同様。眠り続けた。めまいは軽くなったが治まりはせず。今後の展望が見えない。メールなども読めず、YCAM爆音のための準備もまったくできていない。

9月3日(日)

残念ながら立ち直れない。ほぼ寝たきりだった。体に力が入らず、声も出ない。これはさすがにひどいので、明日からは無理やり運動をする決意をしたのだが。

9月4日(月)

いよいよ曜日の感覚も怪しくなってきたのだがとにかく抗がん剤服用の1クール目もあと1週間。ぎりぎり耐えてはいるが、今後もうメールもまともに返せない。そんな感じの状況を周囲にわかってもらえないとあと半年間はやって行けそうにない。というようなことを考え続ける日々。他に何も考えられないのは、8時間おきの抗がん剤服用時間が決められているのと、人工肛門からの排泄作業が大体3時間おきにやってくるのとで寝ている時以外は常に病気に直面させられているからだ。否応なし。副作用が軽い人やわたしよりポジティヴな人はもうちょっと反応が違うのだろうけど、わたしの場合は、生きていくことにあまりポジティヴではないへなちょこが愚痴をこぼしながらギリギリ生きていく低空飛行をどう楽しむかということで、もうしばし弱音を吐きながらぐずぐずやっていけたらと思うばかり。

9月5日(火)

夜が久々に涼しかったせいか少しまともに眠れた。少しは元気に過ごせるかと思ったが残念ながらそうではなかった。胃はますます苦しく、もう、食べ物の写真を見たり匂いを嗅いだだけで吐きそうになる。食べ物の写真が人工肛門のパウチの中にたまった排泄物となぜか直結してしまうのである。それでも食欲が勝っているうちはよかったがもはやそれもない。食事は生きていくためだけの作業となり、吐かないように食すのみ。楽しみからははるか遠くに来てしまった。それでもおいしく食べられるものはないかといろいろと試みてはいるのだが、現状ではフルーツゼリーのようなほんのり甘いつるんとしたものくらい。今夜は愛玉子（オーギョーチー）でひと息ついた。少量の冬瓜茶レモン入りの炭酸割りも心の支え。そういえば夕方の『孤独のグルメ』再放送に高崎の電気館が登場していた。電気館の従業員は当然役者が演じているのだが、本物の飯塚夫妻にそっくりで、いずみさんの方は声や話し方までそのまんまだったので笑ってしまった。井之頭五郎さんはその後どこに食事をしに行くのか、電気館に来たら当然「来来」だろうと思ってはいたのだが、もちろん「来来」の看板は大写しになり五郎さんも一瞬迷うのだが「昨夜も中華だった」という理由で別の店に。さすがにそのまま「来来」では近すぎるし当たり前すぎるかとは思うものの、五郎さんが「来来」で何を食うのかは見たかった。いやしかし、食い物の写真を見ただけで吐きそうと言いながら『孤独のグルメ』は見るのかい、という突っ込みは無用。それくらいの欲望はある。散歩にも行った。ある程度のスピードでは歩けるようになったから、体力的には少し戻ってきているのだと実感する。とにかくめまい、吐き気、倦怠感。

9月6日（水）

明け方に目が覚めて眠れず。7時前に起きてしまうのだが、いつもよりめまいも吐き気も軽い。理由はわからない。わからないが昨日までより全然ましなのでこの間連絡できずにいた各所に連絡を。いろいろ作業はできるのだがその分考えなくてもいいことを考えやらなくてもいいことをやる羽目になったりするから結局負担は大きくなる。返信の返信がなかなかできなかったりする。明日はどうなっているかもわからないし、あと1年はまともに働けないことははっきりしている。もう何もできませんと頭を下げたほうがいいのかもしれないとも思う。

そんなことをつらつらと考えていたらやはり疲れてしまい昼寝、と言っても「午前中の昼寝」で目が覚めたら12時30分だった。昼食後、再び体調は復活したので10日ぶりくらいで事務所に向かうと高田馬場の歩道で甫木元とばったり。ｂｏｉｄ事務所に寄っていたのだそうだ。しばし立ち話をしていたのだが、まあ、ここで立ち話も、ということで甫木元はわたしと一緒に再び事務所に。事務所ではたまっていた書類や請求書などの整理。今後の話など。2時間くらいでじわっと疲れが出てきて帰宅。吐き気は昨日までほどではないとはいえ、食欲はない。抗がん剤の服用が終わったら少しは戻ってくるのだろうか。あと1週間。帰宅途中に新宿駅のみどりの窓口で山口までの障害者割引乗車券を買おうとしたらスーツケースを引きずった海外からの観光客の長蛇の列であきらめた。高円寺や阿佐ヶ谷のみどりの窓口は3月で閉じられてしまったし、障害者割引乗車券はみどりの窓口でしか買えないし、どこの窓口なら海外からの観光客が少なくて買いやすいか、そんな情報も事前に仕入れておかねばならない。慣れるまで大変である。そして慣れた頃には人工肛門を元に戻して障害者手帳を返納することになる。でもスムーズにそうなってくれることを願うばかりである。半年以上休んでしまった肛門はゆるゆるになってしまうのだそうで、完全回復できない人も相当数いるとのこと。先のことを考え出すときりがない。

9月7日(木)

昨日の続きでたまっていた社長仕事をやり税務署にも行って諸手続きをと思っていたのだが、そうはこちらの思い通りにはいかない。朝から吐き気。とにかく何かを胃の中に入れることだけで精一杯。あとはぐったりするしかなかった。夕方、気持ちを入れ替えて何箇所かに連絡をした。しかしこの味覚の異常を何とかできないか。吐き気と同時にとにかく食べ物の味がぼんやりしまくってあらゆるものが病院食のようにしか感じない。具体的に言うと、ある分量の塩分がないと塩味を感じられない、という状態である。その分量を超えると一気に正常な塩味を感じることができる。梅干しやみそ漬けみたいな極端な塩味はしっかり味わえるが、塩分控えめの味噌汁とか煮物はぼんやり。これと吐き気とがつながっている。抗がん剤の休止期間に入った時にそれがどうなるか。あと4日。

9月8日(金)

梅本健司が突然現れて「この本の100ページ目を読むように」と言う。「この本」というのはどうやら梅本（洋一）さんが翻訳した本のようなのだが体裁は『青山真治クロニクルズ』にも似て灰色の分厚い本でタイトルはわからない。確かに100ページ目から何か新しい章がはじまっているもののなぜかアテネ・フランセの松本さんの写真があって松本さんの本のようでもある。いったい梅本さんはわたしに何を伝えたかったのか、とにかく夢は台風の雨の音で終わり夜明け前に目覚めるわけだが、きっとそのうちこの意味がわかる時が来る。そういえば入院以降は他人の文章がまったく読めなくなっていたから、そろそろ本を開いてみるのもいいかもしれない。いずれにしてもまともなことはできないわけだから時間はある。

とはいえその有り余る時間はひたすらぐったりしているわけだからなかなか思うに任せないのだが、本日も吐き気がひどく何も食べる気がしないままでも食べないわけにはいかない上に味覚異常で食べ物はただひたすら飲み込むだけ。食事が終わるとぐったり疲れて結局寝てしまうのであった。寝ているうちに台風は過ぎ去り、午後も結局寝込んでしまい書籍を手に取るのはいったいいつになることやら。

9月9日（土）

抗がん剤の服用第1クールももうすぐ終了、ということで体内にはたっぷり薬物がたまり身動き取れない。ひたすら耐えるのみ。気が付くと眠っている。食事はほぼ拷問に近くなっていてとにかく有無を言わさず食べ物を口に突っ込んで体内に落とし込むのみ。吐き気はマックスなのだが実際には吐かないので多分まだそこまでひどくないのだろう。どこでそのバランスが崩れるのかと思うものの、残り2日である。夕方、荻窪まで出てみどりの窓口で新山口までの乗車券を買った。事前に買っておかないと当日の東京駅とかでは絶対に間に合わない。そんなわけで運動もかねて出かけてみたのだ。帰りがけに駅ビルの食品コーナーを散策したのだが、食品を見るだけで吐き気がひどくなり早々に引き上げる。本当は夜の新文芸坐の石井岳龍オールナイトに顔を出し、石井さんと仙頭さんを驚かせてやろうとか思っていたのだが、とんでもなかった。夕食後もまた眠ってしまう。ＹＣＡＭの準備はまるでできないまま。

9月10日（日）

夜ほとんど眠れなかったこともあり、ただひたすらぐったりとしていた1日だった。おそらくこの日、世界で最も時間を無駄に使った人間のひとりであったはずだ。ぎりぎり食事だけはした。夜は妻がビアリストックスのライヴに行ってしまったために夕食はひとりで済ませたのだが、もう、本当にひどいものだった。たとえばひとり暮らしだったらこの期間いったいどうなっていたことかと我ながら呆れた。入院中、ひとり暮らしの老人（80歳近い、多少ボケの入った方）がいて、その方がいよいよ退院なのだが抗がん剤の服用もあり、この夏の暑さもあって病院の看護師がヘルパーさんの介護をしきりに勧めても頑として受け付けず、自分ひとりで大丈夫と言い張っていた。あの老人は今頃どうしているだろうか。以前この日記にも書いた、新高円寺の路上で倒れていた糖尿病のおばあちゃんはどうしているだろうか。寝ている体を起こすだけですっかり時間がかかってしまう今の自分の状態を思うと、それでもひとりで生きる彼、彼女の生きるエネルギーに頭が下がるばかりである。抗がん剤はもう体が限界に来たため（体感上）、1日早く本日で自主的に打ち切りにすることにした。あと4クール。

9月11日（月）

昨夜でいったん抗がん剤を終了させたとはいえまだまだきつい。夕方まではほぼ寝たきり。抗がん剤切れから1日経つとだいぶ回復するという経験者たちの言葉を信じて夕食まで来たが思い通りにはいかない。ただとりあえず思ったよりはちゃんと食えたし味もわかった。そして夜が更けるほどに活力が湧いてきたのを実感する。各所連絡。明日はYCAM行きます。ただ吐き気がちゃんと治まり食欲が湧いてくるのはこの休止期間の終わり頃だろうという予感も十分でこれがあと4回繰り返されるのかと思うと呆然とする。でもとにかく動く力は戻ってきた。抗がん剤はこの活力をすべて吸い取って、生まれようとしているがん細胞を抑え込もうとしているのかと思うしかない。昼間、ぼんやりしている時には日記に書くことがいくつかある気がしているのだが、大抵夜になると忘れているのはその気力もすべて奪われているということなのだろう。だがぼんやりしている時の「これを日記に書こう」と思う気力とはいったい何なのか。それは果たして「力」と呼ぶべきものなのか。だから実は逆で、力を吸い取られている時にしか触れられない何かがあり、それを日記に書こうとする力が湧いた時にはそれはするりと脇を通り抜けてしまうのだ。力なくぼんやりのまま書くということは果たして可能なのか。おそらくそれはいわゆる自動筆記みたいなものとも決定的に違うはずだ。ヴェンダースの『リスボン物語』の主人公が考えていたのもおそらくそんな映画の撮影方法だったはずだ。限りなく自動筆記に近いがそこからもするりと逃げ出してしまうカメラに映らない何かを写すやり方。どこまで行ってもパワープレイとシャドウプレイが繰り広げられる世界の中で力なくありつつもそれらをするりと交わして生きていく生き方の模索でもある。

9月12日（火）

早朝に目覚めるとなんとなくいつもと違う。体全体の細胞がそれぞれ微妙に沸き立っている感じ。抗がん剤の副作用が治まり体に力が戻ってきたということなのか。気力、活力といったものとはちょっと違う。体はひとつのものだがひとつではなく、数えきれない細胞の集合体であることをそれぞれの細胞がアピールしていると言ったらいいだろうか。大げさに言えば、そのまま放っておいたら体が全方向に向けて広がり始めていくのではないかと思えるような非統御状態である。とにかくわたしの体を構成しているあまりに小さな宇宙のひとつひとつがその存在をわたしの体に刻み付けている。その小さな小さな運動を束の間楽しんだ。生きているとはおそらくこういうことであるはずなのだが、人間社会のシステムはこのひとつひとつの細胞を統御し制御しまるで全体がひとつのシステムであるかのように扱い動くことをひとりひとりの人間たちに強いる。ひとつの脳が身体のシステムを統御して仮想的なひとりの人間を作り上げるわけだが、もちろんそうでないと大勢の人間がひとつの社会で暮らしていけないこともわかりつつ、だがやはりそれは違うと言いたくなる。爆音をやり始めたのも、そんなことが原因だったようにも思う。ひとつの映画の物語に奉仕する音を、そのシステムから解放すること。音それぞれの小さな粒のざわめきをこの身体のひとつひとつの細胞に響かせる試みと言ったらいいだろうか。われわれの身体と映画の音は語られる物語ではなく、その小さな細胞レベルにおいて共鳴する。映画に込められた無限の物語、歴史の中をわれわれの体の小さな細胞が生き始めるのである。これこそ映画を観るという冒険、空間と時間を超える存在としてわれわれがここに生きているという証であると言いたくもなる。

そんなわけで、抗がん剤休止2日目はなかなかいい目覚めであったわけだが、現実の体調はそこまで回復したわけではない。とはいえ吐き気はほどよく治まっているので、予定通りYCAMへ。しかし東京駅で弁当を買おうと食品売り場に入った瞬間、いつものように吐き気が湧き上がり何も買いたくなくなるのだが、そういうわけにもいかずその中でも最も食べやすそうなものを選びなんとか新幹線に乗り込んだのだった。山口までは4時間ちょっと。車内はめちゃくちゃ寒かった。いや、ほかの方たちはかなりな薄着で平気そうだったから、わたしだけが寒く感じたのだろう。入院後10キロほど体重が落ち、贅肉が取れた分、寒さに敏感になる。抗がん剤服用が完全に終わらないと体重は元には戻らないだろうから、戻るまであと1年というところか。これまでは少し楽天的過ぎた。そして現実とのギャップにそこそこ苦しんでいたわけだ。しかし「あと1年」ということの本当の重さを実感できているかと言われると自信はない。結局これからもギャップに苦しむことになるわけだ。つまり毎回大騒ぎして皆さんを心配させながら生きていくことになる。そういうことなのだろう。

YCAMでは2日前に入った井手くんが調整を始めているわけだが、『女神の継承』と『グリーン・ナイト』に付き合った。『女神の継承』の何のニュアンスもない畳みかけるような朴訥な怖さの連鎖にはなぜか微笑みつつ呆れる。フェイクドキュメンタリーのパロディみたいな映画の構造のせいだろうか、事件の現場に無理やり引きずり込まれつつ一方でそこからひたすら遠ざかり今そこで起こっていることを冷静に見つめるがゆえにもはや取り返しのつかない事態が起こってしまったことを実感するその距離感の振れ幅の大きさに体と心が引き裂かれるギリギリのところで物語が進む。音はひたすら触覚を刺激する。

『グリーン・ナイト』の意味不明な展開の大胆さ。時間と空間を超えたトリップをしつつそこで気持ちよくなるのではなくいきなり現実に突き落とされたり未知の世界に放り出されたりの乱高下に爆笑しつつ背筋を伸ばす。同じデヴィッド・ロウリーの『セインツ』を6月のお台場爆音で上映した際にそれをセレクションした三宅唱と『セインツ』の編集と音の在り方の狂い方に唖然とするばかりというトークをしたのだが、まさにそれがこの映画でも違う形で目の前に現れこちらを巻き込む。とんでもない映画になっていた。インクレディブル・ストリング・バンドやティラノザウルス・レックス(T・レックス時代ではなく)時代のマーク・ボランもどこかこんな感覚で生きていたのかもしれない。

その後、16日午前の爆音バックステージ・ツアーのリハーサル。終了後にみんなで食事。食欲・味覚共にまだまだなので、もしかするとおでんのようなものなら食えるかもというリクエストをして、おでんの店に行った。出汁の味はまだつかめなかったがとりあえず吐き気を催すことなくおいしく食べられた。

9月13日(水)

朝一から石井さんの『自分革命映画闘争』でスイッチが入った。音響スタッフからは冒頭の音楽が大きくてそれに合わせて音を下げるとセリフがうまく聞こえないという説明を受けての開始だったのだが、その冒頭の音楽の最初の音を聴いただけでいやこれは上げないとダメだと確信し、そこからはテンションが上がりっぱなし。音量は上げられるだけ上げ、YCAMの音響チームからはアンプが限界に来たという報告。いずれにしてもこの冒頭の音楽で耳と体が壊れる。すべてはそこから始まるという「自分革命映画闘争」である。あとはラップのシーンをいかにダブ感覚でモコモコな音にできるか、そうした時に冒頭の音の破壊力がなくなるのは避けたいがモコモコとは両立しない。そのせめぎあいにだいぶ時間を費やした。それは音質の問題でもあるのだが、時間の問題でもある。スピードと強さによって身体を鮮烈に引き裂く音とじんわりと空間を伝わる音の緩やかな波。この「速さと強さ」と「遅さと柔らかさ」がこの映画の中でぶつかり合っている。その間に置かれた身体の所作が問われる。

続いて『はだかのゆめ』。こちらは生きているものと死んでいるものとの対比。映されているもの聞こえてくる音のそれぞれは、いったいどちらが見て聞いたものなのか、そんなことを考えながら調整しているともう次々にどちらなのか判別不能のしかし確実にどちらかであるような音が立ち現れ、そしてそれは映っているものともはっきりと違う。画面に映らない、でももしかすると映っているかもしれないぎりぎりの何かの音や実はさっきまでそこにいたものの音がふと頬に触れる。かと思うと思わぬ切断で両者の境目は残酷な断面としてざらざらと瞳をこする。川、道路、線路。主人公はそこを流れに沿って走りはするが、それを横断することはない。映画は常にそこを横断するもの、境界線を越えるものを描いてきたはずだがここではもはやそれはどうでもよいこととなっている。向こうとこちらは確実にあるのだが同時にそれは重なり合ってもいるからだ。音がそのことを示す。映画の音の新しい役割が生まれつつあるように感じた。

『ムーンエイジ・デイドリーム』の中ではデヴィッド・ボウイがカオスについて語っていて、現代社会はひとつのシステムが管理する社会でそれによってカオスが切り捨てられているという内容だったかと思う。まさにその切り捨てられた音が、デヴィッド・ボウイというひとつの強烈なシステムの周りにまとわりつき絡みつき解きほぐし解体していく映画と音になっていた。これもまた「自分革命映画闘争」ということでもある。

『アフター・オール・ディーズ・イヤーズ』ももはや誰からも制御されずに地面に浸みこみ空気の中に紛れ込んだ音がひとりの歓迎されざる旅人によって湧き出して、最後、気の遠くなるような長い長い列車となって画面の彼方に消えていく、そんな映画になった。歴史は続く、だがまだわれわれにはやれることはある。そんな思いが、この映画の背景につけられた小さな音たちのうごめきと共に心をざわつかせる。そこにあるもの、そこにはないもの、かつてあったが今はないもの、今はないがいつか現れるはずのもの、そんないくつもの存在と時間の作りだす層が目の前に爆音で増幅された音とともに次々に浮かび上がってくる。それゆえいつまでたっても古びない映画。若々しく普遍的な映画、まさに映画そのものを映し出した映画ということになるだろうか。

『デッドマン』は記念すべき第1回目の爆音上映作品のひとつ。今回はＹＣＡＭ20周年ということもあり爆音の歴史を振り返ることのできる作品を何本か選ぼうという話になっていたのだが、映画の上映権利の壁に跳ね返され、できたのはこの1本のみ。それでもこの1本で爆音の歴史を背負って立つには十分な音で、もう、ニール・ヤングのギターが聞こえてきただけで涙と笑い。そうだよね、確かにここから始まったんだよ、爆音は。この音が原点でありかつ終着点。デッドマンの行先と同じ、生と死の境目の音。つまり『はだかのゆめ』にも違う形で流れる音がここではシンプルにニール・ヤングのギターの音としてわれわれの目の前に出現するのである。ああ、もう最高、ということで今年のＹＣＡＭ爆音調整は終わった。

その後、先乗りした井手くんが調整してくれた『エルヴィス』『エリ・エリ・レマ・サバクタニ』『激怒』を確認。『エルヴィス』は最後の本物エルヴィス登場で落涙。あの声、あの瞳でこちらに向かってニコッと笑われた日にはたまったものではない。そしてそれを見つめる未だ10代と思われる少女たちの笑顔と叫び声。この熱狂とともに誰もが生きていけたらきっとスリリングで心躍る世界が生まれるはずだ。どうしてそうならなかったのか。この少女たちはいったいどこに行ったのか？　追い出したのは誰か？誰が彼女たちを排除し誰が選別したのか？　アメリカだけの問題ではない。今われわれの目の前で起こっていることはまさにこれではないか？　いったい何がわれわれの今からそれを排除しているのか。今ここにかけている少女たちの熱狂を闇の奥底から沸き立たせ現前化させる爆音を。そんなことも思った。そして『エルヴィス』とはそんな排除と選別の物語であったと思う。

『激怒』は徹底してミニマルでシンプルな映画と言えないだろうか。つけられた音楽のせいでもあるのだが、音が付けられこうやって完成した作品を観るとまるで最初からこんな音楽のリズムを想定していたかのような編集や俳優たちの動き、環境音の繰り返しが映画の語りの中核をなす。しかしその中核を作り上げながらさらにそれを壊す音楽の動き。時間と空間の精密な把握と繊細な大胆さによってしか作られえない空間とアクションがそこにあった。デザイナーという本業を持つ人でしか作りえない映画と言ってしまうとそれもまた一面的過ぎるのだが、静止画の中でアクションを生み出していく人が生み出した動画におけるアクションが画面全体から漂う。ひとつひとつのシーンが止まっているという意味ではない。確実に動きの中にある人物や背景の精緻な移動感や空間の切り取りとつなぎが、この映画でしかありえないものとして音とともに浮かび上がってくるマジカルな映画であった。

『エリ・エリ』は結局井手くんの調整したものからさらに音量を上げた。クロージング上映ということもあり、皆さんには耳鳴りとその後の奇妙な静けさの両方を身体に刻み付け、持って帰っていただけたら。草原のライヴシーンの最後の方でどうしてそこにはいないはずのかもめのような鳥がオーバーラップされるか、どうして映画の冒頭から主人公たちは洗濯機か何かのチューブをくるくる回してヒューヒューという音を出していたのか、そんなこととの意味がわかるような音になってくれたらという願いを込めての微調整であった。

その後、遊びに来ていた三宅唱も含め夕食。何が食べられるかいろいろ試した結果、アジの刺身は美味しくいただけるが、しめさばやポン酢を使うカツオのたたきなどは、なんと酢の味が奇妙な味に変換されるということが判明した。焦らず少しずつ。寿司までの道のりはまだまだ遠い。

9月14日(木)

小雨交じりで涼しい。この気候なら生きていける。散歩もかねてYCAM周りを2周くらいしてみたがやはり疲れる。抗がん剤服用期間中は本当に歩く気力も奪われるので、気が付くと足腰は弱っていて簡単には回復しない。それなりの覚悟が必要である。

YCAMの爆音会場では初日のライヴのためのピアノの調律を行っているためわれわれは昼過ぎまで待機なのだが、午前中は各所連絡などで終了。昼過ぎにビアリストックスチームが到着していよいよ本番の空気が漂い始める。無声映画ライヴのリハーサル、井手くん調整作品の『トップガン マーヴェリック』『マッドゴッド』『RRR』『BLUE GIANT』の最終確認と微調整を行い、昨日の調整でテンションが上がりすぎてやばかった『自分革命映画闘争』の音量などが上がりすぎていないかを確認。しかし確認した挙句さらにちょっとだけ上げることになってしまった。どうやらわたしのブレーキが壊れてしまっているらしい。

『トップガン』『RRR』『BLUE GIANT』は6月のお台場爆音

でもやっているので全然問題なし。激しく心地よくこちらを別世界へと連れ去ってくれる。『マッドゴッド』は予想以上に立体的な音響になった。手作りの画面に油断していると思わぬ音に身体を貫かれる。音の串刺し。

夜はビアリストックスチームと食事。山口に来て3日目なのだが日を追うごとに食欲が増し何でも食べられるようになっていく。調子に乗らないようにと気を付けはするのだが、若者たちはよく食べるのでねえ。ついつられてしまった。明日からいよいよ本番である。

9月15日(金)

オープニングのトークでちょっとしたハプニングがあり緊張感が走る。まさに過去の爆音上映でサーフィン映画がいかに受け入れられなかったかという話をしていた時だったので、20年たってもやはりサーフィン映画をうかつに話題にしてはいけないというい教訓ともなり、何とも爆音映画祭らしい幕開けとなってニコニコした。

『エルヴィス』『トップガン マーヴェリック』『デッドマン』『カリガリ博士』。

大勢の友人たち、知り合いたちも駆けつけてくれ楽しい一日となった。『カリガリ博士』では菊池剛くんの恐るべき才能を皆さん堪能していただけたのではないかと思う。機会あれば東京でもやれたらと思う。終了後は皆さんで深夜の食事。ワイワイとしているうちに気が付くと午前2時。日に日に体調は回復していく。爆音の治癒力のすごさは『エリ・エリ』級であるという話になる。テンションが上がり、寝付くのに時間がかかった。

9月16日(土)

YCAM爆音2日目。朝からバックステージ・ツアー、『はだかのゆめ』、『アフター・オール・ディーズ・イヤーズ』『自分革命映画闘争』。バックステージ・ツアーはもちろん、その他の上映もすべてトーク付きで、1日中喋り通し。体力、体調の回復がぎりぎり間に合ったというかいい刺激にもなり、疲れ果てたと同時に体調は目に見えて回復。それぞれの監督たちの歌や言葉や生き方に、大いに力づけられた。最後の『自分革命映画闘争』は監督歴40年を超すベテラン監督が自身の身体を賭けて作り上げたかつてない〝自主製作映画〟で、この覚悟の在り方にリムくんが刺激を受け、「映画作りはしばらくしない」とトークで語っていたにもかかわらず、「作る力が湧いてきた」と前言撤回。午前2時くらいまで石井さんと楽しそうに話していた。初日から来ている斉藤陽一郎も甫木元も楽しかったみたいで、最後までワイワイと。この日のゲストの3世代にわたる監督たちが深夜にもかかわらず嬉しそうに盛り上がっているのを見るだけで、今回は自分の病気でいろいろ迷惑をかけたが本当にぎりぎり間に合ってよかったと心の底から思った。観客の方もそうなのだが、スタッフやゲストも刺激を受けさらなる動きが生まれていく。そんな映画祭自体の力を目の当たりにした気がした。石井さんには、来年はこの音でノイバウテンをと約束した。

9月17日(日)

YCAM爆音3日目。『BLUE GIANT』『マッドゴッド』『激怒』『グリーン・ナイト』『女神の継承』。1日5本はさすがにハードである。最終回終了は深夜0時過ぎ。以前、『マッドマックス 怒りのデス・ロード』をやった時以来の日付をまたいでの上映となった。あの時も深夜すぎで大丈夫かと心配していたのだが、車社会は終電の縛りがないので大丈夫という話で、実際入りきれない騒ぎになった。東京だけで暮らしているとその他の地域での暮らしの細部がどんどん抜け落ちていく。

『BLUE GIANT』のゲスト石若駿くんとは初対面。しかしお互いYCAMがホームみたいなところがあり、年齢がかけ離れ会うことも話すこともなかった従弟同士が同時期に里帰りしてついに対面、みたいな感じの緊張と弛緩の同居する楽しい対話となった。その後は怒涛の上映。今回はわたしの病気のこともありこれまでのように上映前の挨拶はしないということで、例えば事前に挨拶を録画しておき上映前に流すという話もしたものの、それもまた負担が大きいかなということで休める時間は休むことにした。ただ『激怒』の時は中原の件もあり、現状報告もかねて簡単な挨拶を。糖尿病の合併症とひとことで言ってもそこにはいろんな病気や症状が絡んでくるのでこちらが思う以上に大変である。実際に自分で入院してみてその大変さをようやく実感できるようになったのだが、体調回復とともにその実感をどんどん忘れるという都合よさに呆れもするが、おそらくそれくらい都合よくないと生きていけないということもよくわかる。映画はその堂々巡りするばかりの大変さをわれわれの心にさらに深く刻み付けるものでもあって、それは他者の細部を自分の中に取り入れるというふうに言えるかと思う。何のつながりもない映画5本立てだがだからこそ見えてくるものがあるのではないか。

昼間、YCAMからは少し離れた寺で開催されている坂本龍一さんの展示に行っていた斉藤陽一郎は、そこでやはり爆音に来ていた女性に声をかけられ話を聞くと、彼女はまずビアリストック

スのファンになり、甫木元を通じて青山のことも知り、青山の日記に書かれている映画も観るようになり、こうやって山口まで来て爆音でいくつかの映画も観るようになったとのこと。今まで知らなかったことや想像することもできなかったことと次々に出会うことができて人生が楽しくて仕方ないと語っていたと言う。われわれの活動を通じてこんな人がひとりでも増えていってくれたら。陽一郎はその後自転車で戻る途中で土砂降りの雨に遭いびしょ濡れになったとのこと。普通に生きているだけでも思わぬことが起こる。

9月18日（月）

YCAM爆音最終日。今年はいつもの8月末ではなく9月の3連休に合わせたために1日多い4日間開催である。いつもなら昨日で終わっていたかと思うと、4日目のおまけがありがたく、いやもうおまけではなくこれからもこれくらいの期間でやったほうがいい体験ができるのではないかと思うに至る。それくらい自分の中でも4日間の太い流れが刺激になっていると強く実感する4日目であった。ただ通常の体調でも4日目は相当疲れているはずで、実際それなりにというか、相当疲れてはいた。その疲れを『ムーンエイジ・デイドリーム』『RRR』を観終わった人たちの笑

顔が癒す。そして映画祭最後の『エリ・エリ・レマ・サバクタニ』には、いったん高知に戻ったはずの甫木元も再度顔を出したくらいには、楽しく大成功な映画祭だったと思う。しかし『エリ・エリ』は疲れた体にはハードな体験だった。調子に乗って音量を上げすぎたのだが、これこそベストな音量という知り合いたちも何人もいて、確かにこの音量でなければ見えてこないもの聴き取れないもの体験できないものがそこにあり、かつてない上映になった。終了後のトークでは、陽一郎が先に出て挨拶をしてわたしを紹介するという前代未聞の事態にもなった。その他おまけもあり、ここまでいろいろあって楽しいと来年が大変というオチで、来年への第一歩を踏み出したのだった。

今回のＹＣＡＭ爆音はスピーカーの設定をこれまでとまったく変えた。ついに念願のサウンドスクリーンを投入し、前方のスピーカーはすべてスクリーンの後ろという映画館とまったく同じセッティングで、ＬＣＲのスピーカーがすべて同じ高さにそろいセリフはスクリーンのど真ん中から出る。音のバランスや聞こえ方がこれまでとは全然違う。そのことがお客さんにもはっきり伝わったと思う。後戻りはできない音になってしまった。ただその分予算がかかる。今回はＹＣＡＭ20周年ということでこれができたのだが果たして来年はどうなるか。しかし打ち上げでは技術スタッフはもうこれを前提に来年の構想を語り始めていた。何かが転がり始めている。

9月19日（火）

本来なら本日は打ち上げもかねて萩まで出向いて寿司をという予定であった。しかし肝心の寿司屋が3連休の余波で臨時休店。どうしようと言っていたところに「防府にいい店がありますよ」という天使の声。もちろんそれに乗らぬ手はないということで、新旧の教育普及チーム（バックステージ・ツアーやＹＣＡＭラジオの担当）と甫木元も一緒に防府の寿司屋。この寿司屋、魚市場も兼ねた道の駅みたいなところに付属しているのだが、行ってみると市場には新鮮な魚介類が山ほどあるわけだからそりゃ美味い。目を瞑ってメニューの端から端までを順番に注文していっても外れなしということで、とはいえ胃腸の調子もうかがいながら瀬戸内海の味を堪能した。ＹＣＡＭに来る頃は帰京日に萩に行くのは絶対無理と思っていたのだが、萩ではなかったもののこうやって皆さんでワイワイ言いながらおいしい寿司を食えるようになるとは。時々無理やり外に出ることがいかに大切か、ただし他人に無理やり連れ出されるのではなく、自らちょっとその気になったその「ちょっと」に乗ることがいかに大切か思い知った1週間であった。

帰りの新幹線は甫木元と今後の映画の話など。来年がますます楽しみになる。しかし1週間ぶりに戻った東京は人が多すぎてぐったりした。

9月20日（水）

朝食を食っているうちに胃の調子が変になる。山口での食べすぎとか、疲れとかいうのではなく、手術後、そして抗がん剤治療中と同じく胃液が胃の中で暴れているような何とも説明しがたい感じ。山口では何ともなかったのにいったいどうしたことか。東京の水が悪いのか。とはいえそこまでひどいということはなく、なんとなくもやもや。午後は事務所で今週末のＹＣＡＭでのイヴェントでの出店用にｂｏｉｄの制作物を大量発送。山口までは中1日かかるので水曜日に発送しないと金曜日の納品に間に合わないのでそれなりに必死である。大汗かきながら山ほど積み上げられわけわからなくなった事務所の荷物を整理しながら発送物を探し出し段ボールに詰める。佐川急便の集荷時間を遅らせてもらい、それでも間に合わず。だがとにかく発送するものだけはした久々に全身全力を使ったとひと休みしていると案の定発送し損ねたタイトルをいくつか思い出し、ああでもなんとかせねばでも今日は間に合わないということで明日の発送をＹＣＡＭにも連絡する。しかし納品書づくりが大変である。インヴォイス制度に合わせ、またこれまで使ってきた伝票ソフトが使い勝手が悪くなってきたこともあり、ｂｏｉｄの伝票類を7月から新しいやり方に変えたのだが、まあそれはそれで慣れないうちは作るのに時間がかかるしもっと手際よくできるはずのやり方がわからない。焦っても仕方ないので明日に持ち越し。結局東京に戻るとイライラする仕事ばかりが増える。そのうえこの在庫の山。近々の引っ越しを決意する。広いところに移るのではなく、これを機にいろいろ整理して今後生きていくために必要なもの優先で整理してコンパクトな体制に移行しつつ、視界を広げ身動きとりやすくできたら。いずれにしてももう身動き取れないわけだが少なくとも見晴らし風通しを良くして常に今ここことその後とが瞬時に行き来できるような場所にできたら。

9月21日（木）

昨日の続き。ちょっとだけ送り損ねたはずだったYCAMへの物販はいざ探しはじめるとあれもこれも送り損ねが出てきて呆れる。金曜日にYCAMに向かうはずの虹釜くんに持って行ってもらおうと思っていたものの、これは持てない。とにかく段ボール詰めして送る。果たしてこんなにあれこれ買ってもらえるのだろうかという心配もあるが心配はしない。

その後、仕事関係者が見舞いをもって事務所に。いやはや迷惑をかけているのはこちらなのだがありがたい。今後の話などで盛り上がる。この病気が新しい動きのきっかけになってくれたら。しかし東京に戻ってきてからやたらと眠くさすがに疲れているのか。夕食後も倒れるように眠ってしまう。YCAM爆音映画祭中は手術後2か月経ってそれなりに体力は回復していたと思えるくらいに体は自由に動いたのだが、東京に戻って通常の生活が始まると、その通常の生活に使う体力と爆音映画祭中に使う体力とは別物であることを実感する。あらゆることに意識的にならなければ体が動かない。日常生活の運動に無意識になるまでの道のりは案外遠い。

9月22日（金）

斉藤陽一郎から自宅で瓦そばを作ったという連絡が来る。瓦そばは山口の名物料理なのだが、陽一郎もYCAMの興奮がまだ冷めやらないようだ。わたしも地味に興奮を引きずっていてこんな若者のような気持になっているのはいったいいつ以来だろうか今ならどこにでも行けるような気がする。午後からは来年のライヴなどに関する助成金のミーティング。楽しいアイデアも出たのだが果たして実現可能かどうか。3日間のboidフェスみたいなことにできると現実的なのだが、しかしそれだとフェスの規模感に対しての助成額が小さすぎる。こちらの思いと現実的な金額がまったく折り合わない。いつものことなのだがそこをどう見極めるか。現実的なのは1バンドのライヴに絞ることで、それなら可能性は見えてくる。だがあれもこれもやりたいという欲望も湧く。それをひとつに絞っていくのが大人なのだが、そうやってわれわれの生きる欲望はコントロールされてしまう。あれもこれもやるのだという『幸せをつかむ歌』のメリル・ストリープはただひたすらそんな世間に対して歌い戦っていた。大きな目的や大切な信念や愛する者のためのひたむきな思いなどなくてもいいのだ。自分を動かす小さな欲望に素直に従うこと。それが何も残さなくてもいい。『グリーン・ナイト』とはそんな物語ではなかったか。

友人から果物が送られてきた。

9月23日(土)

束の間とはいえ抗がん剤副作用の苦しみが取れてテンションが上がっているのか、東京に戻ってきてからもそれなりに動き続けているため、気が付くと疲れている。眠い。眠気覚ましに阿佐ヶ谷まで歩いてお気に入りの中華屋で麻婆豆腐を食った。この中華屋は何を食べてもおいしいのだが結果的にどこか強烈な味のものを求めてしまうのはまだ本調子ではないことの証なのだろう。病気のためにはどう見ても強烈な味のものはよくない。まあ、来週からは再び抗がん剤が始まるので今のうち、という勢いである。とはいえ少しは自重したほうがいいのかもしれない。強烈な辛さの麻婆豆腐であることはわかっていたのだがやはり汗だくになりそれなりに疲れた。帰りの散歩はそこそこつらかった。帰宅後は思わず昼寝。気が付くと夕方になっていた。

9月24日(日)

東京に戻ってからの胃腸の変化の原因を日々探っているのだが、現状は乳製品に疑いがかけられている。最初は毎朝食べているケフィアヨーグルトだった。試しにやめてみたらだいぶ楽になった。しかし山口でもヨーグルトを食べてなかったわけではない。だが確かに通常のヨーグルトでは少し水っぽすぎるのでダノンのオイコスに変えたのだった。あの硬さがちょうどよかった。しかしその後、昨日はミルクティーでちょっとおかしくなった。山口ではまったく飲んでいなかった。乳製品だとするとオイコスはどうして問題なかったのか? ではということで、いや、単に食べたかっただけなのだが、家にあっためちゃくちゃおいしいチーズたっぷりのクッキーを食ってみた。それ自体は美味しく食えたしもっと食いたいとも思ったのだが、2時間ほど経過した夕食時にはなんだか胃がおかしい。それどころか再び薄い塩味が見事に感じられず、ある一定の塩分濃度を超えると途端に舌が反応し始めるのだった。うーむ、本当に乳製品なのか。そうすると11月に予定している新千歳国際アニメーション映画祭の爆音上映はどうなるのか。いや、チーズ買うために行くわけではないのだが、北海道の乳製品はマジでうまいのだ。とにかくそれまでには何らかの解決をみなければ。明日はオイコスを買って食ってみよう。

そして本日はやはり疲れていたのか、散歩して散髪に行っただけであとは寝ていた。夜は久々にキャンディ・ステイトン『Candi』。74年リリースのワーナー移籍第1弾。それまでのフェイム作品と違って彼女の背後の人生をほとんど感じさせることのないただひたすらそこに彼女がいるだけと言いたくなるような、リラックスした軽さゆえにそこで奏でられる音楽の歴史の重さを感じられる作品。ああ、こんな感じで生きていけたら。

9月25日(月)

朝からぼんやりしていて眼鏡をかけたまま顔を洗ってしまう。かつてない失態に驚くが、まあ今後は日々こういうことが起こっていくのだろう。眼鏡くらいでは大勢に影響なし。午前中は各所連絡、社長仕事。仕事は山ほどある。何のことはない東京に戻って具合が悪いのはこういったことのせいなのだ。これらを辞めない限り、わたしの健康はあり得ない。山口で元気だったのはいい音を聴いたこともあるが、東京での仕事の数々を一時的に忘れていられたからである。今後は映画を観て原稿を書く、爆音上映をするというそれくらいで、他人と関わりが出てくるようなことはできる限り避ける、間をつなぐことだけはして後は皆さんにお任せというスタンスで。

夕方は久々に病院のストーマ外来で面談。とりあえず順調。最初の頃の神経質な扱いが嘘のように雑に扱うようになった。まだ愛おしくなるところまでは至っていないのだが、次第に身体の一部となってきている感覚はある。ただやはり起きている時は3時間くらいでいったん排泄の必要が出てくるため、いくら雑とはいえそこでは自分の置かれている現実に戻されるわけだ。調子悪いとそれがさらに苦痛にもなり、調子良くても否応なしにそこでクールダウンさせられる。そしてもうすぐそれに、8時間おきの抗がん剤が加わる。あっという間の2週間。

元気なうちにあれこれというわけで夜はうなぎとなった。友人が東京を離れるための送別会もかねての「吉祥寺しのざき」。篠崎の弟の店である。以前、瀬田なつき、斉藤陽一郎と一緒に行った時は初めてということもあり篠崎に予約してもらったら、思わぬ接待で驚かされたのだが、今回は普通に予約。各種串ものとうな重を美味しくいただいた。いったい今後うなぎは食えるようになるのかと手術後は悲観していたのだが、何とかなるものだ。しかもうまい。いやあ岐阜のうなぎも絶品だが、関東風の蒸したやつも負けてはいない。別物だと思えば幸せが倍になる。

しかし当たり前のように時々会っていろいろ一緒にやっていた人間が離れていくのは寂しいね。今は遠くにいてもリモートで全然不便はしないのだが、その不便のなさゆえに奇妙な不在感を感じる時がある。その一方でboidのネットワークが日本中に広がっていく面白さもあって、本日も昼間思わぬところから思わぬ連絡があり、それまではおそらく直接は面識のなかったはずの友人たちが仕事でつながったことを知りその成り行きの今後に思いをはせた。ああそして、9月30日の京都みなみ会館での『はだかのゆめ』上映と監督トーク&ライヴのチケット発売が本日19時からだったのだが即完だったらしい。チケット購入画面まで行ったのにそこで画面がフリーズして買えなかったというツイート（今はポストと言うのか？）も見かけたが、マジでアクセス殺到していたのだろう。この件に関しても来年に向けて、いろいろ考えさせられた。

9月26日（火）

早朝から病院。採血されて血液検査後の主治医との面談。どうやら血液検査も問題なかったようで、こちらが抗がん剤の副作用あれこれを訴えると「じゃあ、飲むのやめましょうか」とあっさり。脅しではなく、単にいよいよ飲んでも飲まなくてもいい感じになってきたのかと思えるような手ごたえのなさで、まあここでやめてはせっかくの1回目の辛さが浮かばれない気もしたので、「もう一度やってみてつらかったらやめます」と。わたしの場合はがんが残っているわけではないので医者としてはそこまできちんと治療を続けなくてもいいと思っているのか、食事も「ネット上にはいろいろ出てますが気にしなくていいです、好きなもの食べてください。ただ酒だけは気を付けて。あとはしいたけと海藻を食べすぎないように」という指示のみ。食事よりストレスが一番悪い、ということなのだろう。仕事のしすぎも気にしていた。

　という面談を経て、ますます今後はご機嫌さんになって、やる気になったことしかしないというはた迷惑な人になっていくことを強く誓う。まあ、誓うようなことではないのだが。とにかくご機嫌が一番。嫌なことや都合の悪いことは軽くスルー。高価な抗がん剤の仕入れに時間がかかりその間は散歩をしてみたら、さすがに疲れた。3時間くらいしか寝てないし、朝から運動したしで本日の作業終了。その後は、社員大橋、コピアポア伊藤さんと来年の作業の打ち合わせもしつつランチで満腹になりおねむの時間となったのだが、税理士との約束があり、いやほんと2週間しか元気な期間がないと1日のスケジュールが結局詰まってしまってよくないなと思いつつも月1の税務報告などを受けて帰宅。案の定、夕食後3時間くらい眠ってしまった。やれやれまともな人の暮らしはできない。

　ボブ・ディランの『シャドウ・キングダム』をこのところよく聴いているのだが、こういうのを聴いてディランのこの20年くらいを思い浮かべると、歳とったらもう新しい曲とか作る必要はないんじゃないかと思えてくる。ただそこにある歌を歌うだけですべてが若々しく生まれ変わる。歳をとるとはそういうことではないか。人生を変える一大傑作とか大ヒット作とかを作る必要はまったくない。ルノワールや溝口健二の晩年の見事な軽さも思い浮かぶ。その意味ではニール・ヤングは若干失敗しているような気がするし、ヴァン・モリソンは少しずつディランの領域に近づいているような気がする。ここにも「ご機嫌」というキーワードが見え隠れする。イーストウッドは背負っている家族が多すぎるのが辛いところだが一方でそれが動きを軽くしているのだろう。ニール・ヤングはこのイーストウッド一家の後を追っているのかもしれない。

9月27日(水)

夜になって衝撃的なニュースが入る。もう呪われているとしか思えない。われわれがそういう年齢に差し掛かったということでもあるので、とりあえず知り合いの皆様科学的な検査とオカルト的なお祓いと、セットでやったほうがいい。何がどう作用しているのかどう作用するとこうなるのか、いずれにしてもコントロール不能。

本日から抗がん剤第2クール開始。病院からの指定は朝6時、昼2時、夜10時という8時間おきの3回なのだが、当然そんな時間に起きられるはずもなく、2時間遅れで開始。30分後には頭ぼんやり、立ち上がるとふわふわ、気分が悪いわけではないが作業はゆっくりになり、1週間後には何もやる気が出なくなる予兆バリバリ。昼はブライトホース・フィルムの岩井くんと。高円寺市場のベトナム屋台で今後のことなど話しながらダラダラしたのだが、1年ぶりくらいできてみたらランチの値段が少し上がり、フォーの分量がもともと少なかったものがさらに減っていたような気がした。気のせいか。雑にバカバカ食えた時代ははるか昔である。今は頑張っても辛いだけ。お互い働かずゆっくりと構えながら生きる。そこから見えてきたものをやっていけばよい。まだまだ末永く生きていかねばならない若者たちはそんなことも言っていられないだろうが、だからこそ年寄りはご機嫌で思わぬ道を示す。長い目で見れば伝わることは確実に伝わっているはずだ。

そしてそのまま事務所に行こうと思っていたのだが、16時に服用予定の抗がん剤を家に忘れ、結局帰宅し服用後事務所に。事務所では今後のｂｏｉｄ大改革に向けて地味に準備が始まっている。ごみ捨て、在庫整理など。できる限り荷物を減らし仕事も減らしコンパクトにして引っ越しを。その前に事務所のＷｉ－Ｆｉ環境の整理というか経費削減のためにルーター関係を新たなものにして経費半減計画。本日はルーターの設定、と言っても単につなげてパスワードを入れるだけだから特に問題なくいくはずがどうやってもプリンターとつながらず思わぬ時間をとられた。ああそういうことだったのね、ということで解決したのだが今後が思いやられる。本気で寒くなるまでに整理と引っ越しが果たしてできるのか。boid事務所の寒さは体験した人だけが知っている。

9月28日(木)

妻に連れ出されて東京都現代美術館のデイヴィッド・ホックニー展へ。美術館は本当に苦手で、映画館なら座っているだけでいいのにどうして立ったままいくつもの部屋を動き回らねばならないのかと、美術好きの人が聞いたら呆れる不満がすぐに飛び出す。いや、美術好きの人でなくても呆れた不満ではあるのだが、それゆえ初都現美。いったい何年東京に住んでるんだということなのだがこればかりは致し方なし。育ちが悪すぎる。そんなわけでホックニーに関してもロサンゼルス時代とヨーロッパの時代では光と輪郭が全然違うとかやっぱりでかい絵はいいなあとか、そんなひどい感想となってしまうのだが、座っている人物のみを描いたシリーズの顔や皮膚のディテールの丁寧さとその人物が着ているものへの奇妙な無頓着ぶりとの対比が気に入った。しかしマジで足腰をやられて妻がナディッフの売店に行っている間はロビーのところで座っていた。だが、どうしてこういう場所の椅子や座るための台座のようなものはフラットな木をベースに作ってあるのだろうか。わたしのように手術後10キロ以上痩せてしまった人間にとって、硬い椅子はちょっと座っただけでもう尻が痛んでつらいつらい。立っているのもつらいし座るのもつらい。柔らかい椅子を望む。だが、大勢の人が想定外の使い方もするこういった公共の場所では、柔らかさは傷みにもつながり管理は大変なのだろう。都現美前のハンバーガー屋で、久々にヘヴィーなハンバーガーを食って帰った。都内東側の風景は西側とは全然違うので何度来てもきょろきょろしてしまう。菊川駅脇の映画館Strangerの前には梅本健司の写真が貼ってあった。

9月29日(金)

明け方、暑さで目が覚める。抗がん剤服用が始まるとこういうので一気に体調が崩れるのだが案の定、昼は思い切りの眠気で午後以降は仕事できず。ようやく何箇所かに電話連絡をしたのみで、あとは眠っていた。その午後からの連絡のひとつで税理士とのやり取りがあり、10月1日からのインヴォイス制度の詳細の説明を受ける。おおよそは理解していたつもりだったが、うっかりしていた部分もあって「ああこれって単に、これまで消費税の納税を免除されていた年収1000万円以下の事業主の分も、とにかく誰かから徴収するということなんだな」ということがわかる。とにかく全員から徴収と言ってしまうと聞こえが悪いし強い反発も予想されるのでなるべくそう見えずしかし結果的には全員から徴収という回りくどいやり方で事態をわかりにくくさせて本質を見えなくさせる。そのために複雑な事務手続きになり、それが面倒だったりそこまで手の回らない事業者は非登録事業者となり、大手の会社からははじかれてしまうことになる。結果的に大手の力は強くなり商売繁盛儲かる企業だけが儲かっていく。という理解なのだが大雑把すぎるだろうか。おそらく多くの非登録事業主たちとやり取りをしていくはずのboidはまともにやっていたらすぐに立ち行かなくなるはずだ。まあ、そういう企業はさっさと潰れればいいということなのだろう。

9月30日(土)

抗がん剤の副作用はまだそれほど大したことないので閉館する京都みなみ会館の最終日に顔を出すことにする。みなみ会館から閉館の知らせが来たのはちょうど内視鏡検査をして結果が出た頃で、もし間に合えば閉館時にboidsound の特集上映をしましょうという話をしていたのだが、楽観的過ぎた。何もできぬまま、名古屋シネマテークの閉館時にはまさに手術の頃でどうにもならず、みなみ会館も遠くから見送るしかないかと思っていた。だが何とかなりそうということで、特に何も手伝うことはできないが最後のお別れはできる。『はだかのゆめ』の上映もあり、甫木元も駆けつける。世話になった全国各地のミニシアターが少しずつ順番に無くなっていくのは何とも言い難いのだが、しかしみなみ会館はリニューアルしてまだ4年。閉館、という言葉がまったく似合わない風情である。だからこそ現代的とも言えるのだが、こちらの気持ちのやり場がない。ただ単に終わる感じ。担当者からも、普通に上映をして終わりたいという話も聞いていたからこれでいいのだろう。多くのお客さんが駆けつけていた。『はだかのゆめ』の場合は

多少特殊だったとは思うが、それまではみなみ会館のことを知らなかった人たちがいつかこの日のことを思い出す。いくつもの時間が重なり合いながら、何かが受け継がれていく。バウスシアターの閉館の際には「今ここに集まったわれわれひとりひとりがバウスシアターになればいいのだ」と挨拶したのだが、おそらくそういうことだ。終わりと始まりが同居する一瞬。まだまだこれからだと思う。

その後、腸を悪くしたら腸を食う、ということで近所のホルモン屋で夕食。煙もくもくの店内で昭和のホルモンを堪能した後大阪に向かいシネマート心斎橋で『ザ・ドライバー』のboidsound調整をした。そこまで働かなくてもという忠告は十分承知。だがこういうことなら身体が動くのだ。動く時は動くしかない。あまり考えない。調整は楽しい。いろんなことが頭に浮かぶ。先日観た『悪魔の追跡』の時も書いたが、ただひたすら車が走るだけで映画が成立してしまう不思議。そこにあるものがだんだん壊れていく、破壊される、ぐしゃぐしゃになる。それだけで映画になる。いったい何がそう感じさせるのか。音も決していい音ではない。だがその潰れた音、ひび割れた音がこちらの体のどこかを刺激する。いやそれは単に思い過ごしですよと言われるかもしれない。だがその「思い過ごし」はどうして起こるのか。そこに映画の秘密はないか。そんな思考と共に現代の滑らかでクリアな映画を改めて観直すと何か新しい映画が浮かび上がってこないか。思いは広がるばかりである。シネマート心斎橋はすでにハロウィン仕様になっていた。

10月1日（日）

昨夜は導眠剤を自宅に忘れて来たために、案の定全然寝付けなかった。ぼんやりぐったりの目覚め。抗がん剤を飲みしばらくしたらいよいよ吐き気が始まる。大阪でうまいもの食うか、知り合いに連絡して無駄話でもしてから帰ろうと思っていたが取りやめ。さっさと新幹線に乗ったが吐き気はやまずこうなってきたら手も足も出ない。これがあと3週間続くかと思うと一気にテンションが下がりこれまでだいぶ順調に回復してきていたために落ち込みは激しい。あとはぐったり。その中で今後やるべきことがひとつ突然降ってきた。今の状況を見る限りそれは絶対に必要なことなのだが、しかしそれはわたしがやるべきことなのか、こういう場合今までそこまで考えずにすぐにやり始めてどれだけひどい目にあったか。もう2度とこんな目には合いたくないということの連続でここまで来たのでさすがにもううんざりなのだが、誰かが100億円とかくれるなら考えないわけではない。帰宅したら栗が届いていた。

10月2日（月）

吐き気は続き、夜もあまりうまく眠れなかったために午前中はひたすら寝ていた。午後は事務所に行く予定が行けず。気が付くと一歩も外に出ていない。こんな日もある。

そんなわけで本日はユーチューブでＯＭＫの「ADM Pre-Party」（Seoul Community Radio への出演動画）を観て元気を出していた。

10月3日（火）

吐き気はさらにひどくしかし抗がん剤服用第1クールほどの脱力感はないので体は何となく動く。所用で出かけた吉祥寺にて見つけたスコット・ウォーカーの最後のサントラ『The Childhood of a Leader』（邦題『シークレット・オブ・モンスター』）。まさか出ているとは知らず映画を観てから何年も過ぎてしまったが今聴いてもやはりあまりにすごい。これはやばすぎる。あの映画も相当なものだったのだがとにかくエンドクレジットがほぼ音楽クレジットのみという映画史上かつてない事態になっていて、でもそれくらいの音楽だよなとは思ってはいたのだが。しかしこんな音楽作られたら監督はたまったものじゃない。映画をぶち壊し台無しにしながらしかしそれでも映画音楽として燦然と輝く。この音楽に対応できる映画監督が果たして何人いるだろうか。いや、対応する必要もないと言ってしまえばそれまでなのだが、ここまでのものを作られてしまったら何とか対応したくなるじゃないかとも言える。たとえば『アネット』の音楽がこれだったとしたら、『宇宙戦争』の音楽がこれだったとしたら、『山椒大夫』の音楽がこれだったとしたらと妄想が広がる。いつか無声映画にこのサントラをあてて上映してみる、という実験をしてみたくなるが果たしてどうだろうか。映画はそれを必要としているのかどうかもわからないが、それくらい乱暴なことをしようと思わせるアルバムであった。いずれにしてもこれのおかげで吐き気満載の1日を乗り切ることができた。しかしあと3週間、この吐き気を耐えきる自信はない。

10月4日（水）

本日はスーサイド『A Way of Life Rarities』。80年代後半のライヴ盤である。4曲入りで5000円と高くて愕然としたが、こういうのは買っておかないと。ちょうど初来日した頃の録音。今こうやって聴くとマーティン・レヴの地味だがラディカルな狂い方に圧倒される。ああこれはこの歳にならないとわからないと言い訳を。70年代末にファーストアルバムの衝撃的な音をリアルタイムで聴いてしまった10年後の耳にはこの音は単なる腑抜けにしか聞こえなかったのだ。日本公演のチケットを2夜連続で買ったわたしの友人は2夜目は確か行くのを止めていた。わたしは70年代に行きたかったという思いが強すぎ残念な思いをするのが嫌で行かなかった。まあ、全然金がなかったのもあったのだけど。ああ若気の至り。残念な思いをしてでも行っておくべきだった。70年代のひりひりした繊細さとは比べ物にならない太くまろやかでしかし激しくうねる音。呆れるような単純さが重なり合って誰にもまねできない複雑な空間を作り上げる。ジョン・カーペンターで言えば『マウス・オブ・マッドネス』のような感じか。スプリングスティーンの「ボーン・イン・ザ・USA」がこんなことになっているとは。スプリングスティーンがスーサイドをカヴァーした「ドリーム・ベイビー・ドリーム」は彼らへのリスペクト全開でしかもスプリングスティーンしかできないまっすぐかつ豊かなカヴァーで最高だったのだがこちらはその歌のふくらみを台無しにしてしかしそれゆえにその可能性を広げるという離れ業。スカスカで狂っていてそれゆえ視界は果てしなく広がる。このままどこまででも行ける。そして『20センチュリー・ウーマン』の中でグレタ・ガーウィグが主人公の少年に「10代の頃にこんな曲を聴きたかった」と渡したカセットテープに入っていた「シェリー」もこのアルバムに収録されているライヴヴァージョンでは同様の台無し感と果てしない広がりで圧倒する。このアレンジをあの映画のグレタ・ガーウィグが聴いたらいったいどう思うだろう。そんな妄想をするだけでドキドキしたまま1日が終わる。しかしなんと『バービー』をまだ観ることができていないのだった。

10月5日（木）

終日寝ていた。どうにもならず。食事の時だけ起き上がり、あとは気が付くと眠っている。食事も塩味、しょうゆ味、みそ味、出汁の味がほぼわからない。なかなかの拷問である。いろんな連絡が来るが、対応しきれず。あんまりなので夕方散歩に出た。足腰はまだ無事である。めまいもない。

10月6日（金）

1週間が過ぎるのは早いが、しかし抗がん剤服用第2クールが終わる24日まではまだまだである。もう待ち遠しくて仕方がない。それまでこの吐き気をどうやり過ごすか。まともな食事は本来の味の記憶があるだけにきつくて仕方がない。そんなわけでまともな食事は少しだけにして残りはプロテインやら総合栄養食のような人工的なもので乗り切ろうという算段。理由はわからないが人工的なものの方が今の体にはフィットするのである。それで、各種プロテインバーなどを試しているのだが、飲む方のプロテインで何かいいのはないだろうかとネットを調べるものの「これ」というのがなかなか見つからないし「これはいいかも」と思ったものは定期契約のやつでそれはそれでやっかいである。しかしいわゆる健康食品と呼ばれるものは、体重を落とす、血圧を下げる、というのが売りにもなっていてわたしのように体重アップ&血圧を上げるという目的の食品はまず見当たらない。よく食べて運動する、ということが一番なことはわかってはいるのだが。

本日は14時に事務所の予定がまったく起き上がれず2時間遅れ。夕方になってようやく事務所に向かい1週間分の郵送物などの整理をした。ぐったりしている時間に事務所の在庫整理などをできたらだいぶ事務所もすっきりするのだが……。しかし体力自体はだいぶ戻ってきて日常生活を送るのに気づくと息切れすることもない。無意識のうちにあれこれすることができるようになっている。退院から1か月くらいの日々を考えると嘘のような動きである。抗がん剤副作用のためにその回復がすっかり隠されてしまっているのだが、しかし今はそうやって隠されていることで、今後は以前と同じ暮らしや仕事ができないことを自分と自分の体に刻み付けているのだろう。抗がん剤はめちゃくちゃつらいが、そのつらさのおかげで別の道が開けてくると言ったらいいか、抗がん剤にはがんと戦う以外の役割があると考えることが開くその後とどう向き合うか。

10月7日（土）

午前中、妻に連れ出されて阿佐ヶ谷まで散歩に行った。見事な秋の日。ひんやりとした空気の透明な日差し。まだ色づく前の木々の緑が独自の光を放ちもうすぐ始まる紅葉の季節など別の世界の出来事であるかのように今ここでのそれぞれの鮮やかな緑を繊細に輝かせるのでそれだけで十分に生きる力をもらった気分になる。無花果はいい感じで色づいていた。買い物をしているうちに腹が減ったということで、先日とは別の中華屋に。ここもまた何を食ってもうまい。抗がん剤第1クールの時は外食などとてもじゃないけどできなかったが、今回はその気になれば食うことができる。最後は胃が苦しくなるが、それでも食えるだけありがたい。とはいえ散歩疲れで帰宅後はたっぷり寝てしまった。いい休日だったということである。

10月8日（日）

低気圧が近づいてきたこともあり、本日は動けず。味覚もだいぶ失われてきて、昼のソース焼きそばはOK、夜のトマトスープ、オムライスの酸味はNGということが判明した。パスタのトマトソース関係も全滅しそうな勢い。食えるものが少しずつ減ってきていると同時に食欲も失せてきた。甘いものはかろうじて大丈夫なのだがそれでは食事にならない。あと2週間はとにかく生きていくだけ。

10月9日（月）

急激な寒さにやられ身動き取れず。食欲も一気に落ちる。胃液が微妙に逆流してきて口の中を痛めるものだから手の施しようがない。いよいよ無理やり流し込むように食べるしかないのだが、食べた後の吐き気感は何とも言い難い。しかし実際に吐くわけではない。実際に吐くわけではない吐き気感だけが常に胃の周りに張りついて1日を台無しにするのである。ただ夜になって寝る前の2、3時間は調子悪いなりに眠気も吐き気も落ち着きこの日記もその時間帯に書いているのだが、それだけでもありがたいと言うしかない。ほんの少しレコードを聴き本を読む。束の間のお楽しみ。本日はクレイジー・ホースの『All Roads Lead Home』を聴いた。現クレイジー・ホースの3人のメンバー、ラルフ・モリーナ、ビリー・タルボット、ニルス・ロフグレンが簡単にはライヴもできず共に集まれなくなったパンデミックの期間中にそれぞれ独自に「ホーム」で作り上げた曲を集めたオムニバスに、さらにニール・ヤングが1曲を提供してできたアルバムである。

これもまた、束の間の時間の音楽と言えるように思う。ここにしかない特別な何か世界を変えるような強烈で鮮烈な輝きがあるわけではない。ただこれらの曲がここにこうやってあることが特別であり強烈で鮮烈な何かであるような時間と空間が立ち現れるのだ。ただひたすらそれらと共にある短いひと時のかけがえの無さが胸を打つ。かつてフィリップ・K・ディックはインターネット時代になって孤立した人々がその孤独の中で人間関係の病に陥る姿を描き確かに現在、世界のほとんどはディックの描いた世界のようになっているようにも見えるが、しかしここにはそれとは違う孤独の姿がある。孤独でありつつしかし楽天的な時間とともにある、つまり友人たちとの幽かなつながりの確かさとともにある孤独と言ったらいいのか。これがある限りわれわれはまだなんとかやっていける、そんな思いが心の底に広がる。

10月10日（火）

完全に胃の調子が悪くなり、食欲ゼロ。何を食べても嫌な吐き気しか残らない。たまらず近所の内科医のところに行き、胃薬をもらった。薬漬けになるのは嫌だったので耐えられるうちはなるべく飲まないようにしていたのだがこうなってしまったらわらをもつかむ思い。あとは寝ていた。身動き取れずに寝ていると、稲垣吾郎のラジオ番組が聞こえてくる。ラジコで妻が聴いているのだがなんと甫木元がゲストなのであった。新曲の宣伝のための出演ということなのだろうが、ゲストおすすめの曲を流すコーナーではジム・オルークの「Eureka」が。夕方のラジオ、そして稲垣吾郎のファンの方々にまさかのこの曲。シチュエーションとしては明らかに狂っている。本来なら背景に消えているはずの小さな音のざわめきが前面に出てそのありえない音と音との関係によってゆっくりと物語が浮かび上がってくる。あのアレンジが、稲垣吾郎ファンにどのように受け止められたのか。あるいは仕事をしながら聞き流している、甫木元のこともジム・オルークのことも映画の『EUREKA』のことも知らない人々に。そんな想像をすると少し元気が出る。

10月11日（水）

いやあ、吐いた後に口の中に残った嫌な後味と言ったらわかってもらえるだろうか、あのどうにもならないまずさが終日口の中に広がるのである。何を食ってもその「いやな後味」しか残らない。何とかして口の中をさっぱりさせたいのだが手も足も出ない上に吐き気も止まらない。その「いやな後味」と吐き気に生きる力を吸い取られていくわけだから体はどんどん動かなくなる。午前中は無理やり病院に行った。診察ではなく、傷病手当金の受け取り申請手続きのためである。今年に入って体調最悪になってまともに稼いでいないので給料も出ていないのである。今年に入ってからはほぼ無給。というわけで補助が出るところからは受け取って生きていかねばという次第。大きな病院はこういう時のシステムがしっかりしていて助かる。滞りなく作業は進み、本日はこれで終了。あとはぐったりと寝ていた。目覚めた時に各所連絡。

夜は久々のロレイン・エリスン『ハート・アンド・ソウル』でくつろぎつつ、しかしアレンジの強度に呆れて目が覚める。66年リリースのモノラル盤。モノからステレオへの移行期であり、モノラル録音の洗練が極まった時期のアルバムなのだが、それぞれの楽器の音が生き物のように動く。ひとつの歌を聴き始めた時と聴き終わった時とで音の印象がまるで違う。A地点からB地点へという音そのものの変化と運動が心を揺さぶる。どこか怪しげで幽かなステレオの広がりではなく、確かにそれがそこにあるのにつかめきれない運動とともにあるモノラルの音ゆえの幽かさと広がりが心を満たす。しかしストリングスと大編成オーケストラのアレンジがやばすぎる。おそらく編曲も手掛けたはずのプロデューサー、ジェリー・ラゴヴォイ渾身のアレンジということになるはずで、彼の曲をジャニス・ジョプリンが何曲もカヴァーしたというのもよくわかる。誰のものでもない歌の魂が人間の身体に乗り移りながら大きな時間の波をサーフィンしている、そんな音楽の風景を見ることができる。

10月12日（木）

内科医から処方された胃薬の効果が出始めたのか、昨夜から復活させたサプリメントが効いたのか、朝から体が動く。そんなわけで昼から事務所に。本日は、バウスの映写と爆音の音響をやってくれていた小嶋尚之さんが当時の資料を届けにやってきてくれるのである。こうやって会うのは数年ぶりか。相変わらずと言えば相変わらず、しかし老化は隠せない。元気なうちにいろんな整理をということもあり、小嶋さんが整理していたバウスの記録をいったん預かり記録として残す算段。閉館時に作ったバウスの本『吉祥寺バウスシアター 映画から船出した映画館』で大きな流れは整理してあるので、今回はまったく別のやり方にて。しかし整理された現物を見ると、小嶋さんの圧倒的な整理能力にわかっていても驚かされる。このまま展示したいくらいである。はたしてこれを使ってどこまでやれるか。

夕方早くに帰宅。やはり元気は束の間で倒れるように横になり爆睡。その間にいろんな知らせが届いていた。夜は昨日の流れでロレイン・エリスンの69年のアルバム『ステイ・ウィズ・ミー』を引っ張り出してみた。プロデュースは同じくジェリー・ラゴヴォイ。ある音楽形式の範囲内にとどまりつつその外部との交信に身を震わせているとでも言いたくなるような緊張感とそれゆえの幽かな狂気とともにコントロール不能な場所へと向かっていく前作に比べ、こちらはすでにさまざまな形式が混合して温かく溶け合いその融合をアルバム全体が祝福しているような満開感。ジャニスがカヴァーした「トライ（ジャスト・ア・リトル・ビット・ハーダー）」の、ある遅さをキープし続ける無時間感にドキドキする。時に歌い上げもするロレイン・エリスンの、オリヴィエ・アサイヤスの『アクトレス〜彼女たちの舞台〜』（原題『Sils Maria』）の中に出てくる山間を這う雲のように緩やかに変容し続ける歌声が皮膚に触れるその肌触りがやばすぎる。中学1年の時にジャニス・ジョプリンに触れたおかげである日ロレイン・エリスンを知りその後多くの時間が過ぎてようやくその核心に辿り着いたと言ったらロマンティックすぎるが、要するに時間は過ぎ去ったりしないということである。いつも身近にあってそれを忘れていてもある時事故のように出会う。その出会いが現在を作るのだ。そういえば彼女のワーナー時代のシングルやデモ録音も含めて集めた3枚組CDセット（ライノによるリリース）があって、それもどこにやってしまったのか、見つけ出さねば。

10月13日（金）

本日は映画祭準備中の高崎に予告なしに行って皆さんを驚かせようという予定だったのだが、そして昨日の時点ではそれくらいのことを思うくらいにはそこそこ元気だったのだが。起きた時からひどい吐き気。とにかく何も食いたくない。食った時のひどいまずさが頭の中を渦巻くばかり。家で作るものがすべてダメで、それでも食えそうなものは何かと思い描くと、どん兵衛、チキンラーメン、レトルトのシンプルなカレー、コロッケサンド。濃い味付けのジャンクなものという結論である。ひどいセレクションだが何も食わないよりましだろうと、とりあえず、どん兵衛、チキンラーメン、レトルトのカレー（中村屋のチキンカレー）を購入。しかし少しは野菜も取らないとということで、どん兵衛やチキンカレーに入れるために乾燥野菜も。ところがこの乾燥野菜が失敗で、やはりジャンクなものはジャンクなまま食わないと結局家で作ったものに近づいていくわけだから意味がない。というわけで昼食の乾燥野菜入りどん兵衛は失敗。あとは寝続けた。夕食はレトルトカレー。しかし中村屋のレトルトカレーが昔とは違いうまみ成分が加わっているのか、どこかシャープさがない。こちらの味覚がおかしくなっていることもあるので何とも言えないのだが、とにかく今は何の工夫もないごくシンプルな味付けのジャンクな味をひたすら求める。大人になってからは手を出さなかった領域を、実は今体が求めていたのかと、子供の頃お祭りの焼きそばを食べさせてもらえなかった悲しみを思い出したりもしたが、今回はもっと物理的な味覚の問題だろう。明日はケンタッキーフライドチキンかという声も聞こえてくる。ああ。

10月14日（土）

体調は1日おきという感じで、本日は昨日よりはまし。朝食後も地味に各所連絡を行った。午後からは事務所で今後の企画のための打ち合わせもありそれなりに元気に過ごしたのだが、夜になって反動が来る。夕食はほぼ何も食べられず。そのまま寝込んだ。そして24時前にようやく起き上がるということになるのだが、こうやって生活のペースはどんどん乱れていく。

10月15日（日）

朝からボーっとして、寝たり起きたり。昨夜ほぼ何も食えなかった反動で腹は減る。しかし吐き気も全開。妻がイノヤマランドのライヴのためにいなかったので、自分の食いたいものだけを食った。食いたいものを食う時はいいのだが、食った後に吐き気は倍増する。寝込んで消化が進むのをひたすら待つしかない。こういったことが来年2月末まで続くことを思うと、食の問題にまともに向き合わないとやってられないのではという考えに至る。つまり、自分で料理をして吐き気の中でもおいしく食べられる工夫をする。それだけ考えて生きてみるのもいいのではないか。食べることと寝ること。ただそれだけを考えるという一生のうちでそんなことができる時間は普通にはない。朦朧とした頭の中でそんなことを考えもした。とはいえいよいよ抗がん剤服用第2クールも終盤に差し掛かり、意識は混濁するばかり。レコードを聴いてもピンと来なくなった。

10月16日（月）

朝から思い切り調子が悪い。無理やり歯医者に行った以外ほぼ何もできず。あらゆることが上の空である。午後以降はほぼ横になったまま、23時過ぎてようやく起き上がるというひどい状態だった。ひたすら薬明けを待ち望む。

10月17日（火）

とにかくこの2日間がひどい状態だったので、午前中無理やり散歩に出る。最後の1週間、少しでも気分を変えて張りついた吐き気を振り落とそうという目論見。高円寺駅すぐそばの小さな市場の八百屋、魚屋&肉屋の価格破壊ぶりには毎回驚かされるが、久々に中をのぞいた魚屋&肉屋には唖然とした。魚は港のそばの道の駅並みの価格。見た目も新鮮でぷりぷりしたやつがスーパーなどの3分の1くらいの値段。思わず、焼き魚用と刺身を買ってしまったのだが、呆れたのは肉。豚肉1キロが480円とか、ありえない金額で鶏肉も同様。さすがにこちらはいったい何を食わされてこの肉になったのかと思うととてもじゃないが買えなかったが、いよいよ年金しか収入の道がないとなったら迷わず買うだろう。食い盛りの子供たちが何人もいる一家とかは、どうしたってこれになるかもしれない。ただ普通に考えたらどうやってもこの価格にはならないのだ。いったい仕入れ値はいくらなんだろう。

というわけで夕飯は刺身と焼き魚で何とか吐き気をやり過ごした。ここまで来たらいかに気持ちを前向きにさせるか、それ次第。

どうやったって吐き気の中で食うしかないのだから「まずい」と思ってしまったらその時点で終了。ただ刺身のツマの千切り大根を食った時だけは気持ちが吐き気に負けた。どうしてこの刺身のツマはダメなのか。理由を考えても始まらない。とにかく一口噛んだ瞬間にダメなものはダメとなるのである。潔く諦める。

10月18日（水）

滞っていた各所への連絡をした。ただすればするほど更なる連絡事項が出てくる。きりがないので適当なところで切り上げる。しかし夜は疲れが出たのかどう頑張っても食べる気にならず、果物とプロテインドリンクでやり過ごした。思い切り具合が悪い。

10月19日（木）

昨日よりまし、ということで事務所に行ってみた。その途中、試しに昼食を外でと思い、しかし通常の量は絶対に食べきれないのと普通の味付けだと口の中に充満する胃液の嫌な味に負けてしまうだろうということで、軽く食える立ち食い蕎麦にしてみた。しかし一口目からぼんやり。立ち食いソバの濃い味付けでも味覚がまったく反応しないのである。途中から拷問。いったい何を食えばいいのか。

そんな状態だったので事務所はさっさと切り上げる。そこにあまり良くない知らせがいくつか来てさらに気分は暗くなるが、それ以上に鼻水がすごすぎてそれどころではない。体中の水分がすべて鼻水として出てしまうのではないかという具合で、花粉症を抗がん剤が強力にバックアップしている。気が付くと喉が渇いている。しかしこうやって鼻水として外に出てくれているうちはまだいいのだ。そうでない時は喉の方に落ちてくる。これが、口の中の胃液とまじりあって尋常ではない気持ち悪さなのである。妻にはもう薬を飲むのを止めたらと言われるが、いや、これはこれでいいこともあるのだと秘かに思っている。どういうことかと言えば、こういったことのおかげで生活や仕事やこれまでの人間関係を変えることができる。いい機会が訪れているのだ。それを逃す手はない。久々のビッグウェーヴには乗る。それだけのことだ。

深夜、80年代に働いていた高円寺のレンタルレコード屋のオーナーが脳出血で倒れリハビリ中との知らせ。わたしも含め周りがバタバタと倒れていく。あまりに立て続けに周りの人間が倒れるので、最初のうちは「お祓いを」と思っていたが、ここまでくると「いや、そうではなく、単に年齢のせいなのだ」と思えてきた。戦前生まれの世代なら80歳が見えてきたあたりでこんな感じになっていたのが、味の素や人工調味料などで育ったわれわれの世代以降は彼らよりもずっと弱く、倒れる年齢が10年ほど早まっている。そのうち日本の平均寿命は短くなり70歳代に落ち着くのではないだろうかとも思うが、いや、倒れてぎりぎり生き残ったわれわれがヨレヨレになりながらズルズルと長生きするのかとも思う。いずれにしても残りはご機嫌でいきたいものだ。

10月20日(金)

いよいよ口の中と胃の調子が最悪になってひたすら耐えるのみ。何をしたのかも憶えていない。各所にいろんな連絡はしたはず。夕方以降はひたすら寝ていた。

10月21日(土)

あと数日したらとにかくおいしく食事ができるという淡い希望と、とはいえ今は何を食ってもまずいし口の中の酸っぱい匂いが食欲のすべてを持ち去って何も残らないという現実とが渦巻いて身動き取れず。散歩はした。抗がん剤服用の最後の数日はマジでつらい。つらさを紛らわすため、ｂｏｉｄ事務所の引っ越し先をネットで探している。とにかく事務所の冬の寒さは尋常ではない。エアコンもその他の暖房器具も、ブレーカーが落ちるギリギリまで使って、なおかつダウンやコートを着ながら仕事をしないと寒さにやられるしそれでも指先がかじかんできてキーボードが打てなくなる、という状況。毎年冬が来る前に引っ越しをと思うものの忙しさに紛れて全然実行できなかったのだ。今年こそ。体力はないが時間はある。しかも事務所はものだらけで事務所というより整理されてない倉庫と言いたくなるような混乱ぶり。それらの荷物を整理処分するいいきっかけにもなる。荷物たちには本当に申し訳ないが、思い切らない限り次には進めない。ということで新事務所候補地を探してみたものの可能な予算より数万以上は出さないといい場所は見つからない。エレベーターなしの5階、という物件は出てきたのだがさすがにつらすぎる。というか、予算に合う部屋の広さに合わせて荷物を整理する。これが目的だったのではないか。いつの間にか欲望が現実を忘れさせてしまう。ニール・ヤングが録音スタジオとして使っていたロサンゼルス郊外の閉館した映画館の必要以上の広さを思い出す。あれを広いと感じるかこれくらいがちょうどいいと感じるか。いや、ならば田舎に住めばいいのか。いよいよ空き家になりつつある山梨の実家問題の解決にもなるという声も聞こえてくるが、しかしあそこは車がないと生活ができないのだ。

10月22日(日)

朝から体調最悪で、夜の『はだかのゆめ』の甫木元と磯部涼くんとのトークに顔を出すのはあきらめ、各所にその旨連絡。あとはひたすら寝ていた。夜、妻が仕入れてきた静岡からの釜揚げシラスを使ったシラス丼がおいしく食べられたのが救いだった。

10月23日(月)

昨日青森の友人から届いたりんごがめちゃくちゃうまくてテンションが上がる。千雪という種類で東京では見たことがない。甘すぎずすっぱすぎずバランスが取れたシャープな味。抗がん剤の服用もあと1日だから、とりあえずこれを食ってやり過ごすことにする。しかしそれ以外の食事に関しては、ここまで来ると完全に詰んでいる。いくつか食べられるものがあり、同じものを食べるしかない。いろいろ試しているがダメなものはダメ。いずれにしてもあと1日。2月には半年間の投薬も終わり、その後人工肛門からの復帰手術も終わりリハビリも終わった頃には、山梨の実家をリフォームしてそっちに拠点を移すかとか、そうしたら日の当たる暖かい部屋で仕事もできる、レコードもでかい音で聴けるとかいろんな妄想が渦を巻く。しかし人は否応なしの転勤や進学などではなく、どういう時にどういうきっかけで自ら進んでそれまで住んでいた場所から遠く離れた場所へと移るのだろう。今度、湯浅さんや浅川さんにインタビューしてみよう。しかしそんな妄想が過ぎて夕方の歯医者の予約をすっかりぶっちぎってしまっていた。

10月24日(火)

抗がん剤第2クール終了で気持ちは前向きになっているのだが、体内に蓄積された抗がん剤の量は最大ということで、副作用もピーク。口の中がすっぱくなりすぎて、もうこのまま治らないんじゃないかとさえ思えてくるし、とにかく何を食べてもだめ。午前中、散歩に行った以外ひたすらじっとしていた。

10月25日(水)

第1クールに比べて第2クールは体力の回復もあって体はそこそこ動いたのだが、胃腸は激しくやられた。YCAM爆音の時には自分でも驚くくらい元気だったのでそれくらいは動けるだろうという予測のもとに今回の休憩期間の予定を組んでしまったのだが、大間違い。多分しばらくは何を食ってもまずいままだ。果たして元に戻るのかどうか。にわかに自信を無くすくらい調子が悪い。YCAMに行った時は初日の夜にはおでんの大根しか食えないということでおでん屋に行ったのだが、本日おでんを食ってみたら大根がまったくダメ。薄味がまったくわからないだけでなくただひたすら口腔内のまずい味わいが増幅するばかり。果物だけが頼りという1日であった。

夜はDOMMUNEのジョン・ゾーン特集を観た。本来ならわたしも出席しているはずだったのだが、抗がん剤の服用が終わったばかりで体調に不安ありということでイメフォの山下宏洋くんに代わってもらったのであった。でも早めに決断しておいてよかった。今日の調子ならまったく無理。それに山下くんの丁寧かつ具体的な説明を聞くと、たとえ体調が良くてわたしが出演して説明するよりはるかにわかりやすく、あらゆる意味で山下くんに代わってもらってよかった。もちろん坂本安美にお願いするというのがまずあったのだが、なんと彼女は足の骨折中。わたしの周りの病人&けが人の多さに本当に呆れる。

そして侯孝賢。公式に認知症のため映画製作から引退の告知がされた。何年か前からその話は聞いていていてがっくりしていたのだが、1年ほど前、スー・チーと一緒の写真と共にテレビドラマ製作みたいな話がネットに出ていて、おお復活するのかと喜んだものの写真に写る姿があまりに痩せこけていて弱弱しく心配していたのだったがそんなところに引退の記事。昨年、いくつかの映画がリバイバルされたが『ミレニアム・マンボ』と『百年恋歌』『好男好女』が上映できないのが寂しい。いろいろ思い出がありすぎてまだ全然言葉にならない。

10月26日（木）

残念ながら味覚異常も吐き気も治らない。このまま治らないのではないかとさえ思い始めるが気が付くと食べ放題のご機嫌食いしん坊になっているのだろう。我慢の1日。

10月27日（金）

予定ではもう、ご機嫌でうまいものを食っていたはずなのだが、まったくままならない。おかげでいくつかの予定をキャンセル、歯医者だけは行った。ようやく物がちゃんと嚙めるようになる。物理的な体勢はすべて整ったのにもかかわらず、薄味のものを食った瞬間口の中を荒らしている胃液が暴れだし吐き気全開。果物と、濃い味付けのものでやり過ごす。妻がイノヤマランドのライヴで北海道に行ってしまったので、本日から4日間は猫さま当番である。東京国際映画祭も始まっているが、触れることもできない。まあ猫さま当番がなかったとしても今後はライヴやイヴェントや映画館に行ったりすることは簡単にはできなくなるはずだ。ただでさえ出不精なのに、外に出なくていいいろんな言い訳の材料がいくつも出てきてしまっている。せっかくなのでこれをきっかけに生活自体を変える方向をずっと考えているのだが、ということをすでに何度も書いている気がする。ぐずぐずとではあるが、それくらいには今後の変化を楽しみにしていて、いろんなものを失ってもあまり気にならない。

10月28日（土）

病気が発覚して以来ネット上に載せられている病気関係の記事を折に触れて読んでいるのだが、本日は食事に気を付けたり生活を健康的なものに変えたりするよりも、とにかくストレスをなくすのが一番、という記事。どうやら、食事や生活で病気になったり回復したりするのは10パーセントから20パーセントくらいで、残りは全部ストレスというデータのことも読んだ記憶がある。そういえば病院の担当医も、食事は気にせず好きなものを食うこと、自分のペースで過ごすことを第一に指示してくる。とはいえ酒だけは飲みすぎるなとは言われたがそれはまあわたしにはまったく関係ない。とにかくお気楽、ご機嫌に、自分のスタイルで生きる。だが東京にいるとそのために半端ないストレスが生じることになる。簡単ではない。

散歩に出ると町中にコスプレの人々がうろうろしている。ああ、ハロウィンかと思ったら高円寺フェスだった。駅前の広場に作られたステージにはアイドルたちが次々に上り、お狐さまたちのパレードも始まった。いったい高円寺では何が起こっているのかと名古屋の友人に画像を送ったら、どうやら大須でも似たようなことが行われているらしく、似たようなお狐さまたちの画像が送られてきた。いったい日本はどうなっているのだろうか。しかし昼食の仕入れをしようと思って外に出たのについ久々の中古レコード店に入ってしまい、いろいろと買ってしまった。ミラクルズの63年のアルバム『The Miracles Doin' Mickey's Monkey』。７００円くらいで売っているものだからつい『The Miracles Doin' Mickey's Monkey』。同年の前作『The Fabulous Miracles』もそうだが、アルバム全体から当時の勢いが伝わってくる。いくつものヒット曲ともしかするとヒットしたかもしれない曲の可能性のかけらが織りなす見事なアンサンブル。そしてそれ以上にまるでライヴアルバムのような、スタジオ全体の空気が揺れるその揺れがこちらの心を揺さぶるダイナミズムは何なんだろう。1本のマイクで録音したのではないかとさえ思ってしまうようなこの全体感と言ったらいいのかひとつひとつの音ではなく音楽がひとつの塊として身体を包み込む。その「Whole Lotta Love」な感じ……。デジタル録音では絶対にありえない何か、そこにはいないはずの何かまでも巻き込んでの演奏にうっとりするばかり。まあこれもまたこちらの妄想と言えば妄想にすぎないのだが。そんなわけで散歩をして飯を作り飯を食って音楽を聴いたら1日終了。吐き気は少しましになってきた。第1クールの脅威の回復には遠く及ばないよたよたの回復。

10月29日(日)

母親が施設に入り、実家に住む人がいなくなってから数か月。妹と妻が片付け作業をやってくれているのだが、遅かれ早かれこの実家をどうするか問題が浮上する。売れるような土地だったらいいのだが、実家のある場所は夏は暑く冬は寒い、しかも誰もがイメージする田舎の風景とも違う中途半端さで車がないと身動き取れず子育てするにもわたしの母校ももうすぐ廃校になるらしく不便極まりない。つまりどうやっても売れない。隣の家も同様な問題を抱えそれでもということで家を取り壊し土地を売りに出したのだがどうやっても売れず結局は町に寄付をしたとのこと。家の取り壊しもただではなく数百万はかかるわけだから、つまり土地も家も消えそのために数百万円も消えてしまうというわけである。放置された家が多いのもこういった事情によるのだろう。ならば解体する金でリフォームして、boidの倉庫にしたりわたしの避難場所兼仕事場にしたりするのはどうだろうと思いいたり、実家すぐそばにある母親の実家に暮らす叔母と従妹にそれらや家の現状保持のための相談やらをしに日帰りで山梨へ。ついでにこのあたりで映画を撮影するらしい某監督作品に我が家を貸し出す話も出て、プロデューサーもやってくる。わたしも昨年からの体調不良で実家に戻るのは10か月ぶり。家の中はだいぶ荷物が片付けられていて、つい数か月前までは人が住んでいたという生活の名残の温かさと今後はもう住む人がいないという残酷な静けさがまじりあってもはや自分の力の及ばない世界がここを覆ってしまおうとしているその最後の時間に立ち会った奇妙な悲しみが心の隅をよぎった。そういえば東日本大震災の後1か月も経たぬうちに福島に行って「帰還困難区域」に迷い込んでしまった時、つい1か月前までは普通に人が住んでいたその町の静けさにあまるでロシア映画の町のようだとソクーロフやタルコ

フスキーの映画を思い浮かべていたのだが、まさにそんな感じ。果たしてリフォームしたところでこの小さなしかし決定的な悲しみは消えるのかどうか。それとともに生きるのも悪くはないと思うが、いつかその小さな悲しみの強さに体が蝕まれていく予感はすでに満載である。もちろんそうなったらそうなったでOK。それは誰にも簡単にできるわけではない貴重な体験となるはずだからやはりリフォームは悪くないアイデアであるとますますリフォームへと心は傾く。だが問題はその資金をどうするのか。いつものことなのだがまずはここで躓くことになる。

しかし日帰り山梨は病人にはなかなかしんどい。我が家では猫さまたちが腹を空かせている。

10月30日（月）

抗がん剤服用期間中はその日その日で体調が大きく変わるのでほぼまったく予定を入れずに暮らしていて、つまり完全なその日暮らしなのだがそれが思いのほかというかこれこそ今わたしがやるべき暮らしであるとしか思えない気持ちよさで、その爽快感が副作用の辛さを上回り始めている。だから抗がん剤はドクターストップがかかるまではどんなにつらくとも続ける強い意志はあって、普段はいろんなことに動揺しまくり臨機応変と言えば聞こえはいいがただただひたすら軟弱なだけのわたしが、これに限ってはゆるぎない確信とともに動いている。その意味ではこれまで生きてきた中で今が一番元気というかいろんなことが吹っ切れたまま生きているのではないかとさえ思っている。何も予定を立てないで堂々と生きる。まあ、1か月後に何と思っているかはまったくわからないのだが。

とはいえ2週間の休止期間中はついつい予定を入れてしまいあこんなはずじゃなかったとぐずぐずと愚痴を言い始めたりするのだが、本日は以前から休止期間中に1度はと約束していた、入院中の中原見舞いで朝からバタバタした。どうやら病院食がまったく口に合わないらしく差し入れの食べ物を喜んで食っているらしいのでいったい何を持って行こうかと悩んだ末に、ｂｏｉｄ事務所のそばにある高田馬場のとんかつの名店「ひなた」のカツサンドにした。そのための予約電話も先週末に入れておき、わたしにしては珍しくてきぱきと準備をしたものの、高田馬場経由で病院に行くのはだいぶ大回りになり乗り換えも増えるため予定時刻に病院に辿り着くには何時に家を出たらいいのかとか途中で何かあったらどうしようとか、朝からそわそわしていたのだった。こんな時に頼りになる妻もまだ北海道だし猫たちは常に腹を空かせているし。副作用がようやく治まってくるとそれに伴って気持ちが急く。友人たちと話をしていてもいつもより半テンポ早く言葉が出てくる。これはいったいどういうことか。明らかに違うのである。おそらく他人から見たらこのスピード感が「元気」というふうに見なされてしまうのだろう。思ったより元気だと会う人ごとに言われる。

見舞いは確か週に1回、1回に2名までで15分間というそれなりに厳しい条件が付く。今回は阿部（和重）くんと一緒に。阿部くんもわたしも直接中原に会うのは1年ぶりとかそれくらいではないか。病院とつないだオンラインでは何度か話してはいるがこうやって直接会うのとはやはり全然違う。たとえ体が思うように動かなくてもそのこと自体には悲観的にならずその中で無駄かもしれないが無駄ではないかもしれない思考を巡らし体が動いている時とは違う形で世界を押し広げる。そんな絶望と希望、悲観と楽観とが入り混じったしかしそれでもさわやかに新しい一歩を踏み出している中原が今ここにいるという空気を感じることができる。阿部くんと一緒にこれからの企画の話もしてあっという間の15分。コーラがご所望ということで、面会後は1階のコンビニでコーラを買い、担当看護師に預けた。病院はまだ新しく、中に入るとわたしが入院していた病院と似たような風景なのだが、外回りは全然違う。都会の中に突然現れた森の中にある病院と言ったらいいのか、いくつもの棟があり、それらのうちのひとつはまだ新しいにもかかわらず計り知れない歴史も感じさせ、これ黒沢さんに見せたらさっそく映画に使うんじゃないかとさえ思えるような風情。果たして設計者は何を思ってこのビジュアルにしたのか。もちろんそこまで大げさに「旧館」を装っているわけではなくそこから先はこちらの幻視に近いものではあるのだが、とはいえこちらの視覚を刺激する何かがそこには確実に埋め込まれている。中原、ずっとここにいればいいのにとも思った。まあ、現実にはそんなわけにはいかないのだが。

その後は事務所に行こうとしていたのだが、昨日の山梨日帰りの疲れが出てきたので帰宅して昼寝。そして夜は某所でうなぎを食った。まだ味覚は半分ちょっとくらいしか戻っていないのが確実に実感されたもののうなぎのおいしさはわかった。特に他ではみかけないうなぎの一夜干しはなかなかの味であった。もう今回の休止期間は味覚が完全に戻ることを期待しないという覚悟はできた。そう思えば何とかなる。

10月31日（火）

歳をとると疲れがタイムラグを伴い、おそらく日曜日の山梨日帰りの疲れなのだろう何とか起き上がったものの眠い。とはいえ嫌な眠さではなく心地よい疲れとともにある眠さで何もなければそのままうとうとと転寝しながら1日を過ごすことになるわけだが、束の間の抗がん剤休止期間でもありようやく何とか副作用も切れてきたため、事務所で人に会う予定をあれこれ入れてしまっていたのだった。メインは銀行との面談。最近は銀行の話になるたびに言っているのだが、零細企業は大手都市銀行に口座を作ってもいいことはなく、何はともあれ信用金庫などの小回りの利く銀行にすべきである。ちゃんと相談に乗ってくれるし提案もしてくれる。「こんな助成金があるんで使えるんじゃないですか」というような助言もあり、例えば新宿区の小さな助成金など普通に働いていたら簡単に見落としてしまうような助成金をありがたく受け取れたりする。小さなことだが、普段の仕事の中での必要経費の何割かがそれで補えるとなるとこれは助かる。不便なのはキャッシュディスペンサーの数が少ないことくらいか。とにかく今回はboid事務所引っ越しの相談。銀行との取引のある不動産屋を当たってみてくれるわけだが、ついでに、空き家の処分に困ってるところとかないですかねというような地域情報をお願いしたりもした。毎年冬を前に今年こそ引っ越そうと思うのだが引っ越し料金のことを考えると簡単には決断がつかずぐずぐずともう6年以上。今年はいい機会である。病をきっかけにこれまで決断のつかなかったことをひとつひとつ変えていく。引っ越し料金はきっと何とかなる。それよりもまずは皆さん元気でご機嫌で暮らすことを優先で。

アラン・トゥーサンがプロデュースしたラベルの74年の作品『ナイトバーズ』。この絶妙なアレンジ。メインのヴォーカルも含め、それぞれの声や音が際立ちぶつかり合ってそこから大きな変化が生まれるというようなものではなく、それぞれがただ単にそこにありそのことがお互いを関連付けその連なりの風景がこちらの耳を刺激する。音と音との間の何もない空間に吹くそっけない風が頬をなでる。その風の通り道がわれわれの歩むべき道をそっと示すと言ったらいいのか。アラン・トゥーサンが触れている「歌」の意志が声や音に乗り移って全体像を作り上げる。1曲目の「レディー・マーマレイド」から心を鷲づかみ。いやそんな乱暴なやり方ではなく丁寧に作られた薄い皮膜が心を包み込んでわれわれを見たこともない風景のもとへと連れていく。夢見がちがおっさんは、ついついウルっとなってしまうのだった。

11月1日(水)

朝からボーっとしていて、11時からのはずのズームミーティングを開いたら、ミーティングは明日ですと表示されて目が覚める。

明日のその時間は新千歳で爆音調整中。新千歳への飛行機出発前の本日の11時からで、というつもりで連絡したはずなのだが、1日ずれて伝わっていた。いずれにしてもこれはまずいと言うことであわてて連絡、明日の夕方以降に時間をずらしてもらう。これもまた副作用のせいということにしておこう。

　だがいったんは目が覚めたと思ったのだが昼飯を食ったらまたボーっとしてきて羽田に着く頃はほぼ無意識状態。時折我に返り行先や手荷物預けや保安検査場通過をやり過ごし無事搭乗したのだが、どうも夢の中。新千歳空港は結構な雨降りで、この時期の新千歳としては相当暖かい。数年前は大雪で帰りの便が遅れて大変だった同じ時期とは思えない。わたしのちょっと後の便からは土砂降りと雷で上空待機となってだいぶ待たされたらしい。自然相手だといろんなことが起こるがこちらは4日までずっとターミナルの中だから外の自然がどうなっていようとまったく関係ない。この天候だと映画祭の主催者だったら動員の心配でハラハラし始めるはずだが新千歳の場合はもちろん動員は気になるもののとにかく音をきちんと調整することが第一なのでぼんやりは続くまだ夢の中。そのままの状態で映画祭ディレクターの小野さんに会い、ネットでは連絡取り合っているため久々感はまるでないのだがこうやって実際に会うのは1年ぶり昨年の新千歳以来である。いつもの年なら10月に札幌の爆音があって2か月連続で協同作業をしてきたのだが、諸事情で札幌がなくなりタイミングよくというのは変だがわたしも病気で10月に札幌があったとしても井手くんにすべてお任せになっていたはずで、だからまあこれでよかった。

　ということでまずは口馴らしにターミナル内の回転寿司。この時期の旬のネタは売り切れてしまっていたが、それぞれ安定の味。この2、3日で味覚はだいぶ回復したことを確認した。あら汁も飲めたので、最もやばかったみそ汁ももう大丈夫（あと1週間の命だが）。まだそれぞれの味を完全に堪能するところまではいかないが、自分の口の中の問題でまずくて食べられないという状況は終わった。その後、爆音会場内でセッティング中の機材チームにあいさつ。皆さんから心配されたがお気楽にやれば何とかなる。

11月2日（木）

『劇場版アイドリッシュセブン LIVE 4bit BEYOND THE PERiOD』『BLUE GIANT』『REDLINE』の調整。『アイドリッシュセブン』はグループごとに音の質が全然違うので、ライヴの時のようにその場その場でイコライジングを変えるわけではない爆音上映の場合は相当やっかいである。このグループの音を気持ちよくするとこちらのグループの音がひずむ、そこを調整すると今度は別のグループの音がまったくはっきりしない。それらを見事に成り立たせる微妙なバランスを求めての作業が延々と続くのである。音を小さくするのが一番簡単なのだがそれは本末転倒。最終的にはセンタースピーカーの角度を変えてバランスをとった。そんな調整の楽しい苦労はともかく、かつてなら考えられもしなかったアニメのアイドルグループのライヴ映画というジャンルが今こうやって成り立っているというかもしかするともう「アイドル」とはこういった存在を指すのではないかと思えるほどの、ファンとアイドルとの間の関係に胸騒ぎを覚える。

『BLUE GIANT』はとにかく演奏が素晴らしいのでひたすらその演奏を際立たせるための調整を。今回はもう何度目かの爆音ということもあり、調整中は映像や物語にも気持ちが回り、その「余裕」の中で観てみるとああこれを観た若者たちはみんな東京の東側に住みたくなるだろうと、わたしの高校時代は高円寺や吉祥寺などの中央線沿線がそんな場所であったのだが、それからもう半世紀近く。アニメの中の東京東部は近代化されていく都市と、未だ変わらない歴史の名残を抱えた町とが隣りあってそこにあり、その間に流れる川がそれらを結びつける。東京の西側にはこういった「川」がなくて、多摩川だと都市と郊外とを分ける境目としての川となり違うふたつを結びつけるのではなく切り離す力の方が大きいし、神田川じゃあまりにしょぼい。やはり墨田川、江戸川である。東京東側の川のある風景の時間と空間のスケールの大きさはまさにこの映画のテーマのひとつでもあるだろう。残念ながら西側に50年近くも住んでしまったわたしはもう簡単には東側に移れそうになくこれから東側に住むであろう若者たちとその未来に嫉妬するばかりである。そしてまた、ある土地や風景のその背景に秘められた力や時間の流れを映し出すものを「実写」と言うなら、この映画はまさにそんな現在の「実写」の最先端であると言うことができるのではないか。こういった映画を前にして、いわゆる実写映画はいったい何をしたらいいのだろうか。

久々の『REDLINE』は冒頭からのテンションの高さ、そしてそれが最後まで持続し続ける終わりのなさ、あるいは出口のなさに驚くばかりである。今から思うとこれが戦後の高度成長期を経てバブルに至る頃の日本の力でもあった。一方に近代化、未来に向かう力がありもう一方にその中で取り残されて行く者たちの魂の叫びがある。そのふたつが共鳴し合って信じられないパワーを生み出す。２０１０年の製作というからもはやバブルも終わり右肩下がりの下降線を駆け足で下り始めている、その実感とともに作られた映画である。かつてあった「力」の記憶による映画と言ってもいいかもしれない。そしてその翌年には東日本大震災でその記憶さえも徹底的に打ち砕かれ、もはや何ものでもない場所、時間が流れない場所の中でわれわれは残された人生を力なく消費するばかりである。この映画はそんなわれわれの今を照らし出すというよりも、その中でもまだこのように生きられるかどうか、あるいはこのように生きてきたものたちが作った世界の果てで別の生き方を歩めるかどうか、ほんの少しだけわれわれにヒントを与えてくれるように思えた。

夕方以降は映画祭初日の上映が始まり、『オオカミの家』はそれらの上映が終了後の調整。さすがに眠い。もちろん調整が始まると目が覚める。何年か前の新千歳で初上映された時に観たはずなのだが、改めてその頃のディレクター、土居くんがプレゼンテーションした「変態アニメーション」の面白さに気づかされる。固体でも液体でもゼリー状でもなく、そこにとらえられた一瞬は確実に固体であるものが次の一瞬には別の固体への予測不能の脱皮が始まっている。その確実性と不確実性の不確実な連なりの中でとらえられた世界の像。そこに見られる映像も聞こえてくる音も「生」のものではなくいったん誰かの目に留まり耳に入った映像と音が不確実な時間の流れと停滞を経てふとそこに顔を出したと言うしかない何層もの厚みのある映像と音のその一瞬一瞬に現れた表層が見え聞こえてくると言ったらいいか。『悪魔のいけにえ』の狂人一家の主である生きているのか死んでいるのかわからない半分ミイラ化したおじいちゃんの干からびた皮膚のような映像と音。それが一瞬ごとに剥げ落ち次の干からびた皮膚が現れ別の何かに代わっていく。映画から「キャッチ・ミー・イフ・ユー・キャン」と挑発されているようでもあり、廣瀬純的に言うなら「串刺しして焼き鳥にしてみなさい」ということになるのだろう。その時串刺しできるとしたらこちらもこのように変態する串を持つ必要があるだろう。『悪魔のいけにえ』のおじいちゃんが主人公の頭を殴る時のへなちょこなハンマー。爆音にすると音の干からび具合が強調されすぎてちょっと心苦しいが、そこからまた思わぬ音が飛び出してくるわけだからひと時も気を抜けない。

深夜部屋に戻り頭を洗ったらそこそこの量の髪の毛が抜けていた。抗がん剤第3クール以降、いよいよ頭髪問題が浮かび上がってくるかもしれない。まあ、終わればまた復活するとは思うので、心配しても仕方がない。次回散髪に行った時はこれまでより短めにしてもらっておこう。

11月3日（金）

トメック・ポパクル監督特集を観る。トメックさんは何年か前のコンペでグランプリをとったりして新千歳では顔なじみではあるが、アートというより80年代以降の世界的なパンク／ニューウェイヴの流れの中にあると言ったらいいのか音楽の要素が大きくて、年齢的にはわたしよりだいぶ下でポーランドと日本という距離を隔ててはいるもののこれまでもどこか親近感を抱きつつ観てきたのだった。しかしこうやってまとめて観てみると記憶の中の映像を超えて過激かつ抽象度も高い。監督の言葉がないと作品の核心には簡単には辿り着けないものにはなっているのだが、ぼんやり観ているとロシアとウクライナの問題が直撃しているポーランドの現在が浮かび上がる。もちろんそれが具体的に示されているわけでもないし時代的には戦争以前に作られたものだったりもするのだが。特に最後の作品など黒い画面に光が明滅しその一瞬の光の中に影のような得体のしれない何かが浮かび上がるというその繰り返しで、繰り返されるたびに少しずつ変化する光や影の変容に次第に心を奪われていくドラッギーなトリップムーヴィーとも言える構成。その気持ちよさに身を任せてしまってもいいのだが、しかしどこかでアベル・フェラーラの『ブラックアウト』のような闇への誘いと溶解へと向かう視線とは別の闇へと向かう意志のようなものを感じる。その闇は単なる闇ではなく光でもある闇、闇でもある光であるような、われわれがイメージする光でも闇でもない闇であり、おそらくわれわれが感じるそれぞれの光にも闇はきっと張りついているはずなのに簡単には見えず誰も気が付かない光であり闇でもあるような何かであり、作品はおそらくそんな光であり闇であるようなものが示す別の世界の風景をそうしかできない形で写し取っているのだと思う。それをロシアとウクライナに挟まれたポーランドに生きるものとしての新たな一歩と言ってもいいのではないかと、もちろんそれはこちらの勝手な思い込みでもあるのだが、しかしそこには確実に監督が見つめる「現実」が映っていたと思う。いわゆる「実写」では簡単には映すことのできない現実世界に張りついた「現実」がここで示されているのだと言ったらいいだろうか。もちろんそれこそが映画の役割であることは言うまでもない。『BLUE GIANT』の時も似たようなことを思ったのだがこうやってアニメーションという形でそんな「現実」を見せられてしまうと、「実写」のやるべきことはいったいどこにあるのか、改めて考えさせられてしまう。

午後からは友人と空港内の土産物フロアにある小樽のチーズケーキの名店「LeTAO」のカフェでチーズケーキを食いながらまったりとした時間を過ごす。ここのチーズケーキを土産に持って帰りたいのだが、賞味期限が1日とか2日なので我が家では食べきれない。今回は季節の栗味のチーズケーキも販売されていてめちゃくちゃ美味そうだったのだが、カフェでは定番のチーズケーキしか提供されておらず。あとから思ったのだが、栗チーズケーキを丸ごと買って映画祭事務局に差し入れしてわたしも一切れいただく、というやり方があった。来年、忘れていなかったらやってみよう。

そして夜、本日の上映終了後はミュージックビデオ関係の音調整。今年のセレクションはなぜかテクノ系が多く、普段は全然聴いていない種類の音楽ばかりだったのでどれも面白く調整した。そして森本晃司さんの短編集の調整も。これは爆音ではないのだが、劇場のシステムで上映すると音が今ひとつうまく出ないということで爆音システムを使い会場に合わせた音の響きに調整するという目論見。劇場のシステムだと低音がうまく出ないのだろうか、通常上映した時の音は聴いていないのでよくわからないのだが、爆音システムだと中低音のふくらみが違うので心地よく聞こえてくるものの、そんな中低音のふくらみが示す音の豊かさを通常のシステムでは感じることができないのかもしれない。トメック・ポパクル作品の時も感じたのだが、1作1作丁寧に調整して上映できたら面白さがさらに際立つはずだ。もちろん映画祭の事務局もそんなことはわかっている。時間と予算がないのである。文化予算が少なすぎる。

11月4日(土)

映画祭は6日まで続くがわたしは本日まで。食ってくれ買ってくれと次々に訴えかけてくる土産とスイーツと食材と食事の声に負けてクリームチーズやらセミハードチーズやら昆布の出汁やらを買い込み、寿司を食った。4週間の投薬期間中は終わりに近づくにつれ本当にどんどん何も食べられなくなっていくのでその反動なのか、投薬休止期間の今は寿司を食っていてもがつがつと欠食児童のように食してしまう。若い頃から似たようなことを言われていたのだが食事に向き合う時の余裕がない。育ちが悪いということなのだが、今の体調でそんなにがつがつ食ったらさらに胃を悪くするとわかっていても、気が付くとがっついているのである。寿司も季節のサンマやイワシをつまんでじわっと口の中に浸み出てくる油のうまさを堪能しつつまったりとした時間を過ごす、みたいなことができたらいいのだが。

とはいえ空港内の食材、食事の値段がじわっと上がっている。これなら都内で買ったり食ったりしても大差ないのではないかと思えるような値段。海外からの旅行者向けの値段になっているのかもしれない。特に魚介類はうまそうなやつはさすがにこれはどうよ、という金額にもなっていて、今回は買わなかった。もうすぐ投薬4週間が始まる。

11月5日（日）

さすがにちょっと疲れて、午前中から昼寝をしてしまう。そして結局胃の不調は完全に回復することなく、味覚も7割くらいまでの回復で微妙な塩味がわからない。第5クールまでの投薬が終わってももしかするとこのまま治らないかもという不安はいつものように心をよぎるが、しかし心配しても何も解決しない。午後からは遊びに来た斉藤陽一郎と高円寺駅付近でぐだぐだと無駄話を。なんと言ったらいいのかこういった無駄なこと、何の役にも立たないことだと気分もいいし体も動くのだが、何かのために何かをしようとすると気分も体も重く身動き取れなくなる。そんな姿勢態勢で何ができるか何をすると面白いかという妄想が、高円寺駅高架下あたりで渦巻いていたのであった。陽一郎も楽しそうだったからこれでいいのだと思う。しかしそんな無駄話をしにわざわざ高円寺まで出向いてくる陽一郎の腰の軽さは本人はまったく意識していないかもしれないが、常人ではありえない。青山の映画が特別なのはおそらくこの斉藤陽一郎的な「軽さ」が示すわき道を見つめる視線とそこに一歩踏み出していく映画自身の「軽さ」にあるのではないかと思う。『東京公園』やそれ以降の青山作品に出演する時の染谷将太くんの役割はこの「軽さ」の別ヴァージョンと言ったらいいのか、より意識的にその「軽さ」を引き受け、つまりその「軽さ」の持つ影と向き合いつつ無意識の一歩をその中に踏み出そうとする酩酊者として映画の枠を突き破っていく役割としてあったのではないか。映画史上かつてない「孔」のようなものとしてトンネルとは別の輝ける暗闇が青山映画に出現しようとしていたと言えるように思う。いずれにしても陽一郎との無駄話で少し元気になった。

夜はインディペンデンツの72年のアルバム『The First Time We Met』を聴いて心躍らせた。デジタルでは絶対に消されてしまうはずの高音のシャリシャリと少しひずんだ感じが何とも言えず。それはレコードの傷み／痛みでもともとは入っていなかったはずのひずみでもあるはずで、ただレコードの音自体が盤と針が触れ合うその震えによって生まれている以上必然的に生まれてしまうひずみでもある。そのどちらとも言えない震え、あるいはそうなることをあらかじめ受け入れられていた震えが示すここにあるのにないもの、目に見えないにもかかわらずそこにあるものの存在に心が揺れたということになるのか。まあ現実にはただ単に盤の傷みがひどくて「ありゃあ」みたいなことでもあったのだが。

11月6日(月)

1回目の休止期間の時に副作用からの立ち直りが早かったために、今回はそれを基準にいろんな予定を詰め込みすぎた。ちょっと疲れた。やはり原稿を書いて爆音調整をするくらいであとはボーっとしているのがちょうどいい。いろいろ連絡事項が多すぎる。夕方までイライラしながら働いていた。夕方からは病院のストーマ外来。新製品が出て、これを貼ると温泉に入る時などでもストーマとパウチがほぼ目立たないというでかい肌色のシールのようなものをもらった。温泉予定はないのだが、さすがにパウチむき出しのままではあまりにグロテスクでYCAM爆音の時も温泉までは入れなかったのだが、これを貼れば何とかなりそうな気がする。それを試すためだけに温泉に行くのもいいような気がしてきたが、そんな余裕は果たしてあるのか。

その後諸事情あって病院から高円寺駅まで出て諸手続きに付き合うはずが急遽キャンセルになったものの猫さまのカリカリを買うという使命もあったので高円寺駅へ。病院からは2キロ以上あるので元気なら散歩となるのだがさすがに本日はバス。都営バスと京王バスが交互に10分おきくらいにやってきて都営なら障害者パスで無料になる。果たしてどちらかと思っていたら京王だった。さらに10分待つのも疲れるのでそのまま乗って高円寺へ。八百屋の店先に並べられている果物に目がくらみ迷った挙句柿を買って帰宅したのだが、なんと肝心の猫さまのカリカリを買い忘れた。思いのほか疲れている。

夜はルー・ロウルズの67年のアルバム『That's Lou』。グラミー賞最優秀R&Bヴォーカル賞にも輝いた「Love Is a Hurtin' Thing」のヒットの翌年のアルバムである。62年のデビューアルバムから67年までに10枚ほどのアルバムをリリースというスピードは、当時としてはそう珍しくもないのか。確かキース・リチャーズがインタビューでレッド・ツェッペリンが出てきてから1曲1曲が大掛かりになりすぎて簡単にホイホイと出せなくなってしまったのが寂しい、みたいなことを語っていたという記憶があるのだが、もはや定かではない。でもおそらくある時期まではアルバムはシングルの、つまり日々の記録のまとめのようなもので、アルバムを作るという行為自体は大目標として存在していなかったのではないか。のどかなシングルの時代の話である。

それはともかくルー・ロウルズである。当時、アメリカでの扱いはどんな感じだったのだろう。ゴスペル出身、リズム&ブルースをベースに40年代50年代の白人音楽の要素も取り入れリアルタイムのロックの要素も取り入れた、しかし毅然とした「古さ」、シングルの時代の音作りの感覚がアルバム全体を覆う。たとえば40年代50年代のフランク・シナトラからの系譜を明らかに意識しているスコット・ウォーカーは、一方でレッド・ツェッペリン的な壮大さとともにあることによって音楽の最前線を突き抜けたわけだが、ルー・ロウルズは古さの中にある軽さを徹底して洗練させてその軽い足取りで音楽のいくつものジャンルの上をスキップする。リー・ヘイゼルウッドとナンシー・シナトラがスコット・ウォーカーとは別の新しいアレンジで40年代50年代を料理したそんな「新しさ」を取り入れることも振り返ることもなくひたすら目の前の日常を軽やかに生きていく。こういったルー・ロウルズの古さの洗練と強さがスコット・ウォーカーやリー&ナンシーの新しさと共鳴して60年代のアメリカのもうひとつの風景を作り出したと言えないだろうか。

11月7日(火)

早起きして病院へ。6週間ぶりの採血と担当医との面談である。とりあえず何事もなし、つまり順調。第2クールの期間中、激しく胃をやられたことを話し、新しい胃薬を処方してもらう。外は猛烈な風。昨夜からの雨を降らした雲も粉みじんになるくらいの勢いで、空の青が澄み渡り気持ちはいいのだが、昼飯を食おうとするとなんとまた味覚がおかしい。11月にもかかわらずあまりに暑いので家では冷やし中華ならぬ冷やしうどん的なものが作られていて、それがまったくダメなのだ。昼食はほぼ拷問となり食後ぐったりして寝込んでしまった。おかげで14時過ぎの新幹線で大阪へという予定が大幅に狂う。大阪で夕食をというboid関西支社長一家との約束変更の連絡を入れ、ボーっとしながら大阪へ。抗がん剤も飲んでいないのにいったいどういうことか。まあ、東京に戻ってきてからイライラしっぱなしだったからと、仕事や人間関係から逃れる逃避妄想がさらにむくむくと湧き上がる。

夜は心斎橋シネマートのboidsound上映のための調整を。しかし心斎橋付近の御堂筋が年末に向けてきらきらと飾り付けられ、その脇では道路整備のための工事も着々と進んでいる。まあそれだけ見ればにぎやかになって結構ということで観光客は「わーきれい」と喜ぶことになるのだが、果たしてそれだけで済むことなのか。ちょっと考えればこの御堂筋のきらびやかさは来るべき大阪万博へと続く道となることが見えてくるわけで、われわれはそこで浮かれるか一歩引くか判断を迫られるわけだ。もちろん御堂筋の電飾飾りつけはもう何年も前から始まっていたことでわざわざ万博のために行われたことではないとも言えるのだが、だからこそやばい。言い訳、逃げ道はしっかり確保しつつ自分たちの足元の危うさから視線をずらす華やかな罠が気が付くと仕掛けられている。

音の調整は『デシベル』という韓国映画。心斎橋シネマートは基本的に韓国映画が中心のラインナップなのだがこうやって調整を重ねていくと、韓国映画の音がある一定の質に向かって整えられてきているのが良くわかる。韓国映画と言っても大掛かりなアクション映画や世界のマニアに向けてのホラー映画の類ではあるが。MAスタジオの設備やオペレーターの技術が一定以上のクォリティになり、DCPでの上映システムが確立して以降にはっきりと示されたハリウッドの音の基準に沿った音作りがなされるようになったということなのだろうか。それぞれの映画の音の差がほとんどなくなり、劇場の音量を上げた時の調整もある1本の映画の調整がほとんどの映画に適応できて、それぞれ微調整すればよいだけになってきた。これもそういったもののひとつ。基準に沿った音作りがなされていくとどれもこれも似たような音作りになる可能性はあるものの逆にそれゆえにそれぞれの映画の音に対する立ち位置、監督や音響担当者の音への視線をはっきりと感じることもできる。きらびやかな表層を作ることによってあらゆる人をひとつの方向に導こうとするやり方とは別の、足元を一定にして一見自由度のない道を作ることによってそこから先の可能性を広げるやり方と言ってもいいかもしれない。もちろん「よく解釈したら」という留保付きではあるが。だがとにかくこれを使う方が「よく解釈する」ことによってわれわれの可能性が広がるのである。すべてにおいて詰んでしまっているようにも見えるわれわれの現状だが、それでもちょっとしたことで何かが変わる可能性はある。心が軽くなるような調整だった。

11月8日(水)

わたしと同じ病気で手術をして退院したばかりの友人の見舞いもかねて名古屋に行くわけだがせっかくなので岐阜に寄ってうなぎ弁当を土産に、という目的のついでに岐阜・関市の名店でうなぎを食すわけだが、やはりうまい。本当は本日から抗がん剤投与第3クールというわけで朝には最初の投薬となるはずだったのだがなんと家に忘れてきていたのだった。胃の調子が悪いこんなことでは美味しくうなぎをいただけない何とかしなくてはということとで担当医に訴えて抗がん剤と一緒に新しい胃薬を処方してもらいそちらの胃薬はしっかり持ってきたにもかかわらず肝心の抗がん剤がないのである。やれやれしかし夕方には帰宅するわけだから、7時と15時の2回分の投薬が遅れるだけである大勢に影響はないと心を立て直してのうなぎなのだった。わたしと犬山のうなぎ友だち、そして名古屋の友人への弁当ふたり分にわれわれがつまんだ肝焼きも含めて、つまり肝吸い付きうな丼の上4人分と肝焼きあわせて14000円。この最高のうなぎがこの値段。東京では考えられない。どこでどのように生きるか、先行き短い人も長い人も改めて考え直す時が来ているように思う。

名古屋では友人と2時間ほど病気話。半年前まではわれわれがここでこんな話をすることなど夢にも思わなかったが「ことが起こる」とはこういったことなのだと実感。しかしともに手術はうまくいき、あとは自分の体力と運次第という状況となりそうなってみると案外覚悟は決まる。自分の力ではどうにもならないことがやってきているのである。それに抗うというよりその中で自分がやるべきことをやり見えてきた道を歩む。そのことで気が付くと自分の力ではどうにもならないことが変容していくその変容を受け入れさらに新しい道を見つけていく。気分は完全にサーファーである。毎日がサーフィン。

11月9日(木)

東京に戻れば戻ったでやることは盛りだくさん。それにとにかく何があろうと8時間おきに投薬という縛りには逆らえないわけだから、眠くても疲れていても寝る時間が明け方になったとしても無理やり朝7時過ぎには起きねばならない。第2クールまではそれなりに緊張して8時間を守っていたのだが、今回は初日から薬を忘れるという呆けぶりで本日も15時に飲まねばならぬ薬を持ち忘れたまま税務署、法務局に行った挙句、税務署では源泉税の納付に来たはずなのに銀行で現金を下ろし忘れ、納付書類を窓口に預けたものの納付金額を支払えず近所のコンビニに走るという始末。しかし税務署のそれぞれの職員の対応が見事にバラバラでおそらく病的なものもあると思うので具体的には書かないが現在のわたしのように何とか病気と付き合いつつできることをやるくらいな楽なスタンスで来ている者は特に問題はないのだが、こちらがイライラしていたりギリギリで切羽詰まっていたりする状態でこの対応をされたらきついだろうなあと、いろいろ考えさせられた。

とにかくそこから事務所にも行こうとした時に薬を忘れたことに気づいたわけである。せっかく大久保周辺に来たわけだからあれこれ物色と思っていたのだがあわてて帰宅。薬を飲んだらすっかり疲れが出て寝てしまった。
夜は約束していた焼肉。元気なら中野まで歩くところだったのだがままならずバス。中野の北口は相変わらずのカオスで、せっかくだからどうなっているだろうと昔よく行った店のところに行ってみたらチェーン店に変わっていた。もう数年来てなかったわけだからそりゃあ店も変わる。そういえば高円寺の高架下のちゃんこ鍋屋も閉店のお知らせがシャッターに貼り付けてあった。寂しいがどうにもならない。そこから新しい風景が見えてくることを願うばかりである。とはいえ焼肉はうまかった。肉もそうだがコムタンやユッケジャンが今のわたしにはありがたかった。昼食に困った時はスープを飲みにまた来よう。帰宅後はルー・ロウルズ以降モノカートリッジがセッティングされているのでそのまま久々に『ナンシー&リー』。冒頭からの深いというか深すぎるエコーに酔いしれながら眠りについた。

11月10日(金)

いい加減とは言え第3クールの投薬が始まった以上副作用もぼちぼちやってくる。味覚がぼんやりしてきて、食事を美味しく食べられるのも今日限りかと思いながらひとつひとつの食材を味わうのであるが、口の中に残るすっぱい感覚に今後の4週間を思う。午後からは来年のプロジェクトの打ち合わせ、そして各所連絡。やりきれないほど仕事が溜まっているのはなぜなのか。

11月11日(土)

投薬第3クールが始まって4日目、いよいよ味覚も変になってきて吐き気も復活。新しい胃薬のおかげで何とかなってはいるが今後はどうなるかわからない。普通に食事ができるのも今のうちということで食材買い出し。ただ、まだ何とか動けるだろうということでいくつか頼まれ作業を入れてしまったためにやらねばならないことが頭の片隅に張りついて落ち着かず食材買い出しにも気持ちが入らない。ああやはり好き勝手やらないとダメだ。
夜は久々に映画も観たくなりもう新作を全然観ていないのでまずは『ミッション:インポッシブル/デッドレコニングPART ONE』。AIが暴走し始めた世界の物語はまるで現在のハリウッドの状況そのものではないか。脚本家たちは当然それを意識していることだろう。その意味で作家たち製作者たちはこの映画の主人公たちのように命がけでもあるはずなのだが画面に映るアクションは、トム・クルーズがいくらスタントを使わず自力でやろうとしたところで最終的にはCGがフォローするわけだから、カーチェイスも列車の屋根の上の格闘も早さと軽さばかりが目に付いて痛みやそれゆえの重さや緩慢さは見えてこない。それがないからいいのだと言えないこともないのだがそれにしてもトム・クルーズのトラウマとなっている相方の女性の死は現実での別の相方の死やあるいはかつての相方の死のフラッシュバックという形で何度も繰り返されることにより彼の動きを重くしつつ今回もまた結局は新しい相方の登場がパート2へ向けての足掛かりになるわけだから、最終的には取り換え可能な女性たちという位置づけは物語の奥底に張りついたままだ。あの強いレベッカ・ファーガソンがこんなに簡単に死んでいいのかとただ単にレベッカ・ファンとして憤慨してしまったわけだが次に現れたヘイリー・アトウエルもなかなかいいなとか思わず思ってしまうこの繰り返しがエンタテインメントということなのか。もはやこれもまたＡＩが作り出し当たり前のように機能するシステムということになるのだろう。

11月12日（日）

あまりの寒さに凍える。数日前は半そでだったのに。その寒さと共にめまいと吐き気がやってきて、阿佐ヶ谷までの散歩の後はダウン。何もできず。夕方から『バービー』を観るか『インディ・ジョーンズと運命のダイヤル』を観るかと迷った挙句『バービー』のお楽しみは先送りということで『インディ・ジョーンズ』。なんと昨日観た『ミッション：インポッシブル』とよく似た映画で、ふたつに分割されたキーとなるものを合体させること、それが世界を変える運命を握ること、列車の上での格闘、若き女性の相棒、主人公が抱える過去のトラウマなど、続けて観ると似たような要素が次々に出てくる。『ミッション：インポッシブル』がＡＩの暴走を物語のテーマとして取り上げて、それはまさに今ハリウッドで起こっていることとして考えられるという話は昨日書いたが、こういった似かよった脚本の構成はまさにＡＩのようなものがもはやハリウッドの脚本家や企画者たちの間に入り込み、あたかもそれぞれの実作者たちの思考の結果として紡ぎ出されたものとして物語を作り上げているのだと言えないだろうか。もちろん映画は脚本だけでできるものではないわけだからそこから先は監督やプロダクションチームのお手並み拝見ということになる。それでいうと『インディ・ジョーンズ』の列車上のアクションシーンは『ミッション：インポッシブル』よりはましだがやはり人間が演じている感触が伝わってこない、時折列車が走る全景を映し出すシーンの爽快感はあるもののそれもまたすべてＣＧによって作られたものではないかという「実感」の薄さは漂い現実の「現実感」

はどこまでも遠い。だがそれこそこの映画のテーマでもあり、まるで過去に張りついた影のようなこの希薄な現在をいかに主人公が現実のものとして取り戻すかという物語だとも言える。

取り戻すというより作り上げると言ったほうがいいのか。目の前に現れた過去からの使者とも言うべきかつての相棒の娘とともに、インディは彼の人生でもあり彼女の人生でもあるような新たな現実へと一歩足を踏み入れるのである。われわれはインディの物語を観るのと同時に取り換え可能ではない彼女の物語を観ることになる。ふたつに分割されてしまった秘宝「アンティキティラのダイヤル」のそれぞれを手に入れて合体させ世界を動かす秘密を手に入れるという大きな物語の中でふたりは右往左往することになるのだが、結果的に見ればそれらが合体することによって世界が動き始めるとは、まさにこのふたりの人生のことであるということがわかる。しかしふたつの合体はパズルのように行われるのではなくそのふたつの間で新たなルールを発明していく、簡単にはうまくいかないがそのたびにやり直しルールが常に更新され続けることで生まれてくる新たな関係。ハリソン・フォードは20年ほど前の『K－19』の頃より明らかに若返って見えた。あの映画はあれでよかったのだが。

11月13日（月）

吐き気がひどい。第2クールまでも吐き気はあったものの実際に吐きはしなかったのだが今回はもしかすると吐くかもというくらいまで来ている。寒さのせいか。しかしそれにしても忙しい。こんなはずではなかった。結局のところわたしひとりが仕事を減らしても周りがギリギリで働いていてはその影響がギリギリになってやってくる。ｂｏｉｄの問題ではなくもっと広い範囲のわれわれ全体の問題として考えない限りどうにもならない。吐き気全開の上にむかむかぷんぷんして1日が終わる。

11月14日（火）

昨日同様忙しい。味覚異常、吐き気はさらにひどくなる。そんなところに某公的機関から4月に振り込まれるべき料金26万ほどが支払われていない11月中に必ず支払うこというシビアな通達が届く。とにかくその頃のことはまったく記憶がなくさすがにバタバタしていたので支払い忘れたか、それにしても請求書くらい残っているはずなのに変だとは思いつつもいろいろ言われるのは嫌なのでさっさと支払ってしまったのだが、その他の確認作業をしていたらたまたま支払いの記録を見つけ通帳も確認したところやはり4月に支払っている。いや、公的機関があんな通達をよこすわけだからそりゃあはいはいこちらは貧乏会社なので忙しさの中で支払い忘れてたかもしれませんシカトするつもりはまったくないし本当に忘れただけです面倒起こすつもりなどありません申し訳ありませんという気持ちが渦巻いての瞬時の振り込みだったのだが時間とエネルギーを無駄にした。さすがにむかついて電話したものの先方は案外のんびりしていてまあ、そりゃそうか腹立てたわたしが悪いのかと落ち着いて対応をした。しかしいったいどういうことなのか。こういうことは基本的に起こさないきっちりとした確認と対応こそ公的機関の取り柄ではないのかともやもやするばかり。今や公的機関といえどもこういった初歩的な確認さえミスするくらいには皆さんギリギリで働いているということなのだろう。大変なのはわかるがもういい加減こういったシステムの餌食になるのはやめにしたい。さっさととんずらするに限る。『バービー』を観る予定だったのにままならず夜遅くまで仕事をした。

11月15日（水）

お台場爆音準備初日。6月の爆音の時はまさかこんなことになるとはまったく思わず、確かに体調は相当悪かったもののまあ何とかなるかと思っていたのだった。体調悪い慣れしていた。この間大変だったわけだがそれでもこうやってお台場に顔出せるようになったわけだからそれで十分である。調整は井手くんにお任せ。投薬が始まると左耳の具合が悪くなり、左右のバランスが取れなくなる。午後早めに行くはずが14時過ぎ。調整中の『M3GAN／ミーガン』を観て『BLUE GIANT』の音を確認して渋谷に向かい、boidの来年のプロジェクトの打ち合わせ。今回は配給ではなく宣伝のみなのだが、規模は小さいものの結構な大ネタでいろんな人を巻き込めたらという話。まだ確定ではないのでそれを待って動き出す。帰宅後、もうひとつの来年の大プロジェクトの脚本を読み、ちょっとウルウルとなりつつちょっとしたアイデアも湧き連絡。まあ思い付きではあるので、とりあえず伝えてみて皆さんがそれぞれのフィールドでそれぞれの反応をしてくれたらそれで良しということで。『バービー』に辿り着かないまま11月が半分終わる。

11月16日（木）

お台場爆音準備2日目。午前中から顔を出すはずが身体が動かず。結局13時到着、いきなり皆さんと昼食。食えないものは何となくわかるので食えそうなものを注文。もはや「うまいまずい」は関係ない。食えるか食えないか。食えるだけでありがたい。しょっぱくて辛いものは大抵大丈夫。明太子と辛子高菜が乗っかったペペロンチーノ。食後の珈琲は苦いだけだがそれでもほかのものより飲める。スタッフのみんなとあれこれ話し、『ＥＯ』と『ゴジラ－1.0』を確認。巨匠の晩年の作品が大好きなのだが、それはおそらく歳をとってそれまではそれなりの緊張感の中で作り上げてきた体力も衰えそのことにおそらく自身も気づくのだろう、すべてを支えられるわけではないあらゆるものをコントロールできるわけではないその「不可能性」に身を任せる「ゆるさ」を獲得した状態で作られたものの「力のない力」の在り方とそれの映し出す風景が自分の進む道を指し示してくれると思えるからだと言えるだろうか。『ＥＯ』はまさにその境地に力強く踏み出している映画だった。あの映像の逆回転と音の狂乱、ロバが見て聴いた世界の姿と音が波打って押し寄せてくる。タイプは違うが湯浅湾の「ひげめばな」を思い出す。われわれは猫になりロバになって世界を見る聴くことがどんなに重要か再度思い知るべきである。『ゴジラ－1.0』はとにかくゴジラの破壊力がすごかった。もう、物語はいらない。ゴジラの破壊シーンだけで1本の映画を作ってほしいと言ってしまったら台無しか。ネット上の評判では前作のゴジラの方が狂暴という話だったように記憶しているが、わたしは今回のいきなり出現してバリバリ踏みつぶして何したいのかまったくわからないゴジラの方が狂暴に思えた。音のバランスがすごくよくてゴジラの突出した狂暴感を示すのではなく、世界のすべてが壊れ悲鳴を上げる、そこに生きる者たちや存在するモノたちのそれぞれの存在を示すあらゆる音が聞こえてくるような感じ。ゴジラが存在する世界の音と言ったらいいのか。その意味ではゴジラファンには少しインパクト不足となるのだろうか。だがとにかく爆音で聴く破壊される世界の音はとんでもなくすごかった。多分ほかの劇場ではこんなふうに聞こえることはない。

そんな音に心震わせながら中目黒に向かい河村康輔くんと中原支援グッズやｂｏｉｄグッズなどの打ち合わせ。これからが本番と言うこともできる中原の創作活動を末永く支えるためのいくつものアイデアを来年以降地道に現実化して展開していく。この2年間、わたしや河村くんの周りでも呆れるくらいの変化が起こったのだが、昨年は何人も亡くなったものの中原以降はわたしも含め生き残りぎりぎり持ちこたえている。そこが大切で、世界のギリギリ感とは別のわれわれのギリギリは新しい世界の根となり養分となるはずである。そんな心意気とともに生きる。河村くんは相変わらずのテンションで、わたしもまあそれに付き合えるくらいには体力が回復した。

11月17日（金）

降りしきる雨のせいか体が動かない。抗がん剤を飲むと薬が身体の中に浸透していくのが感じられ、ますます体は布団にへばりつく。ということですべての予定をキャンセルした。時々楽をしなくては。こういう時、一度楽をするとズルズルとその後も楽な方向に行くので自分に厳しくという考え方もあるのだが、今回は欲望に従った。本日は寝る。体の言うことを聞く。とはいえそんなことは知ったことではない猫さまたちが、おやつをくれろめしをくれろと、みゃーこら起こしに来るのだった。

夜は『スパイダーマン：アクロス・ザ・スパイダーバース』。目くるめく展開に自分が今どこにいるのか何をしているのかよくわからなくなる。アニメという手法がどこかで意思を持ったかのように暴走している。『ミッション：インポッシブル／デッドレコニングPART ONE』のAIの暴走とは違い、こちらは現実世界との共存もうまくいっているというかあらかじめ共存ありきでここまで暴走しているといったふうの画面の展開。『BLUE GIANT』では実写の上をアニメでトレースするロトスコープを駆使しつつ非現実の現実をその非現実と現実の間の揺れとして現実化していたが、こちらの揺れはその振幅の大きさによってそれを観る観客たちの足元を脅かしその隙間から次々に今ここではないさまざまな現実がわれわれの身体へと注入される。身体を大改造された気分である。そんなところにボビー・ブルー・ブランド「Ain't No Love in The Heart of The City」が流れる。主人公が捕まって痛めつけられているシーンでなぜかレコードがかけられるのである。SHUREのカートリッジ、M44-7という文字も描画される。それ自体には意味はないが、同曲のビデオクリップを観ればこの映画の歴史的背景を窺うことができる。まだ何も終わってはいない変わってはいないとこのアニメの暴走が訴えかけてくる。

11月18日（土）

日々ぐったりで朝ももう普通には起きられない感じなのだが、本日は久々に吉祥寺へ。来年から再来年へと続くプロジェクトの打ち合わせである。この企画が世に出る頃は少しは体もましになっていることを祈るばかりである。帰りがけにディスクユニオンで何枚かの中古盤を仕入れるが、中古盤はともかく新盤のLP価格がどれも6000円くらいになっていて簡単には手を出せない。残念ながらこのままではレコードの盛り上がりも一時的なもので終わってしまうのではないかと余計な心配をする。そして電車に乗ろうとしたら突然のめまい。余計な心配をする前に自分の心配をしないと生きていけないということでもある。あとはぐったり。

夜は少し回復したのでようやく『バービー』を観る。ああこういうことだったのかと納得。昨年だったかノア・バームバックが大規模予算を使ってのプライヴェート映画と言いたくなるような小さな家族の物語『ホワイト・ノイズ』を作ったが、パートナーのグレタはノアの力も得て自身の出自であるマンブルコア映画を大規模予算で作ったのだ。ああでもこれはグレタ・ガーウィグによる『ベルリン・天使の詩』のようなものか。天使を人形に変えて、現在の世界状況をそこに注入すれば、おおよそ似たような構造の映画が出来上がる。人間世界に出たバービーが街をめぐりながらそこに生きる人々の声を聴くというシチュエーションも同じである。お散歩映画。冒頭の『2001年宇宙の旅』からの引用シーンは賛否両論みたいだが、その最後あたりで人形を使っているんなものを叩き壊すシーンの画面の右端で人形を使わず椅子を気持ちよさそうに蹴飛ばす少女のパンクな態度を見たら「よしっ」と声を上げざるを得ないだろう。もちろんこの映画はそういったた破壊衝動に裏付けられているのではなく、目の前に当たり前のようにしつらえられた椅子という存在に対する疑問をそれぞれが抱え自ら思考するに至るという足を振り上げてから椅子を蹴飛ばすまでの小さな出来事をできる限り細かくどうでもいいことも含めて描くわけである。『2001年宇宙の旅』のスローモーションの意味を2023年の今ようやくわれわれは目にしたということになるだろうか。作家志望のジョーが自身の足で歩き始めるまでを描く『ストーリー・オブ・マイライフ』とは別のやり方で、バービーが人間になるまでのほんの些細でばかばかしく誰の役にも立たないかもしれないしかしかけがえのない出来事が薄められたばか騒ぎと共にここでは描かれているのである。

『20センチュリー・ウーマン』の中でグレタ・ガーウィグは主人公の少年にスーサイドの「シェリー」が入ったカセットテープをプレゼントしたが、わたしは今回のグレタにテレヴィジョン・パーソナリティーズの「Part Time Punks」をプレゼントしたいと思う。でもまあ、「気持ちはわかりますがそれもまた男の人の勝手な思い入れでは?」と、丁寧にお断りされるに違いない。

11月19日(日)

副作用がいよいよきつく、身動き取れず。一歩も外に出なかった。

夜はウェス・アンダーソン『アステロイド・シティ』。これもまた『バービー』と同じく周囲の世界とは隔絶されたどこにもない架空の町が舞台である。ハリウッドそのもの、もうちょっと広げればアメリカそのものが舞台とも言えるわけでそのあたりも『バービー』と同じ。この何もない場所に作られた町の張りぼて感は現代映画の最も恐れる非現実感と言ってもいい。この空虚と非現実な夢の結晶が示すわれわれの生きる世界の姿は誰もが見たいものではないだろう。いったいなぜこの映画も『バービー』もそんな空虚と夢の結晶を映そうとするのか？

この映画の最後近くに挿入された演劇の場面で舞台上の俳優たちにリフレインされる「目覚めたければ眠れ」というセリフがすべてを語っているように思えた。数えきれないフィクションに分厚くコーティングされたわれわれが生きるこの現実の中で眠ることによって目覚める。眠りと覚醒の中間を生きると言ったらいいか。映画を観るという行為自体がそのようなものだとも言える。『スパイダーマン：アクロス・ザ・スパイダーバース』や『バービー』にも確実に流れているのもその眠りへの誘いであるだろう。今ここで映画がやるべきことに対する態度表明と言ったらいいか。さらにその時間の在り方を広げるなら、ラース・フォン・トリアーの『キングダム エクソダス〈脱出〉』のだらしなく垂れ流される無駄な時間もまたそんな眠りのために必要な惰眠の時間と言えないだろうか。テレビだけに許されるそのだらだらとした時間の中でわれわれの意識が淀み停滞し次第に深い眠りに落ちていく。気づくとその混濁した意識の中に強烈な現実が紛れ込んでいる。その無意識の体験がわれわれの足取りを決める。『アステロイド・シティ』がはっきりと宣言する映画の態度表明は、2023年という何の区切りにもならない中途半端な年のしかしそれゆえにもはやだれにも止められない現実の決定的な進行が誰の目にもあからさまになってしまった年の小さな希望の光のようなものとしてあるのではないか。同じ希望を世界の映画人たちが共有している、その幽かな連帯を見つめていけたらと思う。

11月20日（月）

寝坊した。投薬が始まると8時間おきに1日3回飲まねばならないので起きる時間も必然的に決まってくるのだが1時間30分の寝過ごし。第3クールは緊張感がまったく欠如している。とはいえ副作用は予想外にきつく最後までいけるかどうか不安でいっぱいである。胃の調子とそれに伴う味覚がもうまったくダメ。第2クールを切り抜けた果物や刺身や湯豆腐ももはや微妙となりいつどうなるかわからない。当然気持ちも沈む。ネガティヴな思いが膨らみ体も動かず寝坊もするというわけである。しかも月曜日はいろんな連絡が入る。それぞれ小さなことでどうしてこんなこともできないのかと思われるかもしれないが、小さなことも各所から押し寄せると今のわたしの状況ではすべてがプレッシャーになってしまうのである。いろんなことがやり切れていない。夕方はぐったりしていた。

夜はデヴィッド・フィンチャーの『ザ・キラー』。劇場での上映はほとんどしていないのかな。ネットフリックスの独占配信である。病人にとっては独占であろうとなかろうと、リアルタイムで観られるのはありがたいことこの上なし。通常のすべての映画の公開も、配信も含めた形での新たな方法を探っていくことはできないだろうか。一時的には映画館への動員は落ちるかもしれないが、将来的には絶対に客足は戻る。映画を観るという習慣が広がるしそして簡単には映画館に行けない人たちの喜びが増える。何かするなら今である。それはそれ、フィンチャーの映画を家で観るならとにかくヘッドホンをつけて観るしかない。音の細部の作りこみがすごすぎる。アメリカ映画のアクションシーンの音がこんな感じで語られる映画を他に思い浮かべることができない。デヴィッド・ロウリーが別のやり方ですごいことをやってはいたが。3分の1くらいのセリフが主人公のナレーションという『孤独のグルメ』みたいな作りに笑ってしまったが、松重豊さんが主人公でこんな映画を作ることはできないだろうか。ということで終了後、ネットフリックスに転がっていた『孤独のグルメ』の何話かを続けて観てしまった。こうやって夜更かしそして寝坊というサイクルが出来上がっていく。

11月21日(火)

副作用はさらにつらくなる。食べられないものだらけで食欲はマイナス。じわじわとメンタルをやられ、ろくなことを考えない。何もできなくなる。

11月22日(水)

薬を飲むために何とか起き上がるもののそれ以外はぐったりと横になる。午後からのオンライン・ミーティングは何とか起き上がったがそれ以外は寝ていた。あまりに気持ちがネガティヴになりおかしなことも考えたが、全然思い出せない。

11月23日(木)

昨日と同様、起き上がれず。吐き気がひどい。抗がん剤治療を途中でやめる人の気持ちがよくわかる。何を食べてもまずいという事実が日々少しずつ心にたまり、ある日崩壊する。この治療が終わったら、という小さな希望もぼんやりした吐き気のしかし絶対に治まりそうにないその重さに耐えきれずしぼむ。本来ならいしく食べられるはずだという記憶が絶望となって胸を引き裂く。みんなこうやってじわじわとメンタルをやられたのだ。こんなことなら、ということで10年ぶりくらいでケンタッキーフライドチキンを食べてみた。あの塩辛いチキンの味がまったく感じられない。ブルース・ビックフォードはフルーツしか食せず生きていたがもはやそうなるしかないのか。

午後も寝込み夕方目が覚めるとパウチの接合部がはがれて排泄物が漏れ出していた。付け替えの時の貼り付け方が雑だったのだろう。とにかく大ごとである。泣きそうになりながら汚れをふき取り、服も着替え、パウチの付け替えもしてとりあえず何とか後始末はしたもののぐったりと滅入るばかり。この状況を世界中の人々に味わってほしいといったい誰に対してなのかまったくわからないのだがとにかく天に向かって訴える。

その後2年前の日記を整理した。その頃聴いていたレコードを引っ張り出して聴く。今ここだけに凝縮されてうつむくしかなかった時間がようやく少し広がり始めた。

11月24日（金）

しかしこの吐き気と口の中の酸っぱさと苦さを追い出す手立てはないのか。つらさ鬱が怒りに転嫁してきて少しは元気になったかと思うものだからと言って吐き気やまずさが治まったわけではない。より過激に体を追い詰めてくる。これは耐えられない。とにかく何食ってもまずい。その上に本日もまたパウチが決壊した。ただ昼寝中だった昨日と違って本日は起きていたのでぎりぎり大ごとにならずに済んだ。寒くなって通常なら体温で柔らかくなり皮膚に貼りつくはずのパウチの貼り付け面が冷えて固まり、貼りつきにくくなっているのだろう。貼り付ける前にパウチを温めておかねば。と前向きなことを思えるのは事が済んだからで真っ最中はもう「マーシー・マーシー・ミー」とマーヴィン・ゲイではないが神に訴えるばかりであった。

11月25日（土）

とにかくあまりに何を食べてもダメで食べられるものがなくなってしまったため、少しでも食べやすいものをと近所のスーパーに買い出しに行った。今回は納豆なら何とか食えるので納豆と一緒に食えるアボカドや山芋のほか、甘さを求めてココアの素、それからレモンスカッシュの素、これは炭酸で割って酸っぱさと甘さと炭酸の刺激で口の中の不味さを撃退しようという試み。こういったサッパリを求めての「酸」の多飲は余計に胃を痛める、ということを後に知ることになるのだが。あとは何も食えなくなった時のためのエナジーバーやビスケットなど。第2クールの時は刺身をはじめ魚に目移りしていたのだが今回はまったくダメ。見ただけでも吐きそうになる。あとは朝食の時のミルクティーがまずさ全開でとはいえ寒くなってきたので温かいものをと、もちろんスープ類は一切ダメだから簡易ドリップ式の珈琲を。珈琲はまともに淹れたやつしか飲んでこなかったのだがいずれにしても味がわからずただ苦いだけなのだからもうそんなことは言っていられない。珈琲の苦さが口の中の不味さを消してくれる、ただそれだけ。偏食者の巣ごもりみたいな買い物をした。うまいまずいではなく食えるか食えないかという生存をかけての買い物である。

夜は観逃していたポール・シュレイダーの『カード・カウンター』。いきなりの太いギターの音で度肝を抜かれる。ブラック・レベル・モーターサイクル・クラブのロバート・レヴォン・ビーンが音楽をやっているのだった。いつか爆音でやりたい。しかしこの暗く重い闇の塊のような映画を撮り続けるポール・シュレイダーの抱える闇の果てしなさには新作を見るたびに呆然とする。ただその中でこの映画が示す「人生」という枠組みの強さにはちょっと憧れたりもする。スクリーンという枠の中にきっちり収まる人生。にもかかわらずその枠の中から次々に黒く重い塊が湧き出してくるのだ。恋愛は難しい。

11月26日（日）

肉まんがおいしく食えるので助かった。まさかと思ったのだが念のために試してみたのだった。今度大阪に行った時には551はマストで買ってこなくては。あとは鶏鍋は相変わらず何とかなる。何とかなるものだから食いすぎた。自分が考えている以上にわたしは生存本能が強いのかもしれない。食べられる時にはとにかく食べる。ネット上ではさまざまなイヴェントやら特集上映やら映画祭やら、元気なら自分もかかわっていたはずのいくつもの催しが行われていてうらやましい限りだが、それを横目にこちらは生き残るのに必死である。これまでとは別のやり方で世界にかかわっていく。

終日寒さに耐えながら（どうやら寒さが堪えるのも抗がん剤の影響らしい）、2年前の日記の整理をした。すでにその頃は体内ではがんが進行し始めていたということになるのだが、日々のあまりの体調の悪さに呆れた。今とあまり変わらない。傍目には元気に働いているように見える分、仕事をしなくてはならず気持ちも焦りっぱなしである。きっぱりとした決断を示す時が来ている。

11月27日（月）

朝から焦りっぱなしである。イラつき通し。副作用の大変さはいろんなことに影響する。午後からひとつ約束を入れただけなのに、その時間が気になって仕方ない。ｂｏｉｄ事務所があまりに倉庫化してしまったために引っ越しを考えていて不動産屋に相談する約束だったのだがわかってはいたもののやはり引っ越しは金がかかる。引っ越しの運送費も含めて総額１００万くらい。希望があっての引っ越しならいいのだが、この寒さから逃げたいいろんなものと縁を切りたいというネガティヴな思いによるもの。なにかもうひとつ元気の出るきっかけが欲しい。いったん考えさせてくれということで不動産屋を出て10日ぶりくらいに事務所に行くとあまりに事務所が荒れ果てているので気合が入る。これはここを片付けないとダメだ。ここをまず整理できないようでは引っ越したところで同じこと。とりあえずちょっとだけ片付けをしてみるが慰めにもならず気持ちは焦るばかり。抗がん剤服用期間中は何もせずゆったりというはずだったのが、体調悪化と並行してのこの焦りの感覚はいったい何なのか。体がうまく動かないその遅くなるばかりの体感時間と世間の実時間とのズレということなのか。深夜、世間と関係を絶った時だけようやく自分の時間を取り戻すことができる。

11月28日（火）

眼科に行った。目の調子が悪く検査をしてもらったのだが、なんと白内障が進んでいるとのこと。手術をしないとダメなんだそうだ。身体全体が劣化中ということか。とりあえずこれ以上白内障が進まないようにする目薬を処方され帰宅したのだが、帰宅して以降なんだか目の調子が良くなった気がするのはどういうことなのか。そして整理中の２０２１年の日記の中にやはり眼科に行った日のことが出てきて、右目がどんなに矯正しても０・７以上にはならないという状況はまったく同じで、だが白内障の症状はまったくないとも言われている。症状は同じだが病気だけは進んだということなのか。これもまた抗がん剤の副作用というようなこともあるのだろうか。とりあえず手術を急ぐ必要はない。

そんなところに来年からのウェブマガジン有料化に向けての補助金不採択の通知。ああ、いやな予感はしていた。確証はまったくないのだがぼんやりとした不安が湧き上がってくる時は大抵ダメなのだ。致し方なし。それより先日申し込んだそれなりの金額の助成金の方が心配になる。こちらも最初からいい予感はしていない。すでにその助成金は予算の中に織り込み済みなのでなかなかしびれる話ではある。

11月29日（水）

抗がん剤服用第3クールも1週間を切った。胃も口の中もボロボロだが、終わりが見えてきたためか気持ちは前向きになり、その勢いで各所に連絡、人にも会った。案外声も出ていてみんなから元気な声をしていると言われたのだが、夜になってみるとすっかり疲れ果てていてこれまで大丈夫だったというか唯一これで生き延びてきた鶏鍋の味が微妙になっていた。食べたあとからもやもやしたまずい空気が吐き気を伴って口の中に湧き出てくる。一気に視界が曇る。

11月30日（木）

フルーツ以外食うものがない。万策尽きた感じ。あと5日間だからフルーツのみでもなんとかなるか。昼食に妻がおいしそうな焼売を購入してきて昨夜の鶏鍋のスープで雑炊を作ったのだがどちらもアウト。悲しいがとにかく無理やり口の中に突っ込む。吐き気は盛り上がり続けるものの吐くわけではないからまだその先には行けるはずだ。夜はいろいろあきらめてネット上の音楽の旅。最終的に行きついたのがサハラ砂漠のバンド、ティナリウェン。何年か前によく聴いていたのだが、12月6日に渋谷のクアトロでライヴがあるとの情報をみつける。第3クール終了記念に行けるかもしれないと少しだけ盛り上がる。

12月1日（金）

こういう日はあきらめが肝心である。何食っても吐きそうになるばかりか声もまともに出ない。できることしかできない。とにかく再来週火曜日までの我慢というのが心の支えである。じっとしていても鬱々となるばかりなので金はないが無駄遣いをした。カードは恐ろしいがこういう時に使わねば。口の中が腫れて痛い。夜はティナリウェンを聴いて頭をサハラ砂漠に飛ばした。バカでかい音で聴ける環境が欲しい。北九州からは展示の設営終了、無事開会式も済んだという報告が来る。来週末、行けるだろうか。

Tinariwen『Imidiwan: Companions』

12月2日（土）

とにかく生きてるだけでえらいと自分をほめたくなるくらいな辛さで残念ながらこれ以上何も食えなくなる。夕方、それでも何か食わなくてはと近所のスーパーに買い出しに行ったのだが、店内をぐるぐると回るばかり何にも手が伸びない。しかも食い物を見るだけでどんどん吐き気が激しくなる。呆然とするわたしの脇を数人の若い男女がわいわいとおそらく今夜その中の誰かの家で忘年会をやるのだろう、食料を買い漁っている。ああこんな時代があったとさらに呆然とするばかりで夕食は何も決まらない。結局こんな時のためにと購入しておいた冷凍肉まんにすることにして果物とポテトサラダを買って帰ったのだが、しかし食してみると頼りの肉まんも野菜の中で唯一食えていた芋もすべてダメ。忘年会から帰ってきた妻の意見もあり、第3クールは残り3日を残して終了することにした。これ以上やると体自体が壊れる。

夜はロイ・オービソンの『メンフィス』。72年リリースのオリジナル盤ではなく2015年のリイシュー盤なのだが、リマスターされたロイ・オービソンの声が若々しくてまるで72年の声そのものまでが生まれ変わったかのような印象を受ける。オリジナルが聴かれるたびに傷ついてその声にまとわりつくノイズが少しずつ増えていくのに対してリイシュー盤のこの声は再生されるたびに何度も何度も生まれ変わるような、逆に言えばその若さとともに毎回死ぬ、そんな残酷さを伴った声である。ああもうこれでいいのだいいのだと、ちょっと感傷的な気分になった。わたしにとってはクラッシュの曲としてなじみ深い「I Fought the Law」の軽く明るい曲調が未来を先取りしているように思えた。何度も死に何度も生まれ直すことによって初めて生まれる軽さと明るさである。

12月3日(日)

薬の服用を止めたからと言ってすぐには副作用は治まらない。胃も口の中もボロボロで終日寝たり起きたり。何もできないというあきらめはついているものの何も食えないというあきらめは簡単につくものではない。寿司を食いたいとかうなぎ食いたいとかてんぷら食いたいとか1日中考えていた。そして結局松本爆音には行くこともオンライントークもできなかった。今年の爆音はこれで終了。井手くんたちに完全お任せだった。寂しいがこんなものだ。夜は若き日のスコット・ウォーカーの声を聴いて、ハーフスピード・マスタリングによってリマスターされたそのきめ細かい音にのって世界のあらゆる場所へと心を飛ばした。もちろんそこは、人類がこれまで繰り返してきた殺戮の歴史が生んだ血まみれの世界でもあるのだが。特にA面1曲目の「The Seventh Seal」の途中から入ってくるコーラスの不気味さはまるで無声映画時代のホラー映画といった趣で、70年代以降のスコット・ウォーカーの歩みを示し、その視線の先にある人類の最悪の未来とそうはならなかった未来の小さな希望にドキドキする。

Scott Walker『Scott 4』

12月4日（月）

とにかく何を食ってもまずい。とんでもなくまずい。手も足も出ない。そして何を食ってもまずいということがどれだけ心を痛めつけるかを日々無理やり実感させられている。午後からはほぼ寝ていた。何もできないので仕方ない。そんな時に読む虹釜くんの文章は弱った病人を袋叩きにするような文章で完全に殺された。そこからようやく起き上がりゾンビになって冷静に読むことができた。

12月5日（火）

本来なら本日まで抗がん剤服用。3日早くやめにしたのだが体調は変わらず、何も食いたくないし実際何も食えないからとにかく無理やり流し込むのみ。とはいえ休止3日目にしてまったく変わりがないとさすがに心をやられる。副作用じゃなくて本当に胃が悪いのではないか、食道をやられたのではないか、あるいは口腔内か。ネガティヴな妄想が次々に湧き上がる。家の中にいるとその妄想におぼれそうになるので午後から眼鏡屋に行った。とりあえずレンズを変えて世界を新しく見つめ直す。

昨夜はそれなりに眠ったつもりだったのだがしかし体はすっかり弱っているようで、眼鏡屋の帰りに普段なら食べられそうな食材を買ってこれなら食えるかと低空飛行ながら盛り上がりつつ帰宅するのだが、とてもじゃないがそんな気分にはならず食材を見ただけで気持ちが悪くなり口の中も漏れ出てきた胃液でまずいまずい。悲しい限りである。レコード屋に寄る気力もなく何も食えないし何もできないと半ば絶望的な気持ちになり帰宅した頃には疲れ果てていて気が付いたら寝ていた。夕食もまともに食せず、そしてまた寝て目が覚めたらテレビで『宇宙戦争』をやっていた。観るつもりはなかったが最後まで観てしまった。生きてるうちにこんな映画が作られることはもうないだろう。この映画の中の宇宙人をナチ、地球人をユダヤの人々とする構図をスピルバーグは当然想定していたと思うが、それから20年ほどが過ぎた今、イスラエルとガザの問題はスピルバーグにはどのような構図として映っているのだろうか。ただこの映画が示すもうひとつの大きな視線、強きものはその強さによって自壊する、というシンプルで遠い視線は、常に身近に置いておけたらと思う。

12月6日（水）

いよいよ週末からの小倉行きをあきらめようかと思い始めた。まだ何もおいしく食べられないし量も食べられないから活力がまったくない。助成金申請のために新宿商工会議所、それから源泉所得税納付のために新宿税務署に行っただけで本日は終了。他に何もできず。鼻の粘膜からの出血も止まらない。悲しい。

と書いてから思い出したのだが本日のこの疲れは副作用だけではなくて、昨夜寝つき際に大勢のゴーストたちがやってきて宴会のようなものを始めたからだった。これまで何度となく幻なのか本物なのかただの思い過ごしなのかもよくわからない多くの霊体のようなものを見てきたのだが今回のようなことは初めてだった。寝室の中でワイワイと皆さんでお楽しみになっているのである。その挙句小動物のようなものがわたしの布団に駆け上がり、掛布団越しに指をがぶがぶする。実際に我が家の姫たちがやったのかもしれないがもう10年以上一緒に住んでいるもののそんなことはかつてないし、こんなことに巻き込まれては大変だ出て行ってくれと声を上げようとしても声が出ず体もこわばりようやく起きてみると隣の布団では妻と姫2体がぐーすか寝ているので、姫たちがわたしの布団で遊んでいた可能性はゼロ。仕方ないので再び眠りに入るのだがするとまた周りが騒がしくやはり布団の上を小動物が歩く、そしてがぶがぶ。何でもいいからわたしを巻き込まないでくれひとりで静かに眠りたいのだという訴えは当然無駄に終わるわけでやはり声が出ない体も動かない目も開かない。ようやく開くとやはり隣ではぐーすかである。その繰り返しですっかり疲れ果てたのだった。そういうことだけで生きていけたらそれはそれでいいのだが、やはり夜が明けると商工会議所や税務署が待っているのである。いずれにしてもそれで何か決心が付いたわけでも何でもない。

12月7日(木)

昨日より多少元気になったような気がしていたのだが気のせいか。事務所には行けた。行けたのだが事務所に大量に届いていた差し入れのクッキーを食ったら、たぶんすごくおいしいクッキーだったはずなのだが一気に吐き気で気が遠くなる。夕食の鶏鍋はわたしからのリクエストだったのだがこれもだめだった。だめでも食うのだが、服用中止して5日目、いい加減何とかなってほしい。

12月8日(金)

そろそろ何とかなるだろうと秘かに期待していた金曜日だが何ともならなかった。口の中の不味さは消えつつあるのだが、とにかく食っている最中、食った後の吐き気の感覚が治まらない。これがある限り「何も食いたくない」という気持ちと「食わなければ力が出ない」という生きるための必要とのせめぎ合いが続く。

結果としては常に「必要」が勝つのだがその勝利のたびに「気持ち」が傷つき弱っていく。これは果たして「苦い勝利」と呼んだらいいのかどうか。

午後からは休め休めと体が言うのを振り切ってとにかく無理やり体を起こして商工会議所に行く。今日行かないと助成金のための書類がもらえないのだった。もう2度と助成金は申請しない、こんなつらい思いまでしてもらって何かをやったとしてもわたしのためにもｂｏｉｄのためにもならない、今は何もしないのがいいと誰も聞いてはくれない愚痴を吐き出しつつ西新宿。せっかくなのでレコード屋、という気分にもなれずひたすら体を動かすためにだけ歩く。西新宿の商工会議所から新宿駅までいつもと風景が違うのはいったいなぜかと思っていたら、いつもは大抵商工会議所の後は税務署に行くか大久保の法務局に行ってそこから新宿まで小滝橋通りを歩くという道筋で、今日は青梅街道一直線。運動にはなった。

帰宅後はたまらず横になり気が付くと2時間ほど寝ていた。休み休みでないと何もできないと体が言っている。明日からの小倉行きはこの時点で諦め、主催者に連絡を入れた。もっと早く連絡をするべきだったのか、あるいはギリギリまで待つ方がいいのか、こういう時の決断は難しい。お騒がせして本当に申し訳ないのだが、こういう時はこちらも本当に必死なのである。

12月9日（土）

春みたいな暖かい日が続くので本来なら気持ちよく散歩でもしたいところなのだがなかなか起きられない。導眠剤のおかげで寝つきはよくなったのだが最初の3時間から4時間はぐっすり眠れるもののそれ以降が中途半端でさっぱりしない。そのさっぱりしないがそのまま起床後も続くわけである。これは副作用の問題というよりも、自分本来の体質、生活習慣の問題が大きいのだと思う。それが簡単に変えられるなら苦労はしない。早起きが何でもない人にとっては前提としてあり得ない問題でもある。生きてることのスタートラインにも立てない。それくらいのレベルのどうしようもなさなので自分でも十分承知、でもどうしろと言うのだ。しかも、じゃあそれでいいじゃないか自分の生きたいように生きるがよいと思ってもそれでさっぱりするわけではない。「さっぱりしない」は何も解決しないままズルズルと生きるだけである。あとはもう、さっぱりしないずるずるで十分快適と思えるかどうか。たしかにこの春のような日差しの中で寝っ転がっているだけで十分快適ではあるのだがとはいえ世間並みの快適さを求めてしまう自分の浅ましさを呪う。

そんなところに姫からラインが来てどうやら旅行で門司にいるらしい。関門海峡ミュージアムとかいう場所に行ったら青山と真帆さんと浅野くんの手形が展示されていて、その写真が送られてきたのである。そこまで行ったなら小倉まで足を延ばしてクロニクルズ展に行くがよいと連絡。夕方になって現地の人々から「姫がやってきた」とのメッセージが来た。まさか本当に行くとは思わなかったのだが、わたしの代理としては思わぬ訪問で青山も喜んでくれたのではないかと思う。『空に住む』の死んでしまう猫の名前が姫の名前と同じで、あの映画はそれだけで涙なしには観られないのだった。

夜はポール・ヴァーホーヴェンの『ベネデッタ』。宗教的な意味合いについてはわたしにまったくわからないのであるが、何かに貫かれた人の物語、ということでは見ごたえがあった。本当に神に貫かれたのかどうかも誰にもわからないという危うさのまま貫かれ通す主人公の態度の強さと気まぐれは誰の救いにもならない。その救いのならなさが映画の根底を支えているのである。われわれは果たしてこんな場所に自身を置くことができるだろうか。

12月10日(日)

昨夜の『ベネデッタ』に変な力を注入されたのだろうか眠りが浅く起き上がれない。ダルすぎる。結局北九州の青山真治クロニクルズ展のトークの出席はできずそれらの連絡など済ませて朝食を食ったのが12時30分。こんな日はあきらめるしかない。午後も寝てしまった。夕食後も寝てしまった。味覚はだいぶ戻ってきたように感じていたのだが、いまだに「食える/食えない」というレベルの判断基準でしか食せていない。投薬休止してから1週間を、「まだ」ととらえるか「もう」ととらえるか。いずれにしてもこちらの想定を超えて事態は進む。

12月11日(月)

まだ体は怠いのだが大阪へ向かう。いつものようにシネマート心斎橋でのboidsound調整である。副作用による鬱の症状はぼんやり続いていて他人と話すのに力がいるので、こういう孤独な作業は向いている。これなら今の状態でもやれる。ただ問題は食事である。外食の場合ダメだったからといってそのまま残してしまうのはさすがに申し訳ない。したがって無理やり食うという拷問状態が待っているかと思うとなかなか思い切れない。もちろんこれなら食えそうというものはいくつか想像がつくのでとりあえずそれにしたがって店を選ぶわけである。外食はおそらく3週間ぶり。

カキフライならいけるんじゃないかという欲望が湧く。ホテルそばの和食店をグーグルマップで探すとその中に1軒、ホテルから歩いて1、2分のところに美味しそうな店がある。定食の写真も出ているので酒が飲めなくても大丈夫そうだという判断。酒が飲めない者にとって夜のひとり食事は酒が飲めなくてもひとりで入れる店かどうかというのが最重要事項となってくるのである。

外は雨が降り出している。近いからということで傘も借りずに店へと急ぐわけだが、見つからない。ああいつものように何かの罠にはまったかと半分諦めつつ行ったり来たりしてもどうやってもわからない。軒下で立ち止まり再度グーグルマップのお世話になり画面を拡大して確認するのだがそのあたりに店らしき明かりがない。でも確実にここだという場所に来て目の前の暗がりの中の引き戸を見ると黒地の板にうっすらと店名が書かれている。そこから見える店内らしき場所も薄暗くてやっているのかどうかも判断がつかないのだが確実にここだしせっかく何度も往復して見つけたのだからということで引き戸を引くことにした。

1階はカウンターのみで店は営業中とのことなのだが客はおらずカウンターにも椅子にも食材その他の荷物が置いてある。客を迎える態勢ではまったくない。とはいえ引き戸を引いてしまったわたしはいったいどうしたらいいのかと逡巡しつつも食事だけでも大丈夫かと尋ねると大丈夫だとの返事。以前京都でもこんな感じで状況は全然違ったが店の扉を開けた瞬間から別の時空へと入ってしまったことがあったなと思いだしつつ覚悟を決めた。店員もなんだかあわてている。2階から降りてきた店長に声をかけ確認してようやく確実にわたしはその店の客になった。飯が食える。

しかし渡されたメニューを見ると定食がない。最初の見開き以降はすべて酒のメニューである。ああ、あの定食の写真はランチタイムのものだったのだとここにきて気づかされたわけである。あとの祭り。牡蠣フライ、下仁田ねぎのかき揚げ、ジャコと玉ねぎのサラダをお願いしてごはんとみそ汁があるかと尋ねるとさらに店員があわて始める。確かにメニューにはない。そのやり取りを聞いていた店長判断でご飯もみそ汁も出してもらえることになったのだが、店員のあわてぶりを見るとわたしのような客はこれまで来たことがなかったのだろう。申し訳ないと思いつつ待っているとお通しの後にいきなりご飯を出されてびっくりした。まだかき揚げも牡蠣フライもなく、みそ汁の用意もない。この店員は昼営業はやったことがなく夜の酒飲み専用の方なのだろう。酒の代わりにご飯、というふうに考えたらお通しの後にご飯で何の問題もない。とはいえ出された方はご飯だけを食うわけにもいかずおかずが出てくるのをひたすら待つばかりである。そんな中、現金を下ろし忘れたことを思い出す。財布には2000円しか入っていない。でも確実に今回の注文は2000円を超える。果たしてカードは使えるのか、小さな店だが食事も飲み物もそれなりのレベルをキープしようとしているふうには見えるし何しろ簡単には見つけられない入れない店構えである。きっとカードは何とかなる。いろんな状況が重なり合う緊張の中の食事になった。だがうまかった、いやうまさが想像がつく味だったと言うべきか。つまり料理のうまさと同時にこちらの味覚がまだ半分くらいしか戻ってないことを実感させられる悔しくもったいない食事であった。外食を堪能するまでの道のりは長い。カードは使えた。

　シネマートでの調整作品はドニー・イェンの主演・監督作品『シャクラ』。豪勢な香港映画という感触の出だしだったのだが、物語が進むにつれ「香港映画」というこちらのくくりからどんどんとはみ出してさまざまな現代映画を飲み込んで膨れ上がっていくその姿に驚いた。おそらくそれはほとんどのアクションシーンをCGではなくワイヤーアクションをはじめとする人力で撮影しているという肌触りの感覚がもたらすものでもあるだろう。いいものを見た。毎度のことだが元気が出た。午前2時終了。

12月12日（火）

せっかく大阪まで来たのだからということで、博多、小倉へと足を延ばすことにした。さすがに今回の青山の展示を見ないわけにはいかない。まだ調子は悪いがこちらのペースで行けば何とかなる。その前に心斎橋のレコード屋巡りをした。いつの間にか小さな中古レコード屋がふえていて、ひとつのビルの中に何軒も入っていたりする。いつも行くお気に入りのレコード屋には寄らず今回はこちらの「中古レコード屋ビル」とシネマートの入っているビッグステップ・ビルの地下にあるレコード屋に。いつも行かない店に行くと思わぬものがあったりして思わぬ買い物をしてしまった。求めていたのはまったく別のものだったのだがまあこんなこともある。

　そして博多へ。小倉で会えなかった博多の友人たちと夕食となったのだが、なんとフライドチキンと果物以外は美味しく食べられなかった。いざという時のために仕入れておいた豆狸のいなり寿司もなんと味が優しすぎてダメだった。東京の下町の濃い味付けの油揚げでないと体が反応しない。食べられるものを美味しく食べるための食事と、四の五の言わずに体にいいものを食べる食事と、ちゃんと使い分けられる大人として生きていかねばこれからやっていけないと思う。とりあえず次回の博多訪問の時は焼き牡蠣ツアーをしようという話となる。そして小倉へ。

12月13日（水）

寝坊をした。朝の体操をすっ飛ばし、バタバタと「青山真治クロニクルズ展」会場へ。ああこうやって展示されると書籍づくりの際に何度も見た資料がまた違うものとして目の前に現れる。ひとりの映画監督が抱えていた歴史がその歴史をさらに飛び越えて広がり始める。メイキング動画をぼんやりと見ているうちに時間を忘れた。

その後「小倉に来たらここ」という旦過屋台寿し満天に行くのだがなんと水曜日定休。腹の方はもう完全に寿司が食えるかどうかお試しをという状態になっていてもう一軒の京寿司に行くのだがなんとそこも定休、すぐ目の前の豪華うなぎ料理の田舎庵という話にもなったがここは腹の言うことを聞いて駅近くのもう一軒の京寿司へ。回転寿司なのだがネタになる魚がやはりうまい。まだ生魚がおいしく食えず諦めた昨夜とは違い酢飯とセットだとスルっと腹に入る。アジ、ゴマアジ、シマアジというアジづくしから始め、赤貝、つぶ貝、イカ、マグロの漬けなど。どれもおいしくいただいた。

その後展示会場に戻り控室で今後の中原の生活をめぐるオンライン・ミーティング。何とか無事退院して自由の身になったものの今後の生活や生活費をどうやって支えていくか。まだまだ答えは出ない。

そして小倉駅に向かいちょうど新幹線で到着したばかりのリム・カーワイくんと会いもろもろの状況報告をして帰路に。新幹線の中では昨年1月に別府に行った時の報告日記を再読&追加修正していたら頭の中が別府になってしまった。ああまた行きたい。あの熱い温泉の熱を体内に充満させてどこまでも飛んでいけるあの気分が頭の中をぐるぐると回っているうちに家に辿り着いた。そして夕食となるのだがその際に試しに食ってみたしば漬けの味が出発前と劇的に違う。宇川（直宏）くんが付けるびっくりのマークの数くらいには十分違う。出発前はしば漬けとは思えない甘さに呆れて食うのを止めたのだが今回食ったものは誰も想像可能な酸っぱ

めのしば漬けの味。いやこれは何でも違いすぎだろうと思うものの違うのだから仕方ない。逆に考えると、この味の違いの大きな振れ幅の分だけ、われわれの体は世界から可能性を受け取っているということである。つまりわれわれは最低でも宇川くんのビックリマークの数くらいには十分な可能性の中を生きているということである。これを使わない手はない。それはギャンブルではない。われわれの権利でも義務でもある。

　そして忘れていたのだが展示会場のすぐそばに、こんなバイクが停められていた。最初は小倉城の展示物かと思ってしまったのだがそんなわけはない。ちゃんとナンバープレートもついている。とはいえオーナーとしては「展示物」的な気分はもちろんあるだろうという話になる。しかしいったいこれを仕上げるのにいくらかかったのか。それを言ったらシネマート心斎橋が入っているビッグステップ・ビルもまた似たようなもので、規模はこのバイクの100倍くらいか。とにかくビッグステップ・ビルに行ったらトイレに行ってみること。フロアによってもまったく違うから是非。写真では全貌が見せられず、動画を撮るしかないのだが写真にしても動画にしてもトイレで撮影しているところを見られたら単に変態である。

12月14日(木)

さすがにへばっている。2泊の遠出はまだきつかったか。午後からのミーティングにぎりぎり間に合う。井の頭公園の事務所に行って来年の撮影のための挨拶、その後具体的な資料集めの打ち合わせが終わると午後3時過ぎ。公園脇の眼鏡店から先日調整したレンズが出来上がったとの連絡が来たのではめ込んでもらう眼鏡を預けようやく昼食となったのだが、中途半端な時間なので軽いもの、でもせっかくなので何かうまいものはないかとついうろうろしてしまう。本当は眼鏡店の脇の、本店は東小金井にあるソーセージ店ケーニッヒで特製ホットドッグにしようとしていたのについ新店舗開拓となってしまった。しかし平日の午後の吉祥寺は基本的に女性たちと親子連れの街であり中途半端な気持ちでうろうろしているおっさんに食わせるものはない。やっぱりケーニッヒだったいやもうドトールでもよかった今更立ち食いそばには行けないかとか後悔が頭の中を駆け巡る。とはいえ何もなかったらディスクユニオンの上の階にあるパン屋のカフェでサンドウィッチ食えばいいかという保険はかけておいたのであきらめてパルコへ。だがサンドウィッチを買おうとするとどれもひとつ600円台で、ああ、そりゃそうだよなあドトールだってミラノサンド400円台に値上がりしたしと観念してついでにあんぱんも買ってついに飲めるようになった紅茶もオーダーしたら1500円くらいでこれなら中古盤1枚買えるとかいやその前に早起きしてちゃんとした生活をしていれば家で昼食を食ってから吉祥寺に出られたからこんなことにはならなかったとかなんとかぐずぐずと思いは巡るばかりであった。

ユニオンでは自棄買いをしそうになったが自重した。とはいえクリエイション・レベルの40年ぶりの新作というのが変わらぬメンバーでリリースされていてさすがにこれは手に入れた。A面は40年前なんて昨日のことのようだねというような時間感覚、B面に入ると40年後のゴースト化にドキドキする。A1とB1のプリンス・ファー・ライの声、そしてB面終わりから2曲目の、もしオーガスタス・パブロが生きていたらこんな音を出したかもというようなキーボード。ゾンビのダブと言ってもいいかもしれない。「力なき者たちの力」というヴァーツラフ・ハヴェルの言葉を思い出す。いい感じで歳を取っている。

Creation Rebel『Hostile Environment』

12月15日（金）

特に何も考えずただその日のクアトロラボが空いているということと皆さんの予定がぴったり合ったということで決めてしまったアナログばか一代だったのだが、世間は完全に忘年会というわけで金曜日の夜の渋谷は大変なことになっていたが見なかったことにして会場に急ぐ。大阪&小倉の疲れが出て朝からめまいやら眠気やらでぐったりで昼間何をしていたのかは憶えていない。多分レコードを選んだりしていたはずだ。とはいえ半年ぶりとなるとあれやこれや選びきれず荷物は重くなるばかりで自宅はそこそこ寒いので厚めのセーターを着て出たら途中で汗だくになる。会場に着いた頃にはもはや疲れ切っていてぼんやりもしていたのだがやはり音を聴き始めると盛り上がる。にこにこと笑いっぱなしの3時間であった。しかしあと5、6時間はできたというかやりたかったくらいの楽しさで湯浅さんも今度また12時間やろうとかなんとかどさくさに紛れて言っていた。内容は来た人だけのお楽しみとなるのだが、今回はドリー・パートンとシェールの新作ジャケットにノックアウト、ということになるだろうか。わたしの抗がん剤の予定が決まったらすぐに次回の予定を立てることにする。そういえば直枝さんが1曲目か2曲目にかけたカーネーションの新作のゆったりとした時間の流れにもよく似たあの曲のタイトルを忘れてしまった。今度確認して手に入れなければ。そしてカーネーションの新作はもう10年単位で聴きたい大きな音の流れを作り出している。10年後、わたしは果たしてこの日のことを思い出すことができるだろうか。

ちなみに最初にわたしがかけた『孤独のグルメ』で盛り上がった時に流れるサーフロックの原型のようなデイヴィ・アランのアルバムはこれである。B面最後の「The Unknown」という曲。

Davie Allan & The Arrows『The Arrow Dynamic Sounds of Davie Allen & The Allows』

12月16日(土)

昨夜のアナログばかの流れで高円寺北口のあづま通りにある中古レコード屋「ヨーロピアンパパ」に行った。確か80年代からある昔ながらの中古屋でおしゃれな中古レコード店に慣れてしまった若者たちにとってはハードルが高いかもしれない。狭いところにごちゃごちゃとこれでもかといろんなものが押し込められている。通路も人がひとり立つともう通れない。後戻りがきかない店である。しかしその中にお宝が眠っている。昨夜のアナログばか一代でかけたルー・ロウルズやロレイン・エリスンなどはこの中に眠っていた。1枚780円の胸いっぱいの幸せである。本日もシングル盤も合わせて15枚ほど仕入れて税込み9800円だから1枚当たり650円ほど。そして見事にルー・ロウルズのアルバムが置いてあるわけである。日本で初めてリリースされた彼のアルバムで日本のみの編集盤『ルー・ロウルズ登場』。見本盤でなおかつ東芝の赤盤。昨夜シェールの新譜の盤を見た湯浅さんが「東芝の赤盤みたいな色だね」と思わずつぶやいたのを思い出したがとにかく見本盤なので盤はきれい音もいい。極楽まで一直線である。それが780円。やれやれ物の値段とは何かという大いなる謎に答えはない。

会計を済ますと福引券を9枚くれた。商店会か何かの年末のサービスらしい。その場で9枚を開封していくとなんと3000円のあたり券も出て、合計3300円のレコード券がもらえたのだった。昨夜ここを宣伝したお礼だな、ということでありがたく受け取った。

12月17日(日)

昨夜は仕入れたレコードをあれこれ聴いているうちに時間が経ち当然寝るのも遅くなり見事に寝坊。高知への飛行機の時間にギリギリである。相変わらずと言えば相変わらずだが高知の気温を調べたら最高気温10度とあっていやこれは寒い完全冬支度で行かねばと厚着をして走ると汗だくである。なんとか1本前の電車にと思い乗り換えを急ぐのだが気が付くと湘南新宿ラインのホームにいる。いや、お台場に行くのではなく羽田だと言い聞かせそれでも大崎までは山手線に乗るよりこのまま湘南新宿ラインに乗ってしまったほうが早い幸いすぐに列車がやってくる。大崎の到着時間を見ると品川に向かう山手線との乗り換えがうまくいけば品川で1本前の羽田行きに乗れるこれに乗れれば安心だと身構えて階段を駆け上がるのだが山手線が運転時間調整とのことで遅れ残念ながら間に合いそうにない。羽田で走らねばとあきらめた。

しかしである。あきらめたところで落ち着いてチケットを確認するとなんと1時間勘違いしていたことが判明した。まだ全然余裕で昼飯を食う時間もある。これもまた相変わらずだとあきらめて昼飯を食おうとうろうろしているうちに乗り遅れないように気をつけねばとそれはそれで何となく気ぜわしくもあり

いったいどうして自分は落ち着いてゆったりと構えることができないのかとしょんぼりしつつしかし焦って走ったせいかどうも気分がすぐれず腹は減っているが食べられそうなものがない。こういう時は蕎麦ということで食ってみたのだがなんと蕎麦のつけ汁が酸っぱいのである。あり得ない酸っぱさ。蕎麦屋の問題ではなく自分の味覚の問題であることはすぐわかるのだがわかったところで解決はしない。酸っぱい蕎麦をとにかく胃の中に流し込んでの高知となった。

予想通り寒い。震えながら県立美術館に向かったのだがわかってはいたものの川沿いで周囲に何もないので風もビュービューと吹き体感温度はマイナス5度くらい。震えながらホールへと向かうと入口前ではファンの方たちがこの寒さの中ですでに並んでいる。バウスだったら中のロビーで待ちましょうと言えるのだが公的な建物なのでこちらの勝手にはいかない。しかし何とかならないものか。あと90分ほど。皆さん大丈夫だろうかと心配しつつわたしは案内されるままに中へ。前野

健太くんは半そででリハである。ここのホールは能の舞台もあって生音でも十分伝わるからいろんなことができる。逆に言うと爆音上映は音が反響しすぎて調整が難しくなるだろう。その確認のために来たのだが果たしてどこまでやれるかスピーカーの配置などを含め明日の打ち合わせのためのアイデアがぐるぐると頭の中を回る。

　ライヴはふたりの対比が見事だった。前野くんの強い声、甫木元の小さな声の変化。そのふたつがセットになって足元を揺らす。いつ何をしでかすかわからないぎりぎりのところまで自分を持って行ってしかし冷静に歌う前野くんの姿はたとえて言うなら誰だろうと考えていたのだがなかなか思いつかず。最後に客席に向かって歌いながらステージを降りていく姿を見た時にアレックス・チルトンの姿が重なった。機材が壊れてＰＡから音が出なくなり仕方ないというかＰＡなくてもこれができるさとそのまま生で観客たちと歌ったライヴアルバムが出ていたが、まさにあんな感じの生きていることと歌うことと自分であることと自分が他人と混ざることとが一体となった音楽がそこにあった。そしてその後の甫木元が歌った前野くんの「愛はボっき」で涙腺崩壊極寒の高知の夜は更けていくのであった。鰹の塩たたき、葉にんにくのぬたをわさび代わりにつけた鰤その他の刺身の数々も最高であった。打ち上げに同席した本業はカメラマンの手相見の山崎さんにみんなで手相を見てもらったのだが、わたしは運のいい人の塊みたいな手相&したがって今後何やっても困らない好き勝手生きてＯＫ&長生きもするとのお墨付きを得た。まあ、実際どうなるかわからないがとりあえずわがまま言わせていただくことにする。

12月18日（月）

午前中はまず昨日のライヴの会場で1月の爆音の機材とセッティングの確認。今回はこれがメインの作業だったが来てよかった。機材チームとわたしとの認識に信じられないくらいの違いがあった。このまま本番だったら大変なことになった。とにかくその認識の違いを修正、予算はないがそれに合わせてこちらの要望を聞いてもらった。

　そして甫木元の展示「窓外 １９９１－２０２１」を観た。『はだかのゆめ』で見慣れた風景が、ある時間軸と共に70枚ほど並べられていく。ハーフサイズで撮影したとのことで、すべてが2枚ひと組の写真になっている。その組み合わせ、そして並べられている写真の流れによってこちらの視覚が次第に変化していく。いったいこれはいつ誰が撮ったのかそして今それを見ているわたしは誰なのか。それを見ている何ものかの視線に乗り移られたのかそれとも自身が何者かに変容したのか、とにかく視線の主体の思うまま時間の旅が始まった。最後の海の写真のことを昨夜前野くんがしきりに語っていてそのことをすっかり忘れたまま海の写真に辿り着きハッとしてさらに遠い場所へと意識は飛んだのだが、そのちょっと前にあった雪の写真ですでに意識はどこでもない場所へと舞い上がっていったのだった。ああこれは『エリ・エリ』の最後で窓の向こう側の浅野忠信の静かな動きをじっと見つめる視線そのものだ。あの時もゆっくりと雪が降ってきたのだった。これは映画版、小説版、展示版『はだかのゆめ』の完成でもあり「青山真治クロニクルズ展」の完成でもあるなと勝手に確信した次第。

その後は夢心地。腹は減ってるのだがまだ意識がこの地上に戻ってこず、主人のいない肉体もゆらゆらと街を徘徊するばかりであった。昼食はいくつかの候補の店があったのだがうろうろしているうちにひろめ市場に辿り着いてしまい市場内での食事になった。食事中に財布を床に落としていて、周りにいたすっかり出来上がっていた地元の人らしきおばちゃんたちに「わたしらいい人だからいいけど、うっかりしてると持って行かれるよ」と笑いながら指摘される。確かに言われるまでまったく気付いていなかった。そんなわけで運の良さをここでも地味に発揮しつつ帰路に就いたのだった。東京は寒いと言われていたが高知に比べたら楽勝だった。

12月19日（火）

朝から病院へ。6週間ぶりの採血と検査、担当医との面談。血液検査は問題なし、抗がん剤の辛さと症状を伝えると医者は無理してやることないのでやめましょうと。前回も似たような展開で、でもあまりにあっさりと言われたのでいやいやせっかく2回もやったのだから続けますよと言ってやったのだがさすがに今回は無理である。1月末に術後半年ということで造影剤を使ってのＣＴ検査などをするまではいったん中止。1月の検査の結果次第で薬を変えて再開するか、あるいはそのまま経過観察に入るかが決まる。とにかくしばらくはあのつらさが訪れることはないのだが特別晴れやかな気持ちになることもなくつまりまだ味覚異常や吐き気や鼻からの出血が続いていて気持ち悪いのである。簡単ではない。

簡単ではないのだが、とりあえず友人たちと待ち合わせ深川付近の某寿司屋のランチ。酢飯のおかげで口の中の酸っぱさや不味さが一時的に吹き飛ぶので寿司は食えるのである。１５００円なので通常のランチレベルの値段なのだがこれがなかなか素晴らしい。こういうのが普通に食えるのは本当にありがたい。人生が変わるほどのうまさを求めているのではない。普通に生きるためのエネルギーでもある普通のうまさと丁寧な仕事がそこにあればもうこちらは十分に幸せである。特別なことをしたいわけではない。

12月20日(水)

疲れていた。7時間ほどぐっすり寝たが寝足りず、昼寝もしたはずだ。夜はリム・カーワイ最新作『すべて、至るところにある』を観た。これまでのリムくんの映画の集大成というふうにも見えるし「バルカン三部作」の最後にふさわしい作品とも言えるのだが、何よりもまず旧ユーゴスラヴィアの記念碑「スポメニック」にやられた。2年くらい前にヨハン・ヨハンソンの『最後にして最初の人類』を観た時にこんなところに死ぬまでに一度は行きたいけど無理だろうなあとあきらめていたのだがあきらめてないというか、行きたいところに行くことを何の躊躇もなく（いや、実際は大変な作業だったとは思うのだが）実行できる人がここにいたと、それだけで感動してしまった。リムくんがスポメニックを知ったきっかけは何だったのか、今度会った時に尋ねてみよう。そしてこれは完全に個人的な感想なのだがうらやましいとともに「わたしの代わりに行ってくれてありがとう」という感謝の気持ち。わたしが行かなくても誰かが行くそれでいいのだというわたしとあなたとが溶け合う視線をこの映画は持つ。ためらっていたスポメニックの写真集も思わずポチってしまった。いったいそのスポメニックがこの映画とどう関係があるのかということはパンフレットに書くのでそちらにて。すべて、至るところにあるのは空間だけの問題ではなく時間の問題でもあるということが、リムくんの映画の太い流れであることはここでもはっきりと示されている。

12月21日(木)

疲れは続く。さらにひどくなったと言うべきか。やはり先週からの遠出は無茶だったと今更思っても疲れは取れない。事務所の荷物整理をやったのだが途中何度も立ち眩みがして息も絶え絶えだった。荷物は各所に発送、処分などして半分くらいは片付き作業をするスペースはできたもののまだまだ気合を入れての整理が必要で気が遠くなる。ただとにかくそこで立ち止まっているわけにもいかず新文芸坐に向かうわけだが、その前に食った沖縄そばの味がしない。まだまだ塩味が感じられないのである。高知に向かう時の羽田で食った蕎麦がダメだった時の衝撃からあまり変わっていない。ああこれは当分麺類はダメだなとしょんぼりする。

しょんぼりしたもののきっと2、3日したらまた麺類が食いたくなるだろう。すでに頭の中では美味しい麺類の味がぐるぐると渦巻き始めている。

新文芸坐での甫木元&松浦寿輝トーク。松浦さんがいきなり『はだかのゆめ』の不穏さについて話し始める。ああ松浦さんもきっとこの映画に移って＝映っているのに見えないものに触れたのだ。そして話が進むうちに場内もまた、映っているのに見えない何かで満たされてくるのだった。観に来ていた坂本安美も誘い、皆さんで心地よいひと時を過ごす。酒が飲めたらこういう時はさらにいい感じで自分を見失うことができるのだろうと酒飲みがうらやましくなる。

12月22日（金）

疲れは続くものの昼から染谷将太くん峯田和伸くんに何年かぶりで会う。さまざまな映画の話。俳優の方たちは皆、こんな話をそこかしこから聞いて体の中にため込んでそれを肉体化していくのだろう。単なる無駄話の時間でもあるのだが、だがこういった時間が必要なのだ。

その後税理士との面談。さまざまな数字を見つめての2時間ほど。終了後池袋に向かおうとすると風景がおかしい。気づいた時には足元がふらついてまっすぐ歩けない。メニエールのめまいである。かろうじて地下鉄の駅に辿り着きアルコールがまったく入っていない酔っ払いの人として地下鉄に乗り池袋の街を歩きしかし腹は減った。とはいえ何も食う気が起きず仕方ないので文芸坐そばのベローチェでひと休み。アールグレイとホットドッグを頼んでみたのだが、アールグレイは問題なしホットドッグはケチャップの存在を忘れていてまだ奇妙な味に変換されてしまうケチャップの味にぐったり来たのだが何とか腹の中におさめた。トマトソース系がまったくダメなのである。とはいえとにかくひと息ついたことでようやくめまいは落ち着き、新文芸坐。甫木元の声はまさに昨日の松浦さんが呼び出した不穏なものたちもすべて引き連れてさらに新しい場所へと向かうはかない力の集合体のようなものになっていた。青山から渡されたというエレキギターの響き、ファズのノイズがそんな声にまとわりつき、まるで新文芸坐の会場全体が歌っているようであった。

新文芸坐の音の良さについての話もした。これは音響システムのセッティングの良さでもあるのだが、一番は、機材を入れ替えた際に新しくなったＤＣＰとアンプとをつなぐドルビーのサウンドプロセッサ、ＣＰ９５０。これは特別なものではなく、今、映画館のサウンドシステムを入れ替えればこれになるというデフォルトのシステムである。現状で多くの映画館で使われているのがCP750と呼ばれるひとつ前の型で、しかしCP750はすでに製造中止、新しい映画館や機材を入れ替えた映画館は必然的にCP950になる。そんな当たり前の機材なのだが、750と950では本当に大違い。呆れるくらい繊細な表情を音が見せる。映像で言うと2Kと8Kくらい違うと言いたくなるような体感具合。プロセッサに付属しているスピーカーのチューニングをするアプリのイコライザーの細かさもおそらくそれくらい違う。あまりに細かすぎて、以前京都みなみ会館がシステムを新しくしてその後のboidsound調整の時はわたしも機材担当者もそれに対応できずとにかく750の時の大雑把なイコライジングで調整を行ったのだった。それでも十分。レコードを聴く時どうしてもスピーカーやアンプをどうするかを気にしてしまうが実は一番大事なのは音の入り口であるレコード盤に触れるカートリッジであるというのがアナログばかの前提であるのだが、このプロセッサの進化はたとえて言えば映画におけるカートリッジが格段に進歩したというわけである。新しいシネコンの音がいいのはまずはそのせいである。ミニシアターもプロセッサを新しくしたら呆れるくらいの音になる。新規オープンとなるナゴヤキネマ・ノイの仁藤さんにみなみ会館で遊んでいるはずのCP950を仕入れることはできないかと連絡を入れなければ。このところ各所でミニシアターの再建のためのクラウドファンディングが行われているが、そこで集まった資金のほんの一部（100万円以下で仕入れられるはず）をプロセッサ購入に充てたら、まさに「再建」にふさわしい音になる。

そういえば新文芸坐からの帰りがけ、すれ違った3人組の男性たちから「NRQ」との発話が聞こえ振り返ってしまった。NRQのライナーの話をしていたようだ。牧野くんに教えてあげなければ。

12月23日（土）

昼過ぎまで寝ていた。河村康輔くんの個展が本日までだったので行くつもり満々だったが全然無理。元気な日についはしゃいでしまうので他の日の反動が大きすぎるくらいにはまだ体力は回復していないということを改めて実感する。夕食後も椅子に座ったまま2時間も寝てしまった。

その後、発売が84年だから約40年ぶりに聴くミニマル・コンパクトの『デッドリー・ウェポンズ』。1000円くらいで売っていたのでどんなだったか興味本位で買ってみたのだが40年前の空気を十分引きずりつつまだまだ新しい。タキシードムーンのブレイン・L・レイニンガーとピーター・プリンシプル、それからアクサク・マブールのマルク・オランデルがサポートして思わぬ空間が出来上がっている。当時、インディーズとはいえ現在より全然ましな制作環境があったことが音からも十分伝わってくる。そういえばアクサク・マブールの新譜が出ていた。

12月24日(日)

1日ダラダラしていると夜になってもなかなか寝る気にならず結局そのダラダラが翌日に持ち越しとなり休養になっているんだかどうなのか。ぐずぐずしているうちに朝食が終わるともう正午すぎで何もする気にならない。まあいくら何でもということで15時過ぎにようやく腰を上げ吉祥寺に行ってみたのだがあまりの人の多さに早々に退散した。帰宅後は再びめまい。味覚は少し戻ってきた。食後は2時間以上眠った。

12月25日(月)

朝食が酸っぱい。何を食っても見事に酸っぱい。いろんな不味さや苦さが消えて酸っぱさが残ったということか。昼は喉の手術をして本日退院という友人と退院祝いランチをしたのだが、その友人も手術後であらゆるものが酸っぱいと言っていて、普通ならおいしいランチを食えるカフェなのだがふたりとも単なる酸っぱいランチになってしまった。その後病院で人工肛門関係の報告確認などして帰宅したら3時間も昼寝してしまい、気づくと18時。ネットを見ると山口の爆音やアナログばかほかいろんなイヴェントの常連の沼さん死去の知らせ。やりきれない。本当に、空気と言うか風景と言うか当たり前のようにそこにいる存在だった。3年ほど前から病気をしていたのは知っていたが、それでも毎回顔を出して「体力がなくなって…」みたいな話をお互いにしていたのだが。最後は9月の爆音だったたか、いや3月に山口に行った時か、あるいは昨年の爆音か。もうすでに記憶があいまいでぼんやりとしている。でもいつもそこにいた。それだけは確かである。だから今後もいつもそこにいる。

12月26日(火)

本来なら山梨に行って施設に入所した母の顔を見る、という予定だったのだがまだ体調戻らず取りやめる。しかしさまざまな連絡事項がたまり、昼くらいから各所連絡したのだが途中で疲れて昨日に続き3時間の昼寝。未連絡多数。夕食後もまた2時間寝てしまった。

その後ビクトル・エリセ『瞳をとじて』。『マルメロの陽光』以来31年ぶりの長編ということになるとのこと。内容もその31年間の時間がそのまま広がっていると言ったらいいか。そしてその31年を作り上げたその背後にある長い長い歴史と今後の果てしない歩みとがその時間の背景に広がり、われわれは主人公の映画監督が22年前の撮影途中に消えてしまった主演俳優を探す旅に付き合いつつ、彼らの歴史や映画の歴史、彼らの未来や彼らの子供たちの未来そして映画の未来や人類の未来を旅することになる。基本的には主人公たちの会話で進む物語にもかかわらず時折思わぬところで誰も人のいないショットが当たり前のように映し出される。しかしおそらくそこには誰か人がいたはずなのだ。そしてもしかするとこれからそこに誰かが居つき新しい暮らしを始めるかもしれない。もちろんそれはこちらの勝手な妄想にすぎないのだが、そのさりげない無人のショットの雄弁さに引きずられて再び画面に登場する人物たちの語りに耳を傾けてしまうわけである。だからいつまででもそれを聴いていられる。これから31年間聴き続けてもいい。わたしの31年後、もしかするといやもうこの世にいないはずだがしかしそれでもこの世にいないものとして彼らの語りを聴き続けたい。

同じカンヌ映画祭に最新作を出品したヴィム・ヴェンダースはこの映画をどんな思いで観ていただろうか。『PERFECT DAYS』を未見なので何とも言えないが、『瞳をとじて』は70年代のヴェンダースが、『パリ、テキサス』の主人公のようにどこか誰も知らぬ場所と時間を旅してまるで未来から戻ってきたかのように作った映画と言えなくもない。この映画とヴェンダースの70年代80年代の類似だけではなく、当時のヴェンダースの中に巣くった「映画」の魂がそこからさまよいだしふらりとエリセのところに立ち寄りエリセが当たり前のようにそれと対話して映画作りが始まるそんなエリセの奇跡と言ったらいいだろうか。今のヴェンダースがつまらないということではまったくない。たんにそうやって「映画」の魂のようなものを受け入れたり呼び寄せたり立ち話をしたりすることができる人がいるというだけの話だ。それができないわれわれはただそれを観るだけである。それを観るだけでまるでそこにいるような気持ちになりいや本当にいることになるのだが、つまりこの映画の無人のショットで映されていない誰かとはそこにいたかもしれないしいることになるかもしれないわれわれなのだと言いたくなる。だからきっとわれわれはこの映画をわれわれが死んでも観続け聴き続けることができるのだろう。

12月27日（水）

妻の誕生日である。毎年年末のバタバタの中なので27日なのか

28日なのかよくわからなくなり結局どうでもよくなるのだが今年はちゃんとスケジュールを立てた。梅田哲也くんがワタリウムで行っている展示「wait this is my favorite part　待ってここ好きなとこなんだ」を観に行こう、そのついでに久々にまい泉に行ってとんかつを食ってみようという話になったのである。予想はしていたのだが、10年ぶりくらいのまい泉は激込みであった。半分くらいが明らかに観光客。驚きながら注文をするわけだが、突然の電話で梅田くんたちがまい泉前にいるとのこと。11月だったかに大阪で会い損ねたから会うのは1年ぶりくらいか。大阪でカレーを食って以来。子供たちも成長してびっくり。時間の流れが混乱を始める。それについ先日、2年前の別府の記事を新たに整理したばかりで、あの幾重にも重なる時間の提示の中にこちらは再度足を踏み入れたばかりである。どうやら東京でわたしに似た人と何回もすれ違ったと子供が言っているらしい。あちこちに樋口さんはいると答えたとのことなのだが、確かにそんな気もする。そういえばこの辺りで、子供時代の梅本さんに会ったという話を以前この日記にも書いたことがあるのだが、おそらくこの辺りもまたそんな時間の層が重なり合って混乱する場所なのだろう。梅田くんたちはこれから大阪に戻るということでまた大阪でという話。戻るととんかつと牡蠣フライが運ばれてきていて今の状態でどれくらい味わえるかと試したところ、いやまだまだ先は長い。食べられるか食べられないかということで言うと食べられる。だが味はまだ微妙にわからない。漬物とキャベツは美味しくいただいた。牡蠣フライもタルタルソースをつけず単に塩を振りかけただけで食べたらもっとおいしく食べられたかもとタルタルソース好きのわたしにとってはもう残念過ぎることを後から思った。

ワタリウムの展示は昨日の『瞳をとじて』ではないが、まさにそこに映っていないもの見えないものを聴く、感じる試みであった。冒頭の暗い部屋の中の気配はこれまで梅田くんがやってきた展示のそこかしこに感じることができたいつかあったものこれからあるものの気配が身体に触れ、背後を抜け、頬をなで、天井から降りてくるような感触。その後のいくつかのアナウンスはまるで別府の空から聞こえてきたかつてそこで聞こえていたかもしれないアナウンスのようでもあり、しかしそれがこうやって実態をもってそこにいる、その手の届きそうな距離感の絶対的で残酷な距離が今回のテーマのひとつのようにも思えた。それは途中で判明するのだが、道路を挟んだ向こう側の人々との面会。そして自分たちも最終的にはその場所に行くのだが、そこでは聞こえないはずのワタリウム会場内の音が聞こえる気がしたのはなぜか？　いずれいなくなってしまうわれわれがかつて間近で聴いたはずの音を絶対的な距離を経てから幻聴する。この立場の移行。あの別府の空から降りてきた声のある空間へとわれわれを連れ出す試みと言ったらいいのか、『インターステラー』の主人公の状況は特別なことではなくわれわれが常にそうある当たり前のことなのだとそれは告げる。そして『コンタクト』の主人公の一瞬の果てしない旅の後の日常へとわれわれを降りたたせるのである。つまりわれわれはその後、届かない声を聴く、届かない声を届けるがそれは誤配される、われわれが聴いた届かない声は誤配された声かもしれないという「リミッツ・オブ・コントロール」の果てを生きることになるのである。

12月28日（木）

抗がん剤投与をやめたのだから少しでも体にいいものをと健康食品関係を毎日いろいろ見ているのだが、当たり前だが高い。高くなる理由もわかるしそれだけの金で未来の健康を買うのは安いとも言えるのだが、やはり高い。自分の健康がこういった具体的な数字で金額として示されてしまうのが嫌なのか、あるいはその健康が保証されているものではないというあやふやな在り方が嫌なのか、体が欲している健康とそれらの食品が示す「健康」との間の距離、そしてそれをつなぐ金額との違和感が、それらを購入するまでには至らせない。わたしの場合、おそらく食事よりも睡眠と運動なのだということは十分わかっている。

夕方からは来年から始まるｂｏｉｄラジオ「Voice Of Ghost」の初収録。斉藤陽一郎とＹＣＡＭの今野恵菜との3人で進めていく。たまたま今野恵菜が年末の帰省でこちらに来ていたのでｂｏｉｄ事務所での収録となったのである。第1回は1月半ばに配信。ｂｏｉｄの今後や3月からのｂｏｉｄマガジンの有料化以降の展開、それに伴うこのｂｏｉｄラジオの未来などをワイワイと。だらっと聴いてもらえたら。そしてそのまま忘年会に突入、なぜか東京にいるＹＣＡＭ関係者が集まったりして謎の集会となったのだがとにかく鶏の水炊きは美味しくいただけた。

12月29日（金）

予定では山梨に日帰り、施設に入所した母親の顔を見に行くことになっていたのだが起きられず。朝食が12時過ぎという始末で頭もぼんやりして体が片側に傾いている感じ。結局昼寝もしてしまい、夕食後にさらに寝てしまう。あんまりな1日に、せめてこの日1日を生きた証をと願ったものの何があるわけではない。数年前に森永泰弘くんがイサーンで録音したケーンの巨匠ソンバット・シムラの演奏がついにレコードになったのでそれを聴き、心を空に飛ばす。ケーンって、英語だとバンブー・オルガンって言うのか。日本の笙はなんと言うんだろう。左耳の耳鳴りがひどい。Sombat Simla『Master of Bamboo Mouth Organ - Isan, Thailand』

12月30日(土)

またもや昼寝をしすぎてしまった。昼寝というか……。散歩はした。まっすぐ歩くのに力がいる。

夜は10時過ぎにようやく起き上がり、ティナリウェンからの流れでサハラのバンド、ンドゥ・モクターと表記するのかエムドゥ・モクターと表記するのか。21年のアルバム。マタドールからリリースされていてびっくり。80年代はポスト・ニューウェイヴのゴシック系のバンドとかをあれこれリリースしていた印象が強いのだが。だから雑に聴くといかにもな白人のロックとサハラの音とのエキゾチックな融合、という感じにも聞こえてしまうのだが、背後に響く小さな音の広がりに心を震わせる。どういうミックスをしているのだろう。空間がどんどん広がっていったいどこから聞こえてくる音なのかがよくわからなくなる。空間というよりも時間が広がっていく感じか。いったいこれはいつ演奏されたものなのか。『Afrique Victime』というタイトルからは歴史の背後に消えていった数えきれない人々の姿がぼんやりと浮かび上がる。曲の背景の小さな響きの数々はそんな彼らの聞こえない声、ということになるのか。中ジャケの写真がいい感じである。ここからは彼らが今生きている現在の時間が伝わってくる。

12月31日(日)

いつもの年は大みそかにその1年を振り返るようなことはほとんどないのだが、今年はさすがに振り返ってしまった。いろいろありすぎたので致し方なし。夜は映画を観ようかとも思っていたのだが、テレビの前でそのままダラダラと過ごした。いろんなことができずいろんなことを諦めたこの1年の最後はこんないつ終わるともわからないダラダラがいいかと思ったのだった。世界のゆがみとの終わりのない戦いが待っている。

その後、昨日の続きでニジェールのバンド、エトラン・フィナタワ『Desert Crossroads』。サハラの伝統楽器とエレキギターが混ざり合い、加速する資本主義に自分たちの暮らしを奪われてしまった部族の悲しみや郷愁などを歌う。いつ終わることのない歌。それが彼らの戦い方である。いくつかの歌で聞こえてくる手拍子がそこかしこで響き始める。持たざる者の音、すべてを奪われた者の音と言ったらいいのか。いつかこの音が世界を覆う。

樋口泰人
ひぐち・やすひと

1957年生まれ。映画批評家、爆音映画祭プロデューサー。1980年代から雑誌媒体を中心に映画評・音楽評の執筆を開始。雑誌「カイエ・デュ・シネマ・ジャポン」編集委員を経て、1998年にビデオ、書籍、CDなどを製作・発売するレーベル「boid」を設立。2004年から東京の映画館・吉祥寺バウスシアターで、音楽用のライヴ音響システムを使用する爆音上映シリーズを企画。現在は、2008年からスタートした「爆音映画祭」を全国的に展開中。2014年にWEBマガジン「boidマガジン」を創刊。また2020年から、より小さな動きと声を伝える新レーベル「Voice Of Ghost」を自社内に立ち上げ、映画作品の製作・配給・宣伝・配信、音楽メディアやライヴの企画・制作なども手掛けている。単著に『映画とロックンロールにおいてアメリカと合衆国はいかに闘ったか』(青土社)、『映画は爆音でささやく』(boid)があり、共編著多数。共同プロデューサーを務める映画『BAUS 映画から船出した映画館』(甫木元空監督)が2025年公開予定。

そこから先は別世界
妄想映画日記 2021–2023
2024年12月25日　初版第1刷発行

著者　樋口泰人
装丁・本文組版　倉茂 透
編集　黒岩幹子、田中有紀
協力　梅田哲也

発行者　樋口泰人
発行所　株式会社boid
〒169-0075　東京都新宿区高田馬場1-7-9
サンケイマンション203
Tel 03-3203-8282　Fax 03-6701-7328
www.boid-s.com

印刷・製本　シナノ印刷株式会社

ISBN978-4-9912391-4-4　Printed in Japan

月別目次──観た聴いた音調整したリスト

【編注】
◎映画は監督名、書籍は著者名、アルバム・楽曲・ライヴ・展示はアーティスト名を各作品の前に記載
◎重複して登場する作品は、初出時もしくは記述の多い月に記載

2021年

2022年

２０２３年